KB269031

新石器時代 道具論

신석기시대　도구론

河仁秀 著

진인진

필자 약력

하인수 河仁秀

- 동의대학교 사학과 졸업(1984)
- 부산대학교 사학과 대학원 문학석사(1989)
- 부산대학교 고고학과 대학원 문학박사(2006)
- 부산대학교 박물관 연구원(1986~1989)
- 부산시립박물관 학예연구사 및 학예연구관(1989~2006)
- 복천박물관 관장(2007~2014)
- 부산근대역사관 관장(2015~2017)
- 복천박물관 관장(2017~현재)
- 한국신석기학회장(2010~2014)

저서

- 한반도 남부지역 즐문토기 연구(2006, 민족문화)
- 부산의 선사유적과 유물(1997, 복천박물관)
- 한국 신석기문화 개론(공저, 2011, 서경문화사)
- 한국 신석기시대 토기와 편년(공저, 2014, 진인진)
- 한국 선사·고대의 골각기(공저, 2014, 서경문화사)
- 한국 신석기시대 석기론(공저, 2016, 진인진)

신석기시대 도구론

초판 1쇄 발행 ㅣ 2017년 8월 7일

지　음 ㅣ 하인수
발행인 ㅣ 김영진
발행처 ㅣ 진인진
등 록 ㅣ 제25100-2005-000003호
본문편집 ㅣ 배원일
주 소 ㅣ 경기도 과천시 별양상가 1로 18 614호(별양동 과천오피스텔)
전 화 ㅣ 02-507-3077~8
팩 스 ㅣ 02-507-3079
홈페이지 ㅣ http://www.zininzin.co.kr
이메일 ㅣ pub@zininzin.co.kr

ⓒ 진인진 2017
ISBN 978-89-6347-345-1 93900

* 책값은 표지 뒷면에 표시되어 있습니다.

책을 내면서

생업이 '생존을 실현하는 구체적인 과정이며 그 방식'이라고 한다면, 생존을 실현하는 데 가장 중요한 역할을 하는 것은 도구라고 할 수 있다. 도구 사용은 인류를 동물과 구분 짓는 요소이기도 하지만, 그보다 중요한 것은 도구가 새로운 문화와 문명을 창조하는 원동력을 제공하였다는 점이다. 그런 의미에서 본다면 선사고고학에서 도구가 차지하는 위치는 선사시대 그 자체라고 해도 지나치지 않을 것이다. 많은 고고학자가 석기, 골각기, 옥기, 패제품, 목기, 토기 등 다양한 소재로 만든 도구에 관심을 두고 연구하는 것은 이 때문이다

인류가 도구라는 개념을 언제부터 인지하고 생존 도구로 활용하였는가에 대해서 논의는 있지만 적어도 유인원에서 분리된 후 지상 생활과 직립보행을 통해 양손이 자유로워지면서 자연에 존재하는 나무나 돌을 도구로 사용하였을 것이다. 그러나 고고학적으로 도구를 제작하여 사용한 것은 250만 년쯤으로 추정되고 있다. 침팬지가 견과류 등을 먹을 때 주변의 돌을 사용하는 것으로 보아 원시적인 도구 이용은 훨씬 이전부터 시작되었을 것이다. 이후 인류는 구석기시대를 거쳐 신석기라는 새로운 문화적 환경을 맞이하면서 수렵, 어로, 채집, 농경 등 다양한 생업활동에 적합한 각종 도구를 사용하고 이를 기술적으로 발전시켰다. 도구의 발달은 생업활동의 다양화와 사회적 진보를 가져 왔음은 물론이다.

신석기시대 도구는 주변의 생태환경과 생업형태에 따라 다양한 특징과 조성을 보이며 재질에 따라 석기, 골각기, 패제품(패기), 목기 등으로 구분된다. 이들 도구는 용도와 기능에서 여러 형식으로 세분되며, 시간의 흐름에 따라 출현하고 소멸을 거듭하면서 변화, 발전해 간다. 도구의 변화양상과 실태를 분석하고 그 성격을 이해하는 것은 신석기시대 사회와 생업활동을 연구하는 중요한 실마리가 된다. 그런 측면에서 신석기시대의 각종 도구는 즐

문토기 못지않게 다양한 사회·문화적인 정보를 가진다. 그럼에도 불구하고 한국 신석기시대 도구에 대한 체계적인 연구는 다른 분야에 비해 상대적으로 저조한 편이다. 특히 석기를 제외한 골각기, 패제품, 장신구, 의례구 등의 연구는 일부 연구자들에 의해 단편적으로 이루어지고 있을 뿐이다.

이 책은 이러한 문제에 대한 관심 표출로 틈틈이 학술지와 세미나, 특별전 도록 등에 발표한 도구 관련 논고를 모아 『신석기시대 도구론』이라는 주제로 엮은 것이다. 일부 글은 부족한 자료에도 불구하고 당시까지 출토된 관련 유물을 정리하여 개론적으로 가볍게 쓴 것도 있다. 그 때문에 내용 구성이 체계적이지 못하고 맥락이 다른 부분도 있다. 이러한 점을 해소하기 위해 중복된 글을 조정하고 논지 오류를 보완하고자 하는 마음도 있었다. 그러나 집필 당시의 학계 경향과 필자의 연구 인식 등을 현시점에서 수정과 가감 없이 보여 주는 것도 연구사적으로 의미 있는 일이라 생각하여 수정, 보완 없이 무리하게 논고를 주제별로 모아 편집하는 것으로 마무리 지었다. 각장의 제목은 원제와 달리 본서의 주제와 맞게 조정하였는데, 내용은 발표당시 글과 동일하다.

이 책은 4부로 구성하였다. 1부는 한반도 신석기시대 「석기 연구현황과 과제」를 비롯하여 「석기 종류와 양상」, 「석제 가공구」, 「범방유적의 석기」, 「한일문화교류와 흑요석」 문제를 검토하고 고찰한 것이다. 「석기연구와 현황」은 2011년 한국고고학연합대회에서 발표한 글을 바탕으로 이후 자료를 추가로 하여 2015년에 출판된 『신석기시대 석기론』(진인진)의 서장으로 작성한 논고이다.

「석기의 종류와 양상」은 국립대구박물관의 특별전 『사람과 돌』의 도록에 게재했던 글을 수정 보완하여 부산박물관 논문집에 발표했던 것이다. 한국신석기시대 석기를 기종별로 분석하고 이를 기초로 한반도 신석기시대 석기문화의 흐름과 편년을 검토해보고자 하는 욕심에서 준비하였지만, 필자의 능력 부족으로 애초 취지와 달리 개론적인 것이 되고 말았다.

「석제 가공구」는 전술한 『신석기시대 석기론』에 게재했던 것으로 국립경주문화재연구소의 장은혜선생과 공동으로 집필하였다. 이 글은 석기 중에서 가공용으로 사용된 석기를 새롭게 분석하여 고찰한 것인데 특히 그동안 단편적으로 취급됐던 지석, 석도, 찰절구, 석추, 발화석, 박편석기 등을 구체적으로 그 성격을 검토하였다. 「범방유적의 석기」는 부산 범방유적에서 출토된 각종 석기 중 특히 중기에 대량으로 사용된 타제석부류의 분석을 통해 남해안 집단의 생업구조와 사회적 동향을 살펴보았다.

「한일문화교류와 흑요석」은 이전에 발표한 「남해안지방과 구주지역 신석기시대 문화교류」 논문을 기초로 흑요석과 조개팔찌(패천)를 물자유통과 교역이라는 측면에서 검토하고 이를 통해 한반도 남해안과 일본 구주지역 간의 상호교류 관계를 고찰한 것이다. 이 논문을 통해 필자는 신석기시대 남해안과 구주지역에는 이른 시기부터 원시적인 교역시스템이 존재했고, 동삼동패총에서 대량으로 생산된 조개팔찌는 흑요석의 주요 교역품으로 대마도 등지에 공급되었을 것으로 추론하였다.

2부는 석기 다음으로 유적에서 많이 출토되는 골각기와 패제품을 분석한 논고이다. 골각기 연구는 그동안 주로 형태분류를 중심으로 용도와 기능 고찰에 치중하거나 특정 기종을 중심으로 부분적으로 다루어진 정도였고 혹은 생업활동과 생계유형을 분석하는 보조 자료로 취급됐다고 할 수 있다. 이후 동삼동유적을 비롯한 패총 발굴이 증가하고 관련 자료가 풍부해지면서 신석기시대 도구체계 속에서 골각기가 차지하는 위치를 보다 구체적으로 살펴보고자 작성한 것이 「남해안지역의 골각기문화」이며, 이를 토대로 외연을 한반도 전역으로 확대한 것이 「즐문토기문화의 골각기」이다. 특히 「즐문토기문화의 골각기」는 기종별로 특징과 성격을 구체적으로 분석하고 시기별 변화양상을 고찰하였다. 「패제품의 용도와 이용」은 2015년에 개최된 국립제주박물관의 특별전 『선사시대 문화의 재발견』 도록에 기고한 「신석기시대 패제품의 용도와 이용」을 수정, 보완한 것이다. 패제품은 자료 부족으로 아직 구체적인 논의로 진행되지 못하고 있지만, 처음으로 한반도 패제 도구를 정리하여 그 종류와 이용 실태를 개론적으로 검토한 것이다.

3부는 패천과 옥기 등 장신구와 의례구에 대한 개론적 고찰이다. 신석기시대 장신구와 의례구는 출토 수량이 적을 뿐만 아니라 자료적인 한계로 연구가 그다지 진전되지 않은 분야이다. 특히 의례구 연구는 거의 없는 실정이라 할 수 있다. 패천은 여러 논문에서 제작방법과 형식분류, 사회적 의미 등을 단편적으로 다룬 적이 있지만, 「동삼동패총 출토 패천」은 기존 발표내용을 보완하여 남해안지역의 패천의 성격과 의미 등을 정리하였다. 「옥기의 기초적 검토」는 한반도 출토 옥기를 정리하고 분류하여 옥기가 신석기시대 사회에서 차지하는 위치와 의미, 생산과 유통, 계통 등을 시론적인 측면에서 고찰한 논고이다.

「의례구와 장신구」는 자료적 한계는 있지만, 개론적인 측면에서 영남지역과 한반도 지역을 중심으로 살펴 본 것인데, 특히 「즐문토기문화의 의례구와 장신구」는 2016년 일본 국학원대학에서 개최한 국제 縄文문화 포럼에서 발표한 것이다. 지면 관계상 구체적인 내용을 담을 수는 없었지만, 그동안 여러 글에서 단편적으로 언급했던 의례구에 대한 내용을 최근 자료를 추가하여 성격과 종류에 대해 검토하였다. 「토우」는 2003년에 개최한 부산박물관 특별전 『우리 인형』의 도록에 게재했던 것으로 신석기시대 토우를 개략적인 살펴본 것이다. 앞의 글과 중복되는 부분도 있지만 본서의 구성상 편집하였다.

　4부는 생업과 관련된 글을 모은 것이다. 1장 「생업도구」는 2011년에 출판된 『한국 신석기문화 개론』(서경문화사)의 한 부분으로 앞의 논고 중 석기, 골각기, 패제품의 내용을 개론적으로 요약한 글이다. 2장의 「동남해안 지역의 어로구」는 신석기유적의 조사가 많이 이루어진 동남해안지역의 어로구에 대해 기종별로 분석하고 성격을 검토하였다. 3장 「신석기인의 어로생활」은 최근 발굴성과를 바탕으로 신석기시대 어로의 양상과 실태, 어민의 생활과 문화를 개괄적 다룬 글이다.

　본서는 앞에서 언급한 바와 같이 「도구론」이라는 주제로 필자가 그동안 발표한 논고 등을 엮은 것이지만, 개별 논고 간에 도면이나 내용 등이 중복되기도 하고 일부는 논고라기보다 개설적인 글도 있어 책의 주제에 걸맞지 않은 잡문을 모은 형태가 되고 말았다. 그럼에도 불구하고 이 책이 나올 수 있었던 것은 부산대학교 대학원 은사인 정징원 선생님의 덕분이다. 선생님의 권유와 충고가 없었다면 아마 출판되지 않았을 것이다. 이번 기회를 통해 필자의 부족한 부분을 반성하고 다시 한번 선생님의 학은에 감사드리고자 한다. 진인진 출판사의 김지인 부장의 권유도 이 책을 출판하는 데 힘이 되었다. 고맙다는 인사를 전한다. 공동으로 집필한 「석제 가공구」 논문을 이 책에 게재할 수 있도록 흔쾌히 승낙해준 장은혜 선생에게도 고마움을 표한다. 언제나 좌충우돌하는 필자 곁에서 격려와 조언을 아끼지 않은 아내 최정혜 선생에게도 감사의 마음을 전한다. 본서에 수록된 논문들을 작성하고 관련 자료를 수집하는데 신석기학회의 여러 선생님의 도움을 받았다. 지면을 빌어 고마움을 전한다. 끝으로 이 책이 신석기시대 고고학을 연구하고 즐문토기 사회와 문화를 이해하는데, 작은 디딤돌이 되었으며 하는 바람이다.

2017년 8월

하인수

목 차

석기

石器

01

석기연구 현황과 과제

Ⅰ. 머리말

구석기시대 종말 이후 1만년 가까이 지속된 신석기시대(즐문토기시대)는 이전 시기와 달리 생업기술의 발달로 생산활동과 생계양식이 다변화되며, 한편으로는 생업활동을 실현하고 생계를 유지·관리하기 위해 토기, 석기, 골각기, 목기, 패제품 등 다양한 생업도구가 제작된다. 이 중에서 생업도구로써 신석기시대 전시기를 통틀어 보편적으로 사용된 도구가 석기이다. 그런 의미에서 석기는 즐문토기인의 생업과 생산활동을 지탱하는 도구체계 중에서 가장 중요한 위치를 차지하는 제1의 도구라고 할 수 있다.

석기는 신석기시대 각종 유적에서 출토되는 유물 중에서 즐문토기 다음으로 많은 양을 차지할 뿐 만 아니라 즐문토기 못지않게 중요한 사회·문화적인 정보를 가지고 있음은 주지의 사실이다. 신석기 고고학사의 초기에 해당하는 일제강점기의 선사시대 연구에서 즐문토기보다 석기 연구가 활발히 진행되었던 것은 석기가 갖는 고고학적 의미와 비중이 매우 높았음을 단적으로 보여 준다. 그럼에도 불구하고 한국 신석기시대 석기 연구는 그동안 여러 가지 이유로 타 유물에 비해 상대적으로 진행되지 못한 것도 사실이다.

물론 석기 연구가 광복 이후 지속적으로 이루어져 많은 성과가 축적되었지만, 특정 주제나 개별유물에 한정하거나 생업활동과 생계유형을 분석하는 보조적인 자료로 취급되었고, 시기별 석기조성 양상과 편년, 지역별 석기문화의 특징, 생산과 유통 문제 등에 대한 연구는 부족한 실정이라고 할 수 있다. 이러한 연구 현상은 결국 신석기문화를 종합적으로 이해하고 사회를 복원하는데 장애 요인이 되고 있음은 부인할 수 없는 사실이다.

따라서 우리나라 신석기문화의 특질과 변천과정 등을 체계적으로 규명하기 위해서는 앞으로 다양한 연구 방법론을 개발하고 이를 기초로 석기에 내재된 다양한 정보를 추출하기 위한 세부적이고 구체적인 연구가 뒤따라야 할 것으로 생각된다. 본고에서는 이러한 문제점을 인식하고 향후 석기 연구 방향과 과제를 짚어 본다는 측면에서 지금까지 이루어진 석기연구 흐름과 경향을 학사적 관점에서 개괄적으로 살펴보고자 한다.[1]

Ⅱ. 연구 흐름과 현황

본장에서는 그동안 발표된 논문을 중심으로 석기연구 현황과 흐름을 편의상 시기별로 살펴보고, 연구 내용과 의미는 주제별로 개괄하는 것으로 한다.

1. 시기별 연구 현황

먼저 시기별 연구 흐름과 경향을 살펴보기 전에 〈표1〉를 참고하여 시기별 석기 연구 현황

---

[1] 신석기시대 석기연구의 현황과 과제에 대해 검토한 것으로는 하인수(2011b)와 윤정국(2015b)한 논고가 있다. 두 편 모두 신석기시대 석기 연구의 흐름을 개괄적으로 이해하는데 참고가 되지만, 누락된 논고도 있고 일제 강점기의 연구사를 다루지 않아 보완이 필요하다고 생각된다. 따라서 본고에서는 일제강점기의 석기연구를 검토한 廣瀬雄一(1985)의 논고를 참조하고 기존 논고에서 누락되었거나 검토가 필요한 부분을 보완하여 신석기시대 고고학사의 한 측면에서 석기연구의 흐름과 현황, 과제에 대해 살펴보고자 한다.

을 간단하게 언급해두고자 한다. 일제강점기부터 현재까지 신석기시대 석기 관련 보고와 연구 논문은 199편 정도이다.[2] 본고의 논문 수량이 윤정국(2015b)이 2015년에 발표한 석기 관련 논문의 121편보다 증가한 것은 일제강점기의 연구·보고와 광복 이후 국내외 연구자의 논고 등을 보완하였기 때문이다. 본고의 석기 현황은 필자가 이전에 발표한 석기연구 현황과 과제(하인수 2011b)를 기초로 누락된 부분을 추가·보완하고 윤정국의 분석 내용을 참고하여 이를 시기별, 주제별로 분석한 것이 〈표1〉이다.

표1 신석기시대 석기의 연구 현황

연구 주제 및 내용 \ 시기별	광복전	1970년대 이전	1980년대	1990년대	2000년대	2010년대	합계
자료 소개	17(51.5%)						17(8.5%)
개론	1(3%)	1(20%)	1(6.2%)	1(7.1%)	1(1.3%)	1(1.7%)	6(3%)
기종별 연구	7(21%)	2(40%)	7(43%)	6(42.8%)	28(37%)	14(25%)	64(32%)
단위 유적별 연구	4(12.1%)	2(40%)	3(18.7%)	5(35.7%)	4(5.3%)	2(3.5%)	20(10%)
지역별 연구			1(6.2%)		4(5.3%)	8(14%)	13(6..5%)
시기별 연구			1(6.2%)		3(4%)	1(1.7%)	5(2..5%)
석기제작 수법과 기술 연구					4(5.3%)	3(5.3%)	7(3.5%)
석기 사용 및 기능 연구	3(9%)				4(5.3%)	3(5.3%)	10(5%)
석기산지 분석 및 연구	1(3%)			2(14.2%)	9(11.8%)	4(7.1%)	16(8%)
석기교류(교역) 연구			2(12.5%)		3(4%)		5(2..5%)
생업과 석기조성 연구					15(20%)	18(32%)	33(16.5%)
연구사			1(6.2%)			2(3.5%)	3(1.5%)
합계	33	5	16	14	75	56	199

　일제강점기의 석기 연구는 廣瀬雄一(1985)의 논고에 따르면 33편 정도이며, 이는 현재까지 발표된 논문 중에서 16.5%를 차지한다.[3] 물론 절반 정도가 석기를 소개하고 약간의

---

2)　이 중에는 토기, 석기, 골각기 등을 검토하는 가운데 석기를 다룬 것도 포함하였다. 현재의 관점에서 본다면 석기 논문으로 볼 수 없는 것도 있지만, 학사적 측면에서 포함시켰다. 물론 연구자에 따라 가감도 있을 수 있지만 큰 틀에서 본다면, 석기와 관련한 글들은 대략적으로 200편 정도로 생각된다.

3)　일제강점기 석기 연구 경향에 대해서는 廣瀬雄一(1985)의 한국 신석기시대 석기 연구사를 참고하였다.

고찰을 한 것에 지나지 않지만, 광복 이후 1990년까지의 연구 수량과 비슷한 수준이다. 신석기시대가 아직 정립되지 않은 당시의 연구 상황에서 본다면 일제강점기의 석기 연구와 관심이 높았음을 알 수 있다.

이 시기의 석기 연구는 유적과 유물을 소개하고 약간의 고찰(新居勝三郎 1918; 上田三平 1915; 八木奘三郎 1938; 榧本杜人 1934, 1935 등)을 한 것이 17편, 石錘(木村宇太郎 1921), 石錐(笠原烏丸 1933; 林魁一 1930), 흑요석 박편석기(和田雄治 1914; 橫山將三朗 1934), 타제·마제석기(木村宇太郎 1915; 鳥居龍藏 1932) 찰절석기(笠原烏丸 1937), 석촉 등 기종별 연구가 7편, 동삼동, 농포동, 청호리유적(橫山將三朗 1933; 笠原烏丸 1936) 등 단위유적 출토 석기연구 4편, 흑요석 산지 분석(稻田義助 1915) 1편, 석기분류와 기종을 종합적으로 검토한 개론적 논고(八木奘三郎 1914, 1915)가 1편이다. 이밖에 타제석부, 박편석기, 석거 등의 기능에 대한 분석도 있다(橫山將三朗 1933, 1934; 笠原烏丸 1936). 석기의 기능 연구는 특정 유물에 대한 단독적인 논고가 아닌 자료를 소개하거나 발굴보고 중에 단편적으로 고찰한 것이다.

일제강점기의 석기 연구 중에서 和田雄治(1914)와 橫山將三朗(1934)의 논고는 함경북도의 성산과 농포동(유판)유적에서 조사한 흑요석제 박편석기의 형태분류와 제작방법, 용도, 원산지 문제 등을 검토하였다는 점에서 의미가 있다. 八木奘三郎(1914, 1915)의 논고는 당시까지 석기 연구의 현황을 검토하고 석기 형태와 제작방법을 기준으로 한반도 선사시대 석기를 기종별로 분류·검토하였다는 점에서 廣瀨雄一(1985)의 지적과 같이 신석기시대 석기의 종합적 연구로써 학사적으로 평가할 만하다.

일제강점기의 석기 연구는 전적으로 일본 관학자나 아마추어 호사가들에 의해 주로 지표채집 석기를 소개하거나 발굴 자료를 분류 및 기능을 고찰하는 초보적 수준이라고 할 수 있다. 그러나 전술한 바와 같이 박편석기의 용도나 분류·기능 검토, 찰절기법에 대한 분석, 타제·마제석기에 대한 고찰 등은 신석기와 청동기시대의 개념이 명확하지 않은 당시의 고고학적 수준으로 보았을 때 의미 있는 연구라고 할 수 있다.

1930년 이후 동삼동패총과 농포동패총 등의 유적 조사로 다량의 즐문토기와 각종 석기 등이 출토되면서 기종별 검토와 계통론 등에 대한 연구가 심화되지만. 대부분의 연구가 단편적이어서 기종별 석기에 대한 구체적인 검토나 석기조성에 관한 연구로는 이어지지 못하였다.

광복 이후 석기 연구는 국내의 고고학적 환경이 정비되지 않은 상황 하에서 한국전쟁으

로 인한 사회적 불안 등 여러 요인으로 일제강점기의 성과와 한계를 극복하지 못하고 1970
년대까지 이어진다. 〈표1〉에서 보는 바와 같이 1970년대까지 석기 관련 연구가 5편에 불과
한 것은 이러한 사실을 잘 보여 준다.

1970년대까지의 연구는 광복 이후 우리 손으로 신석기 유적이 발굴되고 석기 자료가 증
가하지만, 한국 선사시대를 개관하는 가운데 석기의 종류와 특징을 소개하거나(도유호
1961; 金廷鶴 1972; 최무장 1976) 암사동유적 출토 석기를 기종별로 분류, 검토(김원용
1962)한 개설적인 수준에 그치고 석기만을 분석한 연구 논고는 거의 없는 실정이다. 그 원
인은 여러 가지가 있으나 기본적으로 일제강점기의 석기 연구를 계승한 전문 연구자의 부
재와 신석기유적의 조사와 양호한 석기 자료가 적은데 기인하는 바가 크다고 생각된다.

이 와중에 비록 일인 연구자에 의해 이루어진 연구지만, 有光敎一(1953)의 갈돌, 갈판에
대한 논고와 계화도 산상유적 출토 석기류(석부)를 분석한 전영래(1979)의 보고 논문은
광복 이후 석기를 비교적 구체적으로 분석한 것이라는 점에서 학사적으로 의미가 있다.

1980년대에 들어 남북한 전역에서 다양한 유적이 조사되고 특히 남해안지역을 중심으로
패총유적 발굴이 증가하면서 생업에 대한 관심이 높아지고, 이와 더불어 일인 연구자들의
한반도 고고학에 대한 연구가 진행됨에 따라 석기 연구가 이전에 비해 활발하게 진행된다.
뿐만 아니라 신석기문화에 대한 전반적인 흐름이 어느 정도 파악된 것도 석기연구를 촉진
시키는 계기가 되었다.

1980년대는 앞 시기에 비해 논문도 3배(16편)로 증가하고 기종별 연구에서 지역별, 시기
별 석기 연구와 교역 연구로 주제와 영역이 확대되지만, 기종별 석기의 분석적 논문은 적
은 편이며 제작기법과 석기조성 연구는 진행되지 못하였다.

이 시기의 연구를 주제별로 살펴보면 지역별 혹은 신석기 전반에 걸친 개론적인 검토(김
원용 1981, 황용훈 1983)와 단위유적 출토 석기의 종합적 연구(장호수 1982, 1988; 손보기
1982; 廣瀨雄一 1984), 어구·농경구 등 개별 기종에 대한 분석(지건길·안승모 1983; 渡邊
誠 1985; 甲元眞之 1988; 안승모 1987), 흑요석 석기의 교역문제(西谷正 1982; 坂田邦洋
1982), 석기 연구사 검토(廣瀨雄一 1985) 등이 있다. 이밖에 한반도 석기를 직접적으로 다
루지는 않았지만, 중국 동북지방의 조기 신석기시대 석기군과 요서지방의 석제 농구를 검
토에 관한 논고도 있다(안승모 1987; 宮本一夫 1988).

1990년대 석기 연구는 1980년대에 비해 저조하고 발표된 논문 수도 적은 편이다. 그 원
인은 분명치 않으나 전국적인 발굴조사와 관련 자료가 양적으로 증가하면서 즐문토기 중

심으로 한 형식분류와 편년 그리고 이를 바탕으로 한 신석기문화의 변천과정 연구, 생업과 생산활동에 관한 분석 등 다양한 분야에 걸친 연구가 활발하게 진행되면서 상대적으로 석기에 대한 관심이 적었던 것이 아닌가 한다. 그러나 이시기에는 앞 시기에 비해 고산리유적을 비롯한 단위유적 출토 석기에 대한 분석적 연구가 활발히 진행된 것이 특징이라고 할 수 있다.

이 시기에 발표된 논문으로는 제주도 고산리유적 등 단위유적 석기를 분석한 이청규·고재원(1995), 고재원(1996a, 1996b), 하인수(1991, 1996)의 논고가 있으며, 개별 기종 분석으로는 장명수(1991), 김건수(1999)의 어로구, 박준범(1998)의 한강유역의 석촉 연구가 있다. 그밖에 기존 자료를 종합적으로 정리하여 우리나라 지역별 석기를 개괄적으로 검토한 신숙정(1997)과 석기 연구는 아니지만 그 소재인 흑요석을 이학적으로 분석한 논고도 있다(이선복·이용일 1996; 이철·김승원·김규호·강형태 1991).

2000년대 들어서면서 석기 연구는 관련 연구자가 증가하면서 석기의 중요성과 관심이 높아지고, 주제도 매우 다양화된다. 이 시기에는 전체 석기 연구에서 37.6%를 차지할 정도로 많은 논문이 발표되었으며, 생업활동과 생계문제에 대한 관심이 증가하면서 석기조성을 통한 생업 연구와 석부, 농경구, 어로구, 수렵구, 옥기 등 기종별 연구가 증가하는 양상을 보인다.

특히 이 시기 연구 중에서 32%의 비율을 차지하는 생업과 석기조성 연구는 앞 시기에는 전혀 검토되지 않았던 새로운 연구 현상으로 볼 수 있는데, 그것은 전국 각지에서 발굴된 다양한 유적에서 다량의 석기가 출토되고 이전에 자료 부족으로 접근하기 어려웠던 생계유형과 생업환경 복원이 가능했기 때문이라 생각된다. 이밖에 기존에 단순히 형태적 특징만으로 용도와 기능을 유추한 방법론을 벗어나 석기의 사용흔 관찰을 통한 기능 분석이 시도되고 타제석기를 중심으로 한 석기제작 방법과 기술에 대한 연구도 구체적으로 진행되기 시작한다.

석기의 기종별 연구는 앞 시기에 이어 여전이 주요 연구 주제로 많은 논문이 발표되며 이밖에 시기별, 지역별, 단위 유적별 검토와 이를 종합적으로 분석한 생업, 생산연구, 석기의 제작기법, 사용흔을 통한 기능 연구, 석재 산지분석과 교역 및 생산문제 등 다방면에 걸쳐 연구가 진행되기 시작한다. 이 시기에 이루어진 석기 연구 현황을 편의상 주제별로 간단히 살펴보면 다음과 같다.

석기의 개론적 연구로는 하인수(2009)의 논고가 있으며, 기종별 석기의 분석적 연구로는 김선지(2000)와 윤지연(2006)의 마제석부, 西谷正(2002), 上條信彦(2005)의 제분구(갈돌·갈판), 고동순(2006), 이동주(2010), 박근태(2006), 강창화(2009), 박준범(2006)의 석촉, 木村幾多郎(2002), 김충배(2003), 하인수(2006, 2009), 천성주(2010)의 결합식조침, 신종환(2006)과 김경규(2003)의 어망추, 이헌종(2000), 한창균(2000), 신숙정·손기언(2002)의 타제석기, 中山淸隆(2004, 2009a, 2009b), 이상균(2007), 임승경(2003)의 옥기 논고가 있다.

지역별 석기연구로는 중서부지역 석기를 종합적으로 검토한 임상택(2000)과 남해안지역의 석기군을 분석한 이상균(2003), 동해안지역의 석기를 검토한 하영중(2010)의 논문 등이 있다. 시기별 연구로는 제주 고산리유적을 중심으로 초기(초창기) 석기를 검토한 강창화(2006), 박근태(2009)와 즐문토기 단계의 석기 내용과 특징을 분석한 이동주(2003)의 논문이 있다.

범방, 대천리, 노래섬, 여서도 패총 등 단위유적 출토 석기의 특징과 기종을 분석한 연구로는 하인수(2010), 구자진(2004), 곽진선(2006), 이헌종·김건수(2008)의 논고가 있다. 석기조성 관계를 통해 생업과 생산활동, 취락의 생계방식, 패총의 기능 등을 분석한 연구로는 박준범(2007), 최종혁(2001, 2004, 2005, 2006), 이정재(2002), 이준정(2002), 구자진(2008, 2009) 정미란(2007), 임상택(2006) 등의 논문이 있다. 석기의 사용흔 분석을 통한 기능 연구와 제작방법 및 기술을 검토한 연구로는 김성욱(2007, 2008), 윤지연(2007), 김경진(2010), 윤정국(2009), 이헌종(2000), 장용준(2007)의 논고가 있다.

석기 소재의 자연과학적 연구로는 진안 갈머리·좌포리유적, 군산 노래섬패총 출토 석재 암종을 분석한 김주용·고상모·안승모·이영덕(2005)의 논고와 한반도 출토 흑요석제 석기와 소재의 산지를 분석한 高橋豊·河仁秀·小畑弘己 (2003), 김상태(2002), 조남철·강형태·정광용(2006), 小畑弘己(2003, 2004), 조남철(2005) 등의 연구가 있다. 이밖에 석기교류와 교역에 대한 고찰로는 범방유적 출토 화강편마암제 마제석부와 남해안지역의 흑요석의 교역문제를 검토한 하인수(2006, 2010)와 대마도 출토 조몬시대 마제석부의 교류를 검토한 板倉有大(2008)의 논고가 있다.,

2010년대 연구는 앞 시기의 분위기가 이어지면서 석기조성 분석을 통한 생업 연구가 32%(18편)를 차지하면서 주류를 이루고, 이어서 석부, 조침, 작살, 옥기 등 기종별 검토가 계속해서 석기 연구의 주요 주제를 차지한다.

특히 2011년에 한국신석기학회에서 주관한 〈신석기시대 석기의 지역성〉 문제를 다룬 학술대회가 개최되면서 그동안 단편적으로 검토된 지역별 석기 연구가 심화된다. 물론 석기의 지역적 연구는 앞 시기에도 있었으나 2010년대에 들어서면서 발표논문이 앞 시기 5%에서 14%로 양적으로 증가한다. 이밖에도 석기제작 기술과 기능, 산지분석, 시기별, 유적별 등 다양한 주제에 걸쳐 석기 연구가 진행되며, 광복후 현재까지 석기 연구의 현황과 과제, 연구 방향 등을 살펴 본 논고도 발표되었다.

2000년대의 석기 연구는 지금까지 개별적으로 진행되어 온 것을 종합하여 지역별 혹은 시기별 변화 양상을 고찰하고, 그동안 주목되지 않았던 석기조성과 기종구성을 통해 생업(생계)과 생산 등 사회경제적 문제까지 접근하고 있다는 점에서 이전의 연구 경향과는 다르다고 할 수 있다.

2010년대에 이루어진 석기 연구 현황을 주제별로 간단히 살펴보면 먼저 1980년대 廣瀨雄一(1985)의 연구사 검토 이후 광복 이후부터 현재까지 석기 연구 현황과 과제를 검토한 논고가 하인수((2011b), 윤정국(2015b)에 의해 발표되고, 개론적인 글로는 하인수(2011a)의 생업도구가 있다. 개별기종 연구로는 박성근(2012, 2013a)의 마제·타제석부, 최득준(2012, 2014)과 中尾篤志(2013)의 결합식조침, 이상규(2014)의 작살, 하재령(2015)의 첨두기, 하인수(2013), 지영배(2013), 임승경(2012a, 2012b)의 옥기에 대한 논고가 있다.

시기별 석기에 대한 검토 작업으로는 초창기 단계 석기 양상을 고찰한 박근태(2012), 단위유적의 석기 분석으로 후포리유적 마제석부를 검토한 박성근(2013b)의 논고가 있다.

지역별 연구로는 제주도 신석기시대 석기 양상, 남부내륙의 석기 변천과 양상, 중동부지역의 석기와 생업, 남해안지역의 석기 조성과 시기별 양상, 중서부지역의 석기조성과 생업, 동해안지역의 석기와 생업, 서해안의 석기 조합양상과 시기별 변화 양상을 고찰한 박근태(2011), 윤정국(2011, 2015), 곽진선(2011), 안성희(2011), 윤혜나(2011), 이정재(2011)의 논고가 있다.

석기 분석을 통한 생업 연구도 많은 논문이 발표되었는데, 대표적인 연구로는 최종혁(2012), 김은영(2012, 2014), 소상영(2012, 2013), 이영덕(2013, 2014), 유지인(2013), 이경아(2011), 조은하(2014) 등의 논고가 있으며, 전술한 윤혜나, 윤정국, 이정재 연구도 석기의 조성 분석을 통해 생업 형태를 고찰한 논문이다.

석기 제작방법과 분류체계, 용어문제를 검토한 것으로는 윤정국(2014, 2015a)과 박근태(2014)의 논고가 있으며, 석기의 기술적 문제는 보령 송학리패총 뗀석기의 분석한 김영

준·김경진·이한주(2015)의 논문이 있다. 석기의 사용흔과 기능 등 실험적 분석 연구로
는 석영계석기의 사용흔 분석(김경진 2012), 뗀석기의 변형에 대한 실험적 분석(박성진
2012), 찔개살의 제작과 실험(최경용·문수균 2013), 망치형석기의 기능(김영준·김소영
2012)을 고찰한 논고가 있다.

　이밖에 석재 산지의 분석적 연구로는 문암리유적의 석기 원산지를 추정한 조미순·박윤
정·좌용주(2013)의 논고와 흑요석제 석기의 지구과학적 자료를 검토한 좌용주·조미순
(2013), 좌용주(2013)의 연구가 있다.

　이상에서 우리나라 신석기시대 석기연구 흐름을 시기별로 간략하게 살펴보았는데, 광복
이후 1970년대까지는 석기에 대한 인식 부족과 전문 연구자의 부재로 이렇다 할 연구와 성
과가 없었다. 그러나 1980년대 이후 남해안지역을 중심으로 패총유적 발굴이 증가하고 이
에 대한 관심이 확대되면서 연구 분위기가 고조되기 시작한다. 1990년대부터는 신석기 전
공자가 증가하고 석기 연구에 인식이 제고되면서 이전보다 다양한 주제에 걸쳐 많은 성과
를 얻게 된다. 이러한 연구 성과와 분위기는 2000년대로 이어진다.

2. 주제별 연구 현황

〈표1〉에서 보는 바와 같이 석기 연구는 자료 소개를 제외하고 연구 내용과 대상에 따라 11
개 주제로 구분할 수 있다. 관점에 따라 주제를 세분하거나 통합도 가능하지만 대체로 현
재까지 석기 연구 경향은 〈표1〉의 범주에서 이해할 수 있을 것이다.

　〈표1〉의 통계 수치를 그대로 이해한다면 32%를 차지하는 기종별 석기 분석이 지금까지
주요 연구 주제라고 할 수 있으며, 다음으로 비중이 높은 주제는 2000년 이후 급증하는 석
기조성을 통한 생업에 관한 연구이다. 이어서 단위 유적별 석기 연구와 지역별, 석기제작
기술·기능 등에 관한 연구가 이어지며, 석기의 생산과 교역, 시기별 석기 양상을 종합적으
로 검토한 논고는 3% 미만으로 매우 저조한 편이다. 현 시점에서 볼 때 향후 시기별 석기
연구와 석기의 생산과 유통 및 교류 문제에 대해 많은 관심과 연구가 뒤따라야 할 것으로
보인다.

　그러면 본 절에서는 전술한 시기별 석기 연구 현황을 광복 이후부터 주제별로 나누어 좀
더 구체적으로 살펴보기로 한다.

　광복 이후 신석기고고학의 역사가 70년을 맞이하지만, 석기의 개론적인 연구서라든가

논문은 매우 적다. 앞서 언급한 바와 같이 광복 이후 우리 손으로 신석기 유적이 발굴되고 석기 자료가 증가하지만, 1970년대까지는 한국 선사시대를 개관하는 가운데 석기의 종류를 분류하거나 유적별 혹은 기종별 특징을 간단히 설명하는데 그치고 체계적으로 정리한 논고는 없는 실정이다(도유호 1961; 金廷鶴 1972; 최무장 1976). 이 중에서도 최무장의 논고는 한반도 선사시대 석기를 검토하면서 소략하지만 신석기시대를 초기, 중기, 후기로 삼분하고 시기별로 유적에서 출토되는 석기의 종류와 형태 등을 개괄적으로 다루고 있다.

1980~1990년대에 들어서면서 김원용(1981)과 황용훈(1983), 한영희(1994), 신숙정(1997)에 의해 보다 진전된 개론적인 논고가 발표되는데. 김원용(1981)과 황용훈(1983)의 연구는 분석적인 논고라기보다는 당시까지 조사된 석기 자료를 시기별 혹은 지역별로 종류와 특징을 개괄적으로 살펴본 것인데, 특히 황용훈은 시기별로 석기의 양상을 비교적 상세히 검토하면서 당시에 관심을 가지지 않았던 암사동과 미사리유적의 격지석기와 서포항 석기에 대해 분석하고 있다. 양자의 논고가 비록 개괄적인 검토에 지나지 않지만 우리나라 신석기시대 석기를 전반적으로 다루고 있다는 점에서 연구사적으로 의미가 있다.

신숙정의 논고는 우리나라 신석기시대 석기와 골각기를 검토하면서 석기를 남해안, 강원도, 중서부, 동북지역 등 지역별로 구분하여 그 양상을 개론적으로 다루고 있으며, 한영희의 논고는 신석기시대 사회와 문화를 개괄하는 가운데 석기를 어로용, 수렵용, 농경용, 일상용구 등 용도별로 분류하여 간략하게 살펴본 것이다.

2000년대 들어서면서 하인수(2005, 2009, 2011)에 의해 신석기시대 석기의 전반적인 양상을 검토한 개론적인 글이 발표되는데. 하인수의 논고는 생업활동과 관련하여 석기를 용도별로 분류하고 석재의 종류, 제작기술, 개별 기종의 특징과 시기별 석기양상 등을 구체적으로 검토하였다.

이상이 현재까지 제출된 석기의 개론적인 논고이다. 전술한 바와 같이 대부분 신석기시대를 전반적으로 다루는 글에서 부분적으로 취급된 정도이고, 그 내용도 소략한 편이다. 현재까지 제출된 석기 관련 글과 논고가 200편 정도에 이를 정도로 많은 성과가 축적되었음에도 불구하고 아직 신석기시대 석기문화를 이해하고 학습할 수 있는 적당한 개론서가 없다는 점에서 연구자 모두가 되돌아 볼 필요가 있다. 그런 의미에서 본서의 〈신석기시대 석기론〉은 앞으로 우리나라 석기문화를 이해하고 연구하는데 기초 자료가 될 것으로 기대된다.

다음은 가장 많은 논고가 발표된 기종별 석기의 연구 현황에 대해 편의상 농경구, 어로

수, 수렵구, 가공구, 옥기 등 용도별로 구분하여 연구 내용과 의미에 대해 살펴보고자 한다.

석제 농경구는 일제 강점기부터 연구자의 관심이 높아 이에 대한 검토가 있어 왔으나(甲元眞之 1988), 광복 이후에는 의외로 구체적인 연구가 적은 편이었다. 그런 측면에서 본다면 有光敎一(1953)의 갈돌, 갈판에 대한 연구는 당시로써는 비교적 구체적인 분석과 고찰이 이루어진 논문이라고 할 수 있다. 有光敎一의 논고는 신석기시대 대표적인 석기인 갈돌, 갈판을 사용 방법에 따라 2종류로 나누고 그 성격과 계통문제를 분석한 것인데, 비록 일인 연구자에 이루어진 연구지만 신석기시대 석기에 대한 최초의 분석적인 연구라는 점에서 학사적으로 의미가 있다.

有光敎一 연구 이후 최무장(1976), 지건길·안승모(1983), 길경택(1985), 甲元眞之(1988), 안승모(1987, 1988), 임상택(2000), 西谷正(2002), 上條信彦(2005) 등에 의해 석제 농경구에 대한 논고가 발표되는데, 이들 논고는 농경구 전체를 대상으로 한 연구가 아니고 갈돌, 갈판, 보습 등의 일부 기종을 중심으로 분류와 특징을 검토하거나 선사농경 문제를 검토하는 가운데 농구에 대해 약간의 고찰을 가한 정도이다.

최무장은 한중 선사시대 농구를 개괄적으로 검토하면서 신석기시대 석기도 다루고 있다. 지탑리, 궁산, 호곡동유적의 갈돌, 갈판, 곰배괭이, 석겸 등을 소개하는 정도이지만, 결합식 작살인 석거를 수확구로, 반월형석도를 신석기시대로 인식하고 있는 문제점도 보인다.

안승모의 연구는 한반도를 대상으로 한 것은 아니지만 북중국의 석제 농구와 수확구를 검토하는 가운데, 요서지역 석제농경구를 기종과 형식별로 분류하고 아울러한반도 타제석부류의 기능도 고찰하였다. 甲元眞之의 논고는 동아시아 석제 농경구의 실태를 지역별로 고찰하면서 서포항, 지탑리유적 출토 갈돌, 갈판, 석겸, 따비형석기 등을 분석하여 한반도 신석기시대 초기 농경문제를 검토한 것이다. 임상택은 중서부지역 석기를 전반적으로 검토하는 가운데 타제석부류(따비형과 괭이형)와 갈돌, 갈판의 형식적인 특징을 비교적 구체적으로 고찰하였는데, 특히 갈돌의 단면 속성에 따라 4류로 나누고 시간의 흐름에 따라 갈돌과 갈판의 크기가 커지는 경향을 지적하고 있다.

西谷正(2002)과 上條信彦(2005)의 논고는 신석기시대 제분구인 갈돌, 갈판을 고찰한 것이다. 上條信彦은 한반도와 일본 북부 구주에서 출토되는 제분 가공구의 속성 분석을 통해 시간적, 공간적 분포 양상을 검토하였고, 西谷正은 중국, 일본, 한국 출토 안형마구(鞍形磨臼)의 비교 분석을 통해 초기 농경문제를 다루었다.

한반도 초기 농경에 대한 연구는 조, 기장 등의 탄화곡물의 전국적인 출토 양상과 토기 압흔 분석결과 조기에서 말기까지 조, 기장의 압흔이 검출되면서 기존과 인식과 다른 양상으로 진행되고 있다. 이에 반해 농경구에 대한 구체적으로 분석 한 논문은 의외로 적다고 할 수 있다. 한반도 잡곡 농경의 실상과 그 성격을 구체적으로 이해하기 위해서는 지금까지의 단편적인 분석이 아니라 농경구 전반에 대한 구체적인 종합적인 연구가 필요할 것으로 생각된다.

개별 기종 연구에서 가장 많은 논고가 발표된 것이 어로구 논문이다. 어로 활동이 신석기시대 생업에서 차지하는 비중이 높은데 원인도 있지만, 1980년대 이후 패총유적의 조사가 증가하고 다량의 어로구가 출토되는 양상과도 관련이 있다고 생각된다. 어로구 중에서 가장 많은 논고가 발표된 것은 결합식조침이다.

결합식조침은 일제 강점기에 조사된 동삼동패총에서 처음으로 발견되었으나 주목을 받지 못하고 1981년부터 1983년까지 서울대박물관에서 조사한 오산리유적에서 다량으로 출토되면서 관심을 받게 된다(임효재·권학수 1984). 그러나 국내에서 구체적인 연구는 진행되지 않았고, 일본의 渡邊 誠(1985)이 일본 西北九州의 승문시대 어로문화를 검토하면서 오산리유적 출토품을 표식으로 하는 조침을 오산리형조침으로 명명하였다. 그는 서북구주형 조침의 계통을 오산리형에서 찾았다.

이후 장명수(1991)는 석사학위논문에서 신석기시대 어구를 종합적으로 검토하여 결합식조침을 축부와 침부로 나누고 형식분류와 편년을 시도하였다. 특히 석제 축부를 형태에 따라 면결합식직축과 면결합식곡축으로 분류하였다. 장명수의 논고는 그 당시까지 만해도 연구자의 관심을 끌지 못했던 우리나라 신석기시대 어로구를 종합적으로 분석하고 분류, 편년했다는 점에서 학사적으로 의미가 있다.

1990년대 들어 남해안지역에서 패총유적의 조사가 증가하고 결합식조침이 다량으로 출토됨에 따라 하인수(1996)는 범방패총 출토 결합조침을 중심으로 기존에 오산리형조침으로 일괄되어 온 결합식조침에는 결합부의 형식적 특징에 따라 따라 여러 형식이 존재하고 있음을 파악하고 축부의 속성과 범방패총의 층위를 기초로 4형식으로 나누고 편년과 계통관계를 고찰하였다. 이후 범방유적 조사와 동남해안지역 어로구를 검토하면서 기존의 견해를 수정, 보완하여 동해안의 오산리형(동해안식)과 분포상, 형식상 구분되는 결합식조침을 범방형조침(남해안식)으로 명명하였다(하인수 2006, 2009, 2010, 2011c)

한국 선사·고대 어로문화를 종합적으로 연구한 김건수(1999)는 결합식조침를 구체적으로 분석하지 않았으나 형식적인 특징에 따라 오산리형, 상노대도형, 연대도형, 송도형으로 분류하였다. 한반도 결합식조침을 종합적 정리·분석한 것은 김충배(2003)의 논고인데, 기존에 단편적으로 연구되었던 조침을 종합적으로 분석하여 분류하고 시기별 분포와 특성, 기능 등을 고찰하였다.

최근 들어 천성주(2010)와 최득준(2012, 2014)에 의해 기존의 논지를 보완하거나 다른 관점에서 분석한 논고가 발표되는데, 천성주는 조침의 속성분석을 통해 형식분류와 시기별 분포양상, 변천과정 등을 고찰하였다. 최득준은 한반도 결합식조침을 축의 평면, 결합면, 결구형태 등 세부 속성을 조합하여 형식을 설정하고 이를 기초로 지역권 설정과 지역별 전개양상을 분석하였는데, 특히 지역에 따라 발생과 전개 과정이 다름을 지적하였다. 이어서 결합식조침 중 축부 결합면에 홈이 있는 조침의 분류와 편년, 지역성 등을 고찰한 논문을 발표하였다(최득준 2014). 최득준의 논고는 김충배의 종합적인 분석 이후 그간의 연구 성과와 자료를 종합한 새로운 연구라고 할 수 있지만 논지 전개와 지역성 설정, 축과 침부의 결합형태 등에 대한 사실 관계 검증이 부족한 점도 있다.

일인 연구자의 연구로는 木村幾多郎(2002), 中尾篤志(2013)의 논고가 있다. 木村幾多郎은 한국 신석기시대 결합식조침의 축부를 장착방식을 기준으로 크게 평탄면접착형과 교차형으로 대별하고 기능적 형태차를 고려하여 편년을 시도하였다. 木村幾多郎의 분류와 편년에는 검토의 여지도 있지만 기존의 방법과 다른 기능적인 측면에서 분류하고 있다는 점과 이를 기초로 구주지역 조침과 비교하여 대마도를 중심으로 문화적 경계가 존재할 가능성을 제기한 점은 의미가 있다고 할 수 있다. 中尾篤志의 논고는 한국 결합식조침을 구체적으로 분석하지 않았지만, 결합방식의 비교 검토를 통해 당시 한일 교류 관계를 고찰하였다.

조침과 함께 신석기시대 대표적인 어로구인 어망추에 대한 연구는 전술한 장명수(1991)의 논고가 처음이다. 그는 어망추의 형태적 속성을 기준으로 사결역석추, 양결역석추, 유구석추로 분류하고 각 형식의 유적별 출토양상을 검토하여 편년을 시도하였다. 편년 부분은 현재의 시점에서 본다면 문제가 있지만, 그동안 관심을 갖지 않았던 어망추를 집성하여 구체적으로 분석하였다는 점에서 학사적으로 평가할 수 있다.

장명수의 논고 이후 어망추에 대한 연구로는 김건수(1996)의 논고가 있다. 김건수는 우리나라 선사·고대 어로문화를 종합적으로 고찰하면서 신석기시대 어망추를 간단히 다루고 있다. 그는 신석기시대시대에 유적에서 일반적으로 출토되는 자갈돌 양단에 홈을 낸 역석추는 편물추의 기능도 발휘할 수 있기 때문에 역석추를 모두 어망추로 보기 어렵다는 견해를 제시하고 이를 제외한 어망추를 형태적 특징에 따라 유구석추와 절목석추로 분류하였다.

이에 대해 신석기시대 내륙지역의 어로문화를 고찰한 신종환(2006)은 김건수가 제기한 역석추의 편직용일 가능성에 대해 문제를 제기하고 역석추의 출토상태, 크기와 무게, 형태 등으로 보아 어망추로 사용되었음을 분명히 하고 있다. 그리고 내륙지역 출토 어망추의 출토상태와 속성 분석을 통해 어망추의 결구 방법과 어망의 형태를 추론 복원하고 유적 환경에 따라 어망의 형태 차가 있음을 지적하였다.

이밖에 어망추를 분석한 고찰은 김경규(2003)와 이영덕(2006)의 논고가 있다. 김경규의 논고는 장명수 이후 한반도 출토 신석기시대 어망추를 종합적으로 집성하여 기존의 연구 성과를 검토하고 형식분류와 공간적, 시간적 분포 양상을 고찰하여 하천과 해안지역의 어망 형태 복원을 시도한 점에서 의미가 있다. 이영덕은 어망추를 구체적으로 분석하지 않았지만, 서해안지역의 어망추가 대형이고 중량이 무거운 점에서 조차를 이용한 함정어로 즉 개막이그물류에 사용되었을 것으로 추정하였다.

어망추는 형태가 단순하고 신석기시대 대부분의 유적에서 출토되고 있기 때문에 의외로 연구자의 관심과 연구가 적었던 것으로 생각된다. 어망의 부속구인 석추만 남아 있어 어망의 형태와 구조를 알 수 없는 상황에서 구체적인 분석이 어려운 점도 있지만 유적의 환경과 출토양상, 어망추의 제속성을 면밀히 분석한다면 어망추를 통한 당시의 어로 활동과 생계 방식을 어느 정도 이해할 수 있다는 점에서 앞으로 연구가 진전되어야 할 것으로 생각된다.

이밖에 석제 작살에 대한 연구로는 장명수(1991), 하인수(2006), 최경용·문수균(2013), 이상규(2014) 등의 논고가 있다. 이들 논고 중 이상규의 논문을 제외하고는 어로구를 고찰하는 가운데 석제작살의 분류와 특징, 기능 등을 고찰한 것이다. 장명수는 형태에 따라 만저, 용저, 양익, 거치, 석거 조합형으로 분류하고, 하인수는 동남해안지역의 어로구를 분석하면서 석제 작살을 단식과 결합식작살, 수렵 겸용의 대형작살로 나누어 형식적 특징을 고찰하였다.

이상규의 논고는 한반도 해안지역 작살을 종합적으로 검토하면서 석제 작살을 형태적 특징에 따라 석촉형, 석거형, 석창형으로 분류하고 시간적 변화과정을 고찰한 것이다. 골제 작살과 함께 분석되었지만 신석기시대 작살에 대한 단독 논문이라는 점에서 의미가 있다. 최경용·문수균은 마제 작살(찔개살)을 평면 형태를 기준으로 분류와 중심 연대를 검토하고 이를 기초로 제작 및 어획실험을 통해 그 용도를 1차 사냥용보다는 획득된 대상의 2차 수습도구일 가능성을 제기하였다.

　석제 작살 역시 신석기시대 대표적인 어로구임에도 불구하고 석제 작살만을 다룬 연구 논문은 없는 실정이다. 석제 작살이 지역의 생업 환경에 따라 시기적으로 다양한 형태가 존재하고 있다는 점에서 앞으로 이에 대한 구체적인 연구가 필요할 것으로 보인다.

　다음은 수렵구인 석촉의 연구로는 박준범(1998, 2006), 박근태(2006), 고동순(2006), 강창화(2009), 이동주(2010)의 논문이 있다. 박준범의 논고는 선사시대 한강유역의 석촉을 형식분류와 통계학적인 방법을 이용하여 분석하고, 신석기시대 석촉의 형식설정과 분포상의 특징을 검토한 것이다. 고동순은 동해안지역의 최근 발굴 성과를 바탕으로 마제석촉을 4형식으로 나누고 시기별 변화과정을 고찰하였고, 이동주는 마제석촉의 형식분류를 통해 지역별 편년과 상호 관련성을 검토하여 한반도 전체 마제석촉의 편년과 계보를 살펴보았다. 박근태(2006)는 고산리유적의 타제석촉 제작기법과 형태적 특징을 분석하고 3단계로 편년하였으며, 강창화 역시 고산리유적 출토 석촉의 형식과 변화 관계를 검토하였다.

　생계 유형과 취락 내에서 일상생활을 이해하는데 중요한 지표가 되는 가공구에 대한 연구는 앞에서 언급한 갈돌, 갈판을 제외하고 생업 연구의 보조적인 수단으로서 분석한 정도이고(최종혁 2005; 김은영 2012; 윤혜나 2011; 이경아 2011; 이정재 2011; 윤정국 2015b) 식료·조리·도구 제작 등 가공구 전반에 걸친 종합적인 연구는 이루어지지 않았다. 그러나 벌목 혹은 목재 가공용의 석부 연구는 전영래(1979), 김선지(2000), 윤지연(2006), 박성근(2012, 2013, 2013)의 논고가 있다.

　전영래의 논고는 계화도 산상유적 출토 유물을 보고하면서, 그 동안에 관심이 적었던 소형 석부 즉 옥부에 대해 주변지역과의 비교 검토하여 그 성격을 고찰한 것이다. 김선지의 연구는 남해안지역을 중심으로 하였지만, 우리나라에서 처음으로 마제석부의 형식분류와 기능을 검토하여 석부의 시기별 변화 양상을 고찰하였다는데 의미가 있으며, 특히 유적의 성격과 공반유물의 출토맥락을 분석하여 석부가 도구제작, 자원획득, 처리, 굴지구 등 다용도로 사용되었을 가능성을 제기하였다. 윤지연은 중서부지역을 중심으로 석부의 형식분류와 사용흔 분석을 통해 기능을 추정하고 이를 기초로 석부를 굴지구, 목공구, 벌목구로 나누어 시기별 변화 양상을 고찰하였다. 그러나 사용흔 분석을 통해 기능을 일반화하는데 보다 구체적인 실험적 연구가 뒤따라야 할 것으로 보인다.

　박성근은 남부지역 마제석부를 종합적으로 분석하여 석부의 시기별 양상과 변화상을 검토하고 석부의 분포상을 통해 지역권을 설정하였다. 박성근의 논고는 기존의 연구 성과를 바탕으로 석부를 구체적으로 고찰하였다는 점에서 의미가 있으나 마제석부에 기능과 성격이 전혀 다른 타제석부를 포함하여 분석하였다는 점에서 재론의 여지가 있다. 이밖에 석부를 구체적으로 분석한 것은 아니지만, 중서부지역 석기를 검토하면서 석부를 분류한 임상택(2000)과 후포리유적의 마제석부를 검토한 박성근(2013)의 논고가 있다.

타제석기 연구로는 제주 고산리유적의 타제석기의 형태적 특징을 분석한 고재원(1996a, 1997), 호남지역 신석기시대 타제석기 제작기법의 제양상을 분석한 이헌종(2000), 북한의 선사시대 뗀석기를 종합적으로 검토한 한창균(2000), 오산리유적을 중심으로 강원지방의 뗀석기 연구한 신숙정·손기언(2002)의 논고가 대표적이며, 특히 신숙정·손기언은 신석기시대 타제(뗀)석기가 아직 분류기준과 제작수법, 명칭 등이 체계화되어 있지 않음을 지적하고 타제석기 연구가 시급함을 강조하였다. 그동안 석기 연구가 주로 성형석기를 중심으로 진행되어 타제석기류가 소홀하게 취급되어 왔던 점에 비추어 본다면 이들의 논고는 의미가 있다고 하겠다.

이밖에 기존에 자돌구, 석촉, 작살, 찔개살, 석창으로 분류되어 왔던 석기를 첨두형석기로 일괄하여 타제와 마제로 대별하고 세부속성에 따라 형식분류와 이를 기초로 지역별 출토 양상과 시기별 변화상을 고찰한 하재령(2015)의 논고와 한반도를 포함한 극동지역의 신석기시대 흑요석 산지를 분석해 흑요석 이용문제를 분석한 小畑弘己(2003, 2004)의 논문이 있다. 흑요석 석기에 대한 구체적인 검토는 이루어지지 않았지만, 일찍이 황기덕(1962)은 두만강유역의 신석기문화를 검토하면서 농포동유적의 흑요석제 석기가 타 유적에 비해 규모와 수량이 월등히 많고, 대부분 미완성품인 점을 들어 인접 지역에 공급하기 위한 원료 상품으로서 제작되었을 가능성을 제기하였다.

신석기시대 옥기는 그 동안 유적에서 출토 사례와 자료가 적어 계통과 출현과정, 옥기의 형식적 특징과 편년 등 구체적인 연구 진행되지 않았지만, 최근 들어 분묘유적을 비롯하여 패총유적에서 이식을 비롯한 다양한 옥기류가 출토되면서 이에 대한 논문이 발표되고 있다.

현재까지 발표된 옥기 연구로는 결상이식을 중심으로 한 특정 기종과 계통을 중심으로 분석한 中山淸隆(2004, 2009a, 2009b), 하인수(2013), 국립문화재연구소(2004), 김은영(2007), 임승경(2012a, 2012b)의 논고와 석제장신구를 포함하여 개략적으로 옥기를 검토한 이상균(2007), 지영배(2013)의 논고가 있다. 이밖에 일본열도의 결상이식의 계통과 기원문제, 중국 동북지역 옥문화의 확산 및 전파와 관련하여 한반도 옥기를 간접적으로 다룬 중국과 일본 연구자의 논문도 있다(하인수 2013).

문암리유적 보고자인 김성범, 박윤정 등은 02-3호묘 출토 결상이식을 검토하면서 문암리출토품은 일본 조몬문화의 것과 다르고 매장품습, 재질, 형태적 특징 등에서 중국 동북지역이나 연해주지역과 유사하다는 점에서 반입되었을 가능성이 높다는 의견을 제시하였다. 이상균은 한반도의 옥기 양상을 중국 옥기문화와 비교하여 개괄적으로 검토하고 한반도 옥기문화의 기원을 신석기조·전기의 시점에서 중국 요하유역의 영향 하에 성립된 것으로 추정하였다.

김은영은 동해안지역 고성 문암리유적을 중심으로 평저토기를 고찰하면서 문암리 출토 결상이식의 결구제작 방법과 제작지 문제를 검토하고 있다. 그는 한반도 결상이식이 일본 구주지역과 거의 비슷한 시기에 발생할 가능성이 높고 결구제작에 찰절기법의 제일성이 보이기 때문에 조몬문화로 부터 전해졌을 가능성이 낮다고 주장하였다.

中山淸隆은 일찍부터 한반도의 옥기에 대해 관심을 가지고 결상이식과 옥기문화의 계통문제를 집중적으로 검토하였는데, 그의 일련의 연구는 한반도 옥기문화 성립과 계통문제를 이해하는 많은 참고 된다. 그의 논지는 한반도에 기본적으로 결상이식이 존재하지 않는다는 전제하에 문암리, 동삼동, 안도, 사촌리유적 결상이식은 일본열도에서 반입되었을 것으로 보았다. 한반도 결상이식을 처음으로 종합 검토한 임승경은 형태적 특징을 통해 남부지역 결상이식은 일본, 중국 장강, 중국동북의 주변지역으로부터 유입되었을 것으로 추정하였다.

지영배는 한반도 신석기시대 장신구와 이형유물의 양상과 변천과정을 고찰하면서 석제수식과 결상이식을 형식 분류하고 편년을 시도하였는데, 특히 결상이식을 평면형태에 따라 3유형으로 나누고 다시 세부 속성에 따라 여러 형식으로 세분하고 있다. 하인수(2013)는 최근까지 출토된 한반도 옥기의 기종별 특징과 성격을 종합적으로 검토하고 옥기의 시기별 양상과 계통 문제를 고찰하였다.

한반도 옥기 연구는 그 동안 주로 결상이식을 중심으로 그 성격과 계통문제에 치중하여 단편적으로 검토되어 왔고 구체적이고 종합적인 논의는 거의 이루어지지 않았다고 할 수 있다. 최근 전국 각지에서 다양한 형태의 옥기자료가 증가하는 추세에 비추어 본다면 신석기시대 옥기에 대해 출현시기와 계통문제를 포함하여 옥문화의 성립과 전개 과정에 대한 본격적인 검토와 논의가 필요하다고 생각된다.

단위유적 출토 석기의 대한 연구로는 암사동(김원용 1962), 계화도(전영래 1979), 상노대도(장호수 1982, 1988; 손보기 1982; 廣瀬雄一 1984), 고산리(고재원·이청규 1995; 고재원 1996; 강창화 2006), 대천리(구자진 2006), 노래섬(곽진선 2006), 범방(하인수

2010), 후포리(박성근 2013), 여서도유적(이헌종·김건수 2008)의 석기에 대한 분석적 논고가 있다.

김원용과 전영래의 논고는 암사동과 계화도유적 출토 석기에 대한 소개와 약간의 고찰을 한 정도이다. 장호수의 논고는 상노대도패총 출토 타제석기의 제작수법과 종류, 쓰임새 등을 구체적으로 분석하고 상노대도 석기문화를 5기로 구분한 것인데, 상노대도 석기조성과 유적에서 나타나는 석기의 실태에 대한 종합적인 검토는 이루어지지 않았지만 단위유적 출토 석기를 처음으로 구체적으로 연구하였다는 점에서 의미가 있다. 廣瀬雄一는 동아대박물관에서 발굴한 상노대도유적 보고서에서 다루지 않았던 박편을 분석하여 석기연구에 있어 박편석기의 중요성을 강조하기도 하였다.

고재원과 이청규의 논고는 1994년도에 발굴되어 우리나라 신석기시대 초창기의 유적으로 정착된 고산리유적의 타제석기류를 제작기법과 기종별로 분석하여 고산리 석기문화의 양상과 특징을 고찰한 것이며, 이러한 연구 성과는 후술하는 강창화의 연구로 이어져 한반도 신석기시대 초창기의 석기문화의 실상을 이해하는 기본 틀을 제공하게 된다.

구자진의 논고는 발굴보고서에서 다루지 못한 타제석부와 갈돌, 갈판 등을 기종별로 분석하여 석기의 자원 활용 영역을 고찰한 것이며, 하인수의 논고는 범방유적에서 다량으로 출토된 타제석부의 형식분류와 더불어 외래계 마제석부의 생산과 유통문제를 검토하였고, 특히 다양한 크기와 형태로 존재하는 타제석부의 기종분화는 식량자원 생산기술과 관련성이 있는 것으로 추정하였다.

곽진선은 노래섬패총에서 출토된 석기를 종합적으로 분석하고 시기별 변화상을, 강창화는 고산리 신석기문화를 고찰하는 가운데 지금까지 단편적으로 연구되어 온 석기를 기종별로 분석하여 종합적으로 고찰하였다. 이헌종과 김건수는 여서도패총 출토 석기 중 타제석기의 기술 형태적 특징을 주변 지역의 사례 연구를 통해 검토하였고 박성근은 전술한 바와 같이 후포리 출토 마제석부를 분류하고 동해안지역 시기별 석부상을 고찰하였다.

다음은 시기별·지역별 석기 연구에 대해서 살펴보기로 하겠다. 시기별 석기연구는 의외로 연구 논문이 적은 편인데, 남부지역의 중기 석기를 분석한 이동주(2003a, 2003b)의 논고와 고산리유적을 중심으로 초창기 석기를 검토한 박근태(2009, 2012)의 연구 정도이다. 이동주는 일련의 논고를 통해 빗살무늬토기 단계(중기)의 마제석기를 기종별로 분석하여 지역별로 전개되는 빗살무늬토기의 상호 관련성과 발생, 확산과정을 고찰하였고, 박근태는 고산리유적 발굴 이후 최근 자료를 종합 기종별로 분석하고 석기 조합에 따른 유적 성격과 시기를 검토하여 초창기 단계의 석기 편년안을 제시하였다. 이밖에 특정 시기만을 대상으로 한 석기 연구는 아니지만, 후술하는 지역별 석기의 양상과 생업활동을 검토하면서 시기별 석기의 조성과 변화과정을 고찰한 논고들은 다수가 있다.

석기의 지역별 연구는 임상택(2000, 2001, 2006)에 의해 처음으로 기초적인 연구가 이루어지는데, 그의 논고는 중서부지역의 석기 조합상을 검토하고 개별 기종에 대한 형태 분석을 통해 시기별 변화 과정을 개괄적으로 검토하였다는 점에서 2000년 이후 다양화되는 석기연구의 촉진제가 되었다고 할 수 있다. 이후 남해안지역의 유적별 석기군의 특징과 양상을 검토하여 구주지역과의 관련성을 고찰한 이상균(2003)과 서울·경기·인천지역 출토 간석기를 검토한 박준범(2008), 중서부지역 석기 조성과 생업 형태를 고찰한 윤혜나(2011), 울진 죽변유적의 발굴 성과를 기초로 동해안지역 석기를 검토한 하영중(2010)의 논고가 발표된다. 이러한 지역성 연구는 2011년 한국고고학연합대회에서 신석기학회가 〈신석기시대 석기의 지역성〉이란 주제로 학술대회를 개최하면서 보다 구체화되고 활발히 진행된다.

곽진선(2011)은 군산 노래섬 출토 자료를 중심으로 서해안지역 석기 조합양상을 분석하여 석기의 변화상을 통한 시기별 생업형태를 검토하였고, 이정재(2011)는 오산리C유적 석기를 중심으로 조성 관계를 분석하여 생업경제 방식과 동해안지역 타유적 출토 석기와 비교 검토를 시도하였다. 윤정국(2011a, 2011b)은 그 동안 거의 연구가 진행되지 않았던 남부 내륙지역의 석기 양상을 석기분류와 제작 기술, 석기조성 관계 등을 통해 성격과 변천과정을, 안성희(2011)은 남해안지역의 시기별 석기조성과 특징을, 박근태(2011a, 2011b)는 제주도 신석기시대 석기 출토현황을 분석하여 시기별 특징과 생업경제의 변화를 고찰하였다.

최근 윤정국(2015)은 중동부지역 석기 자료를 집성하여 다양도 분석을 통해 기종별, 시기별 석기 양상을 검토하고 이를 바탕으로 생업의 변화상을 고찰한 논고를 발표하였다. 이상이 2000년대 들어 활발히 진행된 석기의 지역성 연구의 현황이다. 기존에 개별 기종을 중심으로 이루어진 연구에서 벗어나 석기조성과 이를 기초로 한 석기문화의 지역성 문제까지 연구 범위가 확대되고 있다는 점에서 매우 고무적인 일이라고 할 수 있다. 그러나 연구자에 따라 자료의 분석 방법과 유적과 유물에 대한 인식차가 커서 자료 해석상의 오류도 없지 않다. 이러한 점들은 향후 보완이 필요할 것으로 보인다.

그동안 연구가 거의 없었던 석기 제작기법과 기술적 검토에 대한 연구로는 이헌종(2000), 장용준(2007), 김영준·김경진·이한주(2015), 윤정국(2006, 2009, 2014, 2015)의 논고가 있다. 이헌종의 논고는 함평 당하산유적 출토 석기를 중심으로 석재의 채집전략과 제작기법의 기술적 측면을, 장용준의 논고는 선사시대 석기 분별 방법과 제작기법을 개괄적으로 검토한 것이다. 김영준·김경진·이한주의 연구는 보령 송학리패총 출토 땐석기의 제작과정의 기술적인 특성을 분석하고 사용흔 분석을 통해 석기 기능을 추론한 논고이다.

윤정국은 진그늘유적의 타제석기, 특히 타제석부의 제작기법을 구체적으로 분석하여 분류를 시도한 이래 일련의 논고에서, 석기의 제작방법과 기술체계를 등을 종합적으로 분석하였다. 최근 그의 박사 논문에서는 석기제작법과 시기별 특징, 석기제작 체계의 변천과정을 구체적으로 고찰하였다는 점에서 앞으로 석기의 제작기술 체계를 이해하는데 일조할 것으로 생각된다.

석기 사용흔 관찰 통한 석기의 기능 분석적 연구는 전술한 김영준 등(2015)의 논고 외에 김성욱(2007, 2008), 윤지연(2007), 김경진(2010, 2012), 김영준·김소영(2012)의 연구가 대표적이다. 윤지연은 신석기·청동기시대 석부의 사용흔을 분석하여 기능을 추정하고 이를 기초로 석부의 기능 분류를 시도하였다. 김성욱은 갈머리와 진그늘유적 출토 석기를 실험고고학적 방법으로 분석하여 농경구의 기능과 사용법을 고찰하였다. 특히 박편석기의 사용흔 광택면 분석 결과 벼과 식물의 이삭을 따거나 자르는 수확구로 사용되었을 가능성을 제기하였다는 점에서 시사하는 바가 크다.

김경진의 논고(2010) 중 〈석기 사용흔 분석과 기능연구〉는 석기에서 관찰되는 주요 흔적을 해석하기 위한 일반적인 방법론을 개론적으로 검토하여 한국 선사시대 석기의 사용흔 분석을 위해 인지해야 할 문제와 연구 방향등을 제시하였고, 2012년 논문에서는 석영계 석기의 사용흔 분석 방법을 고찰하였다. 김영준·김소영의 논고는 중서부지역의 운서동, 중산동유적 등에서 출토되는 망치형석기의 기능을 다양한 실험적 사례를 통해 식물재료의 가공보다는 석기제작 과정에서 쪼는 용도일 가능성을 추론한 것인데, 단순히 석기 형태만을 기준으로 기능과 용도를 판단한 기존의 연구방법에서 벗어나 사용 실험을 통해 용도를 추정하였다는 점에서 의미가 있다. 이밖에 뗀석기 변형 형태를 고고학적 실험을 통해 분석한 박성진(2012)의 연구도 있다.

석기의 교류 혹은 교역에 대한 연구는 남해안지역의 동삼동패총 흑요석을 중심으로 일제강점기부터 부분적으로 검토되었고 이후 남해안지역에서 출토되는 각종 흑요석이 구주의 腰岳 등으로 밝혀지면서 西谷正(1982)과 坂田邦洋(1982)에 의해 조몬문화와 교류(교역)의 관점에서 연구가 진행되었다. 이들의 연구는 기초적인 검토에 지나지 않지만, 한일 양

지역의 교류 문제를 넘어 교역 차원에서 남해안지역의 흑요석을 검토하였다는 점에서 의미가 있다.

최근 들어 후술하는 바와 같이 흑요석을 비롯한 석재의 산지분석이 증가하고 석기의 생산과 교역문제에 대한 관심이 이전에 비해 높아지지만, 주로 흑요석을 중심으로 대외적인 관점에서 검토되고 대내적으로는 석기의 생산과 유통이라는 측면에서 연구의 필요성을 제기하고 있는 정도이다. 전자의 연구로는 하인수(2006), 板倉有大(2008), 이상균(2003)의 논고가 있으며, 후자는 하인수(2010)와 임상택(2004)의 연구가 있다.

하인수는 남해안의 흑요석과 조개팔찌를 분석하여 흑요석의 유통과 교역문제를 구체적으로 검토하였고, 이상균은 남해안과 일본구주지역과의 석기 비교를 통해 양지역 교류문제를 고찰하였다. 板倉有大는 조몬시대 후기 유적인 대마도 사가(佐賀)패총의 마제석부를 분석하여 대마도산 함위력(含僞礫) 혼펠스제 석부가 한반도 남해안지역에 유통되었을 가능성을 타진하고, 남해안과 구주해안지역의 마제석부 교역문제를 제기하였다.

임상택과 하인수 논고(2010)는 석기의 교류, 교역문제를 재지에서 출토되는 외래계석기를 통해 석기의 유통망과 교역(교환)시스템에 대해 원론적으로 검토한 것인데, 특정 석기의 산지와 생산지 문제가 해결되지 않아 구체적인 연구로 진전되지 않고 있다.

석기 생산과 유통 연구의 기초적 작업인 석재의 산지 분석 연구도 2000년대 들어 활발히 진행된다, 대부분 분석 작업이 흑요석을 중심으로 이루어지지만, 유적 출토 암종 감정과 석기의 원산지 추정을 위한 분석 작업도 진행되고 있다. 흑요석의 산지 분석은 기존에는 일본인 연구자들에 의해 단편적으로 이루어지고 분석 수량도 적었으나 최근 연구는 국내 연구자에 의해서 단위 유적별 혹은 시기별로 다양한 분석 작업이 이루고 있다.

흑요석의 분석적 연구로는 이철·김승원·김규호·강형태(1991), 이선복·이용일(1996), 高橋豊·河仁秀·小畑弘己(2003), 조남철(2005), 조남철·강형태·정광용(2006), 좌용주(2013) 등의 논문이 있다. 이들의 연구는 흑요석의 지화학적 특성이나 미량성분원소 분석, 형광X선분석 등을 통해 원산지 동정과 분류를 시도한 것이다.

특히 高橋豊·河仁秀·小畑弘己의 연구는 형광X선분석을 통해 동삼동과 범방유적 출토 흑요석의 원산지가 일본 구주의 腰岳를 비롯한 針尾島, 淀姬 등 여러 지역의 산지에서 기원하며, 일본 구주지역으로부터 남해안지역에 유입되는 흑요석 루트와 교역망이 일원적이지 않고 다원적일 가능성을 제기하였다. 조남철은 미량성분을 이용한 산지 분류 결과 한반도 흑요석은 3개 그룹이 있으며, 이중 남부지역의 연대도, 욕지도, 동삼동, 상노대도, 송도 등의 흑요석은 일본의 腰岳産 외에 산지가 다른 그룹이 있음을 지적하였다. 조남철의 분석은 일본측 연구 결과와 비교·검토되지 않아 아쉬운 점도 없지 않으나 향후 남부지역 흑요석 연구에 기초 자료를 제공한다는 점에서 의미가 있다.

이밖에 한반도 흑요석제 석기와 원산지연구 현황의 검토(김상태 2002), 한반도 선사시대 흑요석제 석기에 대한 지구과학 자료의 분석 방법(좌용주·조미순 2013), 백두산 지역과 일본 규슈 지역에서 산출되는 흑요석 분석(진미은·문성우 외 2015), 자기적 특성을 이용한 한반도 흑요석의 분류 연구(조남철·박용희 외 2004) 등이 있다.

흑요석 이외에 유적 단위로 혹은 특정 석기에 대한 원산지 분석과 이를 기초로 한 석재 및 석기의 유통 연구는 흑요석에 비해 적은 편이지만, 진안 갈머리와 노래섬유적 등에서 출토된 석재의 암종 박편을 분석한 연구(김주용·고상모·안승모·이영덕 2005)와 문암리 유적 출토 석기의 재질을 분석하여 석기 종류에 따른 석재 사용 및 시기별 사용 변화를 검토하고 원산지 추정에 따른 석재의 수급과정을 고찰한 논고(조미순·박윤정·좌용주 2013)가 있다.

이상의 흑요석 분석과 석기 원산지 연구는 신석기시대 석기의 유통과 원거리 교역의 실질적인 증거를 확보할 수 있는 기초자료가 된다는 점에서 의미가 있으며 앞으로 분석 자료를 바탕으로 한 석기의 생산과 유통, 지역간 교류문제에 대한 연구도 진행되어야 할 것으로 생각된다.

이밖에 석기조성과 기종구성, 다양도 분석 등을 통해 생업 및 생계유형과 방식, 생산 활동 등을 고찰한 연구가 전술한 바와 같이 2000년 들어 활발히 진행된다. 이들 연구는 석기를 직접적으로 고찰한 것은 아니지만, 석기의 다양한 분석 장치를 이용해 생업활동과 생계유형 등을 연구하고 있다는 점에서 공통점이 있다. 그러면 주요 연구 내용을 주제별로 간략하게 살펴보면 다음과 같다.

석기조성 분석을 통해 가장 많아 연구된 주제가 생업과 생산 문제라고 할 수 있다. 특히 최종혁(2001, 2004, 2005, 2012)은 일련의 논고를 통해 석기뿐만 아니라 자연유물 및 골각기 등 도구 조성을 분석하여 어로민의 생계유형과 남부지역의 생업, 생산, 농경문제를 고찰하였다, 그동안 개별적으로 진행되어 온 석기 연구 성과를 종합하여 구체적으로 생업과 생계연구에 활용하였다는 점에 의미가 있다. 2005년 논고에서는 남부지방을 4개의 지역군으로 나누고 여기서 출토된 석기 조성관계를 농경 문제를 구체적으로 검토하였다.

박준범(2007)은 중서부지역의 주거, 패총유적에서 출토된 석기를 기종별로 분류하고 이를 기초로 생업활동의 형태와 특징을 개괄적으로 고찰하였고, 宮本一夫는 중국 화북형 농경 석기를 분석하여 한반도 잡곡 농경문화의 확산과 전파과정을 검토하였다. 특히 한반도 중부지역에서 보이는 지탑리형 갈판, 갈돌과 굴지구 세트는 화북형 잡곡농경문화의 확산을 의미하는 것으로 해석하였다.

전술한 이정재(2011)는 오산리유적을 중심으로 석기조성 관계를 통해 생업방식을 복원하였고, 윤정국(2015c)은 석기의 다양도 분석과 기종별 변화양상을 통해 중동부지역의 생업 특성과 변천과정을 고찰하였다. 이경아(2011)은 중서부지역의 도구의 조합관계를 분석하여 생업의 변천과정을, 윤혜나는 한국 중서부지역 석기 조성을 분석하여 지역별, 시기별 생업활동의 특징을, 임상택(2006)은 박사학위 논문에서 석기조성 관계를 시기별로 분석하고 생업상과 관련하여 검토하였다

석기 분석을 통해 생계유형 및 생활, 취락체계, 구조 등을 분석한 연구로는 田中聰一(2000), 최종혁(2006), 구자진(2008, 2009), 김은영(2012, 2014), 임상택(2010), 유지인(2012), 조은하(2014)의 논고가 있다.

최종혁의 논고는 석기조성과 동물유체를 중심으로 어로민의 생계유형을 검토한 것 이며, 구자진은 중부 서해안지역의 주거유형에서 출토된 석기의 조합 양상을 통해 취락 유형별 생계 주거방식과 남부내륙의 대천리식주거와 송죽리식주거지에서 출토된 석기의 조합 양상을 분석하여 생계방식을 추론하였다.

김은영은 동삼동패총 출토 석기 골각기, 동물유체를 종합적으로 분석하여 동삼동패총에서 수립된 생계 전략의 양상과 시기별로 어떻게 변동해갔는지를 고찰하고, 석기유형의 다양도 분석을 실시하여 중기의 호서지역 수렵채집집단의 이동 양상과 생계 행위를 검토하였다.

임상택은 유적 유형별 도구 조성관계와 분석을 통해 즐문토기 문화기의 취락체계 변천을 검토하고, 조은하는 석기조성 분석을 통해 강원 영동지역의 농경 수용과 생계양상의 변화를 고찰하였다. 田中聰一은 박사논문에서 중남부지역 토기문화를 검토하는 가운데 지역별 생활상을 석기를 중심으로 도구 조성관계를 검토하였다. 유지인은 이준정(2002)의 분류안을 기초로 중서부지역 석기를 분류하고 이를 기초로 각 유적별 다양도 분석을 실시하여 취락 내에서 이루어진 석기 이용 양상의 복원을 시도하였다.

이상의 연구는 주로 석기의 조성관계와 도구체계, 다양도 분석 등을 통해 생업과 생계 방식, 취락의 구조 등을 검토한 것이다. 전술한 방법론을 통해 유적의 생업형태와 성격, 기능

을 검토한 대표적인 연구로는 이준정(2002), 임상택(1998), 소상영(2006, 2013), 정혜림(2013)의 논고가 있다.

특히 이준정은 논고는 기존의 견해가 패총유적의 다양성을 이해하는데 부족한 점이 있다고 전제, 패총 출토 석기 등의 유물복합체 다양도 분석을 통해 패총유적의 기능을 근거지형, 단기거주형, 가공유적형의 세가지 유형으로 분류한 것인데, 그의 논고는 이후 석기 다양도 분석을 통해 지역별 혹은 유적별 생업적 특징과 성격을 파악하는데 영향을 주었다.

임상택은 남해안과 서해안의 패총유적 석기, 골각기, 토기 등 유물 복합체를 분석하여 패총 유형 분류를, 소상영은 그의 박사논문인 〈한반도 중서부지방 신석기시대 생계·주거 체계 연구〉에서 기존의 연구 성과를 바탕으로 도구를 분류하고 유적의 석기조성 양상을 검토한 후 도구 다양도 분석을 실시하여 유적의 성격과 시기별·지역별 특징과 변화를, 정혜림은 남해안유적 출토 석기, 골각기 등의 유물을 다양도 분석을 통해 패총 형성 배경을 검토하였다.

이들의 연구는 석기유형의 다양도 분석뿐만 아니라 유적의 입지, 환경, 자연유물 등을 통해 유적의 기능과 성격 고찰한 것인데, 개별유적의 성격과 유물복합체의 해석은 연구자의 관점에 따라 약간씩 차이를 보이고 있으나 기존에 정착을 통한 생계활동의 흔적으로만 인식됐던 패총유적의 성격을 다양한 시각에서 접근할 수 있는 가능성을 제시하였다는 점에서 그 의미와 연구 성과는 크다고 할 수 있다.

마지막으로 신석기시대 석기연구 현황 내지 경향 분석과 학사적 연구에 대해 간단히 언급해두고자 한다. 이에 대한 최초의 논문은 廣瀨雄一(1985)에 의해 발표된 〈한국 신석기시대 석기 연구사〉이다. 廣瀨雄一의 논고는 일제강점기부터 1980년대 초까지 우리나라 신석기시대 석기 연구사를 3기로 나누어 연구 경향과 성과, 문제점 등을 검토하고 향후 연구 방향을 제시하였다. 광복 이후의 내용이 다소 소략한 면도 있지만, 일제강점기의 석기 연구 경향과 현황을 구체적으로 검토하고 있다는 점에서 우리나라 신석기시대 초기 석기 연구사를 이해하는데 중요한 자료가 될 것으로 생각된다. 석기 연구에 대한 인식이 부족하고 관련 자료가 적었던 1980년대의 상황에서 본다면 학사적으로 의미가 있는 논문이라고 할 수 있다.

廣瀨雄一의 논고 이후 광복 이후부터 2000년대까지의 연구 현황과 과제를 검토한 것으로는 앞에서 언급한 하인수(2011b)와 윤정국(2015b)한 논고가 있다. 하인수는 광복 이후 석기 연구 현황을 개괄적으로 살펴보고 향후 연구 전망과 과제를 제시하였고, 윤정국의 논고는 하인수 논고 이후 연구 성과를 추가하여 광복 이후 시기별 연구 현황을 분석하고 주제별로 연구 양상을 살펴본 것이다. 두 편 모두 신석기시대 석기 연구의 흐름과 앞으로 진행되어야 연구 과제를 이해하는데 참고가 되지만, 누락된 논고도 있고 일제 강점기의 연구사를 다루지 않아 연구사적인 측면에서 볼 때 다소 부족한 면도 없지 않다.

Ⅲ. 전망과 과제

이상에서 석기 연구의 흐름과 현황, 주제별 연구 경향을 연구사적 관점에서 살펴보았다. 신석기시대 고고학의 연구가 100년이라는 긴 세월 속에서 우리 손으로 본격적으로 조사되고 연구하기 시작한 것은 반세기를 좀 넘는 정도이지만, 그동안 축적된 연구 성과는 적지 않다고 할 수 있다. 그러나 한편으로는 학문적 기반이 확립되지 않은 상태에서 출발한 신석기 고고학의 한계와 지금까지 석기 연구의 현황과 성과를 되돌아보면 앞으로 해결되어야 할 많은 과제가 산적해 있음을 부인할 수 없다. 따라서 여기서는 앞으로 해결되어야 할 과제와 전망에 대해 몇 가지 측면에서 언급해두고자 한다.

윤정국(2015b)은 최근 발표한 석기연구의 현황과 과제를 검토하면서 앞으로의 전망과 과제 등을 몇 가지 범주로 나누어 간략하게 제시하고 있다. 본고와 내용 중복을 피하기 위해 먼저 그 내용을 간단히 요약하여 살펴보면 다음과 같다.

취락 내 또는 취락 밖에서 석기의 분포양상에 대한 공간 분석과 한반도뿐만 아니라 연구 범위를 동북아시아 전체를 확대할 필요가 있으며, 그 동안 단편적으로 취급되어 온 긁개, 첨두기, 석겸, 석도형석기 등 타제석기에 대한 기종분류와 이에 따른 형태학적 검토가 필요함을 지적하고 있다.

이와 더불어 석기분류와 형태학적 연구의 기초를 마련해 줄 수 있다는 점에서 석기의 기술적인 연구 즉 제작기술, 제작과정에 대한 분석과 석기의 기능, 석기조성을 통한 생업연구에 대한 정밀한 검토가 요구됨을 지적하였고, 또한 석기의 교환과 유통, 이를 통한 경제활동에 대한 연구를 포함하여 초창기의 석기문화에 대한 연구도 필요함을 제기하고 있다.

윤정국의 지적은 지금까지 석기연구에 있어 부족하거나 앞으로 연구되어야 할 과제를 언급하였다는 점에서 타당하다고 하겠다. 본고에서는 그의 지적한 부분을 참고하고 필자의 이전의 논고를 수정·보완하여 향후 석기 연구의 과제와 방향에 대해서 살펴보고자 한다.

첫째, 지금까지 석기 연구는 주로 마제석기와 타제의 성형석기를 중심으로 기종별 형식 분류와 편년 문제 등에 치중해 왔다고 할 수 있다. 석기 연구에 있어서 기종분류와 성격 규명도 중요한 부분을 차지하지만, 한편으로는 석기제작 과정과 복원을 위한 석기제작 기술의 형태적 분석도 필요하다고 하겠다. 그것은 석기연구에서 가장 기초적인 작업이기 때문이다. 뿐만 아니라 석기제작 기술과 형태가 지역과 집단에 따라 어느 정도 고유한 개성과 특색을 가지고 있다는 점을 고려한다면, 석기 제작기술과 형태적 분석 연구는 석기의 생산처와 지역성을 규명하는데 유용한 자료로 활용할 수 있기 때문이다.

최근 들어 일부 연구자에 의해 타제석기 등 특정 기종에 대해 제작 기술의 분석적 연구가 이루어지고 있으나 앞으로는 다양한 기종으로 확대될 필요가 있으며, 특히 타제석기가 생업과 생활도구로서 차지하는 비중과 도구체계 속에서 역할 등에 대한 분석 작업도 아울러 이루어져야 할 것으로 생각된다.

한편, 석기 사용흔 분석과 실험 고고학적 방법을 통한 석기용도와 기능을 검증하는 작업도 보다 체계적으로 진행되어야 하며, 전술한 바와 같이 일부 기종에 한정하여 분석 작업이 이루어지고 있지만 아직 기초적인 수준에 불과함으로 대상 범위를 더 확대해서 구체적인 실험과 분석 작업이 필요할 것으로 생각된다. 신석기시대 생업도구 가운데 특히 농경구나 생활도구 중에는 형태적 특징만으로 용도나 사용방법을 확정 할 수 없는 경우가 많은 점을 비추어 볼 때 이에 대한 연구는 더욱 중요하다고 할 수 있다. 이와 더불어 취락 내에서 이루어지는 석기의 유지·보수와 재활용 문제도 적극적인 검토가 필요하다.

둘째, 최근 여러 유적에서 재지에서 산출되지 않는 석재로 제작된 각종 외래계 석기류가 드물지 않게 출토되고 있다. 대표적인 석기가 흑요석과 사누카이트로 만든 석기이지만, 그 밖에 외부에서 유입된 것으로 추정되는 다수의 옥제 장신구와 화강편마암제 마제석부류 등도 있다. 흑요석은 기존의 연구에서 산지를 특정할 수 있지만, 나머지는 구체적으로 파악되지 않고 있는 실정이다.

동삼동, 범방, 연대도, 비봉리유적, 제주 강정동 등 여러 유적에서 확인되는 외래계석기의 존재와 특정 형태의 석기는 단순히 교류의 범위를 넘어 석기의 생산과 유통, 교역 문제를 포함한 지역사회의 네트워크와 경제활동을 이해하는데 구체적인 실마리를 제공하기 때문에 앞으로 이에 대한 적극적인 검토와 연구가 필요하다고 생각된다.

특히 특정지역에서 산출되는 화강편마암, 편마암제 전면마연석부는 신석기시대 지역 간 교류 및 물자 유통의 실체를 직접적으로 보여주는 대표적인 고고학적 자료라고 할 수 있다.

이들 자료는 주로 양양 지경리, 양양 오산리, 울진 후포리 등 동해안 지역과 시흥 능곡동, 안산 신길동, 화성 석교리 등 중서부지역에서 주로 확인되며, 석재 산지 역시 이 지역 일대에 분포한다. 이를 볼 때, 화강편마암제 전면마연석부의 주된 생산·소비권은 중서부지역과 동해안지역으로 생각할 수 있다.

이러한 화강편마암제 전면마연석부가 부산 동삼동, 범방유적, 진안 갈머리, 밀양 신안, 창녕 비봉리, 청도 오진리 등 남해안과 제주도, 남부내륙 지역에서도 확인되고 있는 사실은 당시 석부를 매개로 한 교역활동이 존재하고 있음을 단적으로 보여 주는 사례라고 할 수 있다.

그런 의미에서 범방과 동삼동유적 등에서 출토되는 화강편마암제 마제석부와 석추, 혈암제 조침 등의 외래계 석기는 신석기시대 물자 유통과 지역 집단 간의 교역(교환)시스템 등 신석기시대 지역사회의 네트워크를 이해하는 실마리를 제공해주는 자료로써 주목할 필요가 있다. 지금까지 단편적으로 검토되어온 마제석부와 흑요석 석기의 생산과 유통 문제에 대해 사회·경제적 측면에서 보다 심도있는 논의와 연구가 진행되어야 할 것이다. 이를 위해서는 우선적으로 각 유적에서 출토되는 다양한 외래계 석기의 산지분석과 공급지 규명, 석기 생산유적의 발굴 등 실질적인 연구가 무엇보다 필요하다고 생각된다.

그리고 생업도구에서 커다란 비중을 차지하는 석기의 소재 확보가 집단의 생산활동과 생계를 지속적으로 유지하고 관리하는데 중요한 위치를 점하고 있다는 점에서 유적에서 출토되는 석기 소재의 산지 파악도 관련 전문가와 공동연구를 통해 진행해야 할 것이다.

셋째, 석기 생산문제와 관련하여 취락 내에서 재지계 석기의 제작과 사용, 보유 실태 등에 대한 검토도 필요하다고 생각된다. 그것은 취락 내에서 석기의 보유 실태가 궁극적으로 집단의 생산활동뿐만 아니라 집단의 생계방식을 단적으로 보여준다는 점에서 중요한 의미를 지니기 때문이다.

넷째, 주지하는 바와 같이 신석기시대 도구체계에서 주축을 이루는 석기는 생업 영역에 따라 다양한 기종들이 존재한다. 이러한 기종에 대한 개별적인 분석적 연구는 기종의 형식변화와 편년뿐만 아니라 시기별 변천과정을 통해 석기체계의 변동과정과 생업·생산활동의 변화 추이를 알 수 있게 해준다는 점에 중요한 작업이라고 할 수 있다. 앞서 살펴보았듯이 2000년대에 접어들면서 이전에 비해 마제석부, 타제석부, 조침, 석촉, 어망추 등에 대해 기종별 분류와 편년 작업이 진행되고 일부 단위 유적의 석기연구도 어느 정도 성과를 보이고 있다. 그러나 일부 기종을 제외하고 대부분의 연구는 개론적인 수준에서 머물고 있다.

따라서 이러한 문제점을 포함하여 그동안 세부적인 연구가 이루어지지 않았던 농경구나 어로구를 포함 각종 생활도구에 이르기까지 다양한 기종에 대한 석기 용도와 기능, 편년, 계통, 변천과정 등 다양한 관점에서 연구가 진행되어야 할 것으로 생각한다. 그리고 생업 유형별로 나타나는 석기조성 상의 다양한 양상에 대한 분석 작업도 이루어져야 하며, 특히 단위유적에 나타나는 석기조성과 그 실태가 생업과 생산활동에서 어떠한 위치와 의미를 갖는 것인지도 연구되어야 할 것이다.

다섯째, 신석기유적에서 출토되는 다양한 형태의 박편석기에 대한 분류, 제작기술, 사용 방법, 용도와 기능에 대한 구체적인 연구 작업과 더불어 그 중요성을 재인식할 필요가 있다. 박편석기는 석기제작 과정에서 생기는 박편이나 몸돌에서 떼어낸 종장, 횡장 혹은 부정형 박편을 잔손질하여 인부를 만들거나 날카로운 자연면을 그대로 이용한 도구를 총칭하는 것이다. 그러나 박편의 형태와 인부 잔손질 기법 등에서 다양한 변이가 존재하고 용도 또한 다양하기 때문에 일괄로 박편석기로 분류하는 것은 문제가 있다. 따라서 박편석기가 취락 내 석기 체계 속에서 어떠한 위치와 역할을 하는가를 규명하기 위해서는 제작 기술 및 사용흔 분석을 통한 기능·용도 연구가 우선적으로 필요할 것으로 생각한다. 대부분의 보고서에서 박편 석기의 형상만 보고하고 구체적인 검토가 생략되는 사례가 많다는 것은 현재 석기 연구의 한 단면을 보여주는 것이라 할 수 있다.

여섯째, 이와 더불어 흑요석제 석기에 대한 연구도 진행되어야 할 것으로 생각된다. 흑요석제 석기는 소재의 특성상 주로 신석기시대 지역 간 교류와 교역적인 측면에서 검토되어 왔다. 특히 남해안지역의 흑요석제 석기는 산지의 한정성으로 일본 조몬문화와 관련하여 한일문화교류의 문물로만 취급되어 온 경향이 많았다. 문암리, 송평동, 서포항, 검은개봉, 농포동유적 등 동해안 중·북부지역의 여러 유적에서 출토되는 흑요석제 석기는 다양한 형태와 기종구성을 이루고 있음에도 불구하고 지금까지 관심과 연구가 적었다.

흑요석은 주지하는 바와 같이 산지가 한정되어 있고 그것이 갖는 물리적 특성으로 인해 석기 재료로써 효용가치가 매우 높아 후기 구석기시대부터 석기 소재로 널리 사용되어 왔다. 그러나 석기 제작기술과 기종별 형식적 특징, 생산과 유통문제에 대한 구체적인 연구는 거의 없었다. 최근 흑요석제 석기가 양적으로 증가하는 추세이기 때문에 신석기시대 도구 체계 속에서 어떠한 위치를 차지하고 있으며, 생업과 생계활동에서 어떠한 기능과 역할을 했는지를 파악하기 위한 구체적인 연구와 논의가 진행되어야 할 것으로 생각된다.

일곱째, 석기의 개별 기종 연구는 앞으로 지속적으로 이루어져야 하지만, 이를 종합한 생업 영역별 연구가 뒤따라야 할 것으로 생각된다. 지금까지 연구는 개별 기종 분석 결과를 통해 생업 형태와 방식을 추론하거나 기종조성을 통해 생업형태와 변화를 규명하는 보조적인 수단으로써 취급되어 왔다고 할 수 있다. 물론 이러한 연구도 중요하지만, 석기의 기능과 용도에 기초하여 개별 기종을 종합한 생업 혹은 생활 영역별 석기 분석 작업도 진행되어야 할 것으로 생각된다.

예를 들면 가공구는 생계 유형과 취락 내에서 일상생활을 이해하는데 중요한 지표가 될 뿐만 아니라 가공 석기의 조성 형태는 지역 집단의 사회적 성격을 이해하는 유효한 실마리를 제공한다. 이런 측면에서 본다면 가공구에 대한 연구는 매우 중요하다고 할 수 있다. 같은 맥락에서 생산용구로서 수렵, 어로구, 채집농경구, 비실용 석기에 대한 종합적인 연구도 중요하다고 할 수 있다.

여덟째, 석기의 지역성과 지역 간 석기문화의 비교 검토를 포함하여 신석기 전반에 걸친 시기별 석기의 변화 양상에 대한 관한 종합적인 연구 작업도 병행되어야 할 것이다. 이와 더불어 윤정국의 지적과 같이 한반도뿐만 아니라 동북아시아 전체로 공간적인 범위를 확대한 석기연구와 이들 지역과의 비교 검토도 필요하다.

문화권과 생업 영역을 달리하는 타지역권 다시 말하면 중국 동북지역과 연해주, 일본 구주 등의 석기문화와 비교 연구도 필요하다고 생각된다. 이에 대한 검토 작업은 일부 연구자에 의해 진행된 바 있지만, 더 이상 구체적으로 진전되지 않았다. 특히 중국 동북지역 석기문화와의 비교 검토와 이 지역 석기문화에 대한 구체적인 연구가 진행되어야 할 것으로 생각된다. 그것은 중국 동북지역이 한반도 초기 농경문화의 수용과 확산 과정을 이해하는데 중요한 정보를 제공 해주기 때문이다. 따라서 앞으로 중국 동북지역의 요서와 요동지역의 석기문화 뿐 만 아니라 신석기문화 전반에 걸친 관심과 연구가 지속적으로 이루어져야 할 것이다.

마지막으로, 석기 분류의 체계화와 용어 통일이 석기 연구에서 무엇보다 우선적으로 해결되어야 할 과제라고 할 수 있다. 이에 대해서는 박근태(2014), 윤정국(2015a)의 지적도 있지만, 연구자에 따라 사용하는 용어와 개념이 달라 혼란을 초래하는 경우도 많다.

그 동안 석기 연구에 있어 관용적 혹은 편의적으로 사용해 왔던 용어가 연구자에 따라 다른 개념으로 사용되어 연구자에게 혼선을 주는 경우가 빈번하고 뿐만 아니라 석기의 분류 체계도 다양한 형태로 운용되어 이를 기초로 한 생업 혹은 생계형태와 집단의 성격을 연구하는데 장애 요인이 되고 있다. 이러한 문제는 석기의 다양도 분석과 기종 조성 결과를 통해 생업과 생계유형을 해석하고 집단의 성격을 파악하는데 오류를 범할 가능성도 있다.

연구자가 어떤 목적과 관점을 가지고 연구를 수행하는가에 따라 다양한 개념과 분류체계를 사용할 수 있고 어떻게 운용할 것인가는 연구자의 몫이지만, 개념의 공유와 소통 측면에서 연구자들이 수용할 수 있는 최소한의 분류체계와 용어의 개념 정리는 필요하다. 이러한 문제를 해결하기 위한 기초 작업으로 2014년 신석기학회 집중토론회에서 석기분류와 용어 문제를 논의한 바 있지만, 앞으로 이러한 논의 바탕으로 석기 용어와 분류체계의 통일을 위한 적절한 방안(방침)이 마련되어야 할 것으로 생각된다. 다시 말하면 석기의 기종별 용어 개념을 어떻게 정의하고 운용할 것이며, 분류 체계를 어떻게 활용하여 신석기 사회와 문화를 파악할 것인가에 대해 진지한 고민과 논의가 필요할 것으로 보인다.

이상에서 석기 연구에서 검토되고 해결해야 할 현안과 과제에 대해 몇 가지 측면에서 간단하게 살펴보았다. 이러한 연구과제와 문제점은 단번에 해결될 수 없지만, 앞으로 시간을 갖고 새로운 연구방법과 체계적인 연구를 통해 하나씩 풀어나간다면 그 동안 불투명했던 신석기시대 석기문화의 본질과 성격에 대해 보다 구체적으로 접근할 수 있을 것으로 기대된다.

Ⅳ. 맺음말

석기는 신석기 사회의 성격과 생계 및 생활방식을 이해하는 중요한 지표가 된다는 점에서 그 중요성은 이론의 여지가 없지만, 향후 석기 연구의 방향과 좌표를 설정하기 위해 지난 석기 연구의 현황과 성과뿐만 아니라 그 문제점을 충분히 인식할 필요가 있다. 그런 측면에서 지금까지 〈석기 연구의 현황과 과제〉를 살펴보는 것은 의미 있는 작업이라고 할 수 있다.

본고는 당초 현재까지 발표된 200편 정도의 논문을 모두 분석하고 내용을 정리하여 연구사적 의미와 성과, 문제점을 검토하여 향후 연구방향과 과제를 제시하고자 하였으나 필자의 역량 부족으로 연구 현황과 경향을 시기별, 주제별로 나누어 개략적으로 살펴보고 연구과제를 제시하는데 그치고 말았다. 본고에서 구체적으로 다루지 못한 주제별 연구 성과와 문제점을 포함하여 학사적 의미 등에 대해서는 차후에 기회가 되면 다시 검토하고자 한다.

본고 작성에 있어서 혹시 연구 성과가 누락되어 반영되지 않았거나 내용을 잘못 이해한 부분이 있다면 이는 전적으로 필자의 잘못이다 이러한 점들은 추후에 수정 보완하고자 하며, 혜량을 바란다.

[참고문헌]

甲元眞之, 1988, 「東北アジアの石製農具」, 『古代文化』41-4.

강창화, 2006, 「제주 고산리 신석기문화 연구」, 영남대 문화인류학과 박사논문.

강창화, 2009, 「제주 고산리유적 출토 석촉의 형식과 변화」, 『제주도 연구』32, 제주학회.

高橋豊·河仁秀·小畑弘己, 2003, 「螢光X線分析에 의한 東三洞·凡方遺蹟 出土 黑曜石 産地推定」, 『한국신석기연구』6, 한국신석기학회.

고동순, 2006, 「동해안지방의 신석기시대 마제석촉에 대한 고찰」7·8, 『강원고고학보』.

고재원, 1996a, 「고산리유적 출토 타제석기의 형태적 분석」, 『제주도사 연구』25.

고재원, 1996b, 「제주도 고산리 석기의 분석연구」, 한양대학교석사학위논문.

고재원, 1997, 「제주도 고산리유적 출토 타제석기의 형태적 분석」, 『제2회 한일신석기연구회 발표자료집』, 한국신석기연구회.

곽진선, 2006, 「군산 노래섬유적의 신석기시대 석기 연구」, 원광대석사학위논문.

곽진선, 2011, 「서해안지역 석기 조합양상과 시기별 변화 양상」, 『한국고고학연합대회 발표자료집』, 한국고고학회.

廣瀬雄一, 1984, 「韓國上老大島出土の剝片石器」, 『考古學の世界』4.

廣瀬雄一, 1985, 「韓國新石器時代石器研究史」, 『성심외국어전문대학논문집』3.

구자진, 2004, 「대천리 신석기유적의 토기와 석기에 대한 연구」, 『호서고고학보』11.

구자진, 2009, 「남부내륙지역 신석기시대 마을의 구조와 생계방식 연구」, 『한국상고사학보』63.

九州繩文研究會·韓國新石器研究會, 2003, 『日韓新石器時代の石器』, 第5回日韓新石器時代研究會發表要旨集.

국립문화재연구소, 2004, 『고성 문암리유적』.

宮本一夫, 2003, 「朝鮮半島新石器時代の農耕化と繩文農耕」, 『古代文化』55-7.

及川民次郎, 1933, 「南朝鮮牧ノ島東三洞貝塚」, 『考古學』4-5.

길경택, 1985, 「한국 선사시대 농경과 농구의 발달에 관한 연구」, 『고문화』27, 한국대학박물관협회.

김건수, 1999, 『한국 원시·고대의 어로문화』, 학연문화사.

김경규, 2003, 「한반도 신석기시대 어로활동 연구-어망추를 중심으로」, 충남대 석사학위논문.

김경진, 2010, 「석기 사용흔 분석과 기능 연구」, 『한강고고』4, 한강문화재연구원.

김경진, 2012, 「한국 석영계 석기 쓴자국 분석 방법 시론」, 『야외고고학』13, 한국문화재조사연구기관협회.

김상태, 2002, 「한반도 출토 흑요석기와 원산지 연구 현황 흑요석」, 『한국구석기학보』6.

김선지, 2000, 「남해안의 신석기시대 석부에 대한 일고찰」, 서울대고고미술사학과석사논문.

金姓旭, 2007, 「韓國新石器時代石器の使用痕觀察」, 『熊本大學社會文化研究』5.

김성욱, 2008, 「사용흔분석을 통한 신석기시대 수확구 시론」, 『한국신석기연구』16.

김영준·김경진·이한주, 2015, 「보령 송학리 조개더미 출토 땐석기의 기술」, 『한국신석기연구』29.

김영준·김소영, 2012, 「신석기시대 망치형석기의 기능 연구」, 『중앙고고연구』11, 중앙문화재연구원.

김원용, 1962, 「암사동유적의 토기, 석기」, 『역사학보』17-18.

김원용, 1981, 「각지방의 토기·석기·골각기」, 『한국사』Ⅰ, 국사편찬위원회.

김원용, 1986, 『한국고고학개설』3판, 일지사.

김은영, 2012, 「신석기시대 동삼동지역의 생계 전략 변동에 대하여」, 『한국신석기연구』23.

김은영, 2014, 「신석기 중기 호서지역 수렵채집 집단의 이동양상 연구」, 『한국상고사학보』85.

김장석·양성혁, 2001, 「중서부 신석기시대 편년과 패총 이용 전략에 대한 새로운 이해」, 『한국고고학보』45.

金廷鶴, 1972, 『韓國の考古學』, 河出書房新社.

김주용·고상모·안승모·이영덕, 2005, 「진안 갈머리·좌포리유적, 군산 노래섬 패총 출토 석재의 암종감정을 위한 박편관찰」, 『한국신석기연구』9.

김충배, 2003, 「신석기시대 낚시바늘 연구」Ⅰ·Ⅱ, 『한국신석기연구』5·6.

渡邊 誠, 1985, 「西北九州の 繩文時代漁撈文化」, 『列島の文化史』, 일본エディター·スクール.

도유호, 1961, 『조선 원시 고고학』, 과학원출판사.

稻田義助, 1915, 「朝鮮の黑曜石」, 『考古學雜誌』6-2.

笠原烏丸, 1933, 「朝鮮美林發見の石錐に就いて」, 『考古學雜誌』23-10.

笠原烏丸, 1937, 「朝鮮の擦切石器に就いて」, 『考古學雜誌』27-12.

笠原烏丸, 1938, 「擦切作用による磨製刀子に就いて」, 『考古學雜誌』28-5.

笠原鳥丸, 1936, 「櫛目文土器を發見せる北鮮清湖里遺跡について」, 『人類學雜誌』51-5·6.

木村幾多郎, 2002, 「韓國新石器時代結合式釣針考」, 『古文化談叢』48, 九州古文化研究會.

木村宇太郎, 1915, 「石器の磨製と裂製に就いて」, 『考古學雜誌』6-3.

木村宇太郎, 1921, 「錘石の形狀」, 『考古學雜誌』12-2.

박근태, 2006, 「고산리유적 석촉연구」, 부산대 고고학과 석사논문.

박근태, 2009, 「신석기시대 초창기 단계의 석기 검토」, 『고고광장』5, 부산고고학연구회.

박근태, 2011a, 「제주도 신석기시대 석기 검토」, 『한국고고학연합대회 발표자료집』, 한국
　　　　고고학회.

박근태, 2011b, 「제주도 신석기시대 석기 검토」, 『한국신석기연구』21.

박근태, 2012, 「신석기시대 초창기단계의 문화양상」, 『한국 신석기문화의 양상과 전개』, 서
　　　　경문화사.

박근태, 2014, 「신석기시대 석기의 용어와 분류」, 『한국 신석기시대 석기의 분류와 제작방
　　　　법』, 한국신석기학회.

박근태, 2015, 「제주도 고산리 석기의 문화적 위치와 성격」, 『제주도 구석기연구 현황과 성
　　　　과』, 한국구석기학회.

박성근, 2012, 「남부지역 신석기시대 석부 연구」, 부산대고고학과 대학원석사논문.

박성근, 2013a, 「남부지역 신석기시대 석부 연구」, 『한국고고학보』86.

박성근, 2013b, 「후포리유적 재검토」, 『남한의 신석기유적 재조명』, 한국신석기학회.

박성진, 2012, 「뗀석기 변형에 대한 실험고고학적 연구」, 『야외고고학』15, 한국문화재조사
　　　　연구기관협회.

박준범, 1998, 「한강유역 출토 돌화살촉에 대한 연구」, 홍익대 석사학위논문.

박준범, 2006, 「한강유역 출토 선사시대 간돌화살촉 연구」, 『한국신석기연구』12.

박준범, 2007, 「신석기시대 중서부지역의 생업활동-석기분석을 중심으로」, 『중서부지역 신
　　　　석기문화의 제문제』, 서울경기고고학회·한국신석기학회 공동학술대회 자료집.

박준범, 2008, 「신석기시대 서울·경기·인천지역 출토 간석기에 대한 연구『한국신석기연
　　　　구』15, 한국신석기학회.

榧本杜人, 1934·1935, 「北朝鮮の土器·石器」, 『考古學』5-5, 6-5.

上田三平, 1915, 「北朝鮮の石器」, 『寧樂』5.

上條信彦, 2005, 「先史時代의 製粉 加工具」, 『한국신석기연구』10.

西谷正, 1982,「朝鮮半島の黒曜石について」,『賀川光夫先生還暦記念論集』.

西谷正, 2002,「東北アジアの鞍形磨臼」,『東北アジアにおける先史文化の比較考古学的研究』, 國立歷史民俗博物館.

西谷正, 2002,「東北アジアの中の韓半島の鞍形磨臼」,『5,000년 전의 대동강문화와 암사동 유적』, 한국선사고고학회.

소상영, 2006,「중서부 지방 패총 유적의 성격」,『고고학 시간과 공간의 흔적』, 여고김병모 선생 정년퇴임기념논문집.

소상영, 2012,「신석기시대 중서부해안 및 도서지역 어로문화 연구」,『한국신석기연구』23.

소상영, 2013,「한반도 중서부지방 신석기시대 생계·주거 체계 연구」, 한양대 박사학위논문.

小畑弘己, 2003,「極東地域における黑曜石出土遺跡と原産地研究」,『stone sources』2, 石器原産地研究會.

小畑弘己, 2004,「極東地方新石器時代における黑曜石利用」,『極東地方新石器時代における更新世黑~完新世の狩獵道具の變遷研究』, 熊本大學埋藏文化財研究室.

손보기, 1982,「상노대도의 선사시대 살림」, 수서원.

新居勝三郎, 1915,「朝鮮の石器發見及』調査報告」,『人類學雜誌』30-10.

新居勝三郎, 1918,「朝鮮慶尙北道に於ける石器發見一覽表」,『人類學雜誌』33-4.

신숙정, 1993,「신석기시대 조개더미 유적의 성격」,『한국상고사학보』14.

신숙정, 1994,『우리나라 남해안지방의 신석기문화연구』, 학연문화사.

신숙정, 1997,「석기와 뼈연모」,『한국사』2, 국사편찬위원회.

신숙정·손기언, 2002,「강원지방의 뗀석기 연구」,『강원고고학보』1, 강원고고학회.

신종환, 2006,「신석기시대 내륙지역의 어로문화」,『신석기시대의 어로문화』동삼동패총전시관.

안성희, 2011,「남해안지역 신석기시대의 석기조성과 시기별양상」,『한국고고학연합대회 발표자료집』, 한국고고학회.

안승모, 1987,「요서지방의 선사시대 석제경구」,『삼불김원용교수정년퇴임기념논총』.

안승모, 1998,『동아시아 선사시대의 농경과 생업』, 학연문화사.

안승모, 2001,「고대의 농구」,『한국의 농기구』, 어문각.

有光敎一, 1943,「朝鮮迎日灣外海底發見の打製石器」,『考古學雜誌』33-4.

有光敎一, 1953,「朝鮮石器時代のすりうす」,『史林』35-4, 史學研究會.

유지인, 2012, 「신석기시대 중·후기 중서부 해안지역 취락구조 연구」, 서울대 고고미술사학과 석사논문.

윤정국, 2006, 「진그늘유적에서 나온 신석기시대 뗀석기의 제작수법 연구」, 조선대석사학위 논문.

윤정국, 2009, 「신석기시대 굴지구의 제작기법에 대한 연구」, 『한국신석기연구』17.

윤정국, 2011a, 「남부 내륙지역 신석기시대 석기의 제양상」, 『한국고고학연합대회 발표자료집』, 한국고고학회.

윤정국, 2011b, 「남부 내륙지역 신석기시대 석기의 변천과 양상」, 『한국신석기학보』22.

윤정국, 2014, 「신석기시대 석기의 제작수법」, 『한국 신석기시대 석기의 분류와 제작방법』, 한국신석기학회.

윤정국, 2015a, 「한국 신석기시대 석기제작 연구」, 전남대 인류학과대학원 박사논문.

윤정국, 2015b, 「신석기시대 석기·골각기의 연구 현황과 과제」, 『신석기시대 연구의 성과와 과제』, 국립중앙박물관.

윤정국, 2015c, 「중동부지역 신석기시대 석기와 생업」, 『한반도 중동부지역의 신석기문화』, 한국신석기학회.

윤지연, 2006, 「한반도 중서부지역 석부에 대한 일고찰」서울대고고미술사학과석사논문.

윤지연, 2007, 「사용흔 분석을 통한 석부의 기능 연구」, 『한국고고학보』63.

윤혜나, 2011, 「한국 중서부지역 신석기시대의 석기 조성과 생업」, 전남대대학원 석사논문.

이경아, 2011, 「중서부지역의 생업 연구」, 공주대대학원 석사논문.

이동주, 2003, 「빗살문토기 단계의 석기내용과 특징」, 『한국신석기연구』6.

이동주, 2010, 「우리나라 신석기시대 마제석촉의 연구」, 『문물연구』17.

이상규, 2014, 「한반도 신석기시대 해안지역 작살에 대한 검토」, 『한국신석기연구』27.

이상균, 2003, 「신석기시대 한반도 남해안 석기군의 양상」, 『일한신석기시대의 석기』제5회 일한신석기시대연구회발표요지.

이상균, 2007, 「한반도 신석기시대 옥기문화의 계보」, 『중국사연구』50, 중국사학회.

이선복·이용일, 1996, 「흑요석 석기의 지화학적 특성에 대한 예비 고찰」, 『한국고고학보』35.

이승윤, 2011, 「서·남해안 지역의 신석기시대의 어로구에 대하여」, 『전남고고』4·5, 전남문화재연구원.

이영덕, 2006, 「서남해안 신석기시대 어로구와 어로방법」, 『신석기시대 어로문화』, 동삼동패총전시관.

이영덕, 2013, 「중서부 해안지역의 어로 양상과 동인」, 『한국신석기연구』25.

이영덕, 2014, 「고성 문암리 신석기시대 주민의 어로 활동」, 『고성 문암리유적의 재조명』, 강원고고문화연구원.

이정재, 2009, 「강원 동해안지역 신석기시대 생업경제에 대한 연구」, 강원대 석사논문.

이정재, 2011, 「동해안지역 신석기시대 석기를 통한 생업의 변화」, 『한국고고학연합대회 발표자료집』, 한국고고학회.

이준정, 2002, 「패총유적의 기능에 대한 고찰」, 『한국고고학보』46.

이철·김승원·김규호·강형태, 1991, 「미량성분원소 분석에 의한 흑요석 분류」, 『고고미술 사론』2, 충북대대학교 고고미술사학과.

이청규, 고재원 1995, 「고산리유적과 석기 유물」, 『제주 신석기문화의 원류』, 한국신석기연 구회.

이헌종, 2000, 「호남지역 신석기시대 타제석기 제작기법의 제양상」, 『선사와 고대』15.

이헌종, 김건수, 2008, 「신석기시대 여서도패총유적 자갈돌석기의 고고학적 의미 연구」, 『도서문화』31, 목포대도서문화연구소.

林魁一, 1930, 『朝鮮發見の磨製石錐』, 『人類學雜誌』45-11.

임상택, 1998, 「패총 유적의 성격」, 『과기고고연구』3, 아주대박물관.

임상택, 2000, 「중서부지역 신석기시대 석기에 대한 초보적 검토」, 『한국신석기연구회 학 술발표회논문집』2000-1, 한국 신석기연구회.

임상택, 2001, 「중서부지역 신석기시대 석기에 대한 초보적 검토(I)」, 『한국신석기연구』창 간호, 한국 신석기연구회.

임상택, 2003, 「물자의 이동, 집단의 이동」, 『고대 문물교류와 경기도』, 한국상고사학회 학 술발표자료집.

임상택, 2006, 「한국 중서부지역 빗살무늬토기문화 연구」, 서울대 고고미술사학과 박사학 위논문.

임상택, 2010, 「신석기시대 취락체계의 변천과 지역적 비교」, 『동북아문화연구』24, 동북아 시아문화학회.

임승경, 2003, 「선사시대옥기의 성격 및 그 제작기술에 대한 일고찰」, 『사림』20, 성균관대 학교.

임승경, 2012a, 「울산 처용리 출토 결상이식에 대한 고찰」, 『울산 처용리21번지유적』, 우리
　　　문화재연구원.

임승경, 2012b, 「한반도 출토 결상이식(玦狀耳飾) 소고」, 『文化財』45-4, 국립문화재연구소.

임효재·권학수, 1984, 『오산리유적』, 서울대박물관.

장명수, 1991, 「신석기시대 어구의 형식분류와 편년 연구」, 중앙대 석사학위논문.

장용준, 2007, 「선사시대 석기의 분별과 제작기법」, 『고고광장』창간호, 부산고고학연구회.

장호수, 1982 「상노대도 조개더미 유적의 석기 연구」, 연세대석사논문.

장호수, 1988, 「상노대도 유적의 석기」, 『손보기박사정년기념 고고인류학논총』.

전영래, 1979, 「부안 계화도 산상유적 신석기시대 유물」, 『전북유적조사보고』10, 전주시립
　　　박물관.

田中聰一, 2000, 「한국 중·남부지방 신석기시대 토기문화 연구」, 동아대대학원 박사논문.

정미란, 2007, 「동해안지역 신석기시대 생업활동-조기~전기유적의 어로 활동을 중심으
　　　로-」, 경주대학교 석사학위논문.

정혜림, 2013, 「남해안지역 신석기시대 패총의 형성 배경」, 전남대 인류학과대학원 석사논문.

鳥居龍藏, 1932, 「朝鮮滿洲の磨製石器に就いて形狀」, 『上代文化』8.

조남철, 2005, 「한반도 남부 신석기유적 흑요석의 특성화 연구」, 『강원고고학보』4·5.

조남철, 박용희, 도성재, 강형태, 남인탁, 2004, 「성분분석 및 자기적 특성에 의한 한반도
　　　흑요석의 분류 연구」, 『보존과학회지』16.

조남철·강형태·정광용, 2006, 「미량성분 및 스트론튬 동위원소비를 이용한 한반도 흑요
　　　석제 석기의 산지 추정」, 『한국상고사학보』53.

조미순·박윤정·좌용주, 2013, 「고성 문암리유적 출토 석기의 원산지 추정」, 『한국신석기
　　　연구』26.

조은하, 2014, 「강원 영동지역 신석기시대 농경 수용과 생계양상의 변화」, 『호서고고학』31,
　　　호서고고학회.

좌용주, 2013, 「흑요석 산지 연구에 사용되는 지구화학 자료와 해석」, 『한국구석기학보』28.

좌용주·조미순, 2013, 「한반도 선사시대 흑요석제 석기에 대한 지구과학 자료의 재검토」,
　　　『추계 지질과학연합학술대회 초록집』, 대한지질학회.

中尾篤志, 2013, 「결합식조침」, 『계간고고학』125, 雄山閣.

中山淸隆, 1992, 「玄海·日本海をめぐる大型石斧」, 『季刊考古学』38, 雄山閣.

中山清隆, 2004, 「韓半島出土の玦狀耳飾について」, 『玉文化』創刊號, 日本玉文化 研究會.

中山清隆, 2009a, 「朝鮮 新石器時代の玦とその周邊」, 『扶桑』, 青山考古學會.

中山清隆, 2009b, 「韓國出土の玦とその系譜」, 『玉文化』6, 日本玉文化研究會.

지건길·안승모, 1983, 「한반도 선사시대 출토곡류와 농구」, 『한국의 농경문화』, 경기대학 출판사.

지영배, 2013, 「한반도 신석기시대 장신구 및 이형유물에 대한 연구」, 부산대 고고학과 석사논문.

진미은, 문성우, 김선우, 황가현, 좌용주, 2015, 「백두산 지역과 일본 규슈 지역에서 산출되는 흑요석의 주성분원소 및 희토류원소」, 『지구화학』, 한국암석학회 학술발표회 논문집5.

천성주, 2010, 「신석기시대 결합식조침 검토」, 창원대석사논문.

최경용·문수균, 2013, 「신석기시대 짤개살 제작 및 사용 실험 연구」, 『중앙고고연구』13, 중앙문화재연구원.

최득준, 2012, 「한반도 신석기시대 결합식조침에 대한 연구」, 부산대고고학과석사논문.

최득준, 2014, 「한반도 결합식조침에 대한 소고」, 『고고광장』15, 부산고고학연구회.

최무장, 1976, 「한국 선사시대의 석기」, 『백산학보』21.

최무장, 1978, 「한·중 선사시대의 농구」, 『백산학보』24.

최종혁, 2001, 「생산활동에서 본 한반도 신석기문화」, 『한국신석기연구』2.

최종혁, 2004, 「신석기시대 남부지방 생업에 대한 연구」, 『제주도 신석기문화의 형성과 전개』, 한국신석기연구회 발표자료집.

최종혁, 2005, 「한반도 남부지방 농경에 대한 연구-석기조성을 중심으로」, 『한국신석기연구』10, 한국신석기학회.

최종혁, 2006, 「신석기시대 어로민의 생계유형」, 『신석기시대의 어로문화』, 동삼동 패총전시관.

최종혁, 2012, 「남부지방 중기 생업문화에 대한 연구」, 『한국 신석기문화의 양상과 전개』, 서경문화사.

坂田邦洋, 1982, 「九州産黒曜石からみた先史時代の交易について」, 『賀川光夫先生還暦記念論集』.

板倉有大, 2008, 「繩文時代石器からみた日韓交流-磨製石斧を中心として-」, 『한일 문화교

류』, 2008 부산박물관 국제학술심포지엄.

八木奬三郎, 1914·15, 「朝鮮の磨石時代」, 『人類學雜誌』29-12, 30-1.

八木奬三郎, 1938, 「朝鮮咸鏡北道石器考」, 『人類學叢刊』乙.

하영중, 2010, 「동해안지역 신석기시대 석기 검토-울진 죽변리유적을 중심으로-」, 『동해
　　　　안지역의 신석기문화』, 한국신석기학회.

하인수, 1991, 「부산 다대동·용호동출토 석기류」, 『부산직할시립박물관 연보』13.

하인수, 1996, 「고찰」, 『범방패총』Ⅱ, 부산광역시립박물관.

하인수, 2005, 「신석기시대 석기의 종류와 양상」, 『사람과 돌』, 국립대구박물관도록.

하인수, 2006a, 「동남해안지역의 신석기시대 어로구」, 『신석기시대의 어로문화』, 동삼동패
　　　　총전시관.

하인수, 2006b, 「신석기시대 한일문화교류와 흑요석」, 『한국고고학보』58.

하인수, 2009a, 「신석기시대 석기의 종류와 양상」, 『박물관연구논집』15, 부산박물관.

하인수, 2009b, 「고찰」, 『범방유적』, 부산박물관.

하인수, 2010, 「범방유적의 석기 검토」, 『부산대 고고학과 창설20주년 기념논문집』, 부산
　　　　대고고학과.

하인수, 2011a, 「생업도구」, 『한국신석기문화 개론』, 서경문화사.

하인수, 2011b, 「신석기시대 석기 연구 현황과 과제」, 『한국고고학연합대회 발표자료집』,
　　　　한국고고학회.

하인수, 2011c, 「패총의 시대」, 『선사·고대의 패총』, 복천박물관 특별전도록.

하인수, 2013, 「신석기시대 옥기의 기초적 검토」, 『한국 선사·고대의 옥문화연구』, 복천박
　　　　물관.

하재령, 2015, 「한반도 신석기시대의 첨두형석기 연구」, 고려대고고미술사학과석사논문.

한국신석기학회, 2011, 「신석기시대 석기의 지역성」, 『한국고고학연합대회 발표자료집』.

한영희, 1994, 「신석기시대 사회와 문화」, 『한국사』1, 한길사.

한창균, 2000, 「북한의 선사시대 뗀석기 연구」, 『백산학보』57, 백산학회.

황기덕, 1962, 「두만강류역의 신석기시대 문화」, 『문화유산』1962-1, 과학원출판사.

황용훈, 1983, 「석기·골각기」, 『한국사론』12.

橫山將三朗, 1933, 「釜山府絶影島東三洞貝塚報告」, 『史前學雜誌』5-4.

橫山將三朗, 1934, 「油坂貝塚に就いて」, 『小田先生頌壽記念朝鮮論集』.

和田雄治, 1914,「朝鮮の先史時代遺物に就いて」,『考古學雜誌』4-5.

02

석기의 종류와 양상

Ⅰ. 머리말

1980년대 이후 활발하게 진행된 발굴조사와 연구 성과는 그 동안 불투명했던 신석기시대의 사회와 문화를 보다 심층적으로 이해할 수 있는 기반을 제공하였다.

이러한 연구 성과에 힘입어 즐문토기의 편년을 중심으로 진행되어 온 연구 주제는 해수면의 변화를 비롯한 고환경의 복원, 자연 유물이나, 인공유물에 대한 과학적인 검토, 식량 획득 기술과 생업유형의 분석, 대외문화교류 연구 등 한층 다양한 영역으로 전환하게 된다.

최근 들어 각지에서 신석기시대 농경문제를 규명할 수 있는 조, 기장 등의 곡물자료와 농경구가 출토됨으로써 지금까지 단순히 수렵어로·채집경제 사회로만 인식되어온 신석기사회의 정체성에 대해 재검토할 필요성도 제기되고 있다.

이밖에 서해 도서에 산재하는 패총유적의 분석을 통해 이들 패총유적이 기존의 통설과 달리 장기적인 거주의 산물이 아니라 한정적인 행위 장소로서 일시적인 캠프의 성격을 갖는다는 의견도 나오고 있다(김장석·양성혁 2001).

신석기연구의 다양한 방법과 시각의 확산에도 불구하고 아직까지 초보적인 연구 수준에 머물고 있는 분야도 없지 않는데, 대표적인 것이 석기연구가 아닌가 한다. 신석기시대의 석기는 각종 유적에서 출토되는 유물 중에서 즐문토기 다음으로 많은 양을 차지하며, 즐문토기 못지않게 다양한 사회·문화적인 정보를 가지고 있다.

그럼에도 불구하고 석기연구는 즐문토기나 생업복원 등 다른 분야에 비해 상대적으로 연구 성과가 극히 저조한 편이다(신숙정 1997; 황용훈 1983). 물론 그 동안 석기연구가 전혀 없었던 것은 아니지만, 결합식조침이나 석부(김선지 2000; 김충배 2003; 윤정국 2009) 등 특정 주제에 한정하거나 생업활동이나 생계유형을 분석(최종혁 2001)하는 보조적인 정도로 취급되었다.

따라서 석기의 조성관계라든가 시기별 변천과정, 편년, 지역별 석기문화의 특징, 생산과 유통 문제 등 석기가 갖는 다양한 정보를 파악할 수 있는 연구는 거의 이루어지지 않았다고 할 수 있다.

이러한 현상은 결국 신석기문화를 종합적으로 이해하고 사회를 복원하는데 장애 요인이 되고 있음은 부인할 수 없는 사실이다. 따라서 신석기문화를 종합적으로 규명하고 그 변천과정을 구체적으로 파악하기 위해서는 앞으로 석기 자료의 체계적인 정리와 분석이 뒤따라야 할 것으로 생각된다.

본고는 석기연구의 이러한 문제점을 인식하고 향후 석기연구의 기초 자료로 활용하기 위한 시론적인 측면에서 신석기시대 석기의 양상에 대해 개략적으로 살펴보고자 한다.

Ⅱ. 생업활동과 석기

신석기문화는 전 단계의 구석기문화와 비교할 때 여러 가지 면에서 다른 특징을 보이는데, 정주생활과 이를 위한 취락의 조성, 토기와 마제석기를 비롯한 다양한 도구의 사용, 생업 기술의 발달에 따른 생계양식의 다변화가 그것이다. 신석기문화를 구성하고 지탱하는 이러한 문화 요소들은 개별적으로 혹은 복합적으로 상호 작용하면서 기존과 다른 새로운 문화 시스템을 만들어 내게 된다.

약 12만년 전에 시작된 최종 빙하기가 끝나고 후빙기의 새로운 환경에 적응한 신석기인들은 생존을 위해 수렵과 어로, 농경, 채집, 의례, 교역활동 등을 통해 생업 영역을 확대하면서 다양한 생활양식을 전개한다.

이러한 사실은 오랜 구석기 기간 동안 주요 생계 수단으로 이용된 수렵 중심의 생업활동만으로는 변화된 환경에 적응 할 수 없을 뿐만 아니라 생존기반을 항구적으로 마련하기 위해서 다양한 생업전략과 생업형태의 구축이 필요했음을 보여 주는 것이라 할 수 있다.

생업을 『생존의 구체적인 실현 과정이며, 그 방식』이라고 정의 할 때, 생존을 실현하는 과정은 집단을 둘러싼 자연환경이나 사회·문화적 배경에 따라 다양한 형태로 나타나며, 시기에 따라 혹은 집단의 생존전략에 의해 그 형태가 변하기도 하고 지속적으로 유지되기도 한다.

신석기시대 생업형태는 노동력을 투입하여 식량자원을 획득하는 직접적인 생산 활동과, 생존과 직접적인 관련성은 적으나 생산 활동에 영향을 주는 간접적인 생산 활동으로 크게 나눌 수 있다. 전자는 주지하는 바와 같이 수렵·어로·채집·농경활동이 있으며, 이는 생존전략에 따른 적극적인 행위라고 할 수 있다. 후자는 생산에 직접 관계하지는 않지만 행위의 결과가 식량획득에 간접적인 영향을 주거나 생산 활동을 강화하는 효과를 주는데, 그 예로는 교역과 생업활동의 안전, 동식물의 풍요을 기원하는 주술, 의례 행위를 들 수 있다.

한편 지역과 사회 혹은 집단의 문화적인 특징에 따라 나타나는 생업활동을 전개하고 실현하기 위해서는 여러 종류의 생업도구와 기술이 필요하게 된다. 생업을 실현하기 위한 다양한 도구는 재질에 따라 石器, 骨器, 貝器, 木器, 土器 등으로 구분되며, 이 중에서 신석기시대를 통 틀어 가장 널리 이용된 주요한 도구가 석기이다.

따라서 본고에서는 생업도구 중 석기와 관련된 도구에 한정하여 도구의 유형과 종류에 대해 간단히 살펴보면 다음과 같다(표1 참조).

생업도구는 식량자원을 획득하는데 1차적으로 직접 관계하는 생산용구와 획득된 자원을 가공하거나 다른 활동 영역에 사용되는 각종 도구를 제작하는데 활용되는 가공구, 실제 생업에 관계하지 않고 의례적 혹은 정신생활과 관련된 비실용구로 대별 할 수 있다.

생산용구는 생업 영역에 따라 다시 석촉, 석창 등의 수렵구와 어망추, 石錘, 결합식조침, 작살 등의 어로구, 타제석부(따비, 괭이 등), 석겸, 流線型石器, 有肩석기, 원반형석기 등의 채집·농경구로 나누어진다.

가공구는 가공 대상의 성격에 따라 식료 가공(조리)구, 벌채 및 목재 가공구, 석재 가공

		석기 종류
생산용구	수렵구	석촉(마제, 타제), 석창(마제, 타제), 첨두기
	어로구	어망추, 石錘, 결합식조침(축부), 결합식작살, 작살(石銛-마제·타제)
	채집·농경구	타제석부(따비, 괭이, 곰배괭이 등 굴지구), 석겸, 流線型석기, 有肩석기 원반형석기
가공구	식료가공	갈돌, 마석, 갈판, 고석, 凹石(홈돌), 臺石, 石匙, 박편석기(긁개, 밀개 짜르개 등), 石刀, 石刃, 石鋸(돌톱), 礫器
	목재가공	마제석부(소형, 대형), 인부마연석부(소형, 대형), 석착, 편평편인석부
	석재가공	지석(소형, 대형), 擦切石器, 敲石, 石錐(송곳)
	기 타	발화석
비실용구	장신구	耳飾, 垂飾, 石釧
	의례구	봉상석기(石棒)

구로 구분된다. 식료 가공구로는 갈돌, 갈판, 고석, 凹石, 臺石, 石匙, 박편석기(긁개, 짜르개, 밀개), 석도, 石刃, 石鋸(돌톱) 등이 있으며, 벌채 및 목재 가공구로는 전면마제석부, 인부마제석부, 석착(돌끌), 편평편인석부가 있다. 석재 가공구로는 지석, 찰절석기, 石錐, 망치돌 등이 있다.

　비실용구로는 자료가 많지 않아 구체적인 종류와 성격은 자세하지 않으나, 현재 까지 조사된 자료로 보는 한 장신구와 의례구로 구분할 수 있다. 장신구는 이식, 수식, 팔찌 등이 있으며, 의례구로는 사례가 적어 단정 할 수 없지만 춘천 교동 동굴 유적에서 출토된 石棒이 의례 행위와 관련된 도구로 추정되는 정도이다.

　이상에서 살펴 본 석기류는 제작방법과 기술, 형식적인 특징, 용도와 기능에 따라 다양한 기종으로 세분된다. 그러나 생업 유형별로 분류된 기종은 반드시 특정한 기능과 용도에 한정되었던 것 같지 않으며, 생업 환경과 필요에 따라 적절히 혼용되었던 것으로 추정된다.

　예를 들면 갈판을 발화구로, 수렵에 이용되는 석창과 석촉을 어로구로, 식료가공용 고석을 석기제작용 망치돌로 전용이 가능하다.

　한편 현재의 고고학적 자료만을 가지고 도구의 실제 용도를 구체적으로 확정하는데 어려움도 없지 않다. 특히 내륙지역에서 출토되고 있는 세장한 장신의 마제석촉과 석창, 해안지역에서 출토되고 있는 타제작살(石銛)은 일반적으로 출토 유적의 생업환경을 감안하여 수렵용과 어로용으로 구분하고 있지만 용도상에서는 명확히 나누어지는 것은 아니다.

　신석기시대의 생업도구는 일부 석기에서 기능과 용도를 확정할 수 없는 부분도 있으나 형태적인 특징을 기준으로 기능과 용도를 분류한다면, 대부분의 석기류는 〈표1〉의 분류 범위 내에 귀속되는 것으로 생각된다. 〈표1〉의 생업 영역별 석기의 종류와 형태는 신석기시대 전시기를 통해 항상 같은 양상을 유지하지 않으며, 사회·경제적 변화와 집단 간의 생업 환경 및 생산 방식의 차이에 따라 다양한 변이가 존재한다.

Ⅲ. 석기의 종류

1.석기 재료와 제작기술

신석기시대 석기는 구석기시대에 비해 여러 가지 면에서 차별성과 특징을 보여 준다. 구석기시대는 기종구성이 단순하고 소형 박편석기류가 주류를 이루고 있음에 비해 신석기시대는 생업유형과 생산활동 방식에 따라 다양한 기종이 존재하며, 쓰임새에 따라 기능이 분화되거나 새로운 기종이 만들어지기도 한다.

신석기시대 석기는 그 제작에 있어 석기를 만들 수 있는 재료의 확보가 무엇보다 중요한 비중을 차지한다. 석기 재료는 보통 주변에 구할 수 있는 석재를 이용하지만, 적당한 석재를 구할 수 없을 경우에는 남해안지역의 흑요석과 같이 일본 구주지역에서 교류나 교역을 통해 확보하기도 한다.

원재료의 확보가 어려울 경우는 주변 지역과의 교역을 통해 완제품이나 반제품을 입수하여 사용하기도 한다. 신석기시대 여러 유적에서 출토되는 석기 중에는 재지의 석재로 만든 석기와 구별되면서 유적 주변에서 산출되지 않는 암석으로 만든 예(범방유적과 용호동유적의 화강편암제 마제석부, 문암리유적의 결상이식 등)가 확인 되는 것으로 보아 흑요석과 함께 석기의 유통이 지역적인 네트워크를 통해 이동되고 있음을 알 수 있다(하인수 2009).

석기 소재로 널리 사용된 암석으로는 안산암, 응회암, 화산암, 화강암, 화강편마암, 편마암, 편암, 혈암(점판암), 각암(차트)사암, 섬록암, 니암(혼펠스), 규암, 석영반암, 규장암, 운모편암, 경옥암, 유문암, 천매암, 흑요석, 사누카이트 등이 있다. 석기 소재의 선택은 석기 제작의 목적과 기종에 따라 결정되기도 하고(鈴木道之助 1994), 집단이 속한 자연환경 즉 지질적 조건에 따라 크게 좌우되기도 한다.

마제석촉은 마연과 제작에 용이한 니암, 타제석촉은 기능성이 높은 흑요석이나 안산암, 혈암을 주로 사용하며, 마제석부는 가공의 용이함 보다 실용성과 작업의 효율성이 있는 혼펠스, 화강편마암, 섬록암을, 타제석부는 일상적인 도구라는 점에서 주변 지역에서 쉽게 구할 수 있는 응회암, 화산암, 화강암, 점판암 같은 암석을 주로 이용한다.

진안 갈머리유적(호남문화재연구원 2003)에서 타제석부류를 비롯한 대부분의 석기류는 주변에서 쉽게 구할 수 있는 염기성 화산암으로, 함평 장항리유적(목포대박물관 2001)에서는 안산암(87%), 욕지도패총(국립진주박물관 1989)에서는 혼펠스(80%)으로 대부분의 석기를 제작하고 있다. 이러한 사실은 석기의 소재가 사용목적과 수급 여부 등 다양한 요인에 의해 결정되고 선택되어 졌음을 보여 준다.

신석기시대 석기제작은 구석기시대에 보이지 않던 擦切, 敲打, 穿孔, 磨硏技法이 새로 도입되고 발전되면서 다양화되고 정밀하게 된다. 특히 찰절기법의 사용으로 소재 가공이 편리해지고 석기생산의 효율성이 향상 된다.

신석기의 석기 가공 기술 중에 소형석기의 인부를 가공하기 위한 세부조정 박리기법, 마연기법과 같이 후기구석기의 기술적 전통을 갖는 것도 있지만, 대부분의 가공기술이 신석기시대에 확립되고 발전된다.

신석기시대 석기 가공기법은 석기의 기종과 집단의 문화적인 전통에 따라 다양하나 본고에서는 석기에서 일반적으로 관찰되는 일반적인 기술을 중심으로 간단히 살펴보기로 한다.

押壓剝離技法은 후기 구석기시대의 박편박리기법의 전통을 갖는 것인데, 소형석기의 인부를 세부 가공할 때 주로 이용하는 기법이다. 일반적으로 석부나 갈돌, 갈판 등 대형석기류는 직접 타격으로 형태를 조정하고 성형하는데 비해 이 기술은 녹각이나 봉상의 도구를 이용해 석기의 가장자리 주위를 加壓하여 인부를 만들거나 성형할 때 사용하는 기법이다. 특히 석질이 치밀하고 유리질의 성질을 갖고 있는 흑요석이나 안산암 등을 이용해 타제석촉이나 작살, 첨두기, 박편석기(긁개, 자르개, 밀개 등) 등을 제작할 때 주로 사용된다.

敲打技法은 석기의 전체 형태를 성형할 때 일반적으로 사용되지만, 주로 마제석부의 마연 전 단계 기술로 많이 이용된다. 일반적으로 마제석부 가공은 직접타격으로 성형하고자 하는 석부의 형상을 1차로 조정한 후 바로 마연하지 않고 1차 성형된 미제품의 요철 부분을 고타기법으로 정리하여 마무리한 다음 마연을 통해 완성한다.

고타기법은 마제석부의 1차 성형시 남아 있는 요철 면을 평활하게 함으로서 마연 시간을 절약하고, 성형을 용이하게 하는 이점이 있기 때문에 신석기 이래 청동기시대까지 널리 이용된다. 중기 이후 유적에서는 완전히 마연되지 않아 고타 흔적이 남아 있는 마제석부가 종종 확인된다(도면13-9).

　磨研技法은 신석기시대 석기제작에 있어 후술하는 찰절기법과 함께 가장 특징적 기술이다. 마연기법은 후기 구석기시대에 일본이나 한국의 수양개 진주 월평, 장흥리 신북유적에서 국부마연석기에서 나타나지만, 본격적으로 석기제작기술로 이용되기 시작하는 것은 신석기 조기부터이다.

　마연기법은 예리한 인부를 필요로 하는 벌목용 합인석부, 목재 가공구용 편인석부, 석도와 도구의 기능과 성격상 정밀한 가공이 필요한 결합식조침, 석촉, 석창, 장신구 등을 제작할 때 주로 이용된다.

　찰절기법은 앞서 설명한 바와 같이 신석기시대에 처음으로 사용되는 기법인데, 이 기법은 석기제작에 직접 관계하는 기술이 아니고, 석재를 효율적으로 이용하기 위해 주로 마제석기 등의 소재를 절단하는데 이용되는 기법이다.

　마제석촉, 석창, 결합식조침 등의 소재로 사용되는 편평한 점판암이나, 마제석부용 석재를 연속적으로 절단하는데 주로 이용되며, 때로는 옥을 가공할 때도 사용되었을 것으로 추정된다.

　후포리유적와 문암리유적에서는 찰절기법으로 절단한 소재(도면15-22·23)와 이를 이용해 만든 마제석부(도면15-24)가 출토되고 있어 찰절기법의 실례를 알 수 있다.

　擦切技法에 이용되는 석기를 찰절구라 하는데, 입자가 가는 세립사암을 석도 형태로 가공하여 시용한다. 석재를 절단할 때는 강도가 높은 모래를 媒材로 이용함으로서 찰절 효과를 높이기도 한다.

2.석기의 종류

1) 수렵구

수렵은 인간에게 양질의 단백질을 제공할 뿐만 아니라 뼈나 뿔, 이빨, 가죽 등은 일상생활에 필요한 다양한 용구를 만드는 재료를 제공해 준다는 측면에서 신석기시대 생업활동의 주요한 위치를 차지한다.

　수렵도구 내지 방법은 다양했을 것으로 생각되나, 먼 거리에서도 사냥을 할 수 있는 활과 화살, 근거리용인 창 등이 주로 이용되었을 것으로 생각된다. 특히 다양한 형식의 석촉이 많이 출토되고 있는 것으로 보아 활을 이용한 수렵이 성행한 것으로 보인다.

가. 석촉

석촉은 제작 방법에 따라 일차적으로 타제와 마제로 구분된다. 형태적 속성에 따라 다양한 형식으로 분류가 가능하며, 형식에 따라 어느 정도 시간적인 변화도 보인다.

석촉은 경부의 유무에 따라 무경식과 무경식으로 구분되지만, 내륙지역에는 대부분은 무경식석촉만 보인다. 유경식석촉(도면1-1~9)은 전 경주출토품(도면1-9)를 제외하고 제주도지역의 초기즐문토기 단계에서만 확인된다. 제주도 고산리유적 등에서 출토되는 석촉은 모두 타제석촉 뿐인데, 무경식(도면1-10~12)보다 유경식이 많은 비율을 차지한다.

타제석촉은 남해안지역에서 많이 사용하는 기종인데, 주로 흑요석이나 점판암을 이용하여 제작한다 크기는 2~3㎝ 정도이다. 기부의 형태와 평면에 따라 삼각만입형(도면1-24~38)과 삼각평기형(도면1-10~21), 첨두형(도면1-15·20), 유엽형(도면1-19)으로 나누어진다.

마제석촉은 마제작살과 형태적으로 유사할 뿐만 아니라 분포 범위도 동일하다. 형식적으로 본다면 작살과 크기에서 차이를 보이고 있다고 할 수 있다. 주로 내륙지역에서 많이 사용되는데, 동해안(고동순 2006)과 서해안에서 다소 출토되고 있으나 남해안지역에서는 거의 확인되지 않는다. 마제석촉은 평면 형태와 기부의 특징에 따라 삼각만입형(도면1-39~51), 삼각평기형(도면1-52~62)으로 나누어지며, 삼각만입형은 양익의 형태와 신부의 세부 속성에 따라 삼각평기형은 신부의 형태에 따라 세분이 가능하다.

나. 석창

사전적인 의미로 석창은 주로 수렵에 이용되고 작살은 대형어류나 해수류를 포획할 때 사용하는 도구이지만 고고학적인 유물만으로 양자를 구분하기란 어렵다. 그것은 신석기시대 생업활동 자체가 복합적이고 사용하는 도구 역시 다용도로 사용되었을 가능성이 크기 때문이다.

창의 기능이 대상물을 찌르거나 던져 포획하는데 있으므로, 실제 기능상에서는 상황에 맞게 적절히 사용했을 것으로 생각한다. 그렇다면, 내륙과 해안지역에서 출토되는 각종 석창은 수렵과 어로용으로 병용되었을 가능성이 크다고 생각된다.

동삼동패총을 비롯한 욕지도, 범방, 세죽, 가도, 서포항패총에서 보는 바와 같이 타제, 마제석창은 유적의 생업환경으로 보아 수렵용보다는 대형 해수류나 어류를 포획할 때 사용되었던 것으로 보이고 상촌리나 지탑리유적의 석창은 어로용보다는 수렵으로 이용되었던 것으로 추정된다.

따라서 본고에서는 크기를 기준으로 편의상 작살보다 대형인 것을 수렵용 석창으로 분류하였지만, 반드시 용도가 수렵용에만 한정된다는 의미는 아니다.

도면2에서 보는 바와 같이 석창은 지역에 따라 혹은 제작방법과 형태에 따라 여러 종류가 있다. 석창은 제작방법에 따라 타제와 마제로 구분되고, 경부의 유무에 따라 무경식과 유경식으로 대별된다.

타제석창은 무경식과 무경으로 나누어진다. 무경식 타제석창은 타원형의 신부에 장방형상의 경부가 붙은 형태인데, 욕지도(도면2-1·4)와 가도패총 출토품(도면2-2·3)이 대표적이다. 이 밖에 동삼동 중기(Ⅲ기)문화층에서도 욕지도 출토품과 같은 형식이 출토되고 있다.

무경식 타제석창은 신부가 세장한 삼각형을이루고 기부가 평탄한 형태(도면2-5~11)와 신부와 경부가 구분되지 않는 유엽형(도면2-12~14)으로 구분된다. 전자는 중기의 상촌리유적, 범방패총의 조기문화층, 서포항패총에서, 후자는 고산리유적에서 출토된다.

마제석창은 무경식만 확인되는데, 기부와 평면 형태에 따라 유엽형, 삼각평기형, 삼각만입형으로 나누어진다. 유엽형(도면2-15)은 서포항패총 출토품이 대표적이며, 삼각만입형은 세죽유적(도면2-24)에 확인된다.

삼각평기형은 신부의 형태에 따라 세분이 가능한데, 안도와 동삼동패총 출토품은 신부가 직전적이며 삼각형을 이룬다. 안도 출토품은 다른 유형과 달리 신부 아래 쪽에 4개의 구멍이 뚫어져 있다. 세죽(도면2-21), 궁산(도면2-19), 지탑리유적(도면2-17·25·26) 출토품은 신부가 유선형을 이루며 세장한 것이 특징이다. 마제석창은 세죽리의 예로 보아 조기의 융기문토기 단계부터 사용된 것은 분명하나, 성행하는 것은 전·중기로 생각된다.

2) 어로구

삼면이 바다로 둘러 싸여 있는 한반도는 근해에 한류와 난류가 교차하며, 리아스식 해안이 발달해 있다. 특히 남해안지역은 어류의 서식과 산란장으로 적합한 생태 환경을 갖추고 있어 각종 어패류가 많이 서식하고 있다. 이 같은 자연 조건은 즐문토기인을 해안 지역에 머물게 하고 어로활동이 주요 생업기반으로써 커다란 비중을 차지하게 하는 요인이 되었다.

남해안지역의 동삼동, 범방, 연대도, 욕지도패총과 서해안의 가도, 노래섬패총, 동해안의 문암리, 오산리, 세죽유적에서 출토된 각종 어패류와 고래, 물개 등의 해수류 유존체 그리고 이들을 포획하는데 사용된 다양한 어구는 이 지역에 거주하였던 즐문토기인의 어로활동의 실태와 모습을 잘 보여주고 있다.

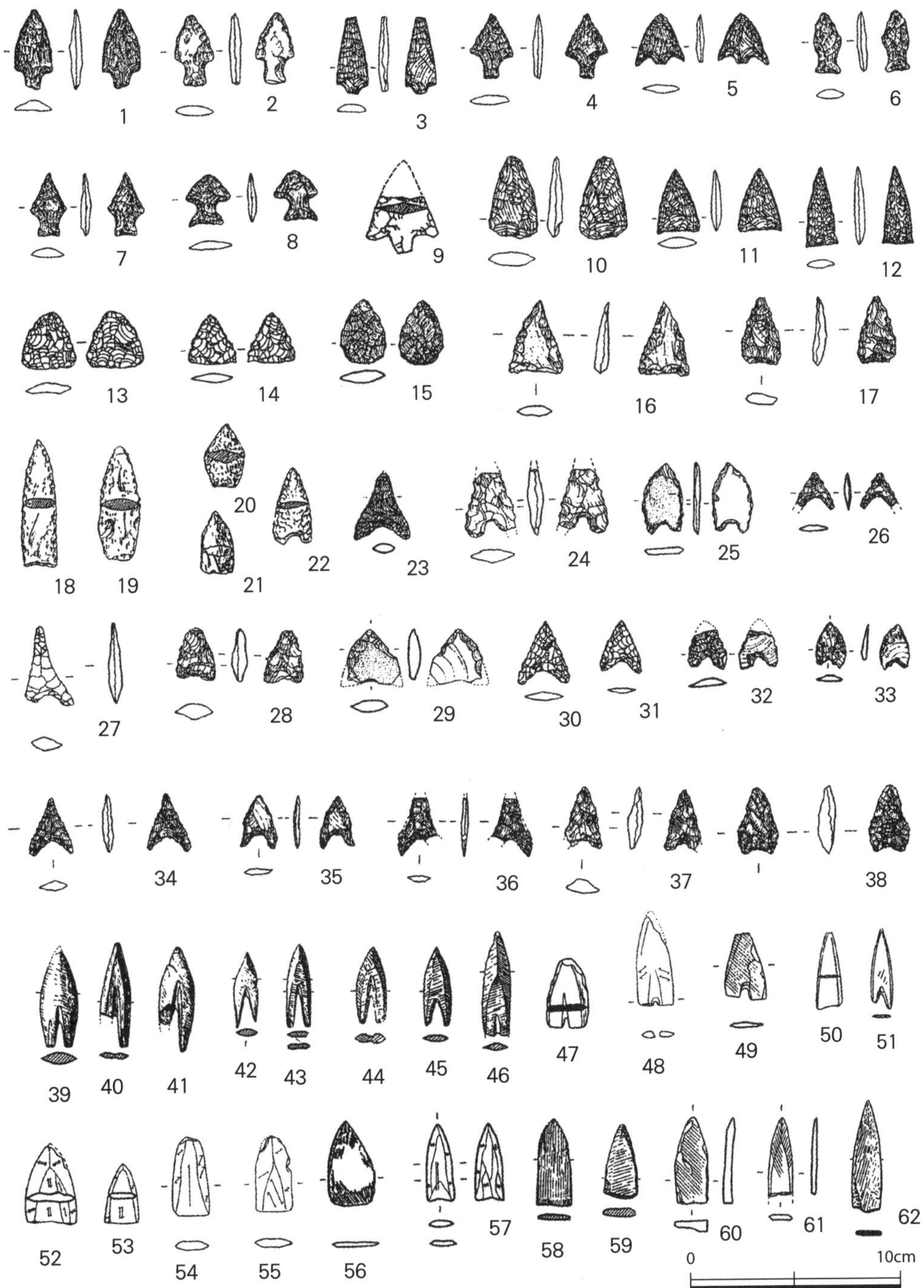

도면1 수렵 · 어로구−석촉

1~8 · 10~12: 고산리유적, 9: 경주, 13~15 · 33: 동삼동패총, 16 · 17 · 34~38: 연대도패총, 18~22 · 50 ·
51: 서포항패총, 23: 범방패총, 24~28: 욕지도패총, 39~43 · 62: 지탑리유적, 44~46 · 58 · 59: 궁산유적,
47: 시도패총, 48 · 54 · 55: 노래섬패총, 49 · 60 · 61: 암사동유적, 52 · 53: 가도패총

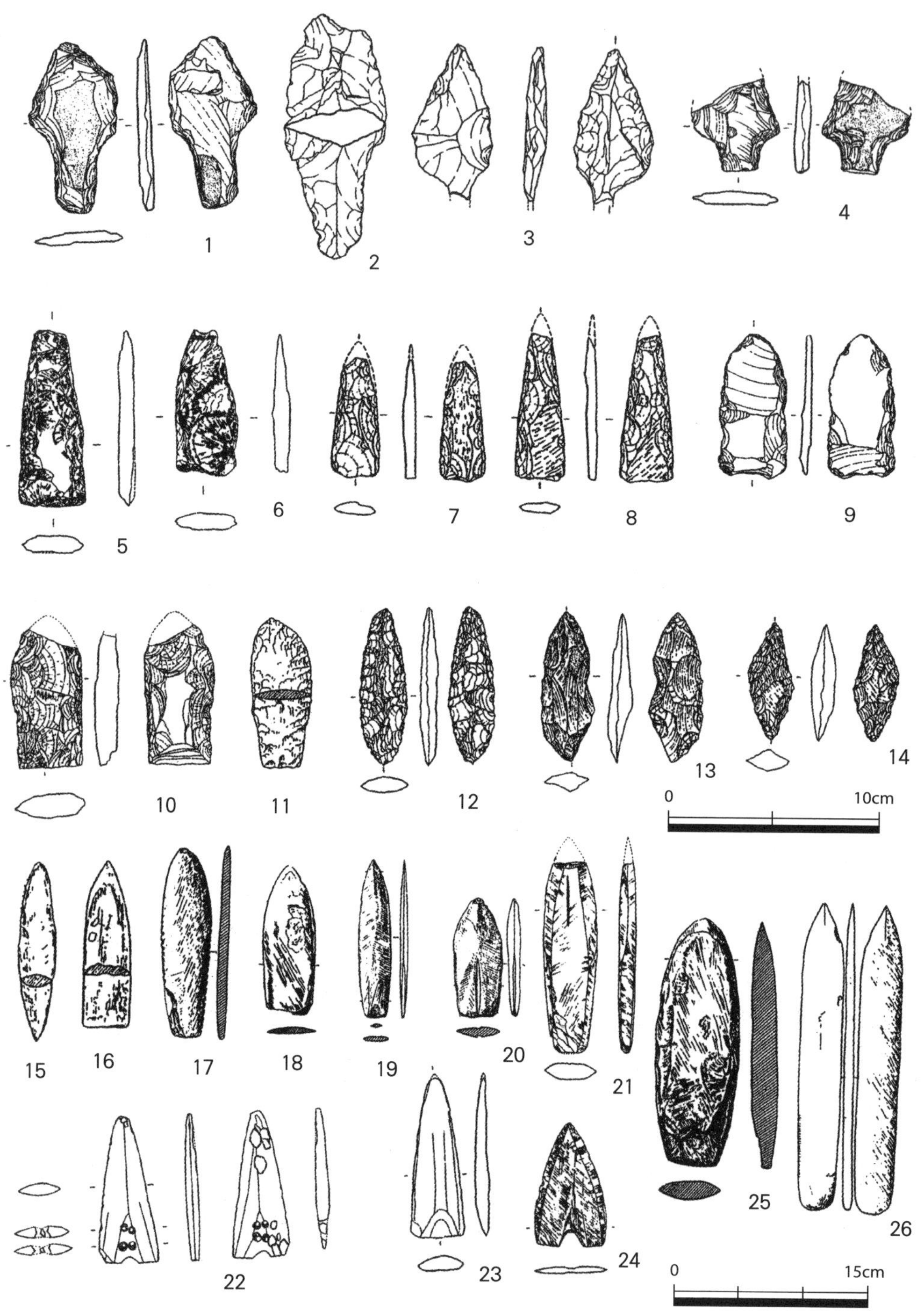

도면2 수렵 · 어로구-석창

1 · 4 · 9: 욕지도패총, 2 · 3: 가도패총, 5~8: 상촌리유적, 10: 범방패총, 11 · 15 · 16: 서포항패총, 12~14: 고산리유적, 17 · 18 · 25 · 26: 지탑리유적, 17 · 20: 궁산유적, 21 · 24: 세죽패총, 22: 안도유적

신석기시대의 어로활동 영역은 크게 작살업, 낚시업, 어망업, 그리고 패류 채취업으로 구분된다. 이 가운데 작살업과 낚시업은 외양성 어업을 나타내고, 어망업과 패류채취는 내만성 어업을 보여준다(김건수 1999).

어로 활동에 관련된 대표적인 석제 도구는 어망추, 석추, 결합식조침, 결합식작살, 단식작살 등이 있으며, 일부 대형 어류나 강치 물개, 고래 등을 포획하기 위해서는창을 사용했을 것으로 생각된다.

가. 결합식조침

결합식조침은 석제로 만든 축과 골제 바늘이 결합되어 하나의 조침을 이루는 형식이며, 오산리형조침으로 불린다. 동해안과 남해안지역에 집중 분포하며, 한반도의 특징적인 어구로 생각된다.

결합식조침은 융기문토기단계에 출현하여 말기까지 존속하며, 축부의 평면형태와 결합면의 구조에 따라 여러 형식으로 분류되고 있다(하인수 1996; 김충배 2003), 일반적으로 오산리형으로 불리는 것은 평면형태가 J자형(도면4-1~7·10~12)을 이루지만. 범방패총과 동삼동, 대경도를 비롯한 남해안지역에서는 출토되는 조침의 축부은 I자형(도면4-13~15)이 많다. I자형은 동해안지역에서 확인되지 않고 있는 것으로 보아 남해안지역의 특징적인 형식으로 생각된다.

I자형과 J자형은 축의 평면뿐만 아니라 결합부의 구조에서도 차이를 보인다. J자형은 바늘의 결합면이 평탄한데 비해 I자형은 오목하게 처리되어 있다. 축부 결합면의 차이는 접합되는 침부의 형태와도 관련을 가진다(하인수 2006a).

결합식조침은 축의 크기에 따라 대형(9cm 이상), 중형(5cm 이상), 소형(5cm 미만)으로 구분되어 어느 정도 규격성이 보이는데(김충배 2003), 문암리유적에서 20cm 크기의 초대형 조침이 출토되는 것으로 보아 크기에 따라 다양하게 사용되었음을 알 수 있다. 문암리유적 02-8호 수혈에서 37점에 달하는 다량의 결합식조침이 출토되었는데, 오산리유적 출토품보다 대형인 점이 특징이다 10~15cm정도의 크기가 주류를 이룬다(국립문화재연구소 2004)

나. 작살(石銛)

작살은 신석기시대 대표적인 어로구의 하나로 주로 해안지역 패총유적에서 출토되며, 재질에 따라 골제와 석제로 구분된다. 석제작살은 제작 방법에 따라 마제와 타제로 나누어지는데, 마제작살은 남해안을 제외한 내륙과 동해안지역에 주로 분포하며, 남해안지역에는 타제작살이 유행한다.

타제작살은 작살의 구조에 따라 결합식과 단식작살로 구분되지만, 단식작살이 우세하다. 결합식작살(도면3-1~9)은 주로 흑요석이나 혈암을 소재로 만드는데, 대형어종이나 해수류를 포획할 때 이용된다.

문암리유적의 출토품은 삼각형의 銛頭에 반월형의 側刃이 조합된 형식인데 일제강점기에 조사된 동삼동패총 출토품과 유사한 특징을 보여 준다. 동삼동, 안도, 상노대도패총에서 출토된 결합식작살은 일본에서 소위 石鋸로 불리는 형식인데, 〈도면3-4·9〉는 銛頭이고, 〈도면3-5~8〉은 側刃이다.

단식작살은 형태면에서 석촉과 비슷하나 크기나 제작방법에서 차이가 난다. 남해안지역에서는 조기부터 출현하여 골제작살과 함께 주요 어로구로서 이용된다. 크기는 5cm 전후가 보통이며, 형태는 尖頭形(도면3-10~13), 三角灣入形(도면3-16~21), 三角平基形(도면3-14) 나누어 진다.

마제작살은 찰절기법으로 절단한 점판암을 소재로 제작되는데, 형태와 크기가 마제석촉과 유사하여 상호 구분하는데 곤란한 점도 없지 않다. 내륙지역에서 출토되는 마제 작살을 연구자에 따라 마제석촉으로 분류하지만(이동주 2003; 고동순 2006) 본고에서는 크기를 중시하여 석촉과 구분하였다.

마제작살은 크게 평면과 기부 형태에 따라 삼각만입형, 삼각평기형, 유엽형 등으로 구분되나, 기부의 세부 특징과 촉신의 단면 형태에 따라 세분이 가능하다.

삼각만입형은 신부가 유선형으로 볼록한 것(도면3-22·25·42·46)과 직선적인 것(도면3-47~49)로 세분된다. 삼각평기형(도면3-36·37·39, 40·41)은 신부의 평면 형태에 따라 유선형, 직선형, 세장형으로 구분된다. 유엽형은 신부가 세장하고 유선형을 이루는 것이 특징인데, 주로 중서부 이북지역에서 확인되고 있다. 대표적인 것으로는 금탄리(도면3-29), 서포항패총 출토품(도면3-27·28)이 있다.

출현 시기는 분명하지 않으나 전·중기에 성행하는 것으로 보아 조기까지 올라갈 가능성도 있다고 생각된다. 전술한 바와 같이 마제작살이 해안지역에서는 거의 출토되지 않고, 내륙지역에서는 타제 작살이 보이지 않는 것으로 보아 작살을 통한 어로활동에 지역적인 차가 존재했던 것으로 추정된다.

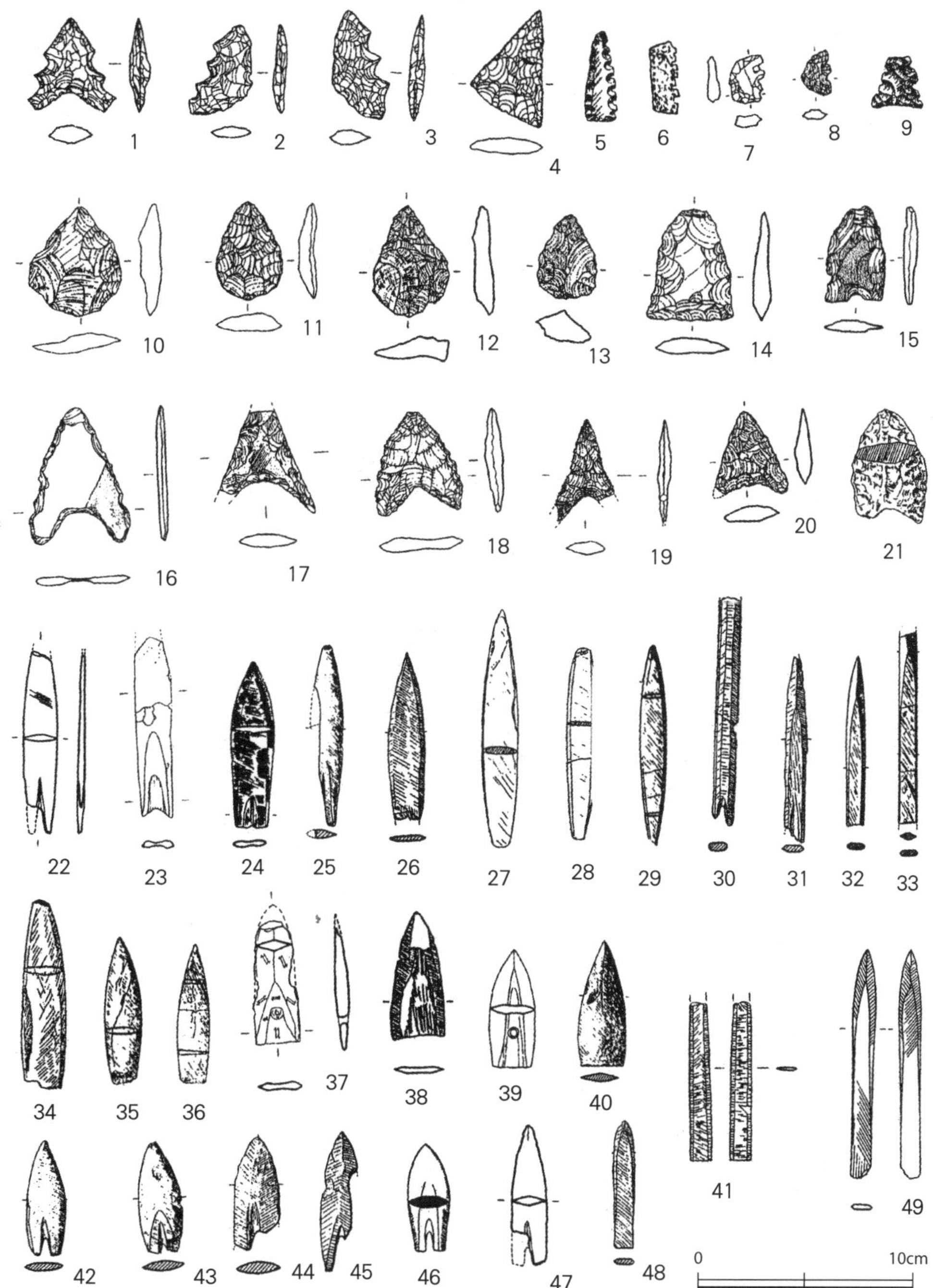

도면3 수렵 · 어로구―작살(石銛)

1~3 · 41: 문암리유적, 4 · 6~8 · 12~14 · 20: 동삼동패총, 5 · 9: 상노대도패총, 10 · 11: 고산리유적, 15 · 16 · 18 · 19 · 23: 욕지도패총, 17: 연대도패총, 21 · 27 · 28: 서포항패총, 22 · 47: 지경리유적, 24: 오진리유적, 25 · 32 · 33 · 40 · 42 · 43: 지탑리유적, 26 · 30 · 31 · 44 · 45: 궁산유적, 34~36: 금탄리유적, 37: 가도패총, 38: 상촌유적, 39: 범방패총, 41: 문암리유적, 46: 시도패총, 49: 암사동유적

다. 石錘

석추는 동남해안의 범방유적(도면4-16)에서 출토예는 있지만 오산리(도면4-17~19), 문암리유적(도면4-21·22) 등 동해안지역에서 주로 출토되고 남해안지역에서 전혀 출토되지 않는 것으로 보아 지역성이 강한 석기로 추정된다. 석기의 형태적인 특징과 분포양상 등을 고려할 때 오산리형 석추로 부를 수 있을 것으로 생각된다. 용도는 불명이나 두부에 결박하기위한 홈이 마련되어 있는 점, 무게 중심이 밑으로 향한 錘形을 이루고 있는 점을 고려 해 볼 때 어로와 관련된 석기로 추정된다.

　크기는 5~6㎝ 정도이나 세부적인 면에서는 형태 차가 있다. 범방유적 출토품은 몸체 아래 쪽에 두 줄의 홈이 새겨져 있으나 오산리나 문암리유적 출토품에는 확인되지 않는다. 용도 차인지 지역차인지 검토가 필요한 부분이다. 시기는 즐문토기 조기에 속한다.

라. 어망추

어망추(도면4-22~34)는 신석기시대 대부분의 유적에서 출토되는 보편적인 어로구이다. 크기와 무게에 따라 차이는 있으나 제작방법과 재질은 신석기 전시기를 통해 동일한 양상을 보인다. 특히 크기에 따라 어느 정도 지역차가 인정되는되는데, 내륙지역에서는 오진리 유적 출토품(도면4-30~34)과 같이 3~5㎝ 정도의 소형이 많고, 해안지역에서는 소형도 존재하지만 중·대형이 많다. 그리고 해안지역에서도 남해안지역의 경우는 어망추의 출토양이 적고, 소·중형 정도에 불과하나 서해안의 연평도패총이나, 모이도, 가도, 노래섬유적에서는 길이 10~20㎝, 무게 400~500g정도의 대형 어망추(도면4-26·27)가 다량으로 출토되고 있다.

　어망추의 지역간 이러한 차이는 어망을 이용한 어로방식의 차에서 오는 것으로 생각된다. 단정할 수 없으나 어망추의 형태로 보아 내륙과 남해안은 주로 투망식, 서해안은 조수간만의 차를 이용 얕은 곳에 어망을 고정해두고 어패류를 포획하는 고정식 어망에 사용한 것으로 생각된다.

3) 채집 · 농경구

즐문토기인에게 있어서 채집 역시 수렵, 어로와 함께 생업경제에 차지하는 비중은 매우 높았을 것으로 생각된다. 해안지역의 여러 유적 특히 패총에서 출토되는 각종 어패류와 동물유존체 출토 양상으로 볼 때 수렵과 어로활동으로 획득한 식료를 주요 식량자원으로 이용

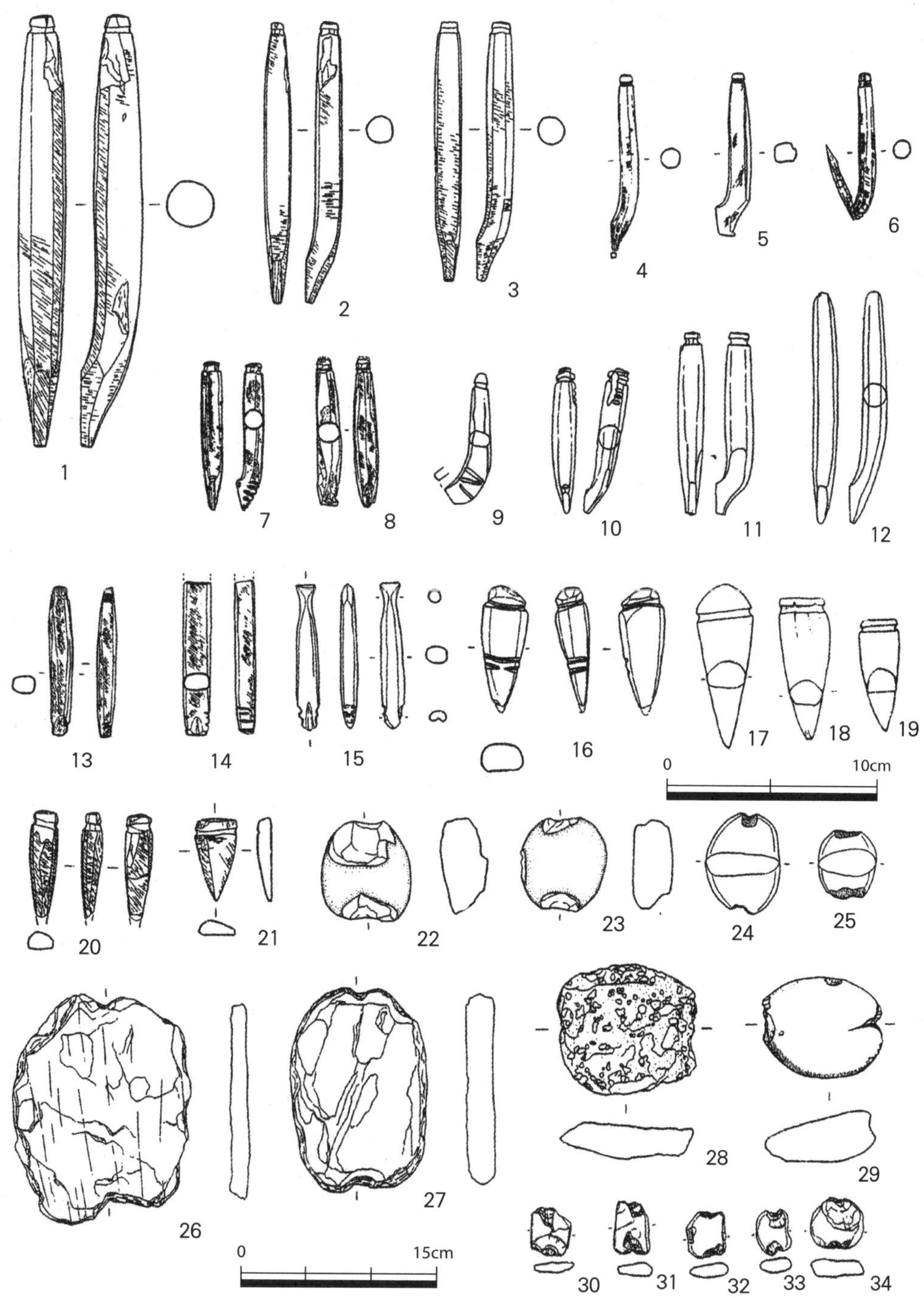

도면4 어로구−결합식조침 · 석추 · 어망추

1~3: 문암리유적, 4~6: 세죽패총, 7 · 8 · 13 · 14 · 16: 범방패총, 9~12 · 17~19: 오산리유적, 15: 대경도,
22 · 23: 가도패총, 24 · 25: 지경리유적, 26 · 27: 모이도패총, 28 · 29: 연대도패총, 30~34: 오진리유적

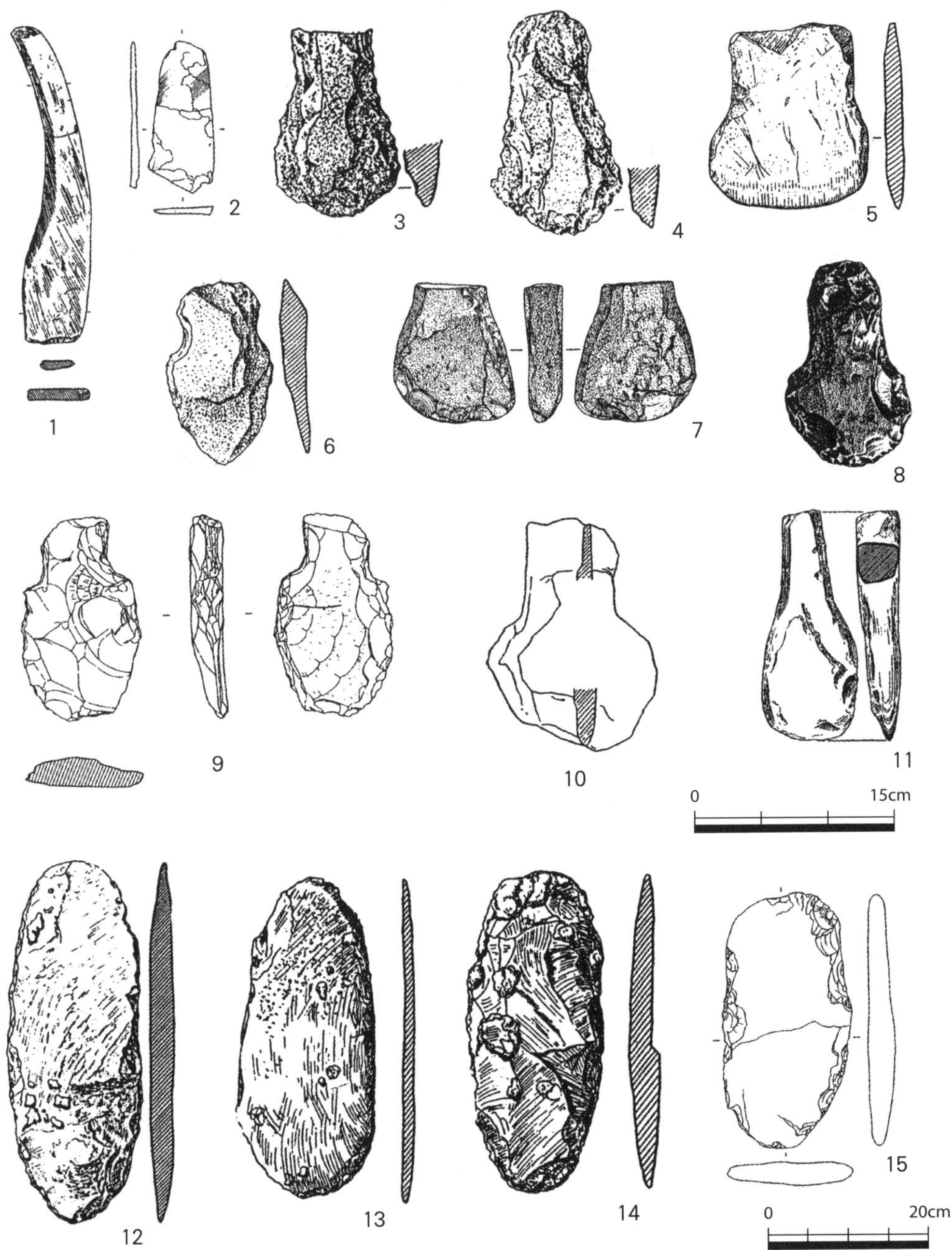

도면5 채집 · 농경구–석겸 · 타제석부(굴지구) · 유견석기

1 · 12~14: 지탑리유적, 3 · 4: 토성리유적, 5: 궁산유적, 6: 금탄리유적, 7: 봉계리유적, 8: 상노대도패총, 9: 대야리유적, 10: 서포항패총, 11: 동삼동패총, 2 · 15: 암사동유적

한 것으로 생각되지만, 부족한 식량자원을 확보하고 안정적인 생계를 유지하기 위해서는 자연히 식물성 식료에 의존하지 않을 수 없을 것으로 추정된다. 특히 전기 이후 한반도 전역으로 확산된 조, 기장 등의 잡곡재배는 부족한 식량자원을 안정적으로 확보하는데 일조하였을 것으로 추정된다.

계절별로 서식하는 다양한 식용식물의 채집과 조, 기장 등의 잡곡 재배를 위해서는 다양한 도구가 필요로 하는데, 땅을 일구거나 근경류, 구근류의 채집에는 타제석부(도면6), 有肩石器(도면5-3~11)가 수확용으로는 石鎌(도면5-1·2) 등이 이 주요 채집·농경구로 사용되었을 것으로 추정된다. 그 밖에 용도는 불확실하나 원반형석기(도면8-1~12)도 채집, 농경과 관련된 도구로 생각된다.

가. 타제석부

신석기 유적 중에서 가장 많은 출토양을 보이는 것 중의 하나가 타제석부이다. 타제석부는 전기 이래 잡곡농경과 관련하여 그 양이 증가하고, 형태도 정형화되는 것으로 보아 농경구로써 널리 사용되었음은 분명하지만, 신석기 조기의 우봉리유적(도면6-17), 동삼동 I 기층 등 융기문토기 문화 단계부터 이미 보이는 것으로 보아 이른 시기부터 식물자원을 획득하는 굴지구로 이용되었음을 알 수 있다.

타제석부는 크기, 평면형, 인부형태, 제작기법 등 세부 속성에 따라 여러 형식으로 세분이 가능하다.[1] 타제석부는 두께와 외형적인 특징에 따라 일반적으로 따비형(임상택 2001)(도면6)과 괭이형(도면7)으로 대별되고[2] 형태적으로 장대형, 대형, 소형 등으로 구분되지만 형질적 속성에서 다양성과 규격성을 보여 준다.

이것은 타제석부가 기능에 따라 기종이 분화되고 그 용도가 달랐음을 반증하는 것이다. 용도에 맞는 도구의 제작(선택)이 생산성 향상과 직결된다고 한다면, 타제석부의 기종분화

---

[1]　타제석부의 제작기법과 분류에 대한 구체적인 검토는 윤정국의 논고가 있다. 그는 진안 진그늘유적과 갈머리유적 자료를 중심으로 타제석부(굴지구)의 제작기법과 형태 분류를 시도하였는데, 타제석부를 인부 형태와 평면 모습을 기준으로 5유형으로 구분하고 있다(윤정국, 2009, 「신석기시대 굴지구의 제작기법에 대한 연구」, 『한국신석기연구』17, 한국신석기학회).

[2]　따비형 타제석부는 보통 길이 15㎝ 전후, 두께 1㎝ 정도이며, 형태가 舌狀을 이루고 납작한 것이 특징이나 지탑리유적 출토품과 같이 크기가 50~65㎝ 정도의 초대형도 있다. 괭이형 타제석부는 따비형보다 소형이며 두께가 2㎝ 전후로 두텁고, 장방형 내지 세장한 형태를 이루는 것이 일반적이다.

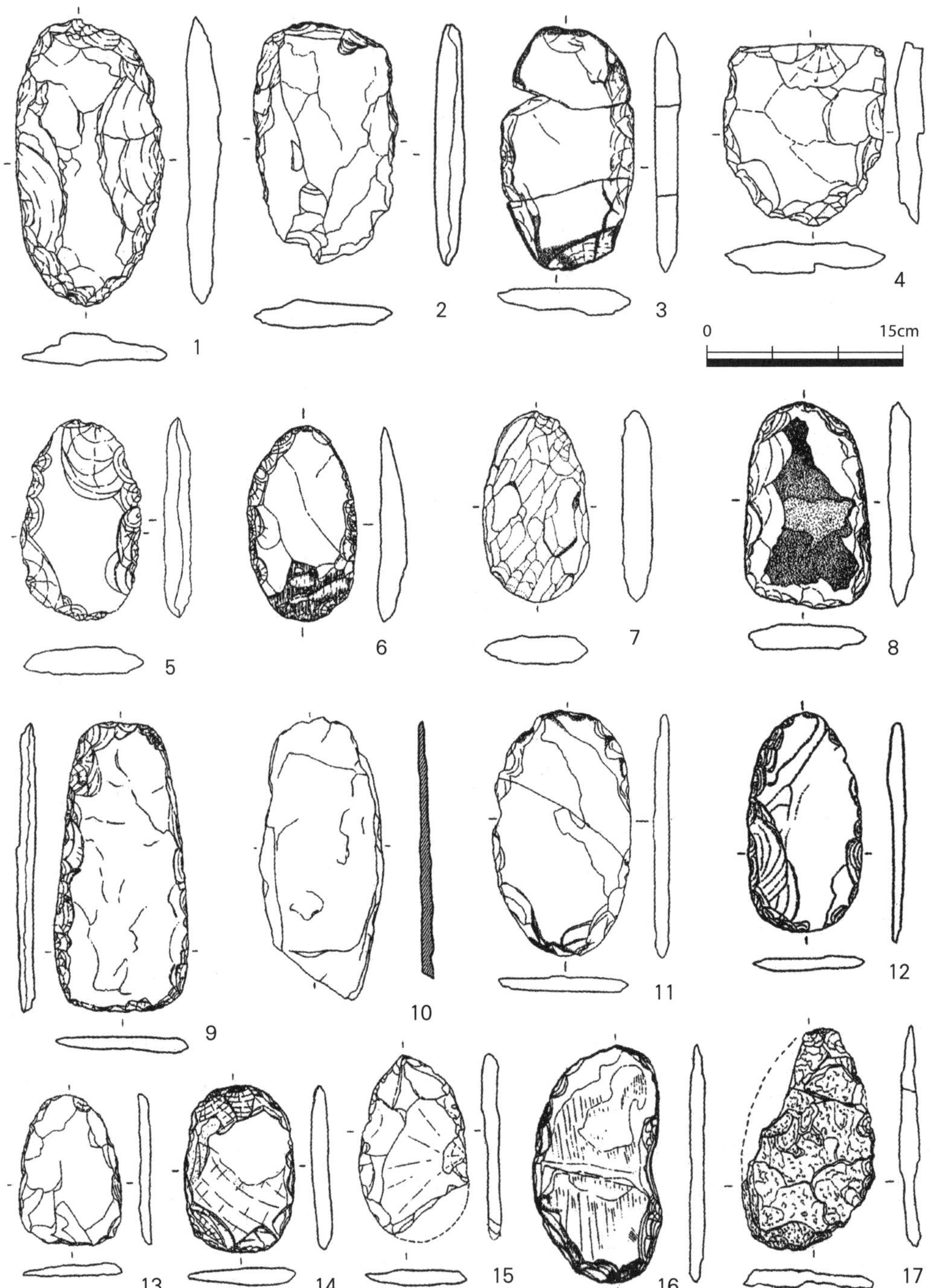

도면6 채집·농경구-타제석부(굴지구)

1·7: 가도패총, 2: 욕지도패총, 3·11: 노래섬유적, 4·15: 황성동유적, 5: 화목동유적, 6: 쌍청리유적, 8·14: 갈머리유적, 9: 오진리유적, 10: 대천리유적, 12: 상촌리유적, 13: 암사동유적, 16: 목도패총, 17: 우봉리유적

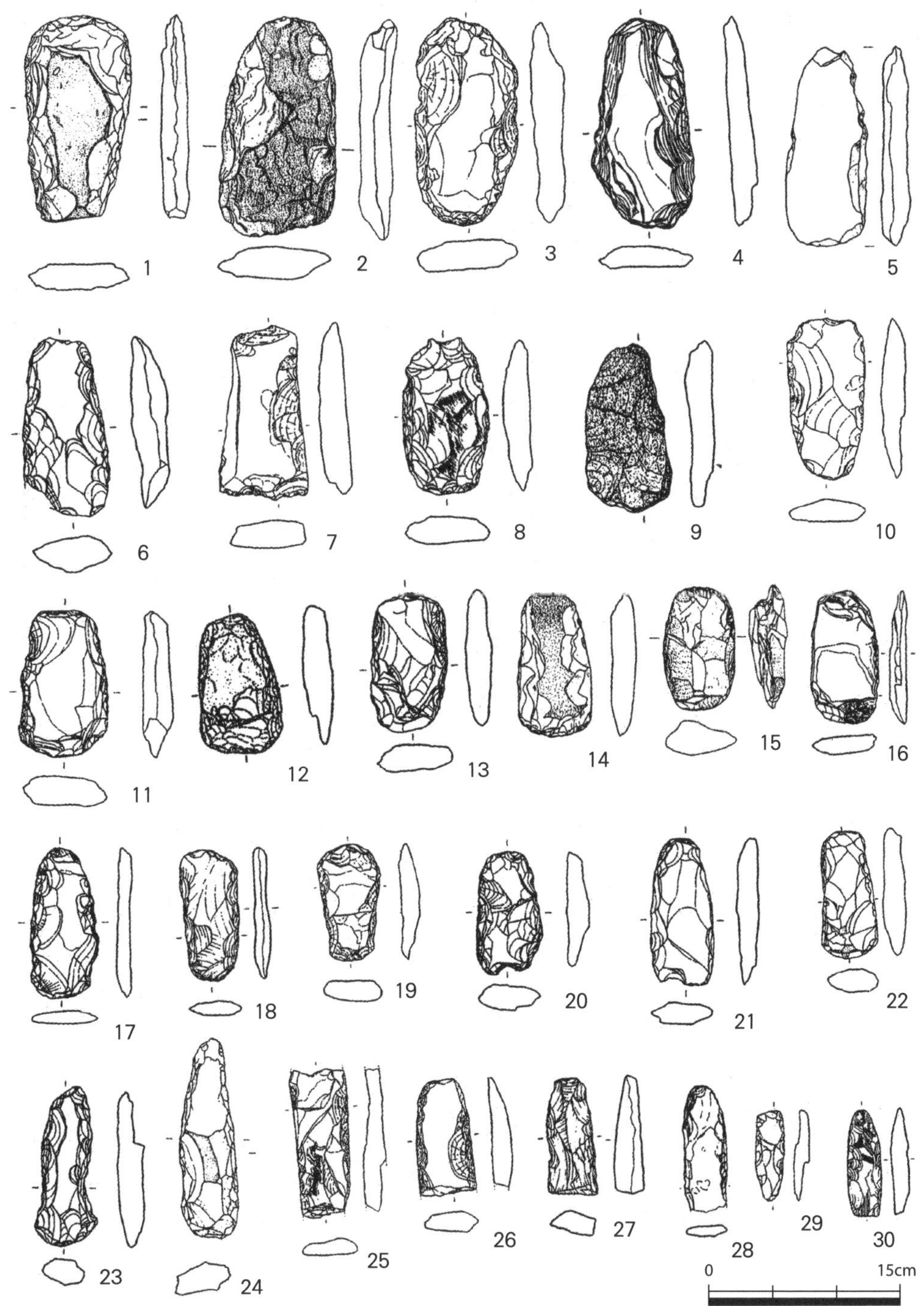

도면7 채집 · 농경구–타제석부(굴지구)

1 · 24: 연대도패총, 2 · 15: 봉계리유적, 3 · 7 · 10 · 19 · 25 · 26: 범방패총, 4: 갈머리유적, 5 · 14: 미사리
유적, 6 · 8~11 · 13 · 17 · 20 · 21 · 23: 목도패총, 9: 우봉리유적, 12: 상촌리유적, 16 · 28: 오진리유적,
18 · 27 · 30: 욕지도패총, 22: 송도유적, 29: 암사동유적

는 식량 생산 기술내지 방식과 관련성이 있는 것으로 추정된다. 따라서 앞으로 타제석부의 사용방법과 굴지 형태뿐만 아니라 기종분화에 따른 분류작업도 필요하다고 생각된다.

타제석부 중에서 주목되는 기종 중의 하나가 범방유적(하인수 2009a)에서 출토된 장대형의 타제석부이다. 크기는 28.1cm 너비 10.1cm 정도인데, 용도는 불확실하나 크기와 제작형태로 보아 기경구로 추정되는 지답리유적의 대형 따비(보습)형석기(도면5-12~14) 같은 것으로 추정된다. 이러한 대형 타제석부는 남해안 전기유적에서는 확인되지 않는 기종이며, 중기 단계에 새로이 출현하는 것으로 추정된다. 지탑리형 갈돌, 갈판과 함께 역시 잡곡농경과 관련된 석기로 볼 수 있다.

나. 石鎌

석겸(도면5-1·2)은 수확구로서 청동기시대에 주로 사용되었지만, 신석기유적에서도 일부 확인되고 있다. 암사동과 진안 진그늘유적 출토품은 일부 결실되어 형태는 자세하지 않으나 지탑리유적에서 출토된 것은 전형적인 석겸 형태를 이루고 있다. 지탑리Ⅱ지구에서는 미제품, 파손품을 포함 8점이 출토되었는데, 완형품의 경우는 사용으로 날 부분이 마모되어 있는데, 크기는 길이 24cm, 경부 5cm, 두께 1cm 정도이다(도면5-1).

석겸은 중부 이남지역의 유적에서 출토 사례가 거의 없는 것으로 보아 조나, 기장 등의 잡곡을 수확하는데 다른 도구가 사용되었을 가능성도 있다. 앞으로 수확구로서 석겸 이외의 도구에 대해 검토할 필요가 있다.

다. 有肩石器

유견석기(도면5-3~11, 도면8-13~24)는 일반적으로 곰배괭이로 불리는 것이며, 석기의 형태적인 특징으로 보아 타제석부와 마찬가지로 굴지구로 이용된 것으로 보인다. 궁산리, 금탄리, 반궁리, 토성리, 금곡, 호곡동, 서포항유적(도면5-10) 등 한반도 북북지방에서 주로 출토하는데, 남부지방에서는 상노대도(도면5-8), 대야리(도면5-9), 봉계리, 신암리, 동삼동(도면8-14), 범방유적에서도 확인되고 있다. 그러나 크기, 평면형태 등 석기의 형태적 속성에서 북부지방 출토품과는 다소 차이를 보이고 있다. 크기 면에서 보면 남부지방의 유견석기가 소형이다.

유견석기는 형태적으로 병부와 몸체로 구분되며, 타제로 제작된다. 인부는 부채꼴의 호상을 이루고 몸체의 평면 형태, 몸체와 병부의 비율 등에서 세분이 가능하다. 사용 시기는

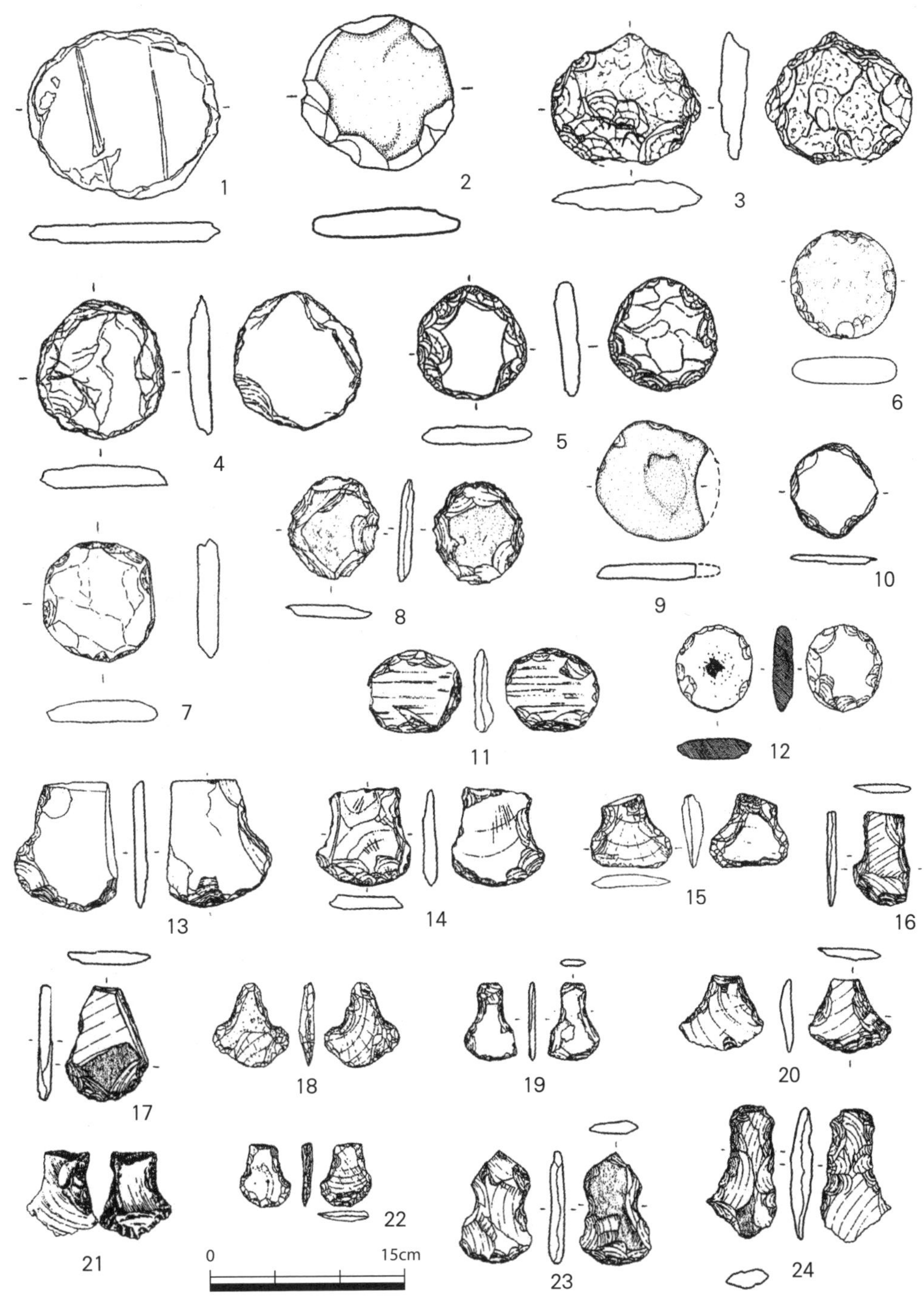

도면8 채집 · 농경구–원반형석기 · 유견석기

1: 삼거리유적, 2 · 9: 가도패총, 3: 우봉리유적, 4: 갈머리유적, 5 · 7: 상촌리유적, 6: 암사동유적, 10: 목도패총, 11: 당화산유적, 12: 미사리유적, 8 · 13 · 16 · 17 · 19 · 20 · 23 · 24: 욕지도패총, 14: 동삼동패총, 15 · 18 · 22: 신암리유적, 21: 상노대도패총

아직 관련 자료가 적어 단정할 수 없으나 남부지방의 경우 신석기시대 전기 이후 출현하여 후기까지 사용한 것으로 추정된다. 북부지방의 경우는 청동기시대 유적에서도 출토되는 것으로 보아 지역적으로 굴지구로서 오랜 기간 사용된 것으로 보인다.

라. 圓盤形石器

원반형석기(도면8-1~12)는 대형 박편이나 납작한 할석을 타제기법으로 둥글게 가공한 석기를 가리키며, 몸체 가장자리를 잔손질로 정리하여 인부를 만든 것이 특징이다. 정확한 용도는 알 수 없으나 본고에서는 잠정적으로 농경구로 분류해두고자 한다.[3] 원반형석기는 주로 중부 이남지역에 분포하는 양상을 보이며, 해안과 내륙 양 지역에서 확인되고 있다.

크기는 6~15cm 정도이고 두께는 1~1.5cm 정도이나 보통은 7cm 전후이다. 삼거리유적 출토품은 현재 조사된 예 중에서 가장 큰 형태이다. 시기는 우봉리유적 출토품(도면8-3)을 원반형석기로 간주한다면, 조기부터 출현하는 것으로 생각된다.그러나 우봉리 출토품이 전체적으로 가공한 상태가 암사동, 미사리, 당하산, 갈머리, 신암리유적 출토품에 비해 정연하지 못한 것으로 보아 원반형석기와 달리 다른 용도로 사용되었을 가능성도 배제할 수 없으므로 현재까지 출토 정황으로 볼 때 원반형석기는 전기~후기에 걸쳐 사용된 것으로 보인다.

4) 가공구

가공구는 전술한 바와 같이 가공대상의 성격에 따라 식료 가공(조리)구, 벌채 및 목재 가공구, 석재 가공구로 구분된다.

(1) 식료가공구

식료 가공구로는 갈돌, 갈판, 고석, 凹石, 臺石, 石匙, 박편석기, 석도, 石刃, 石鋸(돌톱), 발화석 등이 있는데, 이중에서 조, 기장 혹은 견과류를 가공하기 위한 전형적인 말안장형의

---

3) 원반형석기의 용도에 대해 田中聰一은 刀器로써의 기능을 고려하여 석겸과 같은 기능을 하였을 것으로 추정하고 있다. 특히 미사리유적에서 석겸이 출토되지 않으면서 원반형석기가 출토되고 있는 점을 심안하여 이 지역에서 석겸을 대신하여 고안된 수확구일 가능성을 제시하고 있다(田中聰一, 2000, 「韓國 中·南部地方 新石器時代 土器文化 研究」, 동아대 사학과대학원 박사논문).

갈돌, 갈판이 대표적인 가공구이다.

가. 갈돌·갈판

갈돌·갈판은 견과류 등 식물성 식료를 가공 또는 제분하는 도구로 신석기시대 전시기에 걸쳐 사용된 대표적인 식료 가공구이며, 시기와 가공 식료의 종류에 따라 다양한 형태가 있다. 특히 갈판은 전기 이후 잡곡농경이 널리 보급되면서 말안장형의 지탑리형으로 정형화되고, 갈돌은 단면 형태에 따라 다양한 형태가 존재하나 중서부지역의 경우는 타원형(원형), 렌즈형, 반원형, 제형, 장방형 등 5유형으로 구분된다(임상택 2000).

갈판은 가공 식료의 종류와 양 등에 따라 크기와 평면 형태에서 차이를 보이고 있다. 조기는 대체로 부정형을, 전기 이후 중기가 되면 장방형(도면9-7) 내지 舌狀(도면9-12)으로 변한다. 중기 이후 정형화되는 말 안장형의 지탑리형 갈판(도면9-5)은 조, 기장 혹은 견과류를 제분하는 도구로 널리 사용되고, 조기와 전기 단계에는 부정형 갈판(도면9-1~3)은 견과류를 가공하는데 주로 이용되었을 것으로 추정된다.

전기 말 내지 중기로 생각되는 창녕비봉리 12호저장공에서 출토된 갈판은 말각 장방형으로 길이 69.9㎝, 너비 31.4㎝, 두께 5.8㎝의 대형에 속하는 것인데 동일한 형태가 중부지역의 대천리유적(도면9-12)에서도 확인되고 있다.

갈판의 평면은 보통 제분으로 편평하거나 오목하게 마연되어 있는 것이 일반적이나 진안 진그늘유적(이기길·윤정국 2005)이나 동삼동패총 출토 중기의 갈판에는 갈판의 한 쪽 선단부에 평행 혹은 삼각형의 홈이 여러개 마련되어 있는 것도 있다. 이들 홈의 기능은 제분의 종류나 대상과 관련된 것으로 추정되나 불확실하다. 앞으로 검토가 필요하다고 생각된다.

갈돌(도면10-1~18)은 전술한 바와 같이 단면 형태에 따라 여러 형태로 분류되지만 일반적으로 棒狀으로 이루며, 단면이 반원형 내지 납작한 장방형이 주류를 이룬다. 봉상의 갈돌(도면10-7~18)은 지탑리형 갈판과 세트를 이루면서 출토되고, 사용 시기도 전기 이후 중기에 성행한다. 그러나 이른 단계의 조·전기에는 부정형의 자연석(도면10-1~4)을 주로 이용하는데, 이것은 갈판과 마찬가지로 제분 대상의 차이에서 오는 것으로 추정된다.

갈돌 중에는 사용으로 인해 보통 양단부에 단을 갖는데(도면10-7), 이것을 통해 갈판의 폭을 짐작할 수도 있다. 범방유적과 동삼동패총에서 출토된 갈돌 중에는 측면에 손잡이용 홈이 마련되어 있는 것도 있다. 이러한 형태는 아직 타지역에서 확인되지 않는 것으로 보아 남해안의 특징적인 형식일 가능성도 있다.

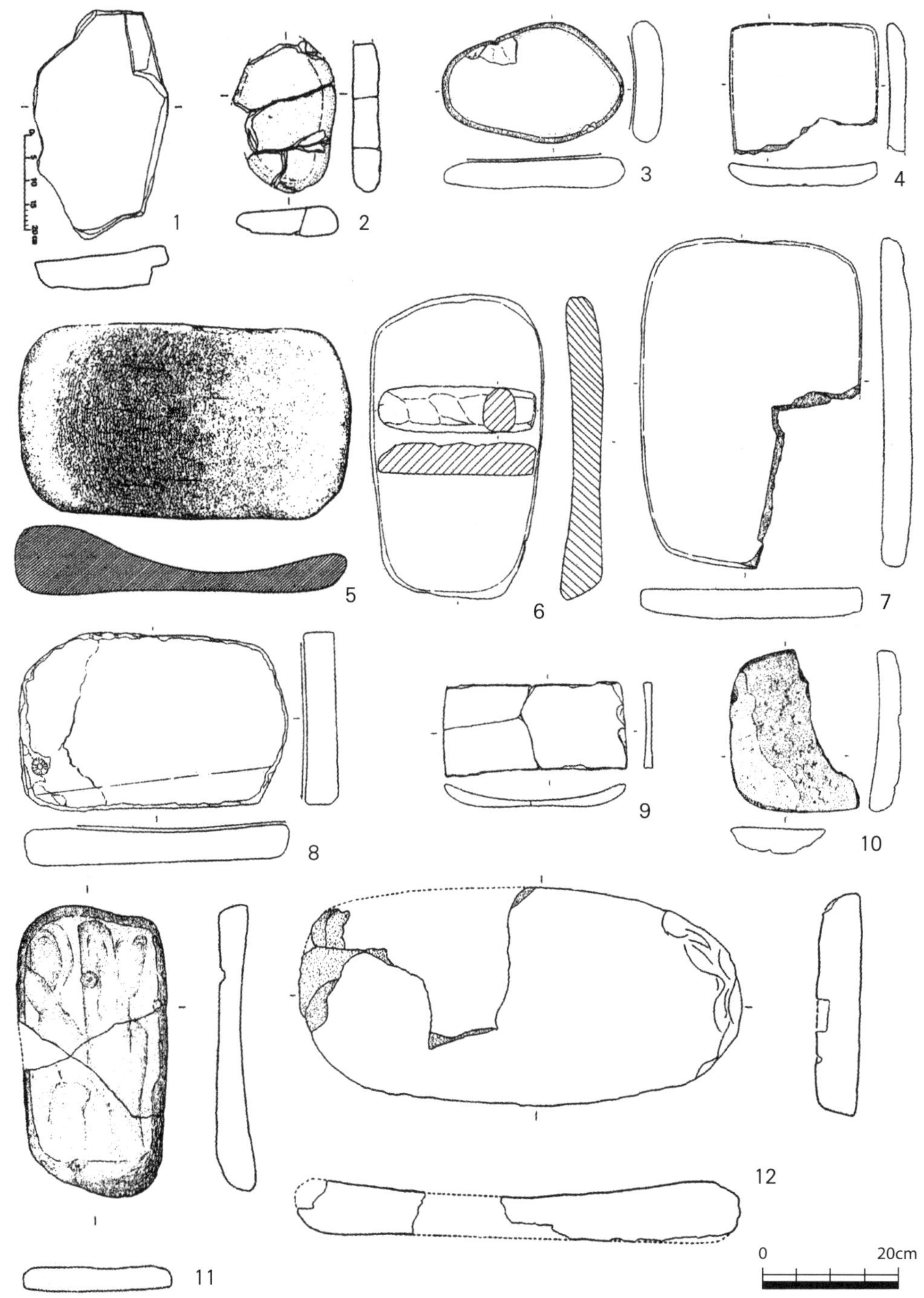

도면9 식료가공구-갈판(碾石)

1: 범방패총, 2: 우봉리유적, 3: 문암리유적, 4: 황성동유적, 5: 지탑리유적, 6·7: 지경리유적, 8: 삼거리유적, 9·10: 암사동유적, 11: 상촌리유적, 12: 대천리유적

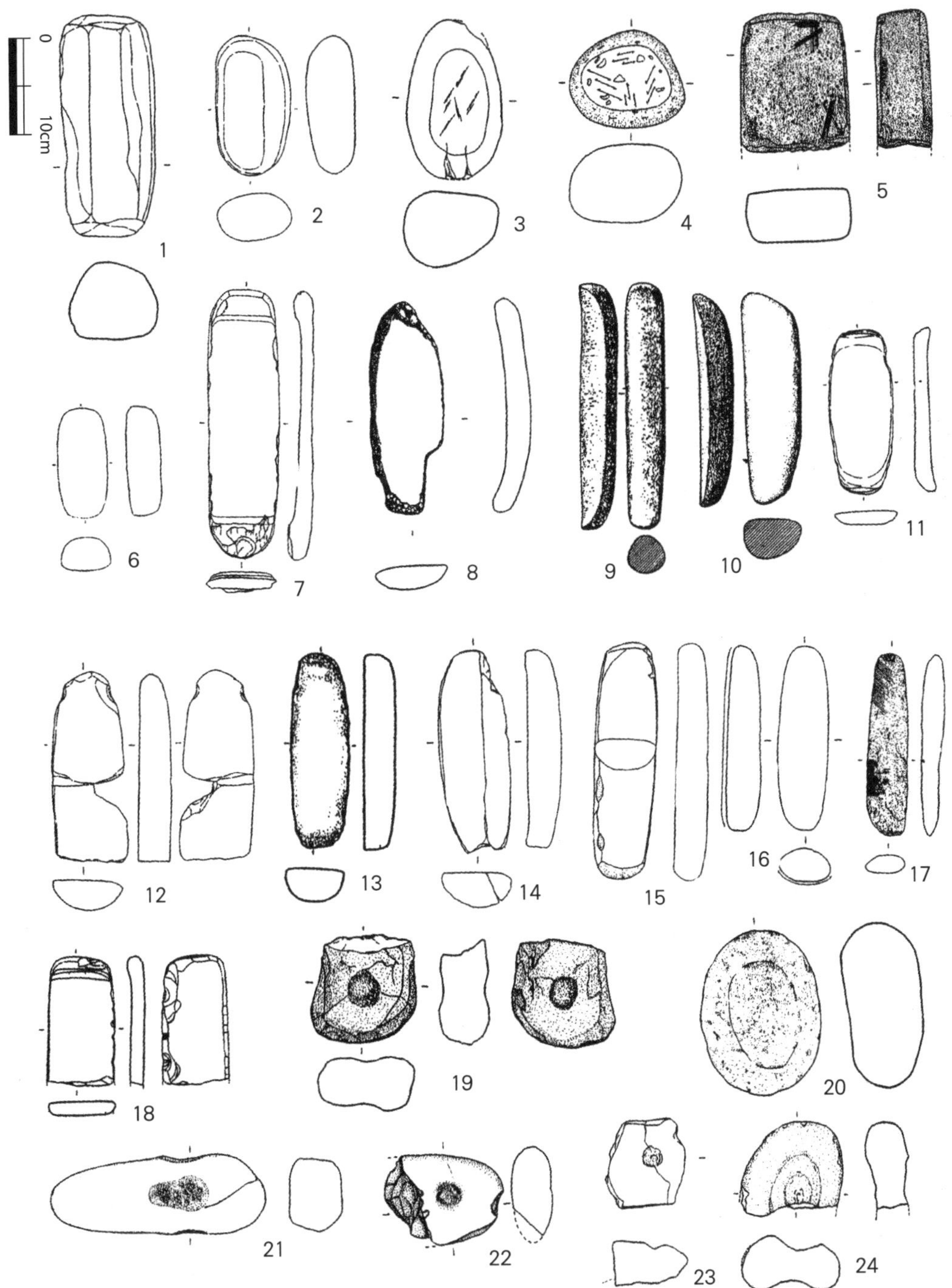

도면10 식료가공구–갈돌 · 홈돌(凹石) 〈축척부동〉

1 · 2: 범방패총, 3: 목도패총, 4: 문암리유적, 5 · 20: 욕지도패총, 6 · 11 · 24: 가도패총, 7: 쌍청리유적, 8 · 13 · 23: 상촌리유적, 9 · 10: 지탑리유적, 12 · 19: 갈머리유적, 14: 노래섬패총, 15: 지경리유적, 16: 삼거리유적, 17: 암사동유적, 18: 동삼동패총, 21 · 22: 고남리패총

이상에서 살펴 본 갈돌·갈판은 조기 이래 견과류 등 식물성 식료 등을 분쇄하거나 제분용 도구로 사용된다. 전기 후반 무렵부터는 조, 기장 등의 잡곡재배로 지탑리형으로 정형화되면서 신석기 말기 까지 지속적으로 사용된다.

나. 敲石

유적에서 가장 많이 출토되는 기종 중에 하나이며, 적당한 크기의 역석을 가공하지 않고 망치돌로써 이용한 석기이다(도면11-1~5). 주로 도구제작이나 패류, 견과류 등의 껍질을 벗기거나 가공할 때 이용한 것으로 생각된다. 형태는 종으로 긴 타원형이 많으며, 양면을 모두 사용하기도 한다. 노래섬패총 출토품(도면11-4)은 몸체 양측면이 오목하게 가공되어 손에 쥐기 편하도록 되어 있다.. 고석이 해안지역의 패총유적에서 다량으로 출토되는 것으로 보아 패류의 껍질을 벗기거나 파쇄 할 때 많이 사용하였을 것으로 추정된다.

다. 凹石(홈돌)

요석(도면10-19~24)은 납작한 자연석의 한 면 혹은 양면의 중앙에 오목한 홈을 만들어 식물질 식료의 분쇄 및 제분 등에 사용된 도구로 추정된다. 형태는 자연석을 특별하게 가공하지 않고 그대로 이용한 것이 대부분인데, 평면은 원형 내지 타원형을 이루며, 크기는 $10cm$ 전후이다. 오이도, 연대도, 갈머리(도면10-19), 고남리(도면10-21·22), 가도패총(도면10-24) 등에서 출토되고 있으나 유적에서 출토되는 수량이 매우 적은 것으로 보아 그다지 사용되지 않았던 같고, 특정한 재료를 가공할 때나 목적으로 이용되었던 것으로 추정된다.

라. 石匙

석시(도면11-20·21)는 일본 신석기시대 승문문화의 고유한 석기이며, 한반도에서는 출토되지 않는 기종이다. 연대도패총과 안도패총에서 출토된 석시는 승문문화와 교류의 산물로 생각되는데, 형태는 몸체가 부채 모양의 횡형석시이다. 연대도패총 출토품 한 점은 사누카이트제(도면11-21)이고 다른 한점은 혼펠스제 石匙(도면11-20)이다. 후자는 재질로 보아 승문석기를 모방하여 재지에서 제작한 것으로, 전자는 재질과 형태적 특징으로 보아 유입된 것으로 추정된다.

석시는 일상생활에서 다목적 용도로 이용된 것으로 생각되는데, 우리나라에서 해안지역에서만 출토되는 것으로 보아 어패류 등을 조리하거나 가공할 때 이용된 것으로 추장된다.

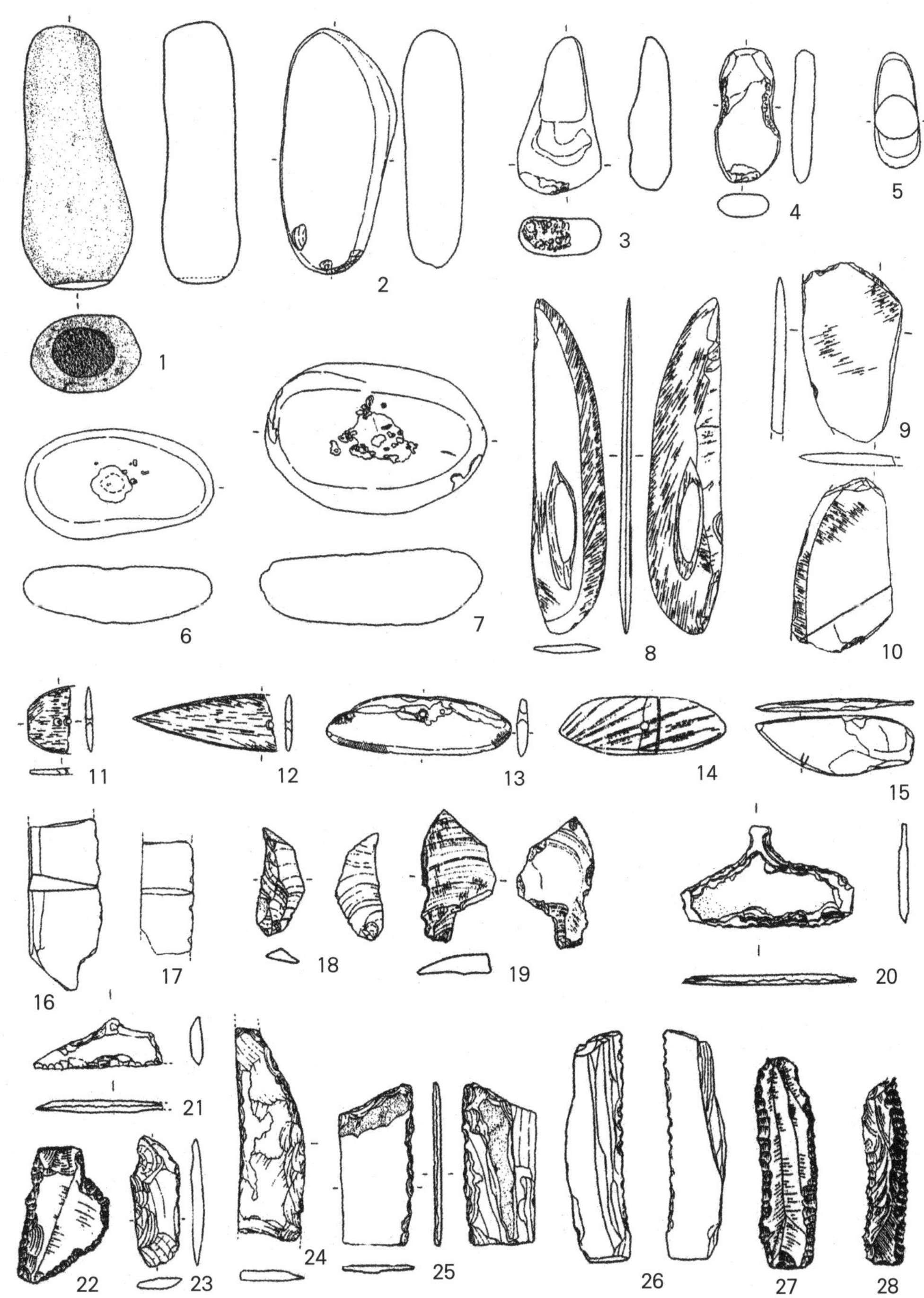

도면11 식료가공구-고석 · 석도 · 석시 · 석인 · 긁개 〈축척부동〉

1·24·25: 욕지도패총, 2·7·23: 범방패총, 3: 목도패총, 4·5·7: 노래섬패총, 8~12: 문암리유적, 13: 암사동유적, 14: 서포항패총, 15: 개도유적, 16·17: 가도패총, 18: 동삼동패총, 20·21: 연대도패총, 21·27: 유판패총, 26: 오산리유적, 28: 토성리유적

마. 박편석기

박편석기는 석기제작 과정에서 생기는 박편이나 몸돌에서 떼어낸 박편을 잔손질하여 인부를 만들거나 날카로운 자연면을 그대로 이용하여 만든 도구인데, 주로 긁개나 돌날의 용도로 사용한 것으로 생각된다. 남해안지역의 동삼동이나 범방유적 등에서는 흑요석(도면11-18·19)이나 안산암 등 석질이 치밀한 석재를 이용하여 박편석기를 제작하기도 한다.

바. 石刀

석도(도면11-8~17)는 혼펠스나 안산암, 점판암 등의 석재를 가공하여 한쪽 측면에 인부를 만든 형태인데, 전면이 마제인 것이 특징이다. 주로 식료를 가공하거나 가죽 등을 절단할 때 사용한 것으로 생각되지만 다목적 일상도구로 이용하였을 것으로 생각된다.

석도의 형태는 일정하지 않으나 문암리유적 출토품(도면11-8) 같이 손잡이 부분에 장타원형으로 구멍을 뚫어 사용하기 편리하도록 한 것도 있다. 암사동과(도면11-13), 서포항출토품(도면11-14)은 한쪽 측연에 인부를 갖는 청동기시대 반월형석도와 유사한 특징을 보인다.

사. 臺石

대석(도면11-6·7)은 석기, 골각기 등 도구나 식료 등을 가공할 때 받침석으로 이용된 석기인데, 주로 납작한 자연석을 그대로 이용하는 것이 보통이다. 작업면에는 사용으로 인한 고타 흔이 남아 있다.

아. 발화석

발화석은 직접 생산에 관계하지는 않지만 식료의 가공에 간접적인 역할을 했던 일상생활의 필수적인 도구이다. 보통 지석이나 갈판의 평탄면에 둥근 홈이 있는 석기를 발화석으로 취급하고 있으나(안승모·이영덕·김대성 2003) 실제 발화구로 사용되었는지 여부는 검토가 필요하다. 사례로는 갈머리, 용곡동, 상촌리유적 출토품(도면15-25~27) 등이 있다.

(2) 목재 벌채 및 가공구

벌채 및 목재가공구로는 전면마제석부, 인부마제석부, 석착, 편평편인석부 등이 있다. 이들 석기는 신석기시대 이른 시기부터 벌채나 목재 가공용으로 널리 사용되지만 도구의 속성상 특별한 형태적 변화를 수반하지 않고 유사한 형질적 특성을 가지면서 신석기 말기까지

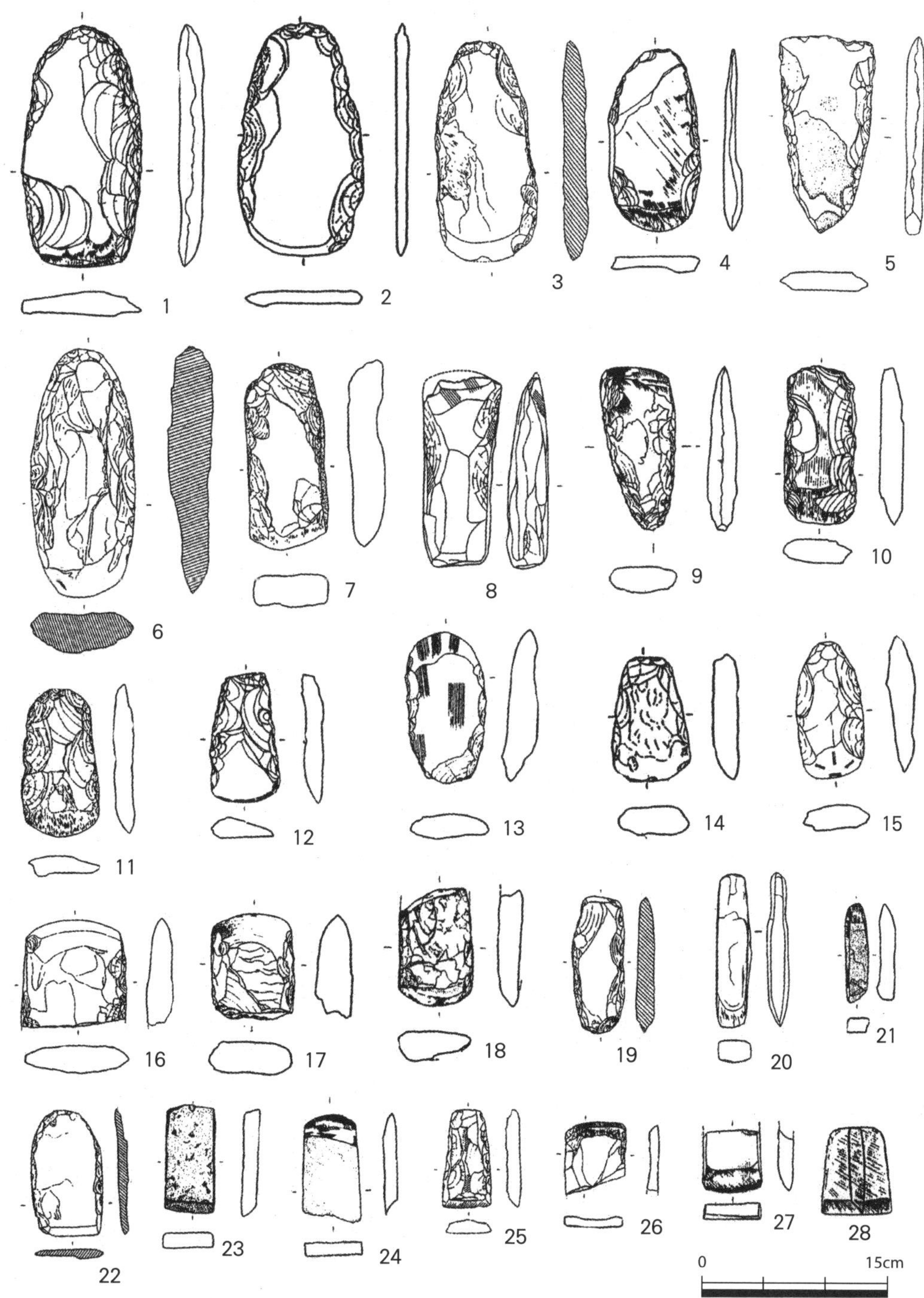

도면12 목제가공구-인부마연석부

1·4·10·12: 목도패총, 2·14: 상촌리유적, 3·6: 용호동유적, 5·9·27: 연대도패총, 7·11·16·26: 범방패총, 8·13·17·21·24: 욕지도패총, 15: 가도패총, 18: 우봉리유적, 19·22: 봉화산유적, 20: 문암리유적, 23: 봉계리유적, 25: 암사동유적, 28: 토성리유적

사용된다. 그러나 마제석부는 평면과 인부의 단면 형태상에서 시기적인 변화를 보이기도
한다.

　전면 마제석부를 제외한 인부마연석부와 석착, 편평편인석부 등은 세부적으로 다양한 변
이가 존재하고, 형태 분류상에서 명확하게 구분하기 곤란한 점도 없지 않다. 그러나 본고
에서는 우선 기존의 분류에 따라 편의상 나누어 간단하게 살펴보고 구체적인 검토는 차후
에 미루고자 한다.

가. 마제석부

마제석부(도면13)는 신석기 조기에도 사용되나 유적 출토 양을 통해 볼 때 그다지 많이 사
용되지 않았던 것으로 보인다. 그것은 인부마연석부가 그 기능을 대신하였기 때문으로 추
정된다. 그러나 전기 이후 중기가 되며 다양화되는 생업활동에 따라 사용양이 증가하고,
정밀하게 가공된 다양한 종류와 기능을 갖는 마제석부가 출현하게 된다.

　그리고 특정 지역을 중심으로는 정제된 마제석부가 교역 등에 의해 유통되기도 하는데
(하인수 2009a), 이러한 현상은 벌목과 목재가공을 필요로 하는 생업 구조와 사회적 환경
과 밀접한 관련이 있음을 시사하는 것으로 추정된다.

　특히 양질의 마제석부류가 필요로 하는 현상은 주거의 신축과 집락의 대형화에 따른 벌
목, 목재 가공 작업과 관련성을 갖는 것으로 생각되며, 최근 일본의 연구 성과와 민족지적
인 자료를 참고할 때 조, 기장 등 잡곡을 재배하기 위한 화전지 확보와의 연관성도 고려해
볼 필요가 있다고 생각한다(하인수 2009b).

　마제석부는 주로 고타기법으로 기면을 정리한 후 마연하여 제작되는데, 상촌리유적 출
토품과 같이 찰절기법으로 석재를 재단하여 제작하는 경우도 있다. 석부 중에는 후포리유
적 출토품과 같이 20~50㎝ 크기의 장대형석부(도면14-1~5)와 5㎝ 전후의 소형(도면14-
12~20)도 제작된다.

나. 인부마연석부

인부마연석부(도면12-1~18)는 인부만 마연하고 몸체는 타제로 만든 석부인데, 기능은 전
면 마제석부와 마찬가지로 인부의 날을 이용하여 벌목이나 목재 가공용으로 사용된 것으
로 추정된다. 인부의 단면, 평면형태, 크기 등에서 다양한 변이가 존재하는 것으로 보아 용
도와 작업 형태에 따라 다양한 목적으로 제작 사용한 것으로 추정된다. 이들 석기 중에는

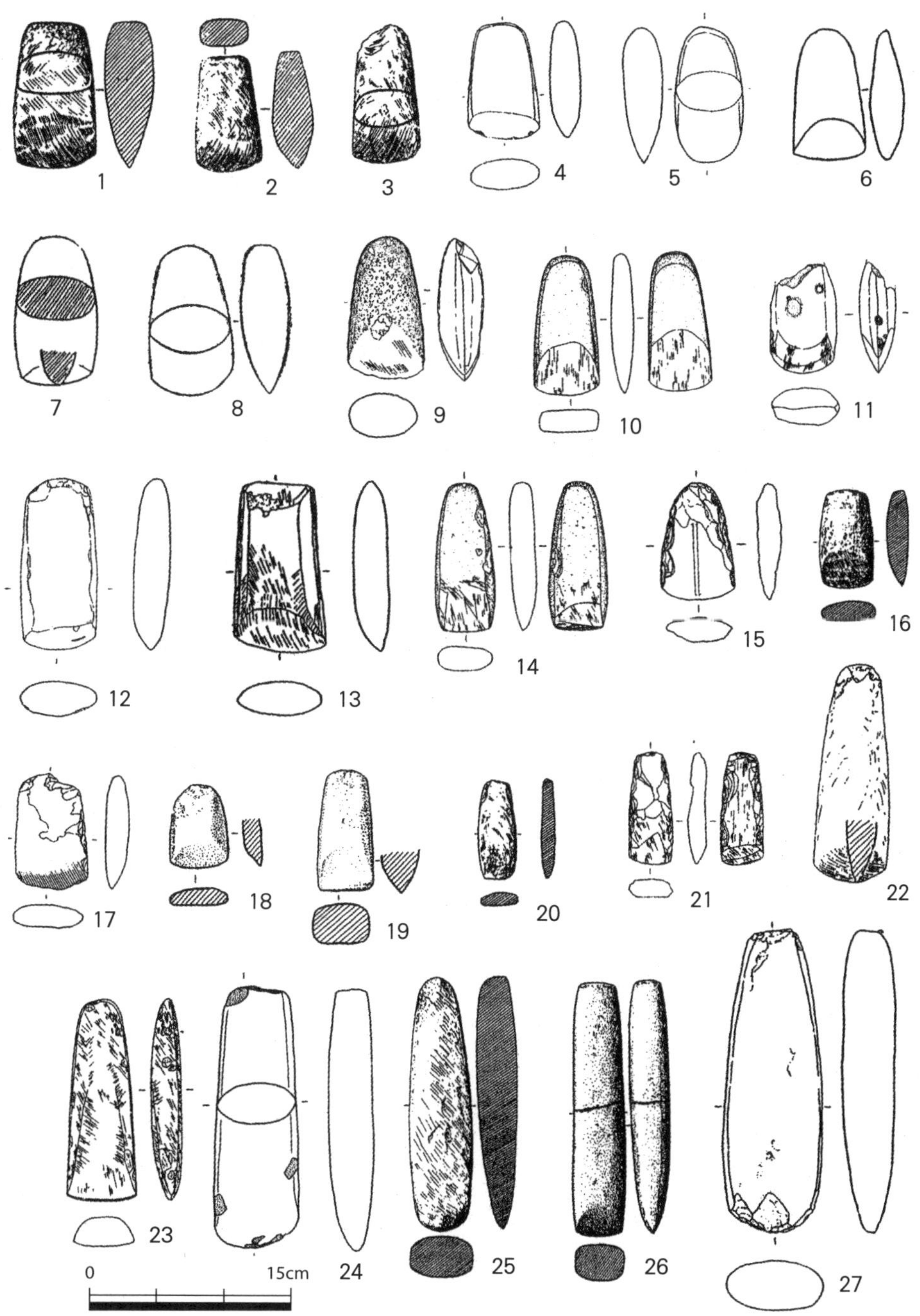

도면13 목제가공구-마제석부

1~3: 토성리유적, 4: 범방유적, 5·24: 지경리유적, 6·7·22: 서포항패총, 8: 남경유적, 9: 오진리유적, 10·14·21·23: 문암리유적, 11: 목동유적, 12·13·27: 상촌리유적, 15: 갈머리유적, 16·20·25·26: 지탑리유적, 17: 암사동유적, 18·19: 궁산유적

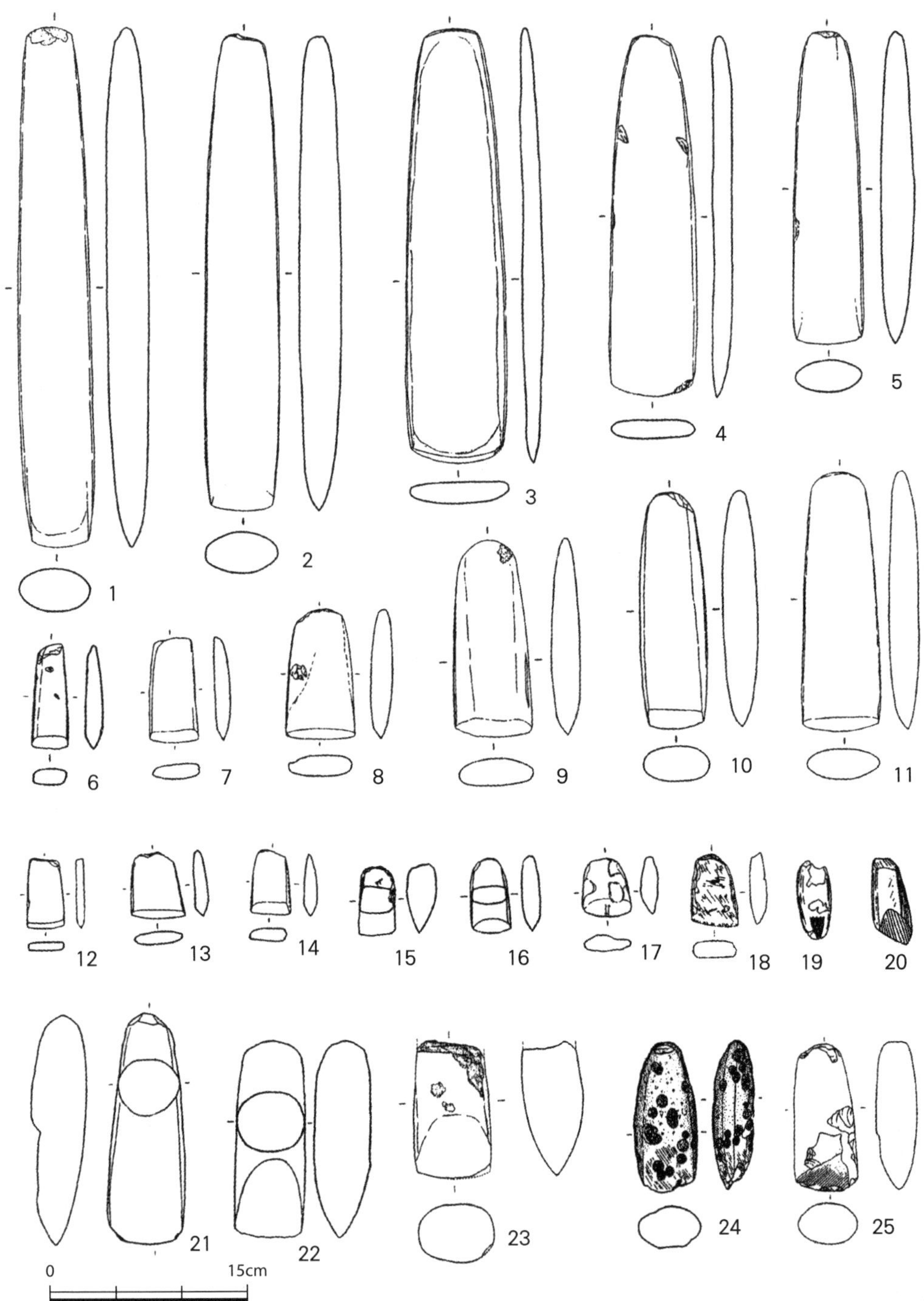

도면14 목제가공구–마제석부

1~14: 후포리유적, 15 · 16 · 22: 계화도유적, 17: 갈머리유적, 18: 문암리유적, 19: 시도패총, 20: 궁산유적, 21: 지경리유적, 23: 상촌리유적, 24: 오진리유적, 25: 암사동유적

폭이 좁은 인부를 갖는 석부는 후술하는 석착과 같은 기능을 하였을 것으로 생각된다.

　인부마연석부는 신석기 전 기간에 걸쳐 널리 사용되는데, 후기 구석기유적인 수양개유적과 진주 월평유적에서도 출토되는 것으로 보아 신석기시대 초창기부터 가공용 석기로 사용된 것으로 추정된다.

다. 석착

석착(도면12-20~21)은 세장방형의 몸체에 마연된 인부를 갖는 석기인데, 기능적으로는 목재를 세부 가공하거나 목기나 골각기 등을 제작할 때 사용되었을 것으로 추정된다. 출토양은 적으나 동삼동패총, 문암리, 욕지도패총에서 출토되고 있다. 편평편인석부 중에 연대도패총(도면12-27), 봉계리유적(도면12-23) 출토품과 같이 석착으로 이용 가능한 것도 있어 앞으로 기종 분류에 자세한 검토가 필요할 것으로 생각된다.

　석착이 초기 유적에서는 보이지 않고 전기 이후부터 출토되는 것으로 보아 전술한 마제석부의 예와 같이 목재의 가공을 필요로 하는 생업구조 및 사회 환경과 관련이 있는 것으로 추정된다.

라. 편평편인석부

편평편인석부(도면12-22~28)은 석착과 구분하기 곤란한 점도 있으나 석착에 비해 몸체가 납작하고 인부의 폭이 넓은 것이 특징이다. 인부만 마연하고 몸체는 타제인 경우(도면12-22)와 전면을 마연한 형태(도면12-23·24)로 구분된다. 편평편인석부는 대부분이 소형인 점으로 보아 석착과 같이 목재 등을 세부 가공할 때 주로 이용되었을 것으로 추정된다. 시기적으로는 전기 이후부터 사용양이 증가하는 양상을 보이며, 동삼동, 안도, 연대도, 암사동 다대포 봉화산유적 출토품 등이 있다.

(3) 석재가공구

석재 가공구로는 지석, 찰절석기, 石錐 망치돌 등이 있는데, 특히 지석은 석기 생산과 밀접한 관계를 가지며, 각종 석기 제작에 이용된다.

가. 지석

마연기술과 함께 세트를 이루는 도구가 지석(도면15-1~11)이다. 지석은 주로 사암을 이

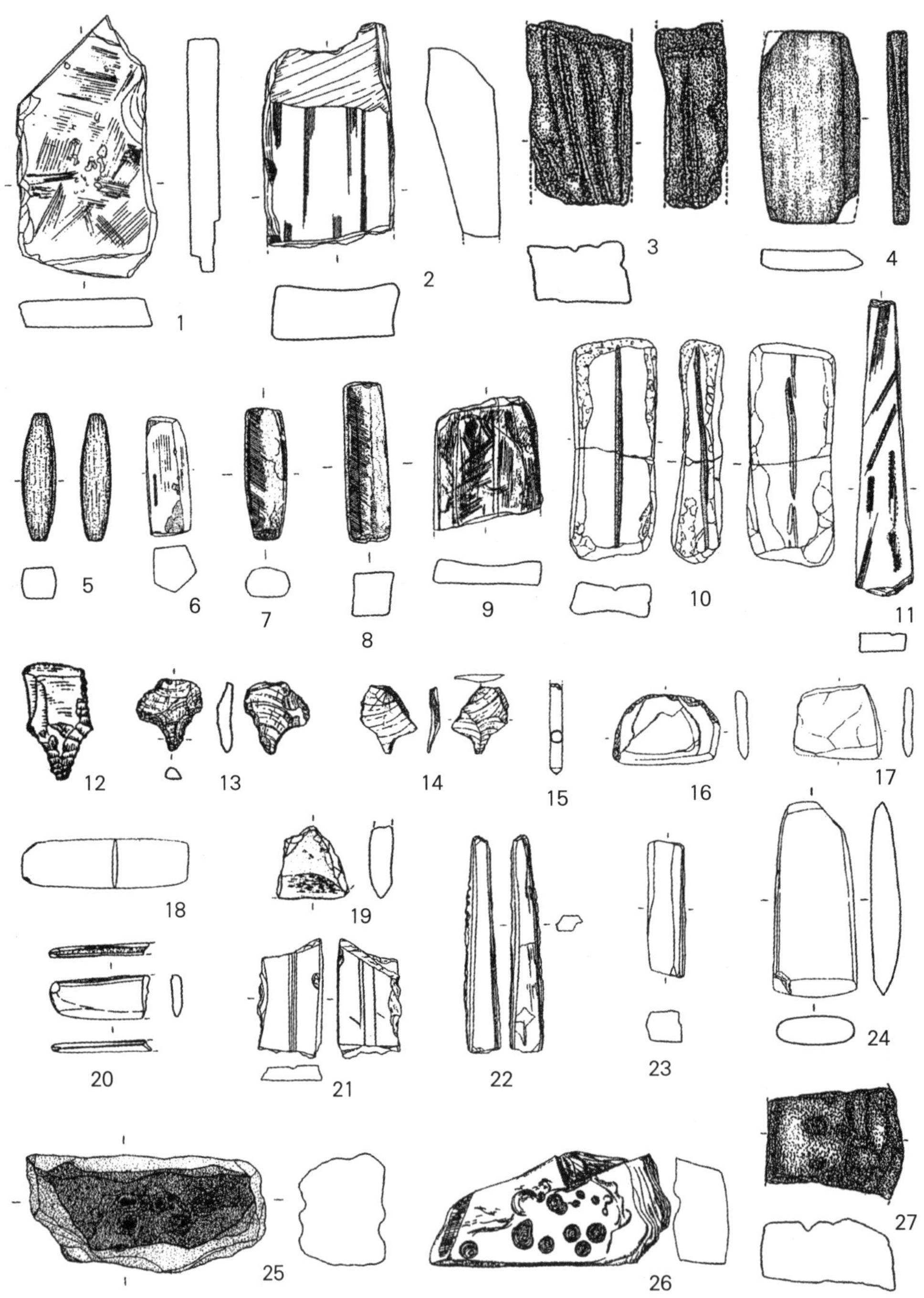

도면15 석재등 가공구-지석·뚜르개·찰절구·발화석 〈축척부동〉

1·9: 목도패총, 2·11: 욕지도패총, 3·5·27: 상촌리유적, 7·8: 연대도패총, 10: 오진리유적, 12: 유판패총, 13: 동삼동패총, 14: 고산리유적, 15·24: 후포리유적, 16·17: 범방패총, 18: 오산리유적, 19·20: 우봉리유적, 21·22: 문암리유적, 23: 가도패총, 25: 갈머리유적, 26: 용곡동유적

용하나 대로는 안산암이나 응회암을 이용하기도 한다. 마연 정도에 따라 재질이 다른 사암이 선정하여 사용하기도 하는데, 사암은 입자의 크기에 따라 세립, 중립, 조립사암으로 구분된다. 실제 유적에서 출토되는 사암의 종류는 각기 다르다.

지석은 사용 목적에 따라 고정형과 휴대형으로 구분할 수 있는데, 보통 마제석부나 대형석기를 마연할 때는 고정식의 대형지석(도면15-1·2)을 이용하고, 마제석촉 등 소형석기나 골각기 등을 가공할 때는 휴대하기 편하고, 이용하기 쉬운 소형지석(도면15-5~8)을 사용하는 것으로 추정된다.

지석은 석기제작에 주로 이용되지만, 그 밖에 골각기나, 옥 가공에도 많이 사용된다. 오진리 출토품(도면15-10)은 지석의 앞 뒤면에 종으로 긴 홈이 남아 있는 것으로 보아 골각기나 옥을 가공했던 지석으로 생각된다.

휴대형 지석은 상촌리유적(이동주 2003)에서 다량으로 출토되고 있는데, 단면 형태는 원형, 방형, 다각형을 이룬다. 크기가 어느 정도 일정하고 규격성을 갖는 것으로 보아 이 시기는 휴대형 지석을 필요로 하는 석기 생산이 활발히 전개되었던 것으로 추정된다.

나. 찰절구

찰절구(도면15-16~20)는 범방패총을 비롯하여 오산리, 신암리, 우봉리, 춘천교동, 지탑리, 궁산유적 등에서 출토되고 있다. 이들 유적에서 확인되는 찰절구는 형태와 크기가 일정하지가 않지만 모두 사암제라는 특징을 갖고 있다. 특히 오산리유적에서는 수십 점의 찰절구가 출토되고 있어 찰절구가 조기 단계에 석재 절단용으로 많이 이용되었음을 보여 준다. 최근 조사된 문암리유적에서는 찰절된 소재(도면15-21·22)가 출토되어 이용 실태를 알 수 있다.

이전에는 찰절구를 석도 분류하고 용도를 고기를 다루는 도구 또는 조리용구, 인기, 석기 가공용 지석으로 인식하였으나(임효재·권학수 1984) 석기 가공 혹은 절단용의 지석으로 보는 것이 타당성하다고 생각된다. 찰절구는 단순히 석기를 절단용에 한정하지 않고 골각기나 옥, 결합조침의 축부 등의 석기를 홈을 내거나 세부 형태를 가공할 때 이용되었을 것으로 추정된다.

다. 石錐

석추(도면15-12~14)는 목재나 골각기, 석기, 가죽, 장신구 등에 구멍을 뚫을 때 사용되는 도구인데, 그 전통은 구석기시대까지 올라간다. 유적에서 출토 사례는 적으나 일생 생활의 필수구로서 많이 사용되었던 것으로 보인다.

석추는 흑요석으로 만들기도 하며, 후포리유적 출토품(도면15-15)의 경우는 재질은 알 수 없으나 경도가 높은 암석을 이용하고 있다. 석추의 사례로는 유판패총(도면15-12), 동삼동패총(도면15-13), 고산리유적(도면15-14) 출토품이 있다.

5) 장신구

신석기시대는 생업 형태와 생존 방식이 다양화되면서 이전과 다른 새로운 문화가 창출되고 전개되는 시기이기도 하지만 한편으로는 특히 신체 장식이 본격적으로 이루어지고 여러 가지 장신구가 출현, 유행한다는 점에서 한국 장신구 문화의 조형을 이루는 시기라고 할 수 있다.

장신구는 신체를 아름답게 꾸미는 미적인 기능 이외에 시대와 문화 혹은 민족에 따라 주술적이거나 벽사적 기능을 갖기도 하고 혹은 의례적인 성격을 갖기도 한다.

신석기시대의 장신구의 종류는 후대의 장신구에 비해 적고, 형태도 단순한 편이다. 재료에 따라 석제, 패제, 골제, 토제 등으로 구분되는데, 장신구는 지역과 생업환경에 따라 사용재료에 있어서 차이가 난다. 석제장신구는 지역에 관계하지 않고 고루 출토되고 있는데 현재까지 조사된 자료에 의하면 목이나 가슴을 장식한 수식, 이식, 팔찌 등이 대부분이다.

가. 耳飾

신석기시대 이식은 주로 玉石이나 흙을 소재로 제작되었다. 아직 출토 양이 매우 적고, 일부 한정된 지역에서만 발견되고 있어 유행시기, 착장자의 성별, 출현과및 소멸에 이르는 일련의 과정, 착장자의 사회적 성격 등에 관해서 불명한 점이 많다.

그러나 한반도에서 출토되는 이식의 형식이나 재질, 사용 시기 등이 일본열도와 중국의 그것과 유사한 모습을 보여주고 있어 동아시아 신석기문화의 지역간 교류 실태를 이해하는데 중요한 정보를 제공하고 있다.

현재까지 우리나라에서 확인된 석제 귀걸이는 고리형의 玦狀耳飾 뿐이다. 결상이식은 귀불에 구멍을 뚫어 거는 고리형으로 삼국시대 태환이식과 매우 유사하다. 결상이식은 선사시대 우리나라를 비롯한 일본·중국 등 동아시아에 널리 유행하던 귀걸이인데 우리나라에서는 청도 사촌리유적(도면16-7)과 동삼동패총(도면16-16), 최근 조사된 고성 문암리유

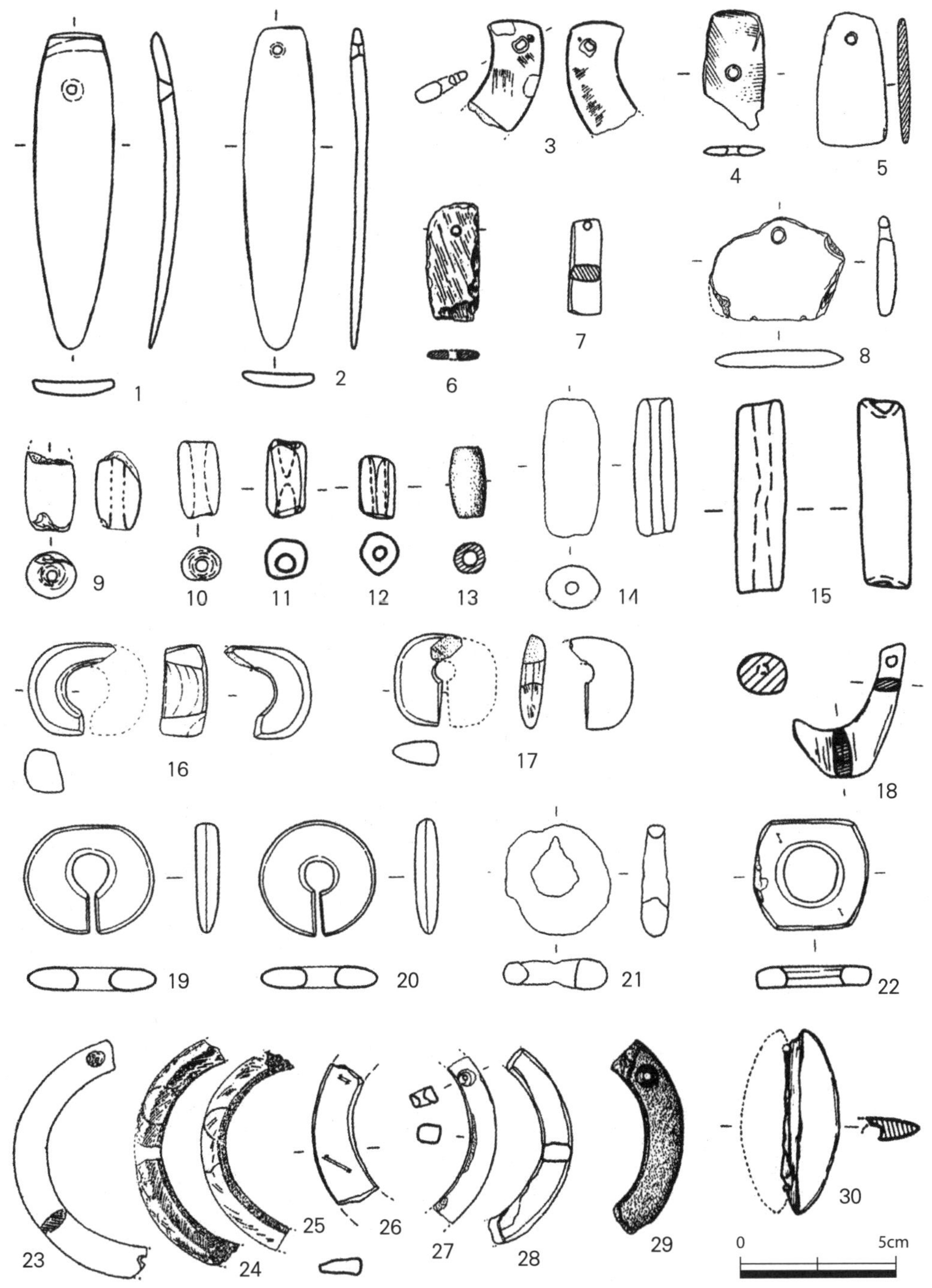

도면16 장신구

1·2·9·10: 후포리유적, 3: 범방유적, 4: 암사동유적, 5·23: 서포항패총, 6: 지탑리유적, 7: 범방패총, 8·14·21: 주월리유적, 11·12·18: 고남리패총, 16·27: 동삼동패총, 17: 사촌리유적, 19·20: 문암리유적, 22: 휴암리유적, 24·25: 금탄리유적, 26: 가도패총, 28: 노래섬패총, 29: 상노대도패총, 30: 율리패총

적(도면16-19·20), 안도패총, 선진리유적에서 출토되고 있다.

형태는 동삼동과 사촌리 출토품이 말각방형, 문암리, 안도, 선진리유적 출토품이 원형을 이룬다. 재질은 문암리와 사촌리 출토품이 연옥제이고 동삼동 출토품은 석영제로 추정된다. 크기는 동삼동패총 출토품이 3.6(복원구경)×3.0㎝, 문암리유적 출토품이 3.6×3.6㎝, 3.4×4.0㎝ 정도이다. 결상이식의 출현 시기는 분명하지 않으나 현재의 조사 성과로 보아 조기에 출현하여 전기까지 사용된 것으로 추정된다.

나. 垂飾

수식은 활석이나 연옥, 돌을 소재로 유선형, 반월형·장방형·타원형으로 가공하여 한 점 또는 수점씩 끈으로 엮어 주로 목이나 가슴 장식으로 이용한 것이다. 수식은 납작한 석재를 다양한 모양으로 가공한 판상형과 대롱 모양의 관옥형, 주판 알 모양의 어망추형으로 나누어진다.

판상형은 평면 형태에 따라 장방형(도면16-6·7), 방형(도면16-8), 반월형, 유선형(도면16-1·2), 곡옥형(도면16-3·18·27·28·29), 원형으로 세분되고, 관옥형은 크기에 따라 대형과 소형으로 나누어진다. 어망추형(도면16-30)은 율리패총에서 출토된 것이 유일한 것인데, 몸체의 중앙에 홈을 파서 매달 수 있도록 한 형태이다.

유선형 수식은 후포리유적 출토품이 대표적인데, 몸체는 舌狀이고, 두부 쪽에는 5㎜정도의 구멍이 뚫어져 있다. 크기는 11㎝ 정도로, 수식으로서는 대형에 속한다. 형태는 구두 주걱같이 한쪽 면이 약간 오목하게 들어가고 다른 한 면은 밖으로 볼록하게 나온 모습이다.

이러한 형태는 크기는 다르지만 동일한 형식으로 생각되는 것이 암사동(도면16-4), 용천 신암리, 서수라, 서포항패총(도면16-5)에서도 확인된다. 재질은 다르지만 연대도패총에서 출토된 골제 수식은 형태적으로 후포리와 유사한 특징을 보여 준다.

장방형과 방형 수식은 대부분 소형인데 지탑리와 범방패총, 주월리유적에서 출토되었다. 주월리 출토품(도면16-8)은 형태와 재질이 한반도에서 보이는 것과 구분되는데, 유사한 것이 중국 신석기유적에서 확인되는 것으로 보아 교역품으로 유입되었을 가능성이 있다.

몸체가 반월형으로 굽은 곡옥형은 범방(도면16-3), 고남리(도면16-18), 동삼동(도면16-27), 상노대도(도면16-29), 노래섬패총(도면16-28) 등에서 확인되는데, 가도와 노래섬, 동삼동, 상노대도 출토품은 형태적으로 금탄리출토 석환(팔찌)과 유사하지만 한 쪽면에 구멍이 뚫어져 있는 점이 다르다.

관옥형은 연대도(도면16-15), 후포리(도면16-9·10), 고남리(도면16-11·12), 주월리(도면14), 궁산유적(도면16-13)에서 확인되는데, 주로 연옥을 가공하여 만든 형태이다.

다. 팔찌(釧)

신석기인들이 가장 애용했던 장신구 중의 하나가 팔찌이다. 팔찌는 재료에 따라 석제와 패제로 구분되는데, 패제가 훨씬 많다. 조개팔찌는 동삼동패총에서 다량으로 출토되어 제작과정과 형식이 밝혀졌으나(하인수 2006b) 석제 팔찌는 완형으로 출토된 예가 없고 현재 팔찌로 보고된 자료가 서포항패총(도면16-23), 금탄리(도면16-24·25), 용천 신암리 정도에 지나지 않는 것으로 보아 그다지 유행하지 않았던 것 같다.

남부지방의 경우는 출토 사례가 없는데, 가도A패총에서 출토된 石環(도면16-26)이 금탄리에 출토품과 유사한 것으로 보아 팔찌로 사용되었을 가능성이 있다.

6) 의례구

의례구는 도구의 형태나 크기에서 본래의 기능을 할 수 없거나 비생산적인 활동에 이용되는 비실용적인 도구를 의미하는데, 석기에서는 그 예가 많이 보이지 않는다. 전술한 바와 같이 후포리유적의 장대형석부(도면14-1~5)나 문암리, 시도, 궁산, 계화도, 갈머리유적의 소형 석부(도면14-12~20), 춘천 교동 동굴유적의 봉상석기(石棒)가 비실용적인 의례구로 추정된다.

Ⅳ. 시기별 석기양상과 특징

전술한 바와 같이 신석기시대의 석기는 생업 형태와 방식에 따라 여러 가지 유형으로 구분되고, 각 유형은 세부 기능과 용도에 따라 다양한 기종으로 분류된다. 즐문토기인의 다양한 생업활동과 생산방식에 따라 확립된 수렵·어로구, 채집·농경구, 식료가공구, 목재가공구, 석재가공구 등의 각종 석기류는 신석기 전시기를 통해 동일한 양상을 가지면서 일률적으로 전개되는 것은 아니다.

각 유형의 석기는 집단의 생업환경과 유적의 입지 혹은 문화적 전통에 따라 다양한 변이를 가지며, 지역과 시기에 따라 석기조성을 달리하면서 전개된다. 그러면 여기서는 타지역에 비해 자료가 풍부한 남부지방의 유적에서 출토된 석기를 중심으로 시기별 석기 양상과 특징에 대해 살펴보기로 한다.

신석기시대의 석기조성 관계와 변천과정, 시기별 특징에 대해 구체적으로 고찰하기 위해서는 많은 검토와 관련 자료의 분석이 이루어져야 하지만 아직 시기별 석기조성 양상을 충분히 알 수 있는 양호한 유적이 적고, 관련 자료가 불충분하기 때문에 본고에서는 시기별로 간취되는 특징을 중심으로 간략하게 살펴보고자 한다.

고산리식토기를 표식으로 하는 신석기시대 초기(초창기)의 석기 양상과 조성관 계는 제주도에서 확인 된 몇 유적을 제외하고 관련 유적이 전혀 확인되지 않고 있기 때문에 이를 통한 생업 형태와 생산 활동을 구체적으로 파악할 수 없는 실정이다.

물론 여기서 고산리식토기 문화(강창화 2006)를 특징으로 하는 시기를 신석기시대 초기(초창기)로 설정하여 한반도 즐문토기문화의 전체 맥락 속에서 이해할 수 있는지 먼저 구체적인 검토가 필요하지만, 필자는 고산리유적에서 출토되는 토기와 석기의 형식적인 특징이 동북아시아 초기 신석기문화와 유사한 양상을 보인다는 점에서 남부지방의 가장 이른시기인 조기 융기문토기 단계에 앞선 초창기 신석기로 보아도 좋다고 생각한다.

고산리유적에서는 지금까지 조사로 박편을 포함해서 20,000여 점의 석기가 확인되었고, 특히 1997년도 발굴에서는 성형석기가 1,200여 점 출토되었다. 기종은 타제석촉, 첨두기, 양면석기, 긁개, 밀개, 자르개, 뚜르개, 홈날석기 등의 박편석기와 돌날 등으로 구성되어 있다(제주대박물관 1998 · 2003).

이들 석기 중에서 석촉이 53%, 박편석기류가 8.5%, 첨두기가 1.1%, 돌날이 36%를 차지하고 있는데, 특히 석기 조성상에서 수렵구인 석촉이 과반수 이상을 점유하는 특징을 보이며, 기타 가공류가 그 다음으로 많은 비중을 차지하고 있다.

고산리유적에서 보는 바와 같이 초기 즐문토기 단계에서 나타나는 석기조성 상의 특징은 수렵구와 가공구류가 절대 우세를 보이는 점이다. 이러한 점은 후술하는 조기 융기문토기 단계의 석기조성과는 다른 양상이다.

초창기의 이러한 석기조성과 특징은 고산리주민의 생업 유형이 후기 구석기 이래 지속되어온 수렵활동에 중심을 두고 있을 뿐만 아니라 그 전통이 아직 잔존하고 있음을 보여주는 것으로 생각된다.

융기문토기를 표식으로 하는 조기 단계는 고산리식토기 단계에 비해 석기의 양과 기종구성이 복잡하고, 식료채집 및 가공구가 증가하면서 생업 유형에 따라 석기조성이 다양화되는 특징을 보인다.

조기의 유적이 해안과 도서지역에 집중되어 있고, 내륙쪽에는 거의 확인되지 않고 있어 지역에 따른 석기조성상의 특징을 파악할 수 없지만, 이 시기는 유적의 입지와 생업환경의 영향으로 어로(어망추, 결합식조침, 작살)와 수렵구(석촉, 석창)를 중심으로 식물채집구 (타제석부류), 식료가공구(갈돌 갈판, 고석, 대석), 벌목 및 목재가공구(인부마연석부, 편 평편인석부), 석재가공구(지석, 찰절구)가 다양한 조합을 이루면서 이용된다.

수렵구로는 타제석촉과 석창이 있으나 그다지 많은 비율을 차지하지 않으며, 오히려 어 망추, 결합식조침, 결합식작살, 단식작살 등 어로구가 주류를 이룬다. 이러한 석기조성은 조기의 생업형태를 단적으로 보여주는 것으로 이해 할 수 있다.

특히 전단계의 고산리문화에서 주요 기종으로 차지하고 있는 석촉의 감소와 유엽형 첨 두기의 소멸은 조기 단계의 석기조성에 있어서 하나의 특징이라고 할 수 있다. 이러한 현 상은 물론 조기 유적의 입지와 생업환경이 바다에 집중되어 있는 환경적인 요인도 있지만, 조기 단계에 접어들면서 전 단계에 비해 생업의 유형이 다양화되고 있음을 반영하는 것으 로 생각된다.

조기의 우봉리나 범방유적(패총), 연대도패총 등에서 식료 채집과 가공에 이용되는 갈돌, 갈판, 고석, 따비형 타제석부, 괭이형 타제석부가 안정적으로 출토되고 있는 양상을 통해 볼 때 조기의 생업활동은 수렵과 어로에만 치중하지 않고 식물성 식료인 근경류와 도토리 등의 견과류를 확보하는 채집활동도 적극적으로 행했음을 알 수 있다.

조기의 유적에서 출토되는 따비형 타제석부는 중기의 형태와 비슷하나 형태가 정형화되 어 있지 않고 유적내에서 차지하는 점유율도 낮은 것으로 보아 식물재배와는 직접 관련성 이 없고, 일상에 필요한 굴지 행위와 식물성 식료를 채집하는데 이용된 것으로 추정된다.

영선동식토기를 표식으로 하는 즐문토기 전기는 수렵·어로구 중심의 석기조성 상태를 보이는 조기에 비해 석기의 종류가 다양화되고, 마제석기류가 생업도구의 주요 기종으로 사용된다. 뿐만 아니라 지역에 따라 석기조성의 지역적 차별성이 나타나며, 조(피)를 중심 으로 이루어지는 농경이 새로운 생업형태로 출현하면서 생산 활동이 활발히 전개된다.

중서부지역의 궁산리나 지탑리, 암사동유적에서는 농경과 관련 대형 따비형 타제석부와 석겸이 농경구로 사용되며, 식물성 식료를 가공하는데 이용되는 말안장형의 갈돌, 갈판이 정형화되어 농경구와 식료가공구가 생업도구의 주요 기종으로 높은 비중을 차지한다.

수렵어로구인 석창과 석촉, 작살은 대부분 마제로 가공되고, 인부의 형태가 합인인 전면

마제석부가 다량으로 제작되기도 한다. 굴지구인 타제석부 역시 전 단계에 비해 양이 급증하고, 크기도 대형화된다.

특히 석부는 크기와 평면, 단면과 인부 형태에 따라 주상석부, 편인석부, 통형석부 등 여러 종류로 나누어지면서, 규격성과 정형성을 보인다. 마제석부의 이러한 형태 분화는 목재 가공구로서의 기능과 용도가 생업활동에 맞게 다양화되고 있음을 보여 주는 것으로 생각된다. 이밖에 의례적인 도구로 생각되는 비실용적인 5㎝ 전후의 소형석부가 후포리, 계화도, 용유도, 궁산유적 등 해안지역에서 확인되고, 있다.

전기 단계에 보이는 석기의 이러한 양상은 지역적으로 어느 정도 변이가 존재하는 것으로 생각된다. 남부지역의 경우 황성동유적이나 목도패총의 3·4층, 범방유적 제6층에서는 인부마연석부와 타제석부류가 급증하고, 갈돌·갈판이 말안장형으로 정형성을 띠는 등 전 단계와 다른 변화도 간취된다. 그러나 마제석부가 보이지 않고 기타 수렵 및 어로구, 가공구에 마제 성형이 적다는 점에서 지역적인 차별성도 확인된다.

석기조성 상에서 나타나는 지역성 문제는 유적을 둘러싼 주변 환경에도 원인을 찾을 수 있겠지만 전기 단계부터 지역적으로 다양하게 전개되는 생산활동 방식과 생계양식의 차에도 기인하는 바가 크다고 생각된다.

아무튼 전기 후반 무렵부터 지탑리유적을 중심으로 전개되기 시작하는 농경활동과 그와 관련한 채집·농경구, 식료 및 목재 가공용 석기의 다양성은 이후 남부 내륙과 해안지역의 생업활동과 도구조성에 많은 영향을 미치는 것으로 추정된다.

중기는 중서부지역의 지탑리와 암사동유적을 중심으로 전개된 농경이 남부 내륙과 해안지역까지 확산되면서 곡물 재배와 가공에 직접 관여하는 타제석부, 갈돌, 갈판, 마제석기가 생업도구의 중심에 위치하는 시기이다.

특히 식물재배와 기경구의 기능이 강화된 따비형 타제석부와 괭이형 타제석부가 폭발적으로 증가하고, 식료 가공구인 말안장형의 갈돌과 갈판도 그 형태가 지탑리형으로 정형화되는 양상을 보인다. 이러한 현상은 최근 조사된 범방유적을 비롯하여 상촌리, 송죽리, 노래섬, 갈머리, 진그늘, 가도유적에서 잘 보여 준다.

범방유적의 중기문화층에서 출토된 타제석부는 전기문화층에 비해 양적으로 월등히 많을 뿐만 아니라 크기와 형태 등에서도 다양성과 규격성을 보인다. 이러한 현상은 동삼동 1호주거지에서 확인된 바와 같이 중기 단계에서 재배된 조, 기장 등의 잡곡농경과 관련된 현상으로 이해되며, 타제석부의 다양화와 규격성은 굴지 형태와 그에 따른 성격을 반영하는 것으로 생각된다.

아무튼 중기 단계에 보이는 석기의 양상과 기종별로 나타나는 특징은 지역에 따라서 불완전한 모습을 보이기도 하고 안정적인 상태를 보이기도 하는데, 이것은 농경이라는 새로운 생계유형이 집단의 생업조건과 주변의 자연환경에 따라 수용되는 정도에 차이가 있기 때문이라 생각된다.

동삼동패총 중기문화층의 석기조성 상태를 통해 보면, 조, 기장의 재배구로 생각되는 따비형 타제석부류와 지탑리형의 갈돌, 갈판의 세트는 농경구로서 안정적인 모습을 보여 줄 뿐만 아니라 석기조성 상에서 있어서도 일정한 점유율을 보여준다. 그러나 한편으로는 수렵 및 어로활동과 직접적인 관련성을 가지는 석촉, 결합식조침, 어망추, 작살, 석창도 여전히 주요 생업도구로써 위치를 점하고 있다.

동삼동패총의 중기문화층에서 보이는 이러한 현상은 집단을 둘러싼 주변 환경에 결정적인 영향을 받는 해안지역의 경우에도 특정 영역(수렵·어로) 중심의 생산활동 방식을 벗어나 상호 보완적인 생업활동이 이루어지고 있음을 반영한다. 이 같은 생업의 복합 현상은 중기의 상촌리, 오진리, 송죽리 등 내륙지역의 여러 유적에서 확인된다.

한편 중기에 접어들면서 남부 내륙지역은 전술한 농경구와 식료 가공구 이외에 벌목용 마제석부와 목재 가공용인 편인석부류의 양이 증가하고 수렵, 어로용의 마제석창과 석촉, 작살이 성행하게 된다.

특히 중기 이후 마제석부류의 증가는 벌목행위와 밀접한 관련성을 갖는 것으로 생각되는데, 최근 일본의 연구성과(山崎純男 2003)와 민족지적인 자료를 참고할 때 조, 기장 등 잡곡을 재배하기 위한 화전지 확보와의 관련성도 고려해 볼 필요가 있다고 생각한다.

신석기시대 전시기를 통해 생업의 기본적인 형태로 유지되고 있는 수렵·어로행위는 중기에도 지속적으로 유지되고 있다. 그러나 지역적으로는 석기의 형태와 제작기술 등에서 약간의 차이를 보이고 있다.

예를 들면 석촉과 석창, 작살 등은 지역에 따라서는 마제와 타제로 구분되고 그 형태도 차이가 난다. 남해안 지역을 제외한 내륙지역과 서해안, 동해안의 석기는 점판암을 이용하여 마제로 제작되며, 남해안의 석기는 조기 이래 주요 소재로 사용되어온 흑요석과 안산암 등을 이용해 타제로 제작되고 있는 점이 다르다.

이러한 제작기법의 차이는 당연히 석기의 형식에 영향을 미쳐 크기와 평면형태 등에서 지역성으로 나타내는데, 이것이 생업기술상의 문제인지 혹은 포획대상 종류의 차이에서 오는 것인지는 추후 검토되어야 할 것으로 생각된다.

전술한 바와 같이 즐문토기 중기 단계는 기존의 생계 방식에 농경이 추가 되면서 다원적인 생업활동이 전개되고, 생업활동의 생산성을 확보하기 위해 주로 농경과 식료 가공구를 중심으로 한 도구조성이 마련된다. 농경구와 가공구를 주체로 재편된 석기조성은 커다란 변화 없이 신석기 후기와 만기에도 지속적으로 유지된다.

후기의 봉계리유적이나 중부지방의 쌍청리유적에서는 타제석부와 지탑리형 갈돌 갈판을 중심으로 하는 농경구와 식료가공구가 중기에 이어 큰 비중을 차지한다. 그러나 수렵·어로구의 구성 비율은 중기에 비해 현저히 낮다는 점에서 차별성도 보인다

물론 이러한 양상이 남부 해안 지역에서 동일하게 나타나는지의 여부는 관련 자료가 적어 단정할 수 없으나, 동삼동패총의 후·만기 문화층과 김해 화목동유적에서 수렵어로구가 감소하고, 갈돌, 갈판, 고석, 타제석부, 마제석부, 편인석부 등 농경구와 식료 및 목재 가공구의 구성 비율이 높아지는 것으로 보아 후·만기에는 유적의 입지 환경과 생업조건에 커다란 영향을 받지 않고 거의 동일한 양상을 보이는 것으로 추정된다.

이러한 현상은 중기 이래 남부지방으로 확산된 농경이 식량자원을 획득하는 주요생업 형태로 전환되고, 농경이 다른 생업 유형에 비해 비중이 강화되고 있음을 반영하는 것으로 생각된다.

특히 내만지역과 외해에 위치하는 화목동유적과 동삼동패총의 말기 문화층에서 석제 수렵·어로구가 전혀 보이고 있지 않는 점은 남부 해안지역 말기의 생업 실태를 이해하는데 시사하는 바가 크다고 하겠다. 즐문토기 후·말기에 보이는 생업도구의 변화 양상을 적극적으로 이해한다면 도작 농경을 중심으로 하는 청동기시대의 전환을 알리는 징후로 해석할 수 있을 것이다.

V. 맺음말

이상에서 신석기시대 여러 유적에서 출토된 석기와 관련 연구 성과를 바탕으로 우리나라 신석기시대 석기의 양상에 대해 개괄적으로 살펴보았다. 그러나 일부 항목에서는 관련 자료의 부족으로 극히 간략하게 다룰 수밖에 없었는데 이러한 점들은 차후에 수정·보완하고자 한다.

본고와 관련하여 향후 연구 과제로서, 생업경제의 중요한 變因으로 작용하는 농경문제를 해결하기 위해 다면적인 접근이 필요하며, 특히 농경과 관련된 도구의 정밀 분석이 필요하다고 생각된다. 신석기 농경문제는 생산력의 증대뿐만 아니라 생업경제와 사회구조에 있어서도 많은 변화를 초래한다는 점에서 중요한 의미를 지니고 있기 때문이다.

한편 시기적으로 혹은 지역적으로 다양한 도구조성을 보이는 석기의 전반적인 성격을 파악하고 신석기사회와 생업 영역에서 석기가 차지하는 문화적 위치와 그 의미를 파악하기 위해서는 개별 기종에 대한 구체적인 분석과 검토가 이루어 져야할 것이다.

그리고 지금까지 단편적으로 언급되어온 석기의 생산과 유통 문제에 대해서도 보다 심도있는 논의와 함께 자료의 과학적인 분석을 통해 특정 유물의 이동에 따른 지역 혹은 집단 간의 교류 문제와 물자 유통에 대한 사회·경제적인 연구도 진행되어야 할 것으로 생각된다.

석기연구에 대한 이러한 문제점이 충분히 검토되고 해결된다면 그 동안 불투명했던 신석기문화의 성격과 본질에 대해 보다 구체적으로 접근할 수 있을 것으로 기대된다.

[참고문헌]

강릉대박물관, 2002, 『양양 지경리 주거지』.

강창화, 2006, 「제주 고산리 신석기문화 연구」, 영남대 문화인류학과 박사논문.

경기도박물관, 2002, 『연천 삼거리유적』.

경성대박물관, 2000, 『김해화목동유적』.

고고학 민속학연구소, 1957, 『궁산원시유적발굴보고』, 과학원출판사.

고고학 민속학연구소, 1961, 『지답리원시유적발굴보고』, 과학원출판사.

高橋豊·河仁秀·小畑弘己, 2003, 「螢光X線分析에 의한 東三洞·凡方遺蹟 出土 黑曜石 産
　　　　地推定」, 『韓國新石器硏究』6.

고동순, 2006, 「동해안지방의 신석기시대 마제석촉에 대한 고찰」, 『강원고고학보』.

고재원, 1997, 「제주도 고산리유적 출토 타제석기의 형태적 분석」, 제2회 한일신석 기연구
　　　　회 발표자료집.

과학백과사전종합출판사, 1996, 『조선기술발전사』1.

구자진, 2004, 「대천리 신석기유적의 토기와 석기에 대한 연구」, 『호서고고학보』11.

국립경주박물관. 1991, 『울진 후포리유적』.

국립광주박물관, 1994, 『돌산세구지유적』.

국립광주박물관, 2009, 『안도패총』.

국립광주박물관, 1989·1990, 『돌산송도』Ⅰ·Ⅱ,.

국립문화재연구소, 2002, 『소연평도 패총』.

국립문화재연구소, 2004, 『고성문암리유적』.

국립중앙박물관, 1970, 『시도패총』.

국립중앙박물관, 1988·1989, 『신암리유적』.

국립중앙박물관, 1990, 『휴암리』.

국립중앙박물관, 1994, 『암사동』.

국립진주박물관, 1989, 『욕지도』.

국립진주박물관, 1993, 『연대도』.

국립진주박물관, 1999, 『목도패총』.

국립청주박물관, 1993, 『청원 쌍청리 주거지』.

김건수, 1999, 『한국 원시고대의 어로문화』, 학연문화사.

김상면, 1990, 「청도 사촌리유적 발굴조사보고」, 『고고학지』2, 한국고고미술연구소.

김선지, 2000, 「남해안의 신석기시대 석부에 대한 고찰」, 서울대학교 석사학위논문.

김용간, 1964, 『금탄리 원시유적 발굴보고』, 사회과학원출판사.

김용간·서국태, 1972, 「서포항원시유적 발굴보고」, 『고고민속논문집』4.

김용간·석광준, 1984, 『남경유적에 관한 연구』, 과학백과사전출판사.

김원용, 1963, 「춘천 교동 혈거유적과 유물」, 『역사학보』20.

김장석·양성혁, 2001, 「중서부 신석기시대 편년과 패총 이용 전략에 대한 새로운 이해」,
        『한국고고학보』45.

김충배, 2003, 「신석기시대 낚시바늘 연구」Ⅰ·Ⅱ, 『한국신석기연구』5·6.

동아대박물관 1989, 『합천봉계리유적』.

동아대박물관, 1984, 『상노대도』.

동아대박물관, 1997, 『울산 우봉리유적』.

동의대박물관, 2002, 『상촌리유적』.

藤田亮策, 1948, 「朝鮮考古學研究」, 高桐書院.

목포대박물관, 2001, 『함평 장년리 당하산유적』.

미사리선사유적발굴조사단, 1994, 『미사리』1~5.

박준범, 1998, 「한강유역 출토 돌화살촉에 대한 연구」, 홍익대 석사학위논문.

부산대학교박물관, 1980, 『금곡동율리패총』.

부산대학교박물관, 1981, 『김해 수가리패총』.

부산대학교박물관, 1994, 『청도 오진리 암음유적』.

부산시립박물관, 1993·1996, 『범방패총』Ⅰ·Ⅱ.

山崎純男, 2003, 「西日本の縄文後·晩期の農耕再論」, 『朝鮮半島と日本の相互交流に關する
        總合學術調査』大阪市學藝員等共同研究實行委員會.

山田昌久, 1984, 「環境變化と道具」, 『歷史公論』6, 雄山閣.

西本豊弘, 1996, 「縄文時代の狩獵と儀禮」, 『季刊考古學』55, 雄山閣.

서울대학교 박물관, 1984·1985, 『오산리유적』.

小林康男, 1995, 「組成論」, 『縄文文化の研究』7, 雄山閣.

小林達雄, 2002, 『縄文らんどすけぷ』.

손보기, 1982,『상노대도의 선사시대 살림』, 수서원.

신숙정, 1997,「석기와 뼈연모」,『한국사』2, 국사편찬위원회.

신종환, 1989,「울주 신암리 유적」,『영남고고학』6.

안승모, 1997,「신석기시대의 생업과 사회」,『한국사』2, 국사편찬위원회.

안승모, 1998,『동아시아 선사시대의 농경과 생업』, 학연출판사.

鈴木道之助, 1994,『石器入門事典-繩文』, 柏書房.

鈴木忠司, 1982,「採集經濟と自然資源」,『考古學による日本歷』16, 雄山閣.

원광대 마한·백제문화연구소, 2002,『노래섬(Ⅰ)』.

原田昌幸, 1992,「繩文人の裝い」,『繩文人の道具』, 講談社.

有光敎一, 1962,「朝鮮の櫛目文土器」,『京都大學文學部考古學叢書』3.

윤정국, 2009,「신석기시대 굴지구의 제작기법에 대한 연구」,『한국신석기연구』17.

이기길·윤정국, 2005,『진안 진그늘 선사유적』, 조선대박물관.

이동주, 2003,「빗살문토기 단계의 석기내용과 특징」,『한국신석기연구』6.

이범홍, 1992,「동삼동패총 채집석기」,『고고력사학지』8.

이상균, 2003,「신석기시대 한반도 남해안 석기군의 양상」,『日韓新石器時代의 石器』제5회
    일한신석기시대연구회발표요지.

이헌종, 2000,「호남지역 신석기시대 타제석기 제작기법의 제양상」,『선사와 고대』15.

임상택, 2001,「중서부 신석기시대 석기에 대한 초보적 검토Ⅰ」,『한국신석기연구』1.

임효재·권학수, 1984,『오산리유적』, 서울대박물관.

장호수, 1988,「상노대도 유적의 석기」,『손보기박사정년기념 고고인류학논총』.

전영래, 1979,「부안 계화도 산상유적 신석기시대 유물」,『전북유적조사보고』10. 전주시립
    박물관.

전제헌 외, 1986,『용곡동굴유적』, 김일성종합대학출판사.

田中聰一, 2000,「韓國 中·南部地方 新石器時代 土器文化 硏究」, 동아대대학원 박사학위
    논문.

제주대박물관, 1998·2003,『제주고산리유적』.

지건길·안승모, 1983,「한반도선사시대출토곡류와농구」,『한국의 농경문화』, 경기대학출
    판부.

최종혁, 2001,「생산활동에서 본 한반도 신석기문화」,『한국신석기연구』2.

최종혁, 2004, 「신석기시대 남부지방 생업에 대한 연구」, 『제주도 신석기문화의 형성과 전개』, 한국신석기연구회 발표자료집.

春成秀爾, 1997, 「古代の裝い」, 『歷史發掘』4.

충남대박물관, 2001, 『가도패총』.

하인수, 1991, 「부산 다대동·용호동출토 석기류」, 『부산직할시립박물관 연보』13.

하인수, 2004, 「동삼동패총 문화에 대한 예찰」, 『한국신석기연구』7, 한국신석기연구회.

하인수, 2004, 「신석기시대의 한일문화교류와 흑요석」, 『한일교류의 고고학』, 영남·구주 고고학회.

하인수, 2006a, 「동남해안지역의 어로구」, 『신석기시대 어로문화』, 동삼동패총전시관.

하인수, 2006b, 「新石器時代 貝製品의 利用과 種類」, 『石軒 鄭澄元敎授 停年退任記念論叢』.

하인수, 2009a, 「고찰」, 『범방유적』, 부산박물관.

하인수, 2009b, 「남해안지역 중기 즐문토기사회의 동향」, 『상고사학보』66.

한남대학교박물관, 2003, 『옥천 대천리 신석기유적』.

한양대학교박물관, 1997, 『안면도 고남리패총 7차』.

한영희·임학종, 1991, 「연대도 조개더미 단애부 Ⅱ」, 『한국고고학보』26.

호남문화재연구원, 2003, 『갈머리유적』.

황용훈, 1983, 「석기·골각기」, 『한국사론』12.

황창한, 2002, 「울산 황성동 세죽유적」, 『한국 신석기시대의 환경과 생업』, 동국대학교 매장문화재연구소.

03

석제 가공구

Ⅰ. 머리말

석기는 신석기시대 대부분 유적에서 출토되는 유물 중에서 즐문토기 다음으로 많은 양을 차지할 뿐 만 아니라 즐문토기인의 생존과 생업을 구체적으로 실현하는 수단으로써 토기 못지않게 중요한 사회·문화적인 정보를 가지고 있다. 그러나 석기가 갖는 고고학적 의미와 비중이 매우 높음에도 불구하고 그동안 여러 가지 이유로 체계적이고 종합적인 연구가 진행되지 못한 것도 사실이다.

물론 석기연구가 전혀 없었던 것은 아니지만, 특정 주제나 개별 기종에 한정하거나 생업 활동 및 생계유형을 분석하는 보조적인 자료로 취급되었고, 석기의 조성관계, 시기별 변천 과정, 편년, 지역별 석기문화, 생산과 유통 문제 등에 관한 구체적인 연구는 부족한 실정이라고 할 수 있다.

　이러한 연구의 불균형 현상은 결국 신석기시대 석기문화를 종합적으로 이해하고 이를 통해 사회를 복원하는데 장애 요인이 되고 있음은 부인할 수 없다. 본고에서 검토한 신석기시대 석제 가공구는 이러한 문제점을 해결하기 위한 하나의 기초적 시론으로서 마련된 것이다.

　가공구는 생계 유형과 취락 내에서 일상생활을 이해하는데 중요한 지표가 될 뿐만 아니라 가공구의 조성 양상은 지역 집단의 사회적 성격을 이해하는 유효한 실마리를 제공한다. 이런 측면에서 본다면 가공구에 대한 연구는 매우 중요하다고 할 수 있다.

　현재까지 이루어진 가공구 연구는 개괄적인 검토(하인수 2009b) 외에 석부(김선지 2000; 윤지연 2006; 박성근 2012), 갈돌·갈판 등 일부 기종에 대한 연구(西谷正 2002; 임상택 2000)와 생업 연구의 보조적인 수단으로서 분석(최종혁 2005; 김은영 2012; 윤혜나 2011; 이경아 2011; 이정재 2011; 윤정국 2015b) 정도이고 식료, 조리, 도구 제작 등 가공구 전반에 걸친 종합적인 연구는 이루어지지 않았다.

　이러한 문제들은 단시일에 해결될 수 없지만, 개별 기종에 대한 구체적인 검토 작업이 축적되고, 이를 종합한 연구가 병행된다면 어느 정도 해결될 것으로 기대된다. 따라서 본고에서는 기존의 자료와 최근 발굴 성과를 종합적으로 검토하여 가공구를 새롭게 분류하고, 기종별 성격과 시기별 변화 양상에 대해 살펴보고자 한다.

Ⅱ. 가공구의 종류와 특징

신석기시대 석기는 생업 활동과 관련하여 식량자원을 획득하는데 직접 관계하는 생산용구와 획득된 자원을 가공하거나 다른 활동 영역에 사용되는 각종 도구를 제작하는데 활용되는 가공구, 실제 생업에 관계하지 않고 의례 혹은 정신생활과 관련된 비실용구로 대별 할 수 있다. 이들 석기류는 생업 형태와 방식에 따라 여러 가지 유형으로 구분되고, 각 유형은 세부 기능과 용도에 따라 다양한 기종으로 분류된다(하인수 2009b).

　즐문토기인의 다양한 생업활동과 생산방식에 따라 확립된 수렵·어로구, 채집·농경구, 가공구 등의 각종 석기류는 신석기시대 전시기를 통해 동일한 성격과 양상을 갖지 않지만, 본고에서 다루는 가공구는 가공 대상물의 성격에 따라 크게 식료 가공(조리)구, 벌채 및 목재 가공구, 석재 가공구, 기타 가공구로 구분할 수 있다.

식료 가공구[1]로는 견과류나 재배식물의 탈곡, 제분용인 갈돌·갈판·요석, 벌채 및 목재 가공구로는 석부·편인석기, 석재 가공구로는 지석·찰절석기·석추 등이 있다. 기타 가공 구류로는 특정 용도로 한정할 수 없지만 동·식물과 어패류 조리, 의복 가공 등 다목적용으로 추정되는 석도·석거형·석도형·석시형·박편석기·발화석 등이 있다.

이상의 가공구는 형태적인 특징에 따라 기능과 용도를 추론하여 분류한 것인데, 생업도구 중에는 형태적 특징만으로 그 성격을 파악할 수 없는 것도 많기 때문에 전술한 분류 기종 중에는 반드시 특정 용도로만 사용되었다고 단정 할 수 없다. 생업 환경의 조건과 필요에 따라 적절히 혼용되었을 것으로 추정된다.

1. 벌채 및 목재가공구

신석기시대의 목재가공구는 목기의 제작 공정 중 어느 작업에 사용되는 가에 따라 구분될 수 있다. 목기의 제작공정은 크게 벌채 → 製材(원목을 분할) → 건조 → 절단(1~3개체 정도로 절단) → 정형(1, 2차 정형)의 순서로 나누어 볼 수 있다(黑岐 直 1970). 벌채와 製材 과정 그리고 절단 과정의 일부에는 주로 합인의 날을 가진 석부(전면마연석부, 인부마연석부)가 사용되었을 것이다. 나무를 가공하여 원하는 도구의 형태를 만드는 정형작업에는 편인의 날을 가진 편인석기가 사용되었을 것으로 추정된다.

1) 석부

석부는 후기 구석기시대 말기부터 출현[2]하여 신석기시대를 거쳐 청동기시대에 이르며 대형화, 후부화(厚斧化)되고 보편화된다. 벌채에 사용된 석부는 날 방향이 자루의 장축 방향과 일치하게 장착되는 것이 일반적이다[3]. 이렇게 종방향으로 장착된 석부는 주로 합인석

---

1) 가공구 중 식료 가공에서 중요한 위치를 차지하는 대표적 도구인 갈돌, 갈판, 고석, 요석 등은 본서의 편집 구성상 채집·농경구에서 다루었음을 밝혀 둔다. 갈돌, 갈판은 연구 주제와 방향에 따라 식료가공구 혹은 농경구로도 분류할 수 있다.

2) 후기 구석기시대 말기의 석부는 인부만 마연한 형태로 세석인문화 단계에 해당되는 단양 수양개, 장흥 신북, 진주 집현유적에서 확인된 바 있다(박근태 2009).

3) 현재 신석기시대 석부의 장착법을 추정할 만한 양호한 자료는 확인되지 않았다. 하지만, 청동기시대의 석부 자루(논산 마전리, 대구 서변동)와 일본 죠몽시대와 야요이시대의 자료(下條信行 2011),

부로 날의 단면이 대칭을 이루는 형태이다. 날의 단면 형태가 조개를 옆에서 볼 때와 같이 배부른 곡선을 이루고 있기 때문에 조갯날 도끼로 불리기도 한다.

석부는 봉상의 석재를 이용하여 신부와 인부를 직접타격으로 조정 한 뒤 고타와 마연 방법으로 제작된다. 마연 부위에 따라 인부와 신부 전체를 갈아서 만든 전면마연석부와 신부의 타격흔을 없애지 않고 인부만 마연한 인부마연석부로 양분 할 수 있다. 전면마연석부와 인부마연석부는 제작방법 뿐만 아니라 석재, 중심 분포지, 형태 등에서 일정한 차이를 보이기 때문에 본고에서는 이들을 구분하여 살펴보고자 한다.

가. 전면마연석부

전면마연석부는 주로 편마암, 편암, 화강암, 화강편마암 등 암질이 단단한 석재를 이용하여 제작되는데, 벌채 시 석부의 파손을 방지하기 위해 경도 높은 석재를 채택하였던 것으로 생각된다[4].

전면마연석부는 신석기시대 초기(고산리식토기 단계)[5]부터 후·말기까지 지속적으로 사용되며, 웅기 서포항·용천 신암리·온천 궁산·인천 중산동·시도·서울 암사동·부안 계화도·고성 문암리·양양 오산리·울진 후포리·부산 동삼동유적 등 한반도 북부지역부터 남부지역까지 전역에서 확인된다. 하지만 주 분포지역은 중서부지역과 강원지역이며, 남부지역은 전면마연석부 보다 인부마연석부가 성행한다.

전면마연석부는 인부 단면형태(합인, 편합인), 크기(소형, 중형, 대형), 厚斧率(두께를 폭

민족지 자료(原田幹·黑沢浩 2008)를 참고한다면, 신석기시대 벌채용 석부 역시 종방향으로 장착되어 사용되었다고 볼 수 있다.

4) 혼펠스제 전면마연석부 역시 높은 비중을 보이고 있지만(전면마연석부의 석재구성 상 두 번째로 높은 비율을 차지함), 이들은 울진 후포리유적에서 90%이상 출토되며, 이외의 유적에서는 거의 확인되지 않는다. 이로 볼 때 혼펠스제 전면마연석부는 울진 후포리유적의 특징적인 사례로 생각된다.

5) 남부지역 즐문토기 편년은 주지하는 바와 같이 동삼동과 수가리패총의 발굴 성과를 기초로 수가리 5기 편년안이 제시된 이후 제주 고산리유적과 오진리유적이 발굴되면서 고산리식토기를 표식으로 하는 초창기 토기 문화가 설정되어 현재 6기 편년안(하인수 2006b)이 사용되고 있다. 그러나 최근 고산리유적이 재발굴되고 방사성탄소 연대 측정치가 B.C. 7,500년 전후로 제시되면서 초창기의 설정과 연대문제에 대해 재론이 필요하게 되었다(하인수 2014). 이에 대해서는 추후에 구체적인 논의가 필요함으로 본고에서는 잠정적으로 초창기 대신에 초기 혹은 고산리식토기 단계라는 용어를 사용하기로 한다.

으로 나눈 수치(下條信行 2011)), 평면형태(타원형, 장방형, 제형), 횡단면형태(판상, 렌즈형, 타원형), 인부 평면형태(직인, 호인) 등 다양한 속성에 의해 분류될 수 있지만, 본고에서는 전면마연석부의 기능과 시공적 양상과 관련되는 것으로 생각되는 크기, 인부 단면형태, 후부율을 기준으로 구분하여 살펴보고자 한다.

먼저 전면마연석부는 인부의 단면형태를 기준으로 I류의 합인석부와 II류의 편합인석부로 나눌 수 있다. I류는 주지하는 바와 같이 벌채용 석부의 기본적 형태로 양날이 대칭하는 형태로 제작된 것이다(도면2-1~3·11~22). 이와 달리 II류인 편합인석부는 양쪽면에 날이 만들어져 있지만 날의 단면이 비대칭적인 형태이다(도면2-4~10). 다시 말하면 석부 한 쪽면은 완만한 곡선을 이루고 반대면은 직선의 편평한 형태를 갖는 것이다.

II류는 기본적으로 양날을 세웠다는 점에서 I류와 마찬가지로 날방향이 자루의 장축방향과 일치하게 장착되어 사용되었을 것으로 추정되며, 목재의 세부가공에 사용되는 편인석기와 구분된다. 더욱이 이와 유사한 형태의 석부가 민족지 자료(原田幹·黑沢浩 2008)에서 합인석부와 마찬가지로 벌채 용도로 사용되고 있는 점을 고려 할 때, II류는 I류와 같이 석부의 범주 내에서 파악할 수 있을 것이다.

이들 I·II류 석부는 크기를 기준으로 A-소형(9cm 이하), B-중형(9.1~13.5cm), C-대형(13.6~27cm), D-초대형(27.1cm 이상)으로 구분할 수 있다(도면1).

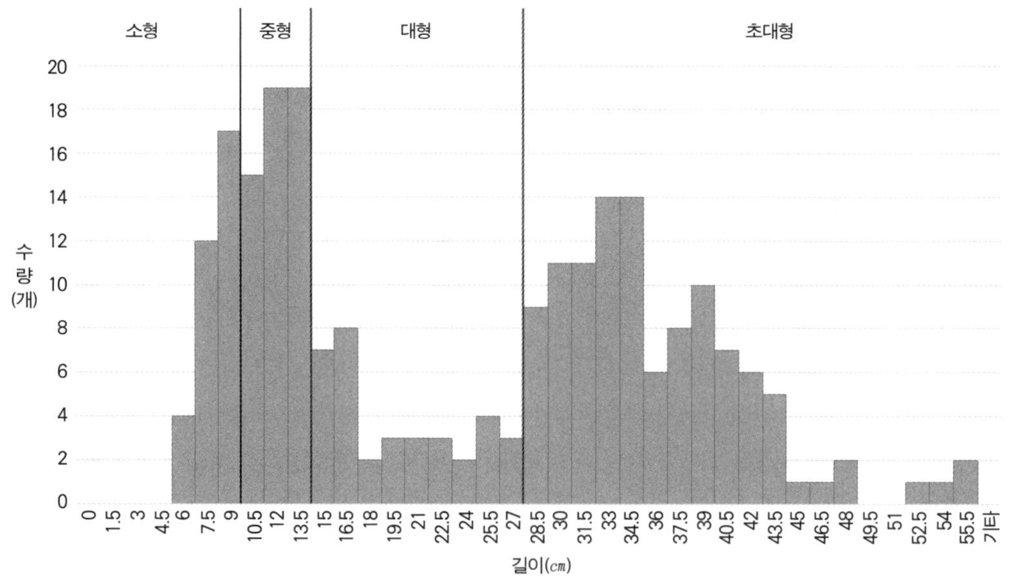

도면1　전면마연석부 길이 히스토그램(n=230)

IA형(소형 합인석부)은 합인석부 중에서 차지하는 비율이 가장 낮으며 두께가 얇은 것이 특징이다. 평면형태에 따라 장방형, 방형, 제형 등으로 구분 할 수 있다. 장방형은 인천 시도, 시흥 오이도 작은 소라벌 패총, 안면도 고남리 패총 등에서 확인되고(도면2-1), 방형은 인천 중산동, 부안 계화도 산상유적, 양양 오산리, 부산 동삼동 등에서 보인다(도면 2-2·3). IA형은 신석기시대 후·말기로 가면서 출토빈도가 높아지는데, 특히 후·말기가 되면 장방형이 증가하는 양상을 보인다.

IB형(중형 합인석부)은 합인석부 중에서 가장 많은 비중을 차지한다는 점에서 신석기시대 일반적인 형식으로 생각된다. 중형 합인석부는 두께에 따라 얇은 것과 두꺼운 것으로 나눌 수 있고, 평면형태를 기준으로 두부가 좁고 인부가 넓은 형태(도면2-4·16·18)와 두부와 인부폭이 거의 비슷한 형태(도면2-10·17)로 나누어 볼 수 있다. 전기 이전에는 얇고 두부가 좁고 인부가 넓은 형태가 주로 사용되다가 중기 이후로 가면서 몸체가 두텁고 두부와 인부폭이 거의 비슷한 형태가 유행하는 경향을 보인다.

IC형(대형 합인석부)은 IB형 다음으로 많이 확인된다. IC형은 고성 문암리·양양 오산리·송전리, 지경리 등의 동해안지역과 봉산 지탑리·마산리·안산 신길동·서울 암사동 등 중서부지역, 그리고 제주 강정동·제주 삼화지구·부산 동삼동 등 남부지역에 분포한다. 이처럼 IC형은 한반도 전역에서 출토되고 있지만, 동해안지역에서 집중적으로 확인된다. 가장 이른 자료로는 제주 삼화지구에서 확인된 편마암제 대형 합인석부(도면1-19)와 강정동에서 출토된 화강암제 대형 합인석부가 있다. 후부율이 60%정도로 두터운 타원형의 단면형태를 보이며 날은 약한 곡선형태로 직인에 가깝게 제작되었다. 양자 모두 신석기시대 초기의 고산리식토기 단계의 것으로 추정된다. 이들은 제주도에서 산출되지 않는 석재로 제작되었다는 점에서 내륙으로부터 유입된 것으로 여겨지는데, 이것의 존재로 보아 내륙에 고산리식토기 단계의 유적이 존재할 가능성을 생각해 볼 수 있다. 이처럼 조기 이전부터 출현하는 IC형은 신석기 중기까지 활발히 제작·사용되다가 후·말기가 되면서 출토량이 급감한다.

ID형(초대형 합인석부)은 27.1cm 이상의 크기, 매우 정연한 마연상태 그리고 판상의 얇은 두께 등의 특징을 미루어 보아 실제 벌채용으로 사용되었다기보다 부장용, 신분 과시용 등 일상생활과는 다른 사회적 요구에 의한 산물일 것으로 추정된다[6]. 현재까지 알려진

---

6)　ID형(초대형 합인석부)이 출토하는 대표적 유적은 울진 후포리유적이다. 후포리유적의 전면마연

ID형 석부는 두만강유역의 회령군 봉의 연대봉 4호무덤, 종성군 상삼봉(榧本杜人 1980), 울진 후포리, 영양 연당리(국립대구박물관 1994), 춘천 교동유적[7]에서 출토되고 있다. ID형이 함경북도~강원도~경상북도의 동해안지역에 주로 분포하는 것으로 미루어 보아 동해안지역의 특징적인 석기로 볼 수 있을 것이다. 크기는 회령군 봉의 연대봉 4호 무덤 28.5cm, 종성군 상삼봉 27cm, 울진 후포리 27~54.2cm, 영양 연당리 34.5cm으로 평균 35cm 정도이며, 두부가 인부보다 약간 좁고 두께가 얇은 형태가 다수이다. ID형은 자료가 부족하고 대부분 출토품의 소속시기도 불분명하여 구체적인 성격과 전개양상은 알 수 없지만, 후포리유적의 사례로 미루어 볼 때 적어도 신석기시대 조기부터 제작되어 동해안지역을 중심으로 사용되었던 것으로 추정된다.

Ⅱ류(편합인석부)는 소형이 대부분이며, 중형도 일정비율 보이지만 13.6cm 이상의 대형은 제작되지 않은 것 같다. Ⅱ류는 인부형태가 합인석부와 편인석기의 중간적 형태이며, 소형의 것이 많고, 후부율이 30~40%라는 점에서 강한 힘을 필요로 하는 작업에 사용되었다기보다 작은 나무를 벌목하거나, 원목을 분할하는 용도로 이용되었을 것이라고 추정된다. 인천 중산동, 안산 신길, 고성 철통리, 청도 오진리, 울산 황성동 등 중서부지역과 강원지역, 남부지역에서 확인되는데 중서부지역에 집중적으로 분포한다. 조기부터 확인되나 전기 이후부터 수량이 증가하며 후·말기까지 지속적으로 제작되었던 형태로 추정된다.

지금까지 살펴본 전면마연석부는 목제 도구나 배를 만들기 위한 원목 채취, 경작지 및 주

석부는 초대형의 얇은 단면 형태를 특징으로 하는데(그림 1-20~22), 매우 정연한 마연과정을 거쳐 제작되었다. 또한 사용흔이 확인되지 않고 무덤에 부장된 것과 같은 출토 양상을 보인다는 점에서 일상용보다 의례적인 부분과 관련되어 이용되었던 것으로 추정된다. 이러한 후포리유적의 전면마연석부는 파푸아뉴기니의 의례용 석부와 매우 닮아있다는 점이 주목된다. 파푸아뉴기니의 의례용 전면마연석부는 30cm이상의 대형이며, 단면이 얇고 전면이 정연하게 마연된 특징을 보여 후포리 석부와 매우 유사하다(原田幹·黑沢浩 2008). 특히, 후포리유적과 파푸아뉴기니의 의례용 전면마연석부는 전체적 라인이 직선적으로 제작된다는 점까지 닮아 있다. 따라서 후포리유적의 전면마연석부는 형태적 특징, 출토량상, 민족지 조사 사례를 종합 할 때 의례와 관련된 것으로 볼 수 있을 것이다.

7) 이화여자대학교 박물관 소장품 중에 ID형으로 분류할 수 있는 석부자료가 1점 있다. 이 석부는 길이 33cm의 초대형이고 전면을 정성들여 마연하여 제작된 것이다. 인부보다 기부가 약간 좁은 평면형이고, 인부는 직인이다(이화여자대학교 박물관 1999). 이 초대형 전면마연석부는 출토지가 불분명하여 구체적인 양상은 알 수 없으나 ID형의 분포 양상을 미루어 보아 동해안 지역에서 제작되었던 것으로 추정된다.

거 공간 확보를 위한 벌목 등에 사용되는 도구로서 일상생활을 영위하기 위한 필수적인 도구였음이 분명하다. 하지만 석부는 생업의 필수적 요소 이외의 다른 사회적 의미도 가지고 있었던 것으로 보인다. 그러한 예로 부산 다대포 봉화산, 이길봉수대, 부안 계화도 유적 등 산상유적 출토 석부와 회령군 봉의 연대봉, 고성 문암리, 울진 후포리, 울산 처용리 등 무덤 출토 석부가 있다.

먼저 신석기시대의 산상유적은 주거생활이 부적합한 고지성의 입지조건을 보이고, 일상생활과 관련된 유구와 토기가 거의 보이지 않는다는 점에서 생업(어로)활동과 관련한 제의 유적으로 추정된다(하인수 2006a). 그리고 이러한 제의유적에서 공통적으로 석부[8]가 출토되고 있다는 점을 볼 때, 신석기시대의 제례의식에서 석부가 하나의 매개체로 사용되었던 것을 추정해 볼 수 있다.

그리고 무덤의 부장품으로 매납된 석부는 석부가 가지는 의례적 측면을 가장 잘 보여주는 자료라 할 수 있다. 부장용 석부는 회령군 봉의 연대봉 4호무덤, 울진 후포리 유적의 예처럼 초대형의 전면마연석부(ID형)의 형태가 가장 기본적인데, 고성 문암리, 울산 처용리의 사례와 같이 중형 전면마연석부가 매장되는 경우도 있다. 따라서 부장용 석부 내에서도 형식차가 존재할 가능성이 있을 것으로 보이며 향후 이러한 부분에 대한 검토가 진행되어야 할 것이다. 결과적으로 전면마연석부는 당시의 생업과 관련된 실용구로서의 의미와 함께 정신문화적 의미를 지니고 있었던 것으로 볼 수 있다. 따라서 앞으로 석부가 가지는 다양한 사회적 의미에 대해서도 연구가 필요할 것이다.

한편, 전면마연석부는 신석기시대 지역 간 교류 및 물자의 유통의 실체를 직접적으로 보여주는 고고학자료이기도 하다. 특정 지역에서 산출되는 화강편마암, 편마암, 편암제 전면마연석부(도면2-13·15)가 대표적인 사례이다(하인수 2010). 화강편마암, 편마암, 편암제 전면마연석부는 양양 지경리, 양양 오산리, 강릉초당동, 울진 후포리 등 동해안지역과 시흥 능곡동, 안산 신길동, 화성 석교리 등 중서부지역에서 주로 확인되며, 이들 석재 산지 역시 이 지역 일대에 분포한다.

---

8) 신석기시대 산상유적 출토 석부의 구성에는 전면마연석부가 위주를 이루고 부산 다대포 봉화산 유적의 출토품과 같은 인부마연석부가 소량 포함된다. 따라서 의례적 의미를 지는 석부에 인부마연석부가 포함될 가능성이 있을 것이다. 하지만 의례와 관련된 석부 전체를 볼 때, 인부마연석부는 매우 소량이라는 점에서 기본적으로 전면마연석부가 의례용으로 사용되었던 것으로 생각된다.

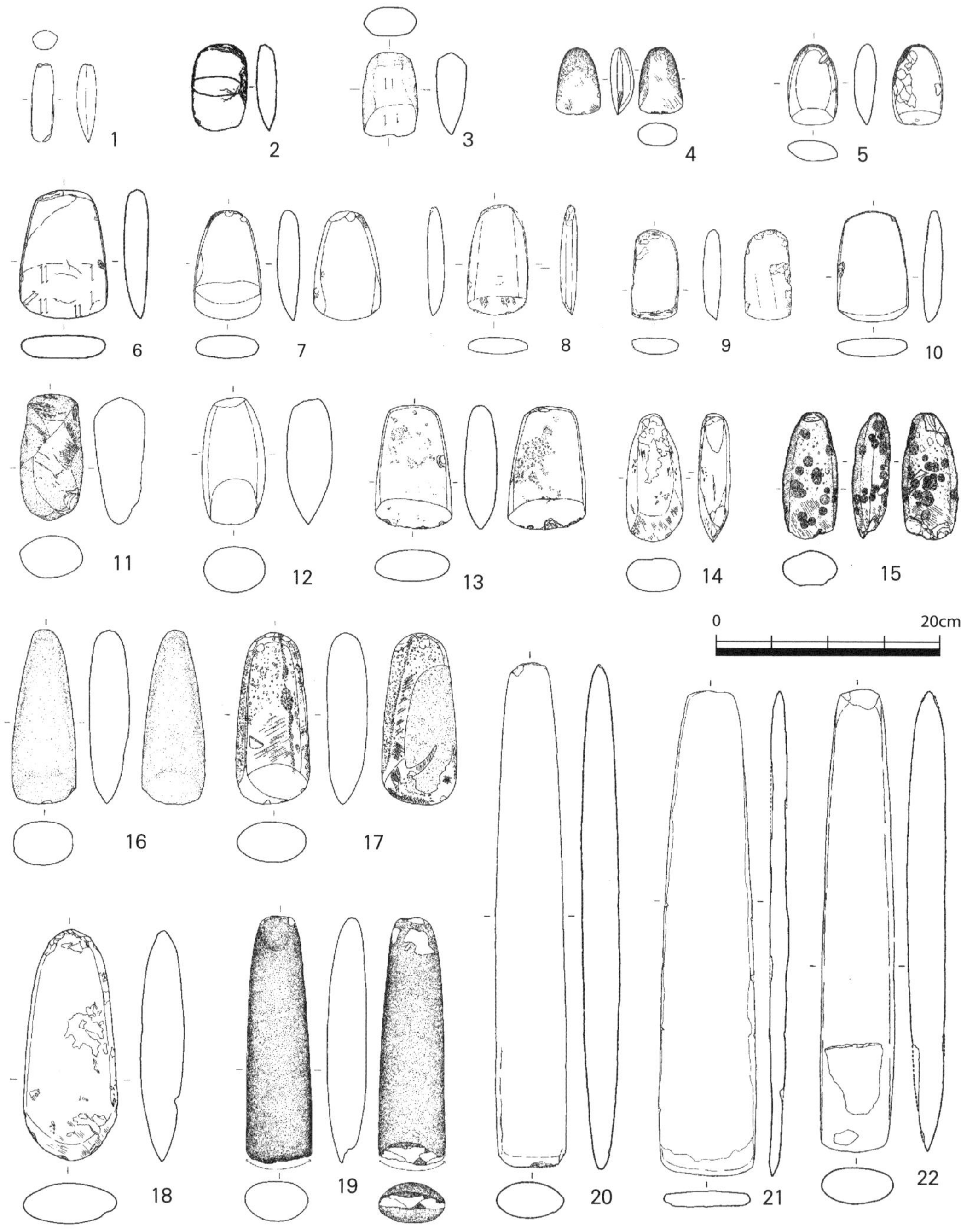

도면2 전면마연석부

1: 오이도 소라벌, 2: 계화도, 3·11: 중산동, 4·15: 오진리, 5·7·17: 철통리, 6: 신길, 8: 황성동, 9: 석교리, 10·12: 초당동, 13: 범방, 14·18: 평거동, 16: 암사동, 19: 삼화지구, 20~22: 후포리

이를 볼 때, 화강편마암제 전면마연석부의 주된 생산·소비권은 중서부지역과 동해안지역으로 생각할 수 있다. 그런데 이러한 화강편마암제 전면마연석부가 부산 동삼동, 범방유적, 진안 갈머리, 밀양 신안, 창녕 비봉리, 청도 오진리 등 남해안과 제주도, 남부내륙 지역에서도 확인되고 있는 사실은 당시 석부를 매개로 한 교역활동이 존재하였다는 것을 보여준다. 이렇듯 전면마연석부는 신석기시대 지역사회의 네트워크를 이해하는 실마리를 제공한다는 점에서 중요한 의미를 가지며, 앞으로 석부의 생산과 유통에 대한 구체적인 연구가 뒤따라야 할 것으로 생각된다.

나. 인부마연석부

인부마연석부는 혼펠스, 이암, 이암혼펠스 등의 석재를 이용하여 신부와 인부를 직접타격으로 조정 한 뒤 인부만 마연하여 마무리한 것이다. 대부분의 인부마연석부는 인부의 날 부분만을 짧게 마연하고 신부의 타격흔은 남겨두었는데, 신부의 일부분까지 약하게 마연한 경우도 있다(도면3).

인부마연석부는 부산 범방유적, 동삼동패총, 가덕도 장항, 통영 연대도, 여수 안도, 창녕 비봉리, 하동 목도, 진주 상촌리, 사천 선진리, 진안 갈머리 등 한반도 남부지역과 양양 오산리, 동해 망상동, 울진 죽변, 화천 대이리, 하남 미사리 등 강원 및 중서부지역에서 확인되는데, 남해안지역에 집중적으로 분포하는 점이 특징적이다.

평면형태는 장방형과 제형이 대부분을 차지하는데 타원형과 신바닥형[9]도 확인된다. 횡단면형태는 두께가 얇은 판형과 렌즈형이 대부분인데 실제로 후부율을 분석해 본 결과, 평균 31.3%정도의 낮은 후부율을 보인다. 인부마연석부의 날은 양쪽이 완전한 대칭을 보이는 것 보다 편합인의 경우가 더 일반적이다. 또한 날을 가공할 때 마연범위를 좁게 하여 짧은 날을 제작한 경우가 대부분인데, 날의 길이가 긴 전면마연석부와는 그 모습이 다르다.

인부마연석부는 외형적인 형태를 기준으로 다양하게 분류될 수 있지만, 본고에서는 세분된 분류는 차후로 미루고 인부마연석부의 변화과정에 관한 정보를 내포하는 크기, 후부율을 기준으로 큰 틀에서 분류하고 그 특징들을 살펴보고자 한다.

인부마연석부는 크기를 기준으로 소형(9*cm* 이하), 중형(9.1~13.5*cm*), 대형(13.6*cm* 이상)

---

[9] 신바닥형은 제형과 타원형의 중간적인 형태로 최대폭은 인부와 신부사이에 위치하는 형태이다 (박성근 2012).

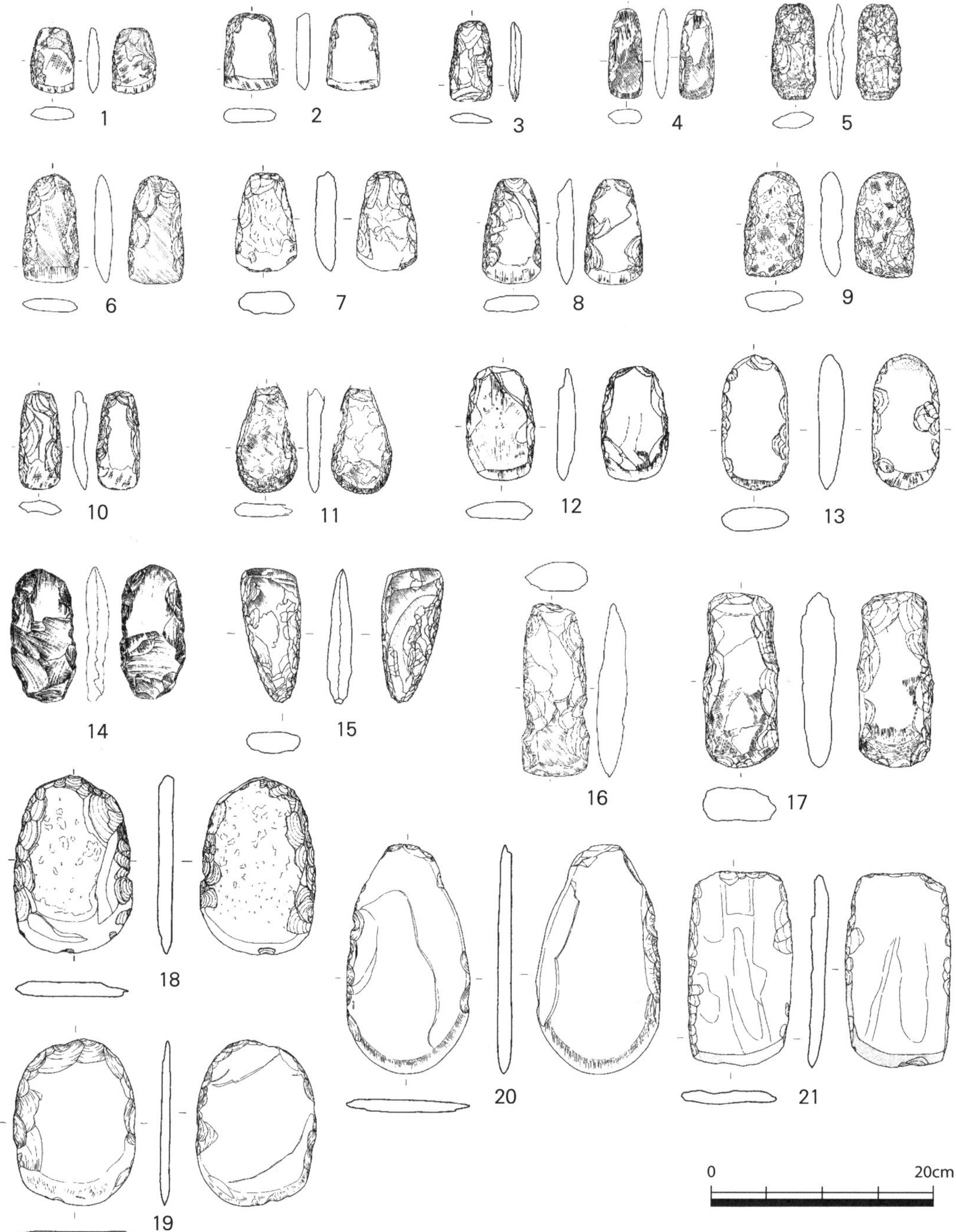

도면3   인부마연석부

1·2·8·10: 범방유적, 3·9·11: 비봉리, 4: 죽변리, 5: 세죽리, 6: 동삼동, 7·18: 상촌리, 12·17: 목도, 13: 대이리, 14: 장년리 당하산, 15: 연대도, 16: 늑도, 19·20: 평거동, 21: 살내

으로 구분할 수 있다. 소형 인부마연석부는 초소형의 4.8㎝부터 9㎝까지의 크기 폭을 가지고 방형과 제형의 평면형태를 기본으로 한다(도면3-1~5). 인부의 단면은 두께가 얇은 판상의 것이 대부분이고 두꺼운 형태로 제작된 것은 거의 없다. 소형의 인부마연석부는 작은 크기와 얇은 두께로 보아, 벌목의 기능보다 벌목된 나무를 절단하거나 잔가지를 정리하는 등의 용도로 사용되었던 것으로 추정된다. 소형 인부마연석부는 조기에 가장 많은 수량이 확인되고 전기까지 이러한 흐름이 이어지는 것으로 생각된다. 그러나 중기 이후부터는 점차 수량이 감소하여 후·말기가 되면 진안 갈머리 등 일부 유적에서 소량만 확인된다.

중형 인부마연석부는 인부마연석부 중 일반적인 크기로 보이며 가장 많은 비율을 차지한다. 소형과 마찬가지로 장방형과 제형의 평면형태가 주를 이루지만, 두부와 인부 모두 둥글게 조정한 타원의 형태도 확인된다. 중형 인부마연석부는 얇은 두께로 제작된 것이 대부분이나, 후부율이 50%이상으로 두터운 형태도 소량 확인된다. 인부마연석부의 소·중·대형의 구성비를 시기별로 살펴 볼 때, 중형 인부마연석부는 조기부터 45%정도의 우세한 위치를 점하고 이러한 양상은 후·말기까지 이어진다. 이로 볼 때, 중형 인부마연석부는 신석기시대 전시기 동안 일상생활에서 수요도가 높았던 것으로 추정된다.

대형 인부마연석부는 13.6㎝부터 크게는 27㎝까지의 길이로 제작되었다. 대형 인부마연석부는 소형 및 중형과 달리 후부율이 25% 미만인 판상의 단면 형태로 제작되는 경우가 많다. 평면형태는 방형(도면3-21)과 말각방형(도면3-18~20)으로 나누어 볼 수 있다. 방형의 대형 인부마연석부는 조기부터 후·말기까지 지속적으로 사용되는 반면, 말각방형은 전기 이전시기에는 보이지 않고 중기에 등장하여 후·말기까지 사용된다.

말각방형의 대형 인부마연석부는 호선상의 짧고 날카로운 양인의 날을 가지는데 이러한 형태의 석부는 진주 상촌리, 진주 평거 4-1지구 유적 등 남부내륙지역에서 주로 확인되는 분포상의 특징이 있다. 대형 인부마연석부는 조기부터 확인되지만 수량이 적고, 전기가 되면서 출토량이 증가하며 후·말기까지 활발히 사용된다. 전기 이전에는 방형의 대형 인부마연석부가 대부분이고, 중기가 되면서 말각방형의 대형 인부마연석부가 남부내륙지역을 중심으로 출현하여 장방형의 대형 인부마연석부와 함께 후·말기까지 지속적으로 사용된다.

지금까지 살펴본 인부마연석부는 전면마연석부와 제작기법에서 뿐만 아니라 석재, 중심분포지, 평면, 횡단면, 인부형태 등 전반적인 면에서 차이를 보이고 있다. 전면마연석부와 인부마연석부는 명칭을 보면 알 수 있듯이 마연의 범위, 즉 제작기법이 다르고 주로 이용되는 석재도 차이가 있다. 더욱이 전면마연석부는 중서부지역과 강원지역에 인부마연석부는 남부지역에 주로 분포하고 있다는 점에서 중심 분포지에서도 차이가 있다. 그리고 이들은 평면, 횡단면, 인부형태 등 세부 형태에서 차이를 보인다. 이러한 형태 차이의 원인은 지역차, 환경차, 기능차 등 다양한 가능성이 있을 것으로 생각되는데, 향후 여러 가지 가능성에 대한 연구가 진행되어야 할 것이다.

2) 편인석기

신석기시대의 목재가공구는 벌채용의 석부(전면마연석부, 인부마연석부)와 가공용의 편인석기[10]가 세트를 이룬다. 석부는 나무를 벌목하기 위한 도구로 합인의 날을 가지고 자루에 종방향으로 장착된다. 편인석기는 벌목된 재료를 다듬고 세밀한 부분을 가공하는 단계에 사용된 도구로 한쪽으로 치우친 편인의 날로 제작되며 날의 방향이 자루의 장축방향과 직교하게 장착되어 사용된다.

신석기시대 목재가공구의 사용을 직접적으로 나타내는 자료로는 창녕 비봉리패총 출토 나무 배와 노, 목제 혹은 골제의 자루에 장착되어 사용되었을 것으로 예상되는 굴지구, 벌채구 등이 있다. 이들 자료의 존재는 신석기인들이 목제품을 제작하고 사용하였던 것을 추정할 수 있게 한다.

아래에서는 현재까지 출토된 자료를 중심으로 신석기시대 목재가공구 중 목재의 세부가공과 관련된 편인석기를 분류해 보고 그 특징들에 대해 간단히 검토해 보고자 한다. 그런데, 신석기시대의 목재가공구는 출토량이 적을 뿐 아니라 형태적 면에서도 정형성이 떨어져 세부적으로 분류하기 곤란한 면이 있다. 따라서 아래에서는 신석기시대 목재가공구를 형태와 추정기능에 따라 큰 틀에서 범주화 하여 자귀형, 대팻날형, 끌형[11]으로 나누어 살펴보고자 한다.

---

10) 청동기시대와 달리 신석기시대의 원목의 가공에 사용된 석기는 세부 기종으로 분류할 만큼 자료 수가 많지 않고 정형화 되어 있지 않다. 따라서 본고에서는 벌목용의 석부와 대비되는 의미로서 목재 세부 가공의 용도로 사용된 석기를 일괄하여 편인의 날을 갖는 일군의 석기라는 의미로 '편인석기'로 지칭하고자 한다. 하지만 추후 자료가 증가된다면 형태 혹은 기능에 따라 세부 기종 분류가 가능해 질 수도 있다고 생각한다.

11) 본고에서는 신석기시대의 편인석기를 현재의 목재가공구와 비교하고, 형태적 유사성에 의거하여 '~형'이라는 용어를 사용하였다. 하지만 신석기시대의 '자귀형, 대팻날형, 끌형' 편인석기가 오늘날의 가공구와 유사한 기능으로 사용되었는지에 대한 부분은 앞으로 검토가 필요하다.

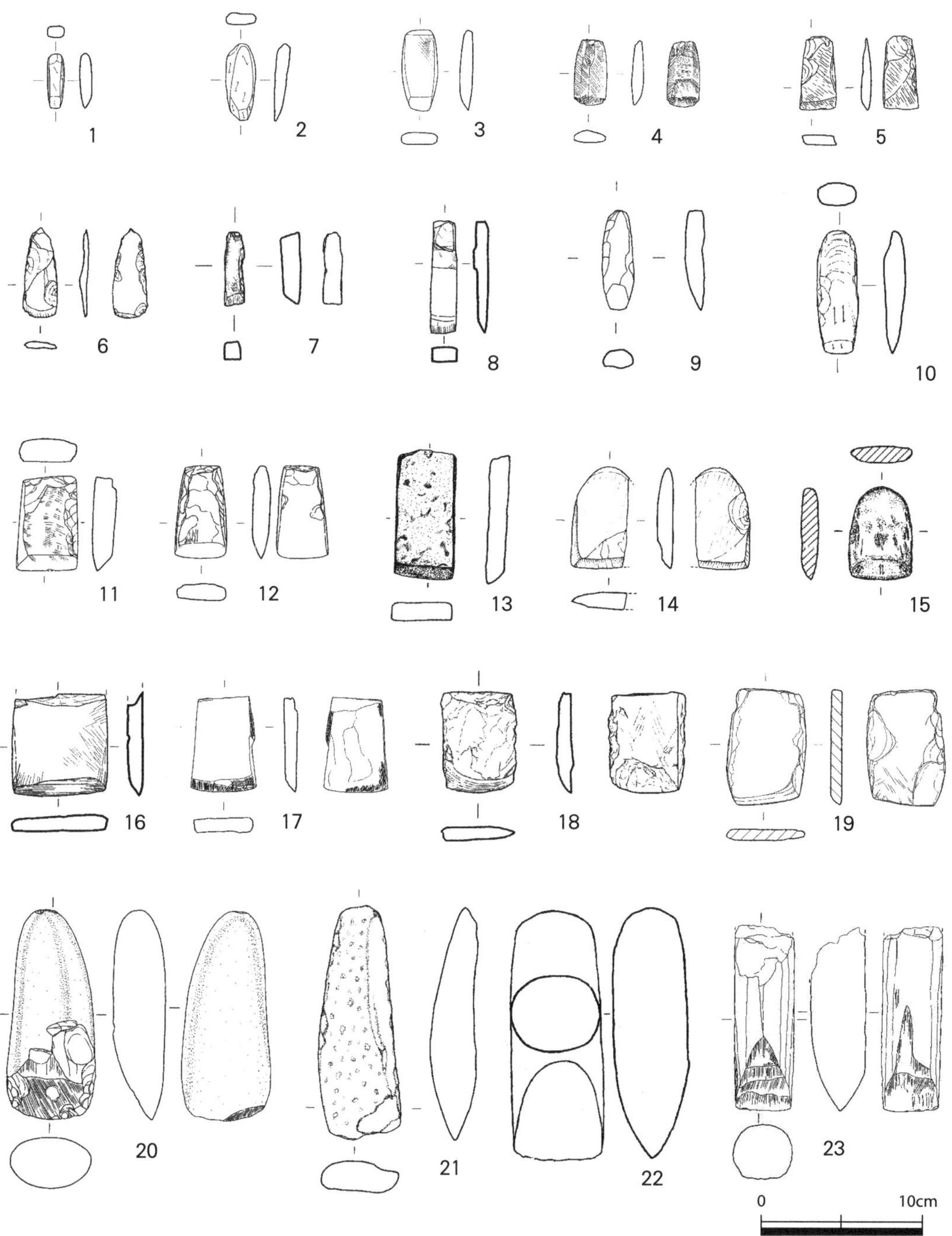

도면4 편인석기

1~3·10: 중산동, 4·17·21: 동삼동, 5·12: 오산리, 6·14: 암사동, 7·18: 경도, 8·16: 안도, 9: 영월 공기2굴, 11: 늑도, 13: 봉계리, 15: 대죽리, 19: 처용리, 20·23: 죽변리, 22: 계화도

먼저 자귀형은 벌목된 원목의 잔가지를 정리하거나 가공하는 작업에 사용된 것으로 추정된다(도면4-20~23). 자귀형 편인석기는 화강암, 응회암 등의 석재를 이용하여 인부와 신부 전체를 마연하는 방법으로 제작된다. 단면형태는 원형이 많으며, 후부율은 50%이상으로 매우 두터운 단면이 특징적이다. 대팻날형과 끌형에 비해 대형(길이 평균 11㎝)이고 날의 끝이 직선적으로 처리되며 날의 길이가 긴 단인으로 제작된다.

IB형(중형 합인석부)의 전면마연석부 중 두께가 두꺼운 것과 재질, 크기, 제작방법, 단면형태가 유사하지만 날의 제작방법 및 형태에서 구분가능 하다. 즉, 자귀형 편인석기는 긴 단인의 직선 날의 모습이라는 점에서 합인 혹은 편합인의 곡선 날 형태를 보이는 IB형(중형 합인석부)의 전면마연석부와 구분된다. 울진 죽변, 고성 문암리, 동해 망상동, 부안 계화도 산상유적, 부산 동삼동 등에서 출토되는데 특히 동해안 지역에서 집중적으로 확인된다. 출토 자료가 소량이기 때문에 출현과 전개에 대한 부분은 확실치 않지만 현재의 자료로 볼 때, 조·전기에 한정적으로 사용된 것으로 생각된다.

대팻날형은 나무표면의 요철을 다듬는데 사용되었던 것으로 추정되는데 지금의 대팻날과 비슷한 기능을 했을 것으로 생각된다(도면4-11~19). 두께가 얇고 폭이 넓다는 점이 특징적이며, 두께가 1㎝ 내외이고 후부율이 27%정도이다. 날의 길이가 짧은 단인으로 매우 편평한 모습이라는 점을 고려한다면 목재의 표면을 얇게 깎아내는데 용이하게 제작되었던 것으로 생각된다. 결을 가지는 점판암 계통의 석재를 주로 사용하여 전면 마연으로 제작되며 목재가공구 중에서 수량이 가장 많고 분포범위도 넓다.

평면형태와 날의 길이를 기준으로, 방형 내지 장방형의 평면형태와 짧은 인부를 특징으로 하는 전형적인 대팻날 형태의 I류(도면4-13·16~19)와 제형 혹은 두부를 둥글게 가공한 반원형의 평면형태로 날의 길이가 전자보다 긴 II류(도면4-11·12·14·15)로 나누어 볼 수 있다. 이러한 대팻날형 편인석기의 형태 변이에는 가공 대상 및 방법 혹은 장착 방법의 차이가 반영되었을 가능성이 있다. 가장 이른 시기의 자료로 조기의 여수 안도, 양양 오산리유적 출토품이 대표적이다. 대팻날형 편인석기는 신석기시대 조기부터 출현하여 이후 시기까지 지속적으로 사용된 것으로 보인다.

끌형은 목재가공의 최종 마무리 단계의 세부 가공이나 특정 부분의 작업에 사용된 것으로 추정된다(도면4-1~10). 폭이 2.5㎝ 이하로 좁고 소형이 대부분이다. 날은 직선적으로 처리된 단인으로 대팻날형에 비해 두터운 단면형태를 가진다. 양질의 석재를 이용하여 전면마연을 통해 날카로운 인부를 제작한 경우가 많다.

평면형태의 세장도에 따라 세장방형과 방형으로 세분할 수 있을 것이지만, 자료 수가 적기 때문에 본고에서는 세분하지 않는다. 향후 자료수가 증가한다면 끌형 편인석기의 세부형태에 따른 작업방법의 차이 등에 대한 연구가 이루어질 필요가 있을 것이다. 끌형 편인석기는 중서부, 강원, 남해안, 제주 등 한반도 전역에서 확인된다. 제주 고산리, 양양 오산리, 고성 문암리의 사례로 보아 조기부터 출현하는 것은 분명해 보이지만 중기까지는 자료 수가 적어 양상이 불분명하다. 현재까지 알려진 자료의 대부분은 인천 중산동, 용유도 남북동, 평창 용항리, 부산 동삼동 등으로 후·말기에 속하는 것으로 보아 끌형 편인석기는 신석기시대 후·말기에 활발히 사용되었던 것으로 생각된다.

　이상에서 목재 가공구에 대해서 개괄적으로 살펴보았다. 청동기시대의 경우 벌채석부, 주상편인석부(유구석부), 편평편인석부, 석착의 4종류가 공구세트를 이루는데, 이는 아마도 목제도구의 발달과 관련될 것이다(배진성 2005). 하지만 신석기시대의 목재가공구는 세트구성이 불안정하고, 출토 수량이 매우 적다는 점에서 청동기시대에 비해 목제품의 제작과 사용이 원시적 형태로 진행되었던 것으로 추정된다. 신석기시대 목재가공구의 양상에 대해서는 향후 자료가 증가한다면 더욱더 구체화 될 수 있으리라 생각한다.

2. 석재 가공구

석재 가공과 관련한 도구로는 지석, 찰절석기, 석추(石錐), 고석 등을 들 수 있다. 고석은 도구제작, 패류 및 견과류 등의 껍질을 벗기거나 가공 등에 다용도로 사용되기 때문에 그 자체로서 용도를 특정할 수 없는 어려움이 있으므로 본고에서는 할애한다.

1) 지석

지석은(도면5) 마연기술과 함께 세트를 이루는 도구로 마연기술이 보편화되는 신석기와 청동기시대에 널리 사용된다. 주로 사암을 이용하나 니암, 혼펠스, 섬록암, 처트, 안산암 등 입자가 치밀한 석재를 사용하기도 한다. 오산리C지구 유적에서는 사암, 니암, 편암, 혼펠스, 편마암, 천매암, 반화강암 등 다양한 암질의 지석이 출토되었는데, 그 중에서 니암과 사암 등 퇴적암이 50% 이상 사용되고 있다.

　이러한 양상은 대부분의 유적에서 확인되는데, 지석의 재질이 다양한 것은 석기 제작에 있어 석기의 종류와 가공 단계에 따라 적절한 소재를 선택하였음을 보여 준다. 특히 석기

마연에 있어서 가장 보편적으로 사용되는 사암의 경우는 입자의 크기에 따라 세립, 중립, 조립사암으로 구분되는데, 유적에서 출토되는 사암의 종류가 일률적이지 않는 것은 석기 마연 단계에 따라 적당한 재질이 선택되었기 때문이다.

예를 들면 타제 혹은 고타기법으로 일차적으로 외형을 다듬은 성형석기의 경우는 입자가 거친 조립사암으로 초벌 마연하고 이후 입자가 치밀한 세립사암으로 2차 마연하여 전체적 형태를 가공한 것으로 추정되며, 석부의 인부 마연이나 옥기 가공 등 정밀한 마연 공정이 필요한 경우는 입자가 보다 치밀한 니임 계통의 석재를 이용하였을 것으로 생각된다.

석기나 골기, 패제품, 옥기 등 도구 제작에 사용된 지석은 도구의 종류와 가공 단계에 다양한 재질의 지석을 사용한 것은 분명하지만, 구체적으로 어떠한 형태의 지석이 사용되었는지는 불확실하다.

지석은 크기에 따라 편의상 20cm이상의 대형, 10~20cm 정도의 중형, 10cm 이하의 소형으로 구분이 가능하다. 사용 방식에 따라 고정형과 휴대형으로 나눌 수 있으며, 대형 지석은 고정형, 소형지석은 휴대용으로 사용되었을 것으로 생각된다.

대형지석(도면5-14~16)은 정형화되어 있지 않으나 보통 장방형이나 부정형을 이룬다. 작업면이 넓고 안정적이기 때문에 주로 마제석부나 갈돌, 석도 등 대형 석기 제작에는 이용되었을 것으로 생각된다.

중형지석은 대형과 소형의 중간 크기에 속하는 것인데, 크기를 제외하고는 대형과 기본적으로 형태적 특징은 같다. 중형 지석 중에는 욕지도(도면5-13), 경도 오복1패총, 평거동 4-1지구 출토품과 같이 폭이 좁고 길이가 긴 세장방형의 지석도 있는데, 이러한 형태의 지석은 일반적인 지석과는 가공대상 및 사용 방법이 달랐을 것으로 보인다.

소형지석(도면5-1~11)은 사면이 정밀 마연되어 있는 것이 특징이며, 크기는 10cm 전후가 많다. 평면형태는 장방형 내지 세장형을 이루며, 단면은 원형, 방형, 장방형이 일반적이지만, 오진리, 이길봉수대(도면5-7), 상촌리 출토품(도면5-5)과 같이 오각형, 육각형, 팔각형 등 다각형을 이루는 것도 있다. 소형지석은 휴대하기 편하고, 다루기 쉬워 주로 마제석촉, 석착, 옥기 등 소형석기나 골각기 등을 가공할 때 사용되었을 것으로 추정된다.

휴대용지석은 조기의 문암리(도면5-8)와 전기의 유적에서도 일부 보이지만, 동아대박물관에서 조사한 상촌리유적과 같이 중기~후기의 유적에서 다량으로 출토된다. 크기와 형태에서 정형성과 어느 정도 규격성을 갖는 것으로 보아 석기의 대량 생산 혹은 특정 석기의 가공과 관련이 있는 것으로 추정되지만, 이에 대해서는 앞으로 검토가 필요하다.

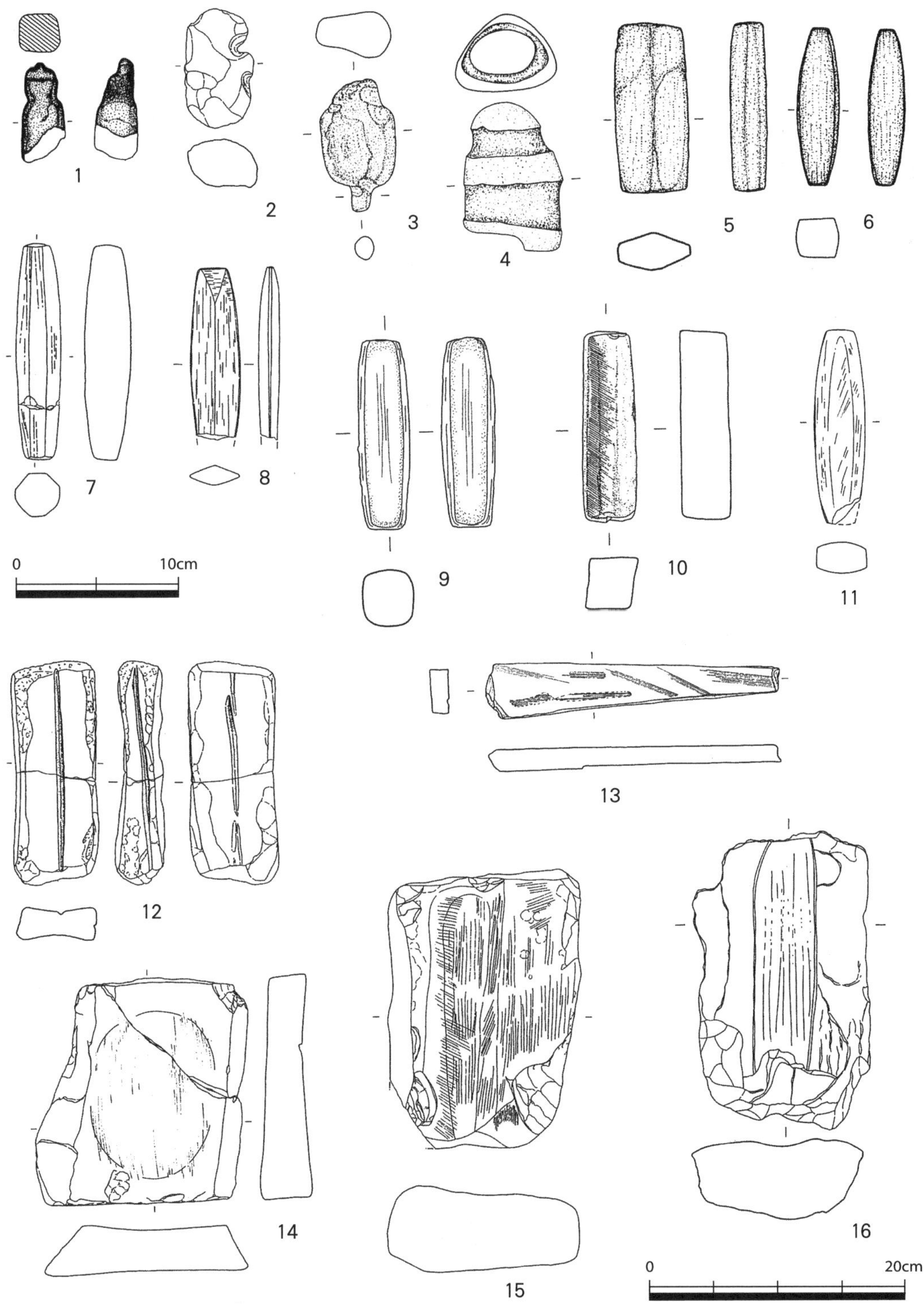

도면5 지석

1: 구평리, 2~4: 동삼동, 5·6: 상촌리, 7: 이길봉수대, 8: 문암리, 9: 경도 내동, 10: 연대도, 11: 평거동,
12: 오진리, 13: 욕지도, 14: 대포동, 15: 비봉리, 16: 오산리C지구

한편 휴대용 지석 중에는 구평동, 동삼동패총에서 형태가 일정하지 않고 부정형을 이루는 소형지석이 다수 출토되는데(도면5-1~4), 이들 지석은 사용 흔적으로 보아 일반적인 석기 마연용이 아니고 특정 용도나 부위 예를 들면 석기 천공이나 천공의 확장, 골각기, 패천 등의 가공에 이용되었을 것으로 추정된다. 특히 동삼동패총에서 출토된 다양한 부정형 소형지석은 주로 패천 윤부의 연마용 사용되었을 것으로 추정되는데, 일본 승문(繩文)문화에서 패천 제작용 지석인 아메바형 지석과 형태적으로 유사하다(忍澤成視 2011).

지석 중 중형과 소형지석에 길이 방향으로 한 줄 내지 여러 줄의 마연 홈이 있는 것이 오진리 출토품(도면5-12)을 비롯하여 동삼동, 문암리, 상촌리 송도, 안도유적 등에서 출토된다. 이러한 마연흔을 갖는 지석은 유구지석, 옥마(玉磨) 지석 등으로 불리는데, 마연 흔의 형태로 보아 옥이나 골각기 등을 연마하거나 특정 석기를 가공할 때 사용되었을 것으로 추정된다.

지석은 어떤 도구를 제작하는가에 따라 재질과 형태가 결정되고 또 가공 단계에 따라 적합한 지석이 선택적으로 사용되었음이 분명하다. 그러나 어떤 대상물이 어떤 지석으로 연마·가공되었는가에 대해서는 확실하지 않다. 지석에 남아있는 마연 흔적은 가공 대상물의 종류와 형태를 반영할 가능성이 높기 때문에 지석면의 사용흔 분석과 실험적 방법을 통해 검토한다면 지석의 사용 용도와 방법, 가공물의 종류를 파악할 수 있을 것으로 생각된다.

2) 찰절구

찰절구는 찰절기법으로 석기, 옥기, 골각기 등의 소재를 절단 혹은 동일한 크기로 개체을 분할하거나 부분적으로 세부 가공하기 위해 사용되는 석기로, 지석과 더불어 신석기시대 도구 가공용으로 널리 사용된다.

찰절구(도면6)는 범방, 동삼동, 우봉리, 신암리, 경도 내동, 오산리, 문암리, 대포동, 지변동, 초당동, 죽변유적 등 동해안과 남해안지역에서 주로 출토되며, 서해안 지역의 경우는 사례는 많지 않으나 지탑리, 궁산유적 등에서도 확인된다. 그러나 내륙지역에서는 출토 사례가 거의 없는 편이다. 유적 조사의 부재인지 아니면 생업 환경에서 나타나는 도구 조성의 차이를 반영하는 것인지 그 원인에 대한 검토가 필요할 것으로 생각된다.

찰절구는 지석과 마찬가지로 사암이 주류를 이루나 편암, 천매암, 점판암, 세일, 혼펠스 등의 석재가 사용된다. 남해안과 서해안지역은 대부분 사암이 많은데 비해 동해안지역은 사암을 비롯한 편암, 천매암, 혼펠스, 세일, 섬록암, 유문암 등 다양한 석재를 사용하는 것

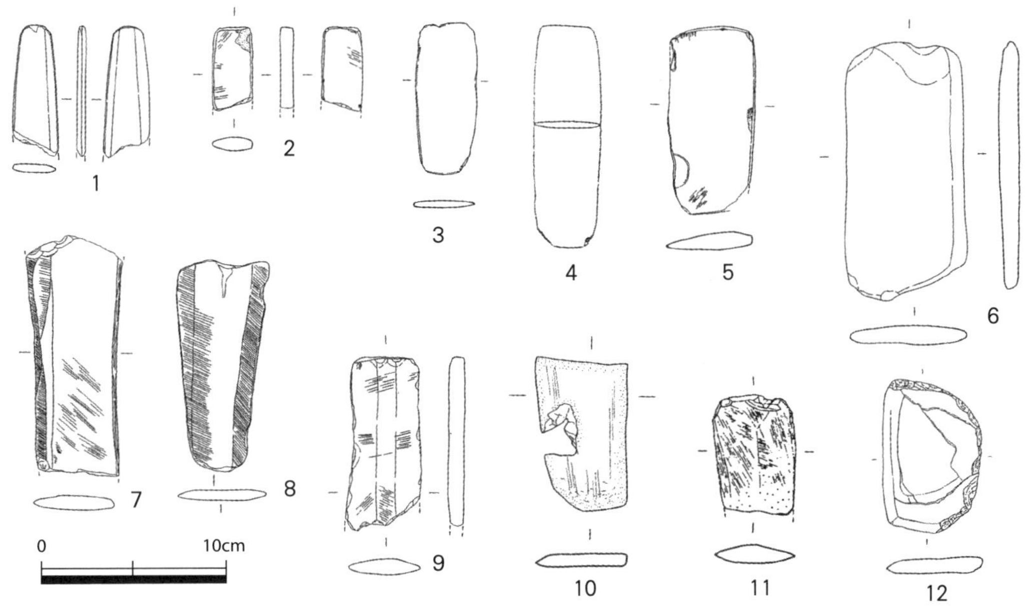

도면6 찰절구

1: 문암리, 2·9: 지변동, 3: 대포동, 4: 오산리A지구, 5: 초당동, 6: 오산리C지구, 7·8: 죽변리, 10: 경도내동, 11: 우봉리, 12: 범방

이 특징이다. 오산리C지구 유적에서는 사암과 천매암이 70%를 차지한다. 찰절구가 다양한 재질로 구성되는 것은 지석과 마찬가지로 사용 목적과 가공 대상에 따라 적당한 석재가 선택적으로 사용하였음을 보여 주는 것으로 생각된다.

찰절구는 기본적으로 전면이 정밀하게 마연되어 있으며, 형태는 장방형이 일반 적이다. 일부는 주형 혹은 제형을 이루는 것도 있다. 단면은 석도와 같이 납작한 편인데, 동해안지역 출토품은 얇은 렌즈형을 이룬다. 인부는 양인과 편인이 있으나 양인이 대부분이다. 인부는 직인을 이루는 것이 많지만, 일부는 사용으로 인해 오목하거나 무뎌져 있는 경우도 있다. 인부의 사용흔을 통해 용도를 어느 정도 짐작할 수 있는데, 예를 들면 인부가 직선적이고 두께가 일정하다면 주로 소재 절단용으로, 불규칙하거나 오목한 면을 갖는다면, 결합식조침의 결구나 옥기, 골각기 등을 세부 가공용으로 사용되었을 가능성이 크다고 생각된다.

크기는 일정하지 않으나 완형 중심으로 보면 길이 10*cm* 전후, 너비 5*cm* 전후, 두께 0.5~1.0*cm* 정도가 일반적이며, 큰 것은 14*cm* 정도 되는 것(도면6-6)도 있다. 죽변리와 문암리, 지변동 출토품(도면6-1·2)은 소형에 속한다. 인부 두께는 사용 여부에 따라 다르지만 2*mm* 전후가 보통이다.

찰절구는 타제기법으로 석재를 절단 혹은 분할하는 것보다 소재 활용의 효율성 높고 파손율이 적기 때문에 신석기시대 조기 단계부터 많이 사용되는데, 특히 마제석촉, 석부, 석창, 조침, 옥 등의 소재를 일정 크기로 분할하거나, 마제석도의 천공, 결상이식의 결입부, 결합식조침의 결구, 골각기의 세부 성형에 주로 이용되었을 것으로 추정된다.

찰절구는 이전에 석도로 분류하고 고기를 다루는 도구 또는 조리용구(임효재·권학수 1984), 인기, 석기 가공용 지석으로 보기도 하였다. 물론 찰절구가 석도와 같이 직선적인 인부와 양인을 갖는다는 점에서 조리 도구 등 다용도로도 이용 가능하지만, 이에 대응하는 마제석도와 인기 등이 있기 때문에 전술한 바와 같이 옥기나 석기, 골각기 등의 소재를 절단하거나 세부 가공용 도구로 보는 것이 좋을 것으로 생각된다.[12]

찰절구는 신석기시대 조기에 중부 동해안지역을 중심으로 남해안지역에서 널리 사용되지만[13], 조기 이후의 유적에서는 출토량이 감소하는 양상을 보인다. 물론 동해안의 초당동(도면6-5), 지변동(도면6-2·9)과 남해안의 경도 내동유적(도면6-10), 상촌리유적 등에서 찰철구와 찰절흔이 있는 석부 등이 출토되는 것으로 보아 찰절구와 찰절기법은 신석기 전 기간에 걸쳐 지속적으로 사용된 것은 분명하다. 그런데 주로 중부 동해안지역과 남해안의 조기 유적에서 다량으로 출토되고 이들 지역에 집중적으로 분포하는 양상을 보인다는 점이 특징적이다. 이에 대해서는 좀 더 검토가 필요하지만, 조기를 기점으로 석기제작 기술과 도구 조성의 변화와 밀접한 관련이 있는 것으로 추정된다.

3) 석추(石錐)

석추는 끝이 뾰족한 첨두부 즉 추단부를 손이나 기구를 이용해 회전시키면서 석기, 골각기, 목기, 가죽, 옥기 등에 구멍을 뚫을 때 사용되는 도구이며, 첨두부에 남아 있는 회전흔과 마

---

12) 오산리A유적 보고자는 인부가 두께는 $2cm$ 이하이고 무딘 날로 대상물을 절단할 때 힘을 받을 수 없기 때문에 절단 용구보다는 생선의 비늘을 긁어 내는 등의 조리용구로 추정하였다. 그러나 다른 유적의 사례로 보아 날이 무딘 것은 석재 등을 찰절하면서 마모된 흔적으로 보이기 때문에 조리용보다는 석재나 골재 등을 절단 내지 세부 가공용으로 보는 것이 합리적이라고 생각한다.

13) 동해안의 오산리와 죽변유적에서는 다양한 재질의 찰절구가 다량으로 출토되고 있는 것은 이 지역의 특징적인 마제석부 및 결합식조침, 석촉 등의 석재를 절단, 가공하는데 찰절구가 많이 이용되었음을 보여 준다. 물론 중기 유적인 초당동과 지변동, 송전동유적에서도 찰절구가 출토되고 있지만 그 수량은 조기에 비해 매우 적다. 이러한 양상은 동삼동유적을 비롯한 동남해안지역의 유적에서도 동일하게 간취된다. 결합식조침과 찰절구의 분포가 거의 일치하고 있는 점은 시사하는 바가 크다.

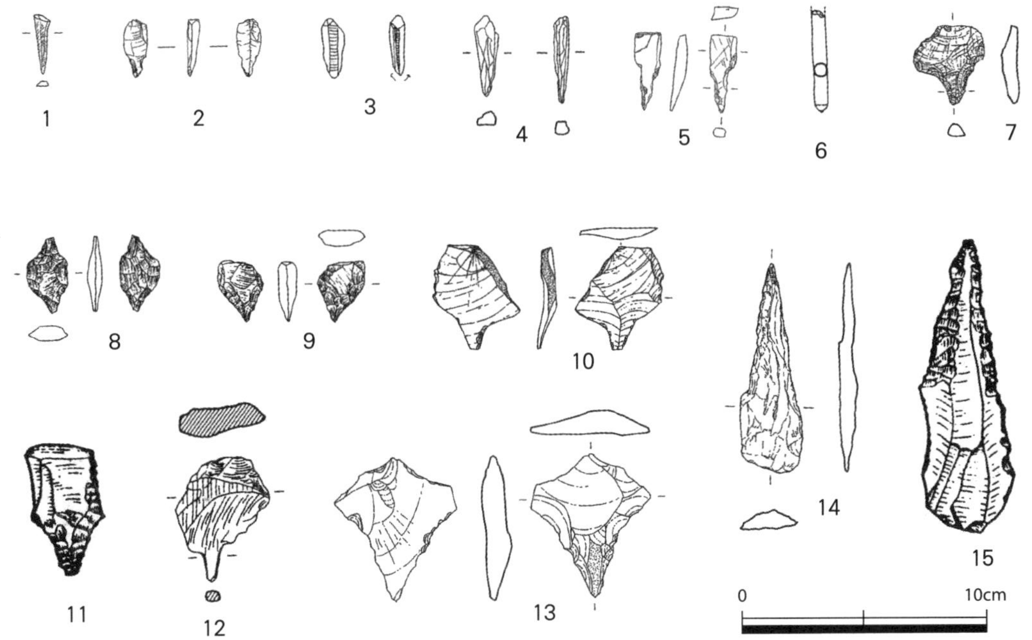

도면7 석추

1: 암사동, 2: 오산리C지구, 3: 영종도 송산, 4: 노래섬 라지구, 5: 가덕도 장항, 6: 후포리, 7 · 13: 동삼동, 8~10: 고산리, 11 · 15: 농포동, 12: 대천리, 14: 대포동

모흔을 통해서 용도를 추정할 수 있다.

석추의 출현은 천공기법과 함께 후기 구석기시대까지 올라가지만(장용준 2007), 신석기시대에는 일상 생활의 필수구로서 많이 사용되었던 것으로 보인다. 그러나 유적에서 출토되는 사례는 많지 않은데, 그것은 석추가 대부분이 소형이고 추단부가 절단 혹은 마모되어 폐기되면 박편석기와 구분하기 어렵기 때문으로 생각된다. 일부 보고자는 찌르개나 토기 시문구 등으로 보는 경우도 있지만, 첨두부가 몸체에서 돌출되어 있는 형태적 특징으로 보아 석추로 보는 것이 타당하다.

재질은 흑요석, 사암, 수정, 세일, 안산암 등 다양한 소재가 사용되며 일반적으로 경도는 높은 석재을 사용하는 것이 보통이다. 물론 어떤 대상을 천공하는가에 따라 석추의 소재가 선택되었을 것이다. 예를 들면 옥이나 석기에 천공할 경우는 노래섬이나 후포리유적 출토품과 같이 수정이나 경도가 높은 석재로 가공한 석추를 이용한다.

석추는 보통 부정한 소형 박편의 선단부를 세부 조정하여 제작하는데 몸체는 특별히 가공하지 않고 추단만 미세한 잔손질로 조정하여 뽀족하게 만든 것이 특징이다. 오산리C지구(도면7-2)와 가덕도 장항 출토품(도면7-5)의 경우는 흑요석과 세일제의 석인 한 쪽 끝을 미세하게 잔손질하여 추단을 만든 형태이며, 노래섬과 영종도 송산 유적 출토품(도면 7-3·4)은 수정을 종으로 가늘게 가공하여 만든 형태이다. 노래섬 라지구 A패총 1문화층에서 다수 출토된 수정제 석추는 보고자는 찌르개나 시문구의 가능성을 제시하고 있으나 수정의 강도나 형태 등으로 보아 석추 용도로 사용되었을 가능성이 크다. 크기는 길이 6~3cm, 너비 0.6~1.4cm, 두께 0.5~0.9cm 정도이다. 소형 석추 중에는 제주 고산리유적(도면7-8)의 예와 같이 양쪽 끝을 뾰족하게 가공한 경우도 있다.

크기는 오산리나 영종도 송산유적 출토품과 같이 2cm 정도의 소형에서 농포동[14](도면 7-15)의 경우와 같이 12cm 이상의 대형에 이르기까지 다양한 편이나 보통 3~6cm가 일반적이다. 대형 석추 중 농포동 출토품은 흑요석의 석인상 종장박편을, 대포동유적 출토품(도면7-14)는 사암을 가공한 형태이다.

석추는 전체 형상과 추단부의 형태, 크기 등의 속성을 기준으로 세분이 가능하지만, 아직 관련 자료가 부족하기 때문에 본고에서는 추체의 평면 형태를 기준으로 추체와 추단부가 가늘고 세장한 I류(도면7-1·3·4·6)와 추단부는 뾰족하고 추체가 역삼각형을 이루는 II류(도면7-7·9·10·13), 추체가 방형 내지 장방형을 이루는 III류(도면7-2·5·11·14·15)로 분류해두고자 한다.

I류 석추 중 암사동유적 3차 발굴 1호주거지와(도면7-1)과 후포리 출토품(도면7-6)에는 추의 단부에 회전 마찰흔이 남아 있는 것으로 보아 옥이나 석기 천공용으로 사용되었던 것으로 추정된다. 뚜렷한 회전 마찰흔이 보이지 않는 노래섬 라지구 A패총 1문화층과 영종도 송산 출토품의 경우는 단정할 수 없지만, 전술한 바와 같이 경도가 강하고 몸체 폭이 일정한 형태를 이루는 점으로 보아 석기 등의 천공용으로 사용되었을 것으로 보인다.

II류는 부정형 박편을 역삼각형으로 가공한 것인데, 추단부의 형태와 재질의 특성상 석기와 옥 등을 천공하기는 곤란하다. 이들 석추에는 회전 마찰흔이 관찰되지 않는 것으로 보아 주로 가죽이나 골각기, 목기 등 경도가 약한 가공 대상물의 단순 천공이나 홈을 내는 용도로 사용된 것으로 추정된다

---

14) 일제강점기에 조사된 농포동유적 출토품에는 흑요석으로 만든 대형 석추도 있다(有光敎一 1962). 다른 용도의 가능성도 있으나 선단부 양 측연이 미세하게 잔손질 되어 있고 끝이 뾰족하게 가공된 것으로 보아 석추로 볼 수 있으며, 크기는 18cm 정도이다. 크기로 보아 특별한 용도에 사용되었을 것으로 추정된다.

Ⅲ류는 석인상 박편 혹은 대형 종장박편을 가공한 형태인데 세일과 흑요석으로 가공된 장항과 오산리 C지구, 농포동 출토품 등은 회전흔이 관찰되지 않는 것으로 보아 Ⅱ류와 같은 용도로 추정된다. 특히 동북지역의 석추는 대부분 흑요석제이고 남해안보다 대형인 것이 특징인데, 특별한 용도가 상정된다.

이상에서 살펴본 석추는 사례가 적어 시기별 양상과 형식적 특징을 파악하는데 어려운 점이 있으나 전체적으로 볼 때 신석기 조기부터 말기까지 용도에 따라 다양한 형태의 석추가 제작되었음은 알 수 있다.

3. 기타 가공구

본 절에서는 식물성 식료의 분쇄 혹은 농경과 관련이 있는 갈돌, 갈판, 요석(凹石) 등을 제외한 식료의 조리나 어패류의 처리, 의복 가공 등 일상생활과 관련이 있는 가공구류에 대해 살펴보고자 한다.

1) 마제석도

석도는 판상 석재를 가공하여 한 쪽 측연에 인부를 마련한 석기이다. 주로 식료 가공, 동식물 및 어패류 해체, 절단할 때 사용한 일상용구로 추정되지만, 석도의 기능상 다용도로 이용되었을 가능성도 있다.

석도는 니암, 혼펠스, 세일, 안산암 등 입자가 치밀한 석재를 정밀 마연하여 예리한 인부와 몸체의 한 쪽으로 치우친 곳에 천공하여 장타원형의 손잡이를 만든 것이 특징이다. 형태는 완형의 사례가 적고 대부분 편으로 출토되어 단정할 수 없으나 문암리, 망상동, 죽변, 신암리 이주단지 유적[15] 출토품을 통해 볼 때 약간의 변이는 있지만, 청동기시대 석도와 같이 반월형을 이루는 것이 특징이다. 물론 크기와 평면 형태에서 청동기시대 것과는 차이가 있다. 이밖에 후술하는 가도패총 출토품(도면8-1~5)과 같이 세장한 자연석을 특별히

---

15) 신암리유적은 부경문물연구이 2013~2014년에 걸쳐 울주 신암리 신고리 3·4호기 전원개발사업 이주단지 조성부지에서 발굴한 유적으로 기존에 알려진 신암리유적과는 위치가 다르다. 유적의 중심 시기는 조기의 융기문토기문화 단계이며, 여기서 다양한 조기 즐문토기와 석기류 등이 출토되었다. 본고에 게재한 신암리 마제석도의 정보와 자료는 부경문물연구원의 협조와 최종혁 원장의 도움을 받았음을 밝혀 둔다.

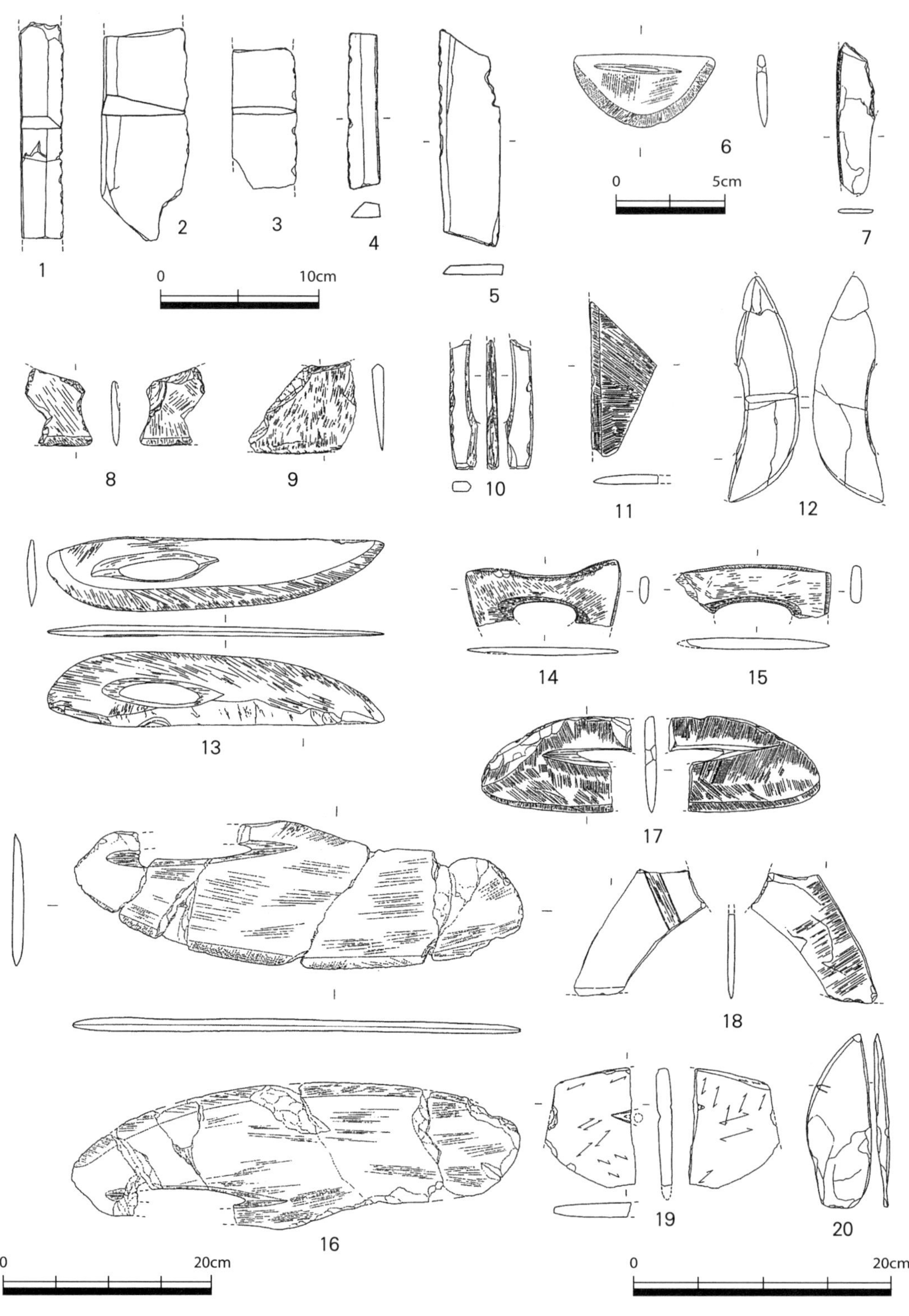

도면8 석도

1~3: 가도, 4·5: 노래섬, 6·16: 신암리, 7: 초단동, 8·18: 오산리C지구, 9: 대포동, 10·13: 문암리, 11: 안현동, 12·17: 죽변리, 14·15: 망상동, 19: 동삼동, 20: 개도 다지구

가공하지 않고 석도로 사용한 것도 있다.

석도는 평면과 가공 형태를 기준으로 크게 4류로 나눌 수 있다. I류는 평면은 장주형이고 양인의 예리한 인부와 한쪽 측면에 찰절기법으로 천공한 장타원형의 손잡이가 마련되어 있는 것이 특징이다. 크기가 25cm 이상이며, 문암리 7-2층 출토품(도면8-13)을 비롯하여 죽변(도면8-17), 신암리 이주단지(도면8-16), 동삼동패총 출토품(도면8-19)이 본류에 속한다.

죽변 출토품은 반파되어 정확한 형태는 알 수 없으나 잔존 상태로 보아 문암리 출토품과 같은 형식으로 추정된다. 〈도면8-12〉는 파손되어 형태가 불확실하나 잔존 상태로 보아 문암리 출토품과 동일한 것으로 추정된다. 이 밖에도 죽변유적에서는 석도의 인부편으로 보이는 것이 다수 출토되고 있다.

신암리유적에서는 3점의 석도가 출토되었는데, 두 점은 후술하는 II류에 속하는 삼각형석도(도면8-6)이고 한 점은 I류에 속하는 것이다. 〈도면8-16〉은 길이 43cm, 너비 14cm, 두께 1.2cm 정도의 대형인데 현재 한반도에서 발굴된 석도 중에서 가장 크다. 일부 결실되어 있으나 문암리 출토품과 동일한 형식이다. 동삼동패총 출토품은 1969년 1차 조사에서 발굴된 것으로 일부만 남아 있지만, 잔존 형태로 보아 I류로 볼 수 있다.

II류는 I류에 비해 소형이며, 청동기시대 삼각형석도와 유사하다. 관련 자료가 적어 형식적인 특징이 불투명하지만, 완형인 신암리 출토품(도면8-6)과 망상동 출토품(도면8-14·15)을 통해 대략적인 양상을 알 수 있다. 평면 형태는 삼각형을 이루며, 신부 위쪽에는 찰절기법으로 천공한 세장한 장타원형의 손잡이가 있는 것이 특징이다. 인부는 호형이며, 양인을 이룬다.

신암리 출토품은 크기가 길이 6.8cm, 너비 3.6cm, 두께 0.5cm 정도로 매우 소형에 속하는데, 크기로 보아 실용구보다는 의례구일 가능성도 있다. 망상동유적에서 출토된 2점은 아래쪽이 결실되어 전체 형태는 알 수 없지만, 잔존 상태로 보아 인부가 신암리 출토품과 같이 호형을 이루는 삼각형석도로 추정된다. 〈도면8-10〉의 문암리 출토품은 불명석기로 보고되어 있으나, 석기의 곡률과 장타원의 천공 형태로 보아 II류 석도로 추정된다.

III류는 I류에 비해 소형이며, 전술한 형식과 달리 장타원형의 손잡이가 없고 평면이 장방형내지 제형을 이루는 것이 특징이다. 사례가 적어 구체적인 특징을 알 수 없지만, 남해안의 개도 다유적(도면8-20)과 초당동 3호주거지 출토품(도면8-7)과 같은 형태가 본류에 속한다. 개도 유적 출토품은 인부의 한쪽 측연만 마연하고 나머지 부분은 손잡이로 사용한 것이 특징인데 인부는 잘 마연되어 있는 양인이다. 크기는 길이 10.6cm, 너비 3.7cm, 두께 0.6cm 정도이다.

Ⅳ류는 가도와 노래섬패총 출토품을 표식으로 하는 형식인데 전술한 석도와는 재질, 제작방법, 형식적 특징에서 확연히 구분된다. 때문에 이들 출토품을 석도로 분류할 수 있는지에 대한 검토도 필요하지만[16], 본고에는 예리한 인부를 갖고 가공 대상물을 절단하는 용도로 사용할 수 있다는 점에서 일단 석도의 한 종류로 분류하고자 한다.

Ⅳ류 석도는 결에 따라 판상으로 쉽게 쪼개지는 산성 맥암을 소재로하여 특별히 가공하지 않고 자연적으로 형성된 측연을 인부로 사용한 것이 특징이다. 인부 형태는 석기의 장축 방향과 일치하는 긴 날을 갖는 것이 특징이며, 양인과 편인으로 구분된다. 인부에 거치상의 사용흔이 남아 있다.

크기는 대부분 파손되어 정확한 것은 알 수 없으나 보통 10cm 전후의 것이 많으며, 가도패총 10층에서는 23cm 정도의 대형도 출토되는 것으로 보아 다양한 크기가 선택적으로 사용되었던 것 같다. 특히 세장한 형태의 대형 석도는 필요에 따라 적당한 크기로 절단하여 사용하였을 것으로 추정된다. 용도는 어류의 비늘 이나 껍질 처리, 머리절단 등 어류의 처리와 조리 등에 사용되었을 것으로 추정되고 있다(임상택 2001).

Ⅳ류 석도는 군산 노래섬과 가도패총 주변에서만 출토되고 내륙이나 동해안, 남해안지역에서 확인되지 않는 것으로 보아 산성 맥암이 산출되는 서해안지역의 특정 지역을 중심으로 사용된 특징적인 석기로 볼 수 있으며, 공반유물로 보아 신석기 전기부터 후기까지 사용되었던 같다.

한편 파손된 상태로 출토되어 형식을 알 수 없으나 오산리 C지구 출토품(도면8-8·18)과 속초 대포동 출토품(도면8-9)은 Ⅰ류에 속하는 것으로 볼 수 있으며, 강릉 안현동 출토품(도면8-11)은 파손된 석기를 재가공한 석도로 추정된다.[17]

---

16) 가도패총 보고서에서 임상택은 기존 석도와 구분하기 위해 돌칼로 분류하고 있다(임상택 2001).

17) 이밖에 전술한 Ⅰ·Ⅱ류와 유사하지만, 고성 대진리유적과 국립중앙박물관에서 조사한 암사동유적 1-1트렌치에서 출토된 석도는 청동기시대 반월형석도와 같이 인부 상부에 손잡이용 끈을 묶기 위한 원형공이 마련된 형태이다. 형태적 특징으로 본다면 청동기시대의 것과 동일하다. 이들 자료는 신석기시대 것으로 보고되어 있지만, 형식적으로 기존 자료와 현격한 차이를 보이기 때문에 청동기시대의 반월형석도로 보는 것이 좋을 것으로 판단된다. 특히 신석기 주거지에서 출토된 대진리유적 석도는 청동기시대 문화층에서 유입된 것으로 추정된다.

이상에서 최근 자료가 증가하고 있는 석도에 대해 개괄적으로 검토하였다. 석도는 형태가 정형화된 것도 있지만, 필요에 따라 파손된 석기나 석재 등을 재활용하기 때문에 어떤 면에서는 형태가 일정하지 않는 점도 있다.

그러나 현재까지 조사된 자료를 바탕으로 볼 때 정형화된 Ⅰ·Ⅱ류 마제석도는 중부 동해안을 중심으로 동남해안지역까지 분포하는 양상을 보일 뿐만 아니라 신석기 조기에 집중적 출토되고 있다. 동삼동패총를 제외한 남·서해안과 내륙에는 확인되지 않는다는 점에서 동해안지역 조기의 특징적인 석기로 볼 수 있다. 그런 측면에서 이들 석도는 〈동해안식 석도〉로 명명할 수 있을 것 같다. 이에 반에 Ⅲ류 석도는 아직 자료가 없어 언급하기에는 무리가 있으며, Ⅰ·Ⅱ류와는 그 성격을 달리하는 것으로 추정된다.

2) 석도형(石刀形) 석기

석도형 석기[18]는 대형의 종장 혹은 횡장박편을 소재로 박편의 날카로운 측연을 특별히 가공하지 않고 인부을 만든 형태인데, 신부는 조정되지 않은 자연면을 가지며, 인부 반대면의 배면은 잔손질로 성형한 것이 특징이다. 형태적으로는 석도와 후술하는 석거형 석도와 유사지만, 인부를 가공하지 않고 자연적인 박리면을 이용한 점에서 커다란 차이를 보인다.[19]

재질은 석도와 마찬가지로 박리시 날카로운 자연면을 갖는 니암, 혼펠스, 안산암 등 입자가 치밀하고 단단한 석재를 사용하지만, 농포동 출토품(도면9-8)과 같이 흑요석제 석인상 대형박편을 이용하는 경우도 있다. 크기는 노래섬 라지구 A패총 출토품과 같이 길이가 18*cm* 정도의 대형도 있지만, 10~14*cm* 정도의 크기가 보통이다. 죽변과 동삼동 출토품(도면9-2·4)은 7*cm* 정도의 소형이다.

---

18)　석기 명칭은 편의상 용도와 형태를 고려하여 잠정적으로 사용한 것인데, 기능적인 측면에서 본다면 낫과 같은 용도로도 사용 가능하기 때문에 겸형(鎌形) 석기로 불러도 좋다고 생각한다. 그러나 이미 유사한 형태의 석기를 석도형석기로 사용하기 있기 때문에 혼선을 피하기 위해서 본고에서는 기존 용례를 따라 석도형 석기로 하고자한다. 그러나 앞으로 용도와 기능이 구체화된다면 재조정되어야 할 것이다.

19)　석도형 석기는 지금까지 연구자들 사이에서 주목을 받지 못한 석기인데, 최근 간행된 한국고고학전문사전의 신석기편에 따르면 형태와 용도, 사례에 대해 간략하게 기술되어 있다(윤정국 2012). 개괄적으로 설명되어 있어 정확한 개념은 알 수 없으나 내용상으로는 본고와 다소 차이가 있다.

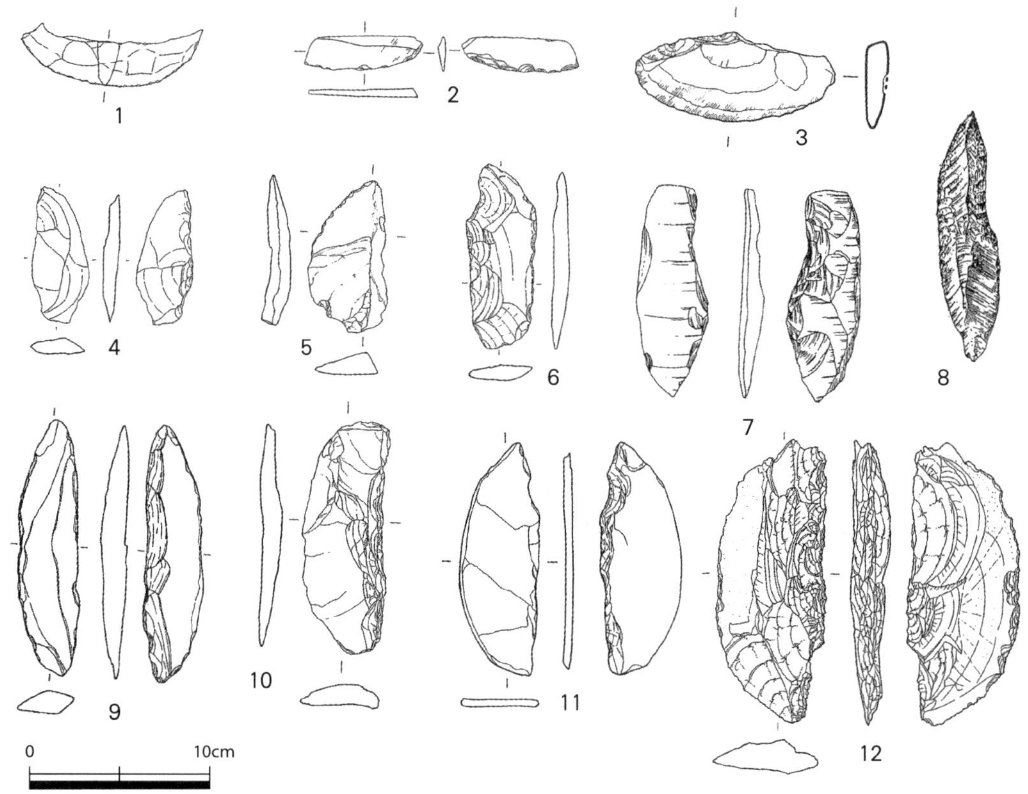

도면9 석도형 석기

1: 미사리, 2: 죽변리, 3: 수가리, 4·5·10: 동삼동, 6: 범방, 7: 당하산, 8: 농포동, 9: 노래섬, 11: 갈머리,
12: 비봉리

  석도형 석기는 기본적으로 반월형을 이루고 호형의 인부를 갖는 것이 특징이며, 신부의
형태에 따라 겸형(鎌形)(도면9-2·6·7)과 반월형(도면9-1·3·5·9~12)으로 구분할 수 있
다. 인부와 마주하는 배면은 직선적으로 처리된 것이 보통이지만, 당하산, 동삼동, 범방, 비
봉리패총 출토품과 같이 배면의 한 쪽 끝에 폭이 좁고 단을 형성한 것도 있다. 이것은 석도
를 사용할 때 손에 쥐기 편하도록 의도적으로 조정한 부분으로 생각된다. 당하산과 농포동
출토품은 손에 쥐고 작업이 가능하지만, 나머지는 단부의 길이가 짧아 목재나 골재에 삽입
하여 사용했을 것으로 추정된다.

  석도형 석기는 재질이나 형태적인 면에서 전술한 마제석도와 유사한 점이 있지만, 타제
라는 점과 인부가 마연되지 않고 자연면을 이용한 점에서 차이를 보인다. 그러나 박리로
생긴 예리한 인부를 갖는 점에서 마제석도와는 같은 기능도 했을 것으로 추정된다.

  용도에 대해서는 앞으로 구체적인 검토가 필요하지만, 최근 갈머리(도면9-11)와 진그늘
유적 출토 박편석기의 사용흔 광택면 분석 결과 벼과 식물의 이삭을 따거나 자르는 수확구

로 사용되었을 가능성이 제기되고 있는 점(김성욱 2008)은 석도형 석기의 용도를 이해하는데 시사하는 바가 크다.

석도형 석기의 성격과 양상에 대해서는 관련 자료가 적기 때문에 구체적으로 파악할 수 없지만, 현 자료를 통해 볼 때 한반도 전역에 분포하는 양상을 보이며 죽변유적 3문화층과 비봉리유적 제2패층 출토품의 사례로 보아 조기의 융기문토기문화 단계부터 사용되고 있음은 분명하다. 당하산유적 등 전기 유적에서도 일부 확인되지만, 갈머리, 노래섬, 쌍청리, 수가리 동삼동패총 등 특히 중기 유적에서 출토량이 많은 편이다.

잡곡농경이 일반화되는 중기유적에 출토량이 증가하는 것은 식물의 제초나 채집, 혹은 재배식물 등 수확용구로 사용되었을 가능성도 고려해 볼 필요가 있다. 그리고 중부 동해안 지역에서는 현재까지 출토 사례가 확인되지 않는 것은 마제석도가 이 지역에서 널리 사용되는 것과 관련이 있을 것으로 생각된다.

3) 석거형(石鋸形) 석기

기존에 오산리A지구 Ⅴ-3층 발굴품(도면10-11)을 표식으로 돌톱 혹은 석거로 불리던 석기이다. 그러나 최근 관련 자료가 증가함으로써 기능과 용도상에서도 재검토가 필요하게 되었다. 오산리 출토품은 박편석기의 긁개류 인부에서 일반적으로 간취되는 양측연 잔손질 기법과 동일하고 톱날의 일반적인 형태와 다른 점과 톱의 기능을 했는지에 대해 의문이기 때문에 본고에서는 오산리 출토품을 포함하여 세장방형 석재의 장변 측연을 거치상 인부로 가공한 석기류를 일괄하여 잠정적으로 석거형 석기로 분류하고자 한다.

석거형 석기는 니암, 세일 혼펠스, 천매암 등 입자가 치밀한 판상의 석재로 가공하는데, 형태는 세장방형 신부의 한쪽 장변에 양측연에서 잔손질한 거치상 인부를 가지며 배면이 직선적인 것이 특징이다. 인부의 형태에 따라 직선적인 직인(Ⅰ류)과 곡선적인 호인(Ⅱ류)으로 구분된다. Ⅰ류에는 죽변, 오산리, 진그늘 3호주거지, 가도 출토품(도면10-4~12·14), Ⅱ류에는 대포동, 안도, 욕지도, 진그늘 출토품(도면10-1~3·13·15)이 속한다.

크기는 대부분 파손되어 정확히 알 수 없으나 용도와 완형으로 출토된 자료를 통해 볼 때 15~20cm의 대형과 10cm 전후의 소형으로 구분이 가능하다. 대형으로는 오산리(도면10-11), 진그늘3호주거지(도면10-10), 가도 출토품(도면10-14)이, 소형으로는 죽변(도면10-4), 욕지도(도면10-3), 안도출토품(도면10-2)이 있다. 석거형 석기는 크기와 인부에서 약간의 변이가 있는 것으로 보아 형태에 따라 용도가 달랐던 것으로 추정되지만, 명칭과 같

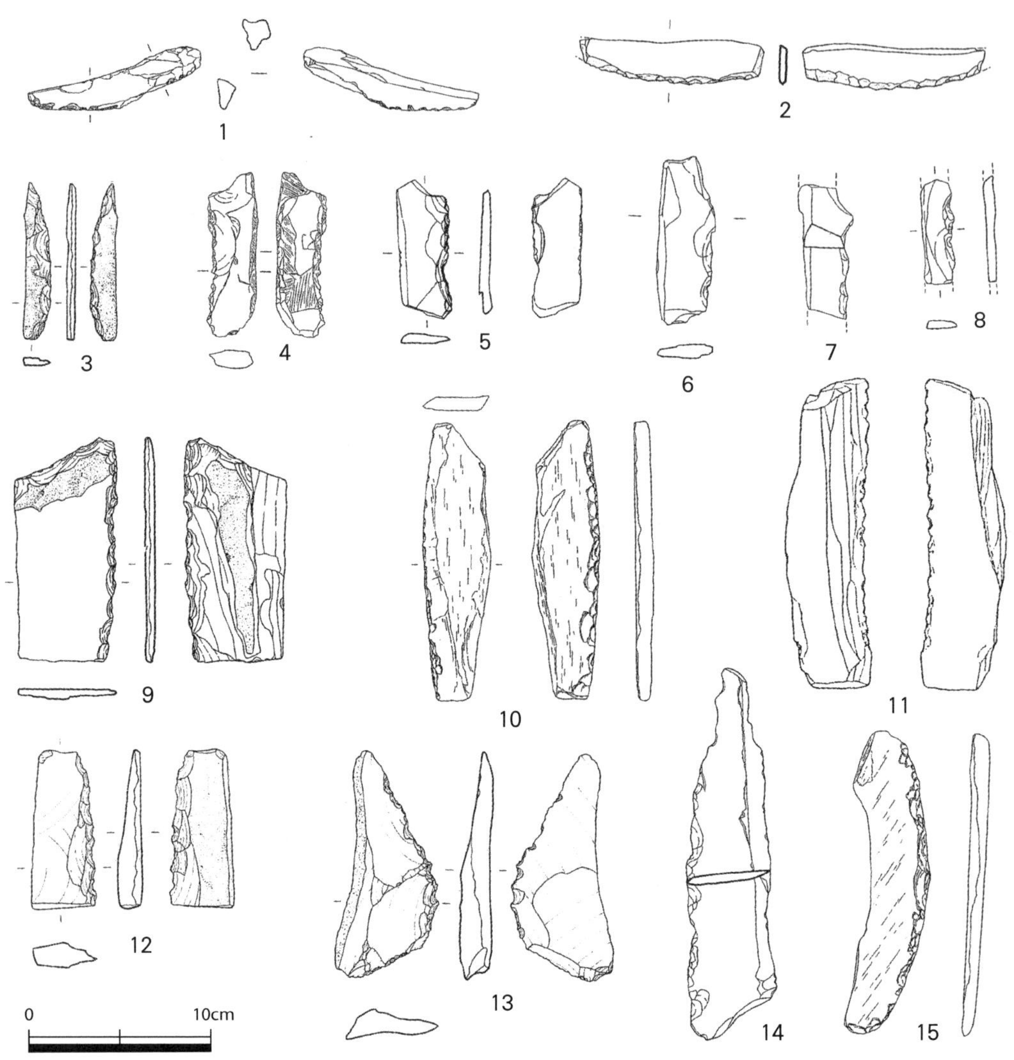

도면10 석거형 석기

1: 대포동, 2: 안도, 3·9·12·13: 욕지도, 4: 죽변리, 5: 목도, 6: 오사리, 7·8·14: 가도, 10·15: 진그늘, 11: 오산리A지구

이 실제로 톱의 기능을 했는지 혹은 석기나 골각기, 목기 등의 소재를 절단·가공하는 용도로 이용되었는지는 불확실하다.

석거형 석기는 인부의 형태와 두께 등으로 보아 석기나 골각기 등 단단한 대상물의 절단용으로 보기에는 다소 문제가 있다. 석재 등의 절단 용구로 찰절구가 있기 때문에 아마 경도가 약한 목재 절단이나 어류 등을 해체하는데 사용되었을 것으로 추정된다.

특히 주로 해안지역의 유적에서 출토되는 현상 고려 해 볼 때 어류 등 해산물을 절단하거나 해체하는데 이용되었을 가능성이 크다고 생각된다. 구체적인 기능과 용도를 규명하기 위해서는 앞으로 사용흔 분석과 실험적 검토가 필요할 것으로 보인다. 석거형 석기는 오산리와 죽변유적, 광양 오사리 출토품 등의 사례로 보아 신석기시대 이른 시기인 조기부터 늦은 시기까지 사용된다.

4) 석시형(石匙形) 석기

석시형 석기는 일본 신석기시대 승문문화의 대표적 석기인 석시와 동일한 형태적 특징을 가진다는 점에서 교류의 산물로 파악하여 석시로 불러 왔다. 그러나 최근에는 가덕도 장항유적에서 출토되고, 일제강점기에 조사된 북한지역의 농포동유적에서도 석시와 유사한 석기가 확인되기 때문에 한반도 출토 석시를 일본 승문문화 석시와 동일한 것으로 간주할 수 있는지 검토가 필요하다고 생각된다. 따라서 본고에서는 아직 기능과 용도 등 그 성격이 명확하지 않기 때문에 잠정적으로 석시형 석기로 분류해두고자 한다.

석시형 석기는 한반도에서 현재까지 6점이 출토되었는데, 이를 간단히 살펴보면 다음과 같다. 연대도패총 출토된 2점(도면11-1·2)은 우리나라에서 처음으로 확인된 석시형 석기이다. 신부는 가로로 긴 횡형을 이루며, 인부는 직인이다. 상부 중앙에는 유두형으로 돌출된 손잡이가 있으며, 신부 형태는 말각장방형과 삼각형을 이룬다. 재질은 혼펠스와 사누카이트이며, 크기는 대형이 길이 4.4㎝, 너비 7.7㎝, 두께 0.5㎝, 소형이 길이 2.1㎝, 너비 5.6㎝, 두께 0.5㎝이다.

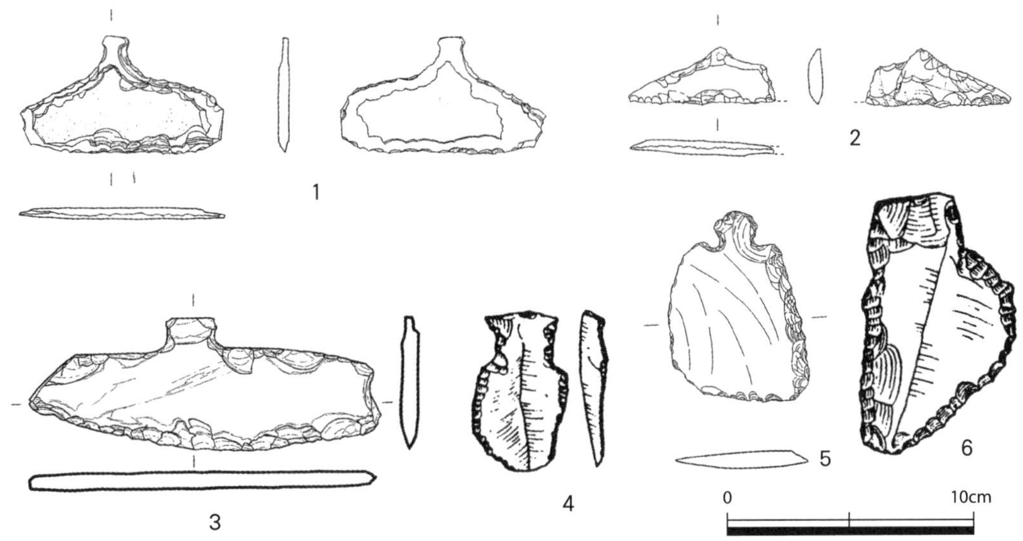

도면11 석시형 석기
1·2: 연대도, 3: 안도, 4·6: 농포동, 5: 가덕도 장항

안도 출토품(도면11-3)은 연대도 출토품과 같이 인부가 손잡이와 직교하는 장방형의 횡형 신부를 갖는 형태이다. 재질은 알 수 없으나 혼펠스 계통으로 추정된다. 크기는 길이 4.2cm, 너비 14cm, 두께 0.6cm이며 연대도 출토품보다 크다.

가덕도 장항 출토품(도면11-5)은 최근 발굴된 자료이며, 장축의 선단과 측연에 잔손질로 인부를 만든 형태이다. 신부는 종형을 이루며, 상단의 중앙에는 유두형 꼭지가 붙어 있다. 재질은 알 수 없으나 혼펠스 계통으로 추정된다. 크기는 길이 7.7cm, 너비 5.4, cm 두께 0.6cm이다.

농포동(유판)패총 출토품(도면11-4·6)은 일제강점기 때 조사된 것으로(有光敎一 1962) 그 동안 연구자의 주목을 받지 못하였다. 제작기법과 형태적 특징으로 보아 일본의 석시와 유사할 뿐만 아니라 장항유적과 형태적으로 동일한 특징을 보이기 있기 때문에 석도형 석기에 포함시켰다. 재질은 흑요석제이며, 형태는 장항 출토품과 같이 신부가 종형을 이룬다. 그러나 〈도면11-6〉은 손잡이 크기와 신부 형태에서 약간 차이를 보인다. 크기는 소형이 6cm, 대형이 10cm 정도이다.

이상에서 살펴본 석시형 석기는 흑요석, 사누카이트, 혼펠스의 종장 혹은 횡장박편과 판상으로 가공된 석재 장변의 편측 혹은 양연에 잔손질로 인부를 성형하고 신부 상단에 유두형 손잡이를 만든 것이 특징이다. 아직 관련 자료가 부족하여 분류하기는 곤란하지만, 신부가 가로로 길고 손잡이와 직교하는 횡형(Ⅰ류)과 신부가 종으로 길고 손잡이와 평행하하는 종형(Ⅱ류)으로 크게 나눌 수 있다.

Ⅰ류는 신부의 형태에 따라 장방형인Ⅰa류(도면11-1·3)와 삼각형인 Ⅰb류(도면11-2)로, Ⅱ류는 신부 형태에 따라 방형을 이루는 Ⅱa류(도면11-5))와 타원형을 이루는 Ⅱb류(도면11-4·6)로 세분이 가능하다.

이상에서 한반도 출토 석시형 석기에 대해 간단하게 살펴보았는데, 출토량이 적고 석기 조성에 차지하는 비중이 미미한 기종이라는 점과 종장 혹은 횡장 박편을 이용하여 인부를 성형한 형태적 특징, 우리나라 신석기유적에서 출토되는 박편석기류와 차이를 보이는 점 등에서 일본 승문문화의 석시[20]와 관련성이 높다고 생각된다(하인수 2006c). 그러나 세

---

20)　일본 승문문화의 석시는 흑요석, 사누카이트, 혈암, 처트 등 비교적 경질의 가공하기 쉬운 석재의 종장, 횡장박편의 측연에 잔손질로 성형하여 인부를 만드는데, 손잡이 대한 인부의 위치에 따라 황형과 종형석시로 양분되고, 신부, 인부, 손잡이 등에 따라 여러 종류로 세분되고 있다(五味一郎 1995, 戶澤充則編 1994).

부 형태와 재질에서 차이점도 있을 뿐만 아니라 일본과 원거리에 위치하는 동북지역의 농포동유적에서 출토되는 양상을 고려해 볼 때 승문석시와 직접적인 관련이 있는 것인지에 대해 논의가 필요할 것으로 생각된다.

석시형 석기는 남해안유적의 경우 안도패총의 예로 보아 신석기 조기의 이른 단계부터 출현하며, 연대도와 장항유적의 공반유물로 보아 적어도 전기까지 존속했던 것으로 보인다. 농포동 출토품은 정확한 시기는 알 수 없으나 함께 출토되는 즐문토기의 형식으로 보아 신석기 후반대(중기 무렵)로 추정된다.

용도는 거치상의 인부를 갖는 점에서 잔손질된 박편석기류와 유사한 기능을 했을 것으로 생각된다. 승문 석시가 주로 동물의 해체·처리하거나 어떤 대상물을 자르는 칼로써 사용된 점을 참고한다면, 석시형 석기 역시 일상생활에서 다목적 용도로 이용된 것으로 생각된다. 우리나라에서는 해안지역에서만 출토되는 것으로 보아 어패류 등을 조리하거나 가공할 때 이용되었을 가능성이 크다.

5) 박편석기

박편석기는 석기제작 과정에서 생기는 박편이나 몸돌에서 떼어낸 종장, 횡장 혹은 부정형 박편을 잔손질하여 인부를 만들거나 날카로운 자연면을 그대로 이용한 도구를 총칭하는 것이다. 그러나 박편의 형태와 인부 잔손질 기법 등에서 다양한 변이가 존재하고 용도 또한 다양하기 때문에 일괄로 박편석기로 분류하는 것은 문제가 있기 때문에 박편석기의 제작방법 및 형태적 연구와 사용흔 분석을 통한 기능 연구(김경진 2010)가 필요할 것으로 생각한다.

박편석기는 크기와 형태, 박리기법, 인부의 잔손질의 형태 등에 따라 세분이 가능하지만, 본고에서는 특별히 분류하지 않고 일괄하여 살펴보고자 한다.

박편석기는 주로 안산암, 혼펠스, 세일, 니암, 석영, 수정, 규암 등 석질이 치밀한 암석과 흑요석을 소재를 이용하지만, 유적에 따라서는 석기 제작 시에 발생하는 박편을 사용하기도 한다. 박편석기는 성형석기와 달리 형태가 정형화된 것이 적고 부정형한 박편을 적당한 형태로 잔손질한 것이 대부분이기 때문에 기능과 용도를 특정할 수 없는 경우가 많다.

박편석기는 성형 석기를 가공할 때 생긴 부산물인 박편을 이용한 경우와 의도적으로 박편을 생산하여 소형 석기를 제작하는 경우로 크게 구분할 수 있다. 후자의 경우는 주로 안삼암이나 혼펠스, 흑요석 등 입자가 치밀한 소재를 이용하여 특정한 용도를 염두에 두고

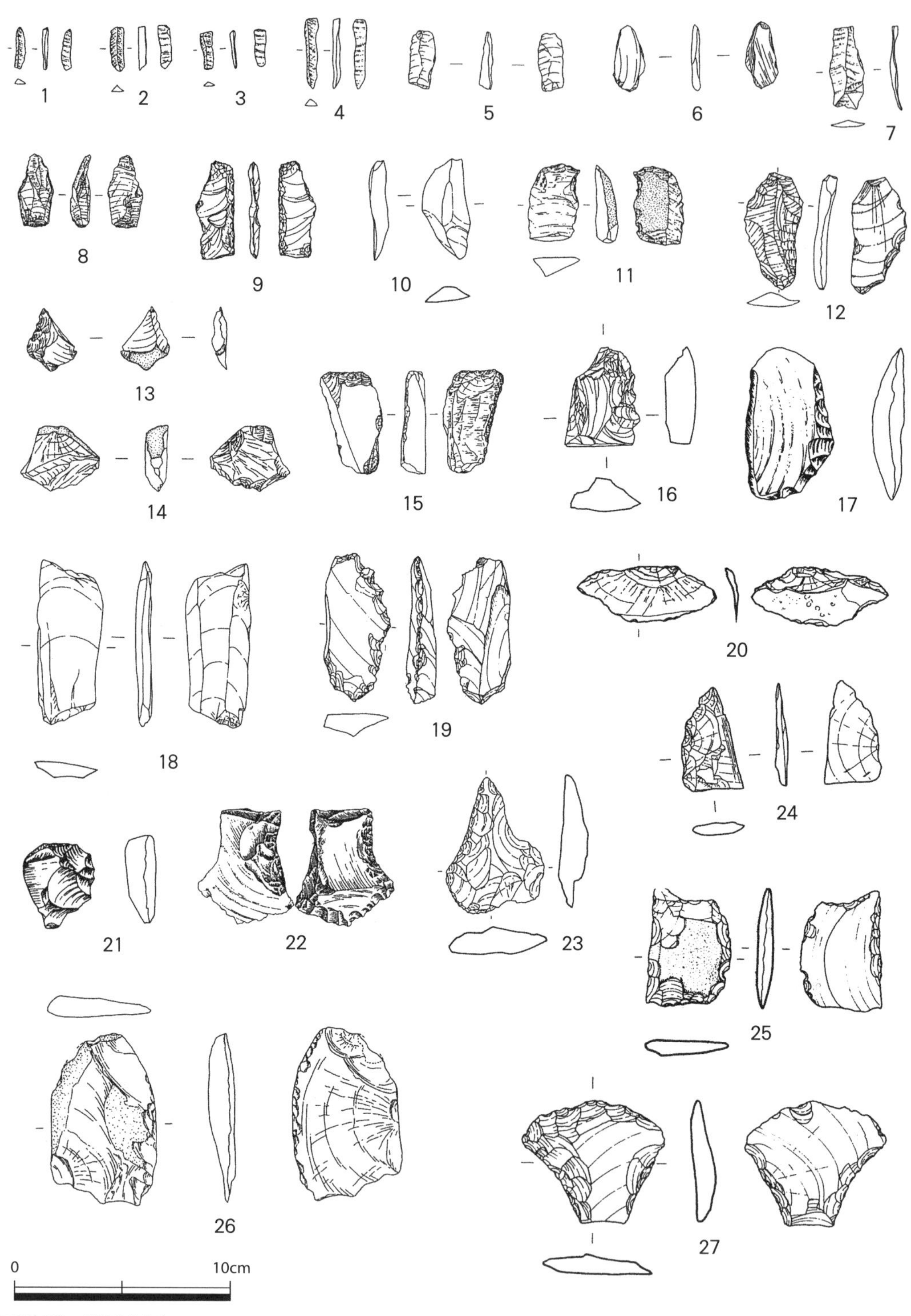

도면12 박편석기

1~4·7·11·12: 고산리, 5·6·13·14: 오산리C지구, 8·15: 대포동, 9·19·22: 상노대도, 10·17: 화목동, 16·23: 동삼동, 17: 여서도, 20: 비봉리, 21: 당하산, 24: 송죽리, 25·27: 욕지도, 26: 진그늘

가공한 박편석기로, 석인상(도면12-1~7), 횡장(도면12-17·20·24·25·26), 종장(도면 12-12·18·19)박편을 세부 잔손질하여 만든 것이 대표적이다. 이들 박편석기류는 사용 부위와 인부의 형태 등에서 부정형 박편석기(도면12-14·16·24)와는 차이를 보인다.

박편석기는 크기에 따라 5㎝ 전후의 소형과 10㎝ 전후의 대형으로 편의상 구분할 수 있는데, 대형박편 석기의 경우는 주로 횡장, 종장 박편을 1차 격지의 측연을 잔손질한 형태인데, 특히 진그늘(도면12-26), 수가리, 송죽리, 동삼동패총에서 다수 출토되고 있다.

소형 박편석기는 고산리식토기 문화 단계부터 말기까지 대부분의 유적에서 출토되며, 형태가 부정형을 이루는 것이 특징이다. 주로 측연을 잔손질하거나 자연면을 그대로 이용하는 것이 일반적이다. 비봉리유적의 전기 문화층인 1패총 1부석층 출토 박편석기는 횡장박편의 얇은 박리면을 잔손질하지 않고 사용한 형태인데 선단부는 사용으로 부분적으로 결실되어 있다. 유사한 형태가 오산리, 송죽리, 살내, 상노대도, 여서도, 동삼동유적에서 출토되고 있다.

이들 박편석기는 인부의 형태에 따라 측연부의 양쪽 측면에서 잔손질한 것과 거치상으로 인부를 조정한 것으로 구분되며, 인부 위치도 선단에 있는 것(도면12-22)과 측연에 있는 것(도면12-17·19·23)으로 나눌 수 있다. 제주 고산리와 강정동, 삼화지구유적 출토 박편석기 중 일부를 밀개와 새기개로 보는 연구자도 있다(박근태 2009). 인부의 가공방법과 형태는 박편석기의 용도와 밀접한 관련이 있는 것으로 생각된다.

소형 박편석기 중에는 폭 1㎝ 전후의 세석인 혹은 석인상 박편을 정밀하게 잔손질한 것도 있는데, 대표적인 것이 고산리(도면12-1~4), 오산리C지구 출토품(도면12-5·6)이 있다. 이들 세석인상 박편석기는 후기 구석기시대시대 세석인의 전통을 잇는 것으로 현재까지 자료로 보아 동삼동패총 흑요석제 석인을 제외하고 오산리C지구 유적 단계 이후로는 거의 보이지 않는다. 대형 석인을 이용한 박편 석기는 화목동(도면12-18), 동삼동패총에서 출토되는데, 특별히 가공하지 않는 것으로 보아 자연면을 인부로 이용한 것으로 보인다.

박편석기의 용도는 아직 구체적인 연구가 없어 확정할 수 없으나 구석기시대 긁개와 밀개 같은 기능을 했을 것으로 추정되지만, 절단, 가죽 손질, 뼈에 붙은 살코기 제거 등 일상 생활에서 다목적용으로 이용되었을 것으로 추정된다. 특히 대형 박편석기류는 소형과 용도를 달리 했을 것으로 생각되는데, 전술한 김성욱의 박편석기의 실험적 분석 결과는 대형 박편석기의 용도를 이해하는데 참고가 된다.

한편 앞에서 살펴 본 박편석기와 구분되는 흑요석제 박편석기는 특정 지역에서 다량으로

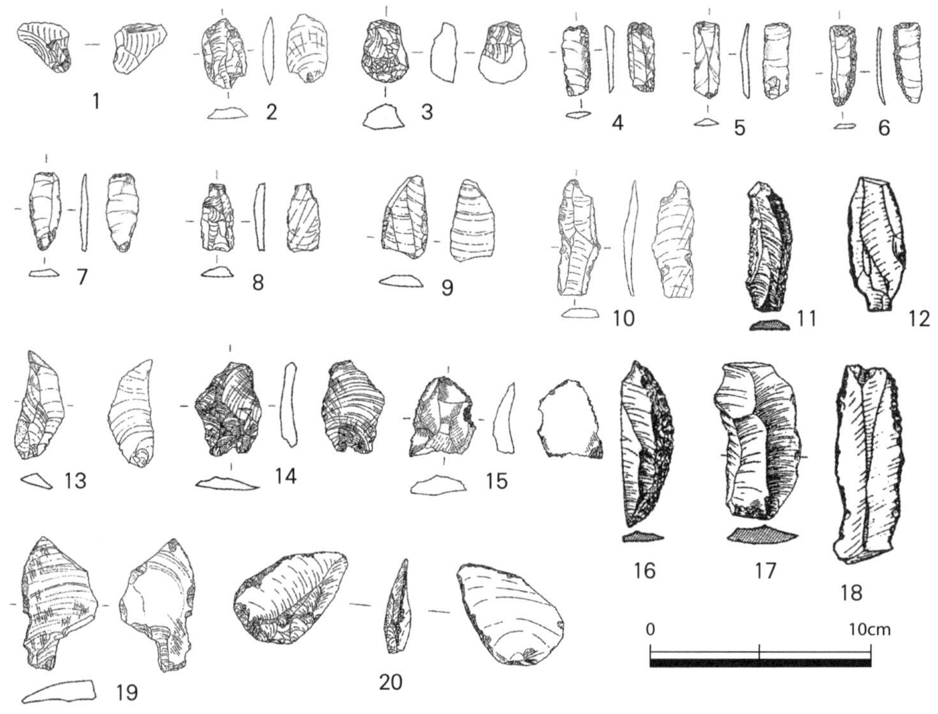

도면13 흑요석제 박편석기

1: 영종도 송산, 2·10: 가덕도 장항, 3: 문암리, 4~7·19: 동삼동, 8: 화목동, 9: 대촌, 11·16·17: 송평동, 12·18: 농포동(유판), 13·14: 범방, 15: 송도, 20: 증산동

출토된다(도면13). 흑요석제 석기는 소재의 특성상 주로 신석기시대 지역 간 교류와 교역적인 측면에서 검토되어 왔다(坂田邦洋 1982; 西谷正 1982; 하인수 2006c). 흑요석은 주지하는 바와 같이 산지가 한정되어 있고 그것이 갖는 물리적 특성으로 인해 석기 재료로써 효용가치가 매우 높아 후기 구석기시대부터 석기 소재로 널리 사용되어 왔다.

한반도 신석기시대 흑요석제 석기는 남해안과 중부 동해안 및 동북지역을 중심으로 분포하며, 일부 중서부지역에도 소수 확인되고 있다. 이러한 분포 양상은 흑요석 산지와 밀접한 관련을 갖는데, 남해안지역의 것은 일본 구주산[21]으로, 중부 동해안과 동북지역의 흑

---

21) 한반도 남부해안지역에서 흑요석 원석과 석기가 출토된 유적은 동삼동패총을 비롯하여, 연대도패총, 송도패총, 우봉리유적, 수가리패총 등 20여 개 소에 달한다. 신석기시대 남해안지역의 흑요석은 기존의 분석 자료와 최근 동삼동패총과 범방유적 출토품의 분석 결과에 의하면 원산지가 일본 구주산으로 판명되었다(高橋豊·河仁秀·小畑弘己 2003).

요석제 석기는 백두산계로 밝혀지고 있다.[22]

흑요석제 석기는 석촉, 석섬(작살), 석거 등 수렵·어로용 소형석기가 주류를 이루나 박편을 소재로 한 긁개류의 박편석기도 많은 비중을 차지한다. 동삼동, 연대도, 범방유적에서는 전혀 가공되지 않은 흑요석 원석도 확인되고 있다.

흑요석제 박편석기는 일반적으로 석인 혹은 종장박편, 부정형 박편 등을 정밀하게 잔손질하거나 날카로운 박리면을 가공하지 않고 인기로 사용하는 것을 통칭하지만, 용도나 형태 등에서 세분할 필요가 있을 것으로 생각된다. 본고에서는 박편의 형태적 특징에 따라 간단히 분류하여 살펴보고자 한다.

Ⅰ류는 부정형 박편의 선단이나 측연을 잔손질한 형태로, 영종도 송산(도면13-1), 장항(도면13-2), 범방(도면13-14), 송도(도면13-15), 증산동(도면13-20), 동삼동 출토품(도면13-19)이 여기에 속한다. 이러한 형태의 박편석기는 남해안지역의 흑요석제 석기가 출토되는 유적에서 많이 출토된다. 크기는 3~5㎝가 보통이다.

Ⅱ류는 석인상 종장박편의 측연과 선단을 가공하거나 자연 박리면을 인기로 사용한 형태이며, 크기는 Ⅰ류 보다 큰 편이다. 범방(도면13-13), 장항(도면13-10), 송평동(도면13-11·16·17), 농포동 출토품(도면13-12·18)이 대표적이다. 특히 송평동과 농포동유적에서는 대형 석인의 측연과 선단을 잔손질한 석기가 다수 출토되고 있는데 큰 것은 10㎝ 이상의 것도 있다.

Ⅲ류는 석인으로 불리는 것으로, 소형 석인의 측연을 잔손질하거나 박리면을 그대로 인부로 이용한 형태이다. 동삼동(도면13-4~7), 화목동(도면13-8), 범방유적 출토품[23] 등이 있다. Ⅲ류 중 동삼동패총 출토품은 1970년에 실시된 2차 조사에서 흑요석제 석촉, 석

---

22) 동해안지역은 아직 분석 사례가 적어 단정할 수 없으나 적어도 오산리유적 등 중부 동해안지역에서 산출되는 흑요석은 백두산계로 추정되고(임효재·권학수 1984), 동남해안지역의 처용리, 울산신암리 흑요석은 일본 구주산으로 판명되고 있다. 미분석된 세죽과 우봉리유적 흑요석도 일본 구주산으로 추정된다. 울산의 위쪽에 위치하는 울진 죽변유적에서 흑요석이 출토되지 않는 것으로 보아 일본 구주산의 분포 한계는 울산을 중심으로 하는 지역으로 볼 수 있으며, 삼척 증산동유적에서 출토된 흑요석 박편석기는 산지 분석이 이루어지지 않아 원산지를 단정할 수 없으나 백두산계일 가능성이 높다.

23) 범방유적 흑요석제 박편 중에도 동삼동패총 출토품과 같은 석인이 출토되고 있는데, 크기는 길이 1.7㎝, 너비 0.9㎝ 정도의 소형 흑요석제 석인이다. 이 자료를 관찰한 熊本大學 小畑弘己선생의 교시에 따르면 양극타법으로 박리된 석인이라고 한다.

거와 함께 출토된 것으로 모두 11점이 출토되었다. 길이 1.7~4.5㎝, 너비 1.0~2.5㎝, 두께 0.1~0.5㎝ 정도이다. 형태는 양측연이 평행한 석인으로 측연을 미세하게 잔손질한 것과 박리면을 가공하지 않은 것으로 구분된다. 시기는 공반 유물로 보아 신석기 후~말기로 추정된다.

이상에서 살펴본 흑요석제 박편석기는 남해안지역과 동북지역의 두만강 하류역을 중심으로 하는 지역에 집중적으로 분포하며, 주로 절단용 인기나 긁개, 밀개 등의 용도로 사용된 것으로 추정된다. 그러나 박편석기의 형태나 사용량, 시기 등에서 남해안지역과 동북지역은 다소 차이를 보인다.

남해안지역의 경우는 전술한 동삼동패총 같이 소형 석인과 5㎝ 전후의 부정형 박편석기가 주류를 이루고 출토량이 적은 반면에 송평동과 농포동[24], 서포항유적 등을 중심으로 하는 동북지역의 경우는 양적인 것뿐만 아니라 종장 혹은 석인상 박편을 이용한 대형 박편석기가 많은 것이 특징이다. 이러한 차이는 남해안의 흑요석제 박편석기 소재가 일본 구주로부터 교역품으로 반입되어 그 사용량에 제한이 있는 반면에 동북지역은 주변에 흑요석 산지가 위치하고 있는데 기인하는 것으로 생각된다.

중부 동해안지역의 박편석기는 대부분 부정형 박편석기이며 유적에서 출토되는 양도 성형석기와 더불어 소량에 불과하다. 이것은 남해안지역과 마찬가지로 흑요석 소재의 희소성과 관련한 현상으로 볼 수 있다.

---

24) 농포동(유판)유적은 일제 강점기에 부분적인 조사 이후 1956년에 본격적인 발굴이 이루어 졌다. 이 때 발굴된 유물 중에서 주목되는 것은 수 만점에 달하는 대량의 흑요석제 석기이다. 대부분 미성품 혹은 반제품이지만, 그 양에서 본다면 한반도 최대의 흑요석유적이라고 할 수 있다. 그러나 일부만 보고되어 흑요석제 석기의 전모는 알 수 없다. 보고된 자료에 의하면 석촉, 석추, 석거, 석시형석기, 석도형석기 등의 성형 석기를 비롯하여 종장 내지 석인상 박편의 측연을 세밀하게 가공한 인기들이 주류를 이룬다. 유적 보고자는 농포동유적의 흑요석제 석기가 타유적에 비해 규모와 수량이 많고, 대부분 미성품인 점은 인접 지역에 공급하기 위한 원료 상품으로서 제작되었기 때문으로 추정하고 있다(황기덕 1962). 이에 대해 앞으로 구체적인 검토와 관련 자료의 분석적 결과가 필요하지만, 필자들은 농포동유적을 흑요석 산지와 인접하는 입지 환경, 규모, 출토량, 대량의 반제품 등으로 보아 두만강 하류역을 중심으로 흑요석제 석기를 전문적으로 제작하여 주변 지역에 공급한 거점집단 유적으로 추정하며, 여기서 제작된 흑요석제 석기나 원석은 중부 동해안의 문암리나 오산리, 증평동유적 집단에게도 공급되었을 가능성이 있다고 생각한다.

6) 발화석

발화석은 직접 생산에 관계하지는 않지만 식료의 가공에 간접적인 역할을 했던 일상생활의 필수적인 도구이다. 석기 중 평탄면을 갖는 지석과 갈돌, 갈판, 대석 등을 이용하거나 석기 파손품을 재활용하며, 소재는 사암, 화강암, 운모편암 등을 사용한다.

　발화 방법과 도구는 구체적으로 알 수 없으나 발화석의 평탄면에 먼저 뾰족한 도구로 작은 홈을 파고 손으로 발화목을 회전시켜 불씨를 마련한 후에 불을 지피는 것으로 추정된다.[25] 발화목의 회전에는 기구를 이용했을 가능성도 있으나 아직 출토 사례는 없다. 발화공은 잔존 상태로 보아 크기가 직경 1~3cm, 깊이 0.2~0.8cm 정도로 다양하고[26] 동일

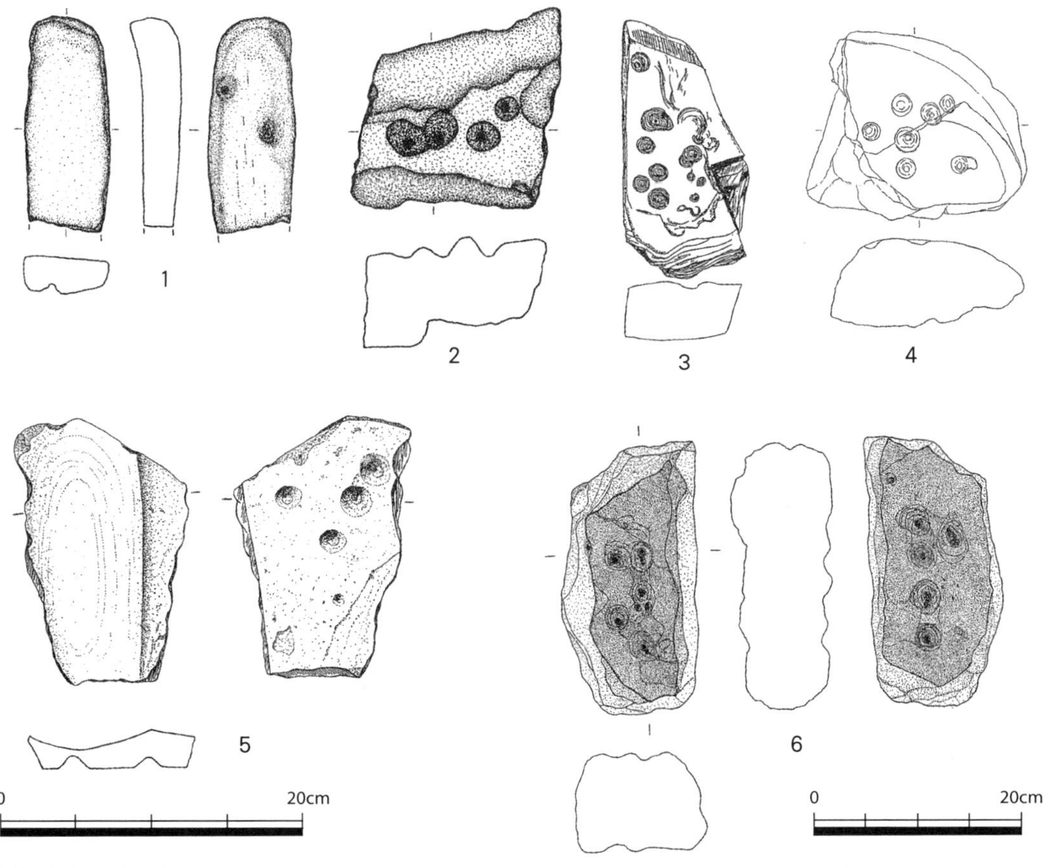

도면14 발화석

1·2: 상촌리, 3: 용곡동, 4: 정선 아우라지, 5: 상시3그늘, 6: 갈머리

---

25)　부경문물연구원의 최종혁선생의 실험에 따르면 발화석을 이용하여 손으로 발화목을 회전 시켜 불을 지피는 것이 가능하다고 한다.

26)　발화공은 현재까지 발굴된 자료를 살펴 볼 때 직경 2cm, 깊이 0.5cm 전후가 많다.

한 석재에 정면, 측면, 뒷면 등 여러 곳에 위치한다. 이것은 발화공 크기가 일정 이상 되면 발화 효율이 떨어지기 때문에 위치를 이동하면서 시공(施孔)한 현상으로 생각된다.

발화석은 납작한 대석을 이용한 사례도 있으나 파손된 석기를 이용하는 경우가 많기 때문에 일반 석기와 달리 형태가 일정하지 않다. 특히 파손된 지석과 갈판을 재활용하는 비율이 높다.

진주 상촌리 17호 주거지 출토품은 파손된 사암제 대형지석의 편(도면14-2)을, 평거동 4-1지구 6호 주거지는 대형지석 상면을 그대로 이용한 경우이며, 평양 용곡동(도면14-3)과 갈머리 1호주거지(도면14-6), 정선 아우라지 출토품(도면14-4)은 납작한 석회암과 사암에 다수의 발화공을 시공한 형태이다.

발화공은 주로 평탄면에 한 개 내지 여러 개를 시공하지만 갈머리 1호 주거지 출토품과 같이 상하 좌우 면을 이용한 경우도 있다. 갈머리 발화공은 큰 것이 직경 2.5cm, 작은 것이 1cm 전후이며, 깊이는 1cm 내외이다.

능곡동 1지점 신13호주거지와 상시3그늘(도면14-5), 중산동(한강문화재연구원 발굴) 1·2호주거지, 2-1지역 3호주거지, 갈머리 퇴적층, 군산 내흥동, 동삼동 출토품 등은 화강암과 사암제의 갈판 뒷면에 여러 개의 발화공을 갖는 형태이다. 갈돌을 이용한 발화석으로는 공기2굴, 상촌리 19호주거지(도면14-1) 출토품이 있다.

발화석은 한반도 전 지역에서 출토되고 있으나 모든 유적에서 확인되는 것은 아니기 때문에 석제 발화구 이외에 목재를 이용한 발화구도 상정된다. 출현 시기는 아직 자료가 부족하여 구체적으로 파악할 수 없지만, 현재까지 조사 사례로 볼 때 중·후기유적에서 주로 출토되는 경향이 있다. 조기 유적에서는 보이지 않고 지탑리와 목도유적에서 일부 확인되는 것으로 보아 전기부터 사용된 것은 분명하나 출현 시기에 대해서는 앞으로 자료 증가를 기다려야 할 것 같다.

Ⅲ. 시기별 석기양상

이상에서 살펴본 가공구는 기능과 용도에 따라 여러 종류로 구분할 수 있고 각 기종은 세부 속성에 따라 세분이 가능하다. 그리고 집단의 생업환경과 유적의 입지 혹은 문화적 전통에 따라 다양한 변이와 조성관계도 간취된다. 그러나 기종 마다 관련 자료가 일정하지 않고 특정 시기에 편중되는 현상도 보이기 때문에 시기별 가공구 조성과 특징, 변화과정을 구체적으로 파악하기 곤란한 점도 없지 않다. 따라서 본고에서는 신석기시대 석기의 변화 양상을 전체적인 맥락에서 이해하기 위한 기초적 작업으로써 현 자료의 수준에서 시기별로 간취되는 특징을 중심으로 간략하게 살펴보고자 한다.

신석기시대 초기(기존 초창기)단계의 가공구는 제주지역에서만 확인되고 내륙지역에서는 구체적인 자료가 거의 없어 이 시기의 가공구의 양상과 기종별 특징은 불투명한 실정이다.

제주지역 고산리단계의 가공구는 고산리, 강정동, 삼화지구유적 등의 출토 자료를 통해 볼 때 전면마연석부, 지석, 석추, 밀개, 새기개, 긁개, 석인 석기 등이 있으며, 대부분을 차지하는 것은 석인을 포함한 박편석기류이다.[27] 그러나 내륙지역에서 보이는 찰절구, 마제석도, 석거형 석기, 석도형 석기 발화석 등은 보이지 않는다. 이러한 현상은 초기 이후의 내륙지역과는 다른 모습이다. 시기적 차인지 혹은 지역적인 특성을 반영하는 것인지는 앞으로 검토가 필요하다.

고산리식토기 단계의 가공구는 용도별로는 식료가공, 석재가공, 목재 가공구로 분류할 수 있지만(박근태 2011), 출토량이 적어 용도별 양상과 특징을 파악하는데 어려움이 있다.

목재 가공구인 전면마연석부는 전술한 바와 같이 고산리, 삼화지구와 강정동에서 출토된 것이 있으나 재질로 보아 재지계가 아닌 내륙지역에서 유입된 것으로 생각된다. 이들 자료는 현재 한반도에서 출토된 가장 오래된 석부라고 할 수 있는 만큼 내륙에서도 제주도 고산리문화 단계에 속하는 이른 시기의 문화가 존재하고 있음은 분명하다. 현재 내륙지역의 초기 석기의 양상은 알 수 없지만, 삼화지구 등의 전면마연석부는 내륙지역의 초기 석부의 형식적 특징을 이해하는데 참고가 될 것으로 생각된다. 석재 가공구에는 지석을 제외하고 찰절구가 보이지 않는데, 자료 부족인지 혹은 지역적 특징인지 앞으로 검토가 필요하다.

융기문토기를 표식으로 하는 조기 단계는 고산리식토기 단계에 비해 가공구의 조성이 다양화되는 특징을 보이는데 전면마연석부, 인부마연석부, 편인석기, 지석, 찰절구, 석추, 마

제석도, 석도형 석기, 석거형 석도, 석시형 석기 등 다양한 기종이 목재 및 석재, 식료 가공 등의 도구로 사용된다. 물론 이러한 가공구의 형태가 모든 지역에서 동일한 조성을 이루지 않지만 조기 단계에는 가공구의 기본 세트가 마련되는 것으로 추정된다.

조기 유적이 남해안과 동해안지역에 집중되어 있고, 내륙쪽에는 거의 확인되지 않아 지역에 따른 가공구의 조성상의 특징을 파악하는데 한계가 있지만, 남해안과 동해안지역에서는 가공구의 조합에서 차이를 보인다.

남해안지역의 경우는 인부마연석부가 주류를 이루고 전면마연석부가 거의 보이지 않는 반면에 동해안 지역의 경우는 인부마연석부의 존재가 미미하고 전면마연석부(대형), 마제석도, 찰절석기가 매우 큰 비중을 차지하는 지역적 특징이 간취된다.

남해안지역 조기에 전면마연석부가 거의 보이지 않는 것은 인부마연석부가 그 기능을 대신하였기 때문으로 추정되지만, 고산리식토기 단계의 외래계 전면마연석부의 존재로 보아 조기 이전 단계에 전면마연석부의 존재도 예상되기 때문에 앞으로 이에 대한 자료 조사가 기대된다.

동해안지역에서는 후포리유적을 중심으로 출토되는 초대형 전면마연석부(ID형)는 두만강유역의 연대봉과 상삼봉, 춘천교동, 영양 연당리유적에서 확인되는 등 주로 동해안 주변지역에 집중 출토되는 분포상의 특징을 보이며, 시기도 거의 조기에 한정된다. 따라서 초대형 전면마연석부는 마제석도, 찰절구와 더불어 동해안지역의 조기의 특징적인 석기라고 할 수 있다. 대형인 IC형은 한반도 전역에서 출토되고 있지만, 동해안지역에서 집중적으로 확인된다. 소형 인부마연석부는 대형과 마찬가지로 일정한 점유율을 보이면서 전기까지 이어지는 것으로 생각되나 중기 이후부터는 점차 수량이 감소하여 후기가 되면 일부 유적에서만 확인된다.

동해안과 남해안지역에서 사용되는 석부 종류가 현격한 차이를 보이는 것은 생업환경과 생계 방식의 차이로 해석할 수 있지만 그 이면에는 또 다른 배경이 있을 것으로 생각된다.

한편 조기에는 전기 이후에 전국적인 분포상을 보이는 발화석은 보이지 않는데, 자료 부족인지 혹은 석재 대신에 목재를 이용한 발화구를 사용한 것인지는 앞으로 검토가 필요하다. 그리고 초기의 고산리식문화에서 많은 비중을 차지하는 석인상 박편석기가 감소하고 부정형 박편석기의 양이 증가하는 경향을 보인다. 특히 남해안과 동해안을 중심으로 흑요석제 박편석기가 새로 출현하여 다양한 용도의 인기로 사용된다.

영선동식토기를 표식으로 하는 전기는 수렵·어로구 중심의 석기조성 상태를 보이는 조기에 비해 석기의 종류가 다양화하며, 특히 가공구의 비중이 증가하는 양상을 보인다. 가공구 조성은 기본적으로 조기와 큰 차이가 없는 것으로 보이나 자료 부족 등으로 지역적인 편차가 있다.

전기에는 조기에 보이지 않는 발화석과 가도형 석도가 추가되는데, 가도형 석도는 서해안을 중심으로 성행하고 타지역에서는 확인되지 않는다. 특히 동해안지역의 경우는 마제석도가 사라지고 찰절구의 비율이 감소하는 양상을 보인다. 남해안과 남부 내륙지역에서는 조기에 비해 인부마연석부가 다양화하고 양도 증가하는 경향도 보이는데, 크기와 평면, 단면과 인부 형태에 따라 다양한 변이를 보이면서 규격성과 정형성을 갖는다. 인부마연석부의 이러한 형태 분화는 목재 가공구로서의 기능과 용도가 생업활동에 맞게 다양화되고 있음을 보여 주는 것으로 생각된다. 반면에 전면마연석부는 여전히 차지하는 비중이 낮다.

자귀형 편인석기는 출토 자료가 소량이기 때문에 양상이 불확실하지만 현재의 자료로 볼 때, 조기에 이어 전기에도 한정적으로 사용된 것으로 추정된다. Ⅱ류 편합인석부는 조기부터 확인되나 전기 이후부터 수량이 증가하며 후기까지 지속적으로 제작되었던 형태로 추정된다.

전기의 중서부지역에서는 가공구의 종류와 양도 증가하는 양상을 보이는데, 이러한 양상은 잡곡 농경이라는 새로운 생업형태의 출현 현상과 관련이 있을 것으로 생각된다. 특히 전기 후반 무렵부터 지탑리유적을 중심으로 전개되기 시작하는 농경활동과 그와 관련한 채집·농경구, 식료 및 목재 가공용 석기의 다양성은 이후 남부 내륙과 해안지역의 생업활동과 도구조성에 많은 영향을 미치는 것으로 추정된다.

중기의 석기 조성은 생업활동의 다변화와 잡곡농경과 관련하여 앞 시기에 비해 사용량이 증가하고 여러 면에서 변화가 보인다. 특히 본고에서는 다루지 않았지만, 식물재배와 기경구의 기능이 강화된 따비형 타제석부와 괭이형 타제석부가 폭발적으로 증가하고, 식료 가공구인 말안장형의 갈돌과 갈판도 그 형태가 지탑리형으로 정형화되는 양상을 보인다(하인수 2007b). 중기에는 이러한 변화와 관련하여 가공구의 양과 기종도 증가하는 양상을 보인다. 기본적인 가공구 조성은 앞 시기와 비슷하나 지역에 따라 벌목용 마제석부와 목재가공용인 편인석부류의 양이 증가하고, 석도형 석기, 휴대형지석 등의 비중이 높아지는 현상도 간취된다.

마제석부류는 남해안지역의 경우 전기에 비해 사용량이 증가하는 양상을 보이는데, 특히 범방유적에서는 전면마연석부가 중기문화층에서 다수 출토되고 있다. 중기문화층에서 출토된 7점의 마제석부는 이 지역에서 산출되지 않는 편마암 내지 화강편마암 등으로 가공된 것으로 보아 양질의 석부를 필요를 하는 작업을 위해 외부 집단으로부터 교역 등을 통해 입수한 것으로 보인다. 중기 이후 마제석부류가 증가하는 현상은 취락의 대형화에 따른 벌목, 목재 가공, 잡곡을 재배하기 위한 농경지 확보 등과의 관련성도 고려해 볼 필요가 있다고 생각한다(하인수 2007a).

조기 이전부터 출현하는 IC형(대형 합인석부)은 신석기 중기까지 활발히 제작·사용되다가 후기가 되면서 출토량이 급감한다. 인부마연석부는 크기와 평면형태 등에서 앞 시기에 비해 변이가 풍부하며, 평면이 말각방형인 대형 인부마연석부는 전기 이전시기에는 보이지 않는 것으로 보아 중기 단계에 등장하는 것으로 생각된다. 이러한 형식은 이후 평면이 방형인 대형 인부마연석부와 함께 후기까지 지속적으로 사용된다.

석도형 석기는 조, 전기 유적에서도 일부 확인되지만, 특히 중기 유적에서 출토량이 많은 편이다. 휴대용 지석은 남부 내륙의 중기~후기의 유적에서 다량으로 출토되며, 크기와 형태에서 어느 정도 규격성을 갖는 것으로 보아 석기 생산의 형태와 관련성도 검토해 볼 필요가 있다.

중기 단계의 가공구는 지역에 따라 기종이 누락되거나 변이가 보이고, 조성 관계가 일정하지 않는 것은 이것은 농경이라는 새로운 생계유형이 집단의 생업조건과 주변의 자연환경에 따라 변용되는 정도에 차이가 있기 때문이라 생각된다. 하지만 큰 틀에서 보면, 중기 단계에는 가공구 조성이 완성되어 이후 시기까지 유지되고 안정적으로 사용되는 것으로 추정된다.

후·말기의 가공구는 자료가 부족하여 전체적인 양상을 파악하는데 어려움이 있지만 중기의 양상이 지속적으로 유지되는 것으로 생각된다. 그러나 기종별로는 앞 시기와 다른 형태적인 변이를 보이기도 한다. 특히 마제석부는 전 단계에 비해 소형화되며, 소형 합인석부(IA형)의 경우는 사용량이 증가하는 현상을 보인다. 자료가 부족하여 단정할 수 없지만, 출토 양상으로 보아 끌형 편인석기 역시 후기에 활발히 사용되었던 것으로 생각된다.

이상에서 시기별 가공구의 양상에 대해서 간단하게 살펴보았는데, 지역과 시기에 따라 편차가 심하고 조성 상태가 일정하지 않아 신석기시대 가공구의 전반적인 변화과정과 특징을 이해하는데 어려움이 많다. 이러한 점들은 앞으로 관련 자료의 증가를 기다려 재검토되어야 할 것으로 생각된다.

Ⅳ. 맺음말

본고에서는 석제 가공구를 기존 연구 성과와 관련 자료를 재검토하여 새롭게 분류하고 기종별 특징과 성격에 대해 검토를 시도했다. 그러나 일부 항목에서는 자료 부족으로 극히 간략하게 다룰 수밖에 없었고, 시기별 변화 양상도 구체적으로 검토할 수 없었는데, 이러한 점들은 차후 수정·보완하고자 한다.

가공구는 신석기 사회의 생계와 생활방식을 이해하고 지역 사회의 성격을 파악하는 중요한 지표가 된다는 점에서 앞으로 지속적인 연구가 이루어져야 한다. 뿐만 아니라 시기적으로 혹은 지역적으로 다양한 도구조성을 보이는 석기의 전반적인 성격과 생계 영역에서 가공구가 차지하는 문화적 위치와 그 의미를 파악하기 위해서도 개별 기종에 대한 구체적인 분석과 연구가 진행되어야 할 것이다.

그리고 지금까지 단편적으로 검토되어온 석부와 흑요석 석기의 생산 문제에 대해서도 보다 심도있는 논의와 함께 과학적인 산지 분석을 통해 특정 유물의 이동에 따른 집단 간의 교류와 물자 유통에 대한 사회·경제적인 연구도 진행되어야 할 것으로 생각된다. 특히 일반적으로 박편석기로 일괄하여 취급되어 온 다양한 박편석기류의 분류와 사용흔 분석 작업도 병행되어야 함은 물론이다.

가공구에 대한 이러한 문제점이 충분히 검토되고 해결된다면 그 동안 불투명했던 신석기시대 석기문화의 본질과 성격에 대해 보다 구체적으로 접근할 수 있을 것으로 기대된다.

※본고는 하인수와 장은혜의 공동 논의를 통해 작성되었으며, Ⅰ, Ⅱ-2, Ⅱ-3, Ⅲ, Ⅵ장은 하인수가, Ⅱ-1장은 장은혜가 집필하였다.

[참고문헌]

강창화, 2006, 「제주 고산리 신석기문화 연구」, 영남대 문화인류학과 박사논문.

高橋豊·河仁秀·小畑弘己, 2003, 「螢光X線分析에 의한 東三洞·凡方遺蹟出土黑曜石 産地推定」, 『韓國新石器研究』6.

고재원, 1997, 「제주도 고산리 유적 출토 타제석기의 형태적 분석」, 『제2회 한일신석기연구회 발표자료집』.

국립대구박물관, 1994, 『국립대구박물관 도록』.

廣瀨雄一, 1984, 「韓國上老大島出土의 剝片石器」, 『考古學의 世界』4.

김경진, 2010, 「석기 사용흔 분석과 기능 연구」, 『한강고고』4, 한강문화재연구원.

김상태, 2002, 「한반도 출토 흑요석기와 원산지 연구현황」, 『한국구석기학보』6.

김선지, 2000, 「남해안의 신석기시대 석부에 대한 일고찰」, 서울대고고미술사학과석사논문.

김성욱, 2008, 「사용흔분석을 통한 신석기시대 수확구 시론」, 『한국신석기연구』16.

박근태, 2009, 「신석기시대 초창기단계의 석기 검토」, 『고고광장』5, 부산고고학연구회.

박근태, 2011, 「제주도 신석기시대 석기 검토」, 『한국 신석기연구』21, 한국신석기학회.

박성근, 2012, 「남부지역 신석기시대 석부 연구」, 『한국고고학보』86, 한국고고학회.

박성근, 2013, 「후포리유적의 재검토」, 『남한의 신석기유적 재조명』, 한국신석기학회.

배진성, 2005, 「무문토기시대 석기의 지역색과 조성변화」, 『사람과 돌』, 국립대구박물관.

榧本杜人, 1980, 『朝鮮의 考古學』, 同朋舍.

西谷正, 1982, 「朝鮮半島의 黑曜石에 대해서」, 『賀川光夫先生還曆記念論集』.

西谷正, 2002, 「東北アジア의 鞍形磨臼」, 『東北アジア에 있어서 先史文化의 比較考古学的研究』, 國立歷史民俗博物館.

小畑弘己, 2003, 「極東地域에 있어서 黑曜石出土遺跡과 原産地研究」, 『stone sources』2, 石器 原産地研究會.

小畑弘己, 2004, 「極東地方新石器時代에 있어서 黑曜石利用」, 『極東地方新石器時代에 있어서 更新世黑~完新世의 狩獵道具의 變遷研究』, 熊本大學埋藏文化財研究室.

五味一郎, 1995, 「石匙」, 『繩文文化의 研究』7, 雄山閣.

有光敎一, 1962, 「朝鮮의 櫛目文土器」, 『京都大學文學部考古學叢書』3.

윤정국, 2012, 「석도형석기」, 『한국고고학전문사전-신석기시대편』, 국립문화재연구소.

윤정국, 2015a,『한국 신석기시대 석기제작 연구』, 전남대학교인류학과박사학위논문.

윤정국, 2015b,「중동부지역 신석기시대 석기와 생업」,『한반도 중동부지역의 신석기문화』, 한국신석기학회.

윤지연, 2006,「한반도 중서부지역 석부에 대한 일고찰」, 서울대고고미술사학과석사논문.

윤혜나, 2011,「한국 중서부지역 신석기시대의 석기 조성과 생업」, 전남대대학원 석사논문.

이경아, 2011,「중서부지역의 생업 연구」, 공주대대학원 석사논문.

이정재, 2011,「동해안지역 신석기시대 석기를 통한 생업의 변화」,『제1회 한국고고학연합회 발표자료집』, 한국고고학회.

이화여자대학교박물관, 1999,『이화여자대학교 박물관 명품』.

忍澤成視, 2011,『貝の考古學』, 同成社.

임상택, 2000,「중서부지역 신석기시대 석기에 대한 초보적 검토」,『한국신석기연구회학술발표회 논문집』2000-1, 한국 신석기연구회.

임상택, 2001,「고찰-유물」,『가도패총』, 충남대박물관.

임효재 · 권학수, 1984,『오산리유적』서울대박물관.

原田幹 · 黒沢浩, 2008,「パプア · ニュギニアで収集された磨製石斧の使用痕分析」,『考古學フォーラム』19.

최종혁, 2005,「한반도 남부지방 농경에 대한 연구-석기조성을 중심으로」,『한국신석기연구』10, 한국신석기학회.

坂田邦洋, 1982,「九州産黒曜石からみた先史時代の交易について」,『賀川光夫先生 還暦記念論集』.

하인수, 1996,「고찰」,『범방패총』Ⅱ, 부산광역시립박물관, .

하인수, 2006a,「신석기시대 산상유적에 대하여」,『박물관연구논집』12, 부산박물관.

하인수, 2006b,「영남해안지역의 신석기문화 연구」, 부산대 고고학과 박사학위논문.

하인수, 2006c,「신석기시대 한일문화교류와 흑요석」,『한국고고학보』58.

하인수, 2009a,「남해안지역 중기 즐문토기사회의 동향」,『상고사학보』66.

하인수, 2009b,「신석기시대 석기의 종류와 양상」,『박물관연구논집』15, 부산박물관, .

하인수, 2010,「범방유적의 석기 검토」,『부산대 고고학과 창설20주년 기념논문집』, 부산대 고고학과.

하인수, 2011a,「생업도구」,『한국신석기문화 개론』, 서경문화사.

하인수, 2011b, 「신석기시대 석기 연구 현황과 과제」, 『제1회 한국고고학연합대회 발표자
　　　　료집』, 한국고고학회.

하인수, 2014, 「즐문토기의 편년 연구와 과제」, 『한국 신석기시대 토기와 편년』, 진인진.

下條信行, 2011, 「북동아시아 벌채석부의 전개」, 『동아시아 마제석기론』, 서경문화사.

戶澤充則 編, 1994, 『繩文時代硏究事典』, 東京堂出版.

黑岐 直, 1970, 「木製農耕具の性格と彌生社會の動向」, 『考古學硏究』63.

황기덕, 1962, 「두만강류역의 신석기시대 문화」, 『문화유산』1962-1, 과학원출판사.

※ 발굴보고서는 생략함

04

범방유적의 석기

Ⅰ. 머리말

Ⅱ. 석기의 종류

Ⅲ. 외래계 석기

Ⅳ. 시기별 석기조성과 특징

Ⅴ. 맺음말

Ⅰ. 머리말

범방유적은 범방패총(하인수 외 1993)과 접해 있으며, 2001년 부산박물관에서 실시한 부산아시안게임 승마경기장 지역에 대한 시굴조사에서 처음으로 확인되었다. 유적 발굴은 2001년 6월 27일부터 11월 27일까지 5개월간 실시되었으며, 조사 결과 남해안지역의 신석기문화를 재조명할 수 있는 다량의 토기와 석기, 야외노지, 적석유구를 포함하여 신석기시대 해수면 상승과 해안선을 보여주는 해빈유적이 확인되었다(하인수 2009b).

범방유적에서 발굴된 유구는 集石爐址 36기, 圍石爐址 21, 方形 積石遺構 1기, 大形集石시설 1기, 溝狀遺構가 있으며, 인위적인 조성물은 아니지만 당시 해빈에 폐기된 집석노지 등에 의해 형성된 帶狀의 集石이 발굴 구역 전체에 걸쳐 검출되었다. 이들 유구는 모두 동시기에 조성된 것이 아니라 신석기 후·말기부터 조기에 걸쳐 있으며, 시기에 따라 다른 양상을 보이고 있다.

범방유적에서는 다양한 형식의 즐문토기를 비롯하여 각종 석기류, 장신구 등이 출토되었는데, 석기를 제외한 토기류는 대부분 편들이다. 즐문토기는 기왕의 범방패총 출토품과는 큰 차가 없으며, 즐문문화 조기의 융기문토기류 부터 전기의 자돌압인문토기, 중기의 태선침선문토기, 후·말기의 퇴화침선문토기, 이중구연토기 등 여러 형식이 확인되었다. 특히 구상유구와 VI-1, VI-2, VII층에서 출토된 융기문토기류는 문양구성과 시문수법 등에서 다양한 형식적 특징을 보여주고 있는데, 기존의 범방패총의I기층 융기문토기류와 같은 형식들이다.

이상의 범방유적은 패총을 포함하여 유적의 분포 범위가 넓고, 장기간에 걸쳐 형성된 생활유적이라는 점에서 남해안지역 신석기문화의 전개 과정을 파악하는데 중요한 자료를 제공해 주고 있다. 뿐 만 아니라 문화층 별로 다량으로 출토된 석기류는 당시 해안 집단의 생업구조와 생산활동의 일면을 보여 준다는 점에서 앞으로 남해안지역의 신석기시대 사회를 이해하는데 중요한 자료가 될 것으로 기대된다. 그러나 발굴보고서를 작성하면서 여러 가지 사정으로 상세한 분석과 검토가 이루어지지 못한 점도 없지 않았다. 본고에서는 이러한 점을 보완하고 단일유적에서 드물게 다량으로 출토된 석기에 대한 구체적인 검토를 통해 남해안 집단의 생업구조와 사회적 동향을 살펴보고자 한다.

범방유적에서는 타제·마제석부를 비롯하여 결합식조침, 갈돌·갈판, 석착, 유견석기, 유선형석기, 세장방형석기, 어망추, 지석, 석제작살, 고석, 장신구, 흑요석제 석기 등이 출토되었다. 그러나 유적의 보존 문제와 발굴 지점에 따라 유물의 출토 양상에 편차가 있어 시기적으로 특정한 경향성과 점유현상이 간취되는 몇 몇 기종을 중심으로 석기조성과 시기별 점유관계, 외래계석기의 양상에 대해서만 검토하기로 한다.

Ⅱ. 석기의 종류

범방유적에서 출토된 석기의 종류와 층위별 양상을 살펴보기 전에 먼저 석기 제작에 이용된 석재와 석기와의 상관관계에 대해 언급해두고자 한다.

범방유적에서 가장 많은 출토양을 보이는 타제석부의 제작에 이용된 석재로는 혼펠스

(61, 47%) 응회암(17, 13%), 안산암(15, 11.6%), 유문암(13, 10%), 니암(11, 8.5%), 화강암(7, 5.4%), 화강반암(2, 1.5%), 사암(2, 1.5%), 혈암(1, 0.7%) 등이 있으며, 이중에서 특히 혼펠스가 주류를 차지하고 있다.

마제석부는 기종에 따라 약간의 차이가 있는데 전면마제석부의 경우는 재지에서 산출되지 않는 화강편마암(6) 계통의 석재를 이용하였다. 이들 석기는 후술하는 바와 같이 외부지역에서 반입된 것이다. 편평편인석부와 인부마연석부의 경우는 혼펠스(22, 81%)가 주류를 이루고, 안산암(3, 11%), 응회암(1, 3.7%), 편암(1, 3.7%) 등이 극히 일부 이용되었다. 이 밖에 결합식조침, 석착, 流線形石器, 작살 등은 대부분 혼펠스로 제작하였다.

갈돌과 갈판은 화강암(7, 33%)과 사암(14, 66%)에 한정하여 제작되었고, 고석은 화강암(14, 66%), 지석은 사암(12, 100%)이 주류를 이룬다. 결합식조침 같은 경우는 혼펠스, 세일, 편암, 화강편마암, 안산암질응회암등 다양한 소재를 이용하였는데, 이 중에는 외래계석재로 만든 것도 있다.

전술한 바와 같이 범방유적에서 출토된 석기는 용도와 기능에 적합한 석재를 선택하여 생업도구로 활용하였음을 알 수 있다. 그러나 특정기종의 석기에 특정 석재가 반드시 상관하는 것은 아니고 필요에 따라 유사한 특징을 보여 주는 암질을 선택하기도 하였다. 전체적으로 본다면, 타제석부류와 조침, 유선형석기, 석착, 인부마연석부 등 일상적인 생업도구는 유적 주변에 쉽게 획득할 수 있는 혼펠스 계통의 석재를 주로 이용하였고, 필요에 따라서는 응회암, 안산암, 유문암, 니암, 화강암 등도 사용하였다. 그리고 도구의 효율성 내지 생산성 측면에서 특정 재질을 이용하기도 하였는데, 대표적인 석재가 벌채 내지 목재 가공용의 마제석부와 조침 등의 소재로 사용된 화강편마암 내지 편암이다.

1. 석부류

범방유적에서 출토된 석기의 기종 조성은 다양하지 않으나 시기별로 의미있는 기종에 대해 검토해 보고자 한다. 〈표5〉에서 보는 바와 같이 범방유적의 석기 중 가장 많은 양을 차지하는 것은 석부류이며, 시기별로 고루 출토되고 있다. 석부는 외견상으로 크게 타제석부, 전면마제석부(편인, 합인), 인부마연석부로 구분되나, 크기, 평면형, 인부형태, 제작기법 등 세부 속성에 따라 세분이 가능하다. 이것은 타제·마제석부가 기능과 용도에 따라 다양한 형태로 제작되고 기능에 따라 형태 분화가 이루어졌음을 보여주는 것으로 생각된다.

특히 석부 중에는 교란층[1]과 V층에서 출토되는 화강편마암 계통의 석재로 가공한 마제석부(도면5-1~7)는 다른 석부류와의 제작기법과 형태 등에서 차이가 나고, 석부 재료가 부산 주변에서 산출되지 않는 암석인 점으로 보아 타지역에서 부터 교역 등으로 범방유적에 반입된 것으로 판단된다. 이에 대해서는 후술한다. 그러면 범방유적에서 가장 많은 출토양을 보이는 타제석부류에 대해 구체적으로 검토해 보고자 한다.

1) 타제석부의 분류

신석기시대 주거와 패총유적 등에서 많이 출토되는 타제석부류는 크기, 평면형태, 두께 등 형태적 특징에 따라 여러 기형으로 분류가 가능하고, 각 기형의 형질적 특징은 타제석부의 기능과 용도와 관련성을 갖는 것으로 추정된다. 기본적으로 타제석부가 굴지구로 기능한다고 한다며, 시기에 따라 나타나는 다양한 기형과 일부 기종의 양적인 차는 도구로써의 기능분화와 집단의 생업 구조를 반영하는 것으로 생각된다. 그러나 범방유적을 비롯한 여러 유적에서 출토되는 다양한 타제석부를 어떻게 분류하고 이를 기능과 용도와 연결시키는가는 실물 자료가 없는 현 시점에서 어려운 작업이라고 할 수 있다.

본고에서는 기존 분류 자료를 참고하고, 타제석부가 굴지구라는 전제하에 굴지 기능과 방법, 굴지의 효율성 등을 염두에 두고 기존에 평면 형태를 기준으로 분류한 것(임상택 2001; 안승모·이영덕 외 2003; 윤지연 2007; 윤정국 2009)과 달리 타제석부에 나타나는 제속성 중 특히 신부의 두께를 1차 기준으로 하고 평면형태, 크기 등을 2차 속성으로 하여 신석기시대 타제석부를 괭이형과 따비형[2]으로 분류하고자 한다. 그것은 신부의 두께가 굴지구의 기능과 목적, 사용방법과 밀접한 관련을 가질 뿐 만 아니라 타제석부의 착장 형태와도 연관하는 것으로 추정되기 때문이다.

범방유적의 경우 기형과 두께를 어느 정도 알 수 있는 타제석부 114점의 두께 분포도를 작성해 본 결과 대체로 1.5cm를 기점으로 양분되어 따비형과 괭이형(도면1·2)으로 구분이 가능함을 알 수 있다. 괭이형의 경우 주요 분포 범위에서 벗어나는 1.6~1.7cm의 두께를 보

---

1) 범방보고서에서 교란층으로 분류된 〈도면5-3·5·7〉은 발굴 당시 유물 출토상태와 층위 등을 고려해 볼 때 V층에 속하는 것으로 생각된다.

2) 따비형 타제석부는 일반적으로 보습이라는 명칭으로 사용되었으나 보습은 기경구인 쟁기의 날 부분을 지칭하는 명칭이므로 임상택(2001)의 지적과 같이 삽과 같이 땅에 수직으로 질러 사용하는 굴지구라는 의미에서 기존 용어보다 삽날과 같은 의미의 따비형으로 부르는 것이 좋다고 생각한다.

이는 몇 점의 자료가 따비형으로 소속시켜야 할지 다소 애매한 점도 없지 않으나 대부분의 자료가 주요 분포 범위 내지 그 이상의 수치(약 80% 차지)를 보이고 있어 두께를 기준으로 분류한 타제석부의 따비형과 괭이형 구분은 크게 문제가 없을 것으로 생각된다

괭이형 타제석부(61점)의 경우 평균 두께는 2.2*cm* 정도이고 주분포 범위가 1.9~2.2*cm*에 밀집하면서 그 이상을 분포 양상을 보이며, 따비형 타제석부(53점)는 평균두께 1.2*cm*, 주분포 범위는 1.1~1.5*cm*에 걸치고 있다.

이러한 양상은 타제석부가 두께 차에 따라 크게 기종을 구분할 수 있음을 보여 주는 것으로 할 수 있다. 물론 따비형과 괭이형의 구분은 두께 이외도 크기나 평면 형태에서도 차이를 보인다. 외형적으로 보면 따비형은 얇고 납작한 반면, 괭이형은 전반적으로 두텁고 육중한 느낌을 준다. 신부가 얇고 두터운 차이는 굴지 방법 및 용도 차를 반영하는 요소로 볼 수 있다면, 타제석부의 기종분류는 두께를 기준으로 분류하는 것이 좋을 것으로 생각된다.[3]

이상에서 살펴본 바와 같이 범방유적의 타제석부는 두께를 기준으로 괭이형과 따비형으로 분류가 가능하며, 이들 기종은 다시 신부의 평면형태와 신부 폭의 위치 등에 따라 몇 가지 유형으로 세분할 수 있다.

가. 괭이형 타제석부

괭이형 타제석부는 평면 형태와 크기, 인부 및 두부의 특징에 따라 다음과 같이 5유형으로 세분이 가능하다(표1).

I류(세장형): I류(도면1-5·6)는 신부가 세장한 장방형을 이루며, 두부와 인부는 말각되어 둥근 형태를 이룬다. I류는 두께에 따라 2종류로 구분할 수 있으나 본고에서는 신부 형태를 기준으로 하였다. 크기는 길이 9~13*cm*, 너비 3*cm* 전후이며, 길이와 폭의 비율은 3:1이상이다.[4] I류와 후술하는 II류는 신부 평면이 장방형내지 세장방형을 이룬다는 점에서 동일한 유형으로 분류가 가능하지만 크기라든가 두께, 중량, 길이와 폭의 비율에서 구분됨으

---

3) 이상의 분류 방법과 기준은 타유적의 자료에도 적용할 수 있을 것으로 생각되는데. 기존의 분류 방법에 대한 상세한 검토는 별고를 통해 다루고자 한다.

4) 〈그림1〉의 괭이형 타제석부의 길이와 폭의 관계에서 보이는 3:1 선의 왼편에 분포하는 것이 I류에 속하는 것이다.

표1 괭이형 타제석부 분류표

	Ⅰ (細長形)	Ⅱ (長方形)	Ⅲ (梯形)	Ⅳ (舌形)	Ⅴ (尖頭形)
器形					

로 세분하였다. 특히 Ⅰ류와 Ⅱ류는 길이와 폭의 비율이 3 : 1을 기준으로 명확히 구분된다.

Ⅱ류(장방형): Ⅱ류(도면1-7~9)는 평면 형태가 장방형을 이루는 형태이다. 크기와 길이와 폭의 비율이 2.4 : 1을 기점으로 2종류로 세분할 수 있다. Ⅱa류는 크기가 15~23*cm* 정도의 대형이며, 길이와 폭의 비율이 2.4:1 이상인 것(도면1-8·9). Ⅱb류는 크기가 10~14*cm* 정도의 소형이며, 길이와 폭의 비율이 2.4:1 이하인 것(도면1-7). 인부는 대부분 약간 둥근 형태를 이루나 도면1-9와 같이 직인도 있다.

Ⅲ류(제형): Ⅲ류(도면1-10~13)는 평면 형태가 제형을 이루며, 최대폭이 신부 아래쪽에 위치한다. 인부와 두부는 약간 둥글게 처리되어 있으나 정형성 다소 떨어진다.

Ⅳ류(설형): Ⅳ류(도면1-14~18)신부의 평면이 신바닥 모양의 설형을 이루는 형태이며, 폭이 넓고 신부가 짧은 타원형과 신부가 긴 형태로 세분할 수 있으나 본고에서는 설형으로 포괄하여 분류하였다. 최대폭은 신부 중앙에 위치한다.

Ⅴ류(첨두형): Ⅴ류(도면1-1~4)는 두부가 첨두상으로 좁고 인부가 넓은 형태이다. 최대폭은 인부에 위치하며, 인부는 둥근 형태를 이룬다. 크기에 따라 대형과 소형으로 구분이 가능하다.

이상에서 분류한 괭이형 타제석부는 형태적 속성에 따라 5류로 세분되지만 〈그림 1〉에서 보는 바와 같이 크기에 따라 대, 중, 소의 3개 그룹으로 나눌 수 있다. 소형은 9~12*cm*, 중형은 13~16*cm*, 대형은 17~23*cm* 정도이다. 특히 대형 중에는 〈도면1-1〉과 같이 장대형의 타제석부도 있다. 크기는 28.1*cm* 너비 10.1*cm* 정도인데, 이러한 형태의 대형 괭이형 타제석부는 남해안 전기유적에서는 확인되지 않는 기종이며, 중기 단계에 새로이 출현하는 것으로 추정된다.

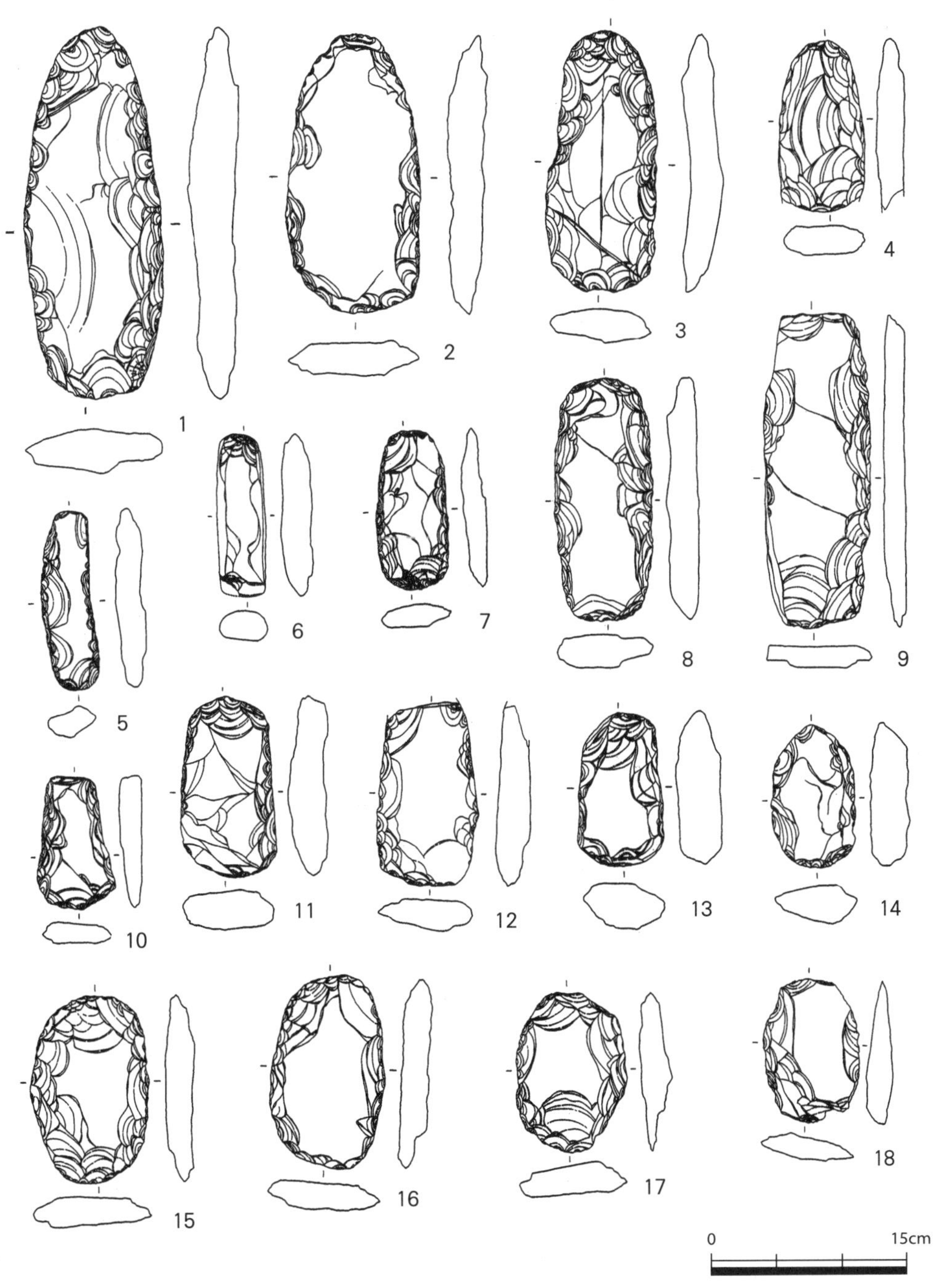

도면1   범방유적 괭이형 타제석부

I류: 5·6, II류: 7~9, III류: 10~13, IV류: 14~18, V류: 1~4

나. 따비형 타제석부

따비형 타제석부는 평면 형태와 인부 및 두부의 특징에 따라 4유형으로 세분된다(표2).

Ⅰ류(장방형): Ⅰ류(도면2-1·2)는 평면이 장방형을 이루며, 두부와 인부 폭이 거의 같은 형태이다. 길이와 폭의 비율은 1.4~1.6:1정도이다.

Ⅱ류(설형): Ⅱ류(도면2-3~9)는 형태상으로 괭이형 Ⅳ류와 유사하나 신부 두께에서 차이가 난다. 전술한 바와 같이 용도상 내지 굴지 방법의 차이를 반영하는 것으로 추정된다. Ⅱ류는 평면 형태가 신바닥 모양을 하고 최대폭이 신부 중앙에 위치하는 것이 특징이다. 인부와 두부는 둥글고, 좌우 대칭을 이룬다.

설형은 후술하는 타원형 타제석부와 형태적으로 최대폭이 신부 중앙에 위치하고 인부와 두부의 형태가 둥글게 처리되어 있는 점은 동일하나 길이와 폭의 비율에서 차이가 있다. 설형과 타원형은 1차적으로 길이와 폭의 비율이 1:1.5를 기준으로 구분되는데, 설형은 길이와 폭의 비율이 1.5:1 이상이고, 타원형은 1.5:1 이하이다.

Ⅲ류(타원형): Ⅲ류(도면2-10~13)는 형태적으로 최대폭이 신부 중앙에 위치하고, 인부와 두부의 형태가 둥글게 처리되어 있는 점은 Ⅱ류와 동일하나 길이와 폭의 비율에서 차이가 있다. 즉 Ⅲ류는 Ⅱ류보다 신부가 길이에 비해 폭이 넓고 둥근 형태를 이루는 것이 특징이며, 전체적으로 타원형을 이룬다.

Ⅳ류(첨두형): Ⅳ류(도면2-14~19)는 괭이형 Ⅴ류와 형태적으로 동일한 특징을 보이나 신부 두께에서 차이가 난다. 평면은 두부가 첨두상으로 좁고 인부가 넓은 형태이다. 최대폭은 인부에 위치하며, 인부는 둥근 형태를 이룬다. 크기에 따라 대형과 소형으로 구분이 가능하다.

표2　따비형 타제석부 분류표

	Ⅰ(長方形)	Ⅱ(舌形)	Ⅲ(橢圓形)	Ⅳ(尖頭形)
器形				

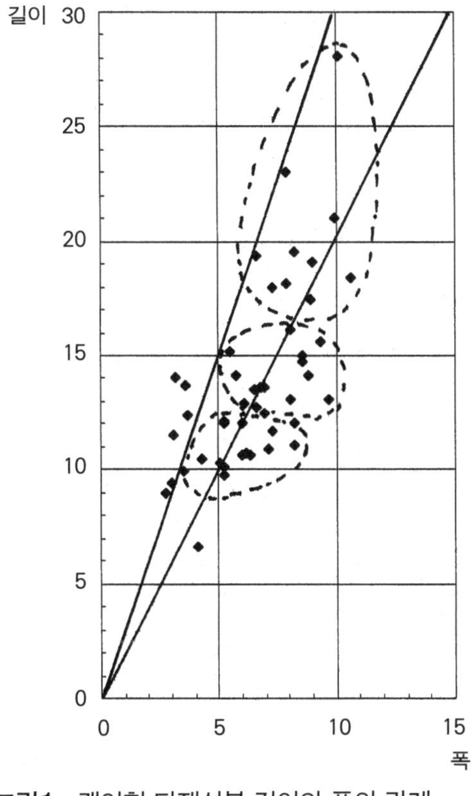

그림1 괭이형 타제석부 길이와 폭의 관계

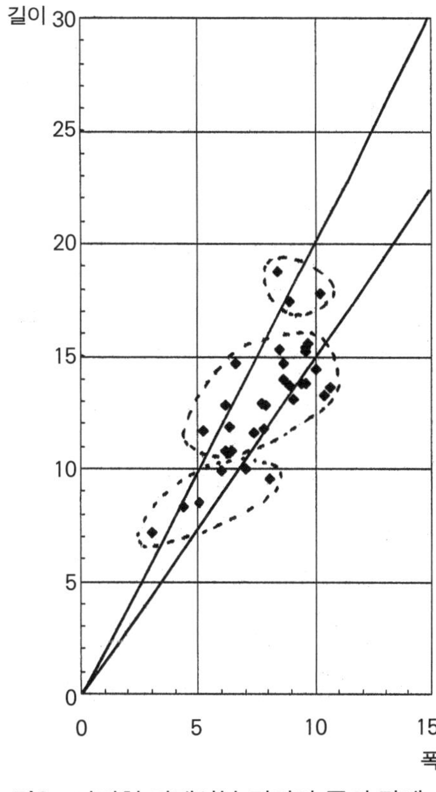

그림2 따비형 타제석부 길이와 폭의 관계

　이상에서 살펴본 따비형 타제석부는 괭이형과 마찬가지로 크기에 따라 대, 중, 소의 3개 그룹으로 나눌 수 있다(그림2). 소형은 7~11cm, 중형은 13~15cm, 대형은 17~19cm 정도이다. 이러한 특징은 괭이형과 따비형 타제석부가 크기에 따라 일정한 규격성을 갖고 있음을 보여 주는 것으로 당시 즐문토기인들이 도구를 다룸에 있어 용도에 맞게 제작하고 사용하였음을 시사하는 것으로 추정된다.

2) 타제석부의 기종별 특징과 양상

전술한 바와 같이 범방유적의 타제석부는 기종별로 다양한 유형으로 분류되며, 이들 유형은 시기별로 점유 양상을 달리하며 존재하는 것으로 생각된다. 결론적으로 말하면, 이러한 양상은 시기에 따른 생계유형의 변화에 따라 도구의 사용량의 증가와 이와 연동하여 도구의 기능분화와 밀접한 관련성을 갖는 것으로 추정된다.

　〈표3·4〉는 범방유적에서 기형과 형식을 알 수 있는 114점의 타제석부를 문화층별 점유현상을 분석한 것이다. 표에 나타나는 양상이 범방유적이 전체적으로 완굴되지 않았고 시

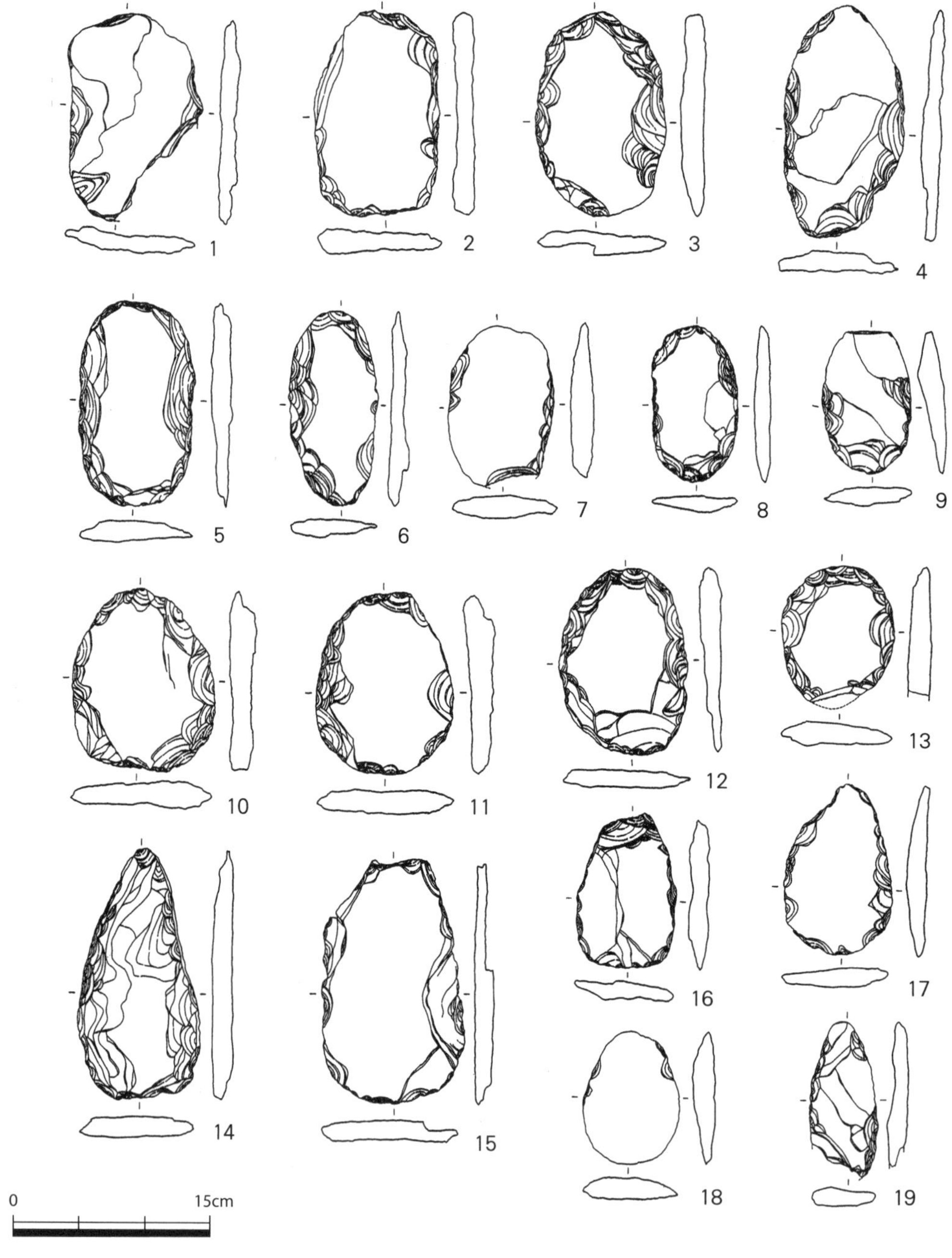

도면2 범방유적 따비형 타제석부

I류: 1·2, II류: 3~9, III류: 10~13, IV류: 14~19

기에 따라 유적의 유존 양상에 차이를 보이고 있기 때문에 문화층별로 타제석부의 도구적 의미를 그대로 반영한다고는 단정할 수 없지만 어느 정도 경향성을 파악하는 자료로 이해할 수 있을 것으로 생각된다. 그러면 기종별로 타제석부의 변화 양상과 특징에 대해 간단하게 살펴보고자 한다.

가. 괭이형 타제석부

괭이형 타제석부는 기본적으로 조기부터 후기까지 존속하는데, 이것은 시기에 관계없이 보편적인 생업도구임을 보여주는 것이라고 할 수 있으며, 신석기시대 각종 유적에서 출토되는 정황과도 일치하고 있다. 그러나 유형 별로는 출현과 사용량에서 어느 정도 차이를 보이고 있다.

조기와 전기에는 Ⅰ~Ⅴ유형이 모두 존재하며, 시기별 점유양상에서는 특별한 차이를 보이지 않는다. 그러나 중기에는 세장형 Ⅰ류가 보이지 않는 대신에, 설형(Ⅳ)과 첨두형(Ⅴ)의 타제석부가 현저하게 증가하는 양상을 보인다.[5] 그리고 Ⅱ류와 Ⅲ류는 시기별로 특별한 변화가 간취되지 않는다.

범방유적에서 보이는 괭이형 타제석부의 다양성은 조기 단계부터 굴지형태나 사용 방법에 따라 기능이 분화되어 있었음을 보여주는 것으로 이해 할 수 있다. 특히 Ⅳ류와 Ⅴ류형의 타제석부가 중기에 점유율이 높은 것은 후술하는 따비형과 마찬가지로 중기 단계의 잡곡 농경과 밀접한 관련성을 갖는 것으로 추정된다.

표3 범방유적 괭이형 타제석부 시기별 출토 현황

	Ⅰ (細長形)	Ⅱ (長方形)		Ⅲ (梯形)	Ⅳ (舌形)	Ⅴ (尖頭形)	계
		Ⅱa	Ⅱb				
교란층		1	1	5		4	11
후기문화층		1					1
중기문화층		2	1	3	8	9	23
전기문화층	3	1	1	2	3	1	11
조기문화층	1	2	1	4	2	4	14
계	4	7	4	14	13	18	60

---

[5] 이러한 양상은 진그늘유적을 비롯한 중기 유적에서도 확인된다(이기길·윤정국 2005).

나. 따비형 타제석부

따비형 타제석부 역시 괭이형과 마찬가지로 조기부터 후기까지 존속하나 중기 단계에는 이전에 비해 양적으로 증가하는 양상을 보인다. 따비형이 전술한 바와 같이 신부의 형태, 두께, 크기, 착장방법 등에서 괭이형과 구분된다면, 따비형은 단순히 굴지의 기능보다는 잡곡농경에 동반하는 도구로써 많이 이용되었을 것으로 추정된다.

각 유형의 시기별 점유 양상은 출토 수량이 적어 구체적으로 다룰 수 없으나, Ⅱ류와 Ⅲ류의 경우는 조·전기에 일부 점유하다가 중기에 급증하는 양상을 보인다.[6] 그리고 층위별 출토 상황을 그대로 이해한다면, Ⅱ류는 전기 단계에 출현하여 중기에 성행하며, Ⅰ류와 Ⅳ류는 조기부터 중기까지 특별한 변화 없이 지속적으로 사용된 것으로 추정된다.

이상에서 범방유적 타제석부에 대해 살펴보았는데, 타제석부는 두께와 외형적인 특징에 따라 일반적으로 따비형과 괭이형으로 대별되며, 형질적 속성(크기, 두께, 형태, 재질 등)에 따라 다양성과 규격성을 보여 준다. 이것은 타제석부가 기능에 따라 기종이 분화되고 그 용도가 달랐음을 반증하는 것이다. 용도에 맞는 도구의 제작(선택)이 생산성 향상과 직결된다고 한다면, 타제석부의 기종분화는 식량 생산 기술내지 방식과 관련성이 있는 것으로 추정된다.

표4 범방유적 따비형 타제석부 시기별 출토 현황

	Ⅰ(長方形)	Ⅱ(舌形)	Ⅲ(楕圓形)	Ⅳ(尖頭形)	계
교란층	2	3		3	8
후기문화층					0
중기문화층	3	10	6	6	25
전기문화층	2	2		4	8
조기문화층	2		1	5	8
계	9	15	7	18	49

2. 결합식조침

범방유적의 결합식조침은 기본적으로 소위 오산리형에 속하는 것이다. 조기와 전기 문화층인 구상유구와 Ⅶ층, Ⅵ-2층, Ⅵ층에서 다량으로 출토되었는데, 모두 30여 점이 출토되

---

6) 범방유적의 중기층과 같은 시기로 생각되는 옥천 대천리주거지에서는 따비형 Ⅰ·Ⅱ류 타제석부가 다량 출토되고 있다(한창균 외 2003).

었다. 축의 형태와 결합부의 속성 등에서 전형적인 오산리형과는 구분되는 남해안지역의 특징적인 범방형에 속하는 것이다(하인수 1996). 범방 조침은 필자의 분류안에 따르면 축의 형태와 결합면 형태에 따라 Ⅰ~Ⅲ형식으로 구분할 수 있다(하인수 2006b).

Ⅰ형식(도면3-9·16)은 결합부 후측면이 결박하기 용이하도록 돌출된 형식이며, Ⅱ형식(도면3-7·11·12)은 결합면이 오목하게 U자상의 홈이 마련된 형식이며, 축이 Ⅰ자형을 이룬다. Ⅲ형식(도면3-5·6·10)은 결합부가 갈고리 모양으로 휘어져 있고, 몸체가 J자형을

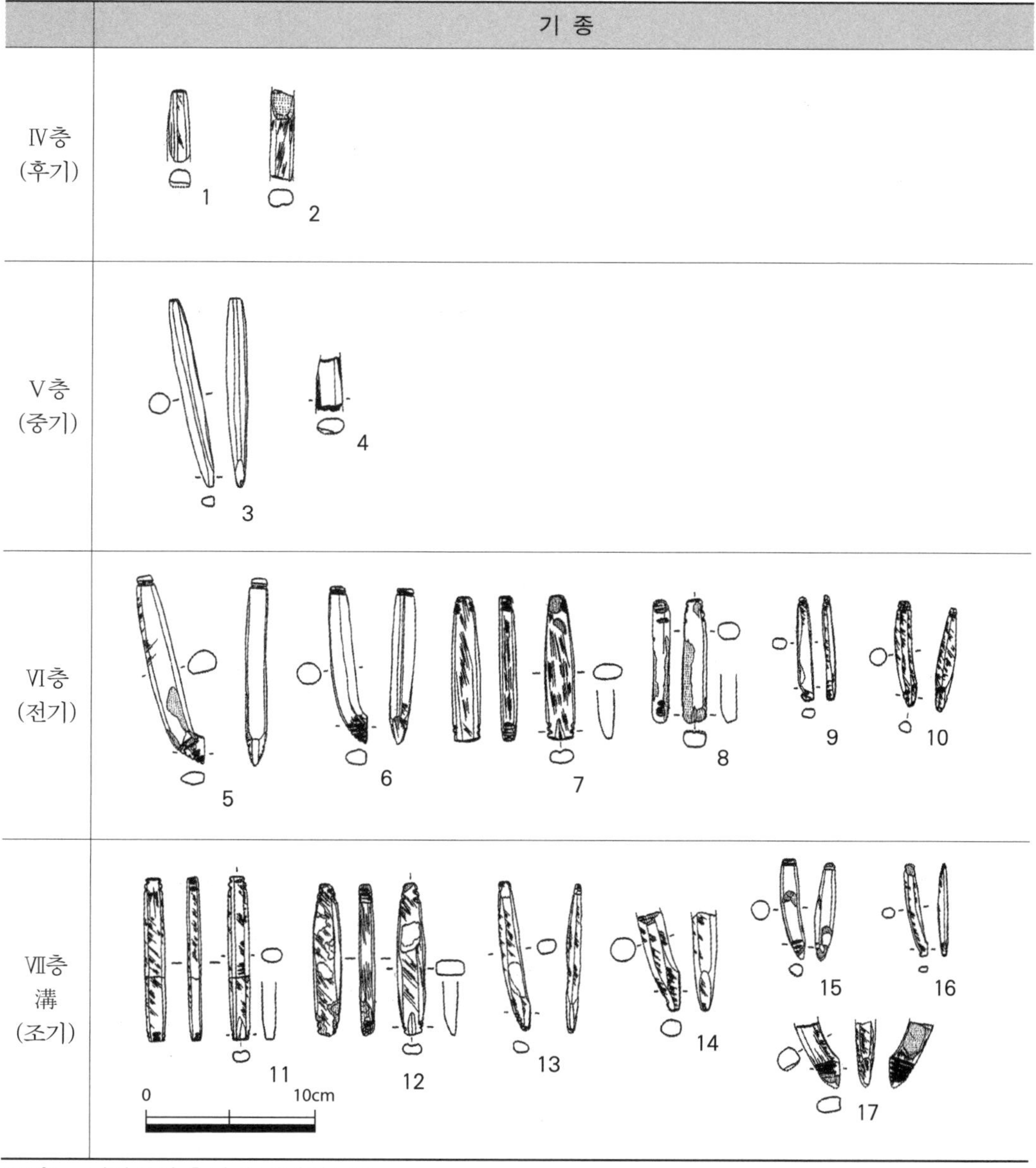

도면3 범방유적 층위별 결합식조침

이루는 형태이다. 결합면의 형태적 속성에 따라 평탄한 것과 오목한 것으로 구분 할 수 있다.

필자는 이전에 범방패총을 보고하면서 결합식조침을 Ⅰ~Ⅳ형으로 구분하고, Ⅰ → Ⅲ → Ⅳ형으로 형식변화를 상정하였다. 그러나 그 후 다시 검토한 결과 Ⅲ형식과 Ⅳ형식은 결합부 후측면의 결구 유무에 따른 속성 차이는 있으나 기본적으로 동일 계열이고, Ⅰ, Ⅱ형식을 포함 Ⅲ형식이 남해안지역에, Ⅳ형식은 동해안 지역에 분포하는 특징을 보인다는 점에서 볼 때 시간차가 아니라 지역적인 형식차로 보는 것이 좋을 것으로 생각하고 있다.[7] 아울러 Ⅰ·Ⅱ형식과 Ⅲ형식과의 관계도 현 시점에서 재검토가 필요하지만 본고에서는 범방유적의 조사 결과에서 나타나는 양상을 기초로 간단히 언급해두고자 한다.

필자는 구고에서 범방패총의 층위적 출토 양상과 조침의 형식적 특징을 기준으로 하여 Ⅰ·Ⅱ형식이 Ⅲ형식 보다 선행하는 것으로 추정하였다. 그러나 금번 발굴조사에서 Ⅰ·Ⅱ형식과 함께 Ⅲ형식도 동일층에서 공반되고 있다.

융기문토기 문화층인 Ⅶ층과 Ⅵ-2층에서 Ⅱ형식이 주류를 이루고, 역시 조기에 속하는 구상유구에서는 Ⅰ형식과 축이 J자형인 Ⅲ형식이 출토되고 있다. 공반 유물상으로 볼 때 구상유구는 Ⅶ및 Ⅵ-2층과 같은 시기로 생각되지만, 구상유구에서 Ⅱ형식의 조침이 보이지 않는다. 이에 대해서는 검토할 필요가 있지만 범방유적이 전술한 바와 같이 완굴하지 않은 상태이기 때문에 조사 지점에 따라 나타나는 현상으로 이해하는 것이 좋을 것으로 생각된다.

구상유구에서 보이는 J자형의 축부가 전형적인 Ⅲ형식이라면 필자가 구고에서 언급한 내용은 재고하여야 할 것으로 생각된다. 그러나 조기 문화층에서 출토된 형식이 전기문화층인 Ⅵ층에서 출토된 전형적인 형식(도면3-5·6) 과는 세부 속성상 차이를 보이고 있는 것으로 보아 Ⅲ형식의 축부는 축의 형태와 결합부의 속성 차에서 구분할 필요가 있을 것으로 생각된다.

구상유구에서 출토된 축부는 전체적으로 두부에서 결합부에 이르면 몸체가 곡선적이고 완만하게 이어지나, 반면에 Ⅵ층에서 출토되는 것은 몸체가 직선적이고 몸체에서 결합부의 연결부위가 갈고리형으로 꺽이는 것이 특징적이라고 할 수 있다. 형식적으로 전자에서 후자로 변한 것으로 추정된다. 동해안지역에서 출토되는 오산리형조침이 곡선적인 것이 선행하는 것으로 보아(고동순 2009) 가능성이 있다고 생각된다. 따라서 본고에서는 전자

---

7)　Ⅰ~Ⅲ형식의 결합식조침은 동해안지역에서 발견되지 않는 것으로 보아 남해안지역의 특징적인 형식이라고 할 수 있다.

를 ⅢA식, 후자를 ⅢB식으로 구분해 두고자 한다.

범방유적에서 Ⅰ~Ⅲ형식이 조기 문화층에서 공존하는 양상이 각 형식의 동시기성을 반영하는 것인지 혹은 어로유형과 대상 어종의 차이에서 오는 기종의 다양성을 의미하는지는 앞으로 자세한 검토가 필요하다고 생각된다. 그리고 전기문화층에서 출토되는 Ⅱ형식의 조침이 형식적으로는 조기 문화층과 동일한 것으로 보아 하층에서 이동되었을 것으로 생각하지만 한편으로 Ⅱ형식 조침이 전기까지 존속했을 가능성도 배제할 수 없으므로. 이 역시 앞으로 검토가 필요하다.

한편 결합식조침 중에는 재지에서 산출되지 않는 혈암과 화강편마암, 편암으로 만든 제품(도면5-15·17)도 있다. 조침의 완성도가 재지계와 구분되는 것으로 보아 완제품으로 범방유적에 반입된 것으로 보이며, 신석기시대 지역간 교류와 물자 유통을 이해하는데 중요한 사례라고 생각된다.

3. 기타 석기류

이밖에 원추형의 석추(도면5-18)가 융기문토기 문화층인 Ⅶ층에서 한 점이 출토되었다. 이러한 형태의 석기는 오산리와 문암리유적 등 동해안지역에서 주로 출토되는데, 특히 오산리유적에서 다량으로 출토된 바 있다. 남해안지역에서 전혀 출토되지 않는 것으로 보아 지역성이 강한 석기로 추정된다. 석기의 형태적인 특징과 분포양상 등으로 보아 오산리형 석추[8]로 부를 수 있을 것으로 생각된다(하인수 2009c). 남해안지역에서는 범방유적의 예가 처음인데, 재질이 부산지역에서 산출되지 않는 화강편마암인 것으로 보아 외부 지역에서 반입된 것으로 보인다.

갈돌과 갈판도 다수 출토되었는데, 말안장형의 전형적인 갈판의 측면에 손잡이용 홈이 마련되어 있는 것(도면4-1)이 특징이다. 이러한 형태가 타지역에서 확인되지 않는 것으로 보아 남해안에서 유행하던 형식일 가능성도 있다. 앞으로 검토가 필요하다. 갈돌의 기본적인 형태는 지탑리나 암사동 등 중서부지역의 침선문토기(구분문계토기) 단계의 갈판과 동일한 소위 지탑리형에 속하는 것이다. 현재까지의 조사 성과로 보아 남해안지역에서는 즐

---

8) 오산리형 석추는 해안지역에서만 출토되고, 두부에 결박하기 위한 홈과 무게 중심이 밑으로 향한 추형을 이루는 점을 고려 해 볼 때 어로와 관련된 석기로 추정된다.

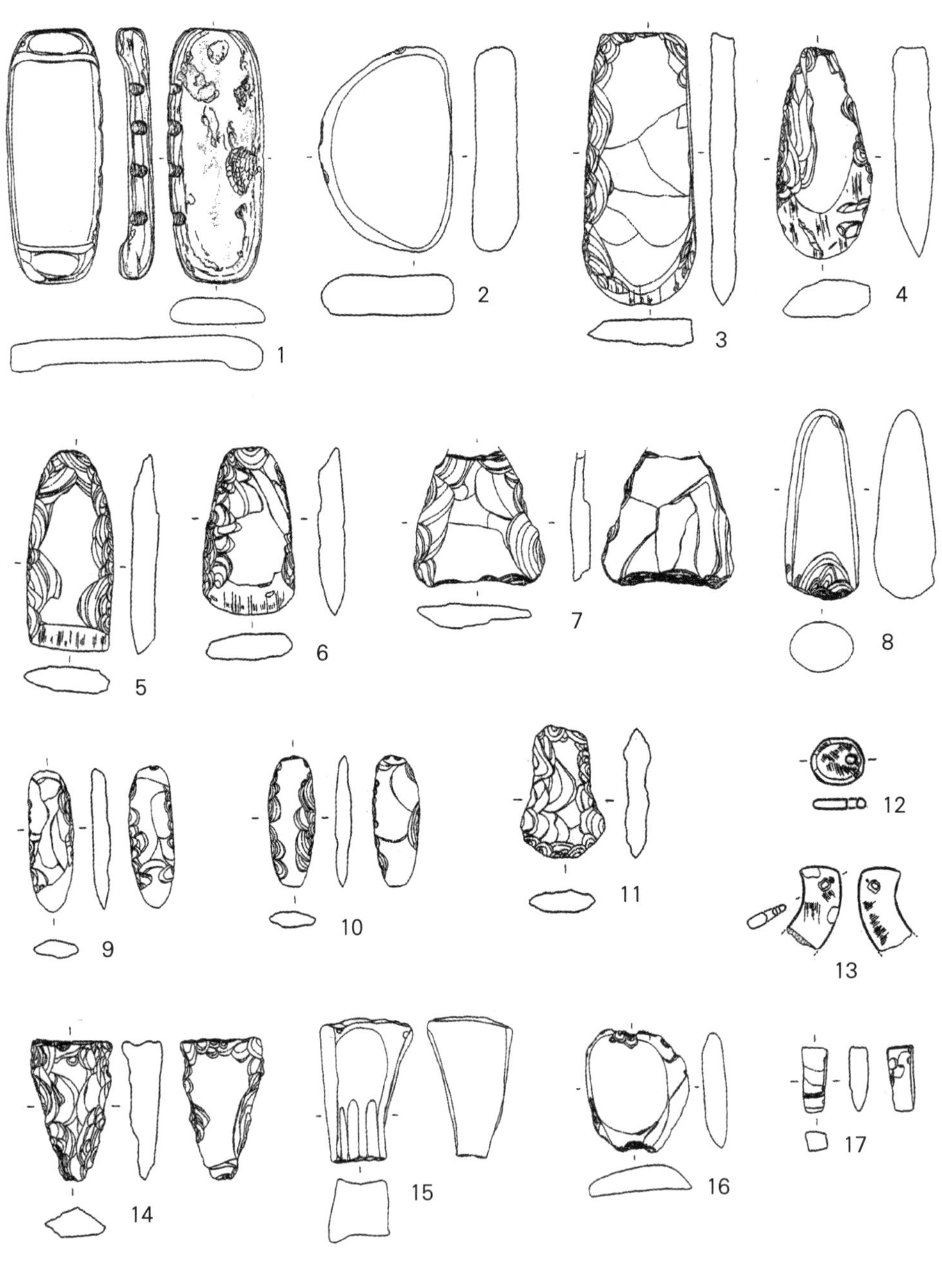

도면4 범방유적 각종 석기 〈축척부동〉

문토기문화 중기에 출현하여 성행하는 것으로 생각된다.

이밖에 수량은 적으나 유선형석기(도면4-9·10), 유견석부(도면4-11), 석착((도면4-17), 어망추(도면4-16), 작살(도면4-7), 장신구(도면4-12·13) 등도 출토되었다. 유선형석기는 중기문화층에서 2점이 출토되었는데, 전체적 마연되어 있으나 용도는 불명이다. 이 석기는 남해안지역에서 거의 보이지 않는 기종인데 앞으로 용도와 시기, 분포 등에 대한 검토가 필요하다고 생각된다.

Ⅲ. 외래계 석기

범방유적에서는 출토된 석기 중에는 재지산 석재로 가공된 것 외에 외부 지역에서 산출되는 재료로 제작된 외래계 석기[9]가 다수 확인되고 있다. 외래계 석기는 문화권과 지리적 범위를 달리하는 지역으로부터 반입된 것과 동일 문화권역 내의 타집단 내지 집락으로부터 유입된 것으로 구분할 수 있다. 전자가 흑요석(도면5-9~11·14)과 사누카이트제 석기(도면5-12)이고, 후자가 화강편마암 혹은 편암제로 만든 마제석부(도면5-1~7), 오산리형 석추(도면5-18), 결합식조침(도면5-17) 등 이다.

범방유적에서 출토된 외래계 석기는 V층에서 8점, Ⅵ층에서 6점, 7층에서 2점, 구상유구에서 2점 등 모두 18점에 이르며, 기종은 마제석부, 결합식조침, 박편석기, 석추, 흑요석 원석 등이 있다.

마제석부류는 재질이 매우 단단한 화강편마암, 편마암, 편암으로, 조침은 암질이 치밀한 혈암과 화강편마암, 오산리형 석기인 석추는 편마암, 박편석기는 흑요석과 사누카이트로 가공되었다. 외래계 석기의 제작에 이용된 편암, 편마암, 화강편마암, 혈암, 사누카이트, 흑요석의 석재는 범방유적을 중심으로 하는 부산지역에서 산출되지 않는 암석이다.

외래계 석기는 전시기에 걸쳐 확인되는 흑요석제 박편석기를 제외하고 시기적으로는 조기에서 중기문화층에서 출토되며, 기종은 마제석부류와 조침이 주류를 이룬다. 시기적으

---

9)　본고에서는 재지에서 가공되지 않고 외부지역에서 유입된 석기를 편이상 외래계 석기라고 부르고자 하며, 당해 유적을 포함, 지역문화권 내의 재지에서 산출되지 않는 재료로 만든 석기라는 의미로 사용한다.

로는 조침은 오산리형 석추와 함께 조기와 전기 문화층에서만 보이고, 중기 문화층에서는 확인되지 않는다. 그리고 중기 문화층에서는 마제석부류 만 출토되는 특징을 보인다.

이러한 현상을 그대로 이해한다면 시기에 따라 집단(지역)간의 교역(교환) 물품에 차이가 있었음을 보여주는 것으로 추정할 수 있다. 특히 조기와 전기에 어로구가 교환재로 유통된다는 것은 주지하는 바와 같이 어로활동을 주요 생업 형태로 하는 조, 전기의 상황을 직접적으로 반영하는 것이며, 중기에 마제석부류가 다량으로 유통된다는 사실은 벌목과 목재가공을 필요로 하는 생업 구조와 사회적 환경과 밀접한 관련이 있음을 시사하는 것으로 추정된다.

중기 단계에 양질의 마제석부류가 필요로 하는 현상은 주거의 신축과 집락의 대형화에 따른 벌목, 목재 가공 작업과 관련성을 갖는 것으로 생각되며, 최근 일본의 연구 성과(山崎純男 2003)와 민족지적인 자료를 참고할 때 조, 기장 등 잡곡을 재배하기 위한 화전지 확보와의 연관성도 고려해 볼 필요가 있다고 생각된다(하인수 2009a).

아무튼 재지산의 혼펠스로 제작된 석부류와 결합식조침이 범방유적에서 다량으로 사용되고 있음에도 불구하고 전술한 석부류와 조침을 외부 지역으로부터 반입하여 생업도구로 이용하고 있다는 사실은 여러 가지 의미로 생각할 수 있으나 일차적으로 양질의 도구를 이용한 생산성 확보에 그 배경이 있을 것으로 생각된다.

한편 일본 구주지역이 원산지인 흑요석과 사누카이트를 제외한 암석에 대한 산지 분석이 이루어지지 않은 상태에서 외래계 석기의 생산과 공급지 문제를 검토하는데 어려운 점도 없지 않으나 범방유적에서 출토된 화강편마암 계통의 석재가 서부 경남 일대와 영덕 주변의 동해안 일대에 분포하는 것으로 보아 일차적으로 이들 지역에서 유입되었을 가능성이 있다고 생각된다. 범방유적 이외에 남해안지역과 내륙의 일부 지역에서 화강편마암 계통의 석부가 출토되고 있다는 사실은 당시 석부의 유통망과 교역 시스템이 광범하게 작동하고 있었음은 분명한 것 같다.

외래계 석기의 공급처 내지 생산문제는 당해 시기의 집단 교류 및 물자 유통 뿐 만 아니라 지역사회의 네트워크를 이해하는 실마리를 제공하기 때문에 앞으로 생산유적의 발굴과 관련 자료의 분포조사 등 이에 대한 구체적인 연구가 이루어져야 할 것으로 생각된다.

범방유적에서 확인된 외래계 석기 중 흑요석제 석기를 제외하고는 대부분 완제품으로 반입된 것으로 추정된다. 흑요석제 석기는 금번 조사에서 박편석기 밖에 검출되지 않았으나 각 문화층 별로 다량의 박편과 원석이 출토되는 것으로 보아 완제품보다는 원석을 입수하여 재지에서 소형 석기를 가공하였던 것으로 생각된다.[10] 그러나 국내의 외래계 석기 중 일부는 재지에서 가공했을 가능성도 있다고 생각된다. 단정할 수 없으나 가공되지 않는 편 암의 석재편의 존재로 보아 편암으로 만든 〈도면5-7〉의 석기와 〈도면5-17〉의 조침은 재지 에서 가공되었을 것으로 추정된다.

범방유적의 흑요석제 석기는 박편 석기(도면5-9·14)를 제외하고 석촉이나 작살 등의 완제품은 거의 출토되지 않았고, 층위별로 다량의 박편 만 검출되었다. 그 동안 남해안지 역의 유적에서 출토되는 흑요석을 통해 단편적으로 산지분석이 시도되었고 그 결과 일본 구주산인 것이 밝혀졌지만 남해안 각 유적에서 출토되는 흑요석이 구주의 어느 산지와 연 결되는지는 불확실한 상태였다고 할 수 있다. 필자는 이러한 문제점을 해결하고 흑요석의 정확한 산지 동정이 한일 문화교류의 구체적인 실태와 흑요석 교역 문제(하인수 2006a)를 규명하는 기초 작업임을 인식하고 흑요석 산지 분석을 동삼동패총과 범방유적 자료를 가 지고 시도하였다. 분석 결과는 이전에 발표하였기 때문에 본고에서는 범방유적에 한하여 그 결과와 의미에 대해 간단히 언급해두고자 한다(高橋豊 · 河仁秀 · 小畑弘己 2003).

범방유적의 흑요석 산지 추정 결과에 따른 해석이 일부 유적에 한정되었다는 점에서 검 토의 여지가 없는 것도 아니지만, 유적의 규모나 여기서 출토된 흑요석의 양이 타 유적에 비해 월등히 많고 대표성을 갖는다는 점에서 남해안지역 흑요석 문제를 생각하는데 시사 하는 바가 매우 크다고 생각된다. 물론 앞으로 더 많은 자료의 분석과 이를 토대로 한 산지 추정이 이루어진다면, 남해안지역의 흑요석 유입과 유통에 따른 제반 문제를 보다 구체적 으로 검토할 수 있을 것으로 생각된다.

범방유적 출토의 흑요석 분석은 문화층 별로 고루 이루어 졌는데, 그 결과 腰岳産이 14 점, 淀姬·우시노다케산이 6점, 針尾島産이 1점, 불명 1점이 확인되었다. 산지 별 비율로 본 다면 腰岳産이 64%로이 주류를 이루는데, 이러한 분석 결과는 동삼동패총과 같은 양상을 보인다. 그러나 동삼동패총에서는 보이지 않는 淀姬·우시노다케산이 27%의 높은 비율을 차지하고 있음이 주목된다.

문화층 별로 흑요석 양상을 살펴보면, 腰岳産과 淀姬·우시노다케산이 조기부터 중기까 지 서로 공존하는 모습을 나타내고 있다. 이러한 현상은 腰岳産 흑요석이 대부분을 차지하

---

10)　범방유적에서 박편이 다량으로 출토된다는 것은 즐문토기인들이 구주지역과 교역을 통해 흑요 석 원석을 입수하여 재지에서 석기를 제작하였음을 보여주는 직접적인 증거라고 할 수 있다.

면서 조기부터 후기에 까지 지속적으로 사용되고 있는 동삼동패총과는 전혀 다른 양상이다.

그 의미에 대해서는 앞으로 상세한 검토가 필요하지만, 일단 구주지역으로부터 한반도 동남해안지역에 유입되는 흑요석의 루트와 交易網이 一元的이지 않고 多元的일 가능성을 보여주는 것으로 생각된다. 하지만 이 가능성을 뒷받침하기 위해서는 더 많은 자료 분석과

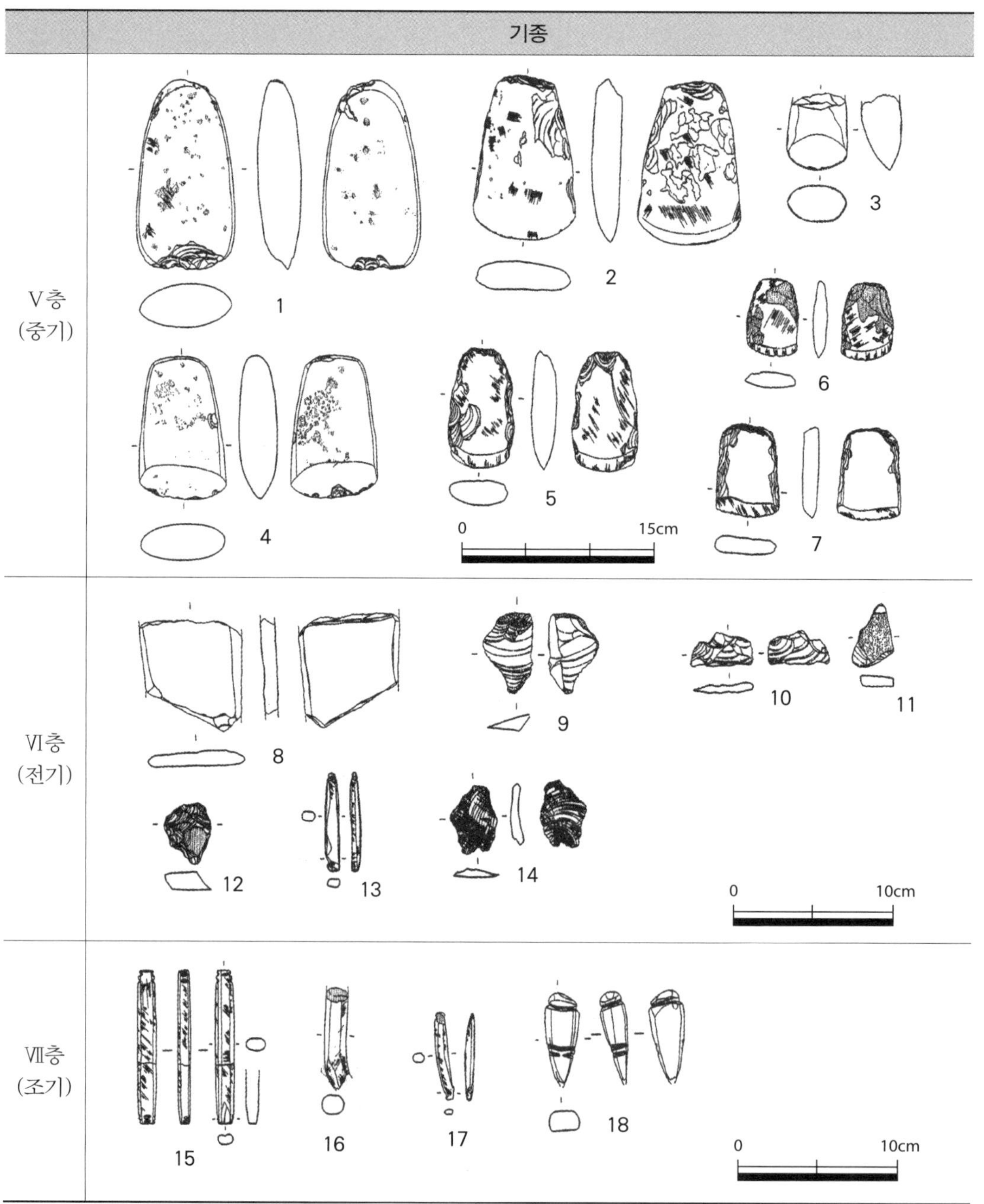

도면5 범방유적 층위별 외래계 석기

검토가 필요함은 물론이다.

　이상에서 범방유적의 외래계 석기의 성격과 유통문제에 대해 간단히 살펴보았는데, 외래계 석기가 갖는 의미는 신석기시대 대외교류 문제 뿐 만 아니라 당시 지역 집단의 동향과 사회구조, 생업유형과 경제활동 등을 규명하는데 중요한 키워드라고 생각되기 때문에 앞으로 이에 대한 적극적인 검토와 연구가 필요하다고 생각된다. 그리고 이를 위해서는 우선적으로 각 유적에서 출토되는 다양한 외래계 석기의 산석분석을 통한 공급지 문제를 해결하기 위한 연구가 선행되어야 할 것으로 생각된다.

Ⅳ. 시기별 석기조성과 특징

범방유적에서 출토된 석기류는 타제·마제석부를 비롯하여 석착, 有肩石器, 유선형석기, 세장방형석기, 흑요석제 박편석기 및 원석, 결합식조침, 고석, 대석, 갈돌, 갈판, 어망추, 지석, 석제작살, 장신구 등이 있다. 〈표5〉에서 보는 바와 같이 이들 석기류는 층위별 점유율의 편차가 심하고, 층위별로 나타나는 석기조성 상태를 그대로 이해하기에는 다소 문제가 있을 수도 있다고 생각된다. 그러나 특정 기종에 한에서는 층위별로 유의미한 현상을 보이고 시기적으로 특정한 경향성이 간취됨으로 석기 조성상에서 나타나는 변화를 통해 당시의 사회, 경제적 동태를 어느 정도 파악할 수 있을 것으로 생각된다. 그러면 층위별로 나타나는 석기조성과 기종별 특징에 대해 살펴보도록 하겠다.

　범방유적에서 출토된 석기류는 층위에 따라 출토양과 기종구성에서 많은 차이를 보이고 있는데, 특히 후기층에서는 그 양이 매우 적은 편이다. 그것은 B지구에서 조산된 후기 문화층인 Ⅲ, Ⅳ층이 없기 때문에 나타나는 현상으로 보여 진다. 양적으로는 중기문화층인 Ⅴ층이 가장 많고, 다음으로 전기와 조기문화층 순으로 일정한 비율을 갖고 출토되고 있다.

　중기에서 조기 문화층에 나타나는 기종 구성상에 보이는 특징을 살펴보면, 조기 문화층에서는 타제석부류와 조침이 점유율이 높다. 이에 반해 마제석부, 갈판, 어망추, 석추 등이 소수를 차지하여 전자에 비해 출토양이 매우 적은 편이다. 이것은 유적 보존문제로 조기 문화층을 충분히 조사하지 못한데 그 원인이 있는 것으로 보인다. 특히 어로와 관련된 조침이 다량으로 출토되고 있는 것은 조기 사회의 생업 형태의 한 면을 보여주는 것으로 이해할 수 있으며, 많은 양의 타제석부는 식물자원 이용의 실태를 반영하는 것으로 보인다.

전기의 석기조성은 기본적으로 조기와 같이 어로구와 굴지구의 비율이 높으나, 조기에 비해 전면 또는 인부마연석부의 출토양이 증가하는 양상을 보인다. 마제석부류가 주로 벌목과 목재가공에 주로 이용된다는 점을 염두에 둔다면 이와 관련한 행위에 대한 검토가 필요하다고 생각된다. 목재 가공구의 증가는 취락 규모의 확대에 따른 가옥의 신축이나 목제 도구의 제작 혹은 취락 주변지의 활용에 따른 벌목 등을 예상할 수 있을 것이다.

중기의 석기 조성은 조·전기와 다소 다른 양상을 보여 준다. 마제석부류는 전기와 같은 출토양을 보이지만 타제석부류는 앞 시기에 비해 2배 정도의 점유율을 보인다.[11] 그리고 정형화된 지탑리형 갈돌·갈판이 급증하는 현상을 나타낸다. 중기 단계에 특정 기종에서 보이는 도구의 점유율의 변화는 중기 단계에 한반도 전역으로 확산된 잡곡재배와 밀접한 관련성을 가지는 것으로 추정되며, 이것은 결국 이전의 생업구조와 다른 시스템이 중기 단계에 이루어지고 있음을 나타내는 것으로 해석할 수 있다(하인수 2009a).

다음은 시기에 따른 석기 기종별 변화 양상에 대해 살펴보고자 한다. 괭이형 타제석부는 형식을 알 수 있는 자료(표3)를 기준으로 할 때 시기별 점유 관계는 조기 23%(14점), 전기18% (11점), 중기38%(23점)로 나타나며, 따비형 타제석부(표4)는 조기16%(8점), 전기 16% (8점), 중기51%(25점)로 나타난다. 조·전기 단계의 괭이형과 따비형 타제석부의 점유율은 거의 변화가 없으나 중기에는 이전 시기와 확연히 구별되는 양상을 보인다. 〈표3, 4〉에서 나타나는 현상을 그대로 이해한다면 중기에 접어들면서 타제석부류의 양이 이전 시기에 비해 급증하고 종류도 다양함을 알 수 있다. 특히 따비형은 전 단계에 비해 3배 이상의 점유율을 보인다. 이러한 현상은 앞서 설명한 바와 같이 전기 이래 한반도 전역에 보급된 잡곡농경과 관련하여 생업 도구에 변화가 있음을 반영하는 것으로 추정된다.

이밖에도 전면마제석부와 갈돌·갈판이 중기 문화층에 집중하는 경향을 보인다. 갈돌· 갈판은 조기전기의 것이 부정형을 이루는데 비해 중기의 것은 양적으로 증가할 뿐 만 아니라 형태상 지탑리형으로 정형화하는 특징을 보인다. 전면마제석부 역시 앞 시기에 비해 양적으로 증가하는 경향을 보인다. 이러한 현상은 역시 따비형 타제석부의 증가와 같은 맥락에서 이해 할 수 있을 것으로 생각된다.

---

11) 〈표5〉의 층위별 석기 현황에서 보는 바와 같이 미분류된 타제석부의 시기별 점유율은 조기 21%(26), 전기 20%(25), 중기 41%(50)로 나타난다. 각층별 출토 양상에 변수는 존재하지만, 현상을 그대로 이해한다면 중기 단계에는 타제석부가 이전 시기에 비해 2배 정도의 점유율을 보인다.

표5 범방유적 출토 층위별 석기 현황(불명석기는 제외)

층위	기종	타제석부	마제석부 전면	마제석부 인부	갈돌	갈판(대석)	유선형석기	세장방형타제석부	작살	어망추	조침	유견석부	석착	석추	흑요석제박편석기	장신구	고석	지석
	교란층	17	4	1	2	2	1	1	1	2	5	1					9	2
후기	Ⅲ층	1	1		1												3	
후기	Ⅳ층	1			1	1					2							1
중기	Ⅴ층	50	7	5	8	2	2				2		1		1	2	3	3
전기	Ⅵ층	25	2	9	1	1		2	1	1	9				3		5	1
조기	Ⅵ-2층	5		1						1	2						2	
조기	Ⅶ층	11	1			2					3			1				3
조기	구상유구	10		3				1			7						2	2
합계 (263)		120	15	19	13	8	3	4	2	4	30	1	1	1	4	2	24	12

이상에서 살펴본 석기와 달리 시기별 점유 현상이 중기를 기점으로 다르게 나타나는 석기도 존재하는데, 결합식조침이 그것이다. 결합식조침은 기본적으로 죽과 침부가 별도로 제작되어 결합되는 소위 오산리형에 속하는 것이다.

〈표5〉에서 보이는 결합식조침의 층위별 출토양을 그대로 받아들인다면, 조기에서 후기로 갈수록 사용량이 감소하는 것으로 이해할 수 있다. 물론 이러한 양상을 그대로 수용할 수 있을 것인가에 대해서는 좀더 검토가 필요하지만, 조·전기층이 비교적 안정적인 상태를 보이고 있다는 점을 감안한다면 층위에 따른 조침의 점유 양상도 어느 정도 의미가 있을 것으로 생각된다.

결합식조침은 남해안지역 조기의 어로문화를 대표하는 유물일 뿐만 아니라 작살, 어망추 등과 함께 가장 널리 사용된 어로구임은 주지하는 바와 같다. 이러한 조침이 후기로 갈수록 사용량이 감소하는 경향을 보인다는 사실은 적어도 범방유적에 어떠한 변화가 있었음을 지시하는 것으로 해석할 수 있을 것 같다. 구체적인 검토가 필요한 부분이지만, 도구의 변화와 조성관계가 생업구조와 밀접한 상관성을 갖는다고 한다면, 조침의 감소는 잡곡농경의 보급에 따라 어로 비중이 상대적으로 낮아졌음을 반증하는 것으로 해석해 볼 수 있을 것이다.

한편 범방유적의 층위별 석기양상에서 또 하나 주목되는 것은 Ⅴ층에서 전체 석기 중 1/3가량이 출토되고 있다는 것이다. 기종은 다양하지 않은 편이나 전술한 바와 같이 농경과 관련하는 지탑리형 갈돌, 갈판과 굴지구인 타제석부의 점유율이 타문화층에 비해 월등히 높다는 것이다. 현재 출토되는 자료가 당시의 상황을 그대로 반영하고 있다고 한다면, 중기문화층에서 보이는 석기조성과 그 양은 남해안지역 중기 집단(집락)의 석기 소비량과 보유실태를 반영하는 것으로 볼 수 있으며, 이것은 또한 당시 생업구조와 생계유형의 일면을 반영하는 것으로 추정해 볼 수 있을 것이다.

V. 맺음말

이상에서 범방유적에서 출토된 석기의 종류와 시기별은 변화 양상에 대해서 살펴보았다. 본고는 유적보존 문제 등 여러 가지 사정으로 완굴되지 않은 자료를 중심으로 검토가 이루어졌기 때문에 문화층 별 통계치와 그에 따른 해석에 오류가 많을 것으로 생각된다. 뿐 만 아니라 타제석부의 분류와 시기별 점유양상에 대해 타유적과의 비교 검토가 이루지지 않았다. 이러한 점들은 차후 별고를 통해 구체적으로 다루겠지만, 타제석부를 비롯한 특정 기종의 시기별 변화 양상과 외래계 석기의 실상은 당시 부산지역을 중심으로 한 남해안지역의 사회와 생업구조의 변화를 이해하는데 기초 자료가 될 수 있을 것으로 생각된다.

범방유적은 기존의 범방패총의 성격과 문화 내용를 보완할 수 있을 뿐만 아니라, 패총을 남겼던 신석기인들의 생활문화를 복합적으로 이해하고 패총과 주거유적의 비교 연구에 유용한 자료임은 분명하며, 여기서 출토된 다양한 형식의 즐문토기와 다량의 석기류는 남해안지역의 생업형태와 집단의 생산활동을 연구하는데 중요한 연구 자료가 될 것으로 기대된다.

그리고 산지분석과 타지역 사례를 통해 상세한 연구가 필요하지만, 흑요석과 화강편마암제 마제석부, 조침 등의 외래계 석기는 신석기시대의 물자 유통과 지역 집단간의 교역 시스템을 이해자료로써 주목할 필요가 있을 것이다.

[참고문헌]

고고학 민속학연구소, 1961,『지답리원시유적발굴보고』, 과학원출판사.

高橋豊 · 河仁秀 · 小畑弘己, 2003,「螢光X線分析에 의한 東三洞, 凡方遺蹟 출토 黑曜石産
　　　地 推定」,『韓國新石器研究』6, 韓國新石器學會.

고동순, 2009,「동남해 오산리 C지구 최하층유적의 조사 성과」,『한일신석기시대의 어로와
　　　해양문화』한국 신석기학회, 九州繩文研究會.

국립경주박물관. 1991,『울진 후포리유적』.

국립문화재연구소, 2004,『고성문암리유적』.

국립중앙박물관, 1994,『암사동』.

국립진주박물관, 1999,『목도패총』.

김선지, 2000,「남해안의 신석기시대 석부에 대한 고찰」, 서울대학교 석사학위논문.

山崎純男, 2003,「西日本の繩文後 · 晚期の農耕再論」,『朝鮮半島と日本の相互交流に關する
　　　總合學術調査』, 大阪市學藝員等共同研究實行委員會.

山田昌久, 1984,「環境變化と道具」,『歷史公論』6, 雄山閣.

서울대학교 박물관, 1984 · 1985,『오산리유적』.

신숙정, 1997,「석기와 뼈연모」,『한국사』2, 국사편찬위원회.

안승모, 1997,「신석기시대의 생업과 사회」,『한국사』2, 국사편찬위원회.

안승모, 1998,『동아시아 선사시대의 농경과 생업』, 학연출판사.

안승모 · 이영덕 · 김대성, 2003,『갈머리 유적』, 호남문화재연구원.

윤정국, 2009,「신석기시대 굴지구의 제작기법에 대한 연구」,『한국신석기연구』17.

윤지연, 2007,「사용흔 분석을 통한 석부의 기능 연구」,『한국고고학보』63.

이기길 · 윤정국, 2005,『진안 진그늘 선사유적』, 조선대학교 박물관.

이동주, 2003,「빗살문토기 단계의 석기내용과 특징」,『한국신석기연구』6.

이상균, 2003,「신석기시대 한반도 남해안 석기군의 양상」,『日韓新石器時代의 石器』, 제5
　　　회 일한신석기시대 연구회발표요지.

이헌종, 2000,「호남지역 신석기시대 타제석기 제작기법의 제양상」,『선사와 고대』15.

임상택, 2001,「중서부 신석기시대 석기에 대한 초보적 검토I」,『한국신석기연구』창간호.

최종혁, 2001,「생산활동에서 본 한반도 신석기문화」,『한국신석기연구』2.

하인수 외, 1993『범방패총』I, 부산박물관.

하인수, 1996, 『凡方貝塚』II, 부산박물관.

하인수, 2006a, 「신석기시대 한일문화교류와 흑요석」, 『한국고고학보』58.

하인수, 2006b, 「동남해안지역의 어로구」, 『신석기시대의 어로문화』, 동삼동패총전시관.

하인수, 2009a, 「남해안지역 중기 즐문토기 사회의 동향」, 『한국상고사학보』66.

하인수, 2009b, 『범방유적』, 부산박물관.

하인수, 2009c, 「신석기시대 석기의 종류와 양상」, 『박물관연구논집』15, 부산박물관.

한남대박물관, 2003, 『옥천 대천리 신석기유적』.

한창균·김근완·구자진, 2003, 『옥천 대천리 신석기유적』, 한남대학교 중앙박물관.

황용훈, 1983, 「석기·골각기」, 『한국사론』12.

05

한일문화교류와 흑요석

Ⅰ. 머리말

선사시대 한반도 남부와 일본 구주지역은 바다를 사이에 두고 위치하는 자연·지리적 조건과 생업환경의 유사성으로 구석기시대 이래 문물 이동과 교류가 주변의 어떤 지역 보다 빈번하게 이루어져 왔다. 특히 한반도 남부해안과 九州 서북부해안 지역민은 신석기시대에 접어들면서 대한해협을 공동의 생활 무대로 하여 수천년 간의 교류활동을 전개하게 된다.

　신석기시대 한반도와 일본열도의 관계사 연구는 일찍부터 일인 연구자를 중심으로 전파론적인 시각에서 승문문화의 계통성 문제와 관련하여 진행되어 왔다. 그러나 광복 이후, 양지역에서 관련 유적의 발굴조사와 신자료가 증가하고, 토기·석기·어로·문물교역·계통성 등 다양한 연구에 힘입어 양문화의 친연성과 관련성이 점차 밝혀짐에 따라 교류의 양상과 실상이 보다 구체적으로 드러나게 되었다(정징원·하인수 1998).

그러나 최근 들어 동삼동, 범방, 연대도, 욕지도, 세죽유적 등 한반도 남해안의 각 지역에서 교류의 실태와 성격을 구체적으로 보여주는 다양한 승문계유물이 출토되고, 관련 연구결과(甲元眞之·鄭澄元 外 2002; 河仁秀 2001)가 발표되면서 즐문토기문화와 승문문화의 관계사 연구에 새로운 시야와 접근이 필요하게 되었다. 다시 말하면, 지금까지 막연히 교류라는 포괄적인 개념속에서 취급되어 온 한일 양지역의 상호관계를 보다 구체적이고 실질적인 측면에서 조망할 필요성이 있다는 것이다.

따라서 본고에서는 교류의 실체화 과정을 규명하고, 한반도 남해안지역 신석기사회의 지역간 문화적 동태를 파악하기 위한 기초 작업으로써, 지금까지 연구와 발굴 성과를 참조하여 남해안과 구주지역간에 이루어진 대외교류 실태를 물자유통과 교역(교환)이라는 측면에서 살펴보고자 한다.

Ⅱ. 교류문물의 검토

1. 남해안지역 출토 繩文系유물

한반도와 일본열도의 교류관계를 보여주는 신석기시대 繩文系遺物[1]은 일본열도와 최단거리에 위치하는 남해안지역의 해안지대와 도서지역에 한정하여 패총유적에서 집중적으로 출토되고 있으며, 남해안과 접하는 부산·울산해안지역에서도 확인되고 있다(도면1, 표1). 시기적으로는 즐문토기 조기의 융기문토기 단계부터 만기의 이중구연토기 단계에 걸치고 있다.

이들 지역에서 출토된 승문계유물은 승문토기를 비롯하여 흑요석과 사누카이트로 만든 석촉·石鋸·石銛·石錐·剝片石器·石匙 등의 각종 석기류와 西北九州型 조침 등이 있으나 양적으로나 분포상으로 보아 토기와 흑요석제 석기가 주류를 이룬다.

---

1) 본문 중에 사용한 繩文系, 櫛文系遺物(土器)의 용어는 편의상 繩文文化 혹은 櫛文土器文化系 遺物(土器)을 약칭한 것임을 밝혀 둔다.

NO	유 적	출 토 유 물	시 기
1	동삼동패총	轟B式土器, 프로토 曾畑式土器, 曾畑式土器, 船元Ⅱ式土器, 里木式土器, 南福寺式土器, 사까노시다식토기(坂の下式土器), 出水式土器, 흑요석제석거·석촉·石鏃·石錐·긁개·박편, 사누카이트제 석촉·石鏃	즐문조기~만기
2	조도패총	壓型文土器, 繩文土器	즐문조기~중기
3	범방패총	屈曲型土器(轟B式系土器), 轟C·D式系土器, 鷹島式 혹은 船元式系土器, 黑曜石石鏃·剝片石器	즐문조기~만기
4	범방유적	黑曜石 원석, 긁개, 剝片, 사누카이트製 剝片	즐문조기~만기
5	신암리유적	屈曲型土器(轟B式系土器), 프로토 曾畑式土器, 阿高式系土器	즐문조기~중기
6	신암리Ⅲ지구유적	흑요석제석촉	즐문중기~
7	연대도패총	轟B式土器, 春日式土器, 黑曜石製 석촉, 石匙, 사누카이트製石匙·석촉·石鏃·긁개·박편	즐문조기~전기
8	상노대도패총	屈曲型土器(轟B式系土器), 曾畑式系土器, 中津式土器, 南福寺式土器, 粗製土器(條痕文), 흑요석제石鋸, 서북구주형조침	즐문조기~후기
9	욕지도패총	船元Ⅱ式土器, 御手洗式土器, 黑曜石製石鏃·石鋸, 사누카이트제 石鏃	즐문전기~후기
10	흑산제도패총	프로토曾畑式土器	즐문전기~?
11	김해화목동유적	흑요석박편	즐문만기
12	안도가유적	石鋸, 흑요석박편	즐문후기
13	수가리패총	흑요석제석기	즐문후기
14	송도패총	흑요석박편	즐문조기
15	다대포패총	흑요석박편	즐문중기~
16	대항패총	흑요석박편	즐문중기
17	진주대촌유적	흑요석제 박편석기	승문후기
18	우봉리유적	흑요석박편	즐문조기
19	산등패총	흑요석박片	즐문후기
20	시랑리공수C유적	흑요석박편	즐문조기~
21	북정패총	흑요석박편	즐문조기~중기
22	울산 세죽패총	흑요석제 석촉·石鏃, 사누카이트제 石鏃	즐문조기
23	거제 대포유적	轟B식토기, 春日式土器, 흑요석제 긁개, 石核	즐문조기~중기
24	거제 근포유적	흑요석박편	즐문중기

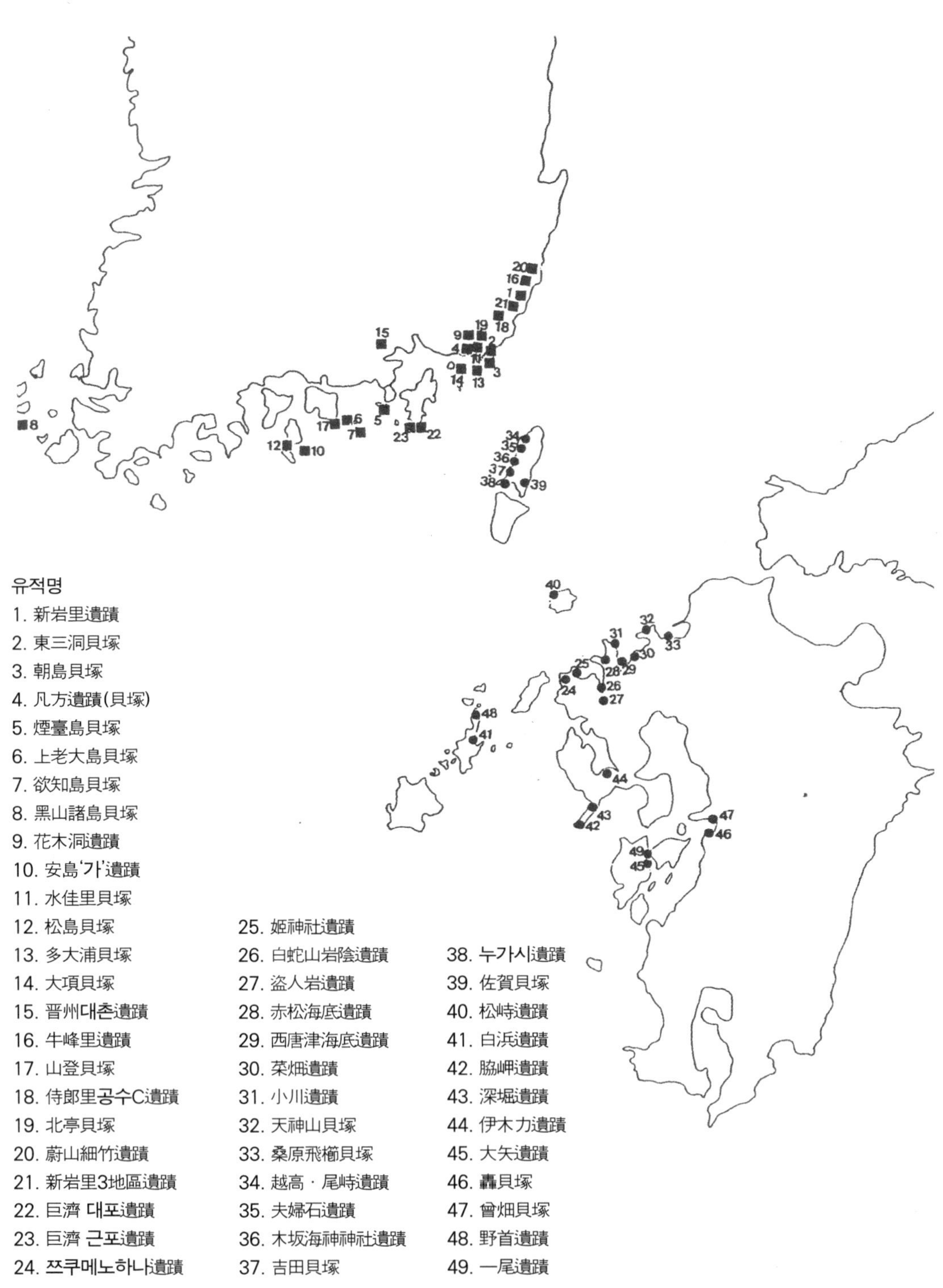

도면1 한반도 남해안 및 일본구주 출토 교류문물 분포도

1) 繩文系土器

지금까지 한반도 동·남해안지역의 여러 유적에서 확인된 외래계토기 중 승문계토기로 인정할 수 있는 것은 轟B式土器·曾畑式土器, 西唐津式土器(프로토曾畑式土器), 船元Ⅱ式土器, 春日式土器, 南福寺式土器, 出水式土器, 中津式土器, 사가노시다식토기 등이 있다.[2] 이들 승문계토기는 승문 전기에서 후기에 걸치는 서북구주지역의 토기형식이며, 시기적으로 한반도 남부의 조기에서 만기의 즐문토기와 병행관계를 갖는다. 관련 유적으로는 동삼동패총·조도패총·범방패총, 울산 신암리유적, 연대도패총, 상노대도패총, 욕지도패총, 흑산도패총, 거제 대포유적 등이 있다. 특히 동삼동패총에서는 즐문토기 조기에서 만기에 걸친 문화층에서 다양한 형식의 승문계토기[3]가 다량으로 출토되고 있다.

남해안지역에서 현재까지 출토된 승문계토기 중 가장 고식의 토기는 구주지역의 토기 편년과 남해안지역 즐문토기와의 공반관계로 보아 승문전기 전반의 轟B式土器(도면2-6~10, 3-17·18·22)와 屈曲型土器(도면3-2~5·7·8)이다. 한편 조도패총에서 남해안지역의 즐문토기와 시문 기법과 문양 형태에서 차이를 보이는 토기편이 3점 출토되었는데(정징원 1990), 그 중 하나는 시문 기법상으로 승문조기의 押型文土器와 유사한 특징을 보인다(도면3-19).

전술한 轟B式土器가 출토되는 유적으로는 동삼동, 범방, 신암리, 연대도, 상노대도패총, 거제 대포유적 등이 있으며, 이들 유적은 다른 유적에 비해 승문계유물이 지속적으로 출토되는 양상을 보인다. 특히 흑요석제 석기가 다량으로 출토되고 있을 뿐 만 아니라 유적의 규모나 연속성에서 주변의 유적보다 상대적으로 우위를 점하고 있다. 이러한 점은 후술하는 남해안지역과 일본 구주지역의 흑요석 교역과 밀접한 상관성을 가지는 것으로 보인다.

---

2) 동삼동패총을 비롯한 남해안지역 출토 승문계토기의 형식과 시기에 관해서는 일본의 古門雅高와 水ノ江和同先生으로부터 도움을 받았으며, 이에 대한 간단한 코멘트는 다음의 논문에 기술되어 있다 (甲元眞之·鄭澄元外, 「先史時代の日韓交流試論」, 『靑丘學術論集』20, 2002.).

3) 지금까지 동삼동패총에서 출토된 승문계토기로는 승문 전기의 轟B式土器(도면2-6~9), 西唐津式土器, 曾畑式土器(도면2-11), 中期 前半의 船元Ⅱ式土器(도면2-5), 중기후반의 里木式土器, 후기의 南福寺式, 出水式, 사까노시다식토기(도면2-1~4·12~14) 등이 있다. 이들 승문계토기는 시기적으로 한반도 남부 즐문토기문화 조기에서 만기에 걸치고 있다.

동삼동패총의 승문계토기는 대부분 자료들이 편들로 출토되어 기형이나, 형식이 애매한 점도 없지 않으나 轟B式土器의 영향으로 재지화된 소위 屈曲型土器를 제외하고는 태토, 소성, 문양구성, 기형 등으로 보아 대부분 토기들이 구주지역에서 반입된 것으로 생각된다.

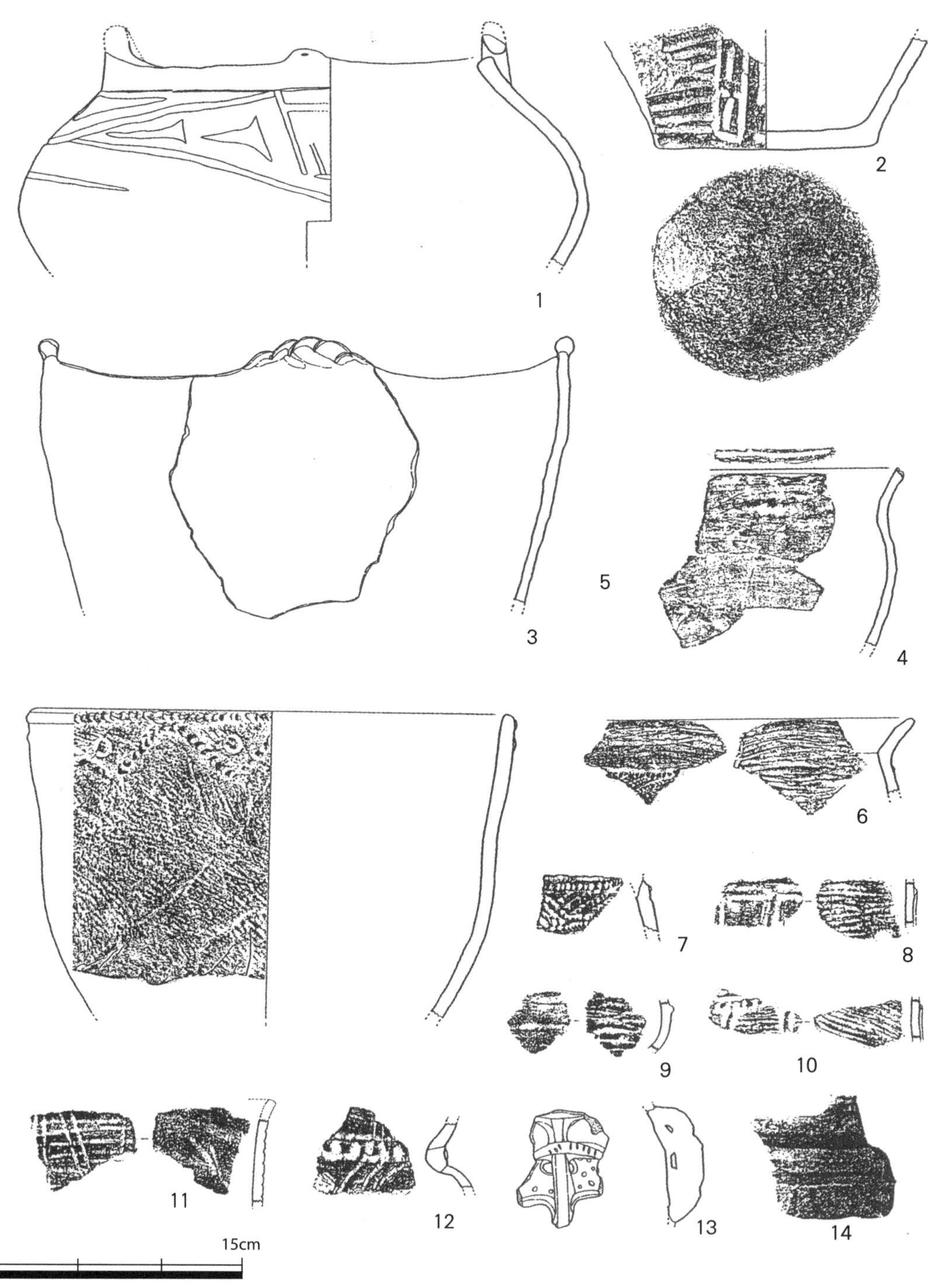

도면2 동삼동패총 출토 즐문계토기

1~7 · 11~13: 부산박물관 발굴, 8~10: 샘플발굴, 14: 국립중앙박물관 발굴

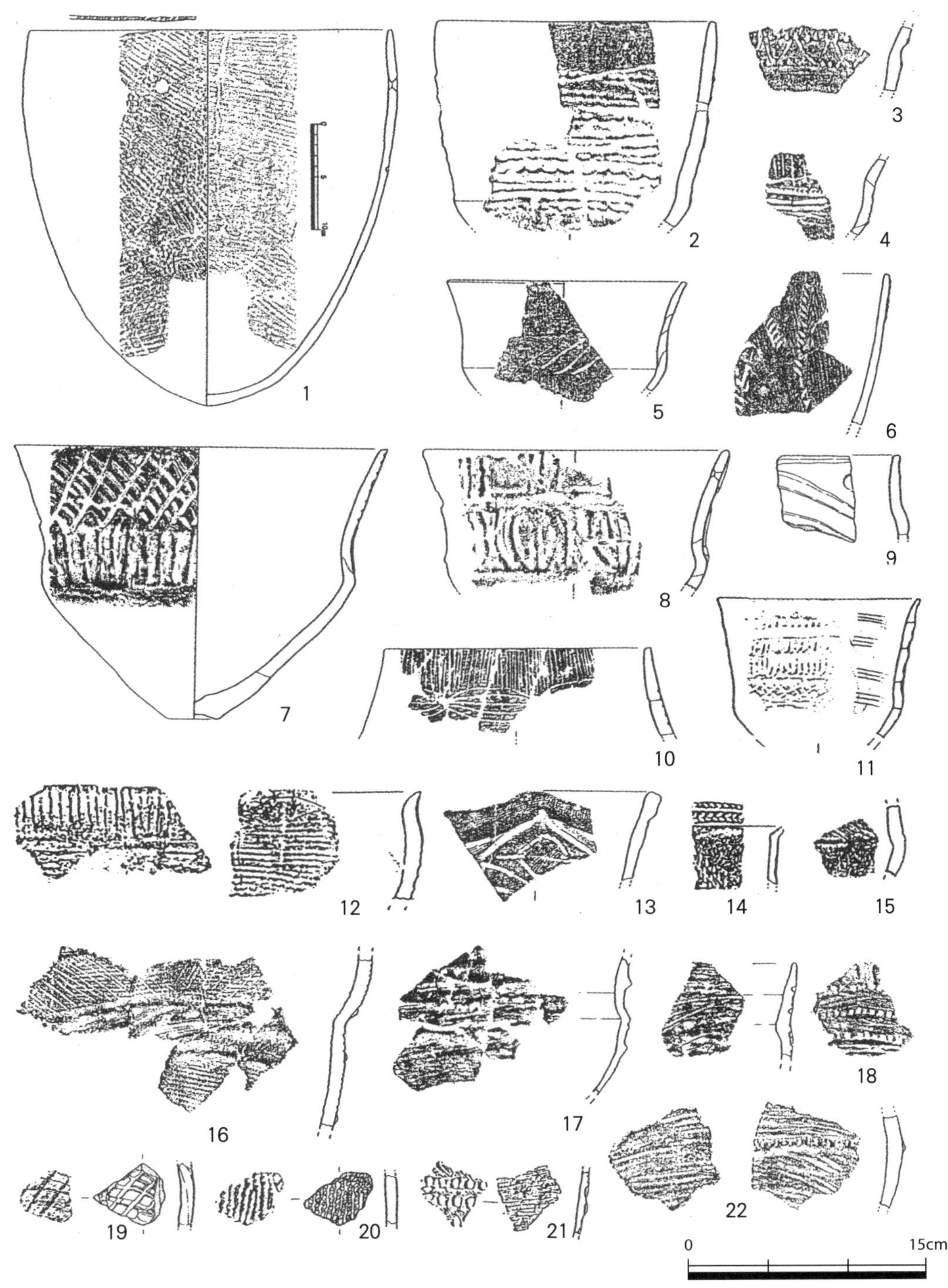

도면3 남해안지역 출토 즐문계토기

1~5: 범방패총, 6: 욕지도패총, 7~10: 신암리유적, 11~15: 상노대도패총, 16~18: 연대도패총, 19~21: 조도패총, 21: 흑산도패총, 22: 거제 대포유적

승문전기 전반의 轟B式土器에 후속하는 프로토 曾畑式土器(西唐津式 혹은 野口式土器)로 간주할 만한 토기는 아직 출토되지 않고 있으나, 그 영향을 받은 것으로 생각되는 토기가 신암리유적(도면3-10)과 동삼동패총의 샘플 발굴자료에서 확인되는 것으로 보아 앞으로 출토될 가능성이 있다고 생각된다.

승문전기 후반의 승문계토기로는 동삼동패총과 흑산도패총 출토품이 있다. 흑산도 출토품은(도면3-21)은 작은 편이라 불확실한 점도 있으나 시문수법과 내면의 기면 조정 상태로 보아 曾畑式의 늦은 단계의 토기로 추정된다. 동삼동 출토품(도면2-11)은 시문수법과 기형, 태토 등으로 볼 때 구주지역에서 반입된 曾畑式土器가 분명하다. 이 밖에 상노대도 유적 출토품 중에 구순단과 내측에 이중으로 각목된 토기(도면3-14)와 동체 하부가 굴곡하면서 외반하는 동체를 갖는 토기(도면3-11)는 曾畑式土器의 영향을 받은 것으로 추정된다.

승문중기의 승문계토기로는 욕지도패총(도면3-6)의 船元Ⅱ式土器(水ノ江和同 2000), 동삼동패총의 船元Ⅱ式土器(도면2-5)·里木式土器·阿高式土器, 범방패총의 貝殼條痕文土器(도면3-1), 연대도패총의 春日式土器(도면3-16), 轟C·D式土器와 유사한 형태를 보이고 있는 범방패총 출토품(도면3-3)이 있다. 이밖에 미보고 자료[4]이지만 거제 대포유적의 春日式土器가 있다. 승문 중기의 승문계토기는 태토, 기형, 시문형태 등에서 볼 때 모두 구주에서 유입된 것으로 보인다.

남해안지역에서 출토된 船元Ⅱ式土器는 승문 중기전반, 春日式土器와 里木式土器는 중기 후반, 신암리출토품(도면3-9)과 동삼동패총에서 출토된 阿高式土器는 중기말에 속하는 것이다. 이들 승문계토기는 남해안지역의 즐문토기 중기의 수가리Ⅰ·Ⅱ식토기와 공반되고 있어 양지역 토기문화의 병행관계를 잘 보여 준다.

남해안지역에서 출토된 승문후기의 승문계토기는 다른 형식의 토기에 비해 수량도 많고, 형식도 다양하다. 그러나 특정 지역에 한정하여 출토되는 경향을 보이고, 전기의 승문계토기에 비해 분포 범위가 적은 편이다. 이들 자료는 대부분 구주지역에서 반입된 것으로 보이며, 재지에서 승문토기의 영향으로 제작된 것은 보이지 않는다.

남해안지역의 후기 승문계토기는 동삼동과 상노대도, 욕지도패총에서만 확인되고 있다. 특히 동삼동(샘플·국립중앙박물관·부산박물관 자료)에서는 南福寺式土器(도면2-2)를 비롯한 사까노시다식토기(도면2-1·14), 出水式土器(도면2-4) 등 승문후기의 다양한 형식의

---

4) 국립김해박물관의 임학종선생에 의하면 거제 대포유적에서 승문 중기후반의 春日式土器가 채집되었다고 한다.

토기가 출토되었다. 동삼동패총은 토기 형식의 다양성과 수량면에서 타유적과 차별화되는 특징을 보이는데, 그것은 이 시기에 있어서 동삼동패총 집단의 활발한 대외 교류활동의 일면을 보여주는 것으로 판단된다. 이 밖에 욕지도와 상노대도패총(연세대 박물관 조사)에서도 소량이지만 승문후기 초의 조제토기(條痕文)와 阿高式系의 御手洗A式土器, 中津式土器(도면3-13), 南福寺式土器[5]가 출토되고 있다.

이상에서 살펴 본 남해안지역의 승문계토기는 서북구주지역의 토기 형식과 같은 특징을 보여 주고 있으며, 시기적으로는 승문전기에서 후기에 걸치고 있다. 이들 승문계토기는 태토, 문양의 시문기법, 기형 등을 통해 볼 때 구주지역에서 반입된 박재품과 승문토기 모방한 유사품, 혹은 그 영향을 받아 재지화된 것이 있다. 轟B式토기의 영향으로 즐문토기화한 굴곡형토기(廣瀬雄一 1986)를 제외한 대부분의 승문계토기는 반입품으로 볼 수 있다.

2) 繩文系석기 · 골각기

남해안지역에서 승문계토기 이외에 승문계 석기와 골각기도 출토되고 있다. 석기는 산지가 구주지역으로 판명된 흑요석과 사누카이트[6]로 만든 석촉, 石銛·石鋸·石錐·긁개와 그 原石이 있다. 골각기는 상노대도패총 출토 서북구주형 결합식조침이 유일한 자료이다.

승문계석기는 구주지역에서 직접 반입된 것과 승문석기의 영향으로 재지에서 만든 것으로 구분할 수 있다. 전자의 대표적인 것이 흑요석과 사누카이트 그리고 이를 재료로 하여 만든 석기류이고, 후자의 예가 승문문화의 특징적 석기인 石匙이다.

한반도 남부해안지역에서 흑요석 원석과 석기가 출토된 유적은 동삼동패총, 조도패총, 연대도패총, 송도패총, 우봉리유적, 수가리패총 등 총 21개 소에 달한다(표2). 흑요석은 현재까지 알려진 바에 의하면 한반도 남해안지역에서는 산출되지 않는 광석이므로, 제품이든 原石이든 어떤 형태로 구주지역으로부터 직접 들여온 것이 확실하다.

신석기시대 남해안지역의 흑요석은 기존의 분석자료와 최근 동삼동패총과 범방유적 출토품의 분석 결과에 의하면 원산지가 일본 구주산으로 판명되었다(高橋豊·河仁秀·小畑弘己 2003). 남해안의 대부분 유적에서는 흑요석을 가공한 석촉, 石銛, 박편석기가 출토되고 있으며, 동삼동, 연대도, 범방유적에서는 전혀 가공되지 않은 흑요석 원석(도면4-19·23)

---

5) 미보고 자료이며, 연세대박물관의 후의로 실견한 것이다.

6) 동삼동패총과 범방유적에서 출토된 사누카이트제 석기와 박편의 산지 추정은 熊本大學의 小畑弘己선생으로부터 자문을 받았다.

NO	유적	출토유물	산지
1	동삼동패총	石鋸, 石鏃, 석촉, 石錐, 박편석기, 원석	腰岳, 針尾島
2	조도패총	박편	
3	범방유적·패총	석촉, 석인, 박편석기, 원석	腰岳, 淀姬·우시노다케산, 針尾島産
4	다대포패총	박편	
5	신암리Ⅲ지구유적	석촉	
6	연대도패총	石鏃, 석촉, 原石, 剝片	腰岳系
7	상노대도패총	石鋸, 石鏃	腰岳系
8	욕지도패총	石鏃, 석촉	針尾島産
9	송도패총	박편	腰岳系
10	수가리패총	박편(석촉?)	腰岳系
11	안도가유적	石鋸, 박편	
12	대항패총	박편	
13	진주귀곡동유적	석인상 박편석기	
14	우봉리유적	박편	
15	산등패총	박편	
16	공수C유적	박편	
17	북정패총	박편	
18	울산 세죽유적	석촉, 石鏃	
19	김해화목동유적	박편	
20	거제 대포유적	석핵, 긁개	
21	거제 근포유적	박편	

도 확인되고 있다. 원석의 크기는 연대도패총 출토품이 길이 4.8*cm*, 너비 3.3*cm*, 두께 2.5*cm*, 무게 43.6g, 동삼동패총 출토품이 길이 6*cm*, 너비 4.5*cm*, 두께 2.9*cm*, 무게 68.7g 정도이며, 범방유적 출토품은 板狀의 소형이다.

흑요석은 주로 석촉(도면5-12~25)이나 石鏃(도면5-1~11)·石錐(도면5-26)·긁개(5-27·28) 등 수렵·어로용의 소형석기를 만드는데 이용되었다. 제작기법과 재질, 형태 등에서 일본열도에서 출토되는 것과 유사한 것도 있지만 대부분의 석기들이 在地에서 만든 즐문계로 보여 진다.[7]

흑요석제석기와 마찬가지로 구주지역으로부터 유입된 것으로 생각되는 것이 사누카이트

---

[7] 동삼동, 상노대도, 안도유적 출토 石鋸(도면4-14~18·20~22)와 연대도패총에서 출토된 石鏃(도면5-5·6)은 구주지역 것과 형태적으로 동일한 모습을 보여 준다는 점에서 유입품일 가능성도 있다.

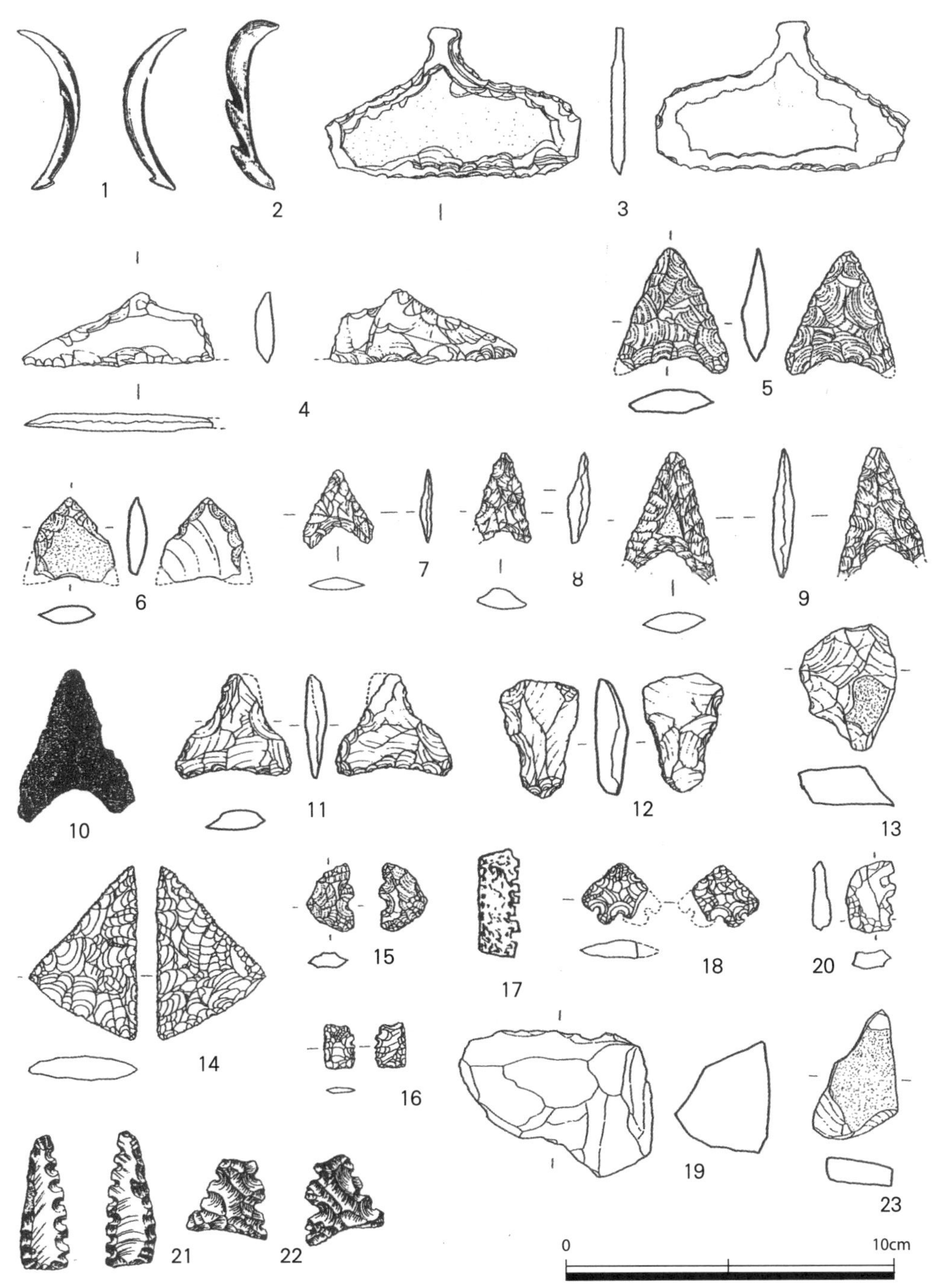

도면4 남해안지역 출토 즐문계유물 〈축척부동〉

1·2·21·22: 상노대도패총, 3·4·7~9: 연대도패총, 5·6·14~19: 동삼동패총, 13·23: 범방유적, 20: 안도유적, 10: 세죽유적, 11·12: 욕지도패총

제 석기이다. 사누카이트는 국내에서는 산출되지 않는 안산암 계통의 광물인데, 찬기암으로도 불린다.

사누카이트제 석기는 그 동안 별로 주목을 끌지 못하였으나 최근 동삼동과 범방, 세죽, 연대도, 욕지도패총에서 박편과 완성품의 석기가 확인되고 있어 이 역시 흑요석과 함께 한일 양지역의 교역문제를 접근하는데 중요한 자료가 될 것으로 생각된다. 특히 동삼동패총(1999년 부산박물관 발굴) 최하층의 융기문토기 문화층에서 흑요석와 함께 출토되어 이른 시기부터 석기 재료로 이용되고 있음을 보여 준다.

현재 확인된 사누카이트제 석기류는 많지 않으나 흑요석제 석기와 마찬가지로 석촉(도면4-6~8)과 石銛類(도면4-5·9~11)가 대부분을 차지한다. 범방유적(도면4-13)과 연대도 패총에서 석기 제작의 부산물인 박편이 출토되고 있는 점으로 보아 사누카이트제 석기 역시 흑요석과 마찬가지로 원석을 반입하여 재지에서 소형석기를 제작하는데 이용되었음을 보여 준다.

한편 연대도패총에서는 승문문화의 고유한 석기인 石匙가 출토되었는데, 한 점은 사누카이트제(도면4-4)이고 다른 한점은 혼펠스제 石匙(도면4-3)이다. 후자는 재질로 보아 승문 석기를 모방하여 재지에서 제작한 것으로, 전자는 재질과 형태로 보아 유입된 것으로 추정된다.

승문계토기·석기 이외의 승문계유물로는 상노대도(연세대발굴)패총에서 출토된 조침(도면4-1)이 유일하다.[8] 상노대도패총의 조침은 오산리형조침의 영향으로 일본 구주지역에서 출현한 것으로 생각되는 소위 서북구주형조침에 속하는 것이다(渡邊 誠 1985). 이와 동일한 형태의 조침은 茱畑유적 등에서 출토되고 있다. 조침의 형태가 구주지역 것과 동일하고 형태가 남해안지역의 조침과 확연히 구분되는 것으로 보아 구주지역에서 반입된 것으로 생각된다.

도면4-2는 외형적으로 서북구주형과 유사하나 針部 先端의 형태에서 차이를 보이고 있어 승문계 여부를 단정할 수 없다.[9] 그러나 針部의 형태가 기본적으로 남해안의 결합식과

---

[8]   물론 교류의 흐름 속에서 그 밖의 도구들도 유입되었을 것으로 생각되나, 양지역에서 출토되는 생업도구 가운데는 형태나 기능상 유사한 특징을 보여 주는 유물도 상당수 있어 彼我의 문화적인 범주를 확인하는데 어려움을 주고 있다. 이러한 점은 앞으로 양지역의 생업도구에 대한 구체적인 연구가 이루어진다면 해결될 것으로 생각된다.

[9]   침부 先端에 外鐖가 이중으로 된 결합식조침은 구주지역에서 확인되지 않고 있다.

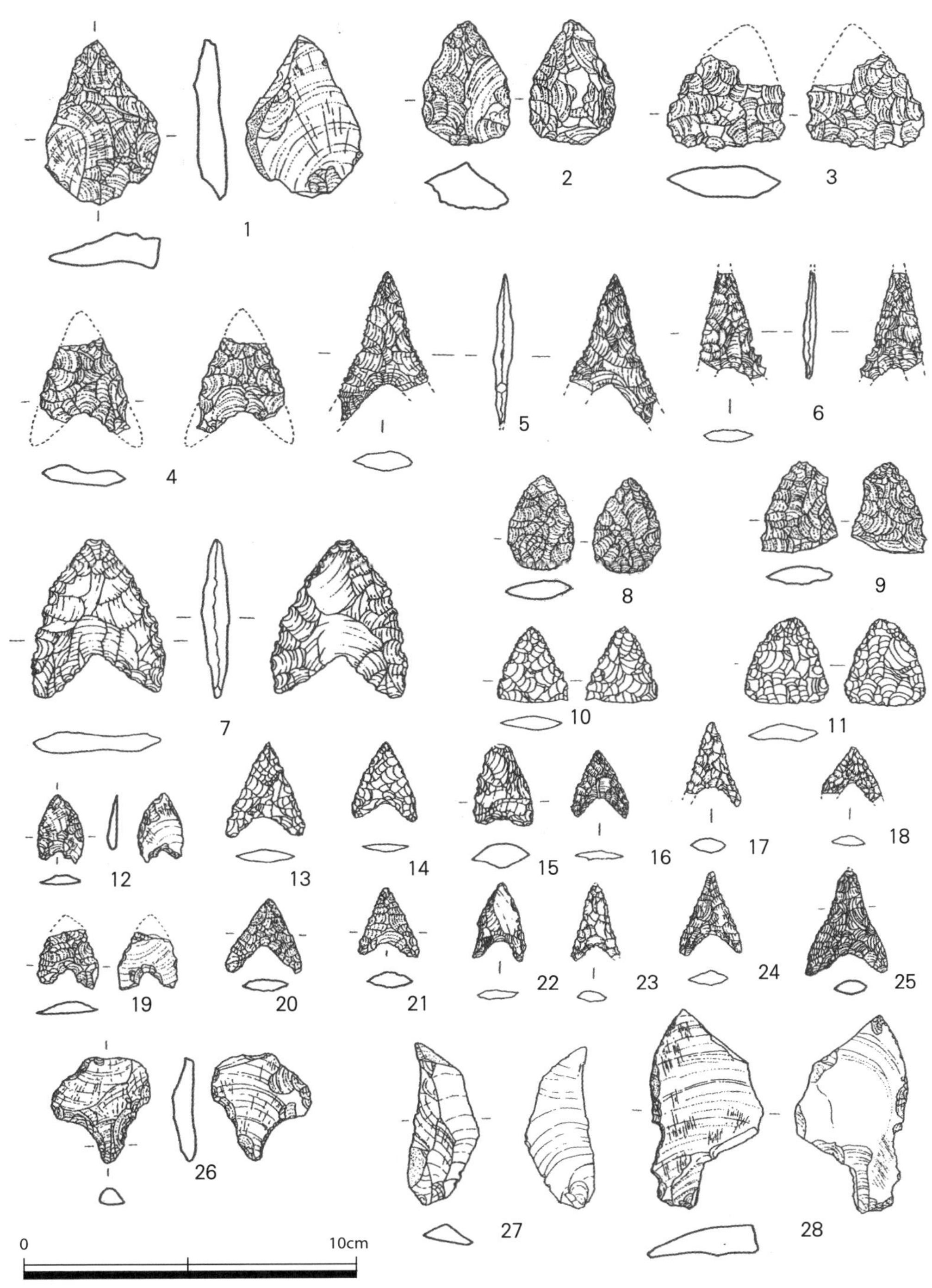

도면5　　남해안지역 출토 흑요석제석기

1~4·8~14·19~21·26·28: 東三洞貝塚, 5·6·16~18·22~24: 煙臺島貝塚, 25·27: 凡方貝塚, 7·15: 欲知島貝塚

다르고, 동일한 형태의 조침이 출토되지 않는 상황을 고려한다면 서북구주형 조침을 모방하여 변형된 형태로 재지에서 만든 것으로 보인다.

2. 구주지역 출토 櫛文系유물

일본 열도 출토 櫛文系유물[10]은 佐賀패총의 골제수식과 패천, 大矢유적과 一尾패총 출토 결합식조침을 제외하고는 모두 토기류이다. 지역적으로는 구주지역에 한정하여, 서북구주 해안지역에 집중적으로 분포하고 있으며(도면1, 표3), 승문전기부터 승문후기에 걸쳐 패총과 집락지 등에서 출토되고 있다.

1) 토기

구주지역에서 출토된 즐문계토기는 조기 후반대의 각종 융기문토기, 전기의 영선동식토기, 중기의 태선침선문토기(수가리 I 식토기), 후기의 퇴화침선문토기(수가리 II 식토기), 만기의 이중구연토기 등이 있으며, 시기적으로 즐문문화 조기에서 만기에 걸치고 있다.

이들 자료는 토기의 형식, 태토, 문양의 시문기법 등을 통해 볼 때 한반도로부터의 반입품과 승문문화 속에서 재지화한 것 또는 일본 재지에서 제작된 것도 있는 것으로 보인다. 반입품으로 볼 수 있는 것은 五島列島 白浜유적의 융기문계의 彩色土器(도면7-11), 轟패총의 융기문계토기(도면7-15·16), 西唐津海底유적 출토 일부 토기[11] 등이 있으며, 在地化된 것으로는 曾畑패총(도면7-34~36), 伊木力유적(도면8-7·8)·深堀유적(도면8-9~13)·茉畑유적(도면7-13·14)·西唐津海底유적(도면7-17·18)·野首유적(도면7-1~10) 등의 영선동식계토기가 있다.

재지화된 토기 중에서 野首유적 출토품은 남해안 즐문토기의 형식적인 특징을 잘 보여주고 있다는 점에서 즐문토기인들이 현지의 태토를 사용하여 직접 제작하였을 가능성도 있

---

10) 櫛文系라는 용어는 즐문토기문화 계통이라는 의미로 약칭한 것이며, 승문계와 대응하는 용어로 편의상 사용했음을 밝혀 둔다.

11) 2002년 말 佐賀縣 七田忠昭선생의 후의로 요시노가리유적 발굴사무소에서 실견한 西唐津海底 出土 유물 중에서 구연하에 압날 단사선문을 시문한 영선동식토기편 2점을 확인하였다. 이 토기는 태토, 색조, 시문기법과 문양형태에서 함께 출토된 승문토기와는 확연히 구분되며, 필자의 관찰 소견으로는 남해안지역에서 유입된 영선동식토기로 판단된다.

표3 일본 구주지역 출토 즐문계유물

NO	遺蹟	出土遺物	時期
1	越高유적	隆起文土器, 細沈線文土器, 把手附壺形土器	繩文早期末~前期
2	越高尾崎유적	隆起文土器, 細沈線文土器	繩文前期
3	夫婦石유적	瀛仙洞式土器, 太線沈線文系土器(水佳里I式土器), 把手附土器	繩文前期~中期
4	佐賀패총	骨製頸飾, 短斜集線文土器(水佳里I式土器), 흰샃 갓조개제貝釧, 뿔럭지샃갓조개제貝釧	繩文中期~後期
5	누가시유적	瀛仙洞式土器, 沈線文土器(水佳里II式土器), 把手附土器, 二重口緣土器	繩文中期-後期
6	松崎유적	水佳里I式土器	繩文前期
7	轟패총	隆起文土器, 刺突點列文土器	繩文早期~前期
8	西唐津海底유적	瀛仙洞式系土器, 瀛仙洞式 短斜集線文土器	繩文前期
9	白浜유적	彩色土器(隆起文系土器)	繩文前期~中期
10	쯔쿠메노하나유적	隆起文系 및 瀛仙洞式系土器	繩文早期-前期
11	姬神社유적	瀛仙洞式系土器	繩文前期
12	伊木力유저	瀛仙洞式系土器	繩文前期
13	深堀유적	瀛仙洞式系土器	繩文前期
14	脇岬유적	瀛仙洞式系土器	前期
15	白蛇山岩陰유적	隆起文系土器	繩文前期
16	盜人岩유적	瀛仙洞式系土器	繩文前期
17	茱畑유적	瀛仙洞式系土器	繩文前期
18	天神山패총	隆起文系土器	繩文前期
19	桑原飛櫛패총	水佳里II式土器(把手部土器)	繩文中期~後期
20	大矢유적	結合式釣針 軸部	繩文中期~後期
21	小川島유적	水佳里II式土器(把手附土器)	繩文前期~晩期
22	吉田패총	水佳里II式土器(退化沈線文土器)	繩文中期~後期
23	曾畑패총	瀛仙洞式系土器	繩文前期
24	赤松海岸유적	隆起文系土器, 水佳里III式土器	繩文早期-後期
25	木坂海神神社유적	瀛仙洞式系土器	繩文中期
26	一尾패총	貝製 結合式釣針	繩文中期~後期
27	野首유적	隆起文系土器, 瀛仙洞式系土器	繩文前期

다고 생각된다. 越高유적과 尾崎유적의 융기문토기류(도면6)는 대마도에 도항한 즐문토기인에 의해 제작된 것으로 추정된다.

이들 즐문계토기의 시기별 출토양상을 살펴보면, 구주 본토의 경우는 융기문토기와 영선동식계토기가 주류를 이루고, 대마도와 壹岐는 조기와 전기의 즐문계토기도 분포하고 있으나 즐문토기 중기 이후의 관련 유적의 비율이 구주 본토보다 증가하는 경향을 나타낸다.

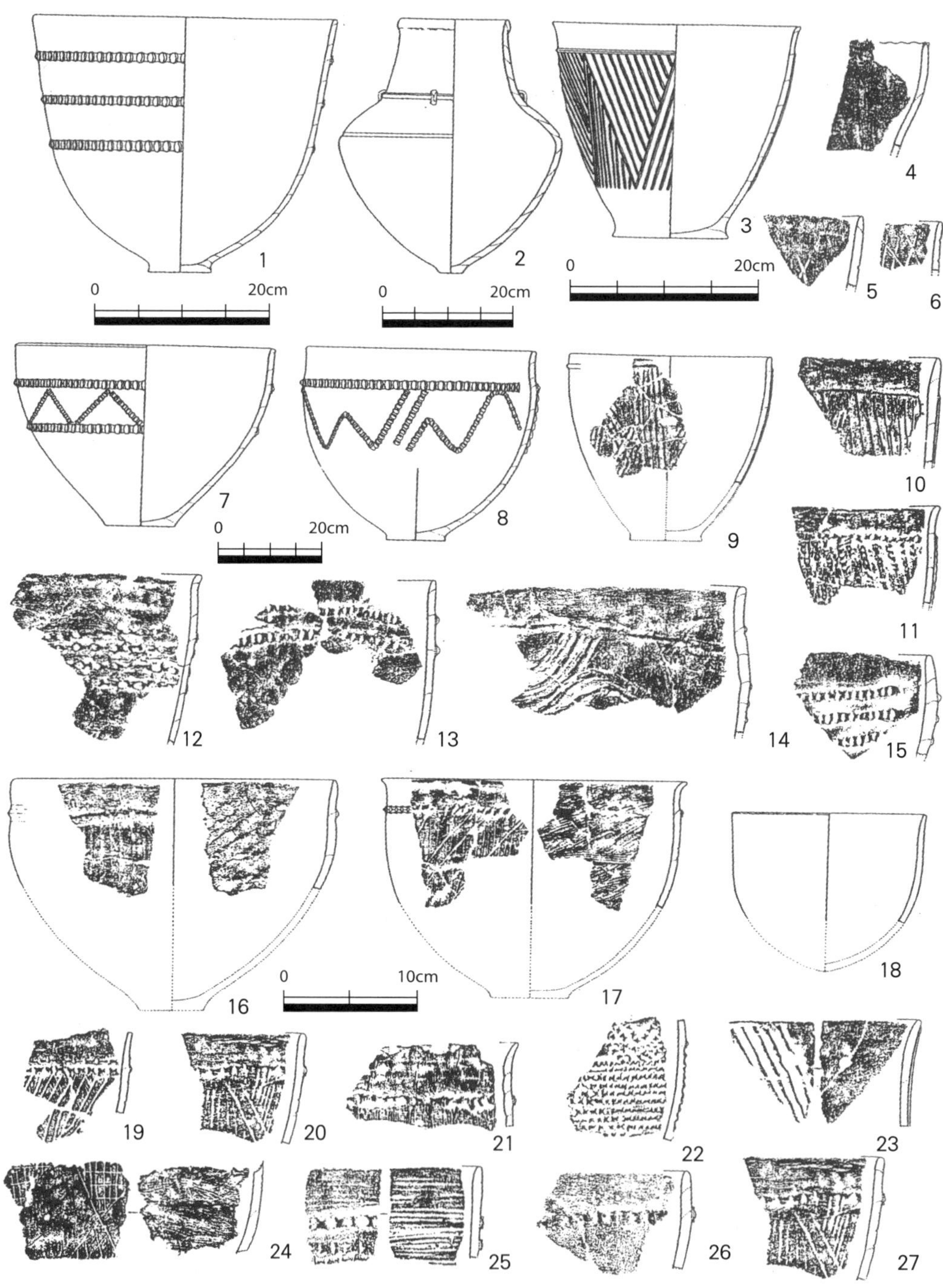

도면6 구주지역 출토 즐문계토기 〈축척부동〉

1~15: 對馬島 越高遺蹟, 16~27: 對馬島 尾崎遺蹟

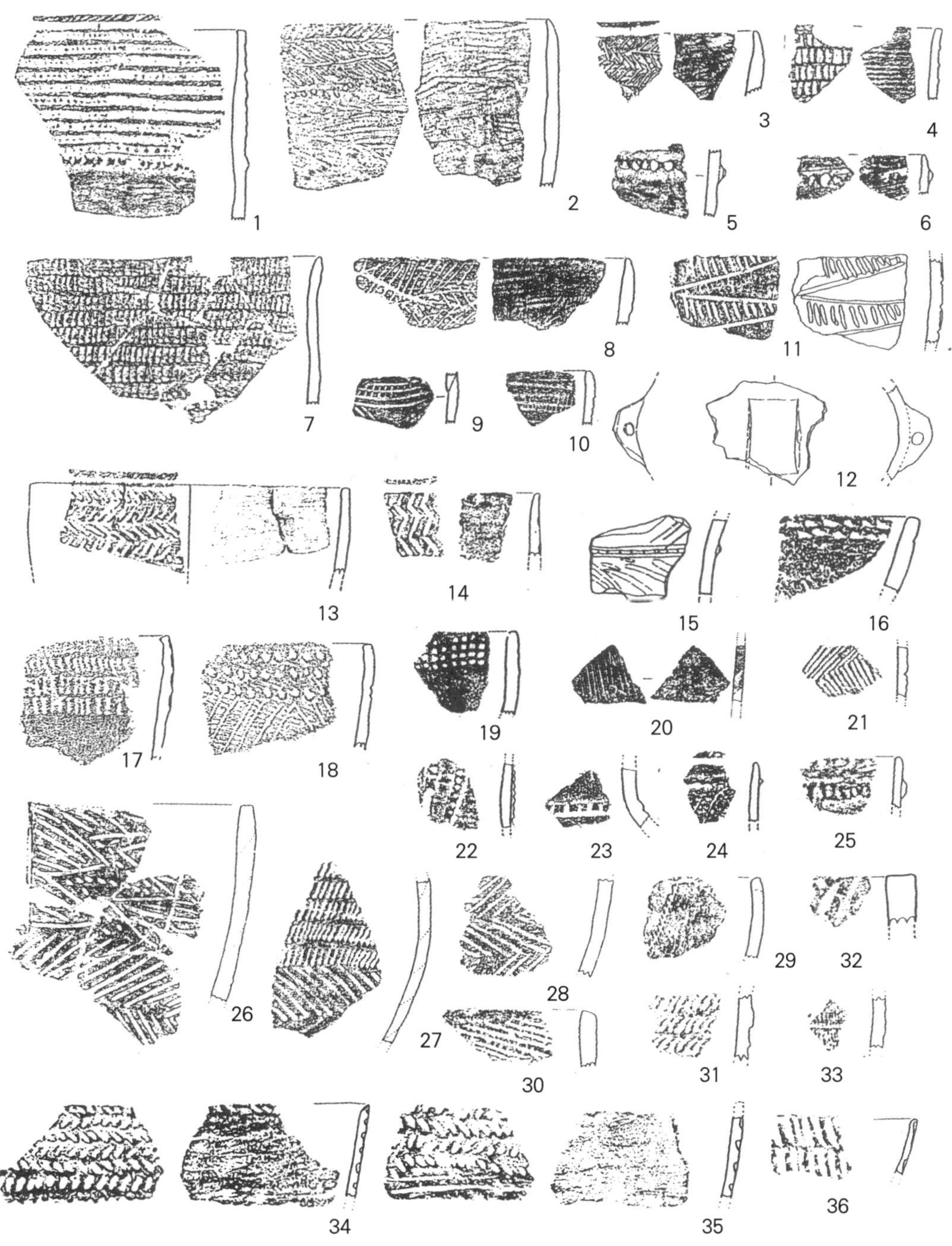

도면7 구주지역 출토 즐문계토기 〈축척부동〉

1~10: 野首遺蹟, 11: 白浜遺蹟, 12: 小川유적, 13·14: 菜畑遺蹟, 15·16: 轟貝塚, 17·18: 西唐津海底遺蹟, 19: 쯔쿠메노하나유적, 21~25: 赤松海岸遺蹟, 34~36: 曾畑貝塚, 26~31: 夫婦石遺蹟, 32: 松崎遺蹟, 33: 海神神社遺蹟, 20: 吉田遺蹟

시기적으로 가장 빠른 융기문계토기는 越高유적·尾崎유적·轟패총·白浜유적·赤松海底유적(도면7-22~25) 등에서 출토되고 있다. 특히 越高유적에서는 남해안의 융기문계토기가 2,600여 점이 출토되었는데, 토기류 중 승문토기는 극히 소량에 불과하여 越高유적의 성격을 잘 보여 주고 있다. 越高유적의 융기문계토기는 기종구성, 융기문의 형태, 문양구성, 기형, 제작기법 등에서 남해안지역의 융기문토기 형식과 동일한 특징을 보이고 있어 반입품보다는 즐문토기인들이 대마도에서 제작했던 것으로 판단된다.

즐문토기 전기에 해당하는 영선동식계토기는 夫婦石유적·누가시유적·轟패총·西唐津海底유적·伊木力유적·深堀유적·茱畑유적·曾畑패총 등에서 출토되었다. 이들 유적에서 출토된 토기 중에서 주목되는 것은 曾畑式土器의 선행 형식으로 西唐津海底유적에서 출토된 일군의 토기류이다. 西唐津式土器(프로토 曾畑式土器)등으로 분류되는 일군의 토기 가운데는 한반도 남부의 영선동식토기와 밀접한 관련을 가지는 토기도 다수 확인되고 있다는 것이다.

보고된 자료(松岡 史外 1981) 가운데 몇몇 토기들은 문양구성과 시문수법에서 남해안의 전기 즐문토기의 영선동식토기와 매우 유사하거나, 반입품으로 보여지는 것도 있다. 이들 토기는 형식적인 특징으로 보아 남해안의 전기즐문토기의 영향을 강하게 받아 재지화한 것으로 추정된다. 曾畑式土器의 선행 형식인 서당진식토기를 남해안의 영선동식토기문화의 일부 요소가 재지화한 것으로 본다면 신석기시대의 한일교류관계는 즐문토기 전기단계에 가장 밀접하게 이루어 졌다고 할 수 있다.

한반도 남부지방 즐문토기 중·후기에 해당하는 수가리Ⅰ·Ⅱ식계 토기는 夫婦石유적(도면7-26~31)·누가시유적·松崎유적(도면7-32)·佐賀패총·桑原飛櫛패총(도면8-14)·小川島유적(도면7-12)·赤松海底유적(도면7-21) 등에서 출토되며, 남해안의 침선문토기와 파수부토기 자료가 많다.

대마도의 夫婦石유적에서 출토된 즐문계토기는 자돌점열문토기(도면7-29), 수가리Ⅰ식의 태선침선문토기(도면7-26·27), 단도마연 단사집선문토기, 수가리Ⅱ식의 퇴화침선문토기(도면7-30), 파수부토기 등이 있다. 夫婦石유적은 출토층위와 토기의 형식적인 특징으로 보아 남해안지방의 전기즐문토기에서 중·후기의 수가리Ⅰ·Ⅱ식기에 병행하는 것으로 생각되며, 즐문계토기가 주체를 이루는 유적으로 판단된다. 특히 토기의 문양구성과 시문기법, 기형, 소성상태 등이 남해안의 토기 형식과 동일한 것으로 보아 즐문토기인들이 대마도에서 직접 제작하였거나 아니면 本土에서 대량으로 반입된 것으로 추정된다.

이 밖에 그 수량은 많지 않으나 누가시유적(도면8-2)과 吉田유적에서 남해안 만기의 표식적인 이중구연토기도 확인되고 있다. 반입품 여부는 알 수 없으나 기형으로 보아 남해안지역에서 유입된 것으로 추정된다.

2) 석기 · 골각기 등

앞서 설명한 바와 같이 구주지역의 즐문계유물의 대부분은 토기류이고, 그 밖에 자료들은 佐賀패총의 골제수식(도면8-15)과 패제품(도면8-19~23), 九州 본토의 大矢유적에서 나온 조침 등 수점에 불과하다. 최근 一尾패총(山崎純男 2000)에서 오산리형결합식조침이 출토되고, 佐賀패총의 투박조개제 패천(도면8-24~30)이 동삼동패총에서 공급되었을 가능성도 제기되고 있어(河仁秀 2001) 앞으로 관련 자료가 증가할 것으로 생각된다.

大矢유적(도면8-18)과 一尾패총(도면8-16 · 17)에서 출토된 釣針은 소위 오산리형 결합식조침에 속하는 것이다. 이들 結合式釣針은 소위 西北九州型 결합식조침이 오산리형의 영향으로 출현하였다는 연구 결과(渡邊 誠 1995)를 염두에 둔다면 남해안 결합식조침을 모방하거나 그 영향으로 재지에서 제작되었을 가능성이 높다고 생각된다.

佐賀패총에서 나온 골제수식은 일본열도에서 서식하지 않는 고라니의 上顎犬齒로 만든 것이다. 貝釧의 소재 중 뿔럭지삿갓조개(도면8-22 · 23)와 흰삿갓조개(도면8-19~21)는 일본열도 동북 이북과 한반도 해역에만 서식하고 구주 인근 해역에서 서식하지 않는 종이다. 이들 패제품은 소재를 일본 동북지방에서 입수하여 제작했을 가능성도 있지만, 佐賀패총이 위치하는 대마도가 지리상으로 당시 양지역 문화교류의 중간지대인 점과 주변 유적에서 즐문계유물이 출토되고 있는 것으로 보아 골제수식과 마찬가지로 한반도 해안지역으로부터 반입된 것으로 생각된다(正林護 1989).

한편 전술한 즐문계유물 이외에 즐문계로 추정되는 것이 佐賀패총에서 다량으로 출토된 투박조개로 만든 패천이다. 물론 佐賀패총의 투박조개제 패천에 대한 산지분석이 이루어지지 않은 상태에서 즐문계와의 관련시키는데는 다소 무리가 있다고 생각된다. 그러나 후술하는 바와 같이 남해안지역의 패천 제작방법과 형식이 동일하고, 대마도에 투박조개가 서식하지 않는다는 점 등에서 즐문계일 가능성이 크다고 생각된다.

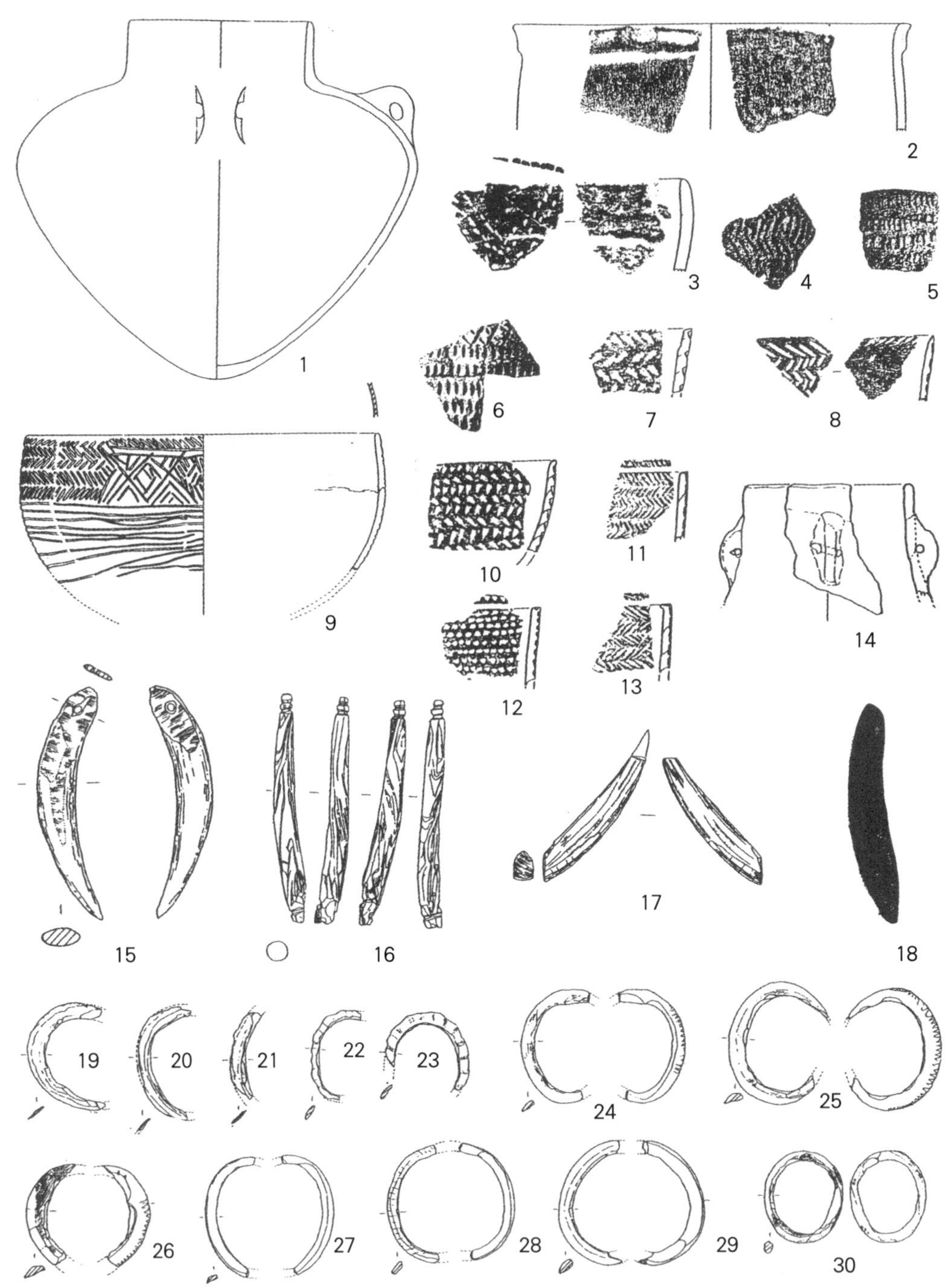

도면8 구주지역 출토 즐문계유물 〈축척부동〉

1~3: 누가시유적, 4~6: 姬神社遺蹟, 7·8: 伊木力遺蹟, 9~13: 深掘遺蹟, 14: 桑原飛櫛貝塚, 15·19~30: 佐賀貝塚, 16·17: 一尾貝塚, 18: 大矢遺蹟

Ⅲ. 교류의 양상과 전개

이상에서 한일 양 지역의 여러 유적에서 출토된 교류관련 유물에 대해 살펴보고 약간의 검토를 하였다. 지금까지 확인된 교류관련 유적은 일본 27개 소, 한국 24개 소이다. 이들 유적 중에는 비교적 성격이 명확한 것도 있으나 지표조사나 간단한 시굴조사로 인해 유적의 시기나 공반유물이 불투명한 것도 다수 있다[12].

도면1은 한일 양 지역에서 출토된 즐문계와 승문계유물의 분포 양상을 표시한 것이다. 한국출토 승문계 유물은 흑산도를 제외하면 모두 동남해안지역에 밀집 분포하고, 일본출토 즐문계유물은 한반도 남해안과 마주하는 서북구주의 해안과 대마도 서안지역에 집중하고 있음을 알 수 있다.

이러한 교류유물의 분포상태는 교류루트와 교류대상지 뿐만 아니라 교류의 주체가 양지역의 해안지대에 거주하는 어민임을 보여 준다. 특히 양 지역의 관련 유적과 유물의 양상으로 보아 상당히 오랜 기간 지속적으로 이루어 졌으며, 그에 따라 다양한 물자가 상호 이동되었음을 알 수 있다. 그리고 양 지역 간의 교류는 유형적인 것 만 아니라 무형의 생업정보와 기술 등도 상호 이동되고 교류되었을 것으로 예상된다.

〈표1·2〉에서 보는 바와 같이 한일 양 지역의 교류관련 유물은 대부분은 토기와 석기류이고 그밖에 장신구와 어구 등은 일부만 확인되고 있다.

이들 교류 물품 중에는 앞서 검토한 바와 같이, 양 지역민의 상호 이동과 접촉의 결과 부수적으로 남겨지거나, 그 영향 하에 在地에서 제작된 것, 그리고 교역의 결과로 이동된 교역품도 있을 것이다. 전자의 경우는 토기류가, 후자의 경우는 양 지역의 특산물인 사누카이트·흑요석과 일부 특징적인 석기류 및 골제수식·패천 등이 해당될 것으로 생각된다.

양 지역에서 발견되는 토기는 물자교류의 대상일 가능성도 배제할 수 없으나 토기 자체가 在地에서 전통적으로 사용해 오던 생활 용기이고 특별히 타지역의 토기를 필요로 하지 않는다는 점에서 구주와 남해안지역에서 상호 출토되는 토기류는 교역물품의 운반용기나

---

12) 양 지역에서 공통적으로 확인되지만, 계통이 불확실한 것은 검토 대상에서 제외하였다. 예를 들면 동삼동과 신암리에서 출토되는 토제 耳栓과 결상이식, 鎌崎型 스크레이퍼, 욕지도와 연대도에서 보이는 일부 석기류(鄭澄元·河仁秀 1998: 도면6-11, 7-9)이다. 이러한 형태의 석기류와 장신구는 일본 구주지방에서도 확인되고 있지만, 아직 이들 유물에 대한 계통성과 승문문화와의 관련성은 명확하지 않다. 앞으로 이에 대한 검토가 필요할 것으로 생각된다.

식기 등으로 이용되어 교류의 부산물로 상호 이동된 것으로 보인다.

이밖에 문화적 계통과 범주는 불확실하지만 산등패총에서 확인된 패천 장착 습속과 동삼동, 범방, 신암리, 욕지도패총 등에서 출토되는 각종 토우와 패면, 이식 등은 양 지역에서 공통적으로 보이는 요소이다(木村幾多郎 1997). 이러한 문화요소의 共同化 현상은 오랜 교류기간을 통해 양 지역의 문화가 상호 접촉 또는 交遇하는 가운데 생성된 것으로 생각된다.

한일 양 지역에서 이루어진 교류관계는 앞서 검토한 관련 자료를 통해 볼 때 즐문토기 조기에서 만기까지(승문 전기~후기) 계속적으로 진행되었음은 분명하다. 그러나 양 지역에서 확인되는 교류문물의 분포양상이나, 상호 영향 정도 등으로 보아 시기와 지역에 따라 어느 정도 변화를 가지면서 전개되었던 것으로 보인다. 특히 즐문토기 조기에서 중기에 걸쳐 집중적으로 이루어지고, 중기 이후부터 만기까지는 간헐적으로 이루어졌을 것으로 추정된다.

즐문토기문화 조·전기는 구주지역의 경우는 융기문계와 영선동식계토기가 주류를 이루고, 남해안의 경우는 轟B式系土器와 흑요석이 다량으로 출토되는 점으로 보아 양 지역의 교류가 집중적이고 적극적으로 이루어졌음을 알 수 있다. 그 결과 남해안지역에서는 轟B式土器의 영향으로 굴곡형토기가 재지화되고, 구주지역에서는 영선동식토기의 영향을 받은 서당진식토기와 후속하는 曾畑式土器가 출현하게 된다.

중기에는 구주 본토의 경우 즐문계 유물이 거의 보이지 않는 대신에 대마도에 집중하는 양상을 띠고, 양 지역의 문물에도 상호 문화요소도 거의 확인되지 않고 있다. 이러한 현상을 그대로 받아들인다면 중기의 교류 관계에는 대상지역과 주체에 어떠한 변화가 있었던 것으로 추정된다.

이에 대해서는 구체적인 검토가 필요하지만, 필자는 중기 즐문토기사회의 내부 변화에서 그 원인을 찾을 수 있지 않을까 생각하고 있다. 다시 말하면 중기 이후 잡곡 농경이 남해안지역까지 확산됨으로써 생업경제와 생계양식에 변화가 일어나고, 그 변화의 일부가 구주와 남해안지역의 교류관계에도 영향을 미쳤을 것이라는 것이다.

후·만기에는 동삼동을 비롯한 상노대도패총 등 여러 유적에서 승문후기의 승문계유물이 다량으로 유입되고, 대마도와 구주본토에서 소량이지만 만기 즐문토기와 어로구가 확인되는 점으로 보아 즐문토기 후·만기 단계에도 교류 활동은 지속적으로 전개되었음은 분명하다.

남해안지역에서 상대적으로 승문계유물이 많아지는 경향은 교류활동에 있어서 승문인의 이동 빈도가 높았을 뿐 만 아니라 적극적인 교류활동을 반영하는 것으로 추정된다. 승문인의 이러한 교류활동은 남해안지역 특히 동삼동패총의 패천 교역과 관련성을 가질 가능성

이 크며, 후술하는 佐賀패총의 투박조개제 패천은 이러한 상황을 보여주는 것으로 생각된다.[13]

아무튼 한일 양 지역의 교류활동에 대한 변화양상과 전개과정을 구체적으로 파악하기 위해서는 다양한 관점에서 접근이 필요할 것으로 생각된다. 이에 대해서는 관련 자료의 증가를 기다려 차후에 다시 한번 검토하고자 한다.

신석기시대의 한일 양 지역의 문물이동과 문화 교류은 이미 설명한 바와 같이 양지역의 관련 유적과 유물의 존재에서 증명되고 있고, 일본 구주의 伊木力유적 출토 丸木舟(多良見町敎育委員會 1990)는 교류를 가능하게 했던 방증 자료로 볼 수 있을 것이다[14]

그러면 양 지역민들이 대한해협이라는 장애와 도항의 위험을 감수하면서 오랜 기간 동안 지속적으로 접촉하고 상호 교류한 배경은 무엇인가? 이에 대해서는 여러 가지 가능성을 생각할 수 있으나 다음과 같은 점들이 양지역간에 이루어진 교류의 배경으로 작용하지 않았을까 한다.

바다를 사이에 둔 한반도 남부와 일본 구주지역의 교류관계는 단순히 우발적인 것이 아니라 생태환경의 유사성과 공통된 생업 경제하에서 해안지역을 중심으로 전개된 어로활동을 통해 이루어진 구조적인 접촉(廣瀨雄一 1984)에서 그 배경을 찾을 수 있을 것이다.

다시 말하면, 당시 양 지역의 어민들은 대한해협이라는 어장[15]을 공유하고 생업기술과

---

13)　田中聰一(2000)은 한일 양 지역의 교류에는 중기 이전과 이후에 변화가 있다고 보고, 조·전기에는 흑요석을 입수를 위해 즐문토기인들의 도항이 적극적으로 이루어졌으며, 중기 이후에는 승문인이 패천과 농경에 수반되는 수확물을 확보하기 위해 남해안지역으로 이동한 것으로 파악하고 있다. 설득력이 있는 견해라고 생각되지만, 무·전기단계에 흑요석을 구하기 위해 원거리를 직접 도항했는가에 대해서는 의문이며, 후술하는 바와 같이 필자는 대마도를 중간창구로 하는 간접입수에 대해 그 가능성을 타진하고 있다.

14)　한일 교류의 가장 큰 장애물인 대한해협의 도항과 항해는 양지역의 해협에 점점이 위치하는 대마도와 壹岐 섬을 징검다리로 하여 해류나 계절풍 또는 천문지리를 이용하여 가능했을 것으로 추정되고 있다(尹明喆 1989). 해류를 잘 이용하면서 부산과 거제도 주변 해안에서 보이는 대마도의 북서해안을 목표로 하고, 대마도 해안선을 따라 이동하여 壹岐을 경유해 남하하면 東松浦半島에서 唐津灣 주변에 쉽게 도달할 수 있다. 반대로 구주해안에서 남해안에 이르는 경우는 대마도의 남서해안에서 북서 방향으로 진행하면서 대한해류를 타고 항해할 경우는 동남해안의 부산 부근에 이른다(廣瀨雄一 1994).

15)　한일 양 지역에서 출토되고 있는 상어, 방어, 다랑어, 참돔, 돌고래, 물개 등의 외양성 어종과 해

생활정보를 주고받으면서, 상호 필요성에 의해 지속적으로 접촉하는 가운데 문화교류라는 큰 틀을 형성·발전시켰던 것으로 보인다. 특히 대한난류와 리만해류가 만나는 대한해협 부근의 해역은 양지역의 공동어장으로써 뿐만 아니라 양 지역민이 접촉하고 나아가 양 지역 문화가 교차하는 공간적인 역할을 했을 것이다. 특히 대마도는 남해안과 지리적인 관계로 양 지역 문화교류의 중간지대 혹은 창구로써의 역할을 담당했을 것으로 추정된다.

이와 같이 어로활동을 통한 구조적인 접촉과 양 지역의 공통적인 생업환경은 향후 지속적인 문화교류의 기반이 되었음이 분명하다. 이러한 분위기 속에서 상호 필요성에 의해 물자교류라는 원시적인 교역시스템이 형성되고, 이것이 소위 문화교류라는 구조틀을 만드는 직접적인 원인이 되었을 것으로 생각된다.

Ⅳ. 흑요석의 교역

이상에서 살펴본 한일 양 지역의 교류 문물은 어떠한 형태로든 양 지역민들의 상호 필요성과 요구에 따라 상대지역으로 유입되고 공급되었음은 분명하지만, 어떠한 메카니즘 하에서 진행되고 유통되었는가는 명확하지 않다.

따라서 여기서는 일본 구주와 한반도 남해안지역의 교류의 실체를 구체적으로 보여주며, 그 배경이 되었을 것으로 생각되는 물자교류에 대해 남해안 유적에서 출토된 흑요석을 검토함으로써 양지역 문화교류의 한 단면을 살펴보고자 한다.

지역간 혹은 집단간에 발생하는 물자의 유통 즉 교역관계는 공급기능과 수요욕망이 상호 일치하는 가운데서 성립하게 된다. 선사시대에 있어서 이러한 물자유통의 원칙을 잘 반영하는 유물 중의 하나가 흑요석이 아닌가 한다. 흑요석은 주지하는 바와 같이 특정 지역에서만 산출되고 그것이 갖는 특성으로 인해 석기의 재료로써 효용가치가 매우 높은 석재임은 주지의 사실이다. 따라서 흑요석은 구석기시대부터 석기 가공의 주요 소재로 집단간의 교역물로서 중요한 비중을 차지해 왔다.

수류는 양지역민이 다양한 어종이 서식하고 있는 원해 해역(대한해협)으로의 진출 결과이며, 여기서 상호 접촉은 자연스럽게 이루어졌을 것으로 생각된다. 한편 이상균은 신석기시대 양지역의 문화교류는 조엽수림대의 영역, 동등한 지리, 생태환경적 조건하에서 필연적으로 일어날 수밖에 없었던 현상으로 보고 있다(李相均 1997).

일본 열도에서의 흑요석 산지는 近畿地方을 제외한 北海島, 本州中部, 구주지방에 집중하고 있으며 지금까지 확인된 산출지는 40개 소를 넘고 있다(小田靜夫 1995). 이에 반해 한반도는 일본열도와 달리 지질적인 차이로 백두산 주변지역과 제주도, 울릉도 등 극히 한정된 지역에서만 발견되고 남해안지역에는 현재까지 산출지가 확인되지 않고 있다.

일부 연구 보고에 의하면, 영일만 일대와 의성 금성산 주변, 전라도 목포해안 등지에서 흑요석이 산출되고 있다고 하나 이들 산지에서 출토되는 흑요석(眞珠岩, 松脂岩 포함)은 석기로 가공하는데 부적당하고 혹은 진정한 흑요석인지의 여부는 불투명한 실정이다(有光敎一 1990; 대구대박물관 1987; 김원룡 1981).

그렇다면 한반도 남부해안지역의 여러 유적에서 출토되고 있는 흑요석은 어디서 온 것인가. 기존의 분석자료(西谷正 1982; 坂田邦洋 1982; 국립진주박물관 1993)와 최근 동삼동과 범방유적에서 다량으로 출토된 34점의 흑요석 박편이 분석 결과에 따르면 원산지가 모두 일본 구주지역으로 판명되었다(高橋豊·河仁秀·小畑弘己 2003). 이번 동삼동패총과 범방유적 흑요석 자료의 산지 분석 결과는 일부 유적에 한하고 있지만, 유적의 규모나 분석양, 시기별로 고루 분석되었다는 점에서 타유적에 비해 대표성을 갖는다고 할 수 있고, 남해안지역 흑요석 유통문제를 생각하는데 시사하는 바가 크다고 할 수 있다.

동삼동패총의 경우는 분석 시료 12점 중 산지 불명인 2점과 針尾島産 1점을 제외한 9점 모두가 腰岳産의 흑요석이다. 그리고 腰岳産 흑요석은 조기부터 후기에 까지 지속적으로 사용되고 있음을 알 수 있다. 이러한 사실은 동삼동패총 집단이 腰岳産 흑요석을 장기간에 걸쳐 집중적으로 사용했음을 의미한다. 이에 반해 범방유적의 흑요석 산지 추정결과는 22점 중 腰岳産 14점, 淀姬·우시노다케산 6점, 針尾島産 1점, 불명 1점이다. 산지별 비율로 본다면, 腰岳産(64%)이 동삼동패총과 마찬가지로 주류를 이루고 있으나 동삼동패총에서 보이지 않는 淀姬·우시노다케산이 27%의 높은 비율를 차지하고 있음이 주목된다.

시기별로 출토 양상을 살펴보면, 범방유적은 腰岳産과 淀姬·우시노다케산이 조기부터 후기까지 서로 공존하는 모습을 보이고 있으며, 동삼동패총은 전시기에 걸쳐 腰岳産 흑요석이 주류를 이루고 있다. 양자간에 나타나는 이러한 차이와 그 의미에 대해서는 상세한 검토가 필요하겠지만 우선 이번 분석 결과를 통해 예단해 보면, 남해안지역의 흑요석은 단선적인 교역루트가 아닌 다원적인 교역망을 통해 구주지역으로부터 반입되었을 가능성이 있다는 것이다.

전술한 바와 같이 남해안지역의 흑요석과 석기는 일본 서북구주지방에서 대한해협을 건

너 200km 가량의 거리를 이동하여 남해안지역에 반입되었음은 분명하며, 이러한 사실은 구주와 남해안지역간의 문화교류 이면에 어떠한 형태로든지 교역시스템과 유통망이 형성되어 작용하였음을 보여주는 것이라 하겠다. 그러면 남해안 지역과의 주요 교역물품인 구주의 흑요석이 어떠한 시스템과 형태로 남해안지역 반입되고 유통되었는가에 대해 간단히 언급해두고자 한다.

한반도 동남해안 지역에서 현재까지 확인된 흑요석 관련 유적과 유물은 〈표3〉에서 보는 바와 같이 모두 21개 소에 달하나, 앞으로 더 조사가 이루어진다면 그 수는 증가할 것으로 기대된다. 흑요석의 분포 상태를 보면 모두 동남해안지역에 밀집되어 있고 내륙지역에서는 진주귀곡동 대촌유적을 제외하고는 거의 출토되지 않고 있다. 구주의 경우, 흑요석의 주요산지와 즐문계유물은 남해안지역과 마주보고 있는 서북구주 해안지역에 집중 분포하고 있다. 양 지역의 교류 문물의 이러한 분포 양상은 전술한 바와 같이 교류 주대상지역이 양 지역의 해안지대 임을 보여 준다.

한편, 남해안지역의 흑요석제 석기와 박편은 유적에 따라 출토상황과 사용량에 있어서 차이를 보이고 있어 주목된다. 지금까지 조사된 21개 소의 유적 중에서 흑요석이 가장 많이 출토되고, 시기적으로도 고루 출토되고 있는 유적은 동삼동, 범방, 욕지도, 연대도패총을 들 수가 있다.

동삼동패총은 정식 보고서가 간행되지 않아 흑요석의 전체 출토양과 석기의 종류는 불명이나 일부 자료와 지표조사 결과에 의하면 원석을 포함하여 상당량의 흑요석제 석기와 박편들이 출토되고 있음을 알 수 있다. 범방유적(패총)의 경우는 완성품은 석촉 등 2점에 불과하나 석기 제작과정에서 생긴 상당량 박편과 원석이 출토되었다(河仁秀 2002).

연대도패총은 원석을 포함하여 수십점의 석촉과 박편들이 출토되었는데, 특히 발굴된 41점의 석촉 중 흑요석제가 36점(86%)이 출토되어 석촉 제작에 흑요석이 많이 사용되었음을 보여 주고 있다. 욕지도패총은 출토 석기의 석재 구성을 보면 혼펠스(80%) 다음으로 흑요석(10.7%)이 높은 비율을 나타내고 있다. 그 밖의 유적에서는 극히 소량의 박편과 석기만 출토되어 전술한 동삼동, 연대도, 범방유적(패총)등의 유적과는 대조를 보이고 있다. 부산을 중심으로 하는 해안지역의 경우 세죽, 조도, 다대포, 북정, 대항, 수가리, 화목동유적에서는 석촉과 수점의 박편류만 출토되고, 남해안지방의 송도, 안도, 상노대도, 산등, 귀곡동유적 등에서도 같은 양상을 보인다.

이와 같이 유적간에 차별화되는 흑요석의 출토양상은 흑요석이 원산지 혹은 중간 공급지에서 원격지로 유통되는 과정에 원석양이 감소하는 현상을 반영하며 [16], 이것은 결국 집단마다 흑요석의 입수 방법이 서로 달랐음을 단적으로 보여주는 것이라 할 수 있다.

다시 말하면 흑요석을 남부해안 각 지역에 거주하던 모든 집단이 독자적으로 입수하여 사용하는 것은 현실적으로 곤란하다고 생각된다. 따라서 자연히 특정 거점집단을 중심으로 반입될 수 밖에 없고, 거점집단을 통해 반입된 흑요석은 어떠한 형태로든 주변 집단으로 유통되었을 것으로 추정되기 때문에 중심부에서 멀어질수록 흑요석의 수급량과 사용량은 자연히 감소할 수 밖에 없었을 것이다. 이러한 추론이 가능하다면 유적의 규모와 지속성, 승문계유물의 출토 양상에서 타유적과 차별화를 보이는 부산의 동삼동과 범방유적, 남해안의 욕지도와 연대도패총은 당해지역의 거점집단으로써 흑요석을 재지에 공급하는 역할을 했을 것으로 보인다.

그러면 남해안지역에 반입된 흑요석(혹은 완제품)은 어떠한 방법으로 공급되고, 교역되었는가에 대해 살펴보도록 하겠다. 이에 대해서는 여러 가지로 생각할 수 있으나 일반론적으로는 다음 몇가지 방법이 상정된다.

첫째는 남해안의 제집단이 독자적으로 구주지역으로 건너가 원석 또는 완성품을 직접 입수하는것이고, 둘째는 특정 집단이 대마도 등 중간지대의 집단을 매개로 간접적으로 입수하는 방법이다. 셋째는 재지의 거점집단이나 특정집단으로부터 원석 또는 완제품을 공급받는 방식이다. 남부해안지역에서 흑요석의 입수 방법은 위의 세가지 모두 가능하다고 생각되나 첫째의 경우는 도항의 위험을 감수하면서 $200km$를 넘는 원거리를 이동해야 하는 제약 때문에 실제적으로 이루어졌다고 보기 힘들다.

두 번째의 경우는 위험 부담률이 적고 짧은 시간에 원활히 공급을 받을 수 있다는 점에서 흑요석의 입수에 많이 이용되었던 것으로 추정된다. 세 번째의 경우는 이미 그 가능성에 대해서 설명하였기 때문에 여기서는 두 번째 경우에 대해 살펴보고자 한다.

두 번째 방법은 간접적으로 흑요석을 공급받는 입장이기 때문에 양과 질에 선택의 폭이 좁은 단점도 예상되나 물량의 공급이 신속히 이루어지고, 입수 시간이 짧다는 장점을 가지고 있다. 따라서 남해안의 즐문토기인들은 장거리를 이동하여 원산지에서 직접 입수하는 방법보다 대마도 등의 중간지대를 통한 간접적 방법을 선택하였을 것으로 생각된다. 그렇다면, 간접적인 방식은 어떠한 형태로 이루어 졌는가? 결론적으로, 필자는 남해안지역에서

---

16)　이러한 현상은 일본의 구주지역의 흑요석 유통에서도 동일하게 나타난다(坂田邦洋 1982).

대마도로 이주한 즐문토기인 즉 越高유적을 대표로 하는 즐문계집단을 통해 이루어 졌다고 생각하고 있다. 물론 신석기시대 전시기를 통해 일률적으로 대마도의 즐문계집단에 의해 이루어 졌을 것으로는 생각하지 않지만 적어도 즐문토기 조기의 경우는 대마도에 거주하는 越高집단을 매개로 남해안의 거점집단에 공급되었을 것으로 추정된다.

越高유적은 전술한 바와 같이 출토유물의 2,600여 점이 융기문계토기(도면6)이고 승문토기는 7점에 불과하다. 특히 융기문토기의 기형, 제작수법, 문양대의 형태 등에서 한반도 남부지방 융기문토기의 특징을 그대로 보여 주고 있다는 점에서 그 주체는 대마도에 거주한 즐문토기인 임이 분명하다고 생각된다.[17] 따라서 남해안지역의 흑요석 교역은 대마도에 거주한 즐문계집단을 통해 이루어졌으며, 재지의 거점집단을 통해 주변 지역으로 유통된 것으로 추정된다. 이러한 흑요석의 교역은 동삼동패총에서 승문후기의 승문토기가 다량으로 출토되는 것으로 보아 즐문토기 후·만기까지 지속된 것으로 보인다.

한편 越高유적 이후에도 같은 성격을 갖는 즐문계집단이 존재했을 것으로 예상되나 분명하지 않다. 단정할 수 없지만 남해안의 중기 즐문토기가 주체를 이루는 夫婦石유적이 그 역할을 담당했던 것으로 추정된다. 그러면 한반도 남부해안지역에 반입된 흑요석은 어떠한 상태로 공급되었는가, 다시 말하면 원석으로 유입된 것인지, 아니면 반제품 혹은 가공된 형태의 석기로 반입되었는지 여부에 대해 간단히 언급해두기로 하겠다.

흑요석의 반입 형태는 위의 3가지 방법이 모두 가능하지만 남해안지역의 여러 유적에서 출토되는 흑요석제 석기의 출토 정황으로 보아 원석 형태로 교역되어 공급되었을 가능성이 높다고 생각된다. 동삼동, 범방, 연대도패총에서 원석과 함께 다량의 박편들이 출토되고 있는 점은 즐문토기인들이 재지에서 흑요석 석기를 직접 가공·제작했음을 단적으로 보여 주는 좋은 사례라 할 수 있다.

물론 남해안에서 출토되는 모든 흑요석제 석기가 재지에서 가공된 것으로는 생각되지 않지만[18] 기본적으로는 원석을 입수하여 수렵·어로에 필요한 소형 석기류를 제작한 것으

---

[17]　즐문토기인들은 대마도에 석기 제작에 필요한 흑요석이나 사누카이트를 확보하고, 어업활동의 중간기착을 위해 빈번히 왕래하거나 거주했을 것으로 추정된다. 그리고 거주한 즐문토기인은 남해안과 구주 본토를 연결하는 물자교류의 중개자로서 뿐만 아니라 일본열도의 각종 생활정보를 본토에 전하는 역할도 했을 것이다.

[18]　남해안지역에서 출토되는 흑요석제 석기 중에서 서북구주 어로문화의 특징적인 石鋸나 石銛 등은 완제품의 형태로 반입되었을 가능성이 있다고 생각된다.

로 추정된다.

　이상에서 살펴 본 바와 같이 구주산 흑요석이 교역품으로 반출되어 대마도를 경유 남해안에 유통되었다고 한다면, 흑요석에 대응하는 남해안지역의 교환물자도 당연히 존재했을 것이다. 현재로써 어떠한 물품이 여기에 해당하는지는 알 수 없으나 구주지역에서 쉽게 구할 수 없는 물품이나 이 지역에서 다량으로 생산되는 특정물품일 가능성이 크다고 하겠다.

　고고학적 자료로 확인할 수 있는 교역물로는 佐賀패총의 장신구(골제수식과 패천), 大矢유적과 一尾패총의 어로구(결합식조침)등이 있으며, 轟패총에서 출토되고 있는 비단가리비조개(江坂輝彌 1986)도 그 대상일 가능성이 있다. 이 중에서 가능성이 가장 높은 것이 동삼동패총 출토 패천(도면9)이라고 할 수 있다.

　최근 동삼동패총 발굴조사에서 미제품과 반제품을 포함하여 1,500여 점(편 포함)에 달하는 패천과 흑요석을 비롯한 승문계유물이 다량이 출토되어, 패천의 제작과정 뿐만 아니라 동삼동패총 집단의 성격을 규명하는데 중요한 정보를 제공하고 있다. 특히 집단내의 자체 소비 범위를 넘어 생산된 방대한 양의 패천과 흑요석은 동삼동패총 집단이 교역 뿐 만 아니라 특정 물품을 전문적으로 생산하는 전업집단의 성격을 보여 주는 것으로 판단된다(河仁秀 2004). 그렇다면 동삼동패총 출토 패천은 구체적으로 어떠한 의미와 성격을 갖는가? 이 문제에 대한 종합적인 검토은 발굴보고서에서 다루기로 하고 여기서는 우선 흑요석 교역 문제와 관련하여 간단히 살펴보고자 한다.

　필자는 동삼동패총에서 대량 생산된 패천이 전술한 구주지역에서 교역품으로 반입된 흑요석에 대응하는 주요 교역물로써 대마도 佐賀패총이나 구주지역에 공급되고, 다른 한편으로는 재지의 주변 집단에 유통되었던 것으로 추정하고 있다.

　물론 구주지역의 투박조개제 패천에 대한 산지분석이 이루어지지 않은 상태에서 구주의 패천이 동삼동패총의 생산품인지 확인할 수 없으나 적어도 다음과 같은 몇가지 이유로 대마도 佐賀패총의 투박조개제 패천은 동삼동패총에서 공급되었을 개연성이 높은 것으로 추정된다.[19]

---

[19]　동일 종에 대한 패제품의 산지 분석이 가능한지 알 수 없으나, 현재까지 과학적인 분석 예는 없는 것으로 생각된다. 만약 과학적인 분석을 통해 패류의 산지 동정이 가능하다고 한다면 흑요석과 패천의 교역 문제는 쉽게 해결될 것으로 기대된다. 그러나 현시점에서 기대하기 어렵기 때문에 필자는 동삼동패총 패천의 구주지역으로 반입여부를 패천의 제작방법과 형식의 동일성을 통해 검토해 보는 것도 하나의 방법이 아닌가 생각하고 있다.

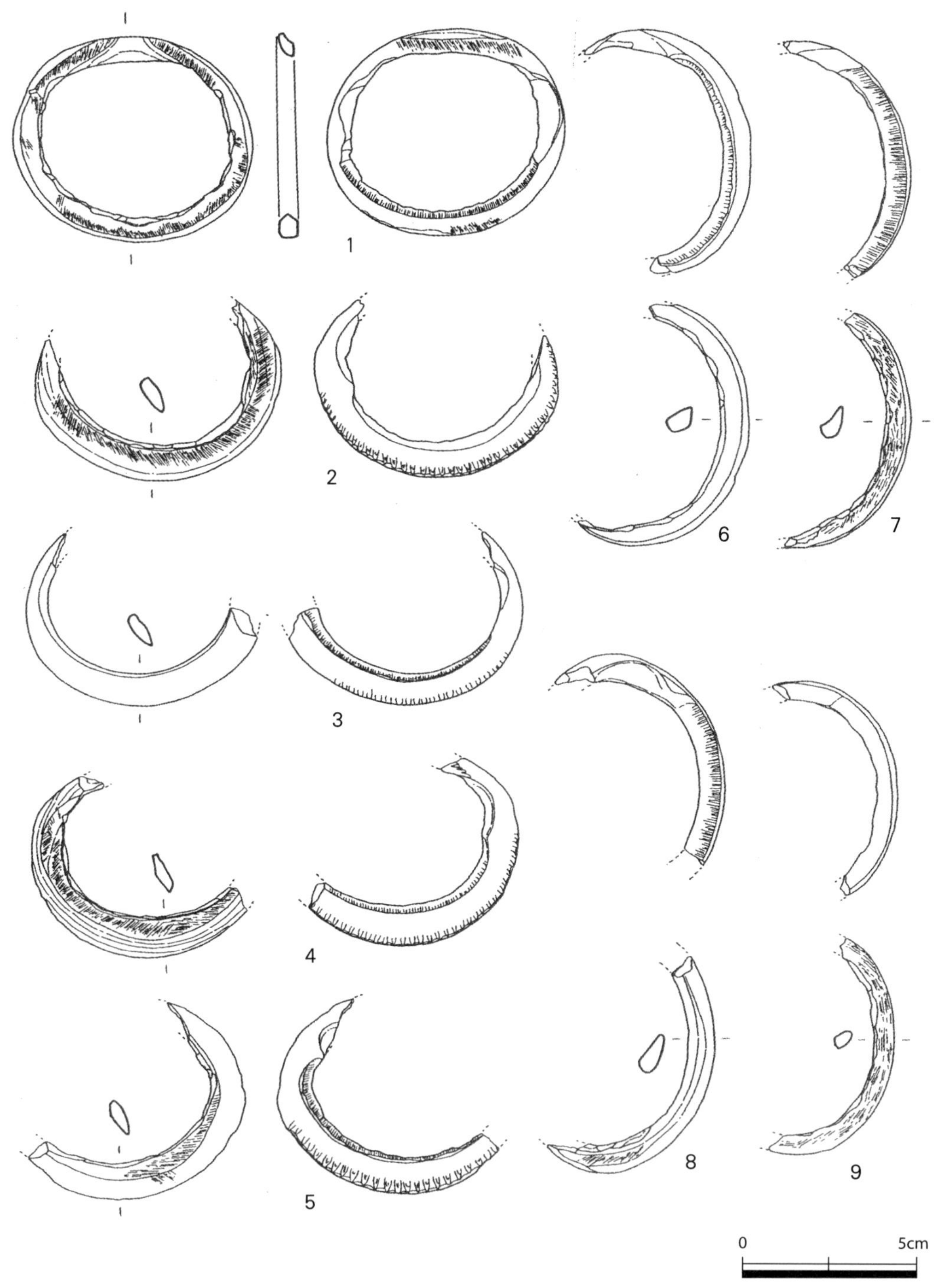

도면9 동삼동패총 출토 패천

1: 3형식, 2·3: 1형식, 4·5: 2형식, 6·7: 4형식, 8·9: 5형식

① 佐賀패총에서 출토된 113점의 패천 중 투박조개로 만든 것이 84%(95점)로, 기타 패류의 패천보다 압도적으로 많은 양을 차지하고 있다.[20] 그런데 투박조개는 암초성 해안이 발달한 대마도에 서식하지 않는 것으로 알려져 있다.[21] ② 佐賀패총의 패천 형식은 貝輪部의 제작방법과 형태적 속성에 따라 분류되는 동삼동의 패천 형식(河仁秀 2004)과 완전히 일치한다.[22] ③ 佐賀패총은 패천이 대량으로 생산된 동삼동패총과 지리적으로 가까운 곳에 위치하며, 전술한 바와 같이 여기서 한반도에서 반입된 흰삿갓조개와 뿔럭지삿갓조개로 만든 패천이 출토되고 있다.

이상의 여러 사실들을 종합하여 볼 때 佐賀패총 출토 패천은 구주 본토로부터 유입되었을 가능성보다는 동삼동패총에서 생산된 패천이 흑요석과의 교역품으로 반입된 것으로 보는 것이 보다 설득력이 있다고 생각된다.

동삼동패총에서 생산된 패천이 어느 지역까지 유통되고 공급되었는가에 대해서는 앞으로 검토가 필요하겠지만 남해안의 흑요석과 마찬가지로 특정 집단을 중심으로 주변지역에 유통되었을 것으로 생각된다[23]. 부산 주변의 범방, 수가리, 대항, 세죽유적과. 낙동강 중류역의 청도 오진리유적에서 출토되는 패천은 이러한 상황을 반영하는 것이 아닌가 한다.

---

20) 　구주지역의 승문유적 중 佐賀패총 만큼 다량으로 패천이 출토된 예는 거의 없으며, 대부분의 유적에서는 소량의 패천만 출토된다(甲元眞之外 2002).

21) 　대마도의 투박조개 서식문제에 대해서는 金子浩昌선생으로부터 자문을 받았다.

22) 　동삼동패총의 패천은 貝輪部 형태적 속성과 제작공정에 따라 I~V 형식으로 나누어진다(도면9). 조·전기에는 수량이 적고, IV·V형식만 출토되고 있는 것으로 보아 패천의 제작이 그다지 성행하지 않은 것으로 추정된다. 그러나 중기 이후부터는 대량으로 생산되고, 형식도 다양하게 되는데, 특히 후·만기가 되면 I·II형식이 급증하고 III~V형식은 감소하는 양상을 보인다. 한편 佐賀패총에서 출토된 패천 중 형식을 알 수 없는 편을 제외한 75점의 분석한 결과 I·II형식(도면8-24~26)이 76%, III·IV형식(도면8-27·28)이 6.7%, V형식(도면8-29)이 17.3%를 차지하고 있음을 알 수 있다. 이 같은 형식구성은 동시기인 동삼동패총 제2층의 패천 양상과 거의 일치하며, 양유적 모두 I·II형식이 주류를 이룬다.

23) 　동·남해안에서만 서식하는 투박조개로 만든 패천이 군산의 노래섬 라지구패총(이영덕, 「군산 노래섬3차발굴조사개보」, 『호남지역의 신석기문화』, 호남고고학회, 1998.)과 남한강 상류의 상시유적, 금굴유적, 영월 연당리 쌍굴유적(연세대박물관 쌍굴유적 현장설명회자료 2004. 2.)에서 출토되고 있는 것으로 보아 매우 먼거리까지 유통되고 있음을 알 수 있다.

Ⅴ. 맺음말

이상에서 한반도 남해안과 일본 구주지방 출토 교류유물을 통해 한일 교류관계사에 대해 살펴보았다. 그러나 자료적인 제약으로 검토가 충분히 이루어지지 않았고, 다소 논리의 비약도 있을 것으로 생각된다. 이러한 점들은 지속적인 검토와 자료 분석을 통해 보완하고 수정할 계획이다.

그러면 앞에서 검토한 내용을 간단히 정리함으로써 결어에 대신하고자 한다.

한일 양지역에서 출토되는 교류문물의 분포양상을 통해 볼 때 교류의 주체는 해안지대에 거주하는 어민로 추정되며, 양지역의 교류는 즐문문화 조기에서 전기에 걸쳐 집중적으로 이루어지면서 후·만기까지 지속적으로 전개되었다고 할 수 있다.

장기간에 걸쳐 지속된 교류활동은 공통적인 생업 환경속에서 이루어진 구조적인 접촉으로 상호 생업 정보를 주고 받는 가운데 자연스럽게 형성되었던 것으로 보여지며, 이러한 분위기 속에서 상호 물자교류라는 원시적인 교역시스템이 형성되었던 것으로 추정된다.

구주산 흑요석은 월고유적을 대표로 하는 즐문계집단에 의해 남해안의 거점집단에 공급되고, 거점집단을 통해 다시 在地의 여러 집단으로 유통되었을 것으로 생각된다. 남해안지역에 반입된 흑요석은 동삼동, 연대도패총의 예에서 보는 바와 같이 대부분 원석 상태로 유입되어 재지에서 필요한 물품으로 가공되었고, 반입된 흑요석에 대응하는 남해안의 특정물품 즉 동삼동패총의 패천이나 고라니제 수식, 결합식조침 같은 어로구가 교역품으로 구주지역에 전달되었을 것으로 추정된다.

[참고문헌]

慶星大學校博物館, 2000, 『金海 花木洞遺蹟』.

高橋豊·河仁秀·小畑弘己, 2003, 「螢光 X線分析에 의한 東三洞·凡方遺蹟 出土 黑曜石産地推定」, 『韓國新石器研究』6.

國立光州博物館, 1989·1990, 『突山松島』I·II.

國立中央博物館, 1979, 『朝島貝塚』.

國立中央博物館, 1988·1989, 『新岩里』I·II.

國立晋州博物館, 1989, 『欲知島』.

國立晋州博物館, 1993, 『煙臺島』I.

金龍基, 1971, 「多大浦貝塚 發掘調査報告」, 『釜大史學』2.

金元龍, 1973, 「新石器文化」, 『韓國史』1, 國史編纂委員會.

金元龍, 1981, 「各地方의 土器·石器·骨角器」, 『韓國史』1, 國史編纂委員會.

김상태, 2002, 「한반도출토 흑요석기와 원산지 연구 현황」, 『韓國舊石器學報』6.

大邱大學校博物館, 1987, 『義城郡文化遺蹟地表調査報告書』.

東亞大學校博物館, 1984 『上老大島』.

東亞大學校博物館, 1997, 『蔚山牛峰里遺蹟』.

釜山女子大學校博物館, 1992, 『加德島文化遺蹟地表調査報告』.

釜山大學校博物館, 1981, 『金海水佳里貝塚』I.

釜山大學校博物館, 1994, 『淸道 梧津里 岩蔭遺蹟』.

釜山大學校博物館, 1998, 『機張郡文化遺蹟地表調査報告書』.

釜山博物館 福泉分館, 1998, 『晋州 貴谷洞대촌遺蹟』.

釜山水産大學校博物館, 1989 『山登貝塚』.

釜山直轄市立博物館, 1993·1996 『凡方貝塚』I·II.

孫寶基, 1982, 『上老大島의 先史時代 살림』, 수서원.

申鍾煥, 1989, 「蔚州 新岩里 遺蹟」, 『嶺南考古學』6.

尹明喆, 1989, 「海路를 통한 先史時代 韓·日 兩地域의 文化接觸 可能性 檢討」, 『韓國上古史學報』2.

李東注, 1993, 「韓國 隆起文土器와 日本 轟式土器에 대하여」, 『釜山女大史學』107·11.

李凡泓 1992,「東三洞貝塚採集石器」,『考古歷史學誌』8.

李相均, 1995,「新石器時代における韓國南岸と九州地方の文化交流」, 東京大學大學院博士論文.

李相均, 1997,「동아시아속에서의 韓國新石器文化」,『先史와 古代』8.

이선복·이용일, 1996,「黑曜石石器의 地化學的 特性에 대한 豫備考察」,『韓國考古學報』35.

任鶴鐘, , 2002,「東三洞貝塚」,『韓國新石器時代의 環境과 生業』, 東國大學敎埋藏文化財研究所 編.

任孝宰, 1986,「新石器時代의 韓·日文化交流」,『韓國史論』16, 國史編纂委員會.

田中聰一, 2000,「韓國 中·南部地方 新石器時代 土器文化 研究」, 東亞大學校博士學位論文.

鄭澄元, 1991,「朝島貝塚 出土 南海岸式 櫛文土器」,『考古歷史學誌』7, 東亞大學校博物館.

鄭澄元, 1990,「南海岸地方 初期櫛文土器의 一檢討」,『嶺南考古學』7.

鄭澄元·河仁秀, 1998,「南海岸地方과 九州地域 新石器時代 文化交流研究」,『韓國民族文化』12.

趙賢鍾外, 1994,「麗川郡島嶼 地表調查報告」,『突山世求地遺蹟』, 國立光州博物館.

崔盛洛, 1988,「黑山島地域의 先史遺蹟」,『島嶼文化』6, 木浦大學.

河仁秀, 1996,「日本 白浜遺蹟出土 彩色土器小考」,『博物館研究論集』5, 釜山市立博物館.

河仁秀, 1997,「瀛仙洞式土器 小論」,『嶺南考古學報』21.

河仁秀, 1999,「東三洞貝塚 淨化地域發掘成果」,『考古學을 통해 본 伽倻』, 韓國考古學會.

河仁秀, 2001a,「新石器時代 對外交流研究」,『釜山博物館研究論集』8.

河仁秀, 2001b,「東三洞貝塚と韓日新石器時代의 交流」,『原の辻以前の先史時代人の交流』, 龍田考古會外.

河仁秀, 2002a,「凡方遺蹟 發掘概要」,『韓國新石器研究』3.

河仁秀, 2002b,「隆起文土器의 成立과 展開」,『韓國新石器時代의 環境과 生業』, 東國大學敎埋藏文化財研究所 編.

河仁秀, 2004,「東三洞貝塚 文化」,『嶺南考古學 20年 발자취』, 嶺南考古學會.

黃昌漢, 2002, 蔚山 黃城洞 細竹遺蹟」,『韓國新石器時代의 環境과 生業』, 東國大學敎埋藏文化財研究所 編.

甲元眞之·鄭澄元外, 2002,「先史時代の日韓交流試論」,『青丘學術論集』20.

甲元眞之編, 1999·2000,『環東中國海沿岸地域の先史文化』, 熊本大學考古學研究室.

江坂輝彌, 1986,「朝鮮半島の西北九州地方の先史・原史時代における交易と文化交流」,『松坂大學紀要』4.

藥科哲男・東村武信, 1990,「松島貝塚出土の黑曜石製遺物石片の原材産地分析」,『突山松島』Ⅱ, 國立光州博物館.

廣瀬雄一, 1984,「韓國南岸地域の櫛目文土器の研究」,『考古學の世界』3.

廣瀬雄一, 1986,「韓國隆起文土器の系譜と年代」,『異貌』12.

廣瀬雄一, 1994,「解說」,『繩文のシンフオニ』, 名護屋城博物館.

金山喜昭, 1993,「繩文前期における黑曜石交易の出現」,『法政考古學』20.

唐津市教育委員會, 1982,『菜畑遺蹟』.

渡邊 誠, 1985,「西北九州の繩文時代漁撈文化」,『列島の文化史』2.

渡邊 誠, 1995,『日韓交流の民族考古學』, 名古屋大學出版會.

島津義昭, 1992,「日韓の文物交流」,『季刊考古學』38.

同志社大學考古學研究室編, 1990,『伊木力遺蹟』.

木村幾多郎, 1992,「把手部土器の二者」,『季刊考古學』38, 雄山閣.

木村幾多郎, 1992,「貝輪と埋葬人骨」,『季刊考古學』38, 雄山閣.

木村幾多郎, 1997,「交易のはじまり」,『考古學による日本歴史』10, 雄山閣.

木村幾多郎, 2003,「繩文時代の日韓交流」,『東アジアと日本の考古學』Ⅲ, 同成社.

本渡市教育委員會, 1993,『大矢遺蹟調査概報』.

山崎純男, 2000,『一尾遺蹟』, 熊本縣天草郡五和町教育委員會.

西谷正, 1982,「朝鮮半島の黑曜石について」,『賀川光夫先生還暦紀念論集』.

小田靜夫, 1995,「黑曜石」,『繩文文化の研究』8, 雄山閣.

小畑弘己, 2003「極東地域における黑曜石出土遺跡と原産地研究」,『Stonesources』, 石器原産地研究會.

松岡史外, 1981,「佐賀縣西唐津海底出土の繩文土器」,『考古學シヤナル』188.

水ノ江和同, 1992,「曾畑式土器の成立」,『季刊考古學』38.

水ノ江和同, 2000,「新石器時代における日韓交流研究の現狀と課題」,『晋州南江遺蹟과 古代日本』, 慶尙南道.

水ノ江和同, 2003,「朝鮮海峽を越えた繩文時代の交流の意義」,『考古學に學ぶ Ⅱ』, 同志社大學考古學シリス Ⅷ.

安樂 勉, 1994,「對馬における韓國新石器文化との交流」,『考古學シヤナル』376.

熊本縣敎育委員會, 1988,『曾畑』.

有光敎一, 1990,「朝鮮櫛目文土器の硏究」,『有光敎一著作集』1, 同朋舍.

長崎縣敎育委員會, 1984,『長崎市立深掘小學校校舍增築に伴う埋藏文化財緊急發掘調査報
　　　告書』.

長崎縣敎育委員會, 1992,『長崎縣埋藏文化財調査報告』ⅩⅤ.

長崎縣峰町敎育委員會, 1989,『佐賀貝塚』.

長崎縣有川町敎育委員會, 1996,『頭ケ島白浜遺蹟』.

田中良之外, 1979,「壹岐, 鎌崎海岸遺蹟について」,『九州考古學』54.

齊藤幸惠, 1985「黑曜石の利用と流通」,『季刊考古學』12.

中村修身, 1990,「繩文時代の生産と流通」,『考古學硏究』37-3.

鎭西町敎育委員會, 1989,『赤松海岸遺蹟』.

坂田邦洋, 1973,「曾畑式土器に關する硏究-先史時代の日本と韓國(豫報)」,『考古學論叢』,
　　　別府大學考古學硏究會.

坂田邦洋, 1974,「櫛目文土器の新資料」,『對馬風土記』11.

坂田邦洋, 1978,「ヌカシ遺蹟と東三洞貝塚」,『對馬ヌカシにおける繩文時代中期文化』, 別
　　　府大考古學究室.

坂田邦洋, 1978,『韓國隆起文土器の硏究』, 昭和堂.

坂田邦洋, 1979,『對馬 越高尾崎においる繩文前期文化の硏究』, 廣雅堂書店.

坂田邦洋, 1982,「九州産黑曜石からみた先史時代の交易について」,『賀川光夫先生還曆紀
　　　念論集』.

橫山將三朗, 1933,「釜山府絶影島東三洞貝塚報告」,『史前學雜誌』5-4.

Sample L.L. 1974,「Tongsamdong: A Contribution to Korea Neolithic Culture Histo-
　　　ry」,『Ar tic Anthropology』ⅩⅠ-2.

골각기와 패제품

骨角器　　　　　　貝製品

즐문토기문화의 골각기

Ⅰ. 머리말

신석기시대는 지역과 혹은 집단의 문화적인 특징에 따라 다양한 형태의 생업활동을 전개한다. 생업을 실현하고 생계를 유지하기 위해 석기, 골각기, 패제품(貝器), 목기 등 다양한 재질의 도구를 사용하는데 특히 골각기는 소재 획득의 용이성과 도구로서 활용가치, 효용성 등으로 일상 생활도구 중에서 석기와 함께 가장 일반적으로 사용되는 도구이다. 그러나 재질이 갖는 물리적인 한계로 유존율이 적을 뿐만 아니라 유적에 따라 출토 양상이 달라 시기별 도구 조성관계라든가 이를 통한 생업유형을 분석하는데 어려움을 주고 있다.

골각기는 주로 해안지역의 패총유적에서 다량으로 출토되어 해안지역민의 전유물로 인식되는 경우가 많으나, 골각기 자체가 수렵을 통해 소재를 쉽게 획득할 수 있고 가공도 용이하기 때문에 내륙지역에서도 일상용구로써 널리 이용되었을 것으로 생각된다. 영월 피난굴(쌍굴), 공기2굴, 꽃병굴, 단양 금굴, 상시3그늘, 제천 점말 용굴 등에서 출토된 다양한 형태의 골각기는 내륙지역 골각기의 일면을 보여주는 좋은 사례다.

다만 유적의 성격상 보존되는 자료가 적어 그 양상과 성격을 파악하는데 어려울 따름이다. 결국 골각기를 통해 얻을 수 있는 다양한 정보는 특정 지역을 중심으로 이루어질 수밖에 없는 한계를 지닌다고 할 수 있다.

골각기란 포유류, 조류, 어류 뼈, 치아, 뿔 등을 소재로 만든 도구류를 가리킨다.[1] 골각기는 그 재질이 단단하면서도 탄력성을 갖춘 물리적 특성과 주변에서 쉽게 구할 수 있는 이점 때문에 구석기시대부터 석기나 목기의 보완적 도구로서 혹은 그 자체가 도구로 제작되어 다양하게 활용되어 왔으나(최삼용 2000) 생업도구로서의 사용은 제한적이었다.

신석기시대에 접어들면서 출토유적, 출토량, 종류, 사용범위, 일상생활과 생업활동에서 차지하는 비중 등에서「골각기의 시대」라고 할 수 있을 만큼 다양한 종류의 골각기가 일상생활 전반에 걸쳐 폭넓게 사용된다. 뿐만 아니라 석기와 함께 도구체계를 구성하는 중요한 축을 이루는 것으로 생각된다(하인수 2006b).

그럼에도 불구하고 신석기시대 골각기의 연구는 토기나 석기 등 타 분야에 비해 상대적으로 저조한 편이며, 극히 초보적인 수준에 머물고 있다고 해도 과언이 아니다. 그 원인은 1차적으로 골각기가 갖는 물리적인 특성으로 인해 유존체가 적고, 특정지역에 편중되는 자료상의 한계로 연구 가능한 자료를 충분히 확보할 수 없다는데 있지만, 되돌아보면 토기나 석기 등의 소위 중요유물(?)에 가려 고고학적 가치를 인식하지 못했던 우리의 무관심도 한 몫을 했음은 물론이다.

그동안 골각기 연구는 주로 형태분류를 중심으로 용도와 기능 고찰(박종진 1991; 김아관 1993; 金建洙 1998)[2]과 생업활동과 생계유형을 분석하는 보조 자료로 취급되어 왔다고 할 수 있다(최종혁 2001).

---

1)　패각을 소재로 만든 도구류를 골각기의 범위에 포함시키는 경우도 있으나, 필자는 골각기의 명칭상으로나 기능성, 성격 등으로 보아 패제품을 골각기로 분류하지 않는 것이 좋다고 생각한다.

2)　이들 연구는 그동안 주목받지 못한 골각기를 정리 분류하여 도구로서의 위상을 분명히 하였다는 점에서 그 의의는 크다고 할 수 있다. 그러나 한편으로 형태분류를 중심으로 용도와 기능 고찰에 치중하여 골각기의 조성관계, 시기별 양상과 특징, 생업유형과의 관계, 일상생활에서 차지하는 역할과 성격 등을 충분히 검토하지 못한 한계성도 있다.

최근 들어 제작기술에 대한 연구(최삼용 2005), 개별 기종에 대한 분석과 제작 실험적 고찰(하인수 2006a; 김건수 2007; 이상규 2013a, b), 특정지역의 골각기문화에 대한 전반적인 검토 작업도 이루어지고 연구의 필요성도 제기되고 있지만(하인수 2006b, 2009), 골각기의 기종분류와 조성관계, 생업도구로써 위치, 타 도구와의 관계, 지역별 편년과 성격 등은 앞으로 풀어야 할 과제라고 할 수 있다.

아무튼 골각기는 자료적인 한계성에도 불구하고 지속적으로 연구되어야 할 대상임은 분명하므로 그 동안 진행되어 왔던 기능 및 형태 분류를 포함하여 신석기시대 도구체계 속에서 골각기가 차지하는 위치를 보다 구체적으로 규명하는 방향으로 연구가 진행되어야 할 것으로 생각된다. 따라서 본고에서는 기존의 연구 성과와 골각기 집성 자료를 바탕으로 한반도 골각기의 기종분류와 양상을 개략적으로 살펴보고자 한다.

Ⅱ. 골각기 소재와 종류

1. 골각기 소재

골각기 소재의 선택은 동물과 어류의 뼈 형태에 좌우되고 규정되는 경향이 강한데, 특히 주어진 소재의 형질 범위 안에서 형태와 기능이 대부분 결정되는 것으로 생각된다.

골각기의 소재로 이용되는 동물은 서식 환경과 생물학적 특성에 따라 육상동물, 해상동물, 조류, 어류로 구분할 수 있는데, 주요 소재는 동정이 비교적 잘 되어 있는 남해안지역의 분석 사례[3]로 보아 대부분이 사슴뼈이며, 기타 고래, 돌고래, 바다사자, 상어, 멧돼지, 고라니, 너구리, 수달 등이 소수 재료로써 이용된 것으로 생각된다. 이밖에 극히 일부지만 조류 및 가오리나 다랑어 등의 어류뼈를 가공한 경우도 보고되고 있다.

조류와 어류뼈를 소재로 한 골각기는 출토량이 매우 적은 것으로 보아 장신구나 바늘 등 극히 일부 용도를 제외하고 그다지 이용되지 않은 것 같다. 아마 재질이 육상 동물에 비해 약하고 획득의 어려움에도 원인이 있는 것으로 보인다.

---

3) 남해안지역 유적 출토 골각기의 구체적인 동정과 분석 사례는 일본의 金子浩昌선생이 행한 수가리패총과 동삼동패총 등이 대표적이다.

사슴이 골각기의 주요 소재로 이용된 것은 다른 동물과 달리 관상골이 발달되어 있고, 재질적으로 매우 단단하여 다양한 도구의 소재로 이용 가능한 뿔을 갖고 있기 때문이며, 게다가 단백질의 주요 공급원으로서 수렵을 통해 쉽게 확보할 수 있었던 것도 중요한 이점으로 작용했을 것으로 생각된다.

사슴뼈는 부위에 따라 다양한 형태로 가공되어 활용되는데, 골각기의 기종과 소재는 어느 정도 상관성을 갖는 것으로 생각된다. 뿔은 첨두기의 소재로 주로 이용되고 빗창, 결합식조침, 장식구로도 가공된다. 남해안지역에서는 유례가 없지만 서해안지역의 궁산패총과 동북지역의 서포항패총에서는 괭이(뒤지개)의 소재로 이용된다.

사슴뼈 중에서 가장 많이 활용되는 부위가 중수(족)골인데, 비형골기, 작살, 조침, 골도 등 생업도구 제작에 주로 이용된다. 이밖에 척골과 경골등은 첨두기나 장신구의 재료로 이용된다. 이밖에 동물의 이빨은 주로 장신구로 이용되고, 멧돼지 견치는 결합식조침의 침부와 수식으로 많이 사용된다.

2. 분류와 용도

골각기는 일반적으로 형태와 기능을 중심으로 분류되고 있으나, 아직 용어의 통일과 분류 체계가 정립되지 않아 연구자에 따라 개념을 달리하는 경우도 있다. 예를 들면 기능을 중심으로 송곳, 예새, 뼈바늘, 칼날, 창끝, 뼈화살촉, 작살, 찔개살, 낚시, 삿바늘, 뿔괭이, 장신구 등으로 분류하거나(김아관 1993), 용도별로 일상구(예새, 골추, 골침, 인구), 수렵구(골창, 골촉), 농경구(골겸, 괭이), 어로구(삿바늘, 찔개창, 조침, 작살, 홀리개, 어로용 찌), 미술품(장신구, 신앙미술품)으로 대별하기도 한다(박종진 1991).

이밖에 골각기를 큰 틀에서 생산구와 비생산구(김건수 1998) 혹은 생산용구, 생활용구, 비실용구로 대별(하인수 2009)하고, 각각의 레벨에서 수렵, 어로, 농경, 가공, 장신구 등으로 세분하여 해당 기종을 분류하는 경우도 있다. 분류 체계의 타당성은 차치하더라도 형태를 통해 기능을 알 수 있는 조침, 작살 등의 어로구와 장신구, 골침 등 몇몇 예를 제외하고 기능과 용도 등을 특정할 수 없는 것도 많다.

일반적으로 첨두기와 자돌구, 송곳 등으로 분류되는 골각기는 그 쓰임새와 용도가 분명하지 않은 점이 많다. 특히 생업 내용과 일상생활이 미분화된 신석기시대 사회의 경우는 특정 기종이 특정 목적에만 사용되는 것이 아니라 다방면에 걸쳐 이용되는 것이 보통이므로 용도를 확정하는데 어려움이 있다. 따라서 이들 기종 중 일부는 생업 영역과 환경에 따라 적절히 혼용되면서 다목적용으로 이용되었을 가능성이 많다고 생각된다. 본고에서는 편의상 기능을 알 수 있는 경우는 기능명(조침, 작살 등)으로, 불투명한 것은 형태명(첨두기, 자돌구 등)에 따른 용어를 사용하고자 한다.

신석기시대 골각기는 식량자원을 생산 혹은 획득하는데 1차적으로 관계하는 생산도구와 획득된 자원을 가공·해체하거나 음식물의 조리, 옷감짜기 등 일상생활 전반에 걸쳐 사용되는 생활도구, 의례 혹은 정신생활과 관련한 비실용구로 대별할 수 있다.

생산도구로서의 골각기는 생업활동에 따라 타 도구와 함께 사용되기도 하는데, 도구의 내구성이라는 측면에서 본다면 석기보다 약하기 때문에 빈번하게 제작되었을 것으로 생각되며, 용도에 따라서는 석기보다 활용도나 사용 범위가 더 넓었을 것이다. 생산도구는 생업영역에 따라 어로구(조침, 작살, 세형자돌구), 수렵구(골촉, 골창), 채집·농경구(뒤지개, 아겸, 아도, 빗창 등)로 구분된다.

생활도구는 관련 자료가 적고, 용도와 기능이 불분명한 것도 있지만, 본고에서는 일단 종류별로 분류해 둔다. 가공구로는 골침, 침통, 삿바늘, 뼈톱(골거), 원판형골기, 비형골각기(예새형골기), 첨두기, 골도 등이 있으며, 서포항패총에서 출토된 것을 숟가락으로 볼 수 있다면 음식물 조리와 식기와 관련된 골각기의 존재도 예상된다. 그밖에 형태상으로 용도 판별과 기능을 전혀 짐작할 수 없는 이형 골각기와 장식 골각기도 있다. 어패류나 포유류의 육질, 가죽을 가공·해체하거나 토기 제작시 기면 조정 및 시문하는 도구[4]도 있었을 것으로 추정된다.

비실용구로는 자료가 많지 않아 구체적인 종류와 성격은 불투명하지만 현재까지 조사된 자료를 통해 볼 때 장신구와 의례구로 구분할 수 있다. 장신구는 수식(垂飾)과 족식(足飾), 두식(頭飾)이 있으며, 의례구로는 동북 해안지역의 서포항패총 III기층에서 출토된 신앙 예술품으로 불리는 골우와 장식골각기 등의 조각품이 있다. 이들 자료가 실제 의례 행위에 사용되었는지 여부를 단정할 수 없기 때문에 이에 대해서는 앞으로 충분한 검토가 필요할 것으로 생각된다.

이상에서 개략적으로 살펴 본 골각기는 제작방법과 기술, 형식적인 특징, 용도와 기능에

---

[4] 상노대도패총 출토 골각기 중에는 토기 시문구로 보고된 것도 있으며(손보기 1982), 예새로 분류한 골각기를 토기시문구로 보는 연구자도 있다(박종진 1991).

따라 다양한 기종으로 세분이 가능하다. 그러나 생업 유형별로 분류된 기종은 반드시 특정한 기능과 용도에 한정되었던 것 같지 않으며, 생업 환경과 필요에 따라 적절히 혼용되었던 것으로 추정된다. 예를 들면 어로구로 이용되는 작살류는 수렵용으로, 수렵용의 골촉과 골창은 어로구로의 전용이 가능하다.

한편 현재의 고고학적 자료만을 가지고 도구의 실제 용도를 구체적으로 확정하는데 어려운 것도 있는데, 특히 자돌구와 첨두기로 분류되는 도구류는 어떤 용도로 사용되었는지 정확히 가늠하기 힘든 실정이다. 일반적으로 자돌구 혹은 첨두기로 분류되는 끝이 뾰족한 골각기는 가공방법, 선단부의 형태, 마연 정도에 따라 정형화된 특징을 보이고 소재의 종류에 따라 세분이 가능한 것으로 보아 어느 정도 기능과 용도가 정해져 있었던 것으로 추정된다.

신석기시대 골각기를 분류하고 그 종류를 명확히 하기 위해서는 앞으로 많은 검토가 필요하지만 우선 골각기의 형태적 특징과 용도를 기준으로 살펴보면 대략 〈표1〉과 같이 분류할 수 있을 것이다. 〈표1〉의 생업 영역별 종류와 형태는 신석기시대 전시기를 통해 항상 같은 양상을 유지했다고 생각되지 않으며, 사회·경제적 변화와 집단 간의 생업환경 및 생산방식의 차이에 따라 다양한 변이를 가지는 것으로 추정된다.

표1 신석기시대 골각기 종류와 소재

		종 류	소 재
생산용구	어로구	결합식조침, 단식조침, 역T자형조침, 분리식작살, 고정식작살, 세형자돌구	사슴뿔, 사슴중수(족)골, 멧돼지견치
	수렵구	골촉, 골창	사슴중수(족)골, 녹각
	채집(취)·농경구	뒤지개, 괭이, 아겸, 아도, 빗창	사슴뿔, 사슴 경골, 멧돼지, 고라니 견치, 고래뼈 늑골
생활용구	가공구	첨두기(중수중족골제, 척골제, 경골제, 녹각제, 조골제 등), 골도, 골침, 침통, 삿바늘, 골거(뼈톱), 원판형골기, 비형골기(예새형골기), 숟가락(?), 시문구(?)	사슴중수(족)골·척골·경골·뿔, 두루미 소골, 고래척추뼈 등
	이형골기	각목문골기, 장식골기 등	사슴뼈, 돌고래 하악골, 고래뼈
비실용구	장신구	수식, 족식, 두식(뒤꽂이 등)	사슴견갑골, 돌고래, 고래, 수달, 너구리이빨, 멧돼지견치, 독수리(매)발톱, 고라니 견치, 새뼈
	의례구	골우, 장식골기	사슴뿔, 노루 거골, 돌고래, 멧돼지 견치 등

Ⅲ. 기종과 특징

골각기는 재료의 물리적 특성과 유적의 환경적 요인에 따라 시기적, 지역적 한계를 가지기 때문에 현재 출토된 골각기가 신석기 골각기의 모든 기종을 반영하는 것은 아니라고 생각된다. 뿐만 아니라 현재 분류되고 추정되는 기능과 용도 역시 한반도 전역의 모든 골각기에 일률적으로 적용할 수도 없다. 그것은 선사시대 도구가 집단의 생업환경과 사회·문화적 구조 속에서 유기적인 관계를 가지면서 제작되고 사용되기 때문이다. 이러한 점들은 앞으로 골각기연구가 진전되며 검토되어야 할 부분이지만, 본장에서는 우선 현재까지 한반도에서 출토된 골각기를 기종별로 새롭게 분류하고 그 특징에 대해 살펴보고자 한다.

1. 어로구

신석기인의 생업 중에서 가장 큰 비중을 차지하는 어로 활동은 크게 작살업, 낚시업, 어망업, 함정어업, 패류 채취업으로 구분되며, 이와 관련한 다양한 도구들이 전시기를 통해 사용된다. 어로구는 재질에 따라 석제 어로구, 골제 어로구, 패제 어로구, 그물 등으로 구분되며, 이중에서 높은 비중을 차지하는 것은 골제 어로구이다. 골제 어로구는 작살, 결합식조침, 단식조침, 세형자돌구 등이 있으며, 작살과 결합식조침 등은 석제로도 제작된다.

1) 조침

조침은 주지하는 바와 같이 대표적인 어로구다. 신석기시대 조기(기원전 5,000년 전후)부터 패총을 비롯한 주거유적에서 출토되나 주로 해안지역의 패총유적에서 많이 발견된다. 조침은 재질에 따라 골제, 석제, 패제품으로 나누어지며, 형태와 구조에 따라 크게 결합식조침과 단식조침으로 구분된다.

골제조침은 축과 바늘을 분리 제작하여 조합한 결합식조침과 바늘과 축을 일체형으로 제작한 단식조침으로 구분되며, 단식조침은 사용방법과 형태에 따라 역T자형(一자형)과 J자형으로 세분된다.

가. 결합식조침

결합식조침은 한반도 신석기시대 특징적인 어로구의 하나로, 보통 석제로 만든 축과 골제

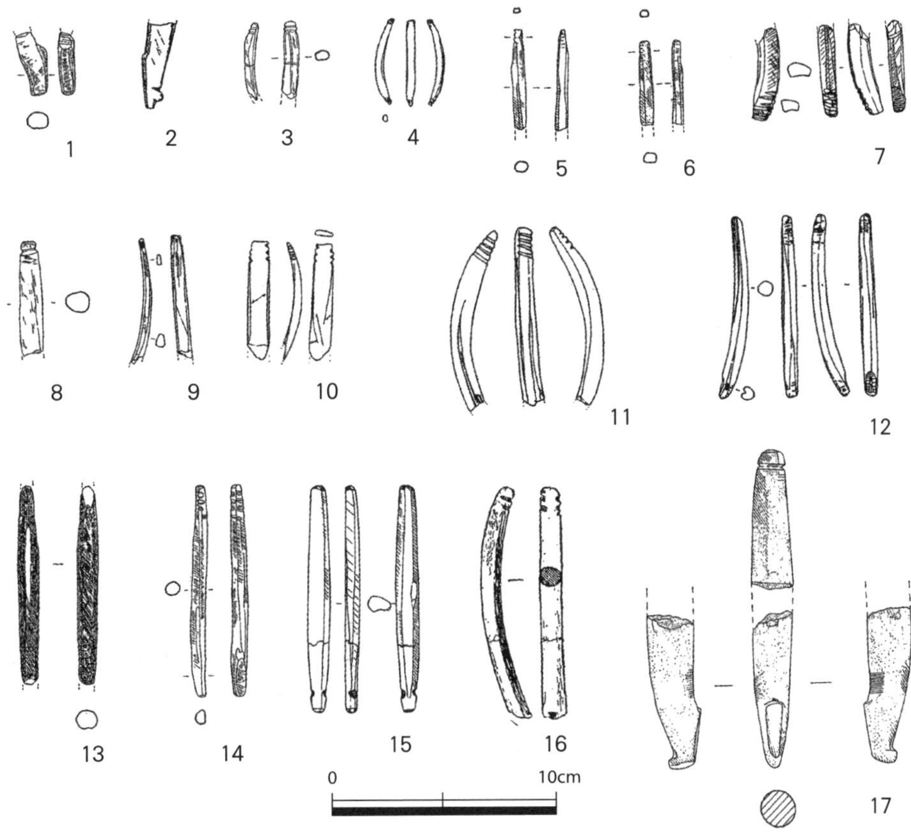

도면1 결합식조침 축부

1·13·14·16: 동삼동, 2: 상노대도, 3: 가도, 4·9~11: 노래섬 가지구, 5·6: 욕지도, 7·12·15: 여서도, 8: 세죽, 17: 연대도

바늘이 조합되어 하나의 조침을 이루며 오산리형 조침으로 불린다. 서해안지역의 일부 유적에서도 확인되고 있으나 주로 동해안과 남해안지역에 집중 분포한다.

축부의 평면형태와 결합면의 구조에 따라 여러 형식으로 분류되며, 크게 평면형태가 J자형인 오산리형과 I자형인 범방형으로 구분된다(하인수 2006a). 범방형은 동해안지역에서 확인되지 않고 있는 것으로 보아 남해안지역의 특징적인 형식으로 생각되며, 조기(기원전 5,000년 전후)의 융기문토기 단계에 출현하여 말기(기원전 2,000년 전후)까지 존속한다.

최근 조사에서 골제와 패제의 축부가 동남해안과 서해안패총에서 출토됨으로써 결합식조침의 축부도 다양한 재질로 제작되었음을 알 수 있다. 결합식조침의 골제축부는 보통 사슴뼈나 멧돼지 견치로 제작하며, 동삼동(도면1-1·13·14·16), 연대도(도면1-17), 노래섬(도면1-4·9~11). 가도패총(도면1-3), 여서도(도면1-7·12·15), 세죽(도면1-8), 욕지도

(도면1-5·6), 상노대도 출토품(도면1-2)이 있다. 그러나 석제품보다 출토량이 적은 것으로 보아 특정 어로에 한정되었던 것으로 추정된다.

골제 축부는 기본적으로 석제축부와 동일한 형식적인 특징을 갖는데, 특히 동삼동과 연대도, 여서도, 상노대도 출토품은 석제 축부와 동일한 형식이다. 축신과 결합부의 형태로 본다면 연대도와 동삼동9층 출토품은 범방I형, 동삼동 4층 출토품(도면1-14)은 범방II형과 유사하다.

노래섬 출토품은 몸체가 C자상으로 휘어진 형태인데, 이러한 축신은 오산리 C지구 하층과 범방유적의 석제품에서 일부 확인되고 있지만 남해안지역에서는 드문 형태라고 할 수 있다. 욕지도패총 출토품(도면1-5·6)는 결합부가 결실되어 형식을 알 수 없으나 크기가 소형인 점으로 미루어 J자형 단식조침으로 보는 연구자도 있다(甲元眞之 1997).

골제축은 동삼동, 연대도 출토품(도면1-16·17)과 같이 10㎝ 이상의 대형도 있으나 전체적으로 볼 때 석제품보다 작은 편이다. 노래섬과 가도출토품(도면1-3·4)은 4㎝ 정도의 매우 소형이다. 축의 평면 형태와 크기는 어로 대상과 방법의 차이를 반영하는 것으로 추정된다.

골제 결합식조침은 재질의 특성상 어떠한 형태로든 추를 사용했을 것으로 생각되지만, 어로 방식이나 포획 대상의 어종에 따라 추를 사용하지 않았을 가능성도 있다. 골제 축부와 결합되는 침부의 형식은 분명하지 않으며, 석제 축부와 유사할 것으로 생각된다. 골제 축부는 아직 사례가 적어 구체적인 성격과 시기별, 지역별 특징이 불투명하지만 형식적인 특징과 공반 유물을 통해 볼 때 즐문토기 조기 단계에 석제축부와 함께 사용된 것으로 보이며 이후 후기까지 지속적으로 이용된다.

결합식조침의 침부는 크기가 3~5㎝ 전후로 대체로 일정한 편이지만, 세죽출토품(도면2-14)과 같이 8㎝정도의 대형도 존재한다. 재질은 사슴의 뼈나 멧돼지 견치를 이용한다. 축부와 결합하는 접합면은 평탄하거나 약간 둥글게 처리되어 있으며, 결합이 용이하도록 접합부 좌우에는 1~3조의 홈이 있다. 미늘은 바늘의 내측과 외측에 위치하는데, 연대도나 동삼동, 여서도, 농소리패총 출토품과 같이 미늘이 없는 무기식도 있다.

결합식조침의 침부는 축부와 결합 방식 차에 따라 크게 정면결합식과 측면결합식, 하면(下面)결합식으로 나누어지며(삽도1), 평면형태, 미늘의 위치와 결합면의 속성 등에 따라 세분하기도 한다(송은숙 1991; 김충배 2002; 하인수 2006a; 최득준 2012).

정면결합식은 신부의 형태, 미늘의 위치, 침의 접합면 속성에 따라 다양한 유형으로 세

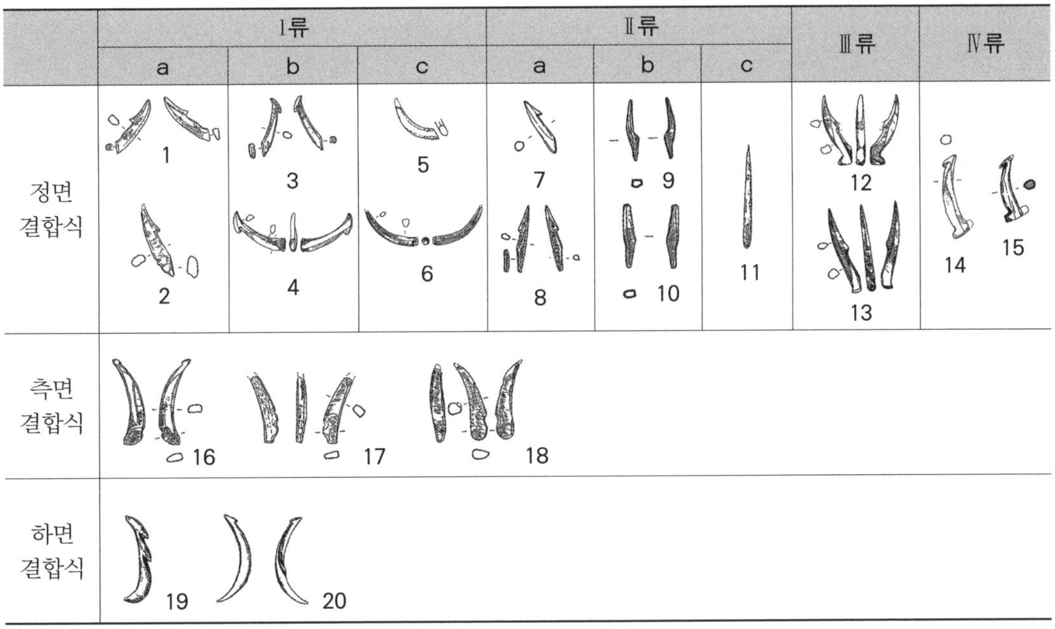

	I류			II류			III류	IV류
	a	b	c	a	b	c		
정면 결합식	1 2	3 4	5 6	7 8	9 10	11	12 13	14 15
측면 결합식	16	17	18					
하면 결합식	19	20						

삽도1 결합식조침 침부 분류표

1·3·8·16~18: 동삼동, 2·7: 세죽, 4·6·12·13: 여서도, 5: 농소리, 9·10: 안도, 11: 서포항, 14: 욕지도, 15: 구평리, 19·20: 상노대도

분이 가능하지만, 크게 보아 동삼동, 범방, 세죽, 연대도, 노래섬패총과 같이 침부 접합면의 양측연이 평행하고 곡선적인 몸체를 갖는 I류, 안도와 송도, 세죽, 서포항, 동삼동 5층 출토품과 같이 몸체가 일자형을 이루며 결합면 폭이 좁고 세장한 II류, 여서도 출토품과 같이 곡선적인 몸체에 결합면 한쪽 면이 돌출한 III류, 구평리, 욕지도, 상노대도 출토품과 같이 곡선적인 몸체에 접합면 양측연이 돌출되어 T자형을 이루는 IV류로 대별할 수 있다. 그리고 이들 유형은 미늘의 유무와 위치, 접합면의 단면 형태에 따라 세분이 가능하다. 특히 접합부의 형태는 결합 축부의 형식과 상관하는 것으로 생각된다.

I류는 남해안지역에서 조기부터 일반적으로 사용되는 형식이며, 미늘의 위치에 따라 내기식(內鐖式, Ia, 도면2-15~23), 외기식(外鐖式, Ib, 도면2-24~31), 무기식(無鐖式, Ic, 도면2-40~42)식으로 구분된다. 조기의 침부가 대부분 내기식이고, 전기 이후의 외기식이 많은 것으로 보아 외기식 침부가 후출한다. 무기식은 여서도패총의 출토 사례로 보아 조기 말에는 출현한 것으로 보이며, 농소리출토품의 예로 볼 때 말기까지 존속했던 것으로 추정된다.

I류 침부 중 접합면 단면이 평탄한 것은 접합부가 평탄한 J자형인 오산리형과 범방I·III

형 축부와 결합되는 것으로 추정되며, 단면이 둥근 침부는 축의 형태가 I자형이고 결합면이 U자상으로 오목한 범방II형 축부와 결합되는 것으로 생각된다.

II류는 다른 형식에 비해 소형이고 결합면이 세장한 것이 특징인데, 미늘의 유무와 결합부의 형태에 따라 IIa형(도면2-1~4·7), IIb형(도면2-5·6), IIc형(도면2-8)으로 세분이 가능하다. II류는 결합부가 세장하고 폭이 좁은 것으로 보아 범방형 축부 II, III형 중 결합면에 V자상 홈이 있는 형식과 조합되는 것으로 추정된다. II류는 조기의 유적에서 출토되고 이후 시기에는 보이지 않는 것으로 보아 조기에 주로 사용된 형식이 아닌가 한다.

III류(도면2-32·33)는 여서도패총에서만 출토되고 동남해안지역에서는 검출되지 않는 것으로 보아 서남해안지역에서 출현한 새로운 형식일 가능성도 있다.

IV류(도면2-34~39)는 곡선적인 신부를 갖는 점에서 기본적으로 1류, III류와 유사하나 T자형 접합부 형태에서 뚜렷한 차이가 있다. 미늘은 외측에만 있고 내측에는 확인되지 않는 특징을 보인다. IV류는 즐문토기 후·말기 유적에서 출토되고, 조기의 유적에서는 출토되지 않는 것으로 I류보다 늦게 출현한 형식임은 분명하다. 출현 시기는 확실하지 않으나, 욕지도 패총에서 중기의 태선침선문토기가 집중적으로 출토되는 돌무지시설에서 출토되는 점으로 보아 적어도 즐문토기 중기에는 존속하고 있었던 것 같다.

측면결합식 침부(도면2-9~11)는 오산리유적 축부 중에 측면결합식의 예로 보아 그 존재가 예상되었으나 부산박물관 동삼동패총정화지역 조사에서 실례가 확인됨으로써 어느 정도 그 성격을 파악할 수 있게 되었다. 그러나 아직 사례가 적어 조합되는 축부의 종류와 형태, 시기 등은 불분명하다. 우선 동삼동패총 출토품을 중심으로 간단하게 그 특징을 언급해두기로 한다.

측면결합식 침부는 기본적으로 신부와 미늘, 결구의 형태에서 정면결합식과 동일한 특징을 갖고 있지만 결합부의 단면과 접합부 형태에서 차이를 보인다. 미늘은 외기식(도면2-9), 무기식(도면2-11)이 확인되나 내기식은 보이지 않는다. 동삼동 2층 출토품(도면2-10)은 선단이 결실되어 미늘의 존재 여부는 알 수 없으나 결합면이 납작하고 측면에 축과 결박하기 위한 결구를 마련한 형태이다.

측면결합식 침부와 조합되는 축의 형식은 알 수 없지만, 동남해안지역에서 측면결합식 석제축부가 확인되지 않는 점에서 패제축부나 전술한 동삼동패총 출토 골제축부(도면1-14)와 결합될 가능성도 있다. 그러나 오산리유적에서 측면결합식 축부의 존재로 보아 석제 축부의 침으로 사용되었을 가능성도 배제할 수 없다. 앞으로 검토가 필요한 문제이다.

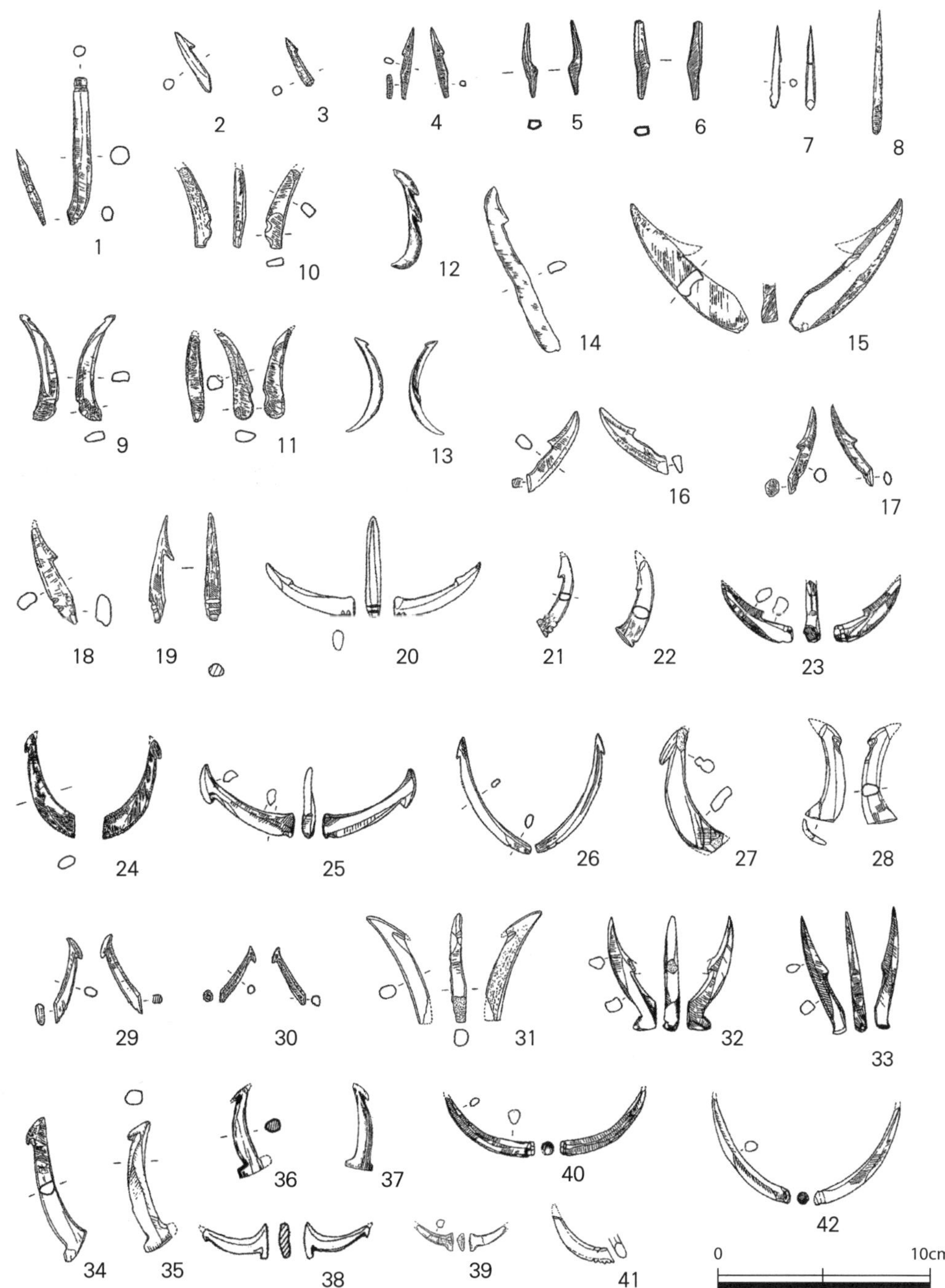

도면2 결합식조침 침부

1~3·14·18: 세죽, 4·9~11·16·17·24·29~31: 동삼동, 5·6: 안도, 7·28: 송도, 8: 서포항, 12·13·37: 상노대도, 15·34: 가거도, 19: 연대도, 20: 노래섬, 21·22: 범방, 23·25·27·32·33·40·42: 여서도, 26: 비봉리, 35: 욕지도, 36: 구평리, 38: 거문도, 39: 하모리, 41: 농소리

출현 시기는 아직 단정할 수 없으나 동삼동패총에서 출토 층위와 주변유적의 출토양상을 통해 볼 때 중기 단계에는 사용되고 있음은 분명하다.

하면결합식 침부(도면2-12·13)는 결합방식에서 전술한 형식과 확연하게 구분되는데 이 같은 형식은 일본의 구주지역에서 집중적으로 출토되고 있으며 일본 연구자는 西北九州型 결합식조침으로 부르고 있다(江坂輝彌·渡邊誠 1988). 우리나라에서는 상노대도 출토품이 유일한 예이다. 자료가 적어 그 성격이 불분명하나 양지역간의 교류 관계를 엿볼 수 있는 좋은 자료로 판단되며, 그 시기는 출토 토기로 보아 전기의 영선동식토기 단계로 생각된다.

일본 구주에서는 영선동식토기와 밀접한 관계가 있는 曾畑式土器 단계에 출현하며, 일본 연구자는 西北九州型 결합식조침이 오산리형 결합식조침의 영향으로 출현하는 것으로 생각하고 있다(渡邊誠 1985).

나. 단식(單式)조침

단식조침은 조침 자체가 일체형으로 완성된 형식의 조침을 가리키는데, 형태에 따라 크게 J자형과 역T자형(一자형)으로 구분된다. J자형조침은 현재 3개 유적에서 확인되며, 출토량은 매우 적다. 동북해안 지역의 서포항패총, 강원도 영월 피난굴유적 그리고 소속 시기에 다소 검토가 필요하지만 서해안의 고남리패총에서 출토되고 있는 정도이다. 사슴뼈나 멧돼지 이빨을 소재로 제작되는데, 세부 속성에서 약간의 차이가 있다. 크기는 3~6cm 정도이다.

피난굴(도면3-3) 출토품은 일반적인 갈고리 모양의 J자형조침과 달리 둥근 반환형으로 가공된 것이 특징이며, 고남리(도면3-2)와 서포항 출토품(도면3-1·4·5)은 J자형조침이다. 서포항 5기층에서 출토된 조침 중 소형은 바늘귀가 있고 미늘이 있는 전형적인 조침이다. 대형(도면3-4·5)은 멧돼지 이빨로 만든 것인데 크기가 5.5cm정도이다. 바늘귀와 미늘이 없는 것이 특징이다. 이러한 형식의 조침을 북한 연구자는 단독으로 사용되는 갈구리낚시(J자형)와 달리 2~3개 묶어 겹낚시로 사용되었을 것으로 추정하고 있다(사회과학원력사연구소 1979).

J자형조침은 남부해안 지역에서는 전혀 출토되지 않고 수량이 적은 것으로 보아 한반도에서는 성행하지 않았던 것으로 보인다.

역T자형조침(도면3-6~10)은 一자형 몸체의 중앙에 마련된 홈에 줄을 연결하여 조침으로 사용한 형식이다. 이러한 형식은 큰 석추에 연결된 줄에 몇 개의 조침을 장착하여 연승(延繩) 어로에 사용되며, 황·발해 주변지역에서 유행하던 특징적인 조침으로 알려져 있다

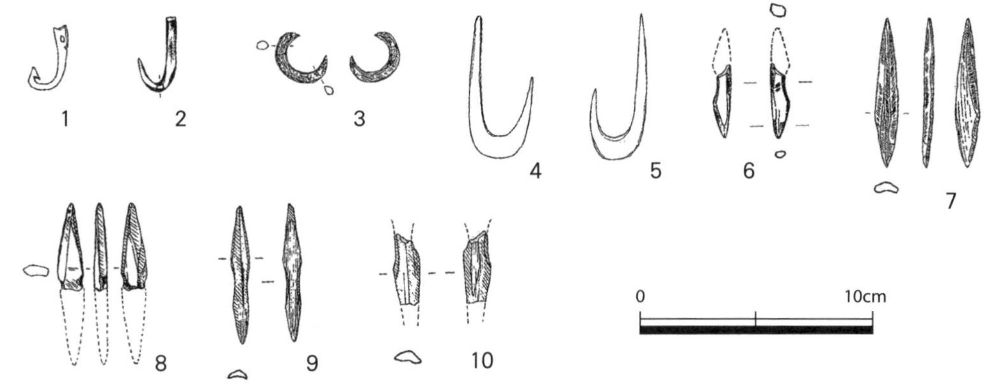

도면3 단식조침

1·4·5: 서포항, 2: 고남리, 3: 피난굴, 6·7: 동삼동, 8: 여서도, 9·10: 욕지도

(甲元眞之 1997·1999). 한반도에서는 남해안지역의 동삼동과 욕지도, 여서도패총에서 몇 예가 알려져 있고 동해안과 서해안지역에서는 출토되지 않는다. 크기는 5~6*cm* 정도이며, 주로 사슴뼈 등 동물뼈를 가공하여 만든다.

욕지도 출토품(도면3-9·10)과 동삼동 1차조사 출토품(도면3-6)은 몸체 중앙이 오목하며, 동삼동패총 정화지역 출토품(도면3-7)과 여서도출토품(도면3-8)은 중앙 양측연에 작은 결구(抉溝)가 있는 형태이다. 동남해안 지역 출토 역T자형조침은 황·발해연안의 형식과 세부적인 면에서 약간의 차이를 보이고 있으나 계통적으로는 이 지역의 어로문화와 관련이 있는 것으로 생각된다.

2) 작살(銛)

작살은 신석기시대 대표적인 어로구의 하나다. 후기 구석기시대부터 사용되나 한국에서는 신석기시대부터 출현한다. 주로 해안지역 패총유적에서 출토예가 많지만, 내륙지역의 유적에서도 확인된다. 재질에 따라 골제와 석제로 구분되며 신석기시대에는 골제 작살이 우세하다.

골제작살은 구조와 형태, 착장방법 등에 따라 다양한 종류로 분류되지만, 연구자에 따라 적용하는 개념이 달라 혼선이 생기는 경우도 있다. 특히 찌르개와 작살의 구분에 다소 문제가 있는데 일반적으로 찌르개(찔개살)와 작살의 차이는 이들을 사용했을 때 자루가 손에 남느냐 떠나느냐에 따라 구분하는데, 손에 남았을 때는 찌르개이고 떠났을 때는 작살로 분류하고 있다(江坂輝彌·渡邊誠 1988; 김건수 1998). 다시 말하면 작살 자루의 손에서 이탈

여부에 따라 구분하고 있다.

그러나 유존하는 섬두만으로 찌르개와 작살을 구분하고 사용 행위와 방식을 고고학적으로 증명하기 어렵기 때문에 양자를 엄격히 구분하는 것은 힘들다.[5] 특히 고정식작살과 찌르개는 때로는 혼용되므로 고고학적으로 구분하기 어렵다. 따라서 본고에서는 찌르개 역시 어로 행위와 관련된 도구가 분명한 만큼 별도로 분리하지 않고 작살의 범주에 포함시켜 다루기로 한다.

작살은 고래를 비롯한 물개, 강치 등의 해수류와 방어, 다랑어 등 대형 어류를 포획하는 데 사용되는데 구조는 자루(작살대, 柄) 자돌부인 섬두(銛頭)로 구성된다. 섬두의 기능과 착장방식, 형태에 따라 섬두가 자루에 고정되는 고정식작살, 섬두가 자루로부터 이탈하는 분리식작살로 대별할 수 있다.

가. 고정식작살

고정식은 섬두, 착장부, 자루(작살대)로 구성되어 있으며, 섬두의 형태와 착장방법에 따라 사두(蛇頭)형, 역자(逆刺)형, 침형(針形, 찌르개), 여서도형(하인수 2009)으로 구분된다(삽도2). 역자형, 사두형, 침형은 자루(작살대) 선단에 홈을 파고 섬두를 끼워 넣는 형식이며 여서도형은 섬두의 뾰족한 꼬리 부분이 미늘 역할을 하도록 자루 선단 측면에 비끌어 매어 착장되는 구조다(이영덕 2006b).

사두형(도면4-1~7)은 신부와 섬두의 경계가 명확하지 않지만 섬두를 가공하여 자돌 기능을 할 수 있도록 한 형태인데, 형태상으로는 후술하는 역자형과 명확히 구분된다. 섬두의 형태차는 포획대상의 종류나 어법의 차이를 반영하는 것으로 생각된다. 안도, 동삼동, 여서도패총 출토품이 있으며, 수량은 적은 편이다. 대부분 신부가 결실되어 크기는 불분명하나 동삼동 5층과 안도패총 1층 출토품의 예로 볼 때 보통 9cm 전후로 추정된다. 공반유물로 볼 때 조기에서 말기까지 사용한 것으로 보인다.

역자형(도면4-8~21·27)은 섬두 한 쪽 측면에 역자를 마련한 형태인데, 역자의 수에 따라 단기식(單銛式)과 다기식(多銛式)으로 구분된다. 동삼동, 범방, 연대도, 욕지도, 서포항,

---

5) 일본 조몬문화 연구에 있어서 섬두가 자루 선단부에 고정되는 것을 찌르개(야스), 이탈하는 것을 銛(모리)으로 하는 견해와 선단이 뾰족한 단순한 형태를 것을 찌르개, 그 발전 형태의 역자가 붙은 것을 섬(銛)으로 하는 견해 등이 있으나(戶澤充則編 1994) 개념적으로 통일되어 있지 않다.

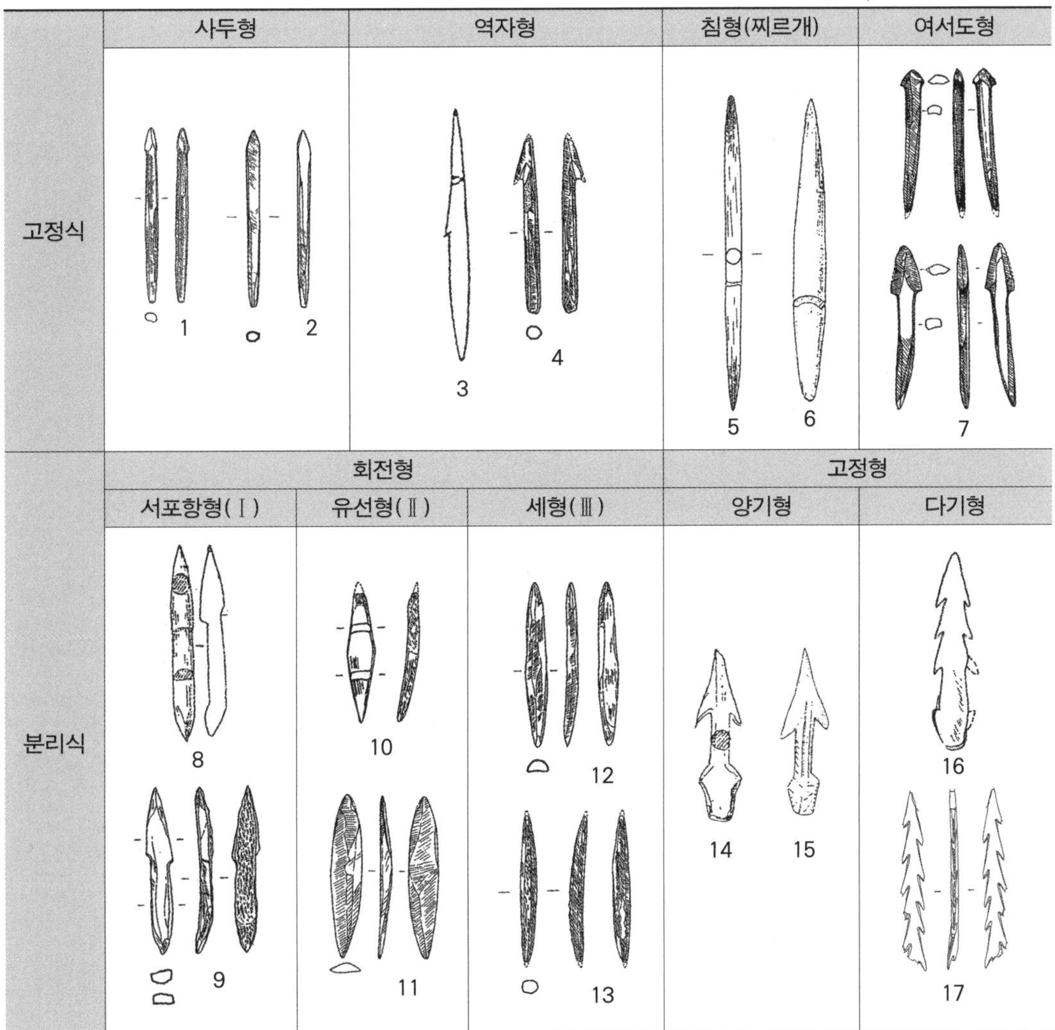

삽도2 골제 작살 분류표

1·4·5·9·12·13: 동삼동, 2: 안도, 3·6·8·14·15: 서포항, 7·11: 여서도, 10: 가거도, 16: 농포동, 17: 공기2굴

농포동 출토품은 섬두의 한 쪽 측면에 역자를 한 개, 동삼동패총 출토품 중 〈도면4-27〉은 한 쪽 측면에 여러 개의 역자를 만든 형식이다. 동삼동과 동일한 형태의 다기식작살은 보이스만Ⅱ유적의 1호분에서 확인되고 있다(정석배 역 1996). 이 같은 형식은 한반도 남부지역에서는 동삼동패총 출토품이 유일하며, 형식적으로 차이는 있으나 영월 공기2굴, 서포항, 농포동유적에서 다기식 작살이 출토되고 있다. 이들 형식은 후술하는 바와 같이 분리식작살로 추정되는데, 주로 한반도 동북해안지역의 서포항패총과 연해주 보이스만유적(甲元眞之編 1998) 등에서 다량으로 출토되는 것으로 보아 이 지역의 어로문화와 관련이 있

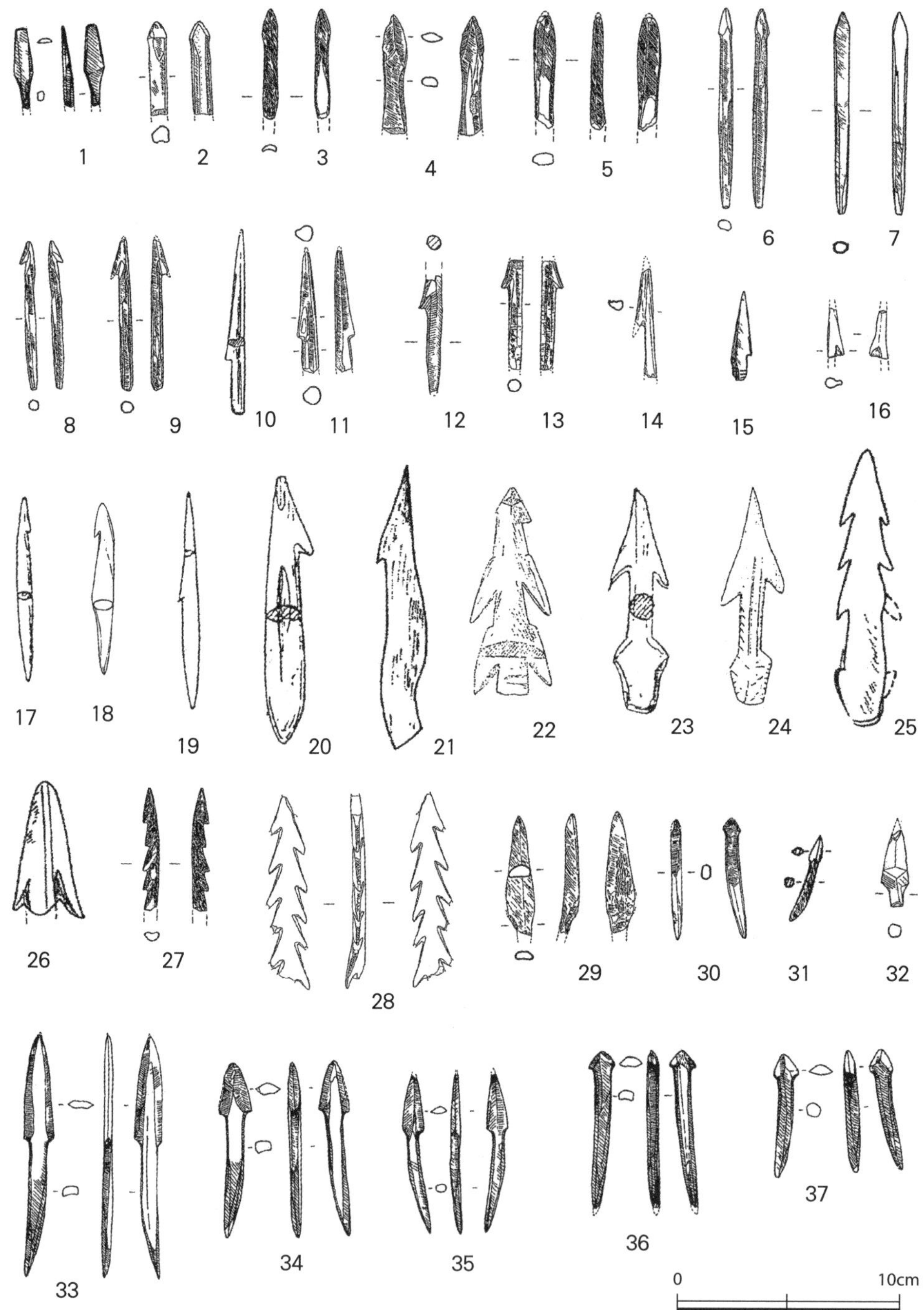

도면4 고정식 · 분리식 작살

1·33~37: 여서도, 2~6·8·9·11·13·27: 동삼동, 7: 안도, 10·17~20·22~24: 서포항, 12: 연대도, 14: 범방, 15: 상노대도, 16: 욕지도, 21·25·26: 농포동, 28: 공기2굴, 29·30: 가거도, 31: 거문도, 32: 송도

는 것으로 생각된다.

역자형은 남해안과 동북해안지역에 분포하며, 아직 서해안지역에서는 확인되지 않고 있다. 남해안의 역자형은 크기가 7cm 전후로 미늘이 작은 반면에 동북해안지역은 10cm 전후의 대형으로 미늘이 큰 것이 특징이다. 역자형은 사두형과 마찬가지로 즐문토기기 조기부터 출현하여 사용된 것으로 보인다.

침형작살(도면5)은 신석기시대 보편적으로 사용하는 어로구로 기존에 찌르개, 찌르개살, 찔개살, 자돌구 등으로 분류되는 기종이다. 형태적으로 자돌부와 삽입부 양단을 모두 뾰족하게 가공한 것이 특징인데 후술하는 첨두기의 선단부와 구분하기 어려운 점이 있어 종종 자돌구 혹은 송곳 등으로 오인되기도 한다.

침형작살은 일반적으로 자루를 손에 쥐고 포획대상물을 찔러 사용하는 것으로 인식되고 있으나 투척용 작살로도 사용 가능하기 때문에 사용 방식만으로 양자를 구분하는 것은 어렵다. 최근 조사된 울산 황성동유적에서 출토된 수염고래의 견갑골에 박힌 골제작살(도면5-14)은 침형작살의 사용방법을 이해하는데 도움을 준다. 섬두 직경은 0.8cm, 잔존 길이는 4.4cm 정도이다.

침형작살은 주로 사슴 중수·중족골을 종으로 분할하여 선단을 뾰족하게 가공하며, 길이는 10~15cm 정도가 주류를 이룬다. 동삼동(도면5-17 · 18)과 서포항 출토품(도면5-19 · 20) 같이 15cm 이상의 것도 있다. 금굴과 고남리 출토품(도면5-29 · 30)과 같이 10cm 미만인 것도 다수 존재한다. 직경은 보통 1cm 전후가 많으며 0.3~0.5cm 전후도 있다.

침형은 평면 형태와 단면에 따라 세형과 유선형으로 구분할 수 있다. 세형(도면5-1~21)은 바늘 모양으로 신부 폭이 좁고 단면이 둥근 형이며, 유선형은 목도, 서포항, 죽림동, 고남리, 동삼동 출토품(도면5-22~30) 같이 신부 폭이 넓고 단면이 납작한 형태다. 침형작살은 보통 단독으로 사용되지만, 여서도, 궁산, 서포항 출토품(도면5-1~3)과 같이 폭이 좁은 형태는 여러 개를 조합하여 사용한 것으로 추정된다(사회과학원력사연구소 1979; 김용간 1990). 침형작살 중에는 황성동 출토품(도면5-7)과 같이 선각을 거치상으로 새긴 것도 있는데, 특별한 의미가 있을 것으로 생각된다. 침형작살은 출토양상으로 볼 때 신석기시대 전 기간을 통해 성행하며, 주로 내륙의 하천과 내만 어로용으로 사용되었을 것으로 추정된다.

여서도형(도면4-29~37) 작살은 최근 발굴된 여서도패총에서 다량으로 출토됨으로써 주목되고 있는데, 전술한 고정식 작살과 달리 섬두와 몸체가 휘어진 것이 특징이다. 최근 연구에 따르면 이 같은 작살은 자루(작살대)의 선단부 측면에 착장했을 때 휘어진 기부가 미

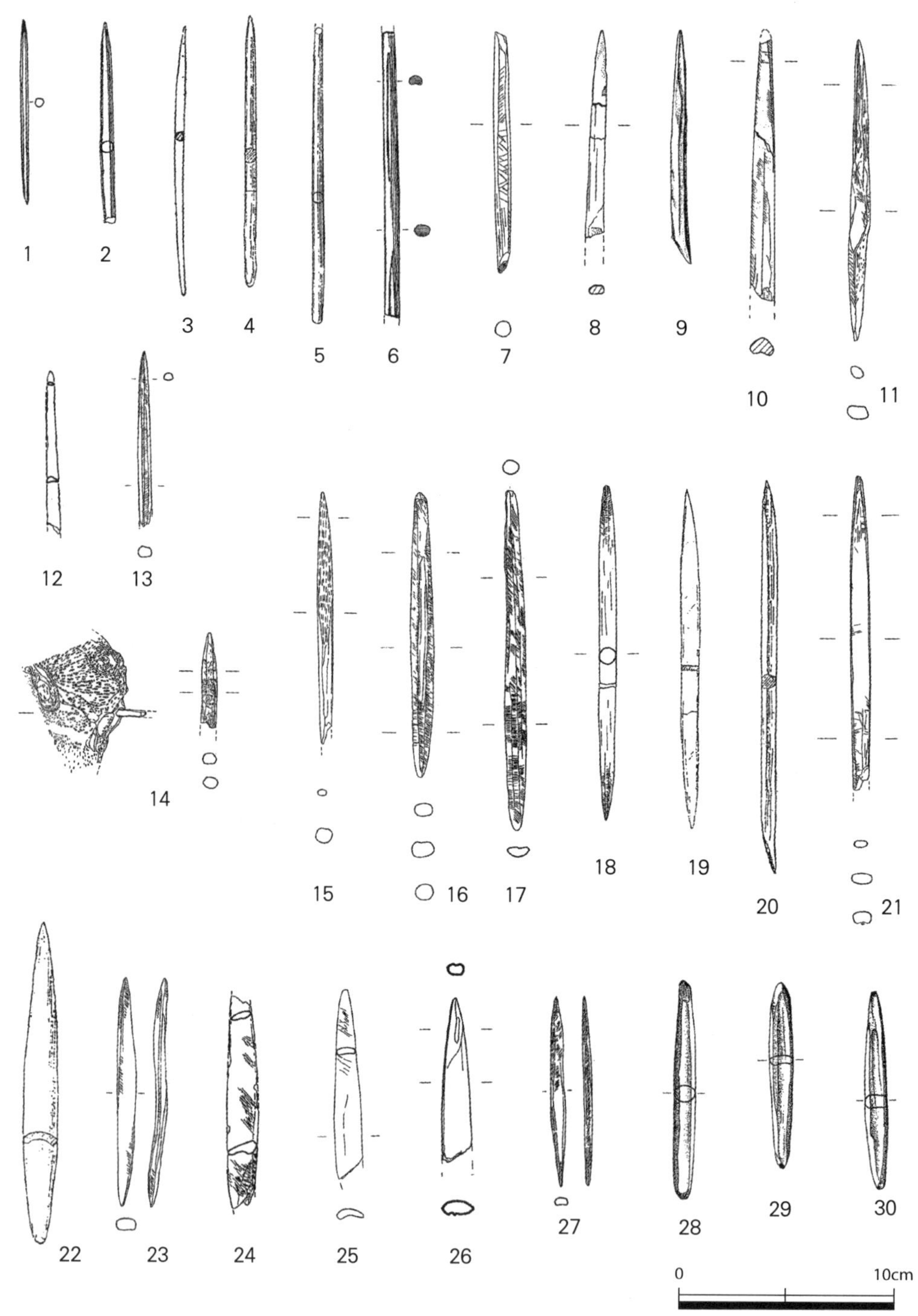

도면5 고정식 침형작살(찌르개)

1: 여서도, 2·5: 궁산, 3·4·19·20·22: 서포항, 6·9: 상노대도, 7·11·14~16·21: 황성동, 8·10: 연대도, 12·24: 목도, 13: 비봉리, 17·18·23·27: 동삼동, 25: 죽림동, 26: 안도, 28~30: 고남리

늘 역할을 하는 것으로 추정되고 있다(이영덕 2006b).

여서도형은 여서도를 중심으로 송도, 거문도, 가거도유적 등에서 집중적으로 출토되며, 동남해안지역에 전혀 출토되지 않는 것으로 보아 서남해안 지역의 특징적인 고정식작살로 추정된다(김건수 2007; 하인수 2009b). 이러한 형식의 작살은 일본 동북지역의 조몬유적에서도 출토되며, 유미(有尾)첨두기, 「ノ」자상 첨두기 (大竹憲治 1989) 혹은 유미자돌구로 분류되고 있다(金子浩昌 · 忍沢成視 1986).

여서도형은 섬두의 형태에 따라 세장한 삼각형(도면4-33~35)과 사두형(도면4-36 · 37)으로 구분된다. 크기는 3~10 cm 정도이나 7 cm 전후가 많다. 출현 시기는 조기말로, 성행하는 것은 전기로 추정된다. 하한은 아직 분명하지 않으나 가거도 출토품의 예로보아 말기까지 존속 가능성도 있다. 그러나 전기 문화층인 하층에서 이동되었을 가능성도 있기 때문에 검토가 필요하다.

나. 분리식작살

섬두가 자루에서 이탈하여 분리되는 형식으로 회전식작살 혹은 이두섬으로도 부른다. 그러나 서포항과 농포동 출토품 중 역자를 갖는 작살(도면4-22~26)은 섬두가 자루에 고정되는 것이 아니라 자루에서 이탈하는 분리식으로 추정되는 만큼 기존의 회전식작살이라는 용어보다 이두섬과 회전식을 포괄하는 분리식작살이라는 용어를 사용하는 것으로 좋을 것으로 생각된다.

분리식은 대상물에 명중했던 단계에 자루가 빠져 섬두만 체내에 남게 되고 섬두에 묶어 둔 줄을 끌어 당겨 포획물을 취하는 작살 형태인데, 섬두의 체내 기능에 따라 회전형과 고정형(비회전형)으로 구분할 수 있다(삽도3). 일부 연구자는 후술하는 서포항형 작살을 자루 선단의 양측면에 1개 혹은 2개를 고정시킨 고정식작살로 보고 있다(서국태 1986; 이영덕 2006b).

회전형(도면6)은 섬두가 포획대상물의 체내에 직각으로 회전하여 이탈할 수 없는 구조로 되어 있는 것이 가장 큰 특징이며, 구조는 섬두, 中柄, 자루(柄), 줄로 구성되어 있다(삽도3). 이러한 형태의 작살은 주로 동북아시아로부터

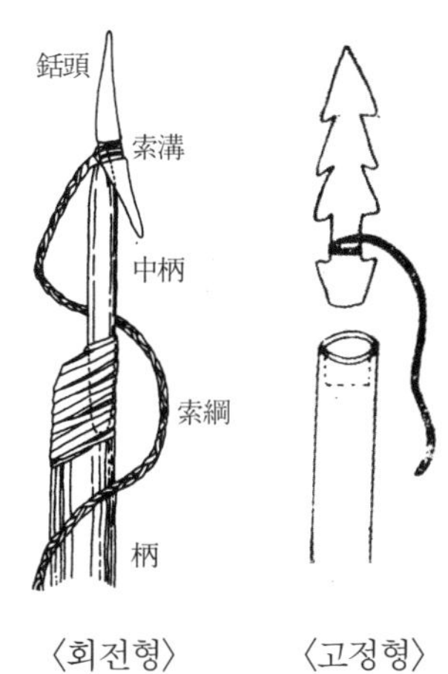

삽도3　분리식작살 복원도

회전형(渡邊誠 1993), 고정형(사회과학원 력사연구소 1991)

서북아메리카에 걸친 북태평양 연안지역에 주로 분포하며, 물개, 강치, 바다사자 등과 같은 해수류를 포획하는 어로구로 알려져 있다. 일본에서는 一王寺型으로 불리고 있으며(渡邊 誠 1993), 佐賀패총을 비롯한 서북구주지역의 여러 유적에서 다수 출토되고 있다. 국내에 서는 서포항, 상노대도, 동삼동, 가거도, 여서도, 연대도, 북촌리, 노래섬패총 등 해안지역 분포하고 있는데 특히 남해안지역에서 다량으로 출토된다.

회전형작살은 평면형태와 섬두의 세부 속성에 따라 서포항형(I유형), 유선형(II유형), 세 형(III유형)으로 구분할 수 있다(삽도2). I유형(도면6-1~8)은 신부와 미부(尾部)가 명확히 구분되고 선단부가 삼각형을 이루면서 미부가 들린 형태로, 서포항, 동삼동, 상노대도 출토 품이 대표적이다. 이들 출토품은 세부 속성에서 약간의 차이도 있고 세분이 가능하지만 본 고에서는 일단 서포항형(김건수 1998)으로 분류해 둔다.

서포항 출토품 중 〈도면6-4·5〉는 보이스만II유적의 하층 것과 형식적으로 동일하다(정 석배 역 1996). 동삼동출토품과 유사한 형식은 대마도의 사가패총(長崎縣峰町敎育委員會 1989)과 연해주의 페스체노이패총에서 다수 확인되고 있다. 시기는 아직 특정할 수 없으 나 동삼동패총의 층위와 서포항패총의 편년(임상택 2006)을 참고한다면 즐문토기 중기에 유행한 형식으로 추정된다.

II유형(도면6-9~14·19)은 신부가 능형을 이루고 양단이 만곡하는 유선형으로 가거도, 노래섬, 여서도, 북촌리유적 등 서남해안지역에서 집중적으로 출토되고 있다. 특히 가거도 에서 다량 확인되고 있다. 현 분포 양상을 그대로 이해한다면 여서도형작살과 함께 서남해 안의 특징적인 분리식작살이라고 할 수 있다. 크기는 보통 6~8cm 정도인데 북촌리 출토품 은 12cm 정도의 대형이다. II유형은 여서도패총 단계에 출현하여 전기에 성행하는 것으로 보인다. 시기적으로는 III유형보다 조금 늦은 것으로 생각된다.

III유형(도면6-15~25)은 II유형에 비해 신부 폭이 좁고 양단이 뾰족한 세형이지만 몸체 가 휘어진 점은 동일하다. 신부의 만곡 정도에 따라 약간의 변이는 있으며, 크기는 5~9cm 정도이다. III유형은 동남해안지역에 집중적으로 분포하며 특히 동삼동패총에서 다량으로 출토된다. 범방과 안도패총 출토품으로 보아 조기의 이른 시기부터 말기까지 지속적으로 존속한 것으로 추정된다.

이상에서 살펴본 분리식 회전형작살 중 I유형은 동일 형식이 한반도 동북 및 연해주 해 안지역에서 다량으로 출토되는 것으로 보아 서포항을 중심으로 하는 연해주지역의 어구문 화와 계통적으로 연결되는 것으로 생각된다.

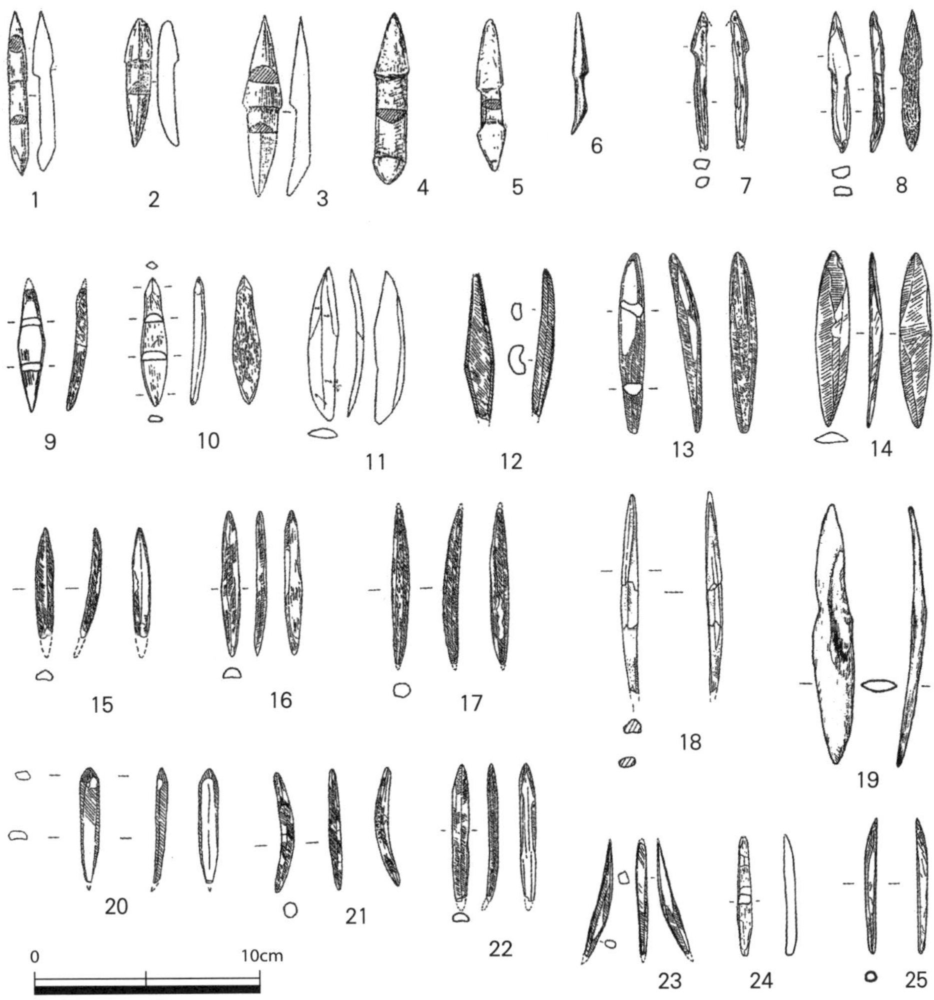

도면6 분리식 회전형 작살

1~5: 서포항, 6: 상노대도, 7·8·15~17·21·22: 동삼동, 9·10·13: 가거도, 11: 노래섬 가지구, 12·14·23: 여서도, 18: 연대도, 19: 북촌리, 20: 돈탁, 24: 범방, 25: 안도

　그러나 Ⅱ, Ⅲ유형은 연해주지역에서 거의 확인되지 않고 한반도 남부지역에 집중적으로 분포하는 양상을 통해 남해안의 특징적인 형식으로 볼 수 있다. 사가패총을 포함하여 구주지역의 회전형작살(Ⅱ, Ⅲ유형)이 대부분 조몬시대 후기에 집중되어 있고, 동일 형식이 남부지역에서는 조기 단계부터 출현하여 전시기에 걸쳐 성행한다는 점을 염두에 둔다면 구주지역의 회전형작살은 남해안지역 어로문화의 영향으로 출현하였을 가능성도 있다.

　고정형(도면4-22~26·28)은 섬두가 포획대상물의 체내에서 역자에 의해 고정되어 이탈할 수 없는 구조인 점이 특징이며, 전술한 회전형에 대해 비회전형 섬두를 갖는 형식이라고 할 수 있다. 서포항과 농포동 출토품이 대표적이며, 동일한 형식의 작살이 보이스만Ⅱ와 쵸르토비보로타유적에서도 출토된다(甲元眞之 編 1998).

고정형은 신부보다 폭이 넓은 凸狀 기부와 섬두에 역자를 갖는 형태이며, 작살의 구조는 분명치 않으나 섬두의 착장부의 형태로 보아 자루 선단부를 소켓 형태로 파고 섬두를 삽입한 후 섬두의 허리 부분에 줄을 연결한 형태(삽도3)로 추정된다(사회과학원력사연구소 1991). 미늘의 형태에 따라 양기형과 다기형으로 구분할 수 있으며(삽도2), 크기는 9~12 *cm* 정도이다. 이러한 형식을 고정식작살로 보는 연구자도 있다.

고정형은 분포 양상으로 볼 때 동북해안과 연해주의 특징적인 어로구로 생각되며, 동일한 형태의 작살은 남부지역에서는 확인되지 않는다. 전술한 동삼동의 고정형 다기형작살은 남해안지역에서는 이례적이지만, 형식적으로 차이가 난다. 최근 영월 공기2굴유적에서 삽입부가 일부 결실된 다기식작살이 출토되었는데, 섬두 양측면에 여러 개의 역자가 마련되어 있는 점에서 농포동 출토품과 유사하고 엇갈린 역자의 형태는 쵸르토비보로타 출토품과 형식적으로 동일하다.

공기2굴의 신석기문화의 시기는 여러 형식의 토기가 혼재하여 가늠하기 어렵지만, 여기서 융기문토기편이 출토되는 점으로 보아 다기형작살은 융기문토기와 공반하는 조기 단계에 속할 가능성이 높다. 보이스만과 쵸르토비보로타 유적은 한반도 융기문토기문화와 관련성이 있고 다기형작살이 남한지역의 재지 어구와는 이질적이라는 측면에서 본다면 공기2굴 출토품은 동북해안 혹은 연해주의 어로문화와 관련성이 있다고 생각된다.

3) 세형자돌구

자돌구는 일반적으로 끝이 뾰족하게 가공된 도구를 총칭하는 명칭으로 사용되며 연구자 따라 다양한 기종과 용도로 분류되기도 한다.[6] 그러나 분류 기준이 명확하지 않아 혼선이 생기는 경우도 있다. 따라서 본고에서는 기능과 성격이 명확한 자돌구(어로구 등)를 제외한 끝이 뾰족한 형태의 골각기는 후술하는 바와 같이 모두 첨두기로 포괄하여 다루기로 한다.

세형자돌구(도면7)는 사슴 중수·중족골을 소재로 제작되며, 양단이 대칭적으로 뾰족하고 신부는 유선형을 이룬다. 크기는 4~6*cm* 정도로 정형화되어 있다. 용도는 불 분명하나

---

6) 예를 들면, 창끝, 슴베찌르개, 찔개살, 송곳, 찌르개, 빗창, 자돌구, 골추, 예새, 골도, 첨두기 등은 연구자에 따라 자돌구로 분류되는 것이다.

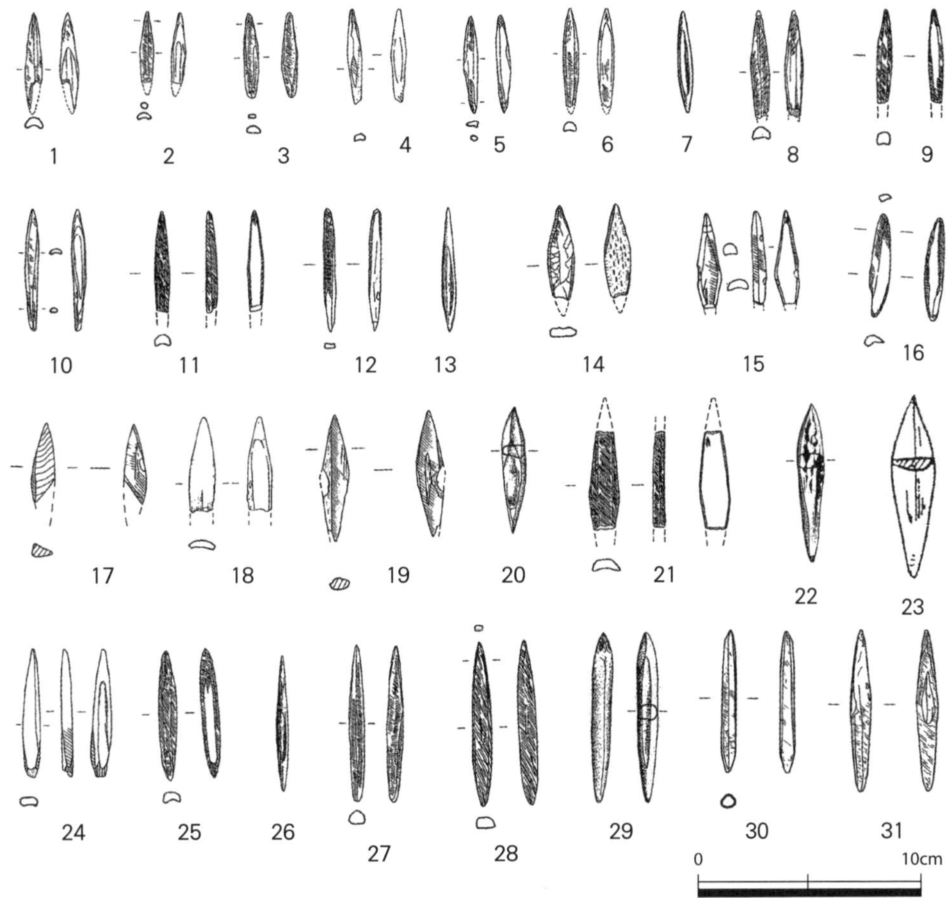

도면7　세형자돌구

1~3·5·6·8~12·14·16·21·25·27·28: 동삼동, 4·18·24: 욕지도, 7·13·26: 상노대도, 15: 여서도,
17·19: 연대도, 20·22·29: 고남리, 23: 서포항, 30·31: 안도

출토 양상으로 보아 일상 생활도구는 아닌 것으로 생각된다. 주로 해안지역의 패총 유적에
서 어로구와 함께 출토되는 것으로 보아 어로와 관련된 도구로 사용되었을 것으로 추정된
다. 용도에 대해서는 앞으로 검토가 필요하다.

　세형자돌구는 동삼동을 비롯한 상노대도, 욕지도, 여서도, 안도패총 등 주로 남해안지역
에 분포한다. 서해안과 동해안지역에서는 거의 보이지 않으며, 고남리와 서포항패총에서
몇 점 확인되는 정도이다. 동일한 형태의 자돌구는 대마도의 사가패총에서도 다량으로 출
토되고 있다. 평면 형태에 따라 4류로 분류할 수 있다(삽도4).

　I류(도면7-1~13)는 4~5㎝ 정도의 소형이며, 유선형을 이루는 것, II류(도면7-14~21)
는 I류와 유사하나 신부가 능형을 이루고 중앙에 최대폭을 갖는 것. III류(도면7-24~31)

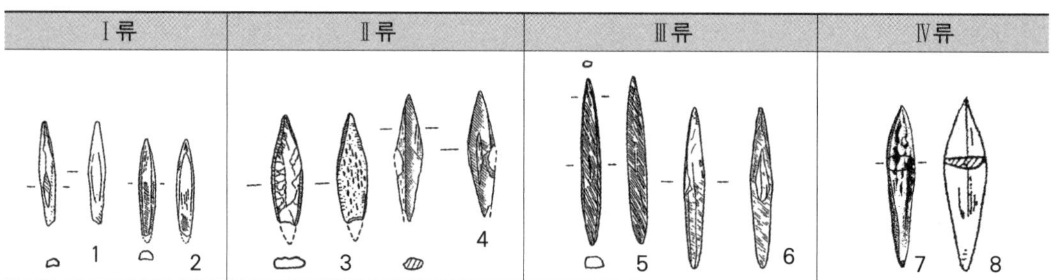

삽도4 세형자동구 분류표

1: 욕지도, 2·3·5: 동삼동, 4: 연대도, 6: 안도, 7: 고남리, 8: 서포항

는 Ⅰ·Ⅱ류 보다 큰 편이며 세장한 형태를 이룬다. 크기는 6~7㎝ 정도이다.[7] Ⅳ류(도면 7-22·23)는 선단부가 넓고 후미가 좁은 형태이다. 서포항 출토품은 형태를 구체적으로 알 수 없어 단정할 수 없으나 평면 형태와 크기가 여서도 출토품과 유사한 것으로 보아 분리식 회전형작살일 가능성도 배제할 수 없다.

2. 수렵구

수렵은 인간에게 양질의 단백질을 제공할 뿐만 아니라 뼈나 가죽 등은 일상생활에 필요한 다양한 도구를 만드는 재료라는 점에서 신석기시대 생업활동의 주요한 위치를 차지한다. 수렵 도구 내지 방법은 다양했을 것으로 생각되나, 먼 거리에서도 사냥을 할 수 있는 활과 근거리용인 창 등이 주로 이용되었을 것으로 생각된다. 특히 다양한 형식의 화살촉이 많이 출토되고 있는 것으로 보아 활을 이용한 수렵이 성행한 것으로 보인다.

1) 골촉(骨鏃)

골촉은 형태적으로 골제 작살과 유사하여 기종을 정확히 구분하기 어려운 점도 있지만, 형태상으로 작살과 어느 정도 구분된다. 골촉은 석촉에 비해 유적에서 출토되는 양은 적으나 재질의 특성상 유존하기 어려움 점과 신석기시대에 수렵활동이 성행한 점으로 보아 골제 화살촉도 어느 정도 이용되었을 것으로 추정된다. 동삼동, 서포항, 신포동유적(도면 8-1~8) 등에서 출토되나 그 수는 매우 적다. 사슴뼈와 뿔을 소재로 제작하는데, 평면형

---

7)　Ⅲ류는 침형 고정식작살과 유사하지만, 소형을 세형 자돌구로 분류하였다.

태와 착장법에 따라 유경식과 무경식으로 구분된다. 동삼동과 신포동유적 출토품(도면 8-1·2)은 신부 단면이 납작한 무경식이며, 서포항 출토품(도면8-3~8)은 무경식이다.

2) 골창(骨槍)

창은 사전적인 의미로 주로 수렵에 이용되고 작살은 대형어류나 해수류를 포획할 때 사용하는 도구를 지칭하지만, 고고학적으로 양자를 구분하기란 어렵다. 그것은 신석기시대 생업활동 자체가 복합적이고 사용하는 도구 역시 다용도로 사용되었을 가능성이 크기 때문이다. 창의 기능이 대상물을 찌르거나 던져 포획하는데 있으므로 실제 기능상에서는 상황에 맞게 적절히 사용했을 것으로 생각한다.

신석기시대 창은 욕지도, 가도, 동삼동, 범방, 서포항패총, 고산리, 상촌리유적 출토품의 사례로 보아 주로 석제로 제작되지만, 서포항 1, 2기층

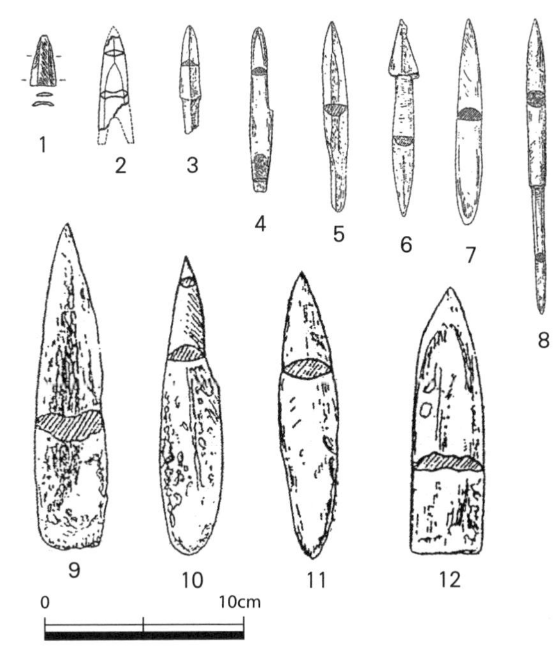

도면8 골촉 · 골창

1: 동삼동, 2: 신포동, 3~12: 서포항

에서 사슴뿔로 만든 10여 점의 골제품(도면8-9~12)이 출토되는 것으로 보아 골창도 어느 정도 사용되었을 것으로 생각된다. 그러나 남해안과 서해안지역에서는 확인되지 않는다.

형태는 석창과 다소 차이가 나는데, 자돌부를 뾰족하게 가공하고 경부(착장부)가 넓은 것이 특징이다. 서포항 1기 출토품(도면8-11)은 자돌부와 경부가 뾰족한 유선형을 이룬다. 골창은 크기로 보아 육상동물의 수렵에 주로 이용되었을 것으로 보이지만, 해안지역에서는 물개, 강치 등 대형 해수류나 어류를 포획할 때 고정식작살로도 전용되었을 것으로 추정된다.

3. 채집·농경구

신석기시대 채집(채취)·농경과 관련하는 도구로는 갈돌, 갈판, 석겸, 따비형 타제석부 등이 있으나 골제품은 알려진 자료가 적다. 궁산유적에서 출토된 뒤지개, 괭이, 아겸 정도가 채집·농경구로 추정되고 있다. 이들 자료가 농경과 직접적으로 관계하는지는 향후 검토가 필요하지만, 본고에서는 기존 견해에 따라 농경구로, 빗창과 아도(牙刀)는 패류 및 식물성 식료를 채취, 채집하는 도구로 분류해 둔다. 특히 아도는 삼국시대 도자와 같은 다용도로 사용 가능하기 때문에 가공구로도 분류할 수 있다.

1) 빗창

빗창은 오늘날 해녀들이 전복을 따는데 사용한 도구와 형태적으로 유사한 것으로, 정확한 용도는 불확실하나 전복이나 굴 등 암초에 부착하여 서식하는 암초성 패류를 채취할 때 사용하는 도구로 추정된다(김건수 1998). 재료는 주로 사슴뿔(도면9-1·3·5·6)이나 관상골(도면9-9)을 이용하는데, 동삼동 출토품(도면9-2)과 같이 고래뼈 늑골을 가공하는 경우도 있다. 크기는 10~20㎝ 정도인데 15~20㎝ 전후가 일반적이다. 형태는 신부가 직선적인 것도 있으나 대부분 신부가 약간 휘어진 것이 많다. 선단부는 둥글거나 뾰족한 형태를 이룬다.

　빗창은 연구자에 따라 형태적 속성을 기준으로 몇 가지 유형으로 구분하기도 하며, 후술하는 비형골기를 포함시키는 경우도 있다. 빗창은 동삼동, 여서도, 노래섬, 모이도, 까치산, 궁산패총 등 주로 남해와 서해안지역의 해안과 도서지역에서 확인되며, 동해안지역에서는 출토 사례가 없다. 특히 동삼동패총에서 다량으로 출토되는 것은 암초성 패류가 다량 서식하는 유적 주변 입지와 그에 따른 생업 환경을 보여 준다는 점에서 주목된다.

　빗창은 삼한시대 초기의 늑도유적에서도 출토되고 있는 것으로 보아 오랜 기간 동안 패류 채취구로 사용되었던 것으로 추정된다. 빗창은 조기 유적에서 확인되지 않으며, 조기 말로 편년되는 여서도와 궁산, 동삼동에서의 출토 양상으로 보아 조기 말에 출현하여 말기까지 지속적으로 사용되는 것으로 보인다. 이러한 형태의 패류 채취구는 일본 구주 조몬(繩文)문화에서도 확인된다(中尾篤志 2005).

2) 뒤지개(괭이)

뒤지개 혹은 괭이는 북한에서는 원시 농경과 관련한 도구로 파악하고 있으며, 일부 연구자는 굴봉으로 분류하기도 한다(김건수 1998). 뒤지개(괭이)는 사슴뿔의 뾰족한 끝을 특

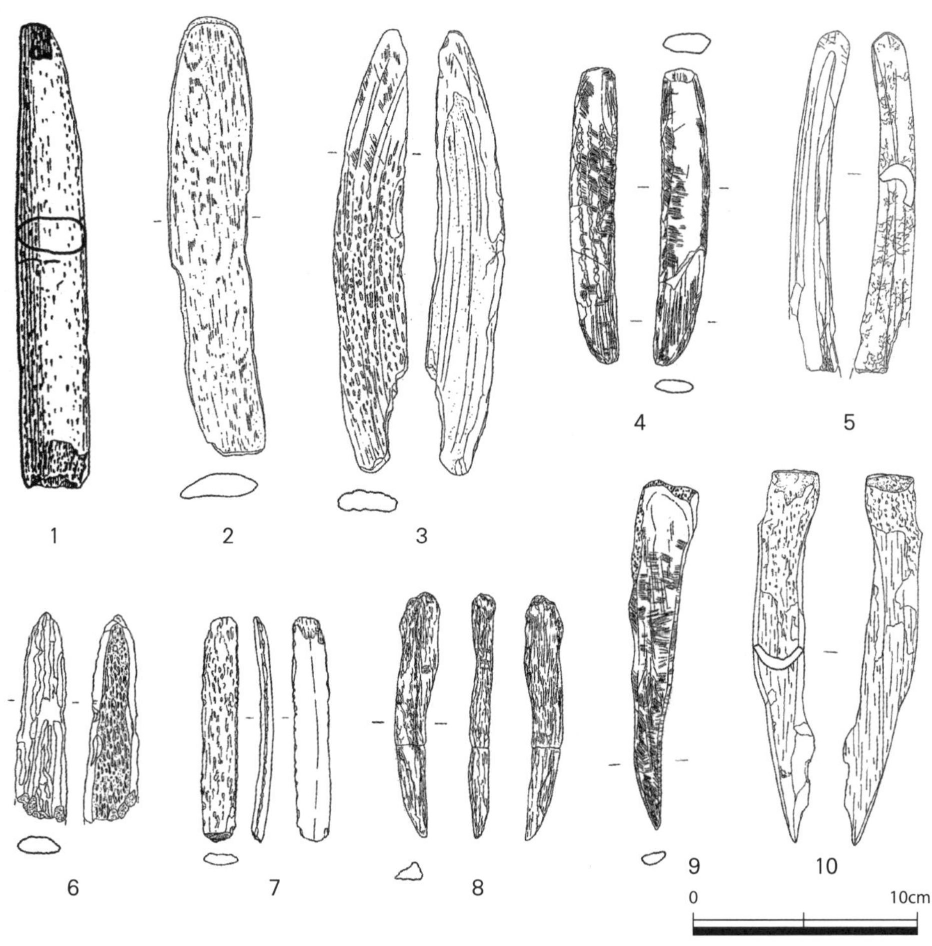

도면9 빗창

1: 궁산, 2~4·6: 동삼동, 5: 까치산, 7: 여서도, 8: 노래섬 가지구, 9·10: 모이도

별히 인공을 가하지 않고 그대로 도구로 이용한 것이다. 궁산유적과 서포항패총에서 확인되며 특히 궁산유적에서 다량으로 출토되었다. 북한 연구자는 형태에 따라 뒤지개(도면10-1·2)와 괭이(도면10-3·4)로 구분하고 있다(고고학 및 민속학연구소 1957). 크기는 22~46cm정도이다.

  북한 연구자들의 견해와 같이 이들 자료가 농경구로 사용되었는지는 검토가 필요하지만, 형태와 재질상의 특징으로 보아 야생식물의 뿌리를 캐거나 파종할 씨앗의 구멍을 파는 굴봉의 용도(박호석·안승모 2001)로 이용되었을 것이다. 최근 연구 성과에 따르면 적어도 전기 이후에 조, 기장을 중심으로 잡곡농경의 존재가 분명한 만큼 이와 관련한 도구로도 이용되었을 가능성이 있다.

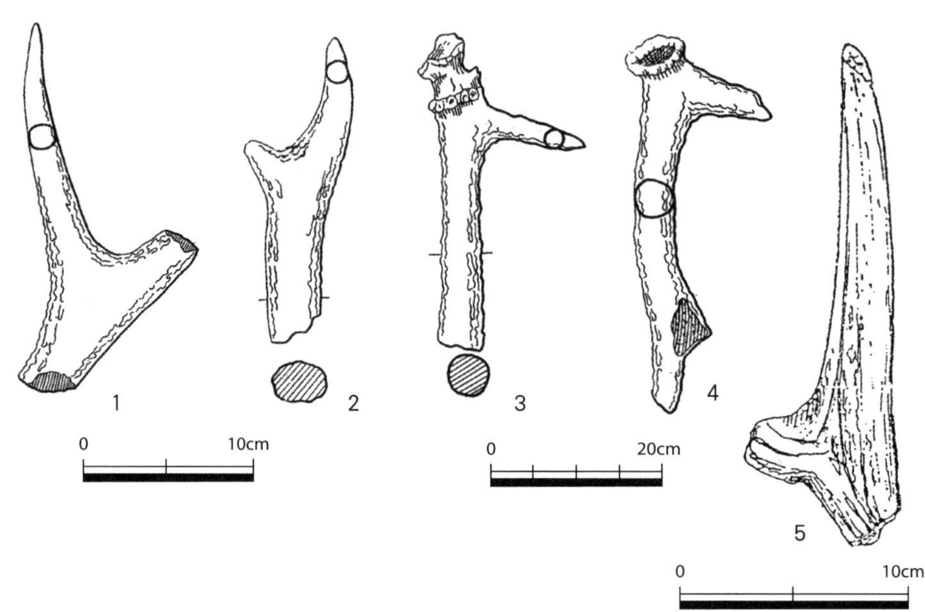

도면10 뒤지개(괭이)

1~4: 궁산, 5: 서포항

3) 아겸(牙鎌)

아겸(도면11-12~22)은 멧돼지 견치 등을 낫과 같이 가공한 도구이며, 크기는 7~13*cm*정
도이다. 궁산패총을 비롯하여 서포항, 점말용굴, 가도패총 등에서 출토된다. 궁산패총 발굴
로 농경구로 분류한 이후 일반적으로 수확용 도구로 인식되어 왔으나, 멧돼지 견치에 보이
는 날카로운 면이 상하 견치의 마모흔으로 마치 인공적으로 가공한 것처럼 보이기 때문에
인공적인 도구로 볼 수 없다는 일부 연구자의 의견도 있다. 그러나 궁산 출토품(도면11-
19·22) 중에는 자루에 착장하기 위한 천공과 견치를 종으로 분할, 가공한 점으로 보아 도
구로 사용되었음은 분명하다.

문제는 이들 골각기가 실제 북한 연구자의 견해같이 농경용 수확구로만 사용되었는지 여
부는 앞으로 구체적인 검토가 이루어져야 할 것이다. 아겸이 농경과 직접 관련성이 적은
신석기 조기로 추정되는 서포항 1·2기층[8]과 내륙 동굴유적(점말용굴)에서 출토되고, 아

---

8) 서포항 1, 2기층의 시기를 늦은 시기로 보는 연구자(김재윤 2009)도 있으나 작살의 형태나 토기
의 형식적인 특징으로 보아 보이스만 문화의 이른 시기와 병행하는 것으로 보는 것이 좋다고 생각한
다(임상택 2006; 김은영 2010).

겸 자체가 칼의 기능을 갖는다는 점에서 생활용구로도 사용 가능하기 때문에 모든 아겸을
농경구로 판단하는 것은 신중할 필요가 있다.[9]

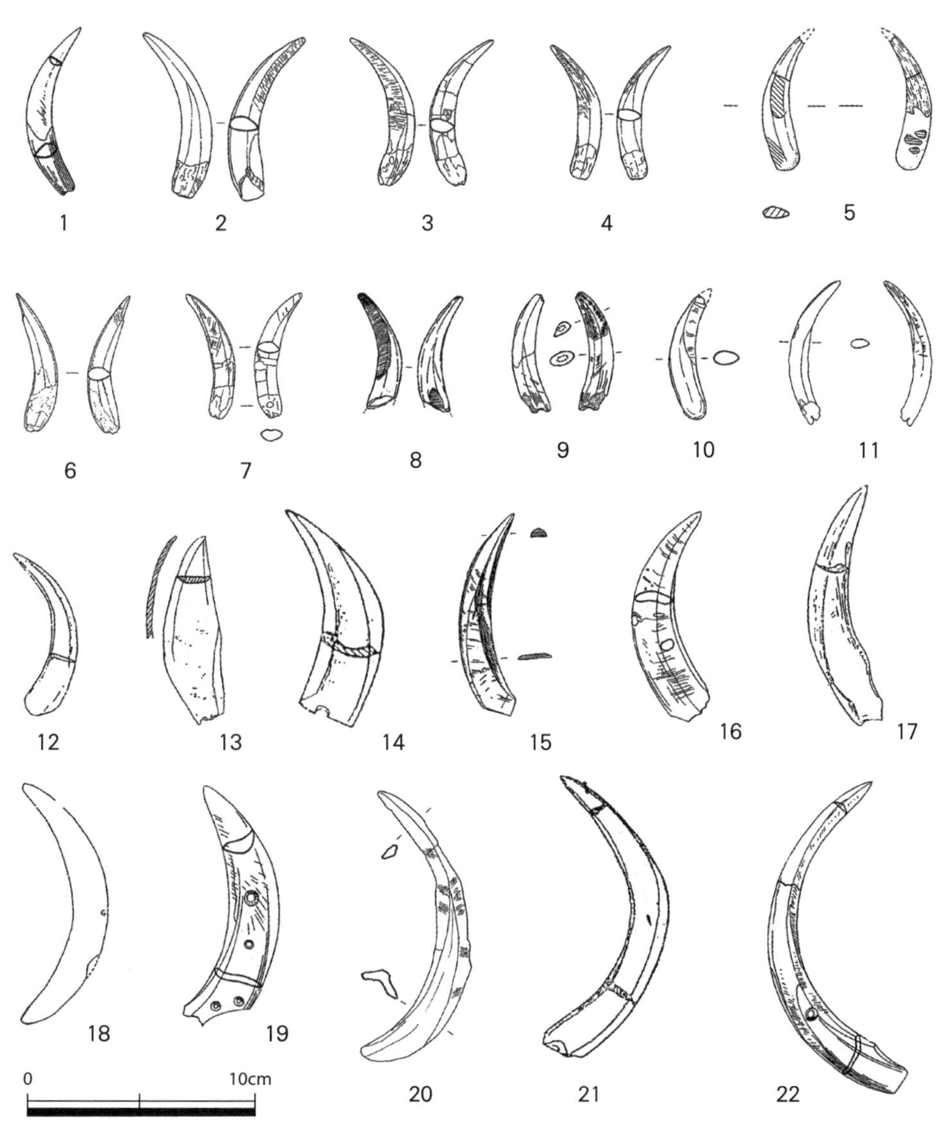

도면11 아도 및 아겸

1·16·19·22: 궁산, 2~4: 모이도, 5: 연대도, 6·7: 까치산, 8: 여서도, 9: 동삼동, 10·20: 가도, 11: 공
기2굴, 12~14·17·18·21: 서포항, 15: 점말동굴

---

9) 사슴뿔로 만든 괭이 혹은 뒤지개, 아겸은 농경구일 가능성도 있으나 단순 식물채집구인지 실제
잡곡 농경과 관련된 도구인지는 충분한 검토가 필요하다고 생각된다. 일단 본고에서는 채집 및 잡곡농
경과 관련된 도구로 분류해 둔다.

4) 아도(牙刀)

아도(도면11-1~11)는 고라니 견치의 날카로운 자연면을 그대로 이용하거나 일부 가공하여 도구로 이용한 것인데, 장신구로 분류되기도 하였다. 물론 상노대도 출토품(도면20-16)과 같이 두부에 천공하면 장신구로도 이용 가능하다. 아도는 6~7*cm* 정도로 소형이기 때문에 자루에 끼워 사용했을 것으로 보인다. 궁산, 모이도, 까치산, 가도, 동삼동, 여서도, 공기2굴 등 해안지역과 내륙지역에서 고루 출토되며, 특히 궁산패총에서는 3~5호 수혈에서 20점이 검출되었다. 용도는 삼국시대 소형 도자같이 일상생활에서 다용도로 사용되었을 것으로 추정된다.

4. 가공구

1) 첨두기

골각기 중에서 가장 많은 양을 차지하는 첨두기는 넓은 의미에서 선단부를 뾰족하게 가공한 도구를 가리키며, 신석기 전반에 걸쳐 널리 사용된다. 대부분 사슴뼈를 가공하여 제작하는데, 수가리패총의 예에서 보는 바와 같이 기종에 따라 소재가 선택적으로 이용되었음을 알 수 있다(金子浩昌 外 1981). 특히 사슴의 뿔과 중수·중족골, 경골, 척골 등이 주요 재료로 이용되며, 세죽과 모이도패총에서는 조골로 만든 것도 출토된다.

첨두기는 형태와 소재, 제작방법 등이 다양하여 용도를 특정하는데 어려움이 있지만 선단이 뾰족한 외형적인 특징으로 보아 일부 기종은 가죽이나 의복 등의 천공용 공구로 일단 추정된다. 그러나 기종에 따라 형태가 정형화되어 있고, 소재의 선택성도 보이므로 그에 따라 사용방법과 용도가 달랐을 것으로 추정된다. 따라서 신석기시대 도구 조성과 용도를 분명히 하기 위해서도 사용흔과 기종분석 작업 등이 이루어져야 할 것으로 생각된다.

첨두기는 소재와 형태, 제작방법 따라 크게 중수·중족골제(Ⅰ류), 척골제(Ⅱ류), 경골제(Ⅲ류), 녹각제(Ⅳ류), 조골제(Ⅴ류) 첨두기로 분류(삽도5)할 수 있다.[10]

---

10)　첨두기 소재의 설명과 명칭은 수가리패총 보고서 분석 내용을 참고하였다(金子浩昌 1981, 2002).

중수·중족골제	척골제	경골제	녹각제	조골제
1	2	3	4	5

삽도5 첨두기 분류표

1: 피난굴, 2~4: 동삼동, 5: 세죽

가. 중수·중족골제 첨두기

다른 기종에 비해 출토량이 많고 전시기의 모든 유적에서 고루 출도되는 깃으로 보아 가장 일반적으로 사용된 골각기로 추정된다. 주로 사슴의 중수·중족골을 여러 개체로 분할한 소재를 이용하며, 선단부만 가공하고 골체부는 거칠게 마무리한 것이 특징이다. 형태는 골단(骨端)부가 넓고 선단부로 갈수록 골체(骨體)부가 좁아지는데, 골단부를 절단한 소편을 가공한 것(도면12-1~15)과 골단부를 남겨 둔 채 선단부를 가공한 것(도면12-16~28)으로 구분된다. 피난굴(도면12-24)이나 고남리출토품(도면12-27·28)같이 선단부의 앞 부분을 바늘처럼 뾰족하게 가공한 것도 있다.

나. 척골제 첨두기

사슴의 골단부를 파수로 하여 골체부를 적당한 길이로 절단, 인부를 가공한 형태이며, 중수·중족골제보다 출토량이 적다. 수가리, 동삼동, 황성동, 목도, 고남리, 궁산, 서포항 출토품 등이 있다. 수가리패총 출토품(도면13-1~4)은 다른 유적 것에 비해 크기가 작은 것으로 보아 사용에 의해 골체와 인부가 축소된 것으로 보인다. 동삼동패총 출토품 중에는 패용하기 위해 손잡이 부분에 구멍을 뚫은 것(도면13-10)과 골체에 선각된 것(도면13-8)도 있다.

고남리(도면13-19), 공기2굴(도면13-13), 궁산출토품(도면13-17)은 다른 것과 달리 선단부가 송곳같이 뾰족하게 가공되어 있다. 당초의 형태인지는 알 수 없으나 대부분 척골제 첨두기의 사용부위가 끝이 둥근 형태를 갖는 것으로 보아 필요에 따라 골추(骨錐)로 재

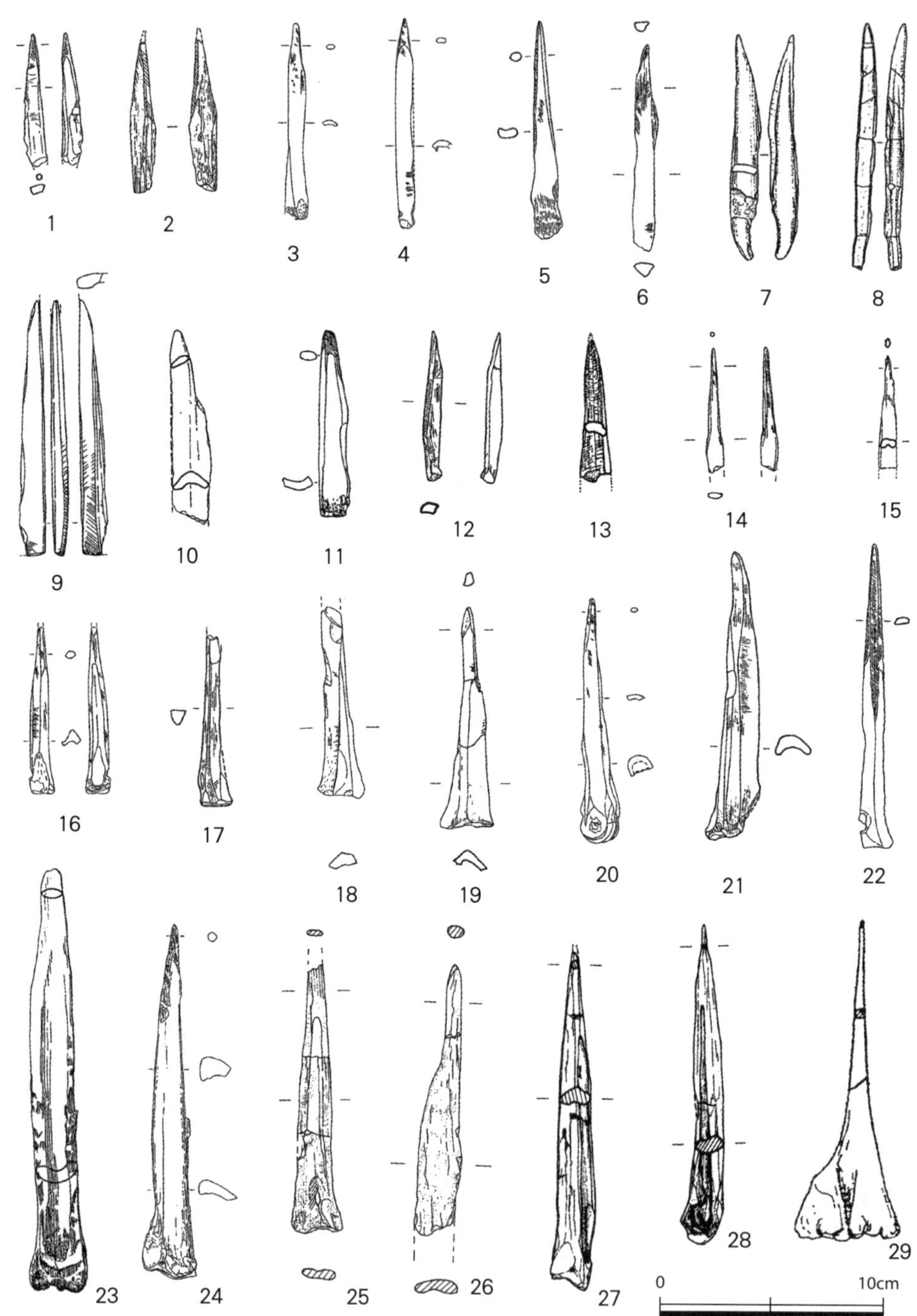

도면12 중수 · 중족골제 첨두기

1 · 5 · 6 · 14 · 22: 동삼동, 2: 욕지도, 3 · 4 · 16 · 20: 공기2굴, 7 · 8: 수가리, 9 · 11: 여서도, 10: 목도, 12: 안도, 13: 안골동, 15: 가거도, 17 · 21: 비봉리, 18: 황성동, 19 · 25 · 26: 연대도, 23: 궁산, 24: 피난굴, 27 · 28: 고남리, 29: 서포항

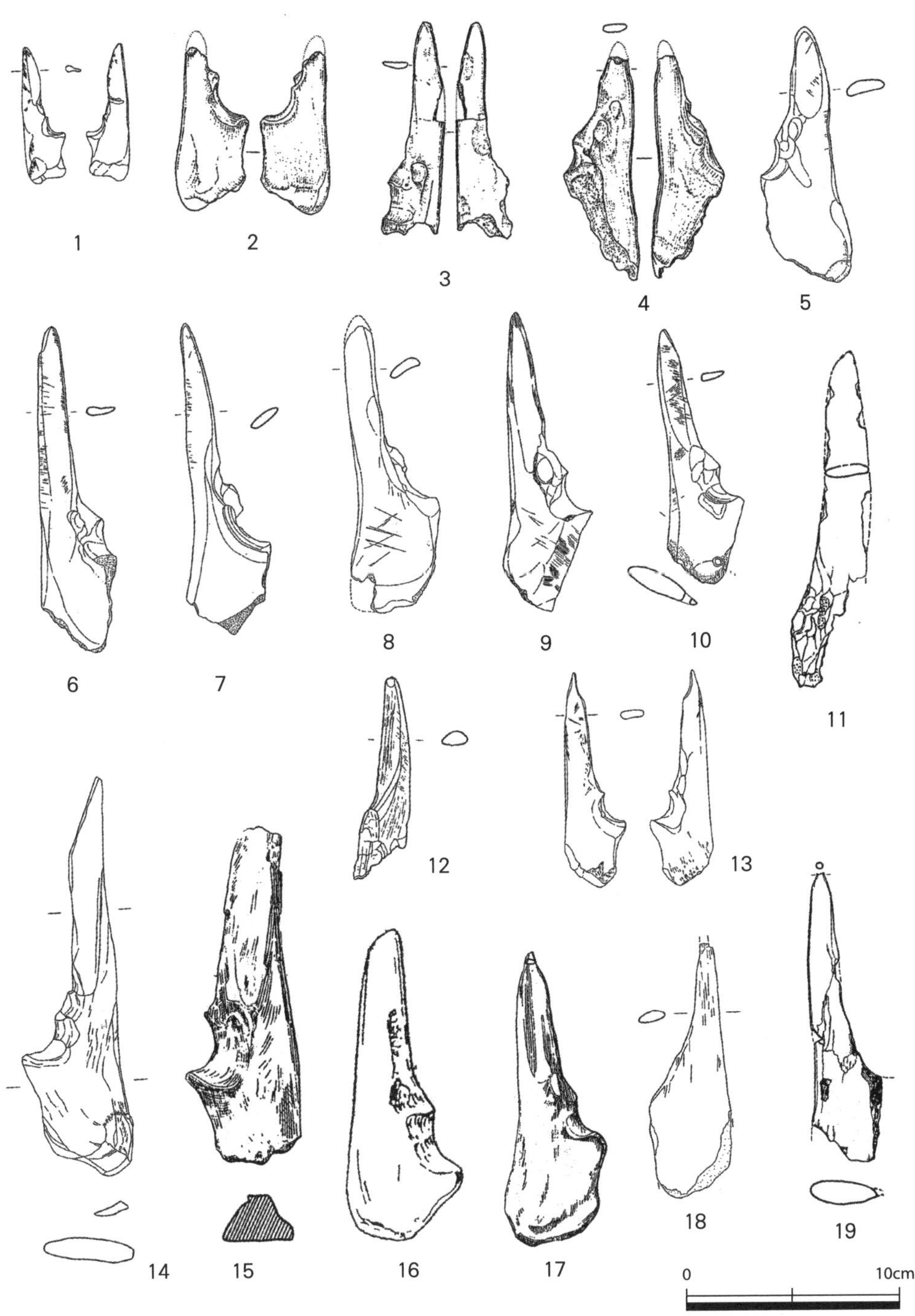

도면13　척골제 첨두기

1~4: 수가리, 5~10: 동삼동, 11: 목도, 12·18: 비봉리, 13: 공기2굴, 14: 황성동, 15·17: 궁산, 16: 서포항, 19: 고남리

가공한 것으로 추정된다. 이러한 용도 전환은 후술하는 녹각제 첨두기에서도 보인다. 출토 양상으로 보아 조기에는 사용되지 않았던 것 같고 전기 이후부터 말기까지 존속했던 것으로 보인다.

다. 경골제 첨두기

사슴의 사지골 가운데 가장 긴뼈인 경골을 적당한 길이로 절단하여 골단부를 파수로 하고 골체 선단을 인부로 가공한 형태이다. 척골제와 같이 출토량이 적은 편이다. 동삼동, 수가리, 금굴, 황성동, 안도출토품(도면14-3~12) 등이 있다. 보통 골단을 절단하고 선단을 송곳같이 뾰족하게 마연하여 가공한다. 서포항 4기 출토품(도면14-5)은 골단부를 방형으로 가공한 것이 특징이다. 유적에 따라 크기가 다른 점은 아마 사용에 따른 골체가 축소된 것으로 보이지만, 목적에 따라 크기를 달리했을 가능성도 있다. 크기로 보아 10~18cm의 소형과 20cm이상의 대형으로 구분할 수 있다. 황성동출토품(도면14-8)은 28.9cm로 현재까지 확인된 첨두기 중 가장 크다. 경골제첨두기는 안도패총의 조기문화층에서 출토되는 것으로 보아 이른 시기부터 경골을 소재로 첨두기를 제작한 것으로 보인다.

라. 녹각제 첨두기

사슴뿔을 적당한 크기로 절단하여 끝을 뾰족하게 가공한 형태이다. 관련 자료로는 동삼동, 노래섬, 고남리, 비봉리, 궁산, 공기2굴 출토품(도면15) 등이 있는데, 특히 동삼동패총에서 다량으로 확인된다. 마모흔으로 보아 선단부를 사용한 것으로 보이며, 첨두 형상으로 보아 전술한 첨두기와는 사용방법이 달랐던 것 같다. 궁산패총 출토품 가운데 도면15-8은 선단부를 다른 자료와 달리 특히 뾰족하게 가공한 것인데, 첨두 형태로 보아 골추 같은 용도로 사용하기 위해 재가공한 것으로 보인다.

마. 조골제 첨두기

새뼈의 골체 선단부를 경사지게 절단하여 인부로 가공한 형태인데, 현재 세죽과 모이도패총에서 출토된 2점(도면14-1·2)이 알려져 있다. 타 골각기에 비해 출토량이 적은 것은 소재 확보의 어려움에 기인하는 것으로 생각된다. 모이도 출토품은 골체 대부분이 결실되어 전체 형태는 알 수 없으며, 원통형 시문구로 보고되어 있다. 문양 시문구일 가능성도 있지만, 세죽출토품의 예로 보아 특정 목적에 사용된 첨두기로 추정된다. 세죽출토품은 두루미

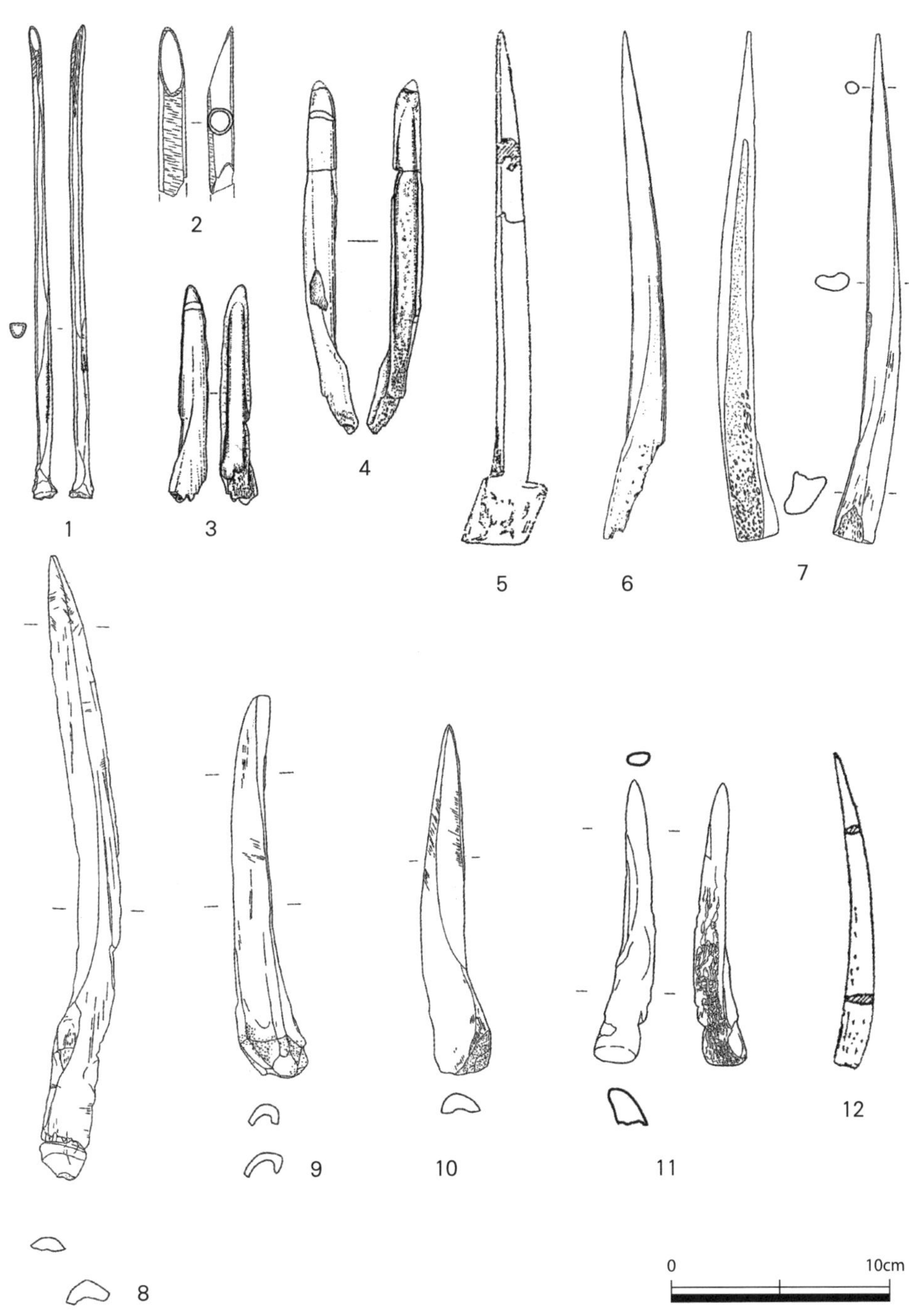

도면14　조골 및 경골제 첨두기

1: 세죽, 2: 모이도, 3·4: 수가리, 5·12: 서포항, 6: 금굴, 7·10: 동삼동, 8·9: 황성동, 11: 안도

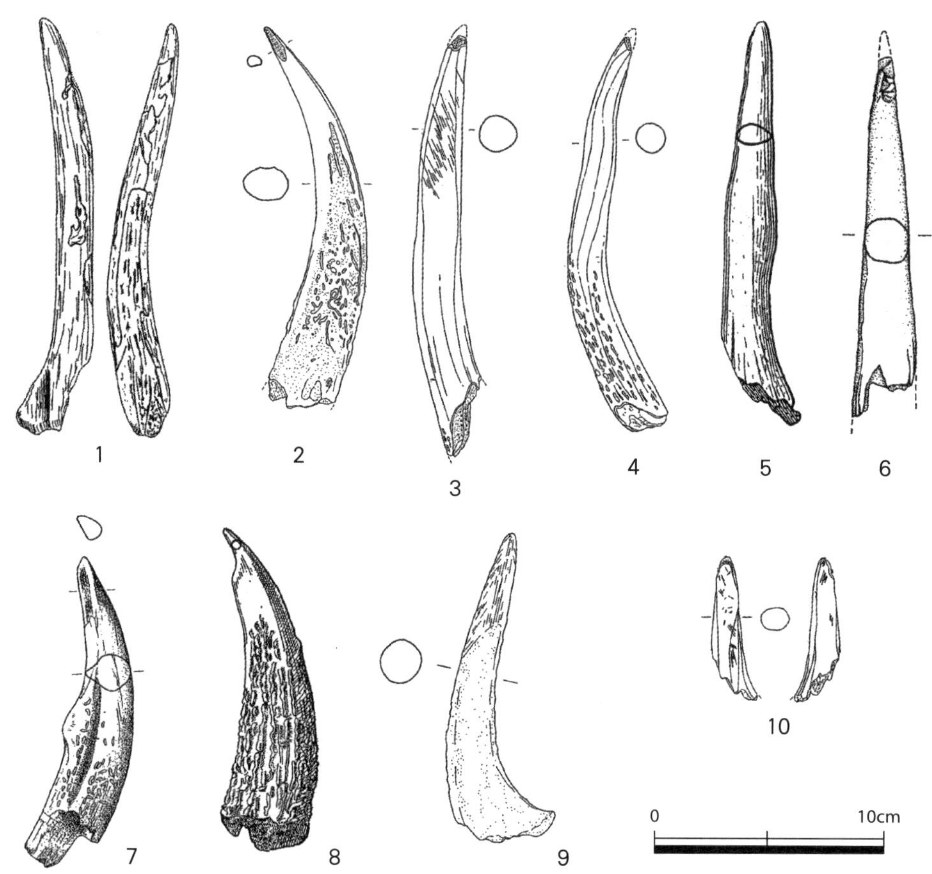

도면15 녹각제 첨두기

1: 노래섬 가지구, 2~4: 동삼동, 5·8: 궁산, 6·7: 고남리, 9: 비봉리, 10: 공기2굴

소골을 가공한 것인데, 골체는 가공없이 자연면을 그대로 이용한 것 같으며, 선단부만 모이도와 같이 경사지게 인부를 만든 형태이다. 조골 자체가 약하기 때문에 전술한 첨두기와 다른 용도로 이용되었을 것이다.

2) 골도(骨刀)

골도는 보고자에 따라 창끝, 삿바늘, 첨두기, 자돌구, 굴따개용 등으로 분류되고 있으나 본고에서는 제작방법, 형태 등에서 정연성을 보이고 인부가 마련되어 있는 점에서 첨두기류와 구분하였다. 골도는 사슴의 관상골을 종으로 분할하여 정연하게 가공하여 V자상 인부를 만든 형태이며, 골단부가 남아 있는 중수·중족골제 첨두기와 후술하는 비형골각기와 형태적으로 유사한 점도 있으나 인부의 형태, 제작상태 등에서 구분된다.

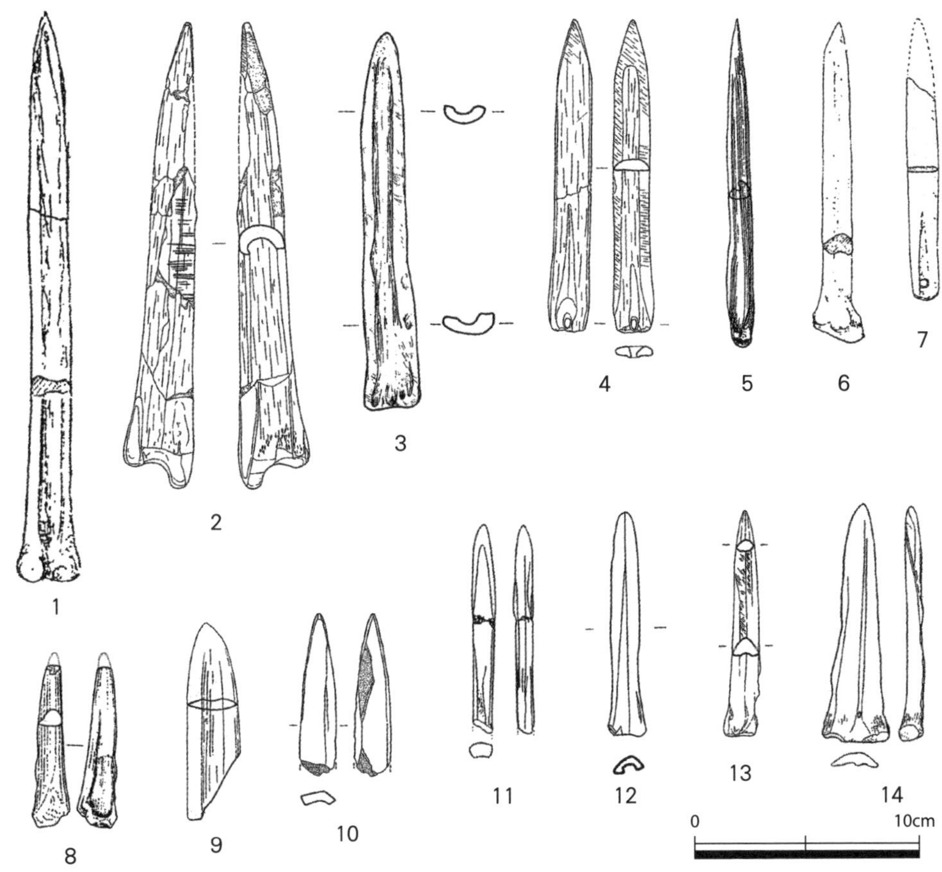

도면16 골도

1·6·7: 서포항, 2·4: 모이도, 3: 북촌리, 5·9: 궁산, 8: 수가리, 10: 동삼동, 11·14: 노래섬 가지구, 12: 안도, 13: 가거도

   서포항, 북촌리, 모이도, 수가리, 안도, 궁산, 동삼동패총 출토품(도면16) 등이 있으며, 크기는 다양한 편이나 보통 10~15cm 정도이다. 서포항(도면16-1)과 모이도 출토품(도면 16-2)은 20cm 이상으로 대형에 속한다. 서포항과 모이도 출토품(도면16-4·7) 중에는 손잡이에 천공이 있다.

3) 비형골기(匕形骨器)

비형골기는 예새형골기, 골비(骨篦), 골각비(骨角匕) 등으로 불린다. 주로 사슴의 중수(족) 골을 종으로 분할하여 선단을 U자형으로 둥글게 가공하여 예새모양으로 만든 형태이다(도면17). 동삼동, 연대도, 수가리, 비봉리, 목도, 안도, 북촌리, 궁산패총 등에서 출토되며, 크기는 10~15cm 정도로 다양하다. 일부 골기에는 관절에 구멍을 뚫은 것도 있다. 주로 남해

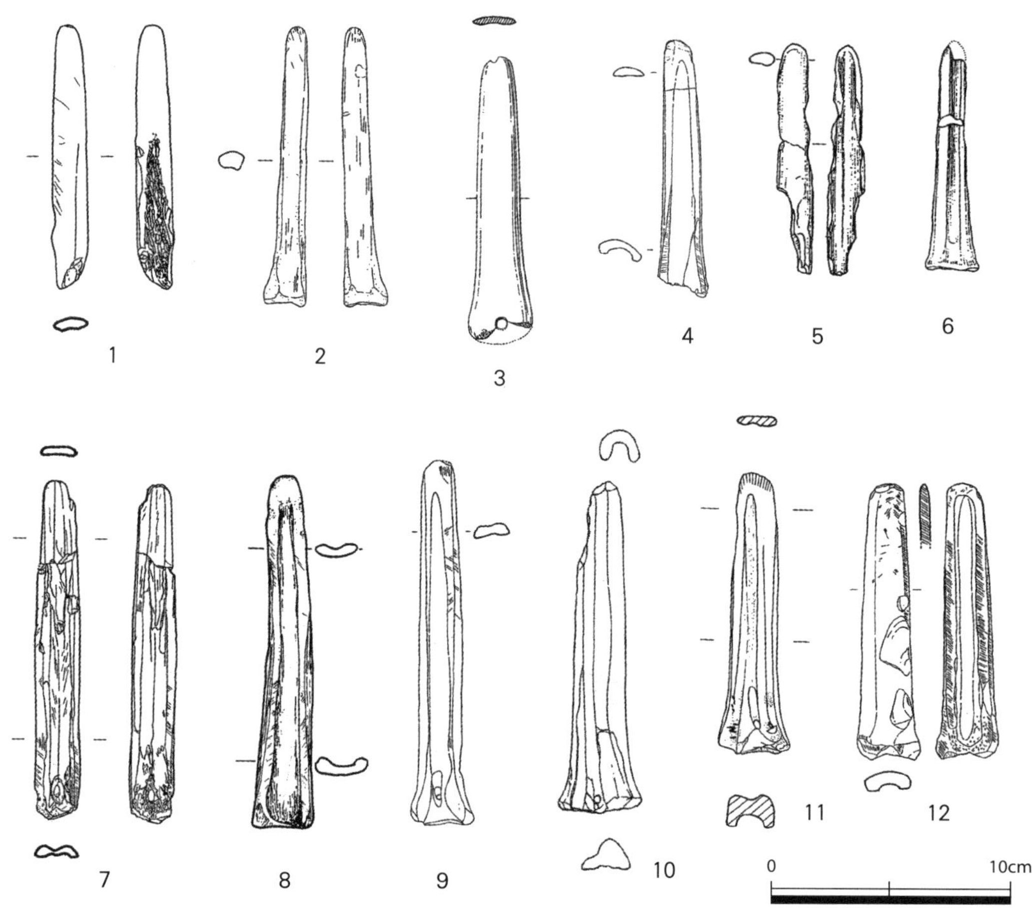

도면17 비형골기

1·7: 안도, 2: 비봉리, 3: 궁산, 4: 하모리, 5·6: 수가리, 8: 북촌리, 9·12: 동삼동, 10: 노래섬 가지구,
11: 연대도

안지역에 분포하며, 서해안과 동해안 유적에서는 출토예가 적다. 특히 내륙지역에서 출토
되지 않는 것으로 보아 해안지역의 생업과 관련한 도구로 생각된다.

　비형골기는 출토양상으로 보아 신석기시대 조기부터 출현하여 전 기간에 걸쳐 존속하지
만, 기능과 용도는 불확실하다. 선단부의 사용흔으로 보아 가죽의 무두질이나 패류의 껍질
혹은 그 내용물을 채취하는 등 다용도로 사용되었을 것으로 추정된다. 일본 조몬문화와 중
국, 연해주 신석기 유적에서도 확인된다.

4) 골침(骨針)

후기구석기시대부터 사용되나 우리나라에서는 신석기시대부터 출현하여 이후 삼한시대까

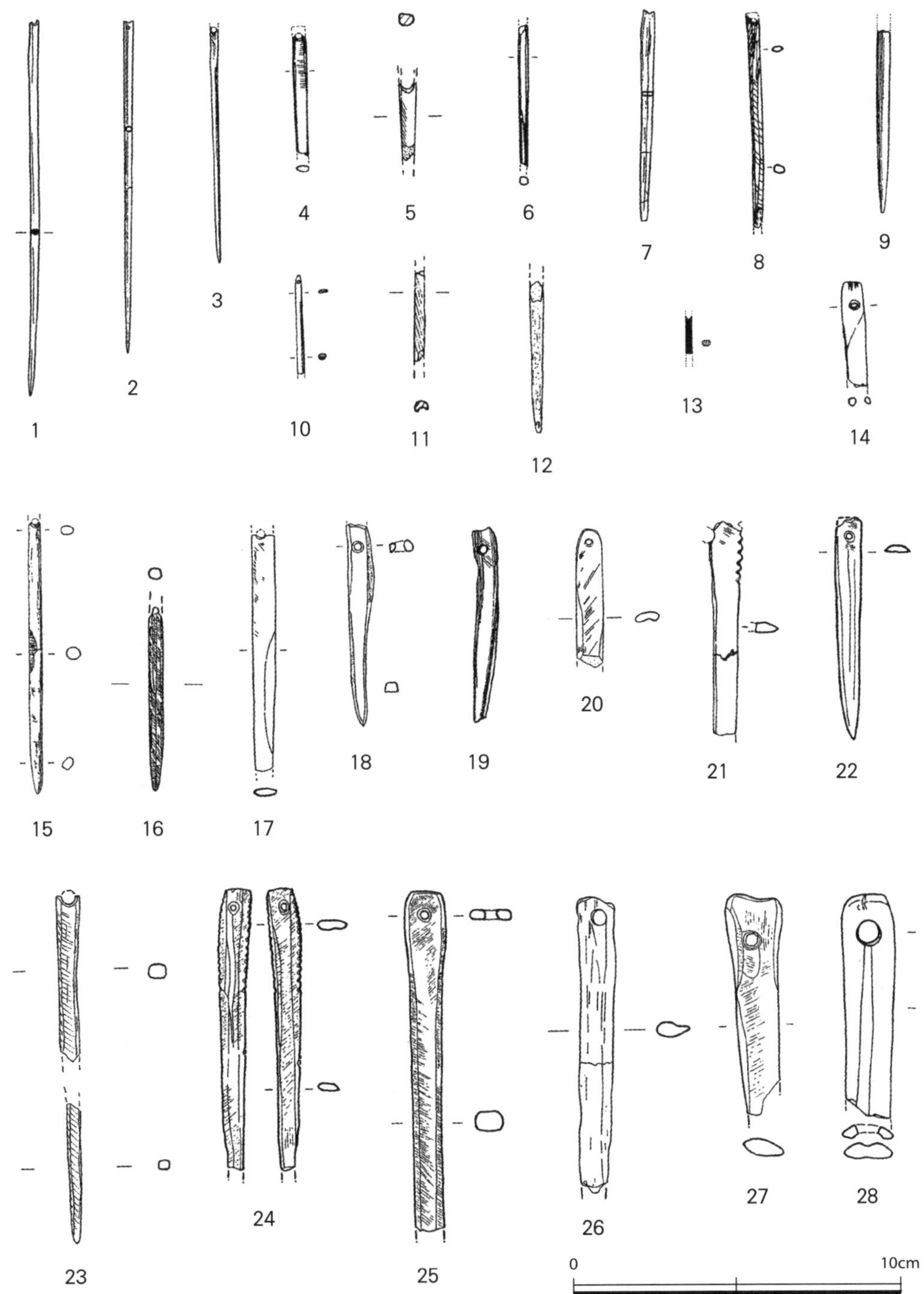

도면18 골침

1: 고남리, 2·7: 궁산, 3·9: 상노대도, 4·6·8·14·21·28: 여서도, 5·11·12: 연대도, 10: 금굴, 13: 구평리, 15: 피난굴, 16~18: 동삼동, 19: 점말용굴, 20: 공기2굴, 22·24~27: 비봉리, 23: 꽃병굴

지 사용된다. 사슴의 뿔이나 동물의 관상골을 정밀하게 가공하여, 두정부(頭頂部)에 구멍을 뚫은 형태이다. 현대의 바늘과는 재질만 다를 뿐 크기나 형태는 동일하다.

골침은 크기 따라 세형, 중형, 대형침으로 구분이 가능하며, 형태에 따라 용도를 달리했을 것으로 보인다. 세형침(도면18-1~3·10·13)은 고남리, 궁산, 상노대도, 구평리, 금굴 출토품 등과 같이 폭 2~5mm, 길이 10cm 전후 것으로 주로 의복을 수선하거나 가공하는데 사용된 것으로 추정된다. 세형침은 중·대형과 달리 단면이 원형이다.

궁산패총에서는 바늘귀에 베실이 끼워진 채 출토되기도 하였다. 서포항패총 5기층에서는 10여 점의 바늘과 침통이 출토되었는데, 특히 7호주거지에서는 길이 17.5cm, 직경 2cm의 침통에 바늘 3점이 들어 있다, 서포항 출토품은 길이 4~13cm, 폭 2~3mm이며, 바늘귀의 직경은 1mm 정도이다.

중형침(도면18-17~23)은 동삼동, 점말용굴, 여서도, 비봉리, 공기2굴, 꽃병굴유적 등에서 출토되며, 크기는 폭 5~8mm, 길이 6~10cm 정도이다. 세형침에 비해 몸체가 납작하고 단면이 방형 내지 렌즈형을 이룬다. 대형침(도면18-24~28)은 폭이 1~2cm 정도로 크고 납작한데 비봉리, 여서도 출토품이 대표적이다. 크기는 대부분 결실되어 불확실하나 잔존 상태로 보아 10cm 이상으로 생각된다. 중형과 대형침은 보통 삿바늘로 분류되며, 그물이나 편직물을 짜는데 이용되었을 것으로 추정된다. 골침은 소형품이라 유적에서 잔존하는 예가 드물어 출현 시기를 가늠하기 어렵지만, 조기말로 편년되는 여서도의 예로 보아 이른 시기부터 주요 생활도구로 널리 사용된 것 같다.

5) 원판형골기(圓板形骨器)

고래의 추판을 특별히 가공하지 않고 도구로 이용한 것으로 동삼동패총 중기문화층에서 출토된 것이 유일하다(도면22-13). 크기는 직경 30cm 정도이다. 용도는 불명이나 추판 중앙과 가장자리 부근에 마연 혹은 마모흔이 확인되는 것으로 보아 어떤 형태로든 사용되었음은 분명하다. 일본 구주의 조몬(繩文)시대 후기(기원전 2,000년 전후)에는 토기 제작시에 받침대로 이용된 사례로 보아 토기제작이나 음식물을 조리할 때 사용되었을 것으로 추정된다.

6) 골거(骨鋸)

골거(骨鋸)는 사슴뿔을 종으로 분할하여 한쪽 측면에 거치상의 인부를 가공한 형태이며,

부분적으로 결실되어 전체적인 형태는 알 수 없다. 동삼동패총 2층 출토품(도면22-5)이 유일하며, 석거로는 오산리 출토품이 있다. 용도는 대형어류나 해수류 등을 절단, 해체하거나 어류 비늘을 제거하는데 이용되었을 것으로 추정된다.

5. 장신구

장신구의 기원은 동물의 이빨, 뼈, 옥 등을 가공한 주물(呪物)을 몸에 붙이는 것에 미의식이 가미되면서 발전한 것으로 후기 구석기시대에는 이미 원시적인 형태가 출현하여 사용된다. 그러나 사회·문화적 가치와 미의식이 결부되면서 다양한 형태의 장신구가 만들어지고 발전하는 것은 신석기시대부터이다. 신석기시대 장신구은 재질에 따라 석제, 골제, 패제, 토제 등으로 구분되며, 이들 장신구는 착용 부위와 소재의 선택 환경에 따라 적절하게 사용된다. 골제 장신구는 착용부위에 따라 수식, 두식(뒤꽂이), 족식(발찌)으로 구분할 수 있다.

1) 수식

수식은 멧돼지, 고라니, 사슴뼈, 조류, 고래, 상어 이빨이나 뼈를 가공하여 한 점 또는 수점씩 끈으로 엮어 주로 목이나 가슴 장식으로 이용한 것이다. 수식은 소재가 갖는 형상적 특징을 그대로 이용한 것과 여러 가지 모양으로 가공한 것으로 구분된다.

　연대도, 서포항, 여서도, 돈탁, 상노대도, 궁산패총 출토품(도면19-15~20)은 동물의 관상골 특히 사슴 뼈를 추형으로 가공하여 머리 부분에 구멍을 뚫은 형태이다. 밑이 뾰족하고 두부가 넓은 것이 특징인데 형태적으로 삿바늘이나 두식과 비슷하나 크기나 가공형태에서 구분된다. 특히 연대도 출토품(도면19-15)은 재질은 다르지만, 후포리유적 출토 匕狀(비상)옥기와 같은 형식적인 특징을 보인다. 옥의 확보가 쉽지 않은 당시에 소재를 달리하여 옥 장신구를 모방한 장신구로 추정된다.

　여서도패총에서 다량으로 출토된 조골제 장신구(도면19-23~25)는 일괄로 출토되지 않아 정확한 형태는 알 수 없으나 관상골을 적당한 크기로 절단하여 수식으로 사용한 것으로 추정된다. 크기는 일정하지 않으며, 길이는 2.45~9.7㎝ 정도이다. 동삼동, 궁산패총(도면19-26~28)에서도 출토되나 그 양은 소량이다. 조골제 장신구가 유적에서 거의 출토되지 않은 것은 소재 확보의 어려움에 기인하는 것으로 보인다. 동삼동패총에서는 독수리 혹은

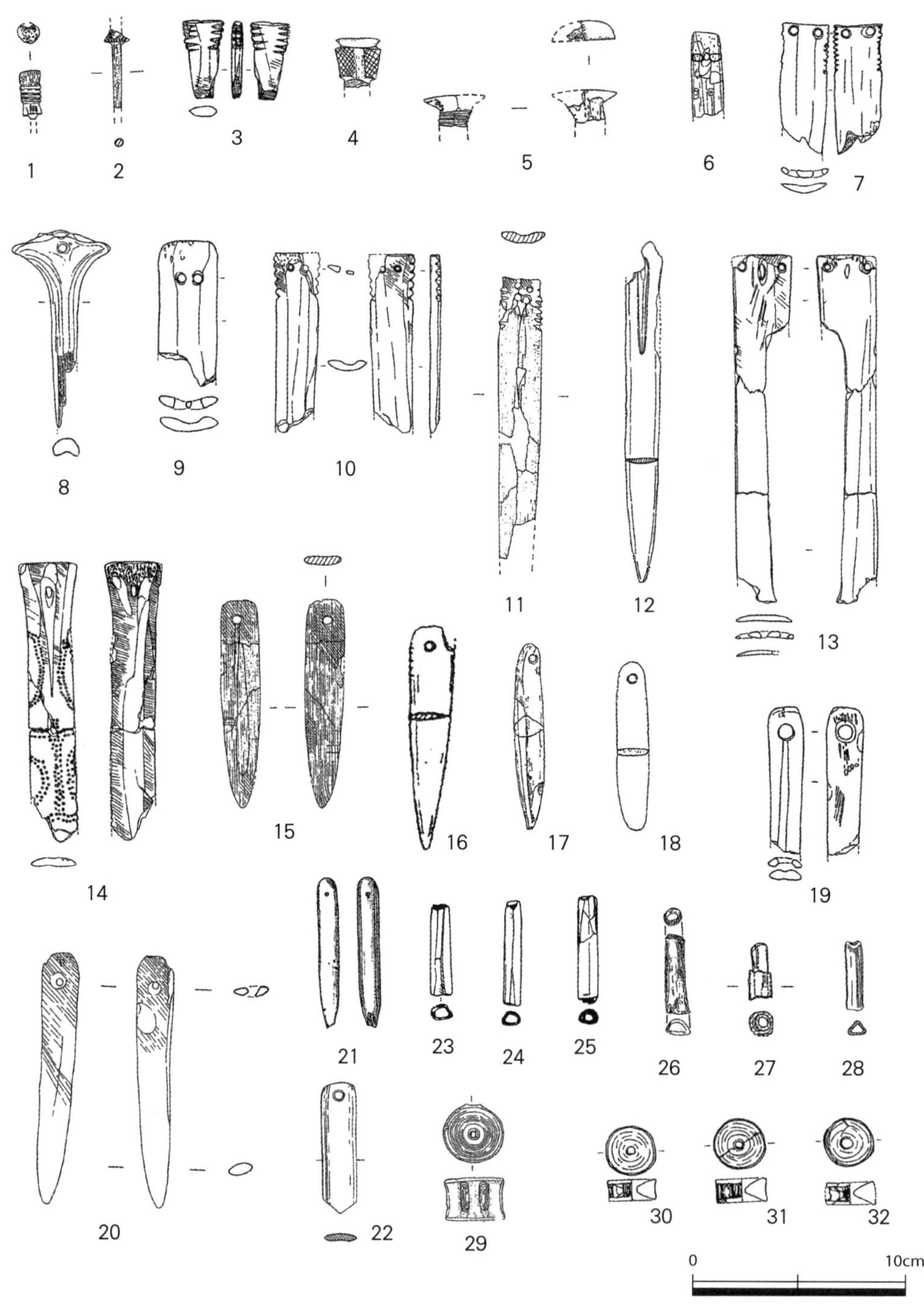

도면19 장신구

1·2·4·5·11·15: 연대도, 6: 송도, 3·7·9·10·13·14·19·23~25·30~32: 여서도, 8·26·27·29: 동삼동, 12: 범방, 16~18: 서포항, 20: 돈탁, 21: 상노대도, 22·28: 궁산

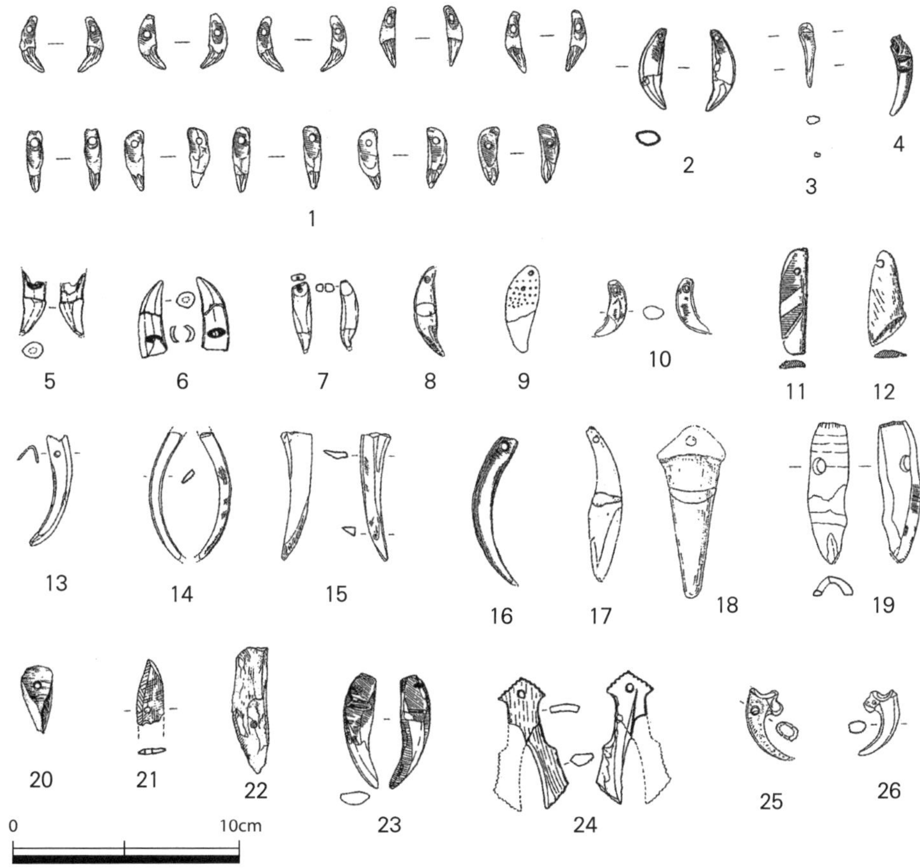

도면20 장신구

1: 연대도, 2: 안도, 3: 꽃병굴, 4: 금굴, 5~7·23·24: 여서도, 8·9·11·12·17·18: 서포항, 10: 공기2굴, 13~15·19·25·26: 동삼동, 16·20: 상노대도, 21·22: 욕지도

매의 발톱을 소재로 한 수식(도면20-25·26)이 2점 확인되었는데, 장신구로서는 드문 예이다. 한 점은 구멍을 뚫어 수식으로 사용할 수 있도록 가공하였다.

상어 추체와 이빨로 만든 것도 동삼동, 가덕도 장항, 황성동, 상노대도패총 등 여러 유적에서 출토되는데 보통 추체의 가운데를 구멍이 뚫어 사용한 것이 많다. 상어 추체로 만든 장신구는 이전(耳栓)으로서도 사용되었을 것으로 생각된다. 최근 장항유적에서 상어 이빨을 천공하여 수식으로 사용한 예가 확인되고 있는데(복천박물관 2011), 크기는 4.4cm 정도이다. 동일한 장신구는 일본 조몬문화에서도 확인된다(金子浩昌·忍沢成視 1986).

고라니나 멧돼지 견치 등 동물의 이빨을 가공한 수식으로는 동삼동, 안도, 금굴, 여서도, 서포항패총 출토품이 있다(도면20-2~23). 아제 수식이 대부분의 유적에서 출토되는 것으로 보아 동물의 이빨은 가장 널리 사용되었던 장신구 소재로 보인다.

동삼동 출토품 중 〈도면20-19〉는 고래 이빨을 종으로 쪼개 마연하고 가운데에 0.5cm 정도의 구멍을 뚫은 형태이며, 〈도면20-13~15〉는 멧돼지 견치를 가공한 것이다. 상노대도 출토품(도면20-16)은 고라니 견치 한쪽 끝에 천공하였으며, 여서도 출토품(도면20-24)은 멧돼지 견치를 매미 모양으로 가공한 형태이다. 아제 장신구는 보통 한쪽 끝에 구멍이 있는 것으로 보아 수식으로 사용된 것으로 보이나 후술하는 연대도 출토품과 같이 족식으로도 사용된다.

수식은 신석기 조기부터 말기까지 사용되는데, 소재가 갖는 상징적인 의미로 보아 미적인 것 뿐만 아니라 초자연적인 힘을 빌리거나 벽사적인 목적으로도 사용되었을 것으로 추정된다.

2) 발찌

발찌는 출토 예가 매우 드물어 출현 시기나 의미 등 전체적인 양상은 잘 알 수 없으나 신석기인이 머리나 손, 가슴장식 이외에 발목에도 장식했음을 보여 주는 중요한 자료이다. 현재 연대도패총 7호무덤 남성 인골의 발목에서 출토된 것(도면20-1)이 유일한 자료이다. 연대도 발찌는 돌고래, 수달, 너구리의 이빨 124개를 연결하여 만든 형태인데, 같은 종류의 동물 이빨을 이용하지 않고 3종류를 혼합하고 있는 것이 특징이다. 일본에서는 山鹿貝塚 출토품이 알려져 있다.

3) 뒤꽂이

뒤꽂이는 머리를 장식하는 장신구로 출토상태가 명확하지 않을 경우 일반 골각기와 구분하기 어려운 점도 있다. 그러나 정밀하게 가공되고 형태가 정연한 점에서 차별성이 보인다. 동삼동, 연대도, 여서도, 송도, 범방패총 출토품 등이 있다. 소재는 동물의 관상골을 이용하는데 사슴의 견갑골과 중수·중족골이 많다.

형태에 따라 2종류로 구분되는데, I류는 일부분만 남아 있어 전체 형태는 알 수 없으나 손잡이 부분이 다양한 모양으로 조각되어 있고 몸체가 세장한 것이 특징이다. 연대도(도면19-1·2·4·5)와 여서도패총 출토품(도면19-3)이 대표적이다. II류는 여서도, 연대도 7호분, 범방패총 출토품(도면19-9~14) 같이 끝이 뾰족하고 손잡이 부분이 넓은 형태이다. II류는 형태적으로 보면 전술한 골도 혹은 비형골기와 유사하나 가공 정도나 크기, 두부 쪽에 1~2개의 구멍이 있는 점에서 구분된다.

범방패총 토광묘에서 출토된 사슴 견갑골제 뒤꽂이(도면19-12)는 인골의 머리와 어깨 사이에서 출토되었는데, 크기는 길이 16㎝, 너비 1.6㎝이다. 출토상태로 보아 Ⅱ류가 머리 장식으로 사용되었음을 보여 주는 좋은 사례이다. 일부 연구자는 범방 출토품을 골도로 보기도 한다(김건수 1998). 여서도패총 출토품(도면19-14)은 몸체에 기하학적 점열문이 장식되어 있는 것이 특징이다. 뒤꽂이의 크기와 형태가 다양한 것은 머리 모양이나 착용 방법과 관련이 있으며, 범방패총의 예로 보아 신석기 조기에 이미 사용되고 있음을 알 수 있다.

6. 의례구

자연의 변화에 좌우되는 환경 속에서 삶을 살아온 신석기인은 사고방식과 생활 자체가 종교적이고 의례적인 측면이 강했다. 신석기인의 정신세계와 사유의 흔적을 보여 주는 각종 의례와 신앙활동은 무형적인 행위이기 때문에 그 실체를 파악하기 힘들지만, 토우나 골우 등 특정 유물을 통해 어느 정도 짐작할 수 있다.

토우를 제외한 의례 혹은 종교적 기물로 추정되는 골제품은 동물과 인물상을 조각한 골우, 장식 골각기가 있다. 장식 골각기는 용도가 분명치 않고 정연성과 장식성에서 생업도구와 구분되므로 일단 본고에서는 잠정적으로 의례구로 분류해 둔다.

1) 골우(骨偶)

골우(도면21-1~12)는 사슴, 멧돼지, 노루 등의 뿔이나 이빨, 관상골을 정밀하게 가공하여 동물이나 인물상을 조각한 것이며, 서포항패총을 중심으로 하는 한반도 동북해안지역에서 주로 확인되며, 다른 지역에서는 출토되지 않는 지역성을 보인다.

서포항 골우는 형상물의 대상에 따라 크게 인물상과 동물상으로 나누어진다. 인물상으로는 4기층의 21호주거지에서 출토된 인면형(人面形)골우(도면21-4·5)와 입상(도면21-8~9)이 있다. 인면형골우는 절반 이상이 결실되었으나 전체 모습은 알 수 있다. 얼굴 표현이 비교적 사실적으로 정밀하게 표현되어 있으며, 잔존 크기는 6.7㎝ 정도이다. 입상은 서포항 3기층에서 다량으로 출토되었는데, 손과 발을 생략하고 얼굴과 몸만 아주 간략하게 표현한 것으로 여성을 표현한 것으로 추정되고 있다(김원용 1982). 그러나 일부 골기(도면21-8·10~12)는 머리 장식용인 뒤꽂이일 가능성도 있다. 〈도면21-9〉는 몸체 중앙에는 7

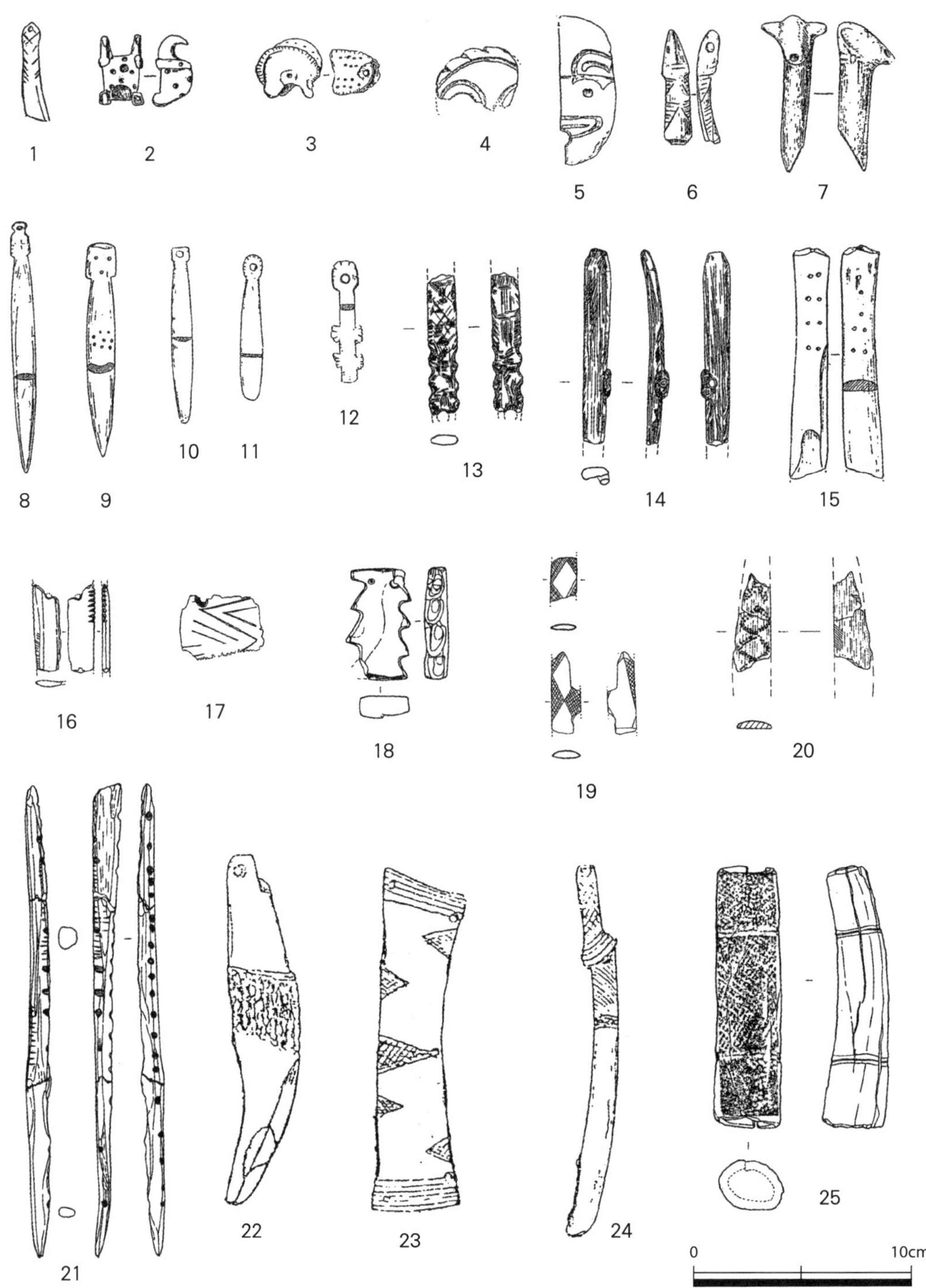

도면21　골우 및 장식 골각기

1~12·15·22~24: 서포항, 13·14: 동삼동, 16·18·21·25: 여서도, 17: 상시3그늘, 19: 범방, 20: 연대도

개의 점열이 원형으로 시문되어 있고 얼굴은 눈과 입만 음각으로 표현하였다. 크기는 10*cm*이다.

동물상(도면21-6·7)은 머리 부분만 남아 있어 역시 전체 형태는 알 수 없으나 뱀과 사슴을 형상화한 것으로 추정된다. 보고자는 사슴 모양 골우를 망아지로 판단하고 있으나 망아지는 신석기시대에는 존재하지 않고 소재가 녹각인 점, 사슴이 신석기인들에 특별한 의미를 갖는 것으로 보아 사슴을 형상화한 것으로 보는 것이 좋다고 생각한다. 뱀모양 토우(도면21-6)는 멧돼지 이빨을 가공한 형태인데, 머리와 몸체를 비교적 사실적으로 표현하였다. 〈도면21-1〉도 뱀을 형상화한 것으로 보인다. 이밖에 노루 발 뒤꿈치뼈(도면21-2)와 동물의 주상골(도면21-3)을 소재로 한 것도 특정한 기물을 형상한 것으로 추정되나 구체적인 대상은 알 수 없다.

신석기시대 동물형 토우가 특정 동물을 신격화하여 숭배하는 토테미즘의 표현물일 가능성도 있다는 점을 염두에 둔다면, 서포항의 사슴과 뱀모양 골우 역시 수렵·어로 등 생업 활동의 안전과 생산의 풍요를 기원하는 집단의 공동 의례나 혹은 벽사적인 주술구로 사용되었을 것으로 추정된다. 일부 연구자는 주술적 목적을 위해 제작된 호신부나 신앙적 도구(황용훈 1984)로 혹은 극도로 경화된 신상으로(김원용 1982) 파악하기도 한다.

2) 장식 골각기

장식 골각기는 기형이 특이하고 기면에 다양한 문양 등을 시문한 이형 골각기를 지칭한다. 사슴뿔이나 관상골, 어류와 해수류 뼈 등을 이용하여 가공하는데, 생활용기와 달리 형태만으로 용도와 기능을 알 수 없다. 일부 골각기는 생활도구와 의례구로 사용되었을 가능성도 있다. 따라서 본고에서는 개별적으로 형태적인 특징만 살펴보기로 한다.

동삼동 출토품인 〈도면21-13〉은 봉상으로 조각된 몸체에 선각으로 격자문을 시문한 형태이며, 〈도면21-14〉는 휘어진 몸체 중앙에 돌출부를 갖는 것이다. 연대도 출토품(도면21-20)은 돌고래 하악골을 가공한 것으로 기면에 점열 능형문이 음각되어 있다.

범방 출토품(도면21-19)은 사슴 관상골을 정밀 마연하고 기면에 세격자문을 선각한 형태이다. 형태로 보아 뒤꽂이 가능성도 있다. 상시3그늘 출토품(도면21-17)은 어류뼈에 빗살문을 선각한 것이다.

여서도 출토품 중 〈도면21-16〉은 편이라 전체 모습은 자세하지 않으나 한쪽 끝에 천공과 측면에 각목이 되어 있다. 〈도면21-18〉은 돌고래뼈를 톱날 같이 가공한 것이다. 〈도면

21-21〉은 동물의 관상골을 종으로 분할하여 첨두기 모양으로 만든 것인데 첨두기와 달리 인부가 마련되어 있지 않고 삼면에 점열상의 반관통 구멍이 여러 개 장식되어 있다. 〈도면 21-25〉는 녹각의 양단을 절단한 후 양끝에서 조금 떨어진 곳에 2조의 침선을 돌리고 이를 중심으로 격자문과 점열문을 정밀하게 전면 시문한 형태이다.

서포항 출토품 중 〈도면21-22~24〉는 호신부로 보고된 것인데 용도는 알 수 없다. 〈도면 21-22〉는 사슴뿔의 가운데 부분만 자연면으로 남겨 두고 양쪽을 마연한 후 한 쪽 끝에 구멍을 뚫은 형태이다. 크기는 18cm이다. 〈도면21-23〉은 사슴뿔을 종으로 절단하고 외면 양단에는 수조의 평행침선문을, 기면에는 삼각상의 문양을 시문한 형태이다. 기체의 네모서리와 중앙에는 구멍이 뚫려 있다. 크기는 16.5cm이다. 〈도면21-24〉는 손잡이로 생각되는 부분에 평행문이 선각되어 있으며, 크기는 19.3cm이다. 형태는 칼처럼 보이나 용도는 알 수 없다. 〈도면21-15〉는 서포항 4기층 출토품으로 동물뼈를 납작하게 마연하여 앞뒷면에 점열문을 음각한 형태이다. 크기는 10.5cm이다.

7. 기타 골각기

형태로 보아 용도와 기능이 불분명한 이형의 골각기들이 다수 존재한다. 연구자에 따라 용도를 특정하기도 하지만 검토가 필요하다.

〈도면22-1〉은 숟가락모양 골기로 서포항 4기층에서 출토되었다. 이러한 형태의 골기는 서포항 유적의 청동기문화층과 나진초도, 연길 소영자 석관묘에서 확인된다. 일부 결실되어 정확한 용도는 알 수 없지만 북한 연구자들은 숟가락으로 보고 있다. 형태로 보아 음식물의 조리하거나 먹을 때 사용했을 가능성이 크지만, 신상으로 판단하는 연구자도 있다(김원용 1982).

〈도면22-15〉는 서포항 4기층에서 출토된 것으로 고래뼈를 납작하게 가공한 것인데, 나무 노의 끝에 결박하여 사용한 노의 한 부분으로 보고 있다(김용간·서국태 1972). 〈도면 22-8~10〉은 서포항 2·3기층에서 출토된 것으로 동물뼈를 가공하여 양끝을 뾰족하게 마연하고 물고기모양의 유선형으로 만든 형태이다. 크기는 12~14.5cm정도이다. 작은 물고기모형을 미끼로 하여 큰 물고기를 잡는 홀리개로 추정하고 있다(서국태 1986).

〈도면22-2~4〉는 형태상으로 보아 기능이나 쓰임새를 알 수 없는 것이다. 잘 가공되어 있는 것으로 보아 특정 목적에 사용된 것은 분명한 것 같으며, 크기나 형태로 보아 토기제

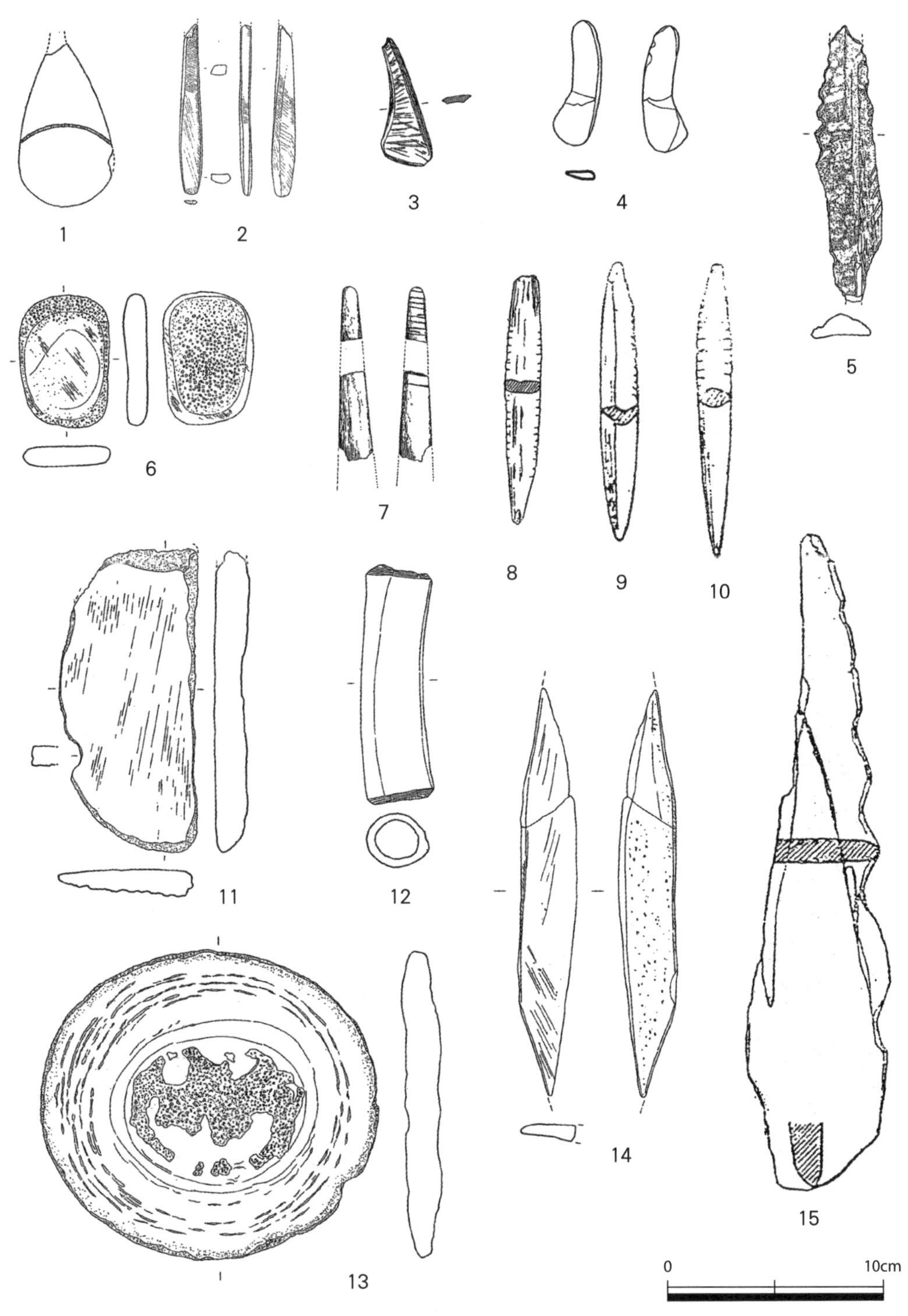

도면22 기타 골각기

1·8~10·15: 서포항, 2: 하모리, 3: 점말용굴, 4: 안도, 5·6·11~14: 동삼동, 7: 상노대도

작시 기면 정면 혹은 시문구로 사용되었을 가능성이 있다.

〈도면22-6·11〉은 동삼동패총에서 출토된 것인데 고래뼈를 가공한 것이다. 상노대도 출토품(도면22-7)은 첨두기 형태로 일부 결실되어 전체 모양은 알 수 없으며, 한 쪽 면에 선각문이 있다. 〈도면22-12〉는 사슴 중수·중족골 양단을 정연하게 절단한 형태이다. 골각기를 가공하기 위해 마련한 재료로 생각된다.

Ⅳ. 골각기 양상과 변화

골각기는 토기나 석기와 달리 출토유적이 한정되어 있고 시기와 지역 간에 편차가 심하기 때문에 신석기시대 골각기 문화의 종합적 성격과 시기별, 지역별 양상을 구체적으로 파악하는데 많은 어려움이 있다. 이러한 점들은 앞으로 양호한 유적의 발굴과 관련 자료가 증가되면 구체적으로 검토될 것으로 생각되지만, 본고에서는 앞서 살펴본 내용을 정리하는 측면에서 남부 해안지역을 중심으로 골각기의 전개양상과 지역적 특징을 개략적으로 살펴보고자 한다.

1. 시기별 골각기 양상

남부 해안지역은 패총유적 조사가 많이 이루어져 타지역에 비해 골각기 자료가 풍부하여 시기별 변화상과 형식적인 특징을 어느 정도 알 수 있다. 특히 문화층별로 다양한 기종과 형식을 보여 주는 동삼동패총을 포함하여 여서도, 연대도, 황성동, 비봉리, 수가리패총 등은 골각기 도구 체계를 연구하는데 중요한 정보를 제공해 준다.

남부 해안지역의 골각기는 앞서 검토한 바와 같이 즐문토기문화 조기부터 말기까지 다양한 기종의 골각기가 지속적으로 일상생활과 생업도구로 사용된다. 그러나 한편으로는 시기적으로 혹은 지역적으로 기종조성과 형식적인 차별성도 보인다.

조기 단계의 골각기는 동삼동패총 8·9층, 범방패총Ⅰ·Ⅱ기층, 세죽, 안도, 송도패총 등에서 보는 바와 같이 이후 시기에 비해 출토량이 적다. 기종은 기본적으로 결합식조침, 작살, 세형자돌구 등의 어로구와 생활용구인 첨두기, 비형골기, 골도, 골침, 장신구, 장식골각기로 구성되어 있다. 주로 어로구에 집중되며, 첨두기, 비형골기, 골도 등의 생활용구류의 비중은 낮다. 그러나 연대도패총의 예로 보아 중수·중족골제 첨두기는 생활도구로 널리 사용된 것으로 보인다.

어로구 중 결합식조침이 특히 많은 비중을 차지하며, 수량은 적지만 고정식의 역자형, 사두형, 침형작살, 분리식 회전형작살, 세형자돌구도 사용된다. 범방과 안도패총에서 각 1점씩 출토된 회전형작살은 전기 이후부터 성행하는 II, III형 회전형작살의 선행 형식으로 추정되며, 연대도에서 다량으로 출토되는 침형작살은 말기까지 주요 어로구로 사용된다.

장신구의 양은 많지 않지만, 연대도패총에서는 다양한 뒤꽂이와 발찌 등도 확인되며, 조기말의 여서도패총에서는 아제수식을 비롯하여 조골제 수식과 장식골각기가 새로운 기종으로 나타난다.

조기의 이러한 골각기 조성은 조기 말로 추정되는 여서도패총 단계가 되면 약간의 변화가 일어나는데, 기종과 수량이 풍부해지고 결합식조침이 증가하는 양상을 보인다. 뿐만 아니라 앞 단계에서는 보이지 않던 역T자형조침과 여서도형작살이 출현하고 외기식침부를 갖는 결합식조침이 새로운 형식으로 사용된다.

이밖에 지역은 다르지만, 서포항 1, 2기의 작살, 세형자돌구, 골도, 골창, 골촉, 아겸, 아제수식 등의 기종구성과 영월 공기2굴 출토 분리식 다기형작살도 조기 단계의 골각기 조성으로 볼 수 있다. 특히 서포항 1, 2기의 작살 형식과 골창, 골촉, 아겸의 존재는 남부 해안지역 골각기 조성과 구분되는 지역색으로 생각되지만, 어로구 중심으로 기종이 구성되어 있다는 점에서 유사한 면도 있다.

이상의 조기 골각기는 조침과 작살을 중심으로 한 어로구가 큰 비중을 차지하며, 첨두기류와 비형골기 등 생활도구의 비율은 낮았다고 생각된다. 조사의 한계인지 유적 성격상에 의한 것인지 면면한 검토가 필요하다.

전기의 골각기는 결합식조침, 침형작살, 여서도형작살, 회전식작살, 세형자돌구, 첨두기, 비형골기, 골침, 골도, 아겸, 아도, 빗창, 장신구 등이 있다. 기종조성에서 조기와 별다른 변화를 보이지 않으며, 어로구의 비중이 높고 생활도구의 양이 적은 편이다. 전기에는 조기에서 보이는 않는 채집, 농경구로 알려진 아겸, 뒤지개, 아도 등이 궁산, 가도, 노래섬유적에서 출토되고 있는데, 남해안지역에서는 현재까지 출토되지 않는 기종이다. 이들 기종을 농경구로 볼 수 있다면, 남해안지역에서 출토되지 않는 현상은 아마 석제품을 농경구로 이용했을 가능성이 있다. 빗창은 여서도패총의 예로 보아 조기 말에 출현하지만, 노래섬, 까치산, 동삼동패총 3차 조사 자료로 보아 전기에 암초성패류 채취구로 성행하며, 이후 말기까지 존속한다.

　조침과 작살은 앞 단계에 이어 주류를 이루는 기종이다. 조기말에 서남해안을 중심으로 유행하는 여서도형작살 역시 가거도 출토 사례로 보아 여전히 사용된다. 결합식조침의 침부는 조기 단계에는 미늘이 내기형Ia류가 주류를 이루는데 비해 외기형 Ib류가 전기에 새로운 형식으로 출현하여 성행한다. 그리고 회전식 작살도 조기에 비해 양적으로 증가한다.

　노래섬 가지구와 가도에서 출토된 결합식조침의 축과 침부, 회전형 분리식작살은 남해안의 특징적인 형식으로 서해안지역의 어로구에 기본적으로 결합식조침이 보이지 않는 것으로 보아 이들 자료는 남해안 어로구와 관련이 있는 것으로 추정된다. 이러한 사실은 서해안지역에 영선동식토기문화가 유입되는 것과 같은 맥락에서 볼 수 있다.

　중기 단계는 기본적으로 앞 시기와 같은 기종구성을 보이지만, 서해안과 동해안지역과 달리 기종구성이 다양하고 양적으로 급증하는 양상을 보인다. 동삼동패총을 중심으로 남해안에서 집중적으로 출토하는 회전형 분리식작살, 역자식, 사두식, 침형 고정식작살, 역T자형조침, 결합식조침, 세형자돌구는 전후 시기보다 형식적으로 다양할 뿐만 아니라 양적으로도 높은 점유율을 보인다. 특히 작살의 다양성은 중기단계에 어로 기술이 발달되었음을 보여 주는 사례로 볼 수 있다.

　전기에 서남해안지역에서 유행하는 여서도형작살은 이 시기에는 보이지 않는다. 가거도패총의 말기층에서 보이는 것을 전기문화층에서 이동된 것으로 볼 수 있다면, 여서도형작살은 전기 이후에는 사라지는 것으로 추정된다. 측면결합식 조침과 동삼동 5층에서 출토된 서포항형 작살은 동북해안지역 어로문화의 영향으로 이시기에 새로운 형식으로 출현한 것으로 보인다.

　그밖에 비형골기와 중수·중족골, 척골, 경골, 녹각제로 만든 첨두기류도 양적으로 증가할 뿐만 아니라 정형화된 모습을 보여 준다. 이러한 사실은 첨두기가 생활도구로서 주류를 이루면서 사용 목적에 맞게 첨두기구가 기능 분화되었음을 반영한다. 한편 독수리(매)의 발톱과 멧돼지의 견치를 이용한 수식과 고래뼈를 가공한 원판형골기와 이형골기는 이전 시기에서는 보이지 않는 기종이다.

　중기 단계의 골각기 다양성과 양적인 증가는 동삼동패총 부산박물관 조사구역에서 출토된 골각기의 시기별 출토 양상에서도 찾아 볼 수 있다(도면23). 분석결과에 따르면 전체 시기 중 중기문화층에서 60%를 차지하는 현상을 보이고, 이후 후기와 말기문화층에서는 출토량이 감소하는 경향을 보인다(하인수 2009a).

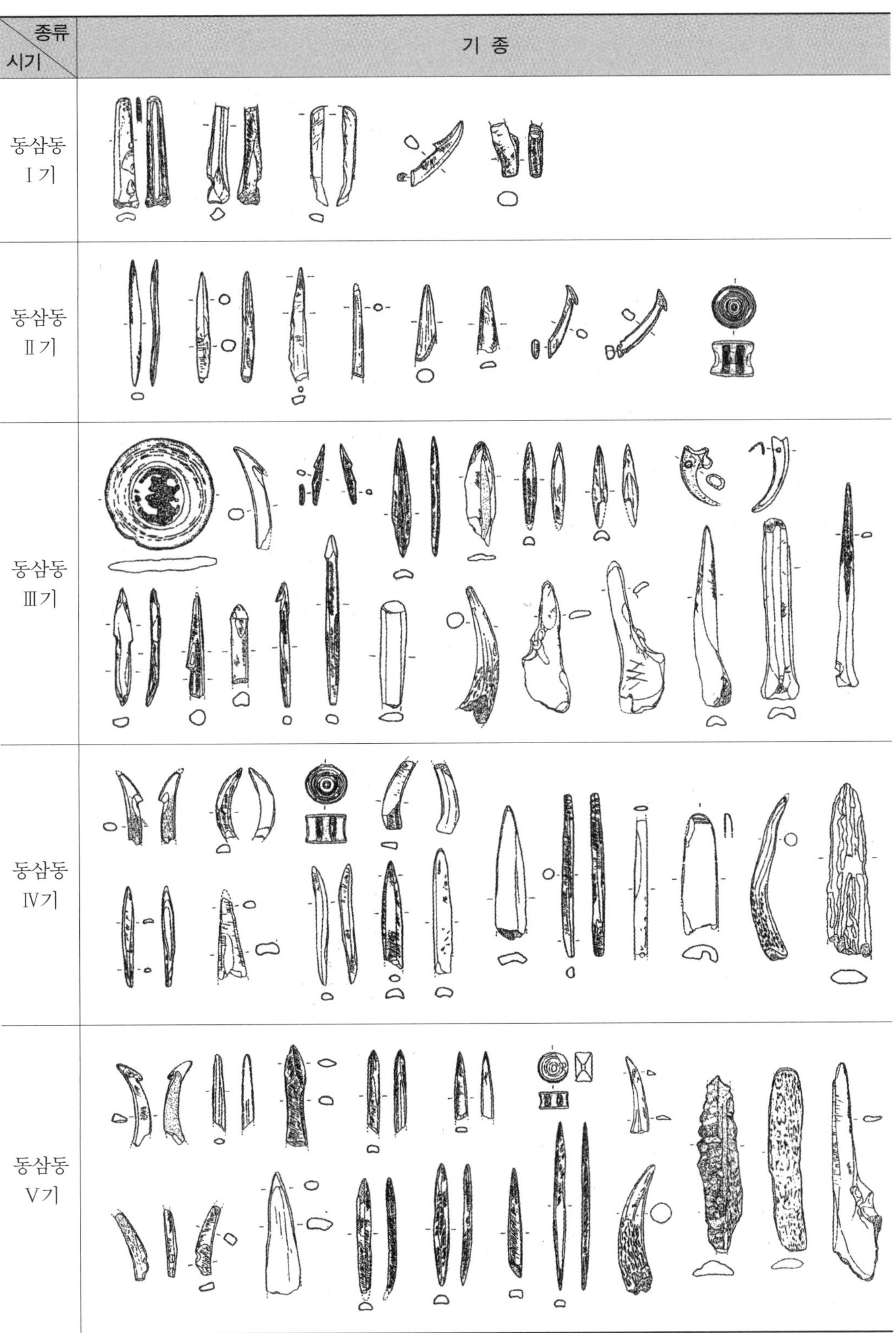

도면23 동삼동패총 문화층별 골각기 〈축척부동〉

동삼동패총에서 나타나는 중기 단계의 골각기 급증 양상과 기종의 다양성은 여러 가지 면에서 중요한 의미를 내포하고 있다고 생각된다. 물론 이러한 양상이 남해안 전 지역에서 나타나는 동일한 현상으로 간주할 수 있는지 여부는 좀 더 검토가 필요하지만, 이를 적극적으로 해석한다면 중기 단계에 골각기가 급증하고 다양한 기종구성을 보이는 것은 즐문토기 사회가 이전과 달리 생업구조와 생계양식에서 다변화되는 현상과 관련이 있을 것으로 생각된다(하인수 2009b).

동시기로 추정되는 서포항 3, 4기층에서 출토되는 동물형 골우와 입상, 인면상 골기, 장식골각기, 분리식 다기형작살, 서포항형 작살, 골촉 등은 남부 해안지역과 다른 이 지역의 특징적인 기종이다.

후·말기의 골각기는 관련 자료가 부족하여 그 양상이 불투명한 점도 없지 않으나 기본적으로 중기 이후의 기종 조성을 그대로 유지하며, 생업도구로써 높은 비중을 차지한다. 동삼동패총의 예로 본다면 중기에 비해 그 양이 감소하는 경향은 있지만, 첨두기와 어로구의 비율이 높은 편이다. 침형, 사두형 고정식작살, 분리식 회전형작살, 세형자돌구, 빗창 등의 어로구는 형태적으로 큰 변화없이 계승되나 조침은 이전과 다른 양상을 보인다. 특히 정면결합식의 IV류 침부는 구평리, 하모리유적 등 후기유적에서 출토예가 많은 것으로 보아 후기에 성행하는 것으로 추정된다. 첨두기류와 비형골기, 장신구는 중기에 이어 지속적으로 사용된다.

동시기의 서해안과 동해안, 내륙지역의 골각기 양상은 자료가 부족하여 전반적인 양상은 알 수 없으나 전체적으로 남해안에 비해 유적의 규모와 관계없이 기종구성이 단순하고 출토량이 적은 경향을 보인다. 이러한 현상이 유적조사에 따른 일시적인 것인지 혹은 생업환경의 변화에 따른 사회적 현상과 관련이 있는지 앞으로 검토가 필요하다.

2. 골각기의 지역성

앞에서도 언급한 바와 같이 골각기는 유적의 성격과 소재의 물리적 한계로 지역적 편차가 많기 때문에 현 시점에서 골각기의 지역적 양상을 구체적으로 살펴보는데 어려움이 있지만 신석기 지역문화의 동태와 생업환경을 이해한다는 측면에서 간단하게 언급해두고자 한다.

골각기는 토기나 석기와 마찬가지로 지역 혹은 집단의 문화적 배경과 생업환경, 생계방식 등에 따라 다양한 양상을 보인다. 도구체계라는 큰 틀에서 본다면 지역을 초월하여 공통성도 보이지만, 세부적으로는 지역 공동체 내에서의 점유 현상과 사용빈도, 특정 형식의 존속 여부 등에서 지역적 특색을 갖는다. 그런 의미에서 한반도 골각기는 분포양상에 따라 크게 남해안, 서해안, 동해안, 내륙지역의 4개 권역으로 나눌 수 있을 것이다. 이들 권역의 골각기가 어떠한 지역성을 보이고 변천해 가는지는 앞으로 연구되어야 할 과제지만, 여기 서는 현재 조사된 자료를 중심으로 나타나는 지역성 양상과 특징에 대해서 간단히 언급해 두고자 한다.

남해안지역의 골각기는 기본적으로 서해안 및 동해안지역과 동일한 양상을 보이지만, 기 종구성과 특정 기종에서 차별화되는 지역색을 보인다. 대부분의 골각기는 생산용구인 결 합식조침과 작살, 세형자돌구 등 어로구에 집중되어 있고 생업도구와 첨두기, 비형골기 등 의 생활용구가 타지역에 비해 활발하게 제작되고 폭 넓게 사용되었던 것으로 보인다.

특히 결합식조침, 회전형 분리식작살, 여서도형작살은 타지역에서 거의 출토되지 않는 남해안지역의 특징적인 어로구라고 할 수 있다. 이에 반해 동해안과 서해안에서 보이는 수 렵구나 농경구는 거의 보이지 않는다.

한편 외래계문화가 유입되면서 새로운 형식의 골각기가 출현하여 생업에 사용되기도 하 는데, 대표적인 것이 서포항형 분리식작살, 역T자형조침, 상노대도패총에서 출토된 하면 결합식조침이다. 이들 형식은 남해안지역에서 거의 보이지 않으며 주변지역에서 발달하고 성행한 어로구인데, 회전식작살은 동해 북부지역, 역T자형조침은 발해만 연안지역, 하면결 합식조침은 일본 서북구주지역과 관련성을 갖는 것으로 추정된다. 그러나 출토량이 적고 분포양상이 산발적인 점을 미루어 본다면 그다지 성행하지 않았거나 제한적으로 사용된 것으로 보인다.

남해안의 골각기는 아직 자료가 부족하고 그 성격이 불투명한 점도 없지 않으나 현상을 그대로 이해한다면 재지의 어로체계와 도구를 바탕으로 주변지역의 어로문화를 수용하면 서 전개해 갔던 것으로 생각된다. 특히 다양한 어로구의 발달은 타지역 골각기 문화와 구 별되는 남해안의 특징적인 것이라고 할 수 있다.

그것은 내만과 다도해로 구성된 지리적 조건과 환경적 요인이 배경으로 작용했기 때문이 라 생각된다. 그리고 조기부터 해양을 주요 생업무대로 활동한 이 지역 즐문토기인의 생활 과 생계방식도 타지역 골각기문화와 차별화하는 동인이 되었을 것으로 보인다.

서해안지역의 골각기는 관련 유적과 출토량이 적어 전체적인 골각기의 양상과 특징이 불 투명하다. 기본적인 도구 조성은 고정식작살, 결합식조침 등의 어로구, 괭이(뒤지개), 아겸,

아도 등의 채집농경구, 첨두기류 등의 생활용구, 장신구로 구성되어 있지만 남해안에 비해 종류가 단순하고 다양성이 부족하다. 그러나 멧돼지 견치를 가공한 아겸, 아도, 녹각제 괭이 등의 채집·농경과 관련된 도구 비중이 타지역에 비해 높으며, 고남리와 궁산패총에서 출토되는 단식조침과 사슴의 중수골, 척골, 녹각 선단 일부를 뾰족하게 가공하여 송곳 형태로 만든 첨두기류는 남해안지역에서 거의 출토되지 않는 형식이다.

이에 반해 결합식조침, 작살, 세형자돌구 등 어로구와 첨두기류의 종류와 양이 상대적으로 남해안과 동해안지역에 비해 극히 적은 특징을 보여 준다. 일부 결합식조침과 작살이 노래섬과 가도 등에서 출토되고 있지만 전술한 바와 같이 이들 도구는 재지계가 아니고 남해안 골각기문화의 영향으로 출현한 것이다. 어로구의 비율이 현저히 적고 특히 분리식작살류가 거의 보이지 않는 것은 유적 조사의 부재도 있겠지만, 어로환경과 방식의 차이가 일차적인 원인으로 작용했을 것으로 추정된다. 서해안지역이 남해안과 달리 마제석기로 만든 어로구의 비중이 높은 것과의 관련성도 검토해 볼 필요가 있다.

동해안지역의 골각기 역시 서해안과 마찬가지로 조사 사례가 적어 그 양상이 불투명한 편이지만 서포항유적 출토 골각기(도면24)를 통해 어느 정도 그 일면을 엿볼 수 있다. 기종은 수렵, 어로, 채집·농경과 관련된 생업도구와 첨두기 포함한 식기, 골침, 침통 등의 생활용구, 장신구 및 의례구로 구성된다.

골각기의 종류와 기종조성은 기본적으로 남해안지역과 유사하나 기종별 점유 형태와 형식적인 특징에서 지역색을 보인다. 분리식 다기형작살과 회전형작살, 단식조침, 홀리개 등의 어로구와 동물형 골우와 인물형 입상, 인면형골기, 장식골기 등의 의례구, 골촉 및 골창의 존재는 다른 지역 골각기와 뚜렷이 구분되는 특징이라고 할 수 있다.

특히 양기(역자)형과 서포항형 분리식작살, 단식조침은 동해 북부 해안지역의 특징적인 어로구로 발달하며 출토량도 많다. 이와 더불어 골우 등의 의례구와 골촉, 골창도 타 문화권에서 볼 수 없는 것이다. 그러나 결합식조침와 역T자형조침, 세형자돌구, 분리식 유선형형작살 등 남해안지역의 어로구와 빗창, 비형골기는 거의 보이지 않는다.

동해 북부 해안지역의 골각기는 서포항 3기를 중심으로 시기별 기종구성과 형식적인 차이도 있지만 전체적으로 본다면 기종조성과 형식적인 측면에서 남해안 및 서해안과 명확히 구별되는 독특한 지역성을 보여 준다.

내륙지역은 공기2굴, 꽃병굴, 상시3그늘, 금굴, 점말용굴유적 출토품을 통해 볼 때 타지역과 마찬가지로 침형작살, 다기형작살, 단식조침, 세형자돌구, 첨두기, 골침, 아겸, 장신구

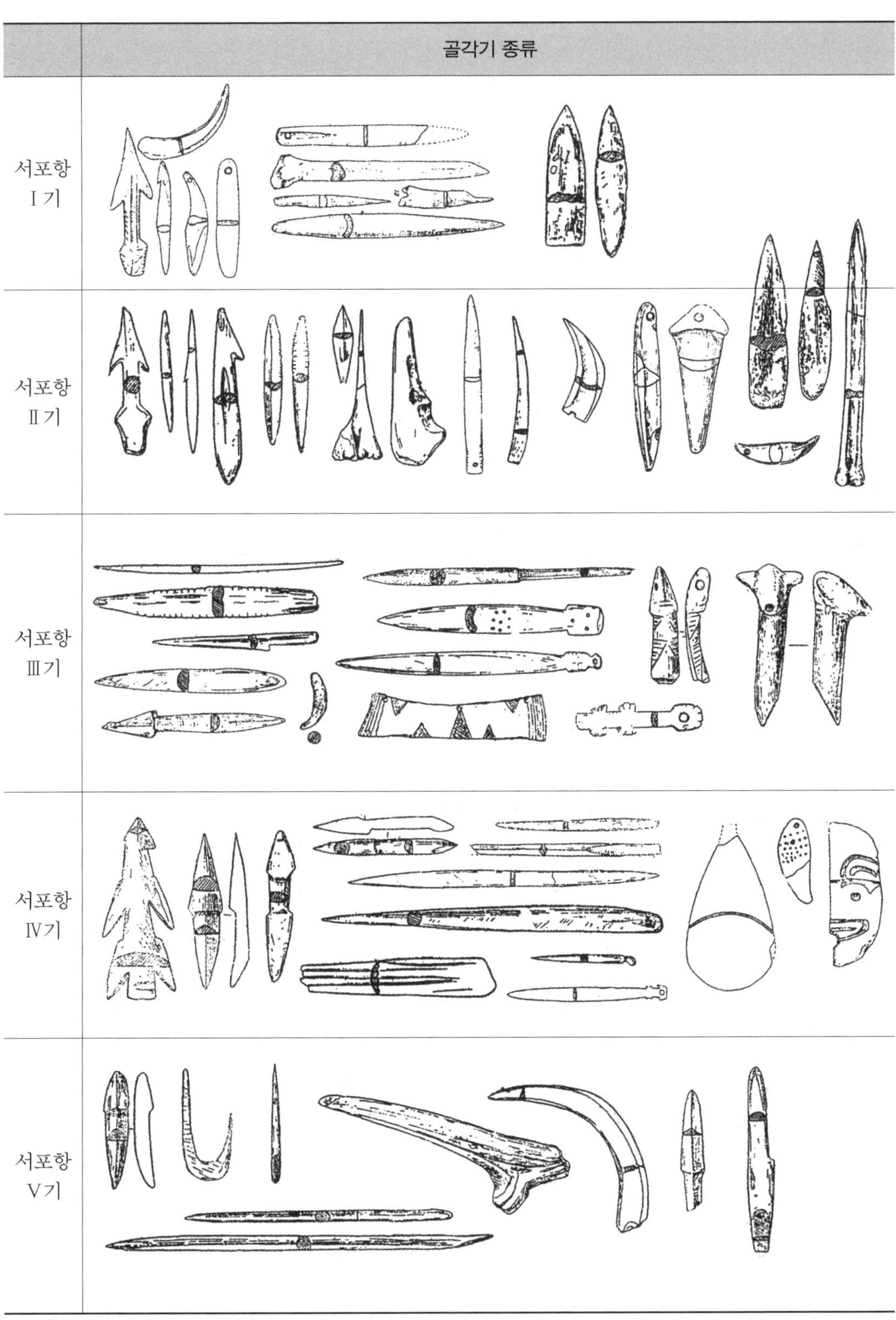

도면24 서포항패총 문화층별 골각기 〈축척부동〉

등의 어로구와 생활용구 중심의 기종조성을 보인다. 대부분 동굴유적에서 출토되고 관련 유적이 적어 상대적으로 해안지역에 비해 양이 적고 기종이 제한되어 있다. 그러나 소재가 수렵과 어로를 통해 쉽게 획득될 수 있고 가공도 용이하기 때문에 일상용구와 생업도구로 도 널리 이용되었을 것으로 생각된다.

　현 상황을 그대로 이해한다면, 사용 영역별 기종이 단순한 편이고 어로구보다 첨두기나 골침 등 생활도구의 비중이 높은 양상을 보인다. 물론 일부 유적에서 작살 등 어로구가 출 토되고 있으나 그 양은 매우 적다. 이러한 양상은 해안지역과 다른 생업환경에 기인하는 것으로 이해할 수 있을 것이다.

　이상에서 지역별 골각기의 양상과 특징에 대해 개략적으로 살펴보았는데, 공통성도 있지 만 시기와 지역에 따라 기종조성과 형식적인 차별성도 간취된다. 이러한 차별성은 지역 문 화의 배경과 생업환경에 따른 생산활동 방식과 생계유형이 지역적으로 상호 다르게 전개 된데 기인하는 것으로 추정된다.

V. 맺음말

이상에서 한반도 신석기시대 골각기에 대해 기존 연구 성과와 최근 발굴 자료를 정리하여 개략적으로 살펴보았다. 그러나 관련 자료의 부족으로 일부 골각기에 대해서는 피상적으 로 다룰 수 밖에 없었고 논지 전개 역시 무리가 있음을 자인하지 않을 수 없다. 이러한 점 들은 차후 수정 보완하여 다시 검토하고자 한다.

　신석기시대 골각기는 도구체계 속에서 중요한 축을 이루고 있을 뿐만 아니라 생업영역과 일상생활 속에서 차지하는 비중이 매우 높음에도 불구하고 그동안 충분한 연구가 이루어 지지 않아 시기별 변천과정과 지역적 특색 등 문화적 실체가 불투명한 실정이라 할 수 있 다. 이러한 점은 앞으로 구체적이고 지속적인 연구를 통해 논의되고 해결해야 할 과제라고 생각된다.

　앞서 언급한 바와 같이 특정 시기를 중심으로 골각기의 조성과 기종의 변화가 간취되고, 지역성도 보인다는 점에서 앞으로 이에 대한 구체적인 검토가 뒤따라야 하며, 골각기 문화 의 출현과 전개 양상을 구체적으로 이해하기 위해 주변지역과의 비교 검토도 요구된다. 뿐 만 아니라 골각기의 도구체계를 분명히 하기 위해, 연구자 간에 혼선을 보이는 분류체계와 용어 개념에 대한 연구도 진행되어야 할 것으로 생각된다.

[참고문헌]

甲元眞之 編, 1998, 『環東中國沿岸地域の先史文化』, 下田印刷.

甲元眞之, 1997, 「黃渤海沿岸地域の先史時代漁撈文化」, 『先史學 · 考古學論究Ⅱ』, 龍田考古會.

甲元眞之, 1999, 「環東中國海の先史漁撈文化」, 『文化部論叢』65, 熊本大學文學會.

江坂輝彌 · 渡邊誠, 1988, 『裝身具と骨製漁撈具の知識』, 東京美術.

경남고고학연구소, 2006, 『늑도패총 Ⅳ』A지구 패총.

경남발전연구원 역사문화센터, 2009, 『부산 죽림동유적』.

고고학 및 민속학연구소, 1957, 『궁산원시유적발굴보고서』, 과학원출판사.

고고학연구실, 1957, 「청진 농포리 원시유적발굴보고」, 『문화유산』1957−4.

국립광주박물관, 1989 · 1990, 『돌산 송도』Ⅰ · Ⅱ.

국립광주박물관, 2006, 『신안 가거도패총』.

국립광주박물관, 2009, 『안도패총』.

국립김해박물관, 2008, 『비봉리』.

국립김해박물관, 2012, 『비봉리』Ⅱ.

국립문화재연구소, 2002, 『소연평도패총』.

국립문화재연구소, 2003, 『연평 모이도패총』.

국립문화재연구소, 2005, 『대연평도 까치산패총』.

국립문화재연구소, 2012, 『한국고고학전문사전 신석기시대편』.

국립중앙박물관, 2002~2004, 『東三洞貝塚Ⅰ~Ⅲ』.

국립중앙박물관 · 국립춘천박물관, 2013, 『영월 공기2굴 · 꽃병굴 동굴유적』.

국립진주박물관, 1989, 『욕지도』.

국립진주박물관, 1993, 『연대도』Ⅰ.

국립진주박물관, 1999, 『목도패총』.

金建洙, 2007, 「韓半島における新石器時代の銛について」, 『列島の考古學Ⅱ』, 渡邊誠先生
　　　古 稀記念論文集.

김건수, 1998, 「우리나라 골각기의 분석적 연구」, 『호남고고학보』8, 호남고고학회.

김건수, 1999, 『한국 원시고대의 어로문화』, 학연문화사.

김건수 · 이순엽, 1999, 「여수 거문도와 순죽도의 신석기시대 패총」, 『순천대학교박물관지』

창간호.

김아관, 1993, 「한국 신석기시대의 골각기연구」 한양대학교 석사학위논문.

김용간, 1990, 『조선고고학전서-원시편』, 과학백과사전종합출판사.

김용간·서국태, 1972, 「서포항 원시유적 발굴보고」, 『고고민속논문집』4.

김원용, 1982, 「한국 선사시대의 신상에 대하여」, 『역사학보』94·95.

김은영, 2010, 「러시아 연해주와 주변지역 신석기시대 전기 토기의 편년과 동태」, 『고문
　　　화』76.

金子浩昌, 2002, 「韓國新石器時代 貝塚과 漁撈活動」, 『한국 신석기시대의 환경과 생업』, 동
　　　국대학교 매장문화재연구소.

金子浩昌·忍沢成視, 1986, 『骨角器の硏究 繩文編Ⅰ·Ⅱ』, 慶友社.

金子浩昌外, 1981, 「김해수가리패총 출토 골각패제품 및 동물유체」, 『김해수가리패총』Ⅰ,
　　　부산대박물관.

김재윤, 2009, 「서포항 유적의 신석기시대 편년 재고」, 『한국고고학보』71, 한국고고학회.

김충배, 2002, 「신석기시대 낚시바늘 연구」, 한양대학교 석사학위논문.

단국대학교박물관, 1993, 『사천 구평리유적』.

데.엘.브로댠스키 저(정석배 역), 1996, 『연해주의 고고학』, 학연문화사.

渡邊誠, 1985, 「西北九州の繩文時代漁撈文化」, 『列島の文化史』2.

渡邊誠, 1993, 『繩文時代の知識』, 東京美術.

도유호·황기덕, 1957, 『궁산원시유적발굴보고』.

동국대학교매장문화재연구소, 2007, 『울산세죽유적Ⅰ』.

大竹憲治, 1989, 『骨角器』, ニュー·サイエンス 社.

목포대학교 박물관, 2007, 『완도 여서도패총』.

목포대학교 박물관, 2012, 『광양 오사리 돈탁패총』.

박종진, 1991, 「한반도 선사시대 골각기 연구」, 경희대학교 석사학위논문.

박호석·안승모 2001, 『한국의 농기구』, 어문각.

복천박물관, 2011, 『선사고대의패총-특별전 도록』.

부산대박물관, 1981, 『김해수가리패총』Ⅰ.

부산대학교 박물관, 1965, 『농소리패총발굴조사보고서』.

부산대학교 박물관, 1994, 『청도 오진리 암음유적』.

부산박물관, 1996, 『범방패총』II.

부산박물관, 2007, 『동삼동패총정화지역 발굴조사보고서』.

사회과학원력사연구소, 1979, 『조선전사 1-원시편』, 과학백과사전출판사.

사회과학원력사연구소 1991, 『원시사-조선전사 개정판』, 과학백과사전종합출판사.

서국태, 1986, 『조선의 신석기시대』, 사회과학출판사.

서울대박물관, 1988, 『오이도패총』.

손보기, 1982, 『상노대도의 선사시대 살림』, 수서원.

송은숙, 1991, 「한국남해안지역 신석기문화에 대한 고찰」, 서울대학교 석사학위논문.

연세대학교 박물관, 2009, 『영월 연당 피난굴(쌍굴)유적』.

연세대학교 박물관, 2009, 『제천 점말동굴유적 종합보고서』.

원광대박물관 외, 2002, 『노래섬I』.

이상규, 2013a, 「신석기시대 골제 자돌구에 관한 연구」, 부산대학교 석사학위논문

이상규, 2013b, 「신석기시대 골제 자돌구의 제작과 용도」, 『영남고고학』65, 영남고고학회.

이영덕, 2006a, 「서·남해안 신석기시대의 어로구와 어로방법」, 『신석기시대의 어로문화』,
          동삼동패총전시관.

이영덕, 2006b, 「신석기시대 잠수작살의 가능성」, 『한국신석기연구』11, 한국신석기학회.

이향숙, 1987, 「한국 선사시대 간뼈·조가비 연모의 연구」, 연세대학교 석사학위논문.

임상택, 2006, 『한국 중서부지역 빗살무늬토기문화 연구』, 서울대학교 박사학위논문.

長崎縣峰町敎育委員會, 1989, 『佐賀貝塚』.

장명수, 1991, 『신석기시대 어구의 형식분류와 편년 연구』, 중앙대학교 석사학위논문.

제주대박물관, 1988, 『북촌리유적』.

제주문화예술재단, 2006, 『제주 하모리유적』.

中尾篤志, 2005, 「鯨骨製アワビオコシの擴散とその背景」, 『西海考古』, 西海考古同好會.

최득준, 2012, 『한반도 신석기시대 결합식조침에 대한 연구』, 부산대학교 석사학위논문.

최몽룡·이헌종·강인욱, 2003, 『시베리아의 선사고고학』, 주류성.

최삼용, 2000, 「서부유럽의 후기구석기시대 뼈연모」, 『한국구석기학보』2, 한국구석기학회.

최삼용, 2005, 「신석기시대 뼈연모 제작기술 연구」, 『한국신석기연구』10, 한국신석기학회.

최종혁, 2001, 「생산활동에서 본 한반도 신석기문화」, 『한국신석기연구』2, 한국신석기학회.

충남대박물관, 2001, 『가도패총』.

하인수, 2006a, 「동남해안지역의 신석기시대 어로구」, 『신석기시대의 어로문화』, 동삼동패
　　　총전시관.

하인수, 2006b, 「신석기시대 골각기의 양상」, 『한국신석기연구』11, 한국신석기학회.

하인수, 2009a, 「남해안지역 중기 즐문토기 사회의 동향」, 『한국상고사학보』66, 한국상고
　　　사학회.

하인수, 2009b, 「신석기시대 남해안지역의 골각기문화에 대한 고찰」, 『고문화』73.

하인수, 2010, 「범방유적의 석기검토」, 『부산대 고고학과 창립20주년기념논문집』.

한국문물연구원, 2012, 『울산 황성동 신석기유적』.

한국문화재조사연구기관협회, 2010, 『한국의 조개더미(貝塚) 유적』.

한양대박물관, 1990~98, 『안면도 고남리패총 2~8차』.

한영희·임학종, 1991, 「연대도 조개더미 단애부 Ⅱ」, 『한국고고학보』26, 한국고고학회.

戸澤充則編, 1994, 『繩文時代硏究事典』, 東京堂出版.

홍현선, 1987, 「상시3바위그늘의문화연구」, 연세대학교 석사학위논문.

황용훈, 1984, 「예술과 신앙」, 『한국사론』12, 국사편찬위원회.

橫山將三朗, 1933, 「釜山府絶影島東三洞貝塚報告」, 『史前學雜誌』5-4.

남해안지역의 골각기문화

Ⅰ. 머리말

골각기[1]는 그 재질이 단단하면서도 탄력성을 갖추고 있고, 주변에서 쉽게 구할 수 있는 이점 때문에 석기나 목기의 보완적 도구로서 혹은 그 자체가 생업도구로써 구석기시대부터 다양하게 활용되어 왔다.

골각기는 전기와 중기 구석기시대에도 매우 드물게 확인되지만 본격적으로 각종 동물뼈를 가공하여 다양한 도구로 제작하는 것은 후기 구석기시대부터이다(최삼용 2000). 이 시

---

1) 골각기는 일반적으로 포유류, 조류, 어류의 뼈, 치아, 뿔과 패류의 패각을 소재로 만든 도구류를 총칭하는 개념으로 사용되고 있으나, 본고에서는 패제품을 골각기로 분류하지 않았다.

기의 골각기는 수렵과 어로구 뿐만 아니라 각종 주술구와 예술품으로도 제작되었으나 생업도구로서의 사용은 제한적이었다. 그러나 신석기시대에 접어들면서 출토유적, 출토 양, 종류, 사용범위, 일상생활과 생업활동에서 차지하는 비중 등에서 「골각기의 시대」라고 할 수 있을 만큼 다양한 종류의 골각기가 일상생활 전반에 걸쳐 폭넓게 사용된다. 따라서 신석기시대 골각기는 석기와 함께 도구체계의 구성하는 중요한 축을 이루는 것으로 생각된다(하인수 2006).

그럼에도 불구하고 신석기시대 골각기의 연구는 토기나, 석기 등 타 분야에 비해 상대적으로 저조한 편이며, 극히 초보적인 수준에 머물고 있다고 해도 과언이 아니다.[2] 물론 그 동안 골각기에 대한 연구가 없었던 것은 아니지만 주로 형태분류를 중심으로 용도와 기능 고찰(박종진 1991, 김아관 1993)에 치중하거나 특정 기종을 중심으로 부분적으로 다루어진 정도이다. 혹은 생업활동과 생계유형을 분석(최종혁 2001)하는 보조 자료로 취급되어 왔다고 할 수 있다.

최근 들어 신석기시대 골각기의 양상(하인수 2006b)과 제작기술에 대한 연구(최삼용 2005)가 발표되고 이에 대한 관심과 연구 필요성이 제기되고 있지만 골각기의 조성관계라든가 생업도구로써 위치, 타도구와의 관계, 지역별 특징, 편년 등은 앞으로 풀어야 할 과제라고 할 수 있다.

아무튼 골각기는 자료적인 한계성에도 불구하고 지속적으로 연구되어야 할 분야 임은 분명함으로 그 동안 진행되어 왔던 기능 및 형태 분류를 포함하여 신석기시대 도구체계 속에서 골각기가 차지하는 위치를 보다 구체적으로 규명하는 방향으로 연구가 진행되어야 할 것으로 생각된다. 따라서 본고에서는 앞으로 골각기 연구의 기초 작업으로써 최근 발굴 자료를 활용하여 남해안지역 골각기의 양상과 특징을 살펴보고자 한다.

---

[2] 그 원인은 1차적으로 골각기가 갖는 물리적인 특성으로 인해 유존체가 적고, 특정지역에 한정되는 자료상으로 한계로 연구 가능한 실물을 충분히 확보할 수 없다는데 있지만, 되돌아보면 토기나 석기 등의 소위 중요유물(?)에 가려 고고학적 가치를 인식하지 못했던 우리의 무관심도 한 몫을 했음은 물론이다.

Ⅱ. 골각기의 종류와 소재

1. 골각기 종류

골각기는 형태와 기능을 중심으로 연구자에 따라 여러 종류로 분류되고 있으나[3] 아직 용
어의 통일과 분류체계가 정리되지 않아 다소 혼선이 있다. 뿐만 아니라 형태를 통해 기능
을 알 수 있는 조침, 작살 등의 어로구와 장신구, 골침 등 몇몇 예를 제외하고는 기능과 성
격이 불분명한 것도 많다.[4] 따라서 본고에서는 편의상 기능을 알 수 있는 경우는 기능명
(조침 등)을, 불투명한 것은 형태명(자돌구 등)에 따른 용어를 사용하고자 한다.

신석기시대 골각기는 식량자원을 생산 혹은 획득하는데 1차적으로 관계하는 생산도구
와 직접 생산에 관계지 않고 획득된 자원을 가공·해체하거나 음식물의 조리, 옷감짜기, 토
기제작 등 일상생활 전반에 걸쳐 사용되는 생활도구, 실제 생업에 관계하지 않지만 의례적
혹은 정신생활과 관련한 비실용구로 대별 할 수 있다.

생산도구로서의 골각기는 생업활동에 따라 타도구와 함께 사용되기도 하는데, 도구의 내
구성이라는 측면에서 본다면 석기보다 약하기 때문에 빈번하게 제작되었을 것으로 생각
되며, 용도에 따라서는 석기보다 활용도나 사용 범위가 더 넓었을 것이다. 생산도구는 생
업영역에 따라 골촉(도면10-64), 골창(도면10-10·11) 등의 수렵구, 조침(도면1), 작살
(도면2-1~8), 찌르개(도면3-13·14) 등의 어로구, 굴봉, 뒤지개(도면9-13·14), 낫(도면
9-18·19), 비창(도면5-13·14) 등의 채집(취)·농경구로 구분된다.

---

3)　예를 들면 김아관은 기능을 중심으로 송곳, 예새, 뼈바늘, 칼날, 창끝, 뼈화살촉, 작살, 찔개살, 낚
시, 삿바늘, 뿔괭이, 장신구 등 15종류로, 박종진은 용도별로 일상구(예새, 골추, 골침, 인구), 수렵구
(골창, 골촉), 농경구(골겸, 괭이), 어로구(삿바늘찔개창, 조침, 작살, 홀리개, 어로용 찌), 미술품(장신
구, 신앙미술품)으로 대별하고, 이를 16종류로 세분하고 있다. 김건수는 용도에 따라 생산구와 비생산
구로 대별하고, 생산구는 수렵전투구(골각촉, 단검), 어구(낚시, 작살, 찌르개, 빗창), 경작구(굴봉, 반
월형패도), 일상용구(침, 숟가락), 불명(자돌구)로 비생산구는 수식구, 패륜, 패면와 骨角偶로 세분하
고 있다.

4)　자돌구로 분류되는 골각기는 그 쓰임새와 용도가 분명하지 않는 점이 많다. 특히 생업 내용과 일
상생활이 미분화된 신석기시대 사회의 경우는 특정 기종이 특정 목적에만 사용하는 것이 아니라 다방
면에 걸쳐 이용되는 것이 보통이므로 용도를 확정하는데 어려움이 있다. 자돌구류 중 일부는 생업 영
역과 환경에 따라 적절히 혼용되면서 다목적용으로 이용되었을 가능성이 많다고 생각된다.

표1 신석기시대 골각기 종류와 소재

		종 류	소 재
생산 용구	어로구	결합식조침, 단식조침, 역T자형조침, 회전 식작살, 고정식작살, 찌르개	사슴뿔, 사슴중수(족)골, 멧돼지견치
	수렵구	화살촉, 창	사슴뼈
	채집·농경구	굴봉, 뒤지개, 낫, 빗창	사슴뿔, 사슴 경골, 멧돼지 견치, 고래뼈 늑골
생활 용구	식기	숟가락	?
	가공구	자돌구, 첨두기, 바늘, 골거, 원판형골기, 송 곳, 칼, 예새(匕形骨器)	사슴중수(족)골·척골·경골·뿔, 고래척 추뼈, 가오리꼬리뼈
	異形골기	鋸形骨器, 刻目文骨器, 有孔骨器	사슴뼈, 돌고래 하악골, 고래뼈
비실 용구	장신구	수식, 발찌, 머리장식(뒤꽂이 등)	사슴견갑골, 돌고래, 수달, 너구리이빨, 멧돼지견치, 독수리발톱, 고라니 견치, 새뼈
	의례구	人面形骨器, 動物形骨器	사슴뼈(?)

생활도구는 관련 자료가 적고, 용도와 기능이 불분명한 것이 많아 본고에서는 일단 종류별로 분류해 둔다. 생활도구로는 바늘(도면6-7·11), 침(도면3-20·21), 칼, 송곳, 뼈톱(도면5-11), 골제원판(도면5-12), 예새형골기(匕形골각기, 도면4-12~16), 첨두기(도면5-1~6·9·10, 칼, 숟가락(도면10-55) 등이 있으며, 그밖에 용도를 전혀 짐작할 수 없는 이형 골각기(도면6-1~6)도 있다. 이 중에서 바늘, 침, 骨鋸, 원판형골기, 송곳, 칼, 자돌구류 등은 가공구로 분류할 수 있으나 형태상으로 용도 판별과 기능을 확정하는데 어려움이 있다. 이밖에 어패류나 포유류의 육질, 가죽을 가공·해체하거나 토기 제작시 기면 조정 및 시문구[5)의 존재도 예상된다.

비실용구로는 자료가 많지 않아 구체적인 종류와 성격은 불투명하지만 현재까지 조사된 자료를 통해 볼 때 장신구와 의례구로 구분할 수 있다. 장신구는 수식과 足飾, 頭飾이 있으며, 의례구로는 동북 해안지역의 서포항패총 Ⅲ기층에서 출토된 신앙 예술품으로 불리는 골제입상(인물형, 동물형) 등의 조각품이 있다(도면10-41·42). 이들 자료가 실제 의례 행위에 사용되었는지 여부를 단정할 수 없기 때문에 이에 대해서는 앞으로 충분한 검토가 필요할 것으로 생각된다.

---

5) 상노대도패총 출토 골각기 중에는 토기 시문구로 보고된 것도 있으며(손보기, 1982, 『상노대도의 선사시대 살림』, 수서원.), 예새로 분류한 골각기를 토기시문구로 보는 연구자도 있다(박상진, 1991, 「한반도 선사시대 골각기연구」, 경희대학교대학원 석사학위논문.).

이상에서 살펴 본 골각기는 제작방법과 기술, 형식적인 특징, 용도와 기능에 따라 다양한 기종으로 세분이 가능하다. 그러나 생업 유형별로 분류된 기종은 반드시 특정한 기능과 용도에 한정되었던 것 같지 않으며, 생업 환경과 필요에 따라 적절히 혼용되었던 것으로 추정된다. 예를 들면 어로구로 이용되는 작살류와 찌르개는 수렵용으로 전용이 가능하다.

한편 현재의 고고학적 자료만을 가지고 도구의 실제 용도를 구체적으로 확정하는데 어려운 것도 있는데, 특히 자돌구와 첨두기로 분류되는 도구류는 어떤 용도로 사용되었는지 정확히 가늠하기 힘든 실정이다. 일반적으로 자돌구로 분류되는 끝이 뾰족한 골각기는 가공방법, 선단부의 형태, 마연 정도에 따라 세분이 가능한 것으로 보아 형태에 따라 사용 범위가 정해져 있었던 것으로 추정된다.

신석기시대 골각기를 분류하고 그 종류를 명확히 하기 위해서는 앞으로 많은 검토가 필요하지만 우선 골각기의 형태적 특징과 용도를 기준으로 살펴보면 대략 〈표1〉 같이 분류할 수 있을 것이다. 〈표1〉의 생업 영역별 종류와 형태는 신석기시대 전시기를 통해 항상 같은 양상을 유지했다고 생각되지 않으며, 사회·경제적 변화와 집단 간의 생업환경 및 생산 방식의 차이에 따라 다양한 변이를 가지는 것으로 추정된다.

2. 골각기 소재

골각기 소재의 선택은 동물과 어류의 뼈 형태에 좌우되고 규정되는 경향이 강하며, 특히 주어진 소재의 형질 범위 안에서 형태와 기능이 대부분 결정되는 것으로 생각된다. 소재로 이용되는 동물은 서식 환경과 생물학적 특성에 따라 육상동물, 해상동물, 조류, 어류로 구분할 수 있는데, 육상 동물로는 사슴, 멧돼지, 개, 고라니, 수달, 너구리, 해상 동물로는 고래, 돌고래, 바다사자, 거북 등이 있다. 조류는 독수리나 매 등의 대형맹금류, 어류는 가오리, 다랑어 등이 있다. 조류와 어류뼈를 소재로 한 골각기는 출토량이 매우 적은 것으로 보아 장신구나 바늘 등 극히 일부 용도를 제외하고 그다지 이용되지 않은 것 같다. 아마 재질이 육상 동물에 비해 약하고 활용 범위가 적을 뿐만 아니라 획득의 어려움에도 원인이 있는 것으로 보인다.

골각기의 주요 소재는 동정이 비교적 잘되어 있는 남해안지역의 분석 사례[6]로 보아 사

---

6) 남해안지역 유저 출토 골각기의 구체적인 동정과 분석 사례는 일본의 金子浩昌선생이 행한 수가리패총과 동삼동패총 등이 대표적이다.

슴이 대부분을 차지하며, 기타 고래, 돌고래, 바다사자, 상어, 멧돼지, 고라리, 너구리, 수달, 독수리 등이 소수 재료로써 이용된 것으로 생각 된다(하인수 2006b). 이밖에 극히 일부지만 가오리나 다랑어 등의 어류뼈를 가공한 경우도 있다. 사슴이 골각기의 주요 소재로 이용된 것은 다른 동물과 달리 관상골이 발달되어 있고, 재질적으로 매우 단단하여 다양한 도구의 소재로 이용 가능한 뿔을 갖고 있기 때문이며, 게다가 단백질의 주요 공급원으로서 수렵을 통해 쉽게 확보할 수 있었던 것도 중요한 이점으로 작용했을 것으로 생각된다.

사슴뼈는 부위에 따라 다양한 형태로 가공되어 활용되는데, 골각기의 기종과 소재는 어느 정도 상관성을 갖는 것으로 생각된다. 뿔은 첨두기의 소재로 주로 이용되고 빗창이나 결합식조침의 침부로도 가공된다. 남해안지역에서는 유례가 없지만 서해안지역의 궁산패총과 동북지역의 서포항패총에서는 굴봉이나 뒤지개(도면9-12~14)의 소재로 이용된다.

사슴뼈 중에서 가장 많이 활용되는 부위가 중수(족)골인데, 자돌구를 중심으로 작살이나 조침 등 어로구 등 생업도구 제작에 주로 이용된다. 이밖에 척골과 경골, 견갑골도 첨두기나 장신구의 재료로 이용된다. 이밖에 동물의 이빨은 주로 장신구로 이용되고, 멧돼지 견치는 결합식조침의 침부와 수식으로 많이 사용된다.

Ⅲ. 기종별 특징과 성격

신석기시대 골각기는 주로 해안지역의 패총유적에서 다량으로 출토됨으로써 해안지역 어로문화의 특징으로 인식되는 경우가 있으나, 골각기 재료가 수렵과 어로를 통해 쉽게 획득될 수 있고 가공도 용이하기 때문에 내륙지역에서도 일상용구와 생업도구로도 널리 이용되었을 것으로 생각된다. 영월 쌍굴유적과 상시3그늘유적에서 출토된 다양한 형태의 자돌구류는 내륙지역 골각기의 일면을 보여주는 좋은 사례라고 할 수 있다.

골각기는 재료의 물리적 특성과 유적의 환경적 요인에 따라 패총과 석회암 동굴유적을 제외하고는 출토될 가능성이 적기 때문에 단순히 유적의 분포와 출토유물의 양만으로 그 성격을 단정하는 것은 신중할 필요가 있다고 생각된다. 그러나 골각기를 통해 얻을 수 있는 다양한 정보와 문화상은 특정 지역을 중심으로 이루어질 수밖에 없는 한계를 지닌다고 할 수 있다.

남해안지역의 골각기는 유적의 분포나 골각기의 다양성, 출토양상으로 보아 타지역에 비

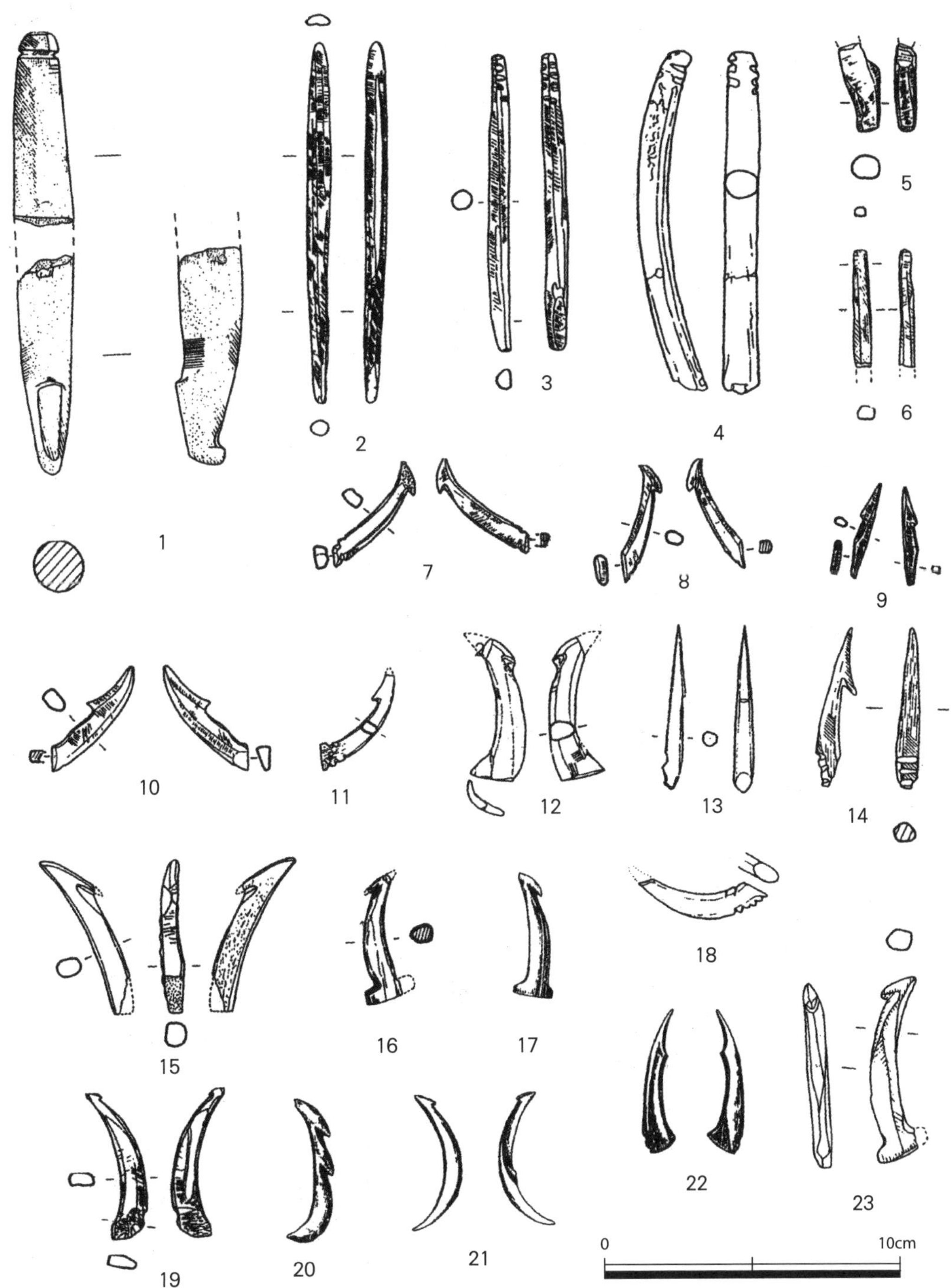

도면1 남해안지역 골각기(결합식조침)

1·14: 연대도, 2~5·7~10·15·19: 동삼동, 6·23: 욕지도, 11: 범방, 12·13: 송도, 16: 구평리, 17·20~22: 상노대도, 18: 농소리

해 생업도구와 일상 생활용구로 가장 활발하게 제작되고 폭 넓게 사용되었던 것으로 보이며, 특히 기종구성과 일부 기종에 있어서는 타지역 골각기 문화와 구별되는 특징을 보이기도 한다.

남해안지역에서 출토되는 골각기는 기종별로 분류하며 자돌구류(도면3-15~23, 4-1~11), 결합식조침(도면1), T자형조침(도면2-19~23), 고정식작살(도면2-1~11), 회전식작살(도면2-12·13), 골침(도면6-7~11), 골거(도면5-11), 예새형골기(도면4-12~16), 첨두기(도면5-1~6·9·10), 원반형골기(도면5-12), 빗창(도면5-7·8, 13·14), 수식(도면6-17·17·21~24), 뒤꽂이(도면6-12~19), 족식(도면6-26~28) 등과 異形골기(도면6-1~6) 등으로 구분된다.

남해안지역 골각기는 대부분 생산용구인 자돌구류와 어로구에 집중되어 있고 수렵구나 농경구[7]는 보이지 않는다(표2). 동북지역의 서포항패총 등에서 출토되는 수렵구인 골촉(도면10-65·66) 이나 골창(도면10-10·11)은 이 지역에서 전혀 확인되지 않고 있는데, 자료의 부족인지 수렵구로서의 효용성 문제로 제작되지 않은 것인지는 좀 더 검토가 필요하다고 생각된다. 서포항 출토품 역시 수렵구로 단정할 만한 근거가 없고, 어로구로 이용되었을 가능성이 있다는 점을 염두에 둔다면 수렵구로서 골각기는 거의 이용되지 않았을 것으로 생각된다.

자돌구류 중에는 형태가 정연하고 양끝이 뾰족하게 가공된 세형(유선형)자돌구는 어로구로 사용되었을 가능성이 높지만(도면3-1~14) 전체 골각기 중에서 자돌구류가 50~60% 정도를 점유하고 있다는 사실은 자돌구류가 일상 용구로서 다양하게 사용되었음을 보여주는 것이라 하겠다. 자돌구류는 비교적 형태가 정형화되어 있고, 소재의 선택성도 보이므로 신석기시대 도구체계와 생업활동과의 관계를 규명하기 위해서는 앞으로 이에 대한 검토가 이루어져야 할 것으로 생각된다.[8]

---

7) 사슴뿔로 만든 굴봉과 뒤지개, 아제겸 등은 농경구일 가능성도 있으나 단순 식물채집구인지 실제 잡곡 농경과 관련된 도구인지는 충분한 검토가 필요하다고 생각된다. 일단 본고에서는 채집 및 잡곡농경과 관련된 도구로 분류해 둔다. 남해안지역에서는 이와 같은 형태의 골각기가 출토되지 않는 것으로 보아 채집, 농경구로는 주로 석제를 이용한 것으로 추정된다.

8) 자돌구는 끝이 뾰족한 도구를 총칭하는 것인데, 형태적 특징과 기능에 따라 창끝, 슴베찌르개, 찔개살, 송곳, 찌르개, 빗창, 자돌구, 골추, 예새, 골도, 첨두기 등으로 구분되기도 한다. 그러나 분류기준과 용도가 명확하지 않아 명칭에 혼선이 생기는 경우도 있다. 자돌구는 제작방법(전면마연, 부분마연)

자돌구는 대부분 사슴뼈를 가공하여 제작되는데, 수가리패총의 예에서 보는 바와 같이 기종에 따라 선택적으로 이용되었음을 알 수 있다(부산대박물관 1981). 특히 사슴의 뿔과 중수·중족골, 경골, 척골 등이 주요 재료로 이용되었다. 그밖에 고래 늑골, 경골, 돌고래 하악골, 소골, 다랑어 자편, 가오리 꼬리뼈를 가공하여 사용하기도 한다.

자돌구 다음으로 높은 비율을 차지하는 것은 어로구인데, 현재 확인된 예로는 결합식조침의 축부, 침부, T자형 조침 및 작살, 빗창 등이 있다.

표2 남해안지역 유적별 골각기 양상

	자돌구 (첨두기)	조침	작살	빗창	장신구	골침	골거	기타	계
동삼동패총	68.7%(112)	11%(18)	12.8%(12)	1.2%(2)	7.3%(12)	0.6%(1)	0.6%(1)	3.1%(5)	163
연대도패총	50%(36)	14%(10)	2.8%(2)		18.3%(13)			14%(14)	71
욕지도패총	47.6%(10)	23%(5)			14.2%(3)			14.2(3)	21
범방패총	65.5%(21)	37%(7)	3.2%(1)		6.4%(2)				31
수가리패총	96.5%(84)			3.5%(3)					87

※ 자돌구 중에는 작살로 사용 가능한 것도 있음

골제조침은 결합식과 단식조침으로 나누어진다. 결합식조침은 축과 바늘을 분리 제작하여 조합한 형식이며, 단식조침은 바늘과 축을 일체형으로 제작한 형식이다. 단식조침은 사용방법과 형태에 따라 역T자형(一자형)과 J자형으로 구분된다.

결합식조침은 동해안과 남해안지역에 주로 분포하며, 한반도 신석기시대 특징적인 어로구의 하나로 오산리형조침으로 불린다. 보통 석제로 만든 축과 골제 바늘이 결합되어 하나의 조침을 이루는 형식인데, 최근 조사에서 골제와 패제의 축부가 동삼동과 연대도패총, 여서도, 노래섬패총 등에서 출토됨으로써 결합식조침의 축부도 다양한 재질로 제작되었음을 알 수 있다.

과 형태, 사용부위 등에 따라 세형 자돌구, 중형 자돌구, 대형 자돌구, 첨두형 자돌구(첨두기), 예새형 자돌구 등으로 세분이 가능함으로 형식분류와 사용흔 분석 등을 통해 기능과 성격에 대한 구체적인 연구가 필요하다고 생각된다.

결합식조침의 골제축부는 동삼동(도면1-2~5)과 연대도패총(도면1-1), 노래섬(도면 8-32). 가도패총(도면8-12)에서 출토되고 있지만 출토양이 적은 것으로 보아 석제조침과 달리 특정한 어로에 한정되었던 것으로 추정된다. 동삼동패총 4층 출토품(도면1-3)은 축 신이 I자형을 이루며, 결합면이 다원형상으로 마연된 형태를 갖고 있다. 골제 결합식조침 은 재질의 특성상 어떠한 형태로든 추를 사용했을 것으로 생각되지만, 어로방식이나 포획 대상의 어종에 따라 추를 사용하지 않았을 가능성도 있다.

결합식조침의 침부는 축부와 결합 방식차에 따라 크게 정면결합식(도면1-7~14)과 측면 결합식(도면1-19), 下面결합식(도면1-21)으로 나누어지며, 그 밖에 재질, 크기, 미늘의 위 치와 결합부의 형태 등 따라 세분되기도 한다(하인수 2006a; 김충배 2002). 크기는 보통 3~5cm 전후로 대체로 일정한 편이다. 미늘은 침신의 안쪽(내기식) 혹은 외측(외기식)에 마 련되어 있는데, 연대도나 동삼동패총의 예와 같이 미늘이 없는 형식(무기식)도 있다. 재질 은 사슴의 뼈나 멧돼지 견치를 주로 이용한다.

단식조침은 조침 자체가 일체형으로 완성된 형식의 조침을 가리키는데, 형태에 따라 J자 형과 역T자(一자형)형과 으로 구분된다. J자형조침은 동남해안지역에서는 확인되지 않고 동북해안 지역의 서포항패총(도면10-58)과 강원도 영월 쌍굴유적(연세대박물관 2009)의 출토 예가 있을 뿐이다. 쌍굴 출토품은 서포항 출토품과 달리 둥근 반환형으로 가공된 것 이 특징이다. 그리고 시기는 다르지만 청동기시대 고남리패총 출토품이 있다. J자형조침은 출토 양상으로 보아 남부해안 지역에서는 발달하지 않았던 것으로 보인다.

역T자형조침은 一자형 몸체의 중앙에 마련된 홈이나 凹부에 줄을 연결하여 조침으로 사 용한 형식이다. 큰 석추에 연결된 줄에 몇 개의 조침을 장착하여 延繩 어로에 사용되며, 황·발해 주변지역에서 유행하던 특징적인 조침이다(甲元眞之 1997, 1999).

한반도에서는 서포항패총과 동삼동(도면2-19·22·23)과 욕지도패총(도면2-20)에서 몇 예가 알려져 있으나 수량은 적은 편이다. 크기는 5~6cm정도이다. 욕지도 출토품(도면 2-20)은 몸체 중앙이 오목하며, 동삼동패총 출토품(도면2-19)은 중앙 양측연에 결구가 있 는 형태이다(부산박물관 2007). 동남해안 지역 출토 역T자형조침은 황·발해연안의 형식 과 세부적인 면에서 약간의 차이를 보이고 있으나 계통적으로는 황·발해연안의 어로문화 와 관련이 있는 것으로 생각된다.

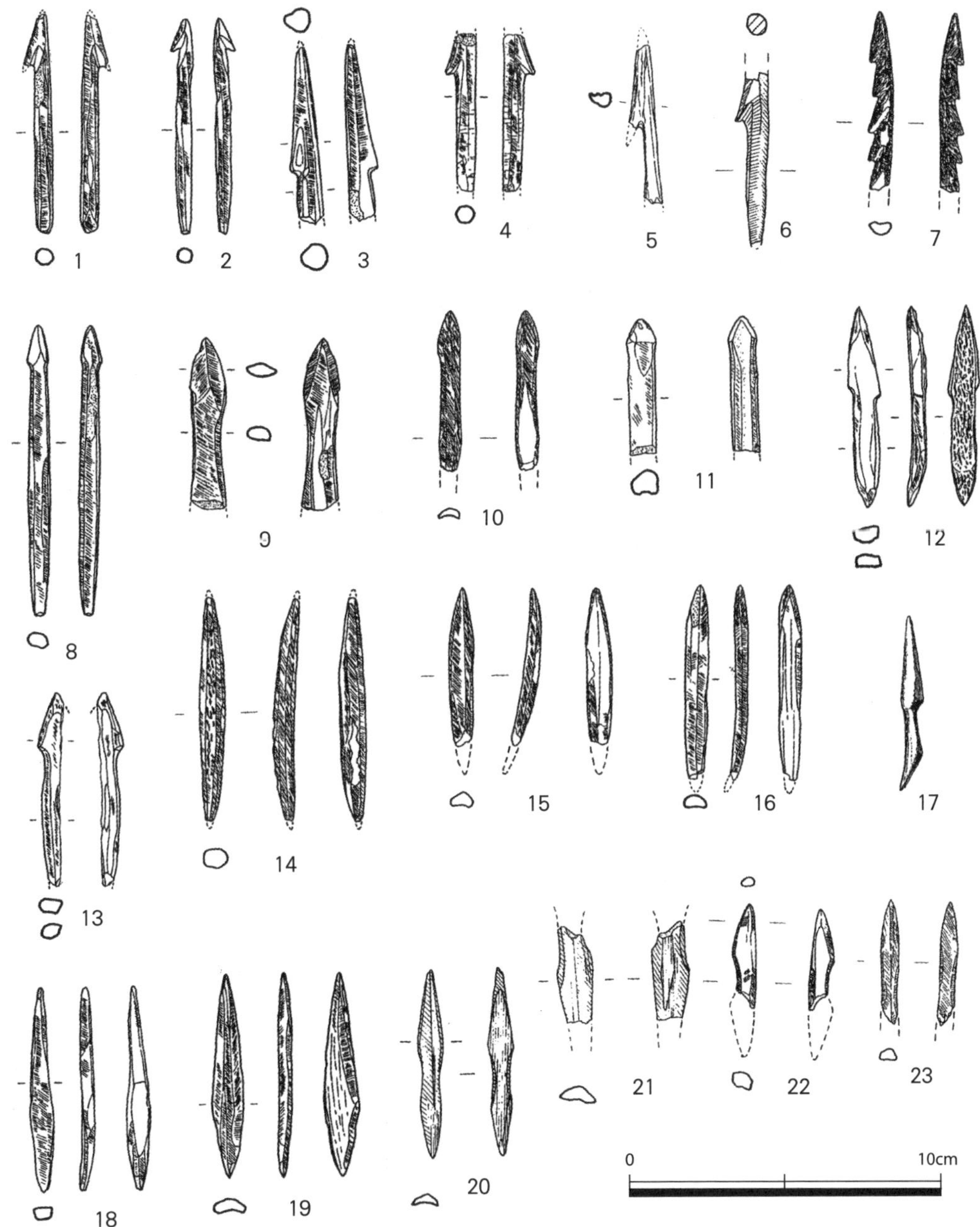

도면2 남해안지역 골각기(작살 및 역T자형조침)

1~4·7~16·18·19·22·23: 동삼동, 5: 범방, 6: 연대도, 17: 상노대도, 20·21: 욕지도

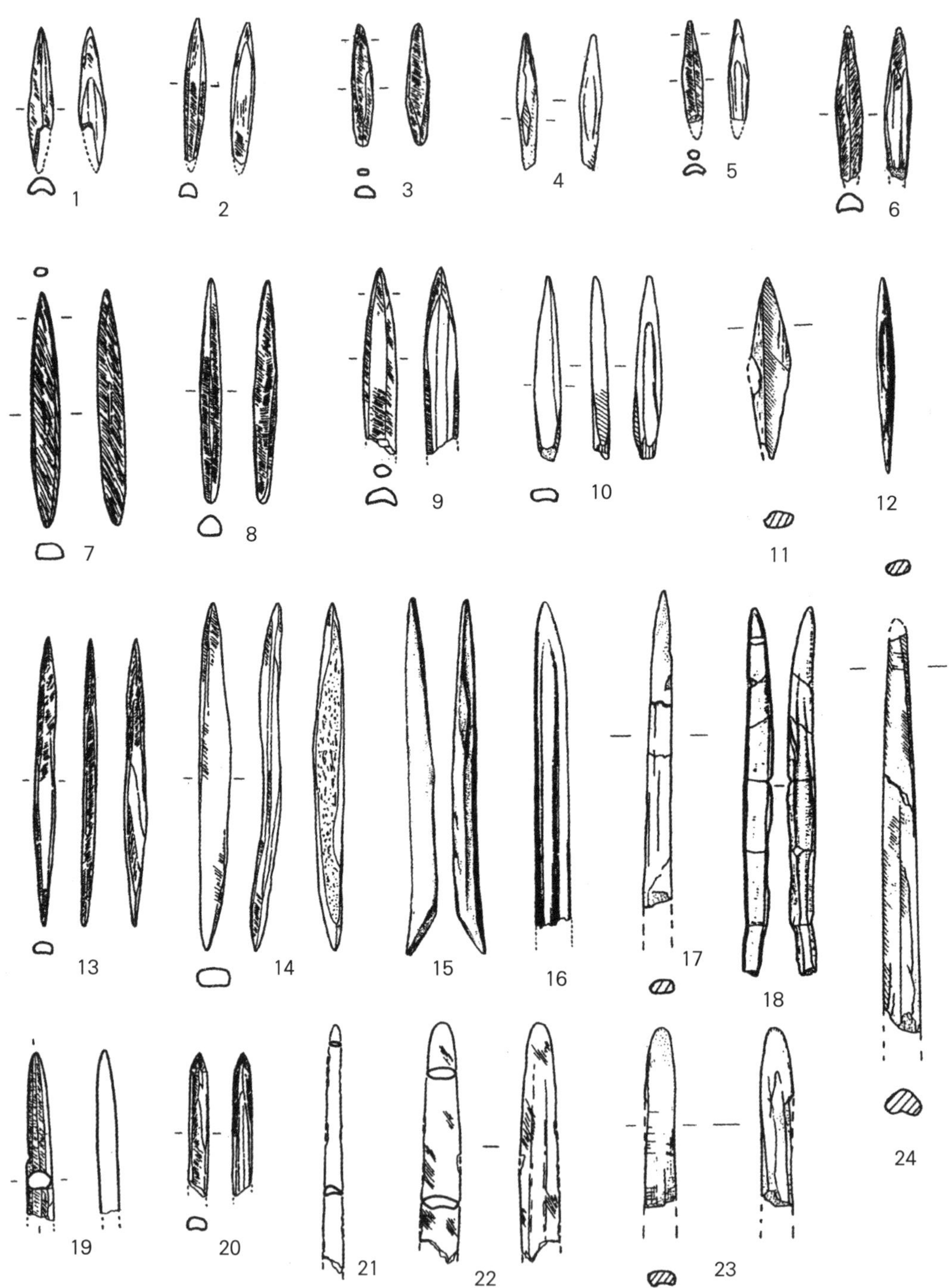

도면3 남해안지역 골각기(자돌구류) 〈축척부동〉

1~3·5~9·13·14·20: 동삼동, 4·10: 욕지도, 11·17·23·24: 연대도, 12·15·16: 상노대도, 21·22: 목도, 19: 범방

골제작살[9]은 주로 사슴의 중수(족)골이나 뿔을 섬두로 가공하여 어로구로 이용한 형태인데, 섬두의 기능과 형태에 따라 고정식과 회전식으로 구분된다(김건수 1999; 渡邊誠 1993). 최근 가거도패총 출토품의 사례로 보아 고정식작살 중에는 일반적으로 작살의 선단에 삽입하는 형식이외에 작살대에 홈을 내어 골제 선단부를 끼운 후 가는 끈으로 결박하여 사용하는 〈착장형 미늘〉의 가능성도 제기되고 있다(국립광주박물관 2006).

고정식작살은 착장부, 신부, 섬두로 구성되어 있으며, 크기는 7~9cm정도가 보통이다. 그러나 서포항(도면10-1·12·43)이나 농포리유적 출토품 중에는 10cm 이상의 대형도 보인다. 착장부는 신부보다 가늘며 약간 뾰족하게 처리되어 있다. 신부 단면은 보통 둥근 형태를 이루고 있으나 납작한 것도 있다. 섬두는 逆刺形과 蛇頭形으로 구분된다.

역자형은 역자의 수에 따라 單鏃式과 多鏃式으로 나눌 수 있는데, 동삼동과 범방, 연대도패총 출토품(도면2-1~6)은 섬두의 한 쪽 측면에 역자를 한개만 마련한 형태이며, 동삼동패총 출토품 중 〈도면2-7〉은 한 쪽 측면에 여러 개의 역자를 만든 다기식작살이다. 이같은 형식은 한반도 남부지역에서 동삼동패총 출토품이 유일한데, 동북해안지역의 서포항패총(도면10-43)과 연해주의 보이스만유적과 페스차노이유적(甲元眞之編, 1988)에서 다량으로 출토되고 있는 것으로 보아 이 지역의 어로문화와 관련된 도구일 가능성이 있다고 생각된다.

사두형(도면2-8~11)은 신부와 섬두의 경계가 명확하지 않지만 섬두를 가공하여 자돌기능을 할 수 있도록 한 형태인데, 형식상으로는 전술한 역자형과 명확히 구분된다. 섬두의 형태 차는 포획대상의 종류나 어법의 차이를 반영하는 것으로 생각된다.

사두형은 섬두와 몸체의 평면 형태에 따라 직선형과 곡선형으로 구분된다. 직선형은 동삼동패총 출토품을 중심으로 동남해안지역에, 곡선형은 여서도패총을 중심으로 서남해안에 분포하는 특징을 보인다. 곡선형 고정식작살은 최근 발굴된 여서도패총(목포대박물관 2007)에서 다량으로 출토됨으로써 주목되고 있는데, 일반적인 고정식 작살과 달리 섬두와 基部가 휘어진 것이 특징이다. 최근 연구에 따르면 이 같은 작살은 작살대의 선단부 측면

---

[9] 작살의 한 형태인 찌르개를 일반적으로 작살에 포함시키기도 하나 김건수의 지적과 같이 사용방법 상에서 차이가 있으므로 구분하는 것이 좋다고 생각된다(김건수, 1998, 「우리나라 골각기의 분석적 연구」, 『호남고고학보』8, 호남고고학회.). 남해안지역에서 찌르개(도면3-13·14)로 보이는 것이 있으나 본고에서는 별도로 구분하지 않고 편의상 자돌구로 분류하였다.

에에 착장했을 때 휘어진 기부가 미늘 역할을 하는 것으로 추정되고 있다(이영덕 2006).

이러한 착장 방법은 선단부에 삽입하는 일반적인 형식과는 다른 것이다. 기부의 형태적 속성을 기능적인 측면에서 본다면 이영덕의 착장방법 추정은 타당하다고 생각된다. 이 같은 고정식 작살은 여서도패총을 중심으로 거문도, 가거도패총(국립광주박물관 2006)에서 출토되고 동남해안지역에서는 전혀 확인되지 않는 점으로 보아 서남해안 지역의 특징적인 어로구로 추정되며, 착장방법과 형식적인 특징 면에서 〈여서도형〉 작살로 분류할 수 있을 것 같다.

회전식작살은 섬두가 포획대상물의 체내에 직각으로 회전하여 이탈할 수 없는 구조로 되어 있는 것이 가장 큰 특징이며, 구조는 섬두, 中柄, 柄(작살대), 줄로 구성되어 있다. 이러한 형태의 작살은 주로 동북아시아로부터 서북아메리카에 걸친 북태평양연안지역에 주로 분포하며, 물개, 강치, 바다사자 등 해수류를 포획하는 어로구로 알려져 있다. 일본에서는 一王寺型으로 불리고 있으며(渡邊誠 1993), 佐賀패총을 비롯한 서북구주지역의 여러 유적에서 다수 출토되고 있다(甲元眞之 1997).

국내에서는 서포항패총(도면10-45)을 비롯하여 상노대도(도면2-17), 동삼동패총 출토품(도면2-12·13)알려져 있으나 남해안지역에서는 그 양이 수점에 불과하다. 동삼동패총 중기 문화층인 5층에서 2점이 출토되었는데, 크기는 6cm 정도이다. 구조는 삼각형의 섬두와 유선형의 몸체로 구성되어 있다. 상노대도출토품은 동삼동출토품 보다 소형이며, 서포항패총 출토품(도면10-45)은 섬두의 형태나 두께, 평면 형태 등에서 남해안지역과 약간의 차이점도 인정되나 기본적인 형태는 동일하다.

이와 같은 회전식작살은 대마도의 佐賀패총과 연해주의 페스체노이패총에서 다수 확인되고 있다. 특히 동북지역 및 연해주 해안지역에서 다량으로 출토되고 있는 것으로 보아 이 지역의 특징적인 어로구의 하나로 생각되며, 남해안지역에서 출토되는 회전식작살은 한반도 동북지역의 어로문화와 밀접한 관련이 있는 것으로 생각된다.

전술한 구주지역의 회전식작살이 대부분 승문후기에 집중되어 있고, 동삼동출토품이 중기에 속한다는 점을 염두에 둔다면 구주지역의 회전식작살은 동해안지역을 따라 남하한 북방의 어로문화의 영향으로 출현하였을 가능성도 있다.

빗창은 신석기인들이 즐겨 먹었던 전복이나 굴 등 암초성패류를 채취할 때 사용하는 도구로 추정되는데, 오늘날 해녀들이 전복을 따는데 사용한 도구와 유사하다(김건수 1998). 재료는 사슴뿔(도면5-13)이나 경골, 고래뼈(도면5-14) 등 비교적 큰 뼈를 이용하는데, 크기는 20cm 전후이다. 동삼동과 수가리패총에서 출토되고 있다. 빗창은 조·전기에 보이지 않는 것으로 보아 중기 이후에 출현한 새로운 기종으로 추정되며, 이러한 형태의 패류 채취구는 일본 구주 승문문화에서도 확인된다(中尾 篤志 2005).

일상용구로는 골침, 골거, 원판형골기[10], 첨두기, 예새형 골기와 용도를 알 수 없는 이형 골기 등이 있다. 골침[11]은 의복 제작이나 어망 수리용으로 이용되었을 것으로 생각되며, 소재는 사슴뼈이다. 골거(도면5-11)는 동삼동패총에서 출토된 것이 유일한 예인데, 용도는 확신할 수 없으나 대형어류 등을 해체하거나 비늘을 제거하는데 이용되었을 것으로 추정되며, 소재는 녹각제이다. 그리고 고래의 추판을 이용한 원반형골기(도면5-12)도 동삼동패총에서 출토되고 있는데, 상면이 마연되어 있는 것으로 보아 어떠한 목적으로 사용되었음은 분명하다. 토기제작이나 음식물을 조리할 때 사용되었을 것으로 추정된다.

첨두기(도면5-1~6·9·10)는 자돌구보다 크고 선단부가 뾰족하게 가공된 골각기인데, 사슴의 뿔 중수(족)골 경골, 척골, 멧돼지의 비골 등을 재료로 제작된다. 사슴뿔과 척골을 이용한 첨두기가 패총에서 많이 출토된다. 동삼동패총 출토품 중에는 패용하기 위해 손잡이 부분에 구멍을 뚫은 것(도면5-3)과 몸체에 선각된 것(도면5-2)도 있다. 용도는 명확하지 않으나 일상생활 중에 다용도로 사용되었을 것으로 생각된다.

예새형골기(도면4-12~16)는 사슴의 중수(족)골을 종으로 분할하여 선단을 약간 둥글게 가공하고 부분적으로 마연하여 예새모양으로 만든 형태이다. 신석기시대 조기부터 출현하여 전 기간에 걸쳐 널리 사용된 도구이나 용도는 알 수 없다. 선단부의 사용흔으로 보아 가죽의 무두질이나 패류의 껍질 혹은 그 내용물을 채취하는 용도로 사용되었을 것으로 추정된다. 동삼동, 연대도, 수가리, 목도, 궁산패총에서 출토되나 서해안과 동해안에서는 출토 예가 적다.

장신구는 양은 적지만 골각기 가운데 일정한 비율을 차지하고 있다. 착용부위에 따라 수식, 두식(뒤꽂이) 발찌로 구분된다. 뒤꽂이는 머리를 장식하는 장신구이나 출토상태가 명

---

10) 원판형 골각기는 고래 추판을 그대로 도구로 이용한 것인데, 용도는 불명이다. 추판 내부와 가장자리 부근에 마연 혹은 마모흔이 확인되는 것으로 보아 어떤 형태로든 사용되었음은 분명하다. 일본 구주의 승문시대 후기에는 토기 제작 받침대로 사용되었다.

11) 사슴의 뿔이나 동물의 관상골을 가늘게 가공하여, 선단부는 날카롭고 두정부(頭頂部)에 구멍을 뚫은 형태이다. 현대의 바늘과는 재질만 다를 뿐 크기나 형태는 동일하다. 상노대도, 구평리, 궁산, 동삼동패총 출토품이 알려져 있다.

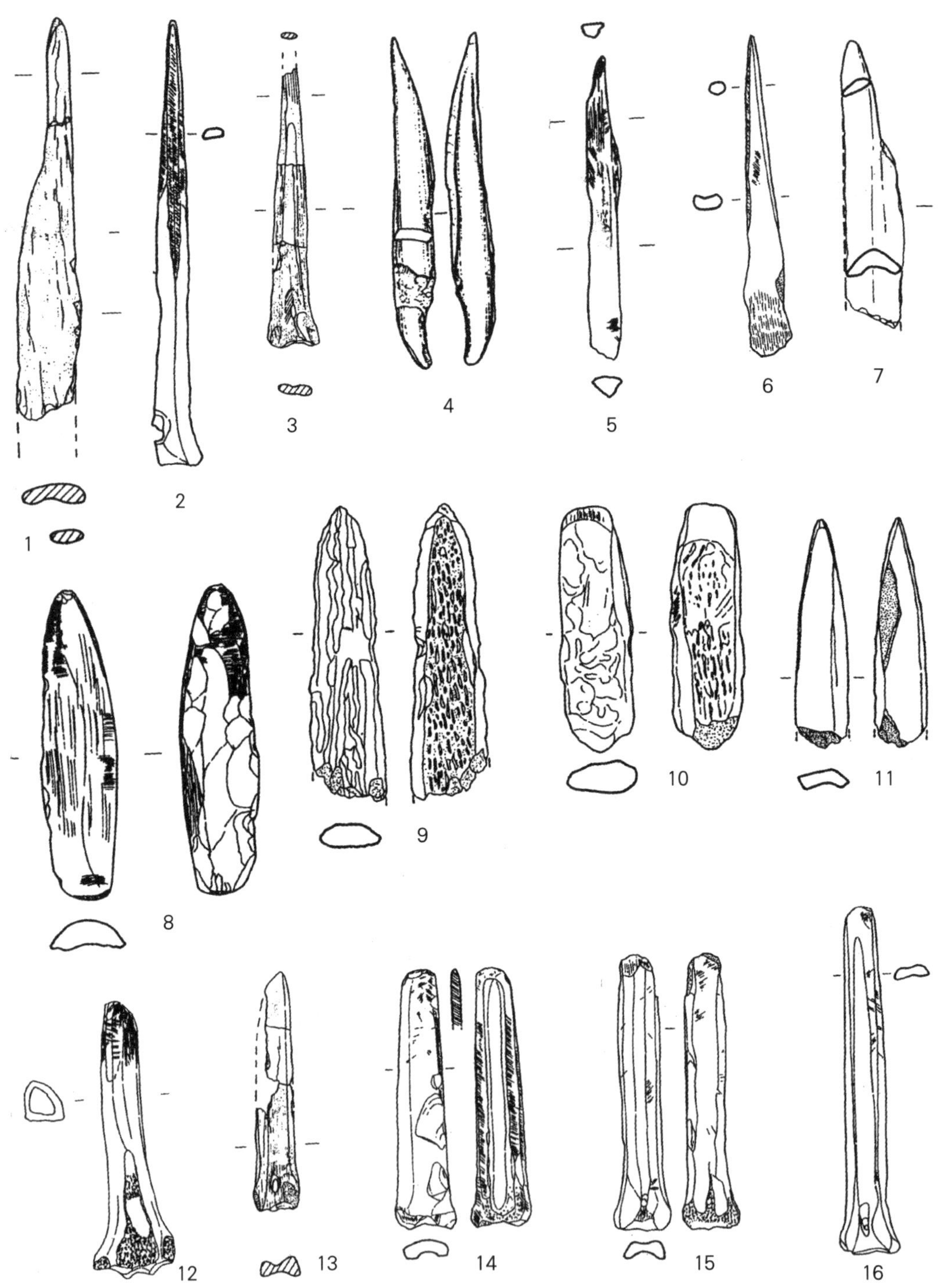

도면4 남해안지역 골각기(자돌구, 첨두기, 예새) 〈축척부동〉

1·3·13: 연대도, 4: 수가리, 7: 목도, 2·5·6·8~12·14~16: 동삼동

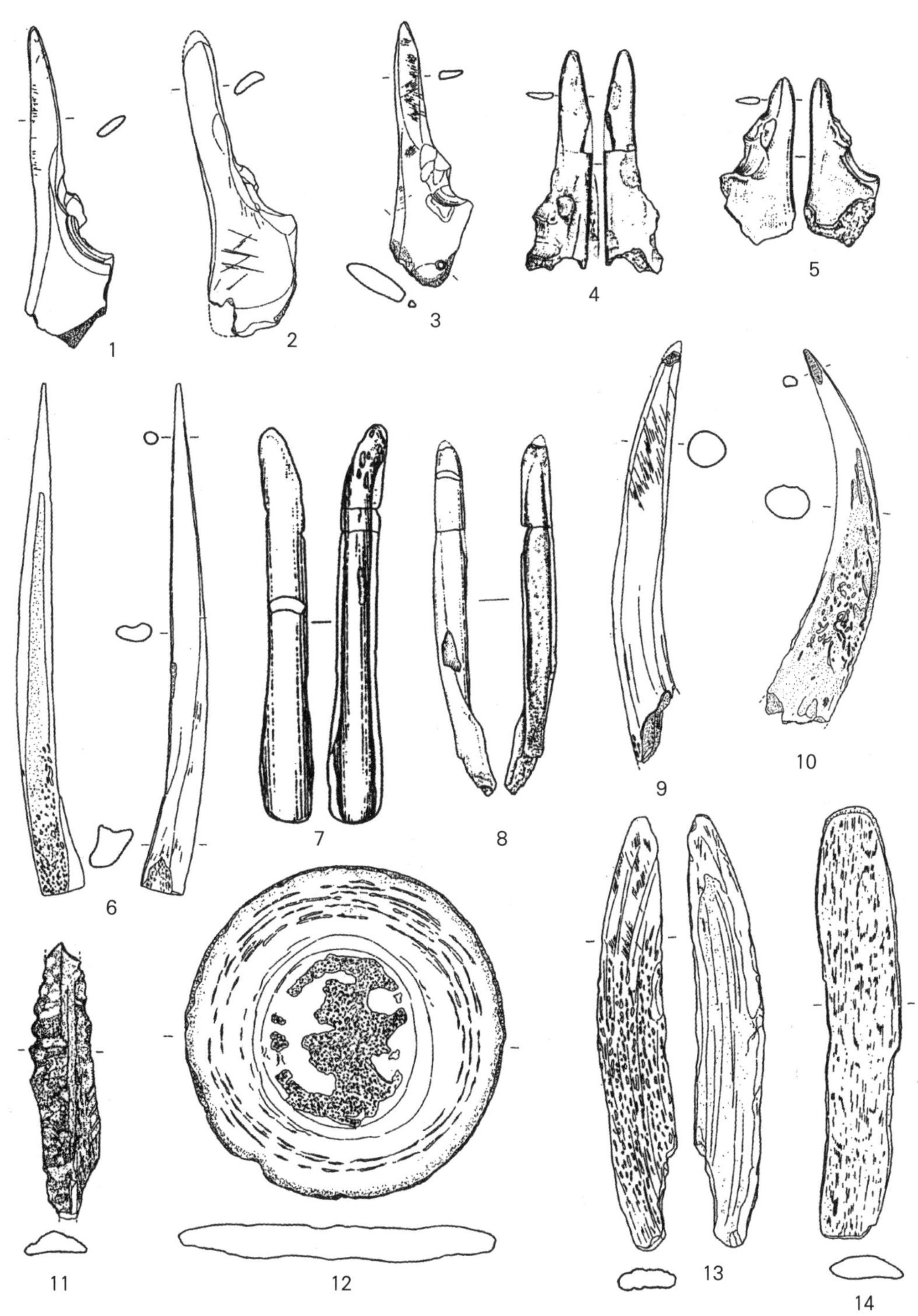

도면5   남해안지역 골각기(첨두기, 빗창 등) 〈축척부동〉

4 · 5 · 7 · 8: 수가리, 1~3 · 6 · 9~14: 동삼동

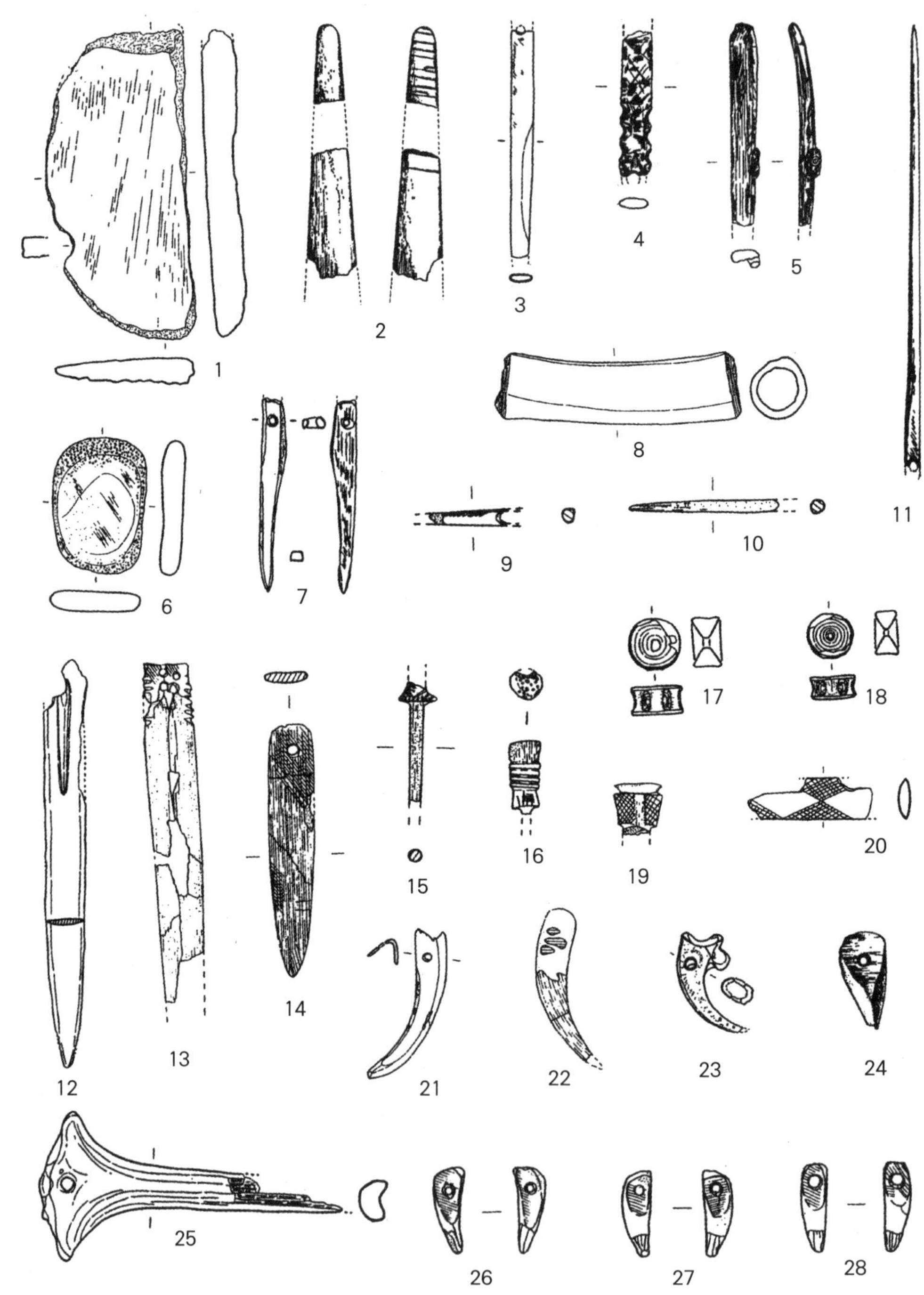

도면6 남해안지역 골각기(장신구 등) 〈축척부동〉

2·11·24: 상노대도, 1·3~8·17·18·21·23·25: 동삼동, 9·10·13~16·19·22·26~28: 연대도, 12·20: 범방

확하지 않을 경우 일반 골각기와 구분하기 어려운 점도 있다. 남해안에서는 동삼동, 연대도, 여서도패총과 범방패총의 분묘에서 확인되고 있는 정도이며, 재질은 사슴의 견갑골과 중수(족)골을 사용하였다. 범방패총에서 출토된 뒤꽂이(도면6-12)는 인골의 머리와 어깨 사이에서 출토되었는데 크기는 길이 16cm, 너비 1.6cm이며, 사슴의 견갑골로 만들었다. 뒤꽂이는 형태가 다양한 것으로 보아 착용 방법이 달랐던 것으로 생각되며, 다른 골각기와 달리 정밀하게 가공된 것이 특징이다. 뒤꽂이는 범방패총의 예로 보아 즐문토기문화 조기단계에 이미 사용되고 있음을 알 수 있다.

수식은 멧돼지(도면6-21)나 고라니 이빨(도면6-22), 사슴뼈(6-14), 조류 뼈와 독수리(매) 발톱(도면6-23), 상어 척추뼈(도면6-17·18) 등을 가공하여 한 점 또는 수점씩 끈으로 엮어 주로 목이나 가슴 장식으로 이용한 것이다. 수식은 소재가 갖는 형상적 특징을 그대로 이용한 것과 여러 가지 모양으로 가공한 것으로 구분된다. 특히 동물 이빨이나 조류 발톱, 어류 척추뼈는 가공하지 않고 구멍만 뚫어 그대로 사용하였다. 이러한 수식은 미적인 것 뿐 만 아니라 초자연적인 힘을 빌리거나 벽사적인 목적으로도 애용하였을 것으로 추정된다.

발찌는 출토 예가 매우 드물어 전체적인 양상은 잘 알 수 없다. 연대도패총 7호무덤 남성 인골의 발목에서 출토된 골제발찌(도면6-26~28)는 신석기시대의 것으로 유일한 예이며, 신석기인이 머리나 손, 가슴장식 이외에 발목에도 장식했음을 보여 주는 중요한 자료이다. 연대도 발찌는 돌고래, 수달, 너구리의 이빨 124개를 연결하여 만든 형태인데, 같은 종류의 동물 이빨을 이용하지 않고 3종류를 혼합하고 있는 것이 특징이다. 일본에서는 山鹿貝塚의 출토품이 알려져 있다.

이상에서 남해안지역 골각기의 기종별 특징에 대해 간략하게 살펴보았는데, 유적별로 출토양상과 기종구성에서 차이도 있지만 기본적으로 생업환경에 유용하게 활용할 수 있는 자돌구류와 조침, 작살 등의 어로구를 중심으로 골각기 문화가 발달하고 전개되었던 것으로 생각된다. 그러나 기종에 따라서는 외래계문화가 유입되면서 새로운 형식이 출현하기도 하는데, 전술한 회전식작살, 역T자형조침, 상노대도패총에서 출토된 下面結合式釣針이 그것이다.

이러한 형식의 골각기는 남해안지역에서 거의 보이지 않고 주변지역에서 발달하고 성행한 골제 어로구인데, 회전식작살은 동해 북부지역, 역T자형조침은 발해만 연안지역, 하면결합식조침은 일본 서북구주지역과 관련성을 갖는 것으로 추정된다. 그러나 출토양이 적

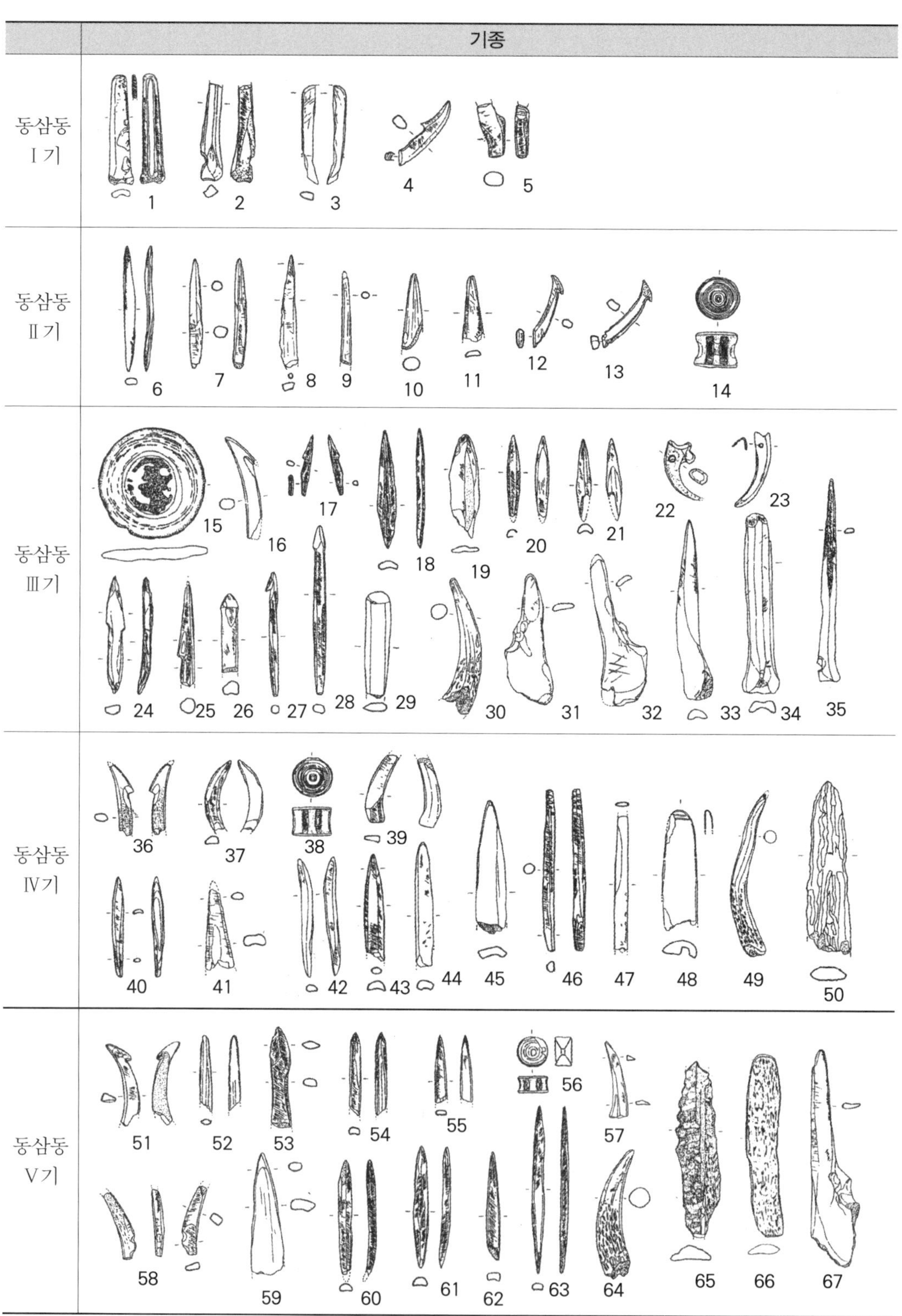

도면7 동삼동패총 문화층별 골각기 〈축척부동〉

고 분포양상이 산발적인 점을 미루어 본다면 그다지 성행하지 않았거나 제한적으로 사용된 것으로 보인다. 앞으로 검토가 필요한 부분이다.

남해안지역의 골제 어로구는 아직 자료가 부족하고 그 성격이 불투명한 점도 없지 않으나 기본적으로는 재지의 어로체계와 도구를 바탕으로 주변지역의 어로문화를 수용하면서 전개해 갔던 것으로 생각된다. 그것은 삼면이 해양으로 펼쳐진 지리적 조건과 환경적 요인이 외부의 문화를 수용할 수 있는 배경으로 작용했기 때문이라 생각된다. 그리고 조기부터 해양을 주요 생업무대로 활동한 이 지역 즐문토기인들이 어로활동을 통한 타지역간 교류 역시 외래의 어로문화를 수용하는데 일조하였을 것이다.

한편 남해안지역의 골각기문화는 기본적으로 서해안 및 동해안지역과 같은 양상을 보이지만, 기종구성과 어로구 등 특정 기종에서 차별화되는 지역색을 보인다.

서해안지역의 골각기(도면8·9)는 관련유적과 출토양이 적어 전체적인 골각기의 양상이 불투명한 점도 없지 않으나 기본적인 도구 조성은, 고정식작살, 결합식조침 등의 어로구, 굴봉, 뒤지개 등의 채집농경구, 송곳, 바늘, 각종 자돌구류 등의 생활용구, 장신구로 구성되어 있지만 남해안에 비해 종류가 단순한 편이다. 이 지역에서는 채집·농경과 관련된 골각기의 비중이 높고, 작살과 예새형 골기의 양이 적은 것이 특징이다. 고남리와 궁산패총에서 출토되는 사슴의 중수골, 척골, 뿔의 선단 일부를 뾰족하게 가공하여 송곳 형태로 만든 골각기(도면8-10·11, 11-3~5)와 멧돼지 견치를 가공한 牙鎌(도면9-18·19)은 남해안지역에서 보이지 않는 종류이다. 서해안지역의 골각기 구성과 형식적인 특징이 남해안지역과 차이를 보이는 것은 생업환경과 어로방식에서 그 원인이 있을 것으로 추정되지만, 이 지역에서 마제 어로구의 사용이 높은 점도 남해안지역과 차별화되는 원인으로 작용했을 것이다.

동해안지역의 골각기 역시 서해안과 마찬가지로 조사 사례가 적어 그 양상이 불투명한 편이다. 그러나 서포항유적 출토 골각기(도면10)을 통해 어느 정도 그 일면을 엿 볼 수 있다. 골각기 기종은 수렵, 어로 채집·농경과 관련된 생업도구와 자돌구를 포함한 식기, 바늘, 등의 생활용구, 장신구 및 의례구로 구성되어 있다.

서포항을 중심으로 하는 동북해안지역의 골각기는 시기별로 기종구성과 형식적인 차이도 있지만 전체적으로 본다면 이 지역의 골각기문화는 남해안과 서해안 명확히 구별되는 독특한 양상을 보인다. 특히 작살과 조침의 형태, 동물 및 인면형골기, 숟가락, 장식골기, 화살촉 및 창 등은 다른 지역과 두렷이 구분되는 기종이다. 비행기 모양의 다기식작살(도

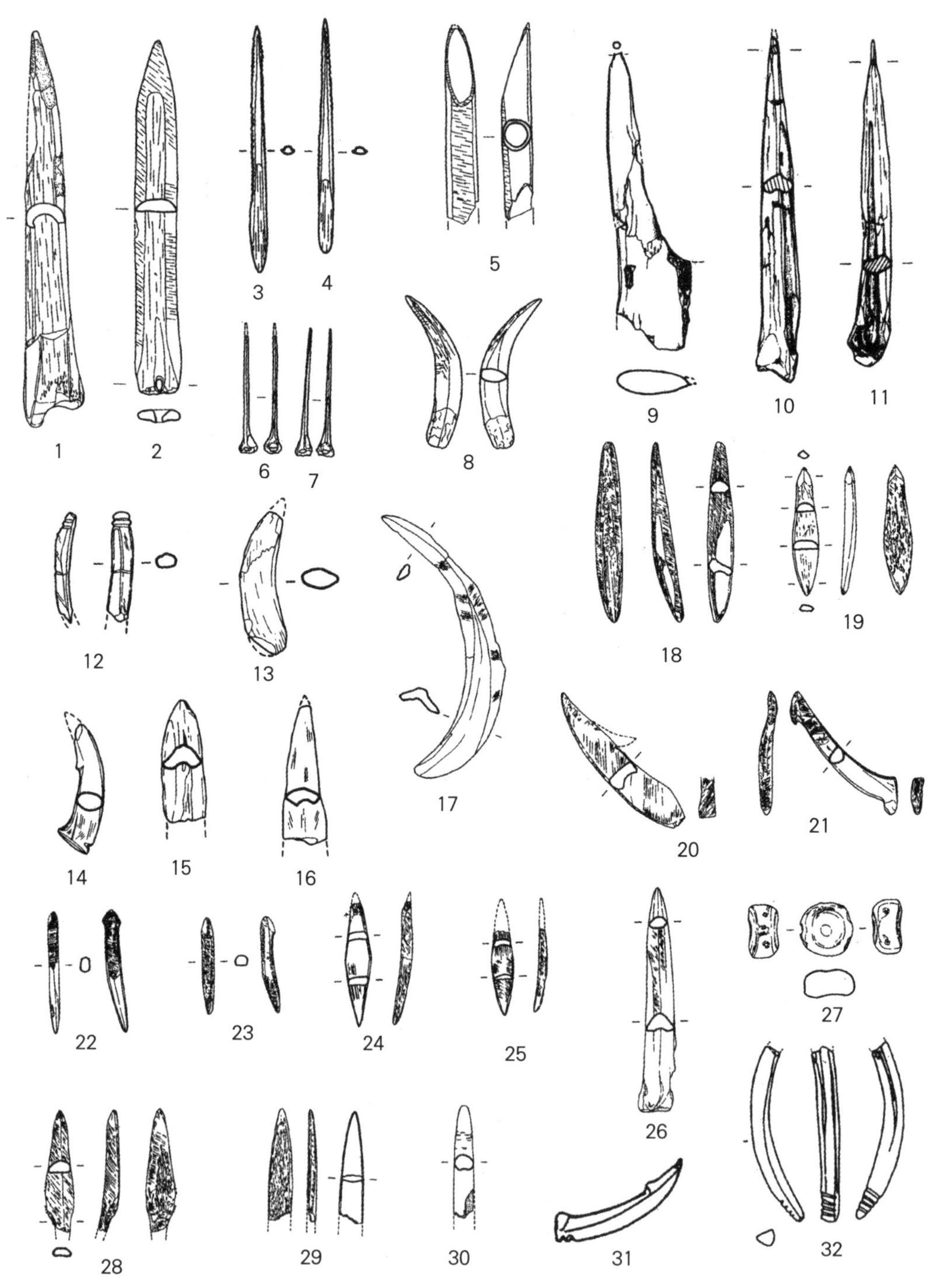

도면8 서해안지역 골각기 〈축척부동〉

1~8: 연평 모이도, 9~11: 고남리, 12~17: 가도, 18~30: 가거도, 31·32: 노래섬

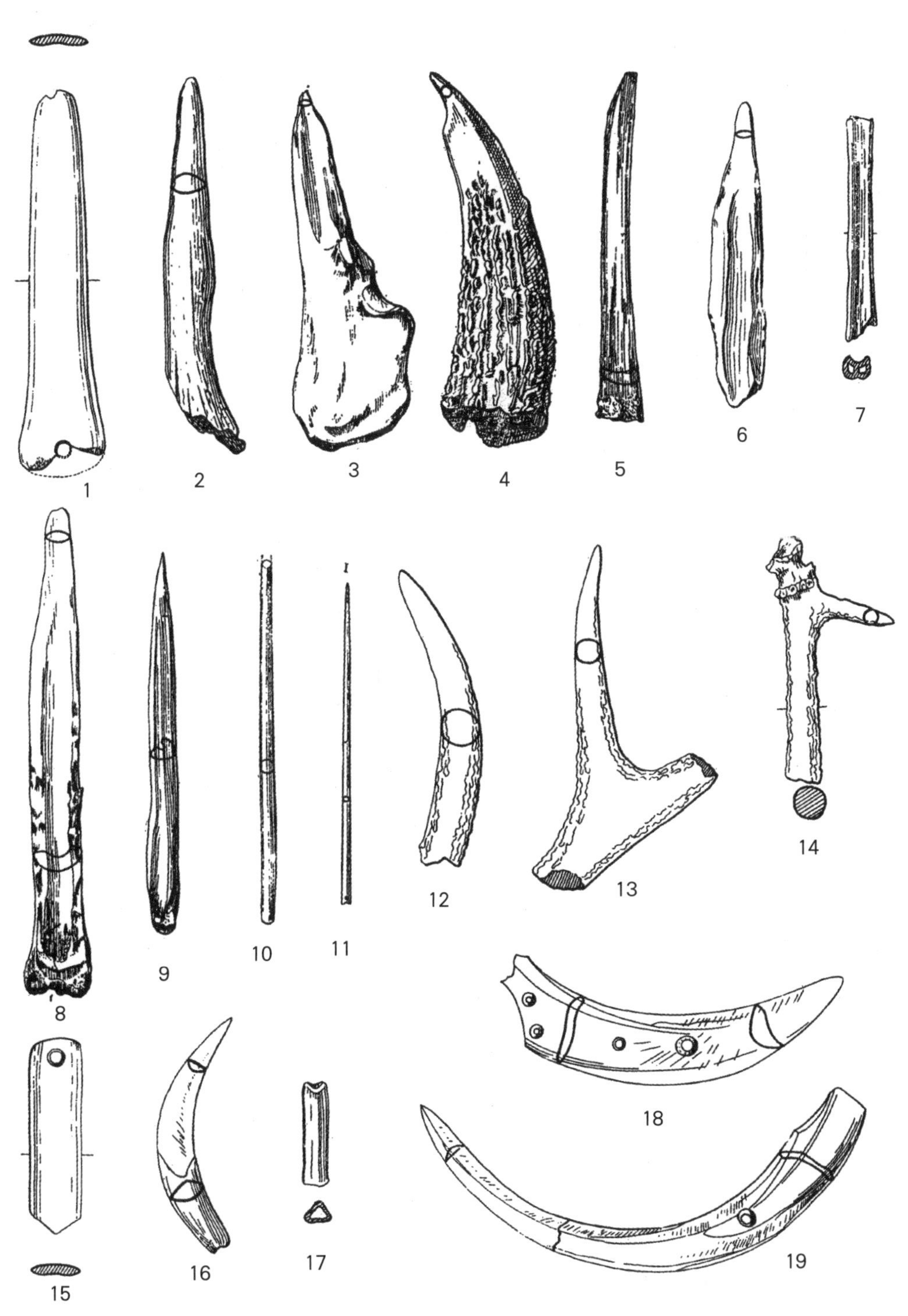

도면9 궁산패총 골각기 〈축척부동〉

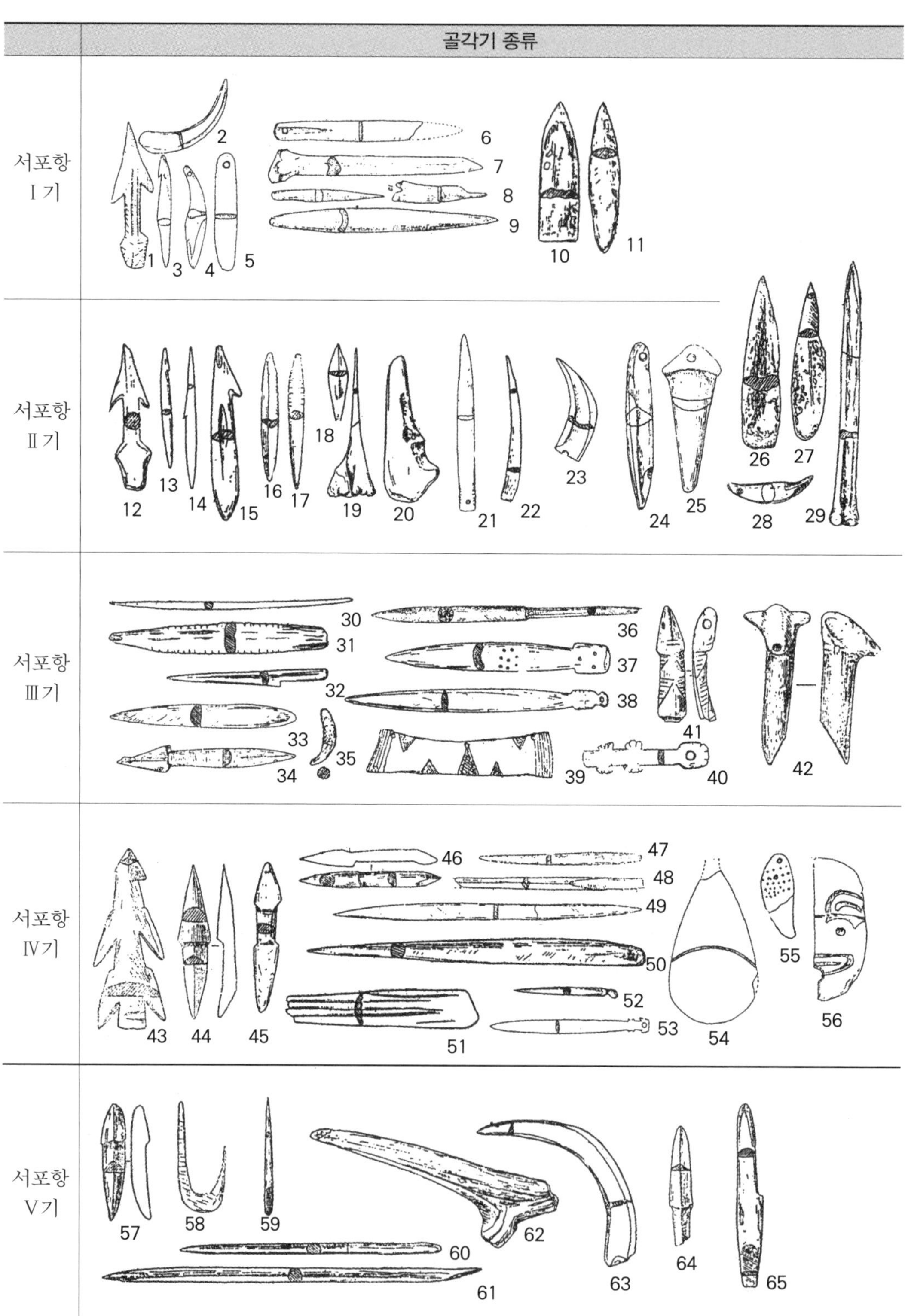

도면10 서포항패총 문화층별 골각기 〈축척부동〉

면10-12·43)은 단침조침(도면10-58)과 함께 이 지역의 특징적인 어로구로 생각된다. 이와 더불어 의례용 예술품(도면10-41·42·56)으로 불리는 골각기 역시 타지역에서 볼 수 없는 것이다.

서해안과 동해안지역의 골각기는 남해안지역과 동일한 양상을 보이는 것도 있지만 일부 기종과 기종구성 면에서 명확히 구분되는 특징도 간취된다. 지역간의 골각기 문화의 이러한 차이는 구체적인 검토가 필요하지만 기본적으로는 생계유형과 생업활동이 지역적으로 상호 다르게 전개된데 기인하는 것으로 생각된다.

Ⅳ. 시기별 골각기 양상

골각기는 전술한 바와 같이 유적의 성격에 따라 기종조성과 출토양이 다르고, 시기와 지역 간에 편차가 심하기 때문에 현시점에서 신석기시대 골각기의 전반적인 양상과 시기별 변화과정을 파악하는데 많은 어려움이 예상되지만, 시기별로 조성관계와 기종별 특징을 파악할 수 있는 동삼동패총 자료를 중심으로 남해안지역 골각기의 전개 양상과 그 특징에 대해 살펴보기로 하겠다.

남해안지역의 골각기는 전술한 유적을 통해 볼 때 전시기를 통해 생산과 관련한 생업도구로 지속적으로 사용되었음은 분명하나, 유적마다 출토되는 골각기의 종류와 기종구성에 차별성도 간취된다. 이러한 차별성은 유적의 성격을 반영하는 한편, 시기에 따른 생업유형과 일상생활의 변화과정을 어느 정도 보여 주는 것으로 생각된다.

조기 단계의 골각기는 동삼동패총 8·9층, 범방패총Ⅰ·Ⅱ기층, 세죽패총에서 보는 바와 같이 이후 시기에 비해 출토량이 적고, 기종도 자돌구와 어로구에 한정되는 경향을 보인다. 어로구는 결합식조침이 대부분을 차지하며, 예새형골기와 첨두기가 보이는 정도이다. 이러한 양상은 조기에는 결합식조침을 중심으로 하는 어로구가 골각기의 주요 기종으로 이용되었음을 보여주는 것으로 생각된다. 특히 범방패총의 융기문토기 문화층에서 다량으로 출토되는 결합식조침은 이러한 현상을 잘 보여주는 것으로 생각된다.

전기 단계 역시 조기와 별다른 차별없이 어로구와 자돌구로 기종이 한정되며, 골각기의 양도 적은 편이다. 일부이지만 상어 추체를 이용한 장신구도 보인다. 조침은 앞 단계와 약간 다른 형식이 출토되는데, 조기 단계가 내기형인데 비해 전기는 외기형이 주류를 이룬다.

어로 대상과 방식의 차이인지 검토가 필요한 부분이다. 자돌구는 전단계에 비해 어느 정도 정형된 모습을 보이는데, 즐문토기 전기의 단순층인 목도 4층의 골각기 출토상태를 보면, 자돌구류가 다양하게 제작되고 있음을 보여준다.

중기 단계에는 골각기의 다양한 기종구성만 아니라 제작과 사용에 있어서 전후 시기와 달리 급증하는 양상을 보인다. 부산박물관 조사구역에서 출토된 골각기(도면7)의 시기별 출토양을 보면 전체 시기 중 중기문화층에서 60%를 차지하는 현상을 보이고, 이후 후기와 말기문화층에서는 출토양이 감소하는 경향을 보인다. 동삼동패총에서 나타나는 중기 단계에 골각기가 급증하는 양상은 여러 가지 면에서 중요한 의미를 내포하고 있다고 생각된다. 물론 이러한 양상이 남해안 전 지역에서 나타나는 동일한 현상으로 간주할 수 있는지 여부는 좀 더 검토가 필요하지만, 이를 적극적으로 해석한다면 중기 단계에 골각기가 급증하고 다양한 기종구성을 보이는 것은 즐문토기 사회가 이전에 비해 발달하고, 생업구조 및 생계 양식에서 다변화되는 양상(하인수 2008)과 관련이 있을 것으로 생각된다.

한편 중기의 골각기는 어로구가 다양화되고 각종 자돌구류가 정형화되는 특징을 보인다. 결합식조침의 침부는 멧돼지 견치를 가공한 형태가 보이는데, 이러한 형식은 이전에는 보이지 않는 것일 뿐만 아니라 크기도 사슴뼈로 만든 것보다 크다. 조침의 크기가 어로대상의 차이를 반영하는 것이라면, 소재의 종류가 기종에 따라 선택적으로 작용하고 있음을 보여주는 예라고 할 수 있다.

작살은 섬두가 분리되는 회전식과 섬두가 형태가 사두형, 외기형인 고정식 작살이 공존하는데, 작살의 다양성은 중기단계에 어로 기술이 발달되었음을 보여 주는 사례이다. 자돌구 역시 이전 단계에 비해 다종다양한 형태가 존재하고, 기능에 따라 형태가 정형화되는 모습을 보여 주는데, 이러한 사실은 사용 목적에 맞게 자돌구가 기능 분화되었음을 반영하는 것으로 추정된다.

이밖에 독수리의 발톱과 멧돼지의 견치를 이용한 수식과 고래의 추판을 가공한 원판형골기는 이 시기부터 보이기 시작한다. 고래뼈를 이용한 골각기의 존재는 즐문토인들은 단순히 해안에 좌초한 고래를 포획하여 일시적으로 생활도구의 소재로 이용하였다기보다는 적어도 고래의 효용가치를 충분히 인식한 적극적인 어로행위의 산물이라고 할 수 있다.

후·말기의 골각기는 관련 자료가 부족하여 그 양상이 불투명한 점도 없지 않으나 기본적으로 중기 이후의 기종 조성을 그대로 유지하며, 생업도구로써 높은 비중을 차지하고 있는 것으로 보인다. 동삼동패총의 예로 본다면 중기에 비해 그 양이 감소하는 경향은 있지만, 자돌구와 어로구의 비율이 높은 편이다. 어로구는 형태적으로 커다란 변화는 없으나, 조침의 형태에서 이전과 다른 양상을 보이기도 한다. 자돌구는 중기에 이어 다양한 형태가 지속적으로 사용된다.

V. 맺음말

이상에서 남해안지역의 골각기문화에 기존 연구 성과와 최근 발굴 자료를 중심으로 개략적으로 살펴보았다. 그러나 관련 자료의 부족으로 일부 골각기에 대해서는 피상적으로 다룰 수 밖에 없었고 논지 전개 역시 무리가 있음을 자인하지 않을 수 없다. 이러한 점들은 차후 수정 보완하여 다시 검토하고자 한다.

신석기시대 골각기는 도구체계 속에서 중요한 축을 이루고 있을 뿐 만 아니라 생업영역과 일상생활 속에서 차지하는 비중이 매우 높음에도 불구하고 충분한 연구가 이루어지지 않아 문화적 실체와 위상이 불투명한 것이 현실이라고 할 수 있다. 이러한 점은 앞으로 구체적이고 지속적인 연구와 다양한 논의를 통해 해결해야 할 과제라고 생각된다. 그런 의미에서 최근 발굴보고서가 완간된 동삼동패총과 여서도패총의 골각기에 대한 종합적인 연구가 기대된다.

앞에서도 언급한 바와 같이 특정시기를 중심으로 골각기의 도구체계와 기종구성에서 변화가 간취되고, 지역간의 차별성도 보인다는 점에서 앞으로 시기별 골각기문화의 면밀한 분석과 지역간 골각기의 비교 연구도 진행되어야 할 것으로 생각된다.

[참고문헌]

甲元眞之, 1997, 「黃渤海沿岸地域の先史時代漁撈文化」, 『先史學・考古學論究Ⅱ』, 龍田考古會.

甲元眞之, 1999, 「環東中國海の先史漁撈文化」, 『文化部論叢』65, 熊本大學文學會.

甲元眞之編, 1988, 『環東中國渤海沿岸地域の先史文化』下田印刷.

국립광주박물관, 『신안 가거도패총』.

국립중앙박물관, 2004・2005, 『동삼동패총』Ⅰ~Ⅲ.

국립진주박물관, 1989, 『욕지도』.

국립진주박물관, 1993, 『연대도』Ⅰ.

김건수, 1998, 「우리나라 골각기의 분석적 연구」, 『호남고고학보』8, 호남고고학회.

김건수, 1999, 『한국 원시고대의 어로문화』, 학연문화사.

김아관, 1993, 「한국 신석기시대의 골각기연구」, 한양대학교대학원 석사학위논문.

김용간・서국태, 1972, 「서포항원시유적발굴보고」, 『고고민속논문집』4.

김용남, 1983, 「궁산문화에 대한 연구」, 『고고민속논문집』8, 과학・백과사전출판사.

김충배, 2002, 「신석기시대 낚시바늘 연구」, 한양대학교 석사학위논문.

渡邊誠, 1993, 『繩文時代州の知識』, 東京美術.

목포대박물관, 2007, 『완도 여서도패총』.

박종진, 1991, 「한반도 선사시대 골각기 연구」, 경희대학교대학원 석사학위논문.

부산대박물관, 1981, 『김해수가리패총』Ⅰ.

부산박물관, 2007, 『동삼동패총정화지역 발굴조사보고서』.

부산시립박물관, 1993・1996, 『범방패총』Ⅰ・Ⅱ.

손보기, 1982, 『상노대도의 선사시대 살림』, 수서원.

연세대박물관, 2009, 『연당 연당 피난굴(쌍굴)유적』.

이영덕, 2006, 「신석기시대 잠수작살의 가능성」, 『한국신석기연구』11, 한국신석기학회.

中尾 篤志, 2005, 「鯨骨製アワビオコシの擴散とその背景」, 『西海考古』西海考古同好會.

최삼용, 2000, 「서부유럽의 후기구석기시대 뼈연모」, 『한국구석기학보』2, 한국구석기학회.

최삼용, 2005, 「신석기시대 뼈연모 제작기술 연구」, 『한국신석기연구』10, 한국신석기학회.

최종혁, 2001, 「생산활동에서 본 한반도 신석기문화」, 『한국신석기연구』2, 한국신석기연구회.

하인수, 2006a, 「동남해안지역의 신석기시대 어로구」, 『신석기시대의 어로문화』, 동삼동패총전시관.

하인수, 2006b, 「신석기시대 골각기의 양상」, 『한국신석기연구』11, 한국신석기학회.

하인수·안성희, 2008, 「남해안지역의 신석기문화」, 『한반도 신석기시대 지역문화론』, 동삼
　　동패총전시관.

03

패제품의 종류와 이용

Ⅰ. 머리말
Ⅱ. 패제품의 이용실태
Ⅲ. 패제품의 종류와 성격
Ⅳ. 맺음말

Ⅰ. 머리말

신석기문화는 전 단계의 구석기문화와 비해 정주생활을 통한 취락의 구축과 토기·마제석기의 사용, 생업 형태와 생존 방식의 다양화라는 점에서 차별성과 여러 가지 특징을 보인다. 이러한 사실은 신석기인이 수렵 중심의 생업활동 만으로는 변화된 환경에 적응 할 수 없을 뿐만 아니라 생존기반을 항구적으로 마련하기 위해서 다양한 생업전략이 필요했음을 보여 주는 것이다.

신석기문화를 구성하고 지탱하는 다양한 문화 요소와 개성은 개별적으로 혹은 복합적으로 상호 작용하면서 기존과 다른 새로운 문화시스템을 만들게 된다. 본고에서 다루고자하는 신석기시대의 패제품 역시 전술한 문화 요소들의 상호 작용의 과정과 결과로 창출된 것이다. 물론 패제품의 출현과 사용은 후기 구석기시대까지 올라가지만 사회적으로 혹은 생활양식의 한 부분으로써 커다란 의미를 지니는 것은 신석기시대부터이다.

패제품은 소재의 특성상 지역적인 한계와 도구로서의 제약성을 지니고 있어 석기나 골각기에 비해 기능과 보편성이 떨어지는 면도 없지 않다. 하지만 신석기시대 해안지역민을 중심으로 각종 생업도구와 장신구로 사용되면서 생활도구의 한 축을 형성하고 있었던 것도 사실이다.

패제품은 소재가 갖는 제 속성(물리성, 희소성, 외형성 등)이 사회, 문화적 가치와 결부되어 다양한 기능과 의미를 갖는다는 점에서, 타도구와 차별화되는 문화적 특징을 보이기도 한다. 특히 貝釧(조개팔찌)은 신석기시대의 대표적인 장신구로써 널리 사용되며, 지역집단의 동향과 교류의 실태를 구체적으로 보여주는 자료로써 중요한 의미를 지닌다. 다양한 문화적 속성과 성격을 갖는 패제품은 그동안 관련 자료의 부족과 연구자의 무관심 등으로 충분히 논의되지 못하여, 패제품이 갖는 문화적 특성과 실체가 불투명한 실정이었다.

이러한 현상은 일차적으로 패제품이 갖는 자료적 한계성에서 오는 것이지만, 향후 패제품에 대한 지속적인 관심과 연구를 통해서 해결될 수 있을 것으로 기대된다. 따라서 본고에서는 최근의 발굴성과를 토대로 우리나라 신석기시대에 사용된 패제품의 종류와 이용실태에 대해 살펴보고, 향후 신석기시대 패문화 연구를 위한 기초 자료로 삼고자 한다.

Ⅱ. 패제품의 이용실태

패제품의 소재인 조개는 조개가 갖는 形, 色, 質 등의 물리적인 속성과 상징성 그리고 에너지를 공급하는 식량자원이라는 점에서 오래전부터 각별한 관심의 대상이 되어 왔으며, 종교, 신화, 설화, 민속, 풍습 등에서 다양한 형태로 표출되고 있다. 조개는 동서양을 막론하고 여성 생식기와의 유사성으로 인해 생명의 탄생이나 재생과 결부되기도 하고, 풍요와 다산을 나타내는 상징물로써 이용되었는데, 특히 후기 구석기시대의 분묘에 조개를 매장하는 행위나 장신구의 소재로써 이용되고 있다는 것은 이와 같은 사실을 잘 보여주는 사례이다.[1]

---

1)   현재까지 확인된 고고학적인 발굴 성과에 따르면 유럽과 동아시아의 후기 구석기유적에서는 패

한편 남태평양의 폴리네시아 원주민의 원시 종교나 우리나라의 민간설화에서는 여성의 미와 성적인 표상으로(한국문화상징사전편찬위원회 1995), 고대 중국에서는 死者의 불멸과 부활을 위해 분묘 속에 부장되기도 한다(鈴木公雄 1997). 이밖에 무속과 민속에서는 주술이나 벽사적인 도구로 이용된다. 조개가 갖는 이러한 다양한 상징과 의미는 조개가 일찍부터 사회적, 문화적 행위에 관여하였음을 보여 준다. 특히 후빙기 이후 자연환경의 변화에 따른 새로운 생업전략으로 조개채취가 적극적으로 이루어지고, 식량자원으로 활용됨에 따라 조개는 생계적인 비중뿐만 아니라 사회적으로 중요한 가치체계를 지니게 된다.

신석기시대의 패제품은 현재까지 확인된 자료를 통해 볼 때 일부 담수산 패제품도 있으나 대부분은 해안지역에서 채취 또는 채집한 해수산 패류를 이용하고 있다. 물론 상시3그늘유적(홍현선 1987)이나 영월 쌍굴유적의 출토품(연세대박물관 2009)에서 보듯이 내륙지역에서도 강이나 하천에서 채취한 칼조개나 곳체두드럭조개를 소재로 이용하지만 그 예가 매우 적은 것으로 보아, 담수산 패류를 이용한 패제품의 제작과 활용도는 그다지 높지 않았던 것으로 생각된다. 그것은 담수산 패각이 갖는 물리적 속성이 해수산에 비해 다양하지 못할 뿐만 아니라 패제품의 제작에 이용될 수 있는 패류의 종류가 제한되어 있는데 원인이 있는 것으로 추정된다.

패제품의 제작에 이용된 패류는 〈표1〉에서 보는 바와 같이 투박조개, 피조개, 굴, 새조개, 전복, 가리비, 백합, 개조개, 피뿔조개 등 20여 종에 달한다. 이들 패종은 주로 외해의 암초와 내만지역의 조간대에 서식하고 있어 당시 신석기인들이 어로활동을 하는 가운데 쉽게 채취하였던 것으로 보인다.

패제품 제작을 위한 패종의 선택은 식용으로 이용한 후 남은 패각을 사용한 경우와 식용을 목적으로 하지 않고 특정한 기능과 용도를 염두에 두고 소재를 입수하거나 획득한 것으로 구분할 수 있다.

각으로 만든 다양한 형태의 장신구가 확인된다. 체코의 도르니 베스토니체유적, 프랑스 남부 서해안 지역의 구리마르티 동굴유적의 매장유구, 모라비아 파블로프유적, 이탈리아의 카위리온동굴유적, 중국의 요녕성 小孤동굴유적, 虎頭梁유적, 중국의 주구점 상정동유적에서는 卷貝나 二枚貝에 구멍을 뚫고 가공한 장신구류가 출토되었다. 이러한 사실은 적어도 후기구석기시대부터 인류는 조개 껍질이 갖는 광택이나 색, 형의 가치를 충분히 인식하여 패제품을 제작하였음을 보여 준다. 후기 구석기시대의 조개에 대한 이러한 인식과 부장품 매납행위의 전통은 이후 신석기시대까지 이어진다(河合信和 1989; 松藤和人 1994; 江坂輝彌·大貫良夫 2000).

표1 신석기시대 패제품의 종류와 패종

		패제품의 종류	貝種
생산용구	어로구	貝錘(유공패제품)	굴, 개조개, 홍합, 꼬막, 피조개, 민들조개, 왕우럭조개
		결합식조침	전복
가공구 및 용기	식료가공	貝刀	굴, 칼조개
		貝刃(긁개)	백합, 대합
	토기정면구	篦形패제품, 미가공패각	투박조개, 백합, 피조개
	용기	貝製 용기	왕전복, 피뿔고둥
비실용구	장신구	貝釧(조개팔찌)	투박조개, 밤색무늬조개, 피조개, 새꼬막, 갈색이랑조개, 흰삿갓조개(?)
		垂飾	개빌로오드복털조개, 갈색이랑조개, 큰배말조개, 말조개, 국자가리비, 피뿔고둥, 종밋조개, 곳체두드럭조개, 뿔고둥
	의례구	貝面(조개가면)	국자가리비

　전자의 경우는 주로 거주지역의 해안지역에서 용이하게 채취가 가능한 굴, 전복, 홍합, 개조개, 백합, 꼬막, 피뿔고둥을 이용하여 貝刀, 貝刃, 貝錘, 釣針 등 일상도구나 어로구로 가공하였다. 후자의 경우는 가리비나 투박조개 등이 대표적인 패종인데, 소재의 희소성이나 획득의 어려움 등으로 일상도구보다는 특별한 용도를 갖는 의례구나 장신구 등의 재료로 사용하였다. 특히 신석기시대 전 기간을 통해 지속적으로 제작, 사용된 패천의 주요 소재인 투박조개는 서식환경과 산출지역이 제한되어 채집과 획득에 특별한 노력과 전략이 필요했던 것으로 추정된다.[2]

　한편 신석기인은 패종에 따라 다양하게 나타나는 제 특성, 즉 생태성(헤모글로빈 등), 물리성(단단함, 광택, 색 등), 형상성(외형적인 특징), 희소성 등을 적절히 이용하여 여러 가지 패제품을 제작했던 것으로 추정되며, 각 특성을 선택적으로 이용해 가공한 패제품 중에는 특별한 목적과 사회적 가치를 갖는 것도 있다. 예를 들면, 동삼동패총에서 출토된 가리비를 가공해 만든 장신구와 패면, 여서도와 동삼동패총에서 출토된 전복제 결합식조침은 이들 패종이 갖는 色(진주광택)과 形(부채모양과 색조)의 형상적인 특징을 이용한 것이다.

　다른 패종과 달리 다량의 헤모글로빈을 함유한 피조개를 소재로 만든 패천은 여성의 性

---

2)　가리비조개와 투박조개는 신석기시대패총에서 출토양이 매우 적은 것으로 보아 식용으로 거의 이용되지 않았던 것으로 보인다. 특히 투박조개는 서식환경이 제한되어 있고 5~20m 모래바닥에 서식하고 있기 때문에 당시 신석기인들이 쉽게 잠수로 채취할 수 없었던 것으로 보인다. 동삼동에서 출토된 대부분의 패천은 폐사하여 해안으로 밀려온 투박조개를 이용하고 있다.

徵을 나타내기도 하는데(木下尚子 2000), 이것은 피조개의 생태적인 특징을 상징적으로 원용한 것이다. 이밖에 투박조개제의 팔찌, 개조개나 굴을 이용한 貝錘 등은 소재가 갖는 물리적 속성을 이용한 형태이다.

　이상의 내용을 통해 볼 때 단정할 수는 없으나 신석기시대의 패제품 간에는 패종의 제속성을 선택적으로 이용한 차별성이 존재하고 있음은 분명하며, 이러한 차별성은 사회적 가치를 반영하기도 하고, 용도와 기능에 따라 다양한 형태로 표출된다.

Ⅲ. 패제품의 종류와 성격

신석기시대 패제품은 지금까지 발굴된 자료를 통해 볼 때 식량자원을 획득하는데 1차적으로 직접 관계하는 생산용구와 획득된 자원을 가공하거나 보관하는데 이용한 가공구 및 용기, 실제 생업에 관계하지 않지만 의례적 혹은 정신생활과 관련한 비실용구로 대별할 수 있다.

　생산용구용 패제품 중에는 생업 영역에 따라 수렵, 채집 등의 도구도 존재했을 것으로 예상되나 현재 확인된 자료로는 어로구인 貝錘와 결합식조침 정도뿐이다. 가공구는 어패류나 포유류의 육질, 가죽을 절단, 조리하는 貝刀와 貝刃, 토기제작시 기면을 조정하는 정면구로 나누어진다. 패제 용기는 토기 대용으로 음료나 식료를 보관하기 위해 대형전복이나 피뿔고둥의 껍질을 이용한 형태이다. 비실용구로는 자료가 많지 않아 구체적인 종류와 성격은 자세하지 않으나 장신구와 의례구로 구분할 수 있다. 장신구는 수식과 패천 등이 있으며, 의례구로는 동삼동패총(국립중앙박물관 2004 · 2005)에서 출토된 貝面이 있다.

　신석기시대의 패제품의 종류와 용도를 대략적으로 살펴보면 〈표1〉과 같이 분류할 수 있으나 유형별로 분류된 기종은 반드시 특정한 기능과 용도에 한정되었던 것 같지는 않다. 생업 영역과 환경 그리고 필요에 따라 적절히 혼용되었던 것으로 추정된다.

1. 어로구

현재까지 확인된 패제 어로구(도면1)는 동삼동(하인수 2004), 상노대도, 노래섬패총과 최근 발굴된 완도 여서도패총(목포대박물관 2005)에서 출토되는 결합식조침과 패추에 한정

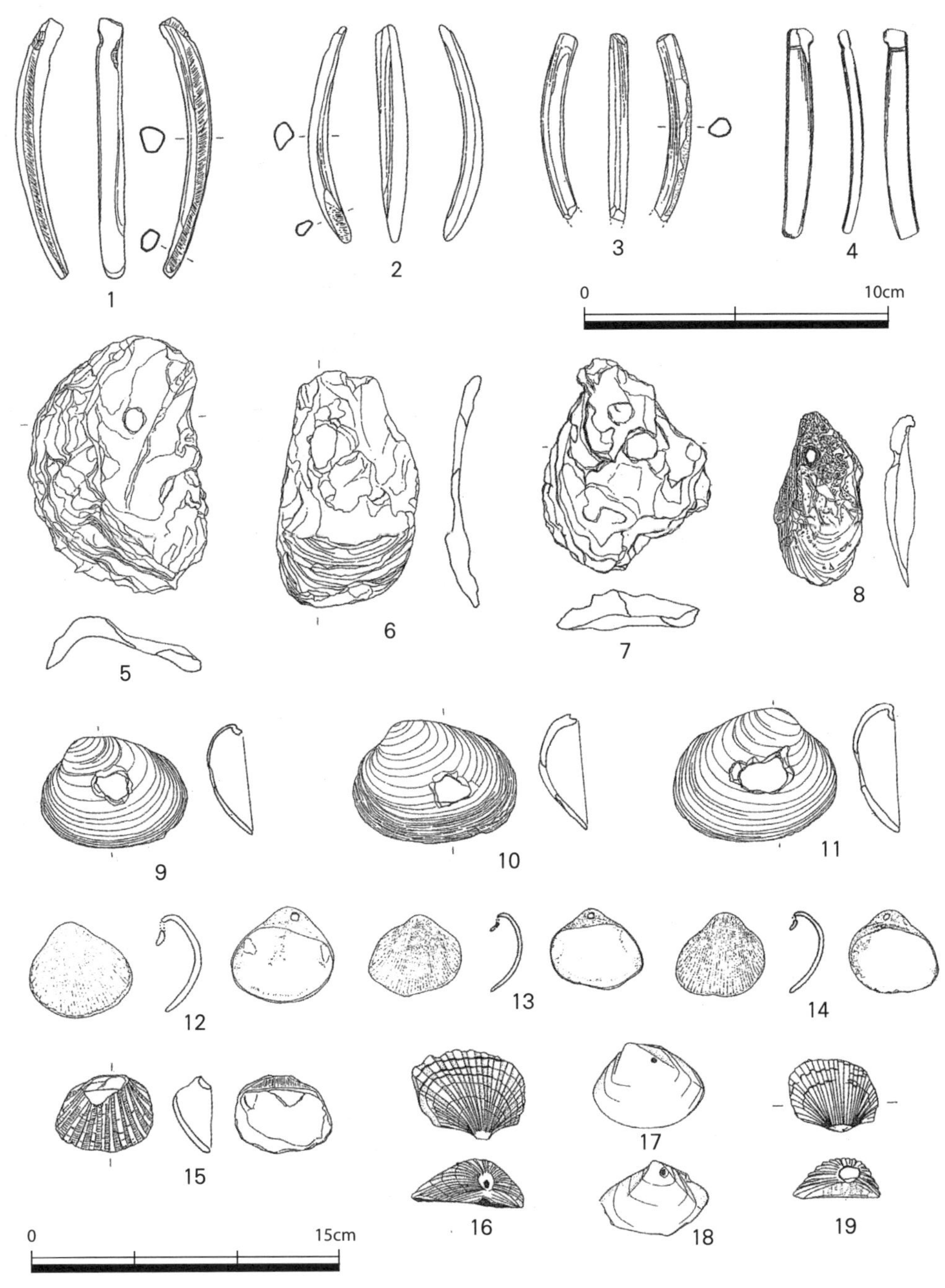

도면1 패제 어구 〈축척부동〉

1~3·5~11·15: 동삼동 4: 상노대도, 12~14: 노래섬, 16~18: 고남리, 19 : 대죽리

되어 있다. 그러나 해안지역의 신석기인에게 어로행위가 주요 생업활동일 뿐만 아니라 획득된 어패류가 식량자원으로써 커다란 비중을 차지하고 있다는 점에서 앞으로 패총유적을 정밀 발굴하고 출토되는 다량의 패각을 정밀 분석한다면 어로와 관련한 새로운 형태의 패제품이 발견될 가능성도 있다.

1) 결합식조침

결합식조침은 신석기시대의 대표적인 어로구 중의 하나이다. 축과 바늘이 결합되어 하나의 조침을 구성하는 형식으로 소위 오산리형조침으로 불리고 있다. 축은 骨製도 있으나 대부분 石製이고, 바늘은 대부분 동물뼈로 만든 골제이다. 최근 동삼동패총(도면1-1~3)의 중기 및 말기 문화층과 여서도패총에서 축과 바늘이 모두 전복의 패각으로 만든 결합식조침이 출토하여 주목되고 있는데, 이 시대 조침의 대부분이 석제와 골제인 점에 미루어 본다면 특이한 예에 속하는 것이다.[3] 이밖에 상노대도패총에서도 1점이 보고되어 있다.[4]

동삼동패총에서는 교란층 출토품을 포함하여 모두 3점의 결합식조침의 축부가 출토되었는데, 일부 결실되어 전체 형태를 알 수 없는 것도 있으나 형식을 파악하는 데는 무리가 없다.

축은 모두 C자형으로 휘어진 형태이며, 頭部 양측면에는 끈을 연결하기 위한 결박홈이 있다. 바늘과 연결되는 결합면은 석제조침과 달리 측면에 마련되어 있으며, 평면형태는 장타원형을 이룬다(도면1-2).

동삼동패총에서는 패제 축부만 출토되어 침의 형태를 알 수 없으나, 최근 여서도패총에서 출토된 전복제 축과 바늘을 참고할 때 패체 축부에 결합되는 바늘은 패제일 가능성이 크다고 생각된다.

여서도패총에서 출토된 패제 결합식조침은 축과 바늘이 함께 출토되어 패제조침의 형태와 구조를 파악할 수 있을 것으로 생각되나 아직 정식 보고되지 않아 구체적인 내용은 알 수 없다. 현장설명회 자료를 참고해 보면 축의 형태는 동삼동패총과 같은 형태이며, 바늘은 일반적인 골제바늘보다 대형인 점이 특징이다.

---

[3] 일본 구주지역의 승문시대 一尾貝塚에서 오산리형조침의 영향으로 만든 패제 결합식조침 축부 한 점이 출토되었다. 결합면의 형태는 동삼동패총 출토품과 다르나, 기본적으로 남해안지역의 석제 결합식조침과 같은 형식이다(熊本縣天草郡五和町敎育委員會, 2000, 『一尾貝塚』).

[4] 상노대도패총에서 출토된 패제품 중에 수식으로 보고된 〈그림 30-Ⅱ(도면1-4)〉는 동삼동패총 출토품과 비교해 크기와 곡선적으로 휘어진 축의 평면 형태 등으로 볼 때 결합식조침의 축부로 생각된다.

이상에서 패제조침에 대해 간단히 살펴보았는데, 아직 출토수량과 사례가 적어 출현시기라든가 어로방법 등을 구체적으로 알 수 없으나, 현재 확인된 자료를 통해 그 성격의 일면을 살펴보면 다음과 같다.

출현시기는 여서도패총의 퇴적 시기를 통해 볼 때 즐문토기 조·전기까지 올라갈 수도 있으나, 일부 층위에서 후·말기유물이 출토되고 있는 것으로 보아 단정할 수 없고, 동삼동패총의 출토 층위를 참고한다면 태선침선문토기 단계인 중기에 출현한 새로운 형식의 조침일 가능성도 있다고 생각된다. 이 문제에 대해서는 정식보고서가 나온 뒤 다시 검토하고자 한다.

패제 결합식조침은 기본 형태와 크기가 석제와 비슷한 점에서 다랑어나 참돔, 대구 등의 대형어종을 포획하는데 사용되었을 것으로 생각된다.

그러나 패제조침의 재질이 전복으로 한정되어 있고, 바늘이 석제조침보다 대형인 점, 해안지역에서 멀리 떨어진 여서도패총에서 다량의 어로구와 함께 출토되고 있는 점으로 보아 석제 결합식조침과 달리 사용방법, 지역, 대상어종이 달랐을 것으로 생각된다. 특히 패제조침의 제작에 이용된 패종이 진주 광택이 강한 전복으로 한정되어 있고 유적에서 출토되는 수량이 소량인 점은 낚시방법과 어로 대상에서 일반 조침과 그 성격을 달리했을 것으로 추정된다.[5]

2) 貝錘

패추는 이매패의 패각의 각정부 부근에 구멍을 뚫어 끈으로 매달아 어떤 용도로 사용한 것인데, 일반적으로 어로와 관련된 도구로 생각되고 있다. 그러나 아직 이에 대한 구체적인 연구가 이루어지지 않아 사용방법 및 용도가 불투명한 실정이다. 패추는 남해안의 동삼동과 송도패총, 서해안의 고남리(한양대박물관 1990~1998), 대죽리(한서대박물관 2001), 노래섬패총에서 출토되고 있으며, 발굴된 유적에 비해 출토양은 매우 적은 편이다.

패추는 패종, 크기, 구멍의 위치 등으로 보아 동삼동패총 출토품과 같이 대형 굴(도면1-5~7)이나 개조개(도면1-9~11), 홍합(도면1-8)의 몸체에 1~3cm의 구멍을 뚫은 것과 고

---

5)　남태평양의 원주민들은 전통적으로 진주조개로 만든 擬餌釣針(가짜조침)을 이용하여 가다랭이잡이를 하는데, 진주조개에 발하는 흰빛으로 가다랭어를 유인하여 포획한다(後藤 明, 1996, 『海の文化史』, 未來社).

남리나 노래섬패총에서 출토되는 피조개(도면1-12~14), 꼬막(도면1-16·19), 민들조개(도면1-17), 백합(도면1-18)의 각정부에 1~3mm의 구멍을 뚫은 형태로 크게 양분할 수 있다.

동삼동패총에서는 굴과 개조개의 패각으로 만든 패추가 15점 정도 출토되었는데, 이는 현재까지의 조사 예로 보아 단일 유적에서 가장 많은 양이다. 굴로 만든 패추는 殼高6~16cm, 殼長 4~11cm, 중량 60~165g, 孔徑 1~3cm 정도이다. 개조개로 만든 패추는 각고 5~6cm, 각장 7~8cm, 중량 22~44g(평균 37g), 孔徑 1~2cm 정도이다. 이에 반해 서해안지역에서 출토된 패추는 크기가 4~5cm정도의 피조개, 꼬막, 민들조개 등 소형 패종을 이용하고, 각정부에 1~3mm 정도의 소형 구멍을 뚫은 것이 특징이다.

이상에서 살펴본 패추는 크기, 구멍의 위치, 패종의 차이에서 오는 다양성은 패추의 용도가 동일하지 않음을 보여주는 것으로 생각되는데, 아직 이에 대한 구체적인 검토가 이루어지지 않아 정확한 쓰임새는 알 수 없는 실정이다. 그러나 동삼동패총의 개조개 구멍에는 끈을 매달아 사용한 흔적이 남아 있는 것으로 미루어 끈을 이용해 어떠한 용도로 이용되었음은 분명한 것 같으며, 특히 굴이나 개조개로 만든 패추에는 외면이나 복연부에 사용흔이 관찰되지 않으므로 일상적인 도구로 이용된 것 같지는 않다.

노래섬의 라지구 A패총에서 출토된 피조개제 패추(도면1-12~14)에는 방사륵과 복연부에 마모흔이 관찰되고 있는 것으로 보아 전술한 동삼동출토품과는 용도에서 차이가 있음을 알 수 있다. 발굴보고자는 노래섬에서 출토된 즐문토기에서 나타나는 정면흔이나 패각 조흔이 패추의 방사륵 간격과 동일하고 패각의 복연부가 마모가 심한 점으로 보아 휴대용 토기정면구로 이용되었을 것으로 추정하고 있다(원광대박물관 2002).

즐문토기의 기면을 패각으로 정면한 예가 있으므로 그 가능성은 있다고 생각된다. 그러나 각정부에 1~3mm 소형 구멍이 뚫려 있는 것(도면1-17·18)은 해양생물에 의해 만들어지는 예도 있기 때문에 인공품 여부는 사용흔 분석과 출토상태 등을 고려한 면밀한 검토가 필요할 것으로 생각된다.

한편 김건수는 서해안과 남해안지역의 어로 민속지 사례를 조사하여 주꾸미 포획도구(주꾸미단지)가 구멍을 뚫은 피뿔고둥과 소라, 피조개, 굴의 패각을 이용한다는 점에 착목, 동삼동패총과 송도패총에서 출토되는 굴과 개조개의 패각으로 만든 패추가 주꾸미를 포획하는 도구일 가능성을 제시하고 있다(金建洙 2005). 지금까지 그 용도가 불투명했던 패추의 용도를 민족지 자료를 통해 그 가능성을 구체적으로 검토하고 있다는 점에서 시사하는 바가 크다고 생각된다.

현재 서남해안지역에서 주꾸미단지로 이용되고 있는 패종은 피뿔고둥과 피조개가 주류를 이루고 있으나 동삼동패총에서 출토된 패추의 대부분이 개조개와 굴을 이용하고 있는 점, 동삼동패총 주변의 해안지역에서 주꾸미가 서식하는지 여부가 불투명한 점에서 이들 패추가 주꾸미단지로 보기에는 좀 더 검토가 필요한 것으로 생각된다. 특히 동삼동패총에서 출토된 패추에는 끈으로 매단 흔적이 남아 있고, 유사한 형태의 패제품이 일본 오키나와의 패총시대 후기유적[6]에서 출토되고 있는 점, 두만강유역의 민족지 자료에 어망추로 이용하고 있는 사례를 통해 볼 때 어로구로 이용되었을 가능성도 배제할 수 없을 것 같다.[7]

이상에서 살펴 본 패추는 아직 구체적인 용도를 알 수 없지만, 크기라든가 형태, 패종의 차이 등에서 다양한 용도가 상정됨으로 앞으로 이에 대한 구체적인 분석이 필요할 것으로 생각된다. 패추는 조기와 전기유적에서는 확인되지 않고, 동삼동패총에서는 중기부터 말기에 걸쳐 출토되고 있는 것으로 보아 그 사용 시기는 중기부터로 추정된다.

2. 가공구 및 용기

패제가공구는 석제 가공구에 비해 양도 적고, 종류도 단순하다. 패각이 갖는 날카로움과 단단함, 쉽게 획득할 수 있는 재료의 선택성에서 당시 신석기인이 생활용구로서 널리 이용하였을 가능성이 크다는 점에서 앞으로 다양한 형태의 가공구가 출토될 것으로 추정된다. 현재까지 출토된 자료를 통해 볼 때 패제 가공구로 분류할 수 있는 것은 貝刀, 貝刃, 篦形貝器 등이 있다.

1) 貝刀

패도는 주변에서 쉽게 구할 수 있는 패종을 채취하여 적당히 가공하거나 자연 패각을 그대로 이용하여 음식물을 조리하거나 어패류, 동물의 가죽 및 육질을 절단하는 도구로 이용한 것으로 보인다. 패도의 소재는 패각의 날카로운 특징을 이용한 굴이 주로 사용되었고, 영월 쌍굴유적의 예에서 보는 바와 같이 담수산의 칼조개를 그대로 이용한 경우도 있다.

---

6)　일본 오키나와의 패총시대 후기의 유적에서는 사코카이로 만든 有孔패제품이 어망용패추로 이용되고 있다(家田淳一 1993; 盛本 勳 1988).

7)　서해안지역과 달리 동삼동패총을 비롯한 남해안지역의 패총유적에서 석제어망추의 출토 예가 적은 것은 혹시 패제어망추의 사용과 관련이 있는 지도 알 수 없다.

동삼동패총의 1호주거지 내 퇴적층에서 출토된 패도(도면2-6)는 굴을 가공하여 두터운 부분을 칼등으로 하고 얇은 부분을 날로 만든 형태이다. 그리고 날 끝의 한부분에는 병부에 삽입하기 위해 만든 홈이 마련되어 있다. 크기는 길이 9.8㎝, 너비5㎝, 두께 1.3㎝ 정도이다. 영월 쌍굴유적의 패도(도면2[8]-3~5)는 담수산 칼조개와 굴의 腹緣을 날로 이용한 형태이다. 〈도면2-3〉은 패종은 알 수 없으나 패각편을 가공한 패도이다. 이와 같이 패각편을 패도로 가공한 예는 상시3그늘유적(도면2-7)에서도 출토되고 있다.

2) 貝刃

패인은 기능상에서 패도와 명확하게 구분하기 힘드나, 복연부의 일부 또는 전면을 가공하여 거치상의 인부를 갖는다는 점에서 성격을 달리하는 것으로 생각된다. 패인은 노래섬패총(도면2-9~12)과 강화도 우도패총(손보기외 1987) 등 서해안지역에서 주로 출토되며, 출토양이 매우 적은 편이다. 패인의 소재는 백합을 이용하는데, 크기는 각고 6~7㎝, 각장 6~9㎝ 정도이다. 용도는 단정할 수 없으나, 복연부의 거치상 인부를 이용하여 어류의 비늘을 제거하거나 절단 혹은 해초류의 채취 등에 사용되었을 것으로 추정된다(川口德治朗 1988).

3) 篦形貝製品

비형패제품은 부메랑 같이 몸체가 'く'자상으로 휘어진 패제품을 지칭하는데, 일본에서는 篦形貝器 혹은 헤라상 패제품으로 불리고 있다. 국내에서는 동삼동패총 출토품을 제외하고 출토 예가 없어 그 성격이 불분명한 실정이다.

동삼동패총 출토 비형패제품은 백합과 투박조개의 가장 두터운 복연부를 이용한 형태이다. 표면이 풍화가 심하여 가공흔적이나 사용흔을 알 수 없어 패제품으로서의 여부는 단정할 수 없으나 유사한 형태의 패제품이 일본의 승문시대 패총에서 출토되고 있는 점으로 보아 일단 패제품으로 분류해 둔다.

동삼동패총에서 교란층과 말기 문화층에서 3점이 출토되었는데, 2점(도면2-14)은 투박조개, 한점은 백합의 패각(도면2-13)을 이용한 것이다. 크기는 길이 6~8㎝ 너비 1.8~2.8㎝, 두께 0.6㎝ 정도이다. 비형패제품의 용도는 정확하게 알 수 없지만 일본측에서는 조

---

8) 이와 같은 형태의 패인은 일본의 승문시대 패총에서 많이 출토된다(金子浩昌·忍澤成視 1986).

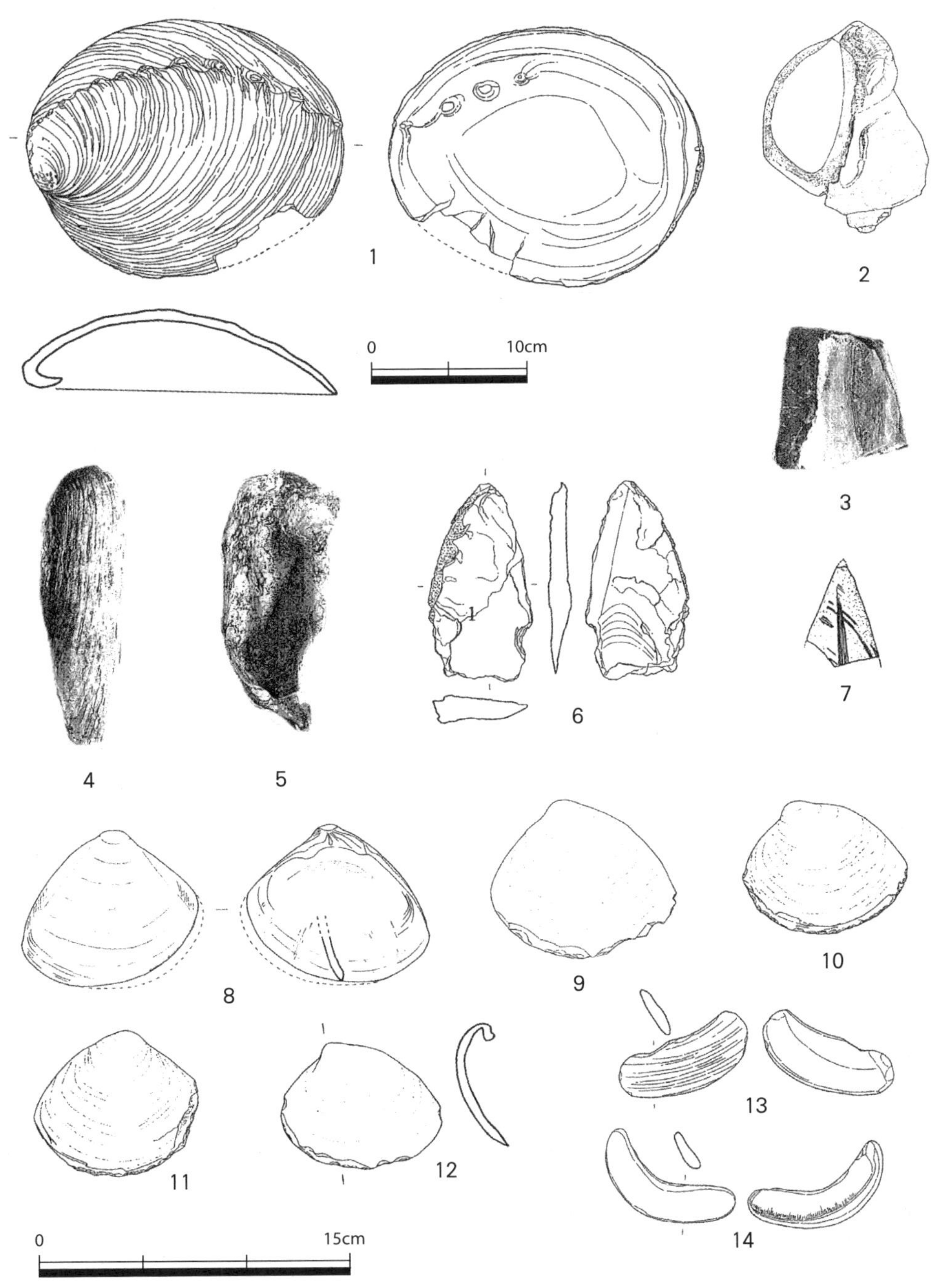

도면2 패제 용기 및 가공구 〈축척부동〉

1·6·13·14: 동삼동, 3~5: 영월 쌍굴, 8: 울도, 7: 상시3그늘, 2·9~12: 노래섬

리구, 조정공구, 토기 정면용 혹은 가죽 가공용구로 추정하고 있다(金子浩昌·忍澤成視 1986).

4) 土器整面具

즐문토기의 기면을 조정하거나 문양을 시문할 때 사용된 도구 중에는 패각도 포함되고 있음은 각종 즐문토기의 내면에 남아 있는 패각 조정흔을 통해 알 수 있다. 그러나 실제 유물로서 남아 있는 예가 없어 도구의 형태는 알 수 없는 실정이다. 문양 시문구는 문양의 형태와 시문방법에 따라 다양한 도구가 이용되었을 것으로 생각되지만, 패각을 이용해 기면을 조정하는 경우는 특별히 가공하지 않고 자연패각의 복연부나 배면을 이용하는 것이 대부분이다.

전술한 노래섬패총에서 출토된 패제품 중 피조개로 만든 패추(도면1-12~14)와 덕적군도의 울도유적(서울대학교박물관 1999)에서 출토된 백합 껍질(도면2-8)은 토기 정면구로 사용되었을 가능성이 있다고 생각된다. 그밖에 유물로써 확인 되지는 않았지만 피조개, 투박조개, 꼬막 등과 같은 패종을 이용해 토기의 내면을 조정하는 정면구로 이용되었을 것으로 추정된다.

5) 貝製 容器

신석기시대의 용기는 인위적으로 조형하여 만든 토기가 대표적이지만, 자연 상태에서 용기로 쉽게 전용할 수 있는 것은 패각이라고 할 수 있다. 그러나 현시점에서 내용물이 남아 있지 않으므로, 쉽게 저장용 용기라고 단정할 수 없는 문제점도 있다.

어로생활을 생업의 주요 기반으로 하는 해안 지역민들은 토기나 木器 이외에 주변에서 쉽게 획득할 수 있는 패류의 패각을 가공하거나 자연패각을 그대로 이용하여 용기로 사용했었음은 쉽게 상정할 수 있다.

일본 승문시대의 각종 유적에서는 패각을 가공하거나 자연 상태를 이용한 패제용기가 다수 출토되고, 岩手縣의 貝鳥貝塚에서는 백합에 아스팔트를 넣은 예가 확인되고 있는 것으로 보아 패제용기는 해안지역 신석기인이 널리 사용했음을 알 수 있다(金子浩昌·忍澤成視 1986).

한국의 신석기시대유적에서 패제용기로 단정할 수 있는 사례는 거의 없으나 동삼동패총과 노래섬패총에서 출토된 패제품은 용기로 사용되었을 가능성이 매우 높다고 생각된다.

동삼동패총 2층에서 출토된 패제용기(도면2-1)는 왕전복을 이용한 것인데, 신석기시대

패총에서 출토된 전복 중에서도 매우 대형에 속하는 편이다. 복연 일부가 결실되었으나 상태는 양호하다. 외순의 일부에는 마연흔이 관찰되는 것으로 보아 당초부터 용기로 의도하였던 것으로 보인다. 크기는 각장 20.4㎝, 각폭 17㎝ 정도이다.

　용기의 크기로 보아 해산물을 담았던 것으로 보이며, 소재의 희소성으로 보아 특별한 용도로 사용되었을 가능성도 있다. 노래섬 마지구 A패총에서 출토된 패제용기(도면2-2)는 피뿔고둥을 이용한 것이다. 가공 및 사용 흔적이 없어 패제용기로 보기에는 다소 애매한 점도 있으나 패각의 표면에 해수에 의한 水磨과 蟲蝕흔이 남아 있는 것으로 보아 식용이 아닌 어떤 용도로 사용하기 위해 해안에서 채집하여 거주지로 이동된 것임은 분명한 것 같다. 용도에 대해서는 확신할 수 없지만 보고자의 의견과 같이 수용성 내용물을 저장 내지 보관하기 위한 용기로 볼 수도 있다. 크기는 각고 10㎝, 각폭 7.8㎝ 정도이며, 소속시기는 중기후반에서 후기로 추정된다.

3. 장신구

신석기시대 패제품 가운데 가장 많은 양을 자지하고, 분포 범위가 넓은 것이 장신구이다. 패제 장신구는 착장부위에 따라 두식, 경식, 흉식, 족식 패천으로 나눌 수 있으나, 패천을 제외하고 실제 유물을 통해 용도를 확정하기가 어렵다. 따라서 여기서는 장신구로 간주되는 패제품은 편의상 수식으로 일괄하여 다루기로 한다.

1) 垂飾

수식의 소재로는 가리비, 피뿔고둥, 빌로오드복털조개, 종밀조개, 말조개 등이 이용된다. 이들 패종은 거주 지역의 해안이나 강에서 채취가 가능하지만 다종다양한 많은 패종 가운데 소재가 갖는 색, 형, 질 등 물리적 특성을 충분히 고려하여 선택되었던 것으로 보인다. 특히 소재의 희소성과 조형성, 아름다운 색조를 갖는 가리비조개는 특별히 선호되었을 것으로 생각된다.

　패제수식은 가공형태에 따라 자연패각을 그대로 이용한 것과 패각의 일부 또는 대부분을 제거하여 남은 부분을 가공한 형태로 구분된다. 전자는 종밀조개와 말조개의 복연 가까이에 작은 구멍을 뚫은 상시3그늘(도면3-6·7)과 가리비조개의 방사륵에 2개의 구멍을 뚫은 상노대도패총(도면3-4), 소야도의 선촌유적(서울대박물관 1999)출토품(도면3-5)이 있

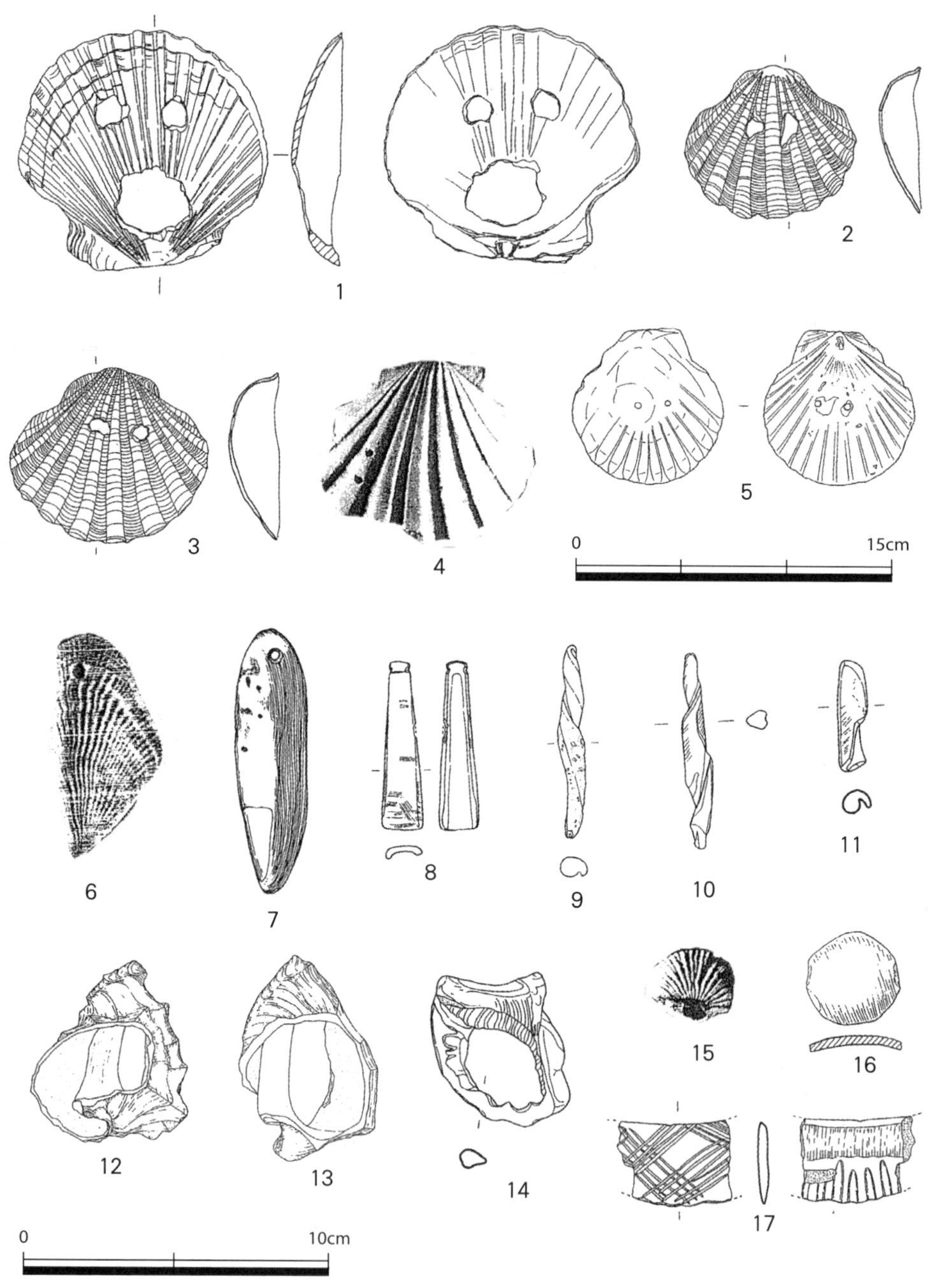

도면3 패제 장신구 〈축척부동〉

1~3·8·9·11·14·17: 동삼동, 4·15: 상노대도, 5: 소야도 선촌, 6·7: 상시3그늘, 10·12·13: 송도, 16 : 궁산

다. 상시3그늘유적의 수식은 담수산과 해수산 패종의 패각에 천공 이외에 특별한 가공없이 자연패각을 그대로 수식으로 이용한 형태이다. 이들 패종은 모두 내면에 광택을 띠는 특징을 보이고 있는데, 특히 종밋조개 내면에는 적갈색 물결무늬와 진주광택을 가지고 있다(민패류박물관 2001). 종밋조개와 말조개의 이러한 물리적인 특성이 장신구의 소재로 선택되었던 것으로 생각된다. 후자의 예로는 피뿔고둥과 가리비의 방사륵 한 부분을 수식으로 가공한 동심동패총 출토품(도면3-8·9·11·14)과 껍질을 제거하고 중심축을 가공한 송도패총(국립광주박물관 1989, 1990) 출토품(도면3-10·12·13)이 있다. 송도패총 출토품(도면3-12·13)은 형태로 보아 그 자체를 수식으로 이용하였다기보다는 동삼동패총 출토품(도면3-9·14)과 같이 장신구를 만드는 제작과정에 있는 미제품으로 보는 것이 좋을 것으로 생각된다.

동삼동패총의 중기문화층에서 출토된 가리비제 수식(도면3-8)은 국자가리비의 방사륵의 한부분을 가공하여 만든 형태인데 두부의 양측면에 결박하기 위한 홈이 있는 것으로 보아 단독 혹은 다른 수식과 조합되어 수식으로 이용된 것으로 추정된다. 이밖에 상노대도패총에서 출토된 빌로오드복털조개의 머리꼭지를 잘라 마연하여 구멍을 뚫은 것(도면3-15)과 궁산유적에서 출토된 원반 모양의 패제품(도면3-16)도 패각의 일부를 가공한 형태의 수식으로 볼 수 있다.

동삼동패총에서 출토된 피조개제 패제품(도면3-17)은 패각의 외면을 정밀하게 마연한 후 수조의 침선으로 격자문을 시문한 형태인데, 일부만 잔존하고 있어 패제품의 종류를 가늠할 수 없는 실정이다. 패종과 마연 정도, 크기 등으로 보아 피조개로 만든 패천의 한 부분으로도 생각되나, 현재까지 출토된 패천 중에 시문된 예가 없다는 점에서 패천으로 단정하기에 어려움이 있다. 또 다른 용도의 패제품일 가능성도 배제할 수 없지만, 일단 본고에서는 격자문 패제품을 장신구로 분류해두고 자세한 것은 차후에 다시 검토하고자 한다.

이상에서 살펴 본 패제수식은 한 점 또는 수점씩 끈으로 엮어 주로 목이나 가슴 장식으로 이용하였을 것으로 생각되며, 미적인 아름다움뿐만 아니라 초자연적인 힘을 빌리거나 벽사적인 목적으로도 사용되었을 것으로 추정된다. 특히 신석기시대 패제 장신구는 소재의 희소성과 특정지역에서만 산출되는 특산품이라는 점, 그리고 출토양이 매우 적다는 점 등에서 집단 성원의 모두가 착용하였다기 보다는 사회적으로 특정 역할을 담당하는 소수의 사람들만이 착용했을 가능성이 높다고 생각된다.

2) 貝釧(조개 팔찌)

신석기인들이 가장 애용했던 패제장신구 중의 하나가 패천이다.(도면5) 패천은 분포도(도면4)에서 보는 바와 같이 해안지역에 밀집되어 있으며, 부분적이지만 중부와 남부 내륙지역에서도 다수 확인되고 있다. 패천의 이러한 분포상태는 착용습속과 유통문제를 이해하는데 중요한 의미를 갖는다. 패천은 분포와 출토 양상(표2)으로 보아 남해안지역의 어로민이 주로 사용하고 착장하였던 것으로 보이는데, 특히 동삼동패총에서 출토된 1,500여 점의 패천(河仁秀 1999)은 이러한 사실을 잘 반영하고 있다.

한편 투박조개가 서식하지 않는 내륙의 청도 오진리유적, 충청도 내륙의 상시, 금굴유적, 영월 쌍굴유적과 서해안의 노래섬패총, 대죽리, 고남리패총 등지에서 패천이 출토되고 있는 점은 패천의 유통망이 매우 넓게 형성되었음을 보여준다. 패천의 소재는 투박조개, 새꼬막(도면5-3), 피조개(도면5-2·5·6·10), 큰배말조개(도면5-22), 밤색무늬조개, 갈색이랑조개 등의 패종을 사용하였는데, 이 중에서 가장 선호하였던 패류는 밤색무늬조개과의 투박조개다. 투박조개는 동해안과 남해안지역의 수심 5~20m 깊이의 가는 모래밭에 서식하는데 잠수어업으로는 채취하기 어려웠을 것으로 보인다. 동삼동패총 출토 패천의 표면상태를 살펴 볼 때 거의 대부분이 蟲蝕의 흔적이 있고, 표면과 腹緣部가 해수에 의해 마모되어 있는 것으로 보아 폐사하여 해안으로 밀려온 것을 채집하여 소재로 이용한 것으로 보인다.

패천은 패각의 정상부를 간접 타격하여 구멍을 뚫어 마연하여 제작하였는데, 형태는 대부분 타원형을 이룬다. 크기는 대개 내경이 4~7㎝ 정도이나 3×4㎝ 정도의 소형도 존재한다. 패천은 크기로 본다면 小兒나 성인 남녀가 착용하기 곤란한 것도 있고, 동삼동패총의 출토상태에서 보듯이 패층 내에서 2~3개씩 혹은 10개 정도의 패천이 마치 끈으로 고정된 채 폐기된 것으로 보이는 미완성 패천이 출토되고 있는 점 등을 통해 볼 때 앞으로 패천의 용도나 성격를 다양한 관점에서 검토할 필요가 있다고 생각된다.

일본의 승문시대 패천은 착장의 성별과 패종의 상징성으로 보아 신석기사회 내에서 특정한 역할을 담당했던 여성이 주로 사용했던 것으로 간주되고 있는데(木下尚子 2000). 한반도에서도 적용할 수 있는지 여부는 앞으로 구체적인 연구가 필요하다. 남해안지역을 중심으로 넓게 분포하는 패천은 제작방법과 패류의 형태 혹은 소재의 종류에 따라 다양한 형식이 존재하며, 시기마다 유행하는 형식도 다른 양상을 보인다. 그럼 여기서 최근 발굴조사에서 대량의 패천이 출토된 동삼동패총 자료를 중심으로 패천의 형식, 시기별 변화 내용에

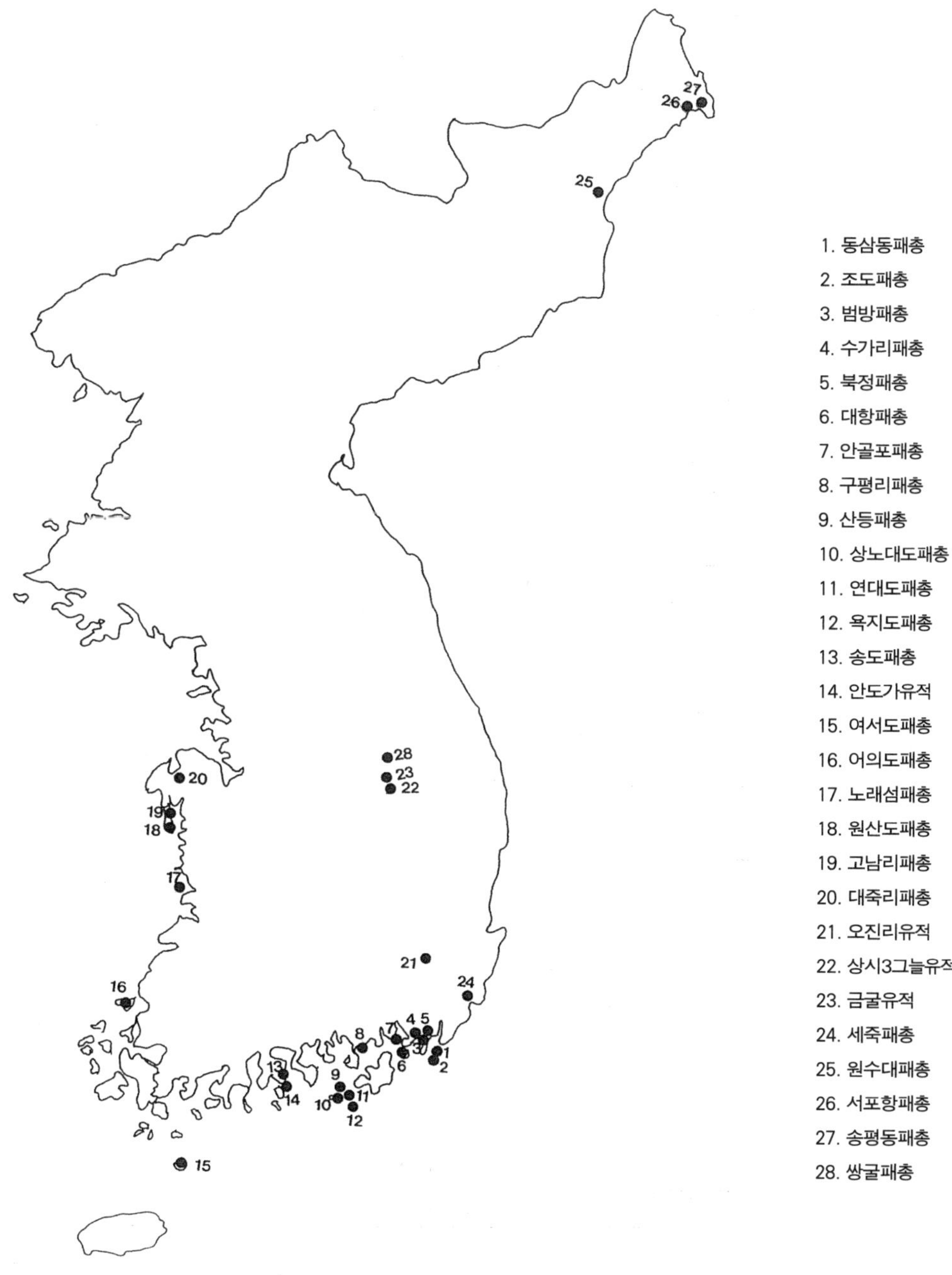

도면4 신석기시대 貝釧 분포도

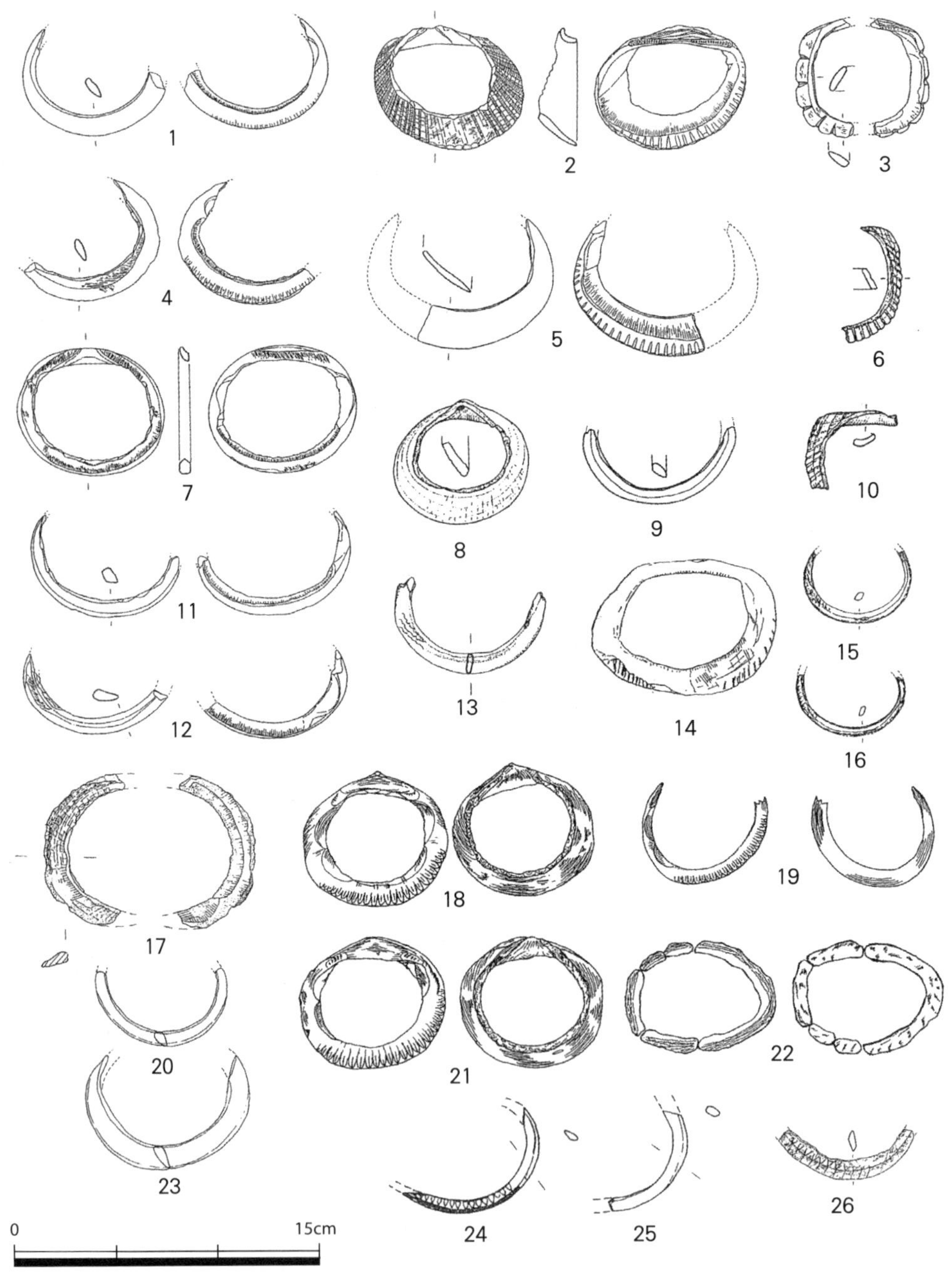

도면5 貝釧

1~5 · 7 · 11 · 12: 동삼동, 6 · 8~10: 수가리, 13: 대죽리, 14: 서포항, 15 · 16: 구평리, 17: 연대도, 18 · 19 · 21 · 22: 산등, 20 · 23: 송도, 24 · 25: 고남리, 26: 오진리

대해 간단히 살펴보면 다음과 같다(하인수 2004).

동삼동패총에서 출토된 패천은 완제품과 반제품, 편까지 포함하면, 1, 500여 점에 달한다. 물론 이들 중에는 동일 개체도 상당수 있지만, 대부분의 패천이 제품의 중간 단계에서 파손된 것이다. 파손 형태는 제작 공정별로 최초 穿孔단계부터 輪部 확장, 윤부 정면, 腹緣部 제거, 마연에 이르기까지 각 단계별로 나타나며, 동삼동패총에서 출토된 패천의

표2 한반도 출토 신석기시대 貝釧 현황

	유적	유구	수량	시기	비고
1	부산 동삼동패총	패총 주거지	1,500점 이상	조기~ 말기	투박조개, 밤색무늬조개, 새꼬막, 피조개
2	부산 조도패총	패총	12점	중기	투박조개
3	부산 범방패총	패총	3점	조기~ 중기	투박조개, 피조개(?)
4	부산 북정패총	패총	1점	?	새꼬막
5	긴해 수가리패총	패총	15	중기~ 밀기	밤색무늬소개, 새꼬막
6	가덕도 대항패총	패총	8	전기~중기	투박조개
7	진해 안골포패총	패총	8	말기	투박조개
8	사천 구평리패총	패총	13	말기	투박조개
9	돌산 송도패총	패총	4	조기~ 후기	투박조개
10	통영 연대도패총	패총	13	조기~ 전기	투박조개
11	여천 안도 가유적	패총	1	조기~ 말기	투박조개(?)
12	통영 욕지도패총	패총	1	전기	투박조개(?)
13	통영 상노대도	패총	26	조기~ 말기	투박조개, 백합, 개조개
14	청도 오진리유적	암음	1	말기	투박조개
15	울산 세죽패총	포함층	1	조기	투박조개
16	통영 산등패총	분묘	4	후기~ 말기	투박조개, 큰배말조개
17	단양상시3그늘유적	동굴	3	조기~ 후기	투박조개, 갈색이랑조개
18	단양 금굴유적	동굴	5	중기	투박조개, 행달조개(?)
19	군산 노래섬패총	패총	1	전기	투박조개
20	영월 쌍굴유적	동굴	4점	후기	투박조개
21	안면도 고남리패총	패총		중기	피조개(투박조개 ?)
22	서산 대죽리유적	패총	1	중기	피조개(투박조개 ?)
23	보령 원산도패총	패총	1	?	?
24	웅기 송평동패총	패총	6점 이상	?	투박조개
25	선봉 서포항패총	패총	3	전기~ 후기	피조개(?), 투박조개(?)
26	청진 원수대패총	패총	2		투박조개(?), 흰삿갓조개(?)
27	신안 어의도패총	패총	1		투박조개
28	완도여서도패총	패총	수점	조기~ 말기	투박조개, 피조개

70~80%가 중간 단계에서, 나머지는 거의 마지막 공정인 마연과 마무리 단계에서 파손된 것이다.

출토된 패천의 양상과 완제품을 기준으로 볼 때 패천의 완성률은 매우 낮았고, 실패율이 매우 높았음을 알 수 있다. 패천 제작에 있어서 이러한 현상은 그 만큼 패천 제작이 까다롭고, 어려웠다는 것을 반증하는 것으로 생각된다. 이와 관련하여 패천제작을 위한 투박조개의 안정적인 확보를 고려한다면 패천 생산을 위한 전문적인 전업 집단의 존재가 상정되는데, 대표적인 사례가 동삼동패총 집단이 아닌가 한다. 동삼동패총에서 출토된 패천 완성품은 그 수량이 의외로 적은 편이다. 그러나 각 공정별로 실패한 미제품과 마지막 단계에서 파손된 패천의 형태를 통해 완제품의 형식과 형식별 제작공정을 파악할 수 있다.

동삼동패총에서 출토된 패천은 제작공정과 패륜부 형태를 분석한 결과 I~V 형식으로 나누어진다(표3). 이들 형식은 패륜부 가공방법과 형태에 따라 각각 다른 공정을 거치는데, 형식별로 그 특징을 간단히 살펴보면 다음과 같다.

표3 貝釧 **분류표**

형식	단면	형식적 특징	형태
I		패각의 復緣은 제거하지 않고, 패각의 자연면을 따라 貝輪部를 마연, 단면 형태는 렌즈상의 타원형을 이룸.	
II		貝輪部 외면 上端을 일정 넓이로 평탄하게 마연하고, 외면의 경사면은 수직마연. 復緣은 미제거, 단면 형태는 장삼각형	
III		復緣의 일부를 제거하고, 貝輪部의 외면 上·下端은 수평으로, 측면은 수직으로 마연. 貝輪部의 폭이 두께보다 넓은 것이 특징. 단면은 오각형 내지 육각형.	
IV		復緣部 頂点까지 박리하고 貝輪部 上端은 수평, 외면(外緣)은 수직으로 마연. II형식과 비슷하나 復緣을 제거하는 제작공정에서 차이가 남. 단면은 梯形.	
V		復緣 일부 제거하고 貝輪部의 외면을 자연을 따라 마연한 형태. I형식 비슷하나 復緣을 제거하는 제작공정이 다름. 단면은 외면이 둥근 장방형	

Ⅰ형식(도면5-1)은 패각의 腹緣을 제거하지 않고 패륜부의 자연을 그대로 마연한 것이며, 단면 형태가 렌즈상의 타원형을 이루는 것이 특징이다. Ⅱ형식(도면5-4)은Ⅰ유형과 제작 공정은 같으나 패륜부의 상면을 수평으로 마연함으로써 단면 형태가 삼각형을 이루는 것이다. Ⅲ형식은Ⅰ·Ⅱ형식과 달리 복연부를 일부 제거하고 패륜부의 上端(輪內緣)과 下端(輪外緣)을 납작하게 수평으로 마연하고, 윤부 外面을 수직으로 마연한 형태이다.

Ⅲ형식(도면5-7)은 패륜부의 폭이 패천의 두께보다 넓고, 전체적으로 납작한 형태를 이루는 것이 특징이다. 단면 형태는 오각형 내지 육각형을 이룬다. Ⅳ형식(도면5-11)은 패각의 복연부를 頂点(가장 두터운 부분)까지 거의 제거하고, 輪部 外緣은 수직, 輪 內緣은 수평 내지 약간 경사지게 마연한 형태이며, 패륜부의 폭이 좁고 두께가 넓은 것이 특징이다. 단면은 제형 내지 사각형을 이룬다.

Ⅴ형식(도면5-12)은 단면 형태가 Ⅰ형식과 유사하나 가장 큰 차이점은 복연부를 제거하고 輪 외면을 둥근 장방형상으로 가공한 점이 다르다.

동삼동패총에서 출토된 패천을 시기별로 살펴보면 조·전기에는 수량이 적고, Ⅳ·Ⅴ형식만 출토되고 있는 것으로 보아 패천의 제작이 그다지 성행하지 않은 것으로 추정된다. 그러나 중기단계부터는 패천이 대량으로 출토되고, 패천의 형식도 Ⅰ~Ⅴ형식까지 고루 출토되고 있는 것으로 보아 패천 생산이 본격적으로 이루어지고 있음을 알 수 있다. 형식별로 보면 Ⅲ~Ⅴ형식이 각 30% 정도를 차지하면서 주류를 이루고, Ⅰ·Ⅱ형식은 10% 미만을 점유하고 있는 것으로 보아 중기에는 그다지 유행하지 않았던 것으로 판단된다. 그러나 반대로 후·말기가 되면 Ⅰ·Ⅱ형식이 급증하고 Ⅲ~Ⅴ형식은 감소하는 양상을 보인다.

이상에서 살펴 본 패천은 남해안지역을 중심으로 즐문토기 조기 단계에 처음으로 출현하여 신석기 마지막 단계기인 말기까지 지속적으로 사용되는데 특히 중·후기에 이르러 매우 성행한다. 특히 동삼동패총에서 자체 소비 한계를 넘어 대량 제작된 패천은 교역품으로 주변의 내지와 대마도의 승문인에게 공급되었을 것으로 생각된다(하인수 2006).

4. 儀禮具

패제 의례구로 생각되는 것은 국립중앙박물관에서 발굴한 동삼동패총 출토 貝面이 유일하다. 조개가 갖는 다양한 상징성으로 보아 주술이나 벽사적인 성격을 갖는 패제품의 존재도 상정되나 출토 예는 없다.

동삼동패총에서 출토된 패면(도면3-1)은 국자가리비의 각정부와 복연부 가까이에 눈과 입을 형상화한 구멍을 뚫은 형태이며, 크기는 각고 11.8㎝, 각장 12.9㎝, 두께 0.7㎝ 정도이다. 입의 크기는 4.4×3.3㎝, 눈의 크기는 1.2×1.3㎝이다.[9] 이 밖에 패면적 성격을 갖는 것으로 생각되는 것이 부산박물관의 동삼동패총 발굴품(도면3-2·3) 중에서도 확인된다. 패제품의 크기라든가 천공의 위치 등에서 국립박물관 발굴품과 다른 점도 간취되나 각정부 가까이에 사람의 눈으로 생각되는 구멍이 나란히 뚫어져 있는 점으로 미루어 보아 패면의 이미테이션일 가능성도 있다[10]

패면의 제작 시기는 현재 보고서가 미간이라 자세하지 않으나 부산박물관 출토품이 신석기 말기에 해당하고, 패면이 다량으로 출토되고 있는 일본 구주지역의 경우 제작시기가 대부분 승문후기에 집중되고 있는 것으로 보아 그 시기는 신석기 후·말기로 추정된다. 동삼동패총의 패면은 집단의 공동의식이나 축제 때 사용되었거나 혹은 벽사적 행위와 관련한 주술구로 이용되었을 것으로 추정된다.[11] 그러나 그 성격에 대해서 여러 가지 의견도 있는 만큼 이에 대한 구체적인 검토가 앞으로 필요하다고 생각된다.

Ⅳ. 맺음말

이상에서 현재까지 조사된 자료를 바탕으로 신석기시대 패제품의 양상과 종류에 대해 살펴보았다. 그러나 관련 자료가 적고 이에 대한 연구가 거의 이루지지 않아 극히 개략적으로밖에 다루지 못하였다. 앞에서 언급한 바와 같이 신석기시대의 패제품은 용도에 따라 어로구, 가공구, 용기, 장신구, 의례구로 분류되고 세부 기능에 따라 결합식조침, 패추, 패도, 패인, 비형패기, 패천 수식, 패면 등으로 나누어진다. 이들 패제품은 이 시대의 주요 도구인 토기나 석기, 골각기에 비해 종류나 수량이 적고, 사용 지역과 용도가 한정되어 도구로서

---

9)　일본구주지역의 승문시대에 출토되는 패면은 주로 토굴과 전복을 이용하고 있다.

10)　부산박물관에서 조사한 가리비 패제품은 형상적인 특징으로 보아 패면일 가능성도 있으나, 기타 용도로 이용되었을 개연성도 충분 있다고 생각된다.

11)　한반도 남해안지역에서 출토된 패제품과 유사한 형태의 패면이 일본 구주지역에서도 출토되고 있는데, 한일 양지역의 패면 자료를 검토한 山崎純男는 패면이 신석기시대 한일 양안의 어민 제사행위와 관련하여 정신문화의 일면이 반영된 것으로 추정하고 있다(山崎純男 2001).

의 보편성이 떨어지는 단점도 있지만, 생업도구로서의 한 축을 형성하고 있음을 분명하다고 하겠다. 특히 패제 장신구는 소재가 갖는 물리적인 속성과 특징이 집단의 사회적, 문화적 가치와 결합되면서 신석기시대의 생활문화 가운데 일정한 위치와 역할을 담당한다. 이러한 점에서 본다면, 신석기시대 패제품은 재조명되고 적극적으로 연구될 필요가 있으며, 앞으로 관련 자료가 증가 되면 시기별 변화 양상과 조성관계를 통한 해안지역민의 생업형태와 사회경제적 연구도 필요할 것으로 생각된다.

[참고문헌]

家田淳一, 1993, 「しやこ貝科製貝錘の機能」, 『琉球史學』13.

江坂輝彌·大貫良夫, 2000, 『文明の誕生』, 講談社.

江坂輝彌·渡邊誠, 1988, 『裝身具と骨角製漁具の知識』, 東京美術.

국립광주박물관, 1989·1990, 『돌산송도』I·II.

국립광주박물관, 1994, 『突山世救地遺蹟』.

국립중앙박물관, 1976, 『朝島貝塚』.

국립진주박물관, 1989, 『欲知島』.

국립진주박물관, 1993, 『煙臺島』.

堀越 正行, 1990, 「繩文時代の貝製腕輪」, 『月刊文化財』11.

堀越正行, 1985, 「關東おける貝輪生産とその意義」, 『古代』80, 早稻田大學考古學會.

金建洙, 1999, 『한국 원시고대의 어로문화』, 학연문화사.

金建洙, 2005, 「우리나라 선사·고대 함정어업」, 『호남고고학보』21.

김숙 역, 2000, 『장신구의 역사』, 시공사.

김용간·서국태, 1972, 「서포항원시유적 발굴보고」, 『고고민속논문집』4.

金子浩昌, 2002, 「韓國新石器時代 貝塚과 漁撈活動」, 『한국 신석기시대의 환경과 생업』, 동
        국대학교 매장문화재연구소.

金子浩昌·忍澤成視, 1986, 『骨角器の研究』, 慶友社.

단국대학교박물관, 1993, 『사천 구평리유적』.

渡邊誠, 1974, 「繩文人の生活誌-赤貝の腕輪」, 『みとのす』1.

동국대 매장문화재연구소, 2002, 『細竹遺蹟』.

藤田亮策, 1930, 「雄基松坪洞石器時代遺蹟の發掘」, 『靑丘學叢』2.

藤田亮策, 1948, 『朝鮮考古學研究』棟書院.

목포대학교박물관, 2005, 「완도 여서도패총 현장설명회자료」.

木下尙子, 1998, 「日本列島の古代貝文化試論」, 『日本研究』18, 國際日本文化センタ.

木下尙子, 2000, 「裝身具と權力·男女」, 『古代史の 論点』, 小學館.

민 패류박물관, 2001, 『신원색한국패류도감』, 도서출판 한글.

부산대학교박물관, 1981, 『金海 水佳里貝塚』.

부산대학교박물관, 1994,『淸道 梧津里 岩蔭遺蹟』.

부산박물관, 2002,『동삼동패총전시관 도록』.

부산수산대학교박물관, 1989,『上登貝塚』.

부산수산대학교박물관, 1992,『北亭貝塚』.

부산시립박물관, 1993,『凡方貝塚』I.

부산여자대학박물관, 1993,『加德島文化遺蹟地表調査報告書』.

榧本杜人, 1980,『朝鮮の考古學』, 同朋社.

山崎純男, 2001,「海人の面」,『久保和士君追悼考古論文集』, 久保和士君追悼考古論文集刊
　　　　行會.

서울대학교박물관, 1999,『덕적군도의 고고학적 조사연구』.

盛本 勳, 1988,「琉球列島の貝製漁網錘」,『季刊考古學』25.

손보기, 1982,『상노대도의 선사시대 살림』, 수서원.

손보기, 1984,「단양 도담리지구유적발굴조사보고」,『충주댐수몰지구문화유적발굴조사종
　　　　합보고서』, 충북대학교박물관.

손보기외, 1987,「서해안 우도의 선사문화」,『박물관기요』3, 단국대중앙박물관.

松藤和人, 1994,「東アジア舊石器時代裝身具」,『考古學と信仰』, 同志社大學考古學シリズⅣ.

신숙정, 1994,『우리나라 남해안지방의 신석기문화 연구』, 학연문화사.

안승모, 1997,「신석기시대의 생업과 사회」,『한국사』2, 국사편찬위원회.

연세대박물관, 2009,『연당 연당 피난굴(쌍굴)유적』.

연세대학교박물관, 2004,『연당쌍굴』2004년 특별전도록.

鈴木公雄, 1997,「貝塚の考古學」, 東京大學出版會.

熊本縣天草郡五和町敎育委員會, 2000,『一尾貝塚』.

원광대학교박물관외, 2002,『노래섬』.

原田昌幸, 1992,「繩文人の裝い」,『繩文人の道具』, 講談社.

이향숙, 1987,「한국 선사시대 간뼈·조가비 연모의 연구」, 연세대석사학위논문.

忍澤成視, 2000,「繩文時代おける貝製裝身具の實際」,『貝塚博物館紀要』27, 千葉市立加曾
　　　　利貝塚博物館.

忍澤成視, 2001,「繩文時代おける主要貝製素材べんけいがいの研究」,『史館』31, 史館同人.

忍澤成視, 2002,「貝製品」,『季刊考古學』81, 雄山閣.

任鶴鍾, 2002,「동삼동패총」,『한국 신석기시대의 환경과 생업』, 동국대 매장문화재연구소.

町田 章, 1983,「裝身具の意義と歷史」,『季刊考古學』5, 雄山閣.

池田 硏, 2004,「大坂城下町で見つかつた貝製品」,『葦大』, 大坂市文化財協會.

川口德治朗, 1988,『繩文時代貝塚出土の貝製品に關する用途的研究』, 1988年度科學研究費
　　　　補助金研究成果報告書.

최성락, 1987,「智島의 先史遺蹟」,『島嶼文化』5.

春成秀爾, 1997,「古代の裝い」,『歷史發掘』4.

土肥 孝, 1997,「繩文時代の裝身具」,『日本の美術』369.

片岡由美, 1995,「貝輪」,『繩文文化の研究』9, 雄山閣.

하인수, 1999,「동삼동패총 정화지역발굴 성과」,『고고학을 통해 본 가야』. 한국고고학회.

하인수, 2003,「신석기시대 장신구」,『한국의 장신구』, 부산박물관 성인박물관강좌 자료집.

하인수, 2004,「동삼동패총 文化에 대한 예찰」,『한국신석기연구』7, 한국신석기연구회.

河仁秀, 2006.「신석기시대의 한일문화교류와 흑요석」,『한국고고학보』58.

河合信和, 1989,『世界舊石器時代槪說』, 雄山閣.

한국문화상징사전편찬위원회, 1995.『한국문화상징사전』2.

한서대학교박물관, 2001,『대죽리유적』.

한양대학교박물관, 1990~1998,『안면도 고남리유적』.

홍현선, 1987.「상시 3바위 그늘의 문화 연구」, 연세대학교 석사학위논문.

황기덕, 1957,「함경북도 지방 석기시대의 유적과 유물 (2)」,『문화유산』1957-2.

황창한, 2002,「울산 황성동 세죽유적」,『한국 신석기시대의 환경과 생업』, 동국대학교 매
　　　　장문화재연구소.

後藤 明, 1990,「貝貨の民族考古學」,『現代思想』12.

後藤 明, 1996,『海の文化史』, 未來社.

後藤 明, 2001,『民族考古學』, 勉誠出版.

장신구와 의례구

裝身具　　　　儀禮具

01

동삼동패총 출토 패천

Ⅰ. 머리말

동삼동패총의 패천은 즐문토기 다음으로 가장 많은 양이 출토된 유물이다. 편을 포함하여 1,500여 점이 출토되었는데, 단일유적에서 출토된 양으로는 국내 최대에 속한다(표3 참조). 2007년도 1차 보고서에서 패천의 형식을 알 수 있는 자료를 포함하여 245점을 보고하였는데, 금번 보고서에서는 패천 소재와 윤부를 확장 중에 파손된 미제품 등 750점을 게재하여 앞으로 학술 연구 자료로 활용하도록 하였다. 나머지 500여 점은 대부분 편들이라 금번 보고에서는 제외하였다. 동삼동패총에서 출토된 패천은 지금까지 유례가 없는 방대한 양이며, 기존의 국립중앙박물관에서 3차에 걸쳐 조사한 출토품과 미조사지역의 양을 감안한다면 그 수량은 수천 점에 이를 것으로 생각된다.

동삼동패총에서 출토된 패천을 단순히 양적인 측면에서 본다면, 동삼동패총 집단에서 패천 제작이 전업적으로 이루어졌음이 분명하며, 패천의 소재인 투박조개와 밤색무늬조개를 비롯하여 미제품과 반제품, 완제품, 파손품 등 다양한 자료는 신석기시대 패천의 제작과정 뿐만 아니라 동삼동패총 집단의 성격을 규명하는데 중요한 역할을 할 것으로 생각된다.

본고에서는 동삼동패총의 패천의 성격을 포함하여 한반도 신석기 패천문화에 대한 종합적인 검토는 추후에 별고를 통해 다루고, 동삼동패총 패천 자료를 중심으로 그 동안 필자가 검토한 내용을 개괄적으로 살펴보고자 한다.

Ⅱ. 패천의 소재

동삼동패총에서 출토된 패천의 소재는 타유적에서도 마찬가지지만, 밤색무늬조개과에 속하는 투박조개가 주류를 이루고 그다음으로 밤색무늬조개 많은 양을 차지한다. 피조개와 새꼬막도 소재로 이용하고 있으나 그 양은 극히 소량에 지나지 않는다. 동삼동패총 패천의 주요 소재는 일반적으로 투박조개라 불리는 속갈색조개인데, 전체 소재 중에서 90% 이상을 차지한다. 투박조개와 모양과 형태가 거의 비슷한 밤색무늬조개는 피조개와 새꼬막 보다 많은 비율을 차지하나 이 역시 소량에 불과하다.

피조개는 교란층에서 4점, 2층에서 2점, 5층에서 3점, 1호주거지 1점, 7층에서 1점, 새꼬막은 교란층에서 1점, 2층에서 2점, 5층에서 1점, 1호와 2호주거지에서 각 1점씩 출토되었는데, 이들은 패천의 주소재인 투박조개에 비해 소재로써 차지하는 비율이 1% 이내로 매우 낮다. 소량임에도 불구하고 전시기에 걸쳐 지속적으로 제작되고 있다는 점은 단순히 소재의 다양성 보다는 패종의 선택에 따른 또 다른 의미가 있을 것으로 생각된다.

동삼동 이외의 지역에서는 패천의 소재로 투박조개를 포함하여 큰배말조개, 밤색무늬조개, 새꼬막, 피조개, 갈색이랑조개 등의 다양한 패종이 보이나 가장 선호되었던 패류는 투박조개라고 할 수 있다.

투박조개는 동해안과 남해안의 수심 5~20m 깊이의 가는 모래밭에 서식하는데 잠수어업으로는 채취하기 어려웠을 것으로 보이며, 실제 잠수를 통해 투박조개를 채취한다고 해도 생산성은 매우 낮았을 것으로 추정된다. 잠수채취를 통한 재료의 확보는 실패율이 높고 다량으로 제작되는 패천의 수급 측면에서 본다면 거의 이루어지지 않았다고 생각된다.

동삼동패총의 패천과 미제품, 미가공품의 표면 상태를 살펴 볼 때 거의 대부분이 蟲蝕의 흔적이 있고, 표면과 復緣部가 水磨로 마모되어 있는 것으로 보아 폐사하여 해안으로 밀려 온 것을 채집하여 소재로 이용했음을 단적으로 보여주고 있다.

그러면 동삼동패총에서 출토된 방대한 양의 투박조개와 밤색무늬조개는 어디서 확보 혹은 채취하였는가가 문제가 된다. 물론 현시점에서 단정할 수 없지만, 역빈 해안이 발달한 영도해안지역의 자연조건으로 볼 때 영도 이외의 지역에서 패천 재료를 확보하였을 가능성이 많다고 생각된다. 동삼동 해안 역시 역빈 해안이라 모래밭에 서식하는 투박조개의 서식환경으로 적합하지 않다. 필자는 수년전부터 부산지역의 해안을 조사한 결과 광안리해변에서 주변의 사빈 해안보다 어린 개체를 포함 다량의 투박조개와 밤색무늬조개가 채집되고, 오랜 기간 동안 환경의 변화에도 불구하고 현재에도 많은 양이 주기적으로 폐사하여 해안가에 밀려오고 있다는 점을 중시항 때때 동삼동패총의 패천 소재의 채집 후보지를 광안리 해변일 것으로 추정하고 있다.

Ⅲ. 패천의 제작과 형식

동삼동패총에서 출토된 패천의 수량은 전술한 바와 같이 상당량에 달하지만, 완제품의 수량은 적고 대부분이 제품의 중간 단계에서 파손된 것이다. 물론 여기에는 사용 중에 파손된 것도 다수 있다.

파손의 유형은 제작 공정별로 최초 穿孔단계부터, 윤부 확장, 윤부 정면, 復緣部 제거, 마연에 이르기까지 각 단계별로 나타나며, 동삼동패총에서 출토된 패천의 70~80%가 중간 단계에서, 나머지는 거의 마지막 공정인 마연과 마무리 단계에서 파손된 것이다. 출토된 패천의 양상과 완제품을 기준으로 하여 볼 때 패천의 완성율은 매우 낮았고, 실패율이 매우 높았음을 알 수 있다.

패천 제작에 있어서 이러한 양상은 그 만큼 패천 제작이 까다롭다는 것을 반증하는 것으로 생각된다. 이와 더불어 패천 소재인 투박조개와 밤색무늬조개의 안정적인 공급 상황도 고려한다면 패천 제작에는 전문적인 전업 집단의 존재가 상정되는데, 대표적인 사례가 동삼동패총 집단이 아닌가 한다.

패천을 전문적으로 제작하는 집단은 주재료인 투박조개의 안정적인 확보와 밀접한 관련이 있을 것으로 생각되는데, 현재 투박조개의 서식지와 주변 유적에서의 출토 양상을 고려한다면, 해안지역을 중심으로 곳곳에 존재했을 것으로 추정된다.

집단 내에서 패천을 자체 제작 또는 생산 유적 여부를 판단하는 기준은 여러 가지로 생각할 수 있지만, 동삼동패총의 분석결과를 참조하면 유적에서의 패천의 출토양, 제작 과정에서 발생하는 잔재물 및 파손품, 중간단계의 제품, 투박조개 등을 안정적으로 확보할 수 있는 서식지 등이 주요 기준이 될 수 있을 것이다. 이런 관점에서 본다면 남해안지역에서 동삼동패총과 같이 패천을 자체 제작했을 가능성이 높은 유적으로는 상노대도, 안도패총 등을 들 수가 있을 것이다. 이에 대해서는 앞으로 관련 유적의 패천의 출토양상과 특징 분석을 통해 구체적인 검토가 필요하다.

동삼동패총에서 출토된 패천 완성품은 그 수량이 의외로 적은 편이다. 그러나 각 공정별로 실패한 미제품과 마지막 단계에서 파손된 패천의 형태를 통해 완제품의 형식과 형식별 제작공정을 파악할 수 있다. 패천의 제작 공정은 기본적으로 ① 각정부의 천공 ② 윤부(공부) 확장 ③ 패륜부 조정 ④ 패륜부 성형의 4단계를 거친다. 각 단계의 가공 형태는 패천의 형식에 따라 세부적인 차이가 있다.

그러면 각 단계별 공정에 대해 간단히 살펴보면, ①단계는 투박조개의 각정부를 내면에서 타격하여 일차적으로 천공하는 과정이며 ②단계는 천공을 확대하여 원하는 크기의 윤부를 만드는 과정이다. ① ②단계는 모든 형식에 공통하는 공정인데, 윤부의 크기와 외형은 대체로 형식의 종류에 따라 결정되는 것으로 추정된다. ③단계 패륜부 조정은 형식에 따라 복연을 제거하기도 하고 혹은 그대로 이용하기도 하는데, 본 단계에서 복연을 제거하지 않고 윤부를 만든 형식(Ⅰ·Ⅱ형식)과 복연을 제거한 후 윤부를 만드는 형식(Ⅲ~Ⅴ형식)이 결정 된다. ④단계 패륜부 성형은 형식의 종류에 따라 가공법이 다르고 윤외면, 내외연의 형태를 결정하는 여러 단계의 세부 조정 과정을 거친다.

따라서 동삼동패총 출토 패천의 형식은 기본적으로 ③단계의 공정에서 결정되고 ④단계에서 세부적으로 확정된다고 할 수 있다. 이러한 제작공정을 통해 완성되는 동삼동패총의

표1 동삼동패총 출토 패천 형식 분류표

형식	단면	형식적 특징	형태
I		패각의 復緣은 제거하지 않고, 패각의 자연면을 따라 貝輪部를 마연, 단면 형태는 렌즈상의 타원형을 이룸.	
II		貝輪部 외면 上端을 일정 넓이로 평탄하게 마연하고, 외면의 경사면은 수직마연. 復緣은 미제거, 단면 형태는 장삼각형	
III		復緣의 일부를 제거하고, 貝輪部의 외면 上·下端은 수평으로, 측면은 수직으로 마연. 貝輪部의 폭이 두께보다 넓은 것이 특징. 단면은 오각형 내지 육각형.	
IV		復緣部 頂点까지 박리하고 貝輪部 上端은 수평, 외면(外緣)은 수직으로 마연. II형식과 비슷하나 復緣을 제거하는 제작공정에서 차이가 남. 단면은 梯形.	
V		復緣 일부 제거하고 貝輪部의 외면을 자연을 따라 마연한 형태. I형식 비슷하나 復緣을 제거하는 제작공정이 다름. 단면은 외면이 둥근 장방형	

패천은 패륜부의 형식적 특징에 따라 I~V 형식으로 나눌 수 있다(표1).[1] 이들 형식은 패륜부 가공방법과 형태에 따라 각각 다른 공정을 거치는데, 형식별로 그 특징을 살펴보면 다음과 같다.

I형식(도면1-2·3)은 패각의 복연을 제거하지 않고 패륜부의 외면을 자연면에 따라 곡

---

[1]   한반도 신석기시대 패천을 종합적으로 고찰한 김은영은 패천을 패각의 자연 형태에 따라 A와 B류로 나누고 투박조개 혹은 밤색무늬조개로 만든 A류 패천을 가공방법에 따라 A1~A3식으로 대별하고 윤부의 마연 부위에 따라 다시 a~e식으로 세분하고 있다(김은영, 2003, 「신석기시대 패천 연구」, 부산대학교 사학과 대학원 석사논문.). 그러나 그의 분류는 제작과정 중에 있는 윤부 형태를 하나의 형식으로 파악하고 분류한 점에서 문제가 있다. 지영배는 복연의 제거 유무에 따라 A와 B식으로 대별하여 윤부의 마연 부위의 수에 따라 0~4식으로 세분하고 있지만(지영배, 2013, 「한반도 신석기시대 장신구 및 이형유물에 대한 연구」, 부산대학교 고고학과 대학원 석사논문.), 역시 윤부 제작 과정상에서 나타나는 중간 단계의 형태를 고려하지 않은 점에서 재검토가 필요하다.

선적으로 마연한 것이며, 단면 형태가 렌즈상의 타원형을 이루는 것이 특징이다. 윤외면의 가공방법은 보통 윤상부를 먼저 마연하고 다음에 하부을 마연한다. 이때 윤외면을 패각의 자연면과 같이 둥글게 마연하기 위해서는 마연단위 사이에 생기는 각을 말각하는 방법으로 마연한다. 윤외면의 내연은 패륜부 타격 조정 시에 남은 요철부분이 마연된 것도 있지만 그렇지 않는 것도 많다.

Ⅱ형식(도면1-4·5)은 I형식과 마찬가지로 복연을 제거하지 않고 윤부를 만드는데 공정은 같으나 패륜부의 형태에서 차이가 난다. 본 형식은 윤부 상부를 수평으로 마연하여 평탄하게 만들고 외면을 수직 혹은 약간 경사지게 마연하여 단면 형태가 삼각형인 윤부를 완성한다. 윤외면의 곡율을 패각의 자연면과 같이 둥글게 하기 위하여 마연단위를 말각조정한다.

Ⅲ형식은 I·Ⅱ형식과 달리 패각 복연 일부를 내면 타격으로 일부 제거하고 윤부를 가공한 형태이다. 윤부의 성형은 먼저 윤부의 상단(윤내연)과 하단(요외언)을 납직하게 수평으로 마연하고, 윤부 외면을 수직으로 마연하는 순서로 진행된다. Ⅲ형식(도면1-1)은 윤부의 폭이 패천의 두께보다 넓고, 전체적으로 납작한 형태를 이루는 것이 특징이다. 단면 형태는 오각형 내지 육각형을 이룬다.

Ⅳ형식(도면1-6·7)은 패각의 복연을 頂点(가장 두터운 부분)까지 거의 제거하고, 윤외연은 수직, 윤내연은 수평 내지 약간 경사지게 마연한 형태이며, 패륜부의 폭이 좁고 두께가 넓은 것이 특징이다. 단면 형태는 삼각상의 사각형을 이룬다. 윤부의 외형적인 형태로 본다면 Ⅱ형식과 유사하나 패각의 복연이 제거되었다는 점에서 구분된다.

Ⅴ형식(도면1-8·9)은 복연 일부를 제거하고 윤외면을 자연면을 따라 마연한 형태이다. 윤외면과 단면 형태가 I형식과 유사하나 가장 큰 차이점은 복연부를 제거하고 윤외면을 둥근 장방형상으로 가공한 점이 다르다.

동삼동패총에서 출토된 패천은 전술한 바와 같이 5형식으로 구분되며, 각 형식은 윤부의 가공과 마연과정을 거쳐 완제품으로 제작되는 것으로 생각된다. 그러나 형식별 완제품이 모두 정밀 가공을 거친 것은 아니다. 예를 들면 윤 외면은 정밀 가공되었으나 내연은 거칠게 마무리된 것이나 윤외면을 대충 마연한 것 등이 그것인데, 이들 제품을 미제품으로도 볼 수 있지만, 산등패총의 인골에 착장된 패천의 경우는 윤내연을 마연하지 것으로 보아 단순히 윤부의 마연 유무로만 미제품으로 판단할 수 없을 것 같다.

따라서 필자는 동삼동패총의 패천을 포함하여 신석기시대 패천의 완제품은 가공정도(완성도)에 따라 윤부를 정밀 마연한 정제품과 윤부 내연을 마연하지 않고 가공 상태 그대로 두거나 윤부 외면과 외연 등을 정밀 가공하지 않은 조제품으로 구분할 수 있을 것으로 생각한다. 정제품과 조제품의 성격 혹은 기능에 대해서는 앞으로 구체적인 검토가 필요하지만, 정제품의 경우는 교역품으로의 이용되거나 집단내의 특정 신분이나 역할을 담당했던 사람이 착용했을 것으로, 조제품은 집단 내부의 소비용으로 일반적으로 사용되었던 것이 아닌가 추정해 볼 수 있다.

Ⅳ. 패천의 시기별 양상과 유통

이상의 분류를 토대로 동삼동패총 정화지역에서 출토된 패천의 층위별(시기별) 양상을 완제품을 중심으로 살펴보도록 하겠다. 〈표2〉에서 보는 바와 같이 조·전기 단계에 속하는 3호주거지와 7~9층에서는 패천의 양이 매우 적음을 알 수 있다. 현상을 그대로 이해한다면 융기문토기와 영선동토기 단계에는 패천의 제작이 그다지 성행하지 않은 것으로 추정할 수 있지만, 최근 발굴조사된 안도패총과 가덕도 장항유적의 패천 출토양상과 인골에 착장된 사례를 통해 볼 때 남해안지역에서는 신석기 조기 단계부터 패천의 제작과 착장 풍습이 성행한 것으로 보인다.

여기서 문제는 조기 단계의 패천이 후술하는 중기와 같이 대량으로 제작되고 생산되었는가 이다. 현재 까지 조사된 남해안지역의 조기 유적의 패천 출토양상과 동삼동패총의 사례로 볼 때 집단 자체의 소비를 중심으로 제작되었을 것으로 추정된다. 따라서 동삼동패총에서 조·전기 단계에 패천의 출토양이 적은 것은 중기와 달리 패천의 대량 생산이 이루어지지 않았다는 사실을 반영하는 것으로 생각된다. 그리고 양이 적고 미제품이 많아 단정할 수 없지만 조·전기 단계에는 Ⅳ·Ⅴ형식이 주류를 이루는 것으로 생각된다. 그러나 8층과 3호주거지에서 윤부 외면을 미가공하여 형식이 분명하지 않지만 I, Ⅱ형식의 미제품으로 생각되는 패륜부 편이 출토되는 것으로 보아 조·전기에도 I, Ⅱ형식의 패천이 제작되었을 가능성이 크다.

한편 중기 단계에 접어들면서는 패천의 양이 급증하고, 형식도 I~Ⅴ형식까지 다양화되는 양상이 나타나는 것으로 보아 이 시기부터 패천 생산이 본격적으로 이루어진 것으로 추정된다. 형식별로 보면 Ⅲ~Ⅴ형식이 80% 정도를 차지하면서 주류를 이루고, I·Ⅱ형식은

표2 東三洞貝塚 層位別 貝釧 형식 現況

층위(시기)		형식 I	II	III	IV	V	계
교란층		46(29.4%)	32(20.5%)	27(17.3%)	12(7.6%)	39(25%)	156(100%)
말기	2층	17(35.4%)	13(27.0%)	5(10.4%)	4(8.3%)	9(18.7%)	48(100%)
		54.8%	48.1%	9.8%	9.7%	14.5%	
후기	3층	2(12.5%)	6(37.5%)	4(25%)	1(6.2%)	3(18.7%)	16(100%)
		6.4%	22.2%	7.8%	2.4%	4.8%	
후기	4층	4(14.8%)		14(51.8%)	5(18.5%)	4(14.8%)	27(100%)
		12.9%		27.4%	12.2%	6.4%	
	5층	7(11.2%)	8(12.9%)	16(25.8%)	13(20.9%)	18(29.3%)	62(100%)
		22.5%	29.6%	31.3%	31.7%	29.0%	
중기	2호주거			9(39.1%)	5(21.7%)	9(39.1%)	23(100%)
				17.6%	12.2%	14.5%	
	1호주거	1(3.8%)		3(11.5%)	12(46.1%)	10(38.4%)	26(100%)
		3.2%		5.8%	29.2%	16.1%	
전기	3호주거				1(14.2%)	6(85.7%)	7(100%)
					2.4%	9.6%	
전기	7층						
조기	8층					3(100%)	3(100%)
						4.8%	
계		31(100%)	27(100%)	51(100%)	41(100%)	62(100%)	

※층위별 비율은 교란층 제외

20% 미만을 점유율을 보인다. 그러나 후·만기가 되면 Ⅰ·Ⅱ형식이 급증하고 Ⅲ~Ⅴ형식은 감소하는 양상을 보인다.

이상에서 살펴 본 동삼동패총의 패천은 시기별로 어느 정도 경향성을 가지면서 변화하고 있음을 보여 주는데, 중기부터 말기에 이르기까지 계속적으로 제작되고 대량으로 생산되었음을 알 수 있다. 특히 집단 내의 자체 소비 범위를 넘어 대량 생산된 많은 양의 패천은 일차적으로 동삼동패총 집단의 전업적인 면을 보여주는 것으로 판단되지만, 한편으로는 사회적, 경제적인 다양한 의미를 내포하고 있을 것으로 추정된다. 이에 대해서는 앞으로 충분한 검토와 연구가 필요하지만 우선 패천의 대량생산과 유통 문제에 초점을 맞추어 그 의미의 일단을 살펴보면 다음과 같이 추론할 수 있을 것으로 생각한다. 동삼동패총에서 소비 한계를 넘어서 대량 생산된 패천은 구주지역에서 교역품으로 반입된 흑요석에 대응하는 주요 교역물로써 대마도 佐賀패총이나 대마도를 경유하여 구주지역에 공급되고, 다른 한편으로는 재지의 주변 집단에 유통되었을 것으로 생각된다(하인수 2006).

물론 구주지역의 투박조개제 패천에 대한 산지분석이 이루어지지 않은 상태에서 구주의 패천이 동삼동패총의 생산품인지 확인할 수 없으나 적어도 대마도 佐賀패총의 투박조개제 패천은 다음과 같은 이유로 동삼동패총에서 공급되었을 개연성이 높은 것으로 추정된다.[2]

① 佐賀貝塚(長崎縣峰町敎育委員會 1989)에서 출토된 113점의 패천 중 투박조개로 만든 것이 84%(95점)로, 기타 패류의 패천보다 압도적으로 많은 양을 차지하고 있다.[3] 그런데, 투박조개는 암초성 해안이 발달한 대마도에 서식하지 않는 것으로 알려져 있다.[4] ② 佐賀패총의 패천 형식은 패륜부의 제작방법과 형태적 속성에 따라 분류되는 동삼동의 패천 형식과 완전히 일치한다.[5] ③ 佐賀貝塚은 패천이 대량으로 생산된 동삼동패총과 지리적으로 가까운 곳에 위치하며, 여기서 한반도에서 반입된 흰삿가조개와 뿔럭지삿가조개로 만든 패천이 출토되고 있다. 이상의 여러 사실과 정황들을 종합하여 볼 때 佐賀貝塚 출토 패천은 구주 본토로부터 유입되었을 가능성보다는 동삼동패총에서 생산된 패천이 흑요석과의 교역품으로 반입된 것으로 보는 것이 보다 설득력이 있다고 생각된다.

동삼동패총에서 생산된 패천이 어느 지역까지 유통되고 공급되었는가에 대해서는 앞으로 연구가 필요하겠지만 남해안의 흑요석과 마찬가지로 특정 집단을 중심으로 주변지역에 유통되었을 것으로 생각된다. 부산 주변의 범방, 수가리, 대항, 세죽유적과 낙동강 중류역의 청도 오진리유적에서 출토되는 패천은 이러한 상황을 반영하는 것이 아닌가 한다. 한편으로 투박조개가 서식하지 않은 서해안의 가거도, 노래섬, 대죽리, 고남리, 송학리유적과 중부내륙의 상시, 금굴유적, 영월 쌍굴, 꽃병굴유적 등지에서 패천이 출토되고 있는 점은

---

2) 동일 종에 대한 패제품의 산지 분석이 가능한지 알 수 없으나, 현재까지 과학적인 분석 예는 없는 것으로 생각된다. 만약 과학적인 분석을 통해 패류의 산지 동정이 가능하다고 한다면 흑요석과 패천의 교역 문제는 쉽게 해결될 것으로 기대된다. 그러나 현시점에서 기대하기 어렵기 때문에 필자는 동삼동 패총 출토 패천의 구주지역으로 반입여부를 제작방법과 형식의 동일성을 통해 검토해 보는 것도 하나의 방법이 아닌가 생각하고 있다.

3) 九州地域의 繩文유적 중 佐賀貝塚 만큼 다량으로 패천이 출토된 예는 거의 없으며, 대부분의 유적에서는 소량의 패천만 출토된다.

4) 대마도의 투박조개 서식문제에 대해서는 金子浩昌先生으로부터 자문을 받았다.

5) 佐賀貝塚에서 출토된 패천 중 형식을 알 수 없는 편을 제외한 75점의 분석한 결과 Ⅰ·Ⅱ형식이 76%, Ⅲ·Ⅳ형식이 6.7%, Ⅴ형식이 17.3%를 차지하고 있음을 알 수 있다, 이 같은 형식구성은 동시기인 동삼동패총 제2층의 패천 양상과 거의 일치하며, 양 유적 모두Ⅰ·Ⅱ형식이 주류를 이룬다.

패천의 유통망이 매우 넓게 형성되었음을 보여 준다.

이들 패천이 어느 지역에서 공급되었는지는 현재로써는 알 수 없지만, 특정지역에서 산출되는 소재로 만든 제품이 전국적인 분포상을 보이는 점을 중시한다면 지역별로 패천 유통망이 존재했을 가능성이 높다고 하겠다.

V. 패천의 성격

패천의 형태는 대부분 타원형을 이루며, 크기는 다양한데 보통은 내경이 5×7cm 정도이나 3×4cm 정도의 소형도 다수 있다. 패천의 크기로 본다면 소아나 성인 남녀가 착용하기 곤란한 것도 있고, 패층 내에서 2~3개씩 혹은 10여 개씩 마치 끈으로 고정된 채 폐기된 것으로 보이는 미완성 패천들이 출토되고 있는 점 등을 통해 볼 때 앞으로 패천의 용도나 성격, 의미 등에 대해 구체적인 검토가 필요할 것으로 생각된다.

특히 〈패천보고서 2014, 도판16-3〉은 잔존 크기가 각장 3.5cm, 각고 2.8cm, 윤 내경 장축 2.6cm, 단축 2.1cm 정도의 매우 소형에 속하는 것인데, 소아도 착용하기 불가능한 것이다.

최근 발굴된 부산 가덕도 장항유적(한국문물연구원 2014)의 1호 인골과 6호 인골의 패천 출토 상태는 패천의 사용 방법의 일면을 보여 주는 좋은 사례라는 점에서 주목된다. 남해안 신석기시대 조기말로 추정되는 이들 인골은 양 손목에 피조개와 투박조개로 만든 패천을 착용하고 나머지 패천을 가슴에 수식 혹은 부장용으로 안치하고 있다. 특히 6호 인골은 가슴 장식으로 투박조개로 만든 패천을 사용하고 있다.

적어도 가덕도 장항유적의 사례와 동삼동패총의 소형의 패천 자료로 보아 모든 패천이 손목 장식용으로 사용한 것은 아님을 알 수 있다. 따라서 패천의 용도와 성격에 대해서는 출토 상태, 패천의 크기 분석을 통해 수식, 장식용, 제의용 등 다양한 관점에서 검토와 논의가 필요하다고 생각된다. 전술한 바와 같이 패천으로 분류되는 것 중에 소아도 착용하기 어려운 것이 다소 존재하는 것으로 보아 팔찌의 개념으로 사용하고 있는 패천의 명칭을 그대로 사용해도 좋을 것인지도 검토가 필요하다고 생각된다. 이러한 문제점을 해결하기 위해서는 통상 사용하는 貝釧 명칭보다 貝輪으로 부르는 것도 하나의 방안이 될 수 있을 것이다. 주지하다시피 일본 繩文時代 연구자들은 보통 패천 보다 貝輪이라는 명칭을 사용하고 있다.

	유적	유구	수량	시기	비고
1	부산 동삼동패총	패총 주거지	1,500점 이상	조기-만기	투박조개, 밤색무늬조개, 새꼬막, 피조개
2	부산 조도패총	패총	12점	중기	투박조개
3	부산 범방패총	패총	3점	조기-중기	투박조개, 피조개(?)
4	부산 북정패총	패총	1점	?	새꼬막
5	김해 수가리패총	패총	15	중기-만기	밤색무늬조개, 새꼬막
6	가덕도 대항패총	패총	8	전기-중기	투박조개
7	가덕도 장항유적	패총, 분묘, 집석유구등	30여 점	조기-말기	투박조개, 피조개
8	진해 안골포패총	패총	8	만기	투박조개
9	사천 구평리패총	패총	13	만기	투박조개
10	돌산 송도패총	패총	4	조기-후기	투박조개
11	통영 연대도패총	패총	13	조기-전기	투박조개
12	여천 안도 가유적	패총	1	조기-만기	투박조개(?)
13	통영 욕지도패총	패총	1	전기	투박조개(?)
14	통영 상노대도	패총	26	조기-만기	투박조개, 백합, 개조개
15	청도 오진리유적	암음	1	만기	투박조개
16	울산 세죽패총	포함층	1	조기	투박조개
17	통영 산등패총	분묘	4	후기-만기	투박조개, 큰배말조개
18	단양 상시3그늘유적	동굴	3	조기-후기	투박조개, 갈색이랑조개
19	단양 금굴유적	동굴	5	중기	투박조개, 행달조개(?)
20	군산 노래섬패총	패총	1	중기	투박조개
21	영월 쌍굴유적	동굴	4점	후기	투박조개
22	안면도 고남리패총	패총		중기	투박조개
23	서산 대죽리유적	패총	1	중기	투박조개
24	보령 원산도패총	패총	1	?	?
25	웅기 송평동패총	패총	6점 이상	?	투박조개
26	선봉 서포항패총	패총	3	전기-후기	피조개(?), 투박조개(?)
27	청진 원수대패총	패총	2		투박조개(?), 흰삿갓조개(?)
28	신안 어의도패총	패총	1		투박조개
29	완도 여서도패총	패총	수점	조기-만기	투박조개, 피조개
30	영월 꽃병굴유적	동굴	2		
31	보령 송학리패총	패총	3		피조개, 투박조개
32	광양 돈탁패총	패총	3	말기	
33	신안 가거도패총	패총	1	전기-말기	투박조개
34	여수 경도 내동패총	패총	1점	후-말기?	투박조개?
35	제주종달리1819번지	패총	4점 이상	후-말기	투박조개(미보고)

도면1 동삼동패총 출토 패천 형식 〈축척부동〉

1: Ⅲ형식, 2·3: Ⅰ형식, 4·5: Ⅱ형식, 6·7: Ⅳ형식, 8·9: Ⅴ형식

　한편 일본의 승문시대 패천은 착장의 성별과 패종의 상징성으로 보아 신석기사회 내에서 특정한 역할을 담당했던 여성이 주로 사용했던 것으로 간주되고 있다(木下尚子, 2000). 한반도의 경우 성별이 판명된 가덕도 장항과 안도유적(국립광주박물관, 2009)의 경우는 남녀 모두가 착용하고 있다는 점에 일본 사례를 그대로 국내에 적용하기에는 무리가 있을 것으로 생각되지만, 아직 구체인 사례가 적어 단정할 수 없는 실정이다. 앞으로 연구가 필요한 부분이다. 그러나 가덕도 장항유적의 경우 48기의 인골 중에 패천을 착용한 인골이 2기에 지나지 않는다는 것은 피장자의 신분과 패천의 사회적 성격을 이해하는데 시사하는 바가 크다고 할 수 있다.

[참고문헌]

국립광주박물관, 2009,『안도패총』.

국립중앙박물관, 2004·2005,『동삼동패총』Ⅰ·Ⅱ·Ⅲ.

김은영, 2003,「신석기시대 패천 연구」, 부산대학교 사학과 대학원 석사논문.

木下尚子, 2000,「裝身具と權力·男女」,『古代史の論点』, 小學館.

長崎縣峰町敎育委員會, 1989,『佐賀貝塚』.

지영배, 2013,「한반도 신석기시대 장신구 및 이형유물에 대한 연구」, 부산대학교 고고학
　　　　과 대학원 석사논문.

하인수, 2006,「신석기시대 한일문화교류와 흑요석」,『한국고고학보』58, 한국고고학회.

한국문물연구원, 2014,『부산 가덕도 장항유적』.

옥기의 기초적 검토

Ⅰ. 머리말

옥은 자연 상태에서 쉽게 구하기 힘들 뿐만 아니라 그것이 갖는 희소성과 물리적 특성, 가공 후 아름다운 색이 갖는 신비감 등으로 일찍부터 장신구나 의례구의 소재로 이용되었다.[1] 한반도에서에서 처음으로 옥이 사용된 시기는 새로운 환경에 적응하면서 정주생활과

---

[1] 옥은 특유의 아름다운 색조와 뛰어난 인성, 영롱한 반투명성 등의 물리적 특성으로 인하여 민족과 지역에 따라 종교, 의례, 벽사, 주술, 장의, 장식(신)적 용도 등 다양한 기능과 형태로 사용되어 왔다. 특히 옥이 갖는 빛깔과 자태, 변하지 않는 불변성과 희소성으로 선사시대부터 장신구의 소재로 혹은 신분이나 지위를 상징하는 표상으로 널리 애용되었다. 뿐만 아니라 옥에는 생명의 재생력과 벽사적

다양한 생업활동을 전개한 신석기시대[2)]부터이며, 이 시기부터 옥(眞玉) 혹은 옥질의 소재를 가공한 다양한 종류의 옥기가 등장하면서 장신구 등으로 활용된다.

그러나 신석기시대 옥기는 청동기시대와 삼한, 삼국시대에 비해 관련 유적과 출토양이 적어 옥기의 계통과 출현과정, 옥기의 종류와 형식적 특징, 지역적 분포양상, 시기별 변천과정 등 그 성격과 내용이 불투명한 실정이다.(복천박물관 2013). 그것은 일차적으로 관련유적과 유물이 적은 데 기인하지만, 연구가 충분히 이루어지지 않은데도 그 원인 있다고 할 수 있다. 그러나 최근 한반도 남부지역의 신석기시대 주거유적의 발굴조사가 증가하고 다양한 형태의 옥기 자료가 출토되면서 이에 대한 관심이 높아지고 있다는 점에서 앞으로 구체적인 검토가 이루어 질것으로 기대되고 있다.

주지하는 바와 같이 옥은 그 자체가 갖는 상징성, 장신 형태와 용도(기능), 생산과 유통, 소유형태 등 다양한 측면을 통해 신석기시대 사회적 가치관, 사회구조 및 시스템 등을 이해하는 많은 정보를 얻을 수 있다는 점에서 생업도구의 연구와 마찬가지로 신석기고고학 연구에 중요한 위치를 차지한다고 할 수 있다.

그런 측면에서 그 동안 토기나 석기, 혹은 장신구를 분석하면서 단편적으로 검토되고 논의되어 왔던 신석기시대 옥기에 대해 출현시기와 계통문제를 포함하여 옥문화의 성립과 전개 과정에 대한 구체적인 검토와 논의도 이제는 필요한 시점이라고 생각된다.

효능이 있다고 믿어 이를 복용하거나 주술구로 활용하기도 하였다.

2) 동아시아에서 옥이 장신구 등으로 이용되기 시작한 것은 후기 구석기시대부터이다. 우크라이나, 체코, 시베리아, 일본 등의 후기구석기시대 유적(寺崎康史 2004)에서 출토된 환옥 형태의 옥석제 장신구는 구석기인들이 뼈나 조개 등을 이용한 장신구와 달리 석기 재료와 구분되는 재질을 가공하여 장신구로 사용하고 있음을 보여 준다. 그러나 이것은 사회적 가치를 갖는 진정한 의미의 옥이라고는 할 수 없다. 북경 원인이 수정을 석기로 사용한 것이나 후기 구석기시대 순천 월평유적, 동해 기곡, 홍천 하계리유적 등에서 출토되는 수정제 화살촉, 박편 긁개, 좀돌날 몸돌 등의 출토 사례는 삼한시대 이래 주요 옥기(玉器) 재료로 사용된 수정을 구석기인들이 옥으로 인식하지 못하고 석기의 소재로만 활용하였음을 보여 준다. 따라서 진정한 의미로 옥을 가공하여 기물(器物)로 사용하기 시작하는 것은 장신 문화가 발달한 신석기시대부터라고 할 수 있다. 현재 고고학적 발굴 성과에 따르면 가장 이른 시기의 옥기는 기원전 6,000년 전후로 추정되는 중국 동북지역의 興隆窪문화 단계에 처음 출현한 것으로 생각되고 있다(鄧聰 2004; 劉國祥 2004). 한반도 신석기시대는 생업 형태와 생존 방식이 다양화되면서 이전과 다른 새로운 문화가 창출되고 전개되는 시기이기도 하지만, 한편으로는 특히 신체 장식이 본격적으로 이루어지고 여러 가지 장신구가 출현하여 유행한다는 점에서 한국 장신구 문화의 조형을 이루는 시기라고 할 수 있다(하인수 2003).

　　따라서 본고에서는 향후 한반도 신석기시대 옥문화 연구를 위한 기초 작업으로 최근 발굴 성과와 연구 결과를 바탕으로 한반도에서 출토된 옥기의 종류와 그 특징을 개략적으로 살펴보고 필자의 의견을 개진하고자 한다, 물론 전반적으로 검토하기에는 관련 유적이 적고 자료부족으로 신석기시대 옥기가 차지하는 사회적 의미와 계통, 시기별 변화양상과 특징 등을 이해하는데 어려운 점도 있지만, 현재까지 출토된 옥기를 종합하여 정리하면서 한반도 옥기 양상을 살펴보는 것도 의미가 있다고 할 수 있다.

Ⅱ. 연구 현황과 문제

석제장신구를 포함한 옥기에 대한 연구는 저조한 편이고 토기나 석기문화 등을 검토하거나 특정유물을 분석하는 가운데 계통, 편년, 분류 등을 개략적으로 다루어 왔다고 할 수 있다.

　　지금까지 옥기 연구로는 결상이식을 중심으로 한 특정 기종과 계통을 중심으로 분석한 中山淸隆(1994, 1996, 2003, 2004, 2009)를 비롯한, 국립문화재연구소(2004), 김은영(2007), 임승경(2012a, 2012b)의 논고와 석제장신구를 포함하여 개략적으로 옥기를 검토한 노희숙(1997), 이상균(2007), 지영배(2013) 등의 논고가 있다.

　　이밖에 일본열도의 결상이식의 계통과 기원문제, 중국 동북지역 옥문화의 확산 및 전파와 관련하여 한반도 옥기를 간접적으로 다룬 중국과 일본 연구자의 분석도 있다(藤田富士夫 2002, 2003, 2004; 鄧聰 2004; 劉國祥 2004; 大坪志子 2013; 川崎 保 2002, 2004a; 下村智 2010). 그러면 현재의 연구 동향과 향후 연구 방향을 살펴 본다는 측면에서 기존 연구의 내용과 논점, 문제점에 대해 간단히 언급해두기로 한다.

　　노희숙(1997)은 한국 선사 옥의 종류를 곱은옥, 대롱옥, 구슬옥으로 구분하고 이를 다시 형식 분류하여 시대별 옥의 특징을 검토하였다. 분석 대상은 청동기와 초기철기시대 옥이 중심이지만, 당시까지 출토된 신석기시대 옥에 대해서도 유적별로 옥의 종류를 간략하게 다루고 있다. 그러나 자료 부족으로 충분한 검토가 이루어지지 못하였고 대롱옥(관옥)에는 벽옥과 비취를 사용한다는 등 자료 인식에 대한 오류가 보인다.

　　문암리유적 보고자(2004)인 김성범, 박윤정 등은 02-3호묘 출토 결상이식을 검토하면서 문암리출토품은 일본 조몬문화의 것과 다르고 매장품습, 재질, 형태적 특징 등에서 중국 동북지역이나 연해주지역과 유사하다는 점에서 반입되었을 가능성이 높다는 의견을 제시

하였다. 문암리 결상이식의 반입여부는 산지분석을 통해 해결되어야 하겠지만, 최근 국립
문화재연구소의 분석결과 연옥이 아니고 납석으로 판명[3]된 점을 중시한다면, 반입품보다
재지에서 제작되었을 가능성이 높다.

　이상균(2007)은 한반도의 옥기 양상을 중국 옥기문화와 비교하여 개괄적으로 검토하면
서 그 계통을 중국 요하유역의 흥융와문화의 영향을 받은 수직기원설과 옥기문화의 유입
후 동아시아 각 지역에 확산된 옥제품이 근린지역과 교류하는 수평교류설의 크게 2계통으
로 나누고 있다. 그리고 한반도 옥기문화의 기원을 신석기조기, 전기의 시점에서 중국 요
하유역의 영향 하에 성립된 것으로 추정하였다.

　특히 그는 한반도에 옥문화가 정착된 후 해안지역을 중심으로 중국 장강유역과 일본 구
주지역과 연계한 수평교류를 통한 옥문화의 계통을 상정하고 남해안의 결상이식과 봉상수
식은 일본과의 교류물로 인식하고 있다. 그러나 현시점에서 이들 옥기를 교류의 산물로 보
는 데는 후술하는 바와 같이 신중한 검토가 필요하다고 생각한다.

　김은영(2007)은 동해안지역 고성 문암리유적을 중심으로 평저토기를 고찰하면서 문암
리 출토 결상이식의 玦口제작 방법과 제작지 문제를 검토하고 있다. 그는 한반도 결상이식
이 일본 구주지역과 거의 비슷한 시기에 발생할 가능성이 높고 결구제작에 擦切기법의 제
일성이 보이기 때문에 中山淸隆(2004) 등이 주장하는 조몬문화로부터 전해졌을 가능성이
낮다고 주장하였다. 그리고 문암리 이식이 絲切기법으로 제작된 중국 동북지역의 사해유
적이나 쵸르토비보로타유적 출토품 등과 다르고, 재지에서 자체 제작할 수 있는 요건인 재
료(춘천 연옥)와 기술(찰절기법)이 존재하므로 반입품이 아닌 한반도에서 제작된 것으로
추정하였다. 그러나 결상이식에 대한 정보나 근원은 중국동북지역이나 연해주일 가능성은
인정하고 있다.

　김은영의 견해는 기본적으로 타당하다고 생각되지만, 그 전제인 소재가 연옥이 아닌 납
석제로 확인된 이상 문암리 결상이식이 집단 내에서 제작된 것인지 혹은 즐문토기문화 내
의 타 지역으로부터 유입된 것인지를 규명하는 것이 앞으로 필요하다고 생각된다.

　中山淸隆(1994, 1996, 2003, 2004, 2009)은 일찍부터 한반도의 옥기에 대해 관심을 가
지고 결상이식과 옥기문화의 계통문제를 집중적으로 검토하였는데, 그의 일련의 연구는

---

3)　문암리 출토 결상이식은 외견상에 나타나는 형태적인 특징으로 보아 연옥으로 추정되어 왔으나
국립부여문화재연소의 임승경연구관의 전언에 의하면, 최근 국립화재연구소에서 분석한 결과 납석으
로 판명되었다고 한다.

한반도 옥기문화 성립과 계통문제를 이해하는 많은 참고 된다.

그의 논지는 한반도에 기본적으로 결상이식이 존재하지 않는다는 전제하에 문암리, 동삼동, 안도, 사촌리유적 결상이식은 일본열도에서 반입되었을 것으로 보고 있다.[4] 그 이유를 한반도 결상이식이 그 계통지로 생각되는 중국 동북지역과 연해주의 것과 달리 일본 열도 출토품과 근사하며, 한반도에서 결상이식의 제작유적이 발견되지 않는 사실을 들고 있다.

특히 문암리 결상이식은 찰절에 의한 결구제작 형태, 중앙공의 크기, 전체 마무리 등에서 중국과 연해주의 것과 다르고 형태적으로 일본 열도 출토품과 근사하기 때문에 구주지역과 교류가 활발한 영남지역을 매개로 유입된 것으로 추정하고 있다.[5]

일본열도 결상이식의 대륙도래설을 다원론적으로 생각하는 그의 입장에서 본다면 가능한 주장일 수 도 있다.

하지만 일본과 한반도, 연해주 등의 결상이식문화가 중국 동북지역에 기원과 계통을 두고 있다는 최근의 연구 성과와 한반도에서 결상이식의 출토사례가 증가하고 있는 추세 그리고 후술하는 고산리유적에서 출토된 결상이식의 결구 형태가 중국 興隆窪문화 단계의 그것과 동일한 絲切기법으로 제작된 점을 염두에 둔다면 오히려 일본 구주지역 결상이식의 계보를 한반도에서 찾아야 하는 것이 아닌가한다. 뿐만 아니라 결상이식을 단순히 형태적 유사성과 양적인 우위만으로 반입여부를 결정하고 단정하는 것은 재고할 필요가 있다고 생각된다.

처음으로 한반도 결상이식을 종합적으로 검토한 임승경(2012a, 2012b)은 형태적 특징을 통해 남부지역 결상이식은 주변지역으로부터 유입되었을 가능성이 높다고 추정하였다. 동삼동, 사촌리 출토품은 형태적인 특징으로 보아 일본열도와 외연이 정연하지 않은 처용리와 선진리, 안도출토품은 중국 장강이남의 결상이식과 유사성이 깊고, 동해안지역의 문암리출토품은 중국 동북이나 연해주와 연관성이 높은 것으로 보았다.

임승경의 견해는 일부 일본 연구자와 마찬가지로 한반도 결상이식이 대부분 외부지역에서 유입된 것으로 보고 있는 것이 특징이다. 아직 옥기의 재질에 대한 산지 동정이 이루어

---

4) 川﨑 保(2006)는 한반도 결상이식은 일본 열도에서 전해졌으며, 조몬 전기 중엽 이후로는 한반도를 경유 일본열도에 전파되었을 두 가지 경우를 생각하고 있다.

5) 中山淸隆은 문암리의 결상이식의 제작지 문제는 제작과정에 있는 중간단계의 자료가 발견되지 않는 한 현지에서 제작된 것으로 단정하는 것은 어렵다면서 김은영(2007)이 주장하는 석재와 기술이 있는 것만으로 자제 제작으로 볼 수 없다고 주장하고 있다(2009a).

지지 않은 상태에서 외형적인 형태만으로 주변지역과 관련지우는 것은 구체적인 분석이 필요하고 특히 중국 장강이남 지역의 결상이식과 연결시키는 것은 재론의 여지가 있다고 생각된다.

지영배(2013)는 한반도신석기시대 장신구와 이형유물의 양상과 변천과정을 고찰하면서 석제수식과 결상이식을 형식분류하고 편년을 시도하였다. 특히 결상이식을 평면형태에 따라 원형(Ⅰ), 종장형(Ⅱ), 횡장(Ⅲ)으로 나누고 다시 세부 속성에 따라 여러 형식으로 세분하고 있다. 그의 연구는 한반도 신석기시대 석제장신구를 구체적으로 분석, 시기별 변화양상을 검토하고 결상이식을 형식 분류하였다는 점에서 의미가 있지만, 논지 전개와 분류 등에 검토의 여지가 있고 특히 결상이식 분류에 일본 구주지역 까지 포함함으로서 한반도의 결상이식의 특징과 성격이 다소 모호해지는 면도 없지 않다.

이밖에 전술한 바와 같이 鄧聰, 大坪志子, 川崎 保, 下村智, 藤田富士夫 등도 한반도의 옥기 특히 결상이식 문제를 단편적으로 다루고 있다. 주로 중국 옥문화의 기원과 전파 혹은 일본열도 결상이식의 계통과 수용, 전파루트 측면에서 한반도 옥기의 중요성을 언급하고 있다.

이상에서 한반도 신석기옥기에 대한 최근 연구 현황과 문제점을 간략하게 살펴보았는데, 전술한 바와 같이 한반도 옥 연구는 주로 결상이식을 중심으로 그 성격과 계통문제에 치중하여 단편적으로 검토되어 왔고 구체적이고 종합적인 논의는 거의 이루어지지 않았다고 할 수 있다. 최근 전국 각지에서 다양한 형태의 옥기자료가 출토되는 추세에 비추어 본다면, 현 시점에서 한반도 옥기를 정리하고 기종별 성격에 대한 본격적인 분석과 검토가 필요하다고 생각된다.

Ⅲ. 옥기의 기종별 검토

옥이란 광물학적으로 휘석, 각섬석, 사문석, 실리카로 구성된 미정질 내지는 은미정질 광물을 총칭하는 규산염 광물질을 의미한다(嚴潔 2006). 자연에서 산출되는 옥[6]은 구성 성분

---

6)　천연 옥은 지질환경과 생성조건에 따라 다양한 특성을 가지며, 일반적으로 옥은 단결정으로 산출되는 다른 보석류와 달리 극미립 광물들의 집합으로서 일종의 광물 형태로 산출된다(양승영 편 2001).

에 따라 휘석류인 경옥(Jadeite)과 각섬석류인 연옥(Nephrite)으로 구분되지만, 일반적으로 지역과 나라에 따라 옥의 개념과 정의는 다양하여 한마디로 규정하기 어렵다.

옥은 광물학상으로 경옥과 연옥만을 가리키지만, 문화사적으로 혹은 고고학적으로는 허신(許愼)이 설문해자(說文解字)에서 언급한 바와 같이 아름다운 돌(石之美者)이라는 광의 개념에서 경옥 및 연옥과 유사한 성질과 재질을 가지면서 장신구로 가공되는 채석(彩石, 假玉), 수정, 호박, 수정, 마노, 벽옥, 납석 등도 옥의 개념에 포함시키기도 한다(임승경 1997). 여기에 덧붙여 고고학적으로는 유리구슬도 옥의 범주에 포함시키기도 한다.

한반도의 옥기는 몇 예를 제외하고 광물학적인 분석이 이루어지지 않아 정확한 재질은 알 수 없는 실정이다. 연옥으로 만든 옥기는 극히 소수에 불과하고 대부분의 옥기는 옥질의 미색을 갖는 사문암이나 납석, 마노 등으로 가공된 것으로 보이는데, 앞으로 옥기의 생산과 유통을 포함한 지역간 교류문제를 분명히 하기 위해서는 광물학적인 분석이 필요하다고 생각된다.

그러면 현재까지 한반도에서 출토된 옥기를 종합적으로 정리하여 기종별로 분류하고 각 기종에 대한 형식적인 특징과 성격에 대해 개괄적으로 살펴보고자 한다. 그리고 본고에서 검토하는 옥기는 사전적인 의미의 연옥[7]만을 지칭하는 것이 아니라 사문암, 납석, 활석, 석영 등 옥질의 석제장신구를 포함하는 개념임을 밝혀 둔다.

신석기시대 옥기는 주로 무덤의 부장품으로 출토되나 주거지와 패총 등 생활유적에서도 발견된다. 그러나 출토예가 많지 않다. 대표적인 유적으로는 울산 처용리, 가덕도 장항, 부산 동삼동, 범방, 고성 문암리, 인천 운서동, 중산동유적, 파주 주월리유적 등이 있다. 최근 부산 가덕도 장항유적에서 관옥과 수옥이 6점 출토되었는데, 남부지역에서 단일유적으로는 가장 많은 수량이다(김상현 2012).

이밖에 울주 신암리유적(부경문물연구원 2013)과 제주 고산리유적(방문배 2012)에서 반파된 결상이식 1점이 출토되었다. 이들 자료는 남해안지역의 옥문화를 이해하는데 중요한 정보를 제공해줄 것으로 기대된다. 현재까지 한반도에서 확인된 신석기시대 옥기는 기능과 용도면에서 크게 耳飾과 垂飾, 玉斧로 구분되지만, 형태적인 특징으로 보아 耳飾, 垂

특히 옥은 철, 망간, 크롬, 칼슘 등의 불순물의 혼입 정도에 따라 녹색, 갈색, 연두색, 회색 등 다양한 색조를 띤다.

7) 연옥은 지질학적으로 투섬석 혹은 투록섬석으로 불리어지는 각섬석족에 속하는 규산염광물을 가리키며(宮島 宏 2004), 경옥의 상대적인 개념으로 연질의 옥을 의미하는 것은 아니다.

玉, 管玉, 匕狀玉器, 半月形玉器, 環狀玉器, 玉斧 등으로 나눌 수 있다. 비실용적인 옥부를 제외하고 대부분 장신구이며, 중국 옥기와 같이 의례적 성격(劉國祥 2004)을 갖는 것은 확인되지 않는다.

옥의 소재는 연옥도 있지만 성분 분석이 이루어지지 않아 광물질의 정확한 동정은 불명한 점이 많다. 대부분 납석, 활석, 마노, 형석, 사문암, 석영, 혈암, 응회암, 대리석 등 가공하면 광택과 아름다운 색조를 갖는 옥질의 암석을 사용하는데, 주변에서 구할 수 있는 소재를 주로 이용하였다. 그러나 연옥이나 무늬가 있는 채석(彩石)은 소재 확보의 어려움 등으로 특정지역에서 제작되어 교류의 대상으로 이동되기도 하는데, 대표적인 사례가 후술하는 제주의 고산리와 도두동, 삼양동(삼화지구), 범방패총 등에서 출토한 결상이식과 수옥이다.

1. 玦狀耳飾

한반도에서 처음으로 확인된 결상이식[8]은 鳥居龍臧에 의해 두만강 하류역의 웅기만 내

---

8)　결상이식은 중국 고대 옥기인 玦과 유사하다는데서 붙여진 명칭으로 土製耳栓과 달리 옥석을 둥글게 가공하여 귓불에 구멍을 뚫어 거는 고리형의 귀걸이다. 중국이나 일본의 신석기시대 분묘유적에서 인골에 착장된 상태로 출토한 사례와 출토위치 등으로 보아 귀를 장식하는 이식으로 간주되어 왔다. 그러나 무덤에서의 출토위치, 인골의 착장상태 등을 분석한 결과 귀걸이, 머리 및 가슴 장식, 완식(腕飾), 부장품 등 다용도로 사용된 것으로 추정되고 있다(藤田富士夫 2007; 伊東美奈子 2004) 그리고 내몽고 흥륭구 4호 무덤의 여성 인골의 오른쪽 눈에 결상이식을 삽입한 사례는 결상이식이 장신구 이외에 다른 특수한 기능과 성격도 갖고 있음을 알 수 있다. 이러한 사실은 결상이식이 하나의 용도로 특화되지 않고 다양한 목적으로 전용되었음을 보여 주는 것이라 할 수 있으며, 이런 의미에서 일부 연구자는 결상이식을 玦飾(鄧聰 2004; 藤田富士夫 2012) 으로 부르기도 한다. 그런데 문제는 결상이식이 출현 당시부터 다용도로 사용되었는가 아니며 이식의 기능에서 다용도로 전용되었는가 하는 것이다. 이에 대해서는 앞으로 연구가 필요하지만, 결상이식의 주요한 특징 중의 하나인 귓불에 삽입하기 위한 결구가 마련되어 있다는 점에서 당초에는 이식으로 사용되었으나 이후 다목적용으로 용도가 전환되었을 것으로 추정된다. 한반도의 결상이식의 용도는 인골의 착장 사례가 없어 단정할 수 없으나 문암리유적의 무덤에서 머리 부근에서 쌍으로 출토된 것으로 보아 당초부터 이식으로 사용된 것으로 보인다. 한편 결상이식은 그 재료가 주변에서 쉽게 구할 수 있는 물건이 아니고, 결상이식의 분묘 부장품 양상(질과 양)이 타 분묘와 차별화되는 점으로 보아 사회적으로 혹은 집단 내에서 특정 유력자(리더)나 소수의 사회구성원이 보유한 장신구 혹은 위신재로 로 추정되고 있다(劉國祥 2004; 藤田富士夫 2012; 中山淸隆 2009a).

패총에서 출토한 것이지만, 中山淸隆(1996)의 지적과 같이 기술만 있고 출토양상이나 형태 등에 대해서는 알 수 없다. 이후 小野忠明(1935)이 평양 부근의 사동리 출토 결상이식을 보고했으나 특별히 주목을 받지 못하였다. 이후 청도 사촌리유적의 포함층에서 사문암혹은 연옥제(?) 결상이식이 처음으로 발굴된 이후 현재까지 조사된 결상이식 유적으로는 부산 동삼동, 울주 신암리유적[9], 울산 처용리, 사천 선진리, 여수 안도, 제주 고산리, 도두동, 삼양동, 용담동, 청도 사촌리, 고성 문암리유적이 있다(표1).

이들 유적에서 출토된 것은 14점에 불과하지만(도면1) 분포지역은 내륙지역을 제외하고 전국에 걸치고 있다. 사동리와 문암리출토품을 제외하며 동·남해안지역과 제주지역에서

표1　한반도 출토 결상이식 현황

NO	유적명	유구	규격(cm)				재질	시기
			直徑	두께	中心孔	輪幅		
1	동삼동패총	4층	2.8×2.6(3.6)	1.3	1.4	0.8~1.2	석영	조기
2	문암리유적	02-3호묘	3.6×3.6	0.65	1	1.2~1.4	납석	조기
			3.4×4	0.7	1.2	1~1.4		중엽
3	안도패총	1층	2.9×3	0.7	1.4	0.9	?	조기 전엽
4	처용리유적	Ⅱ-1호분묘	2.7×3	0.35~0.95	2	1.1	옥수	전기 초
5	선진리유적	Ⅳ층	4.4×4	1.2	2	1.1~1.5	?	조기 말
6	사촌리유적	포함층	2.9×2(3.2)	0.6	(0.6)	0.9~1.2	연옥?	조기?
7	제주고산리	포함층	3.2×3.7(4.2)	0.58	0.8	0.9~1.5	?	조기
8	삼양동유적	포함층	3.8(5.8)	1	(3)	1.3	?	조기
9	도두동유적	4호수혈	2.4×1.2	0.4	?	?	활석 (납석)	조기
10	용담동유적	포함층	?	?	?	?	?	?
11	사동리유적	포함층	(4.9)	0.4		1.5	?	?
12	옹기만	패총	?	?	?	?	?	?
13	신암리유적 (부경문물연구원)	포함층	(5~5.5)				?	조기 중엽

※ ( ) 복원 크기

---

[9]　부경문물연구의 최종혁원장의 교시에 따르며 울주 신암리유적(부경문물연구원 2013)의 포함층에서 환상의 결상이식이 출토되었다고 한다. 최종혁원장의 후의로 실물을 관찰한 바에 의하면 신암리출토 결상이식은 2/3가량 결실되었으며, 복원직경은 5cm이상으로 추정된다. 평면은 환상을 이루고 두께는 얇은 편이다, 중앙공 직경이 윤부폭보다 큰 형식으로 추정된다. 결구는 양면에서 찰절기법으로 가공한 짧은 형태이다.

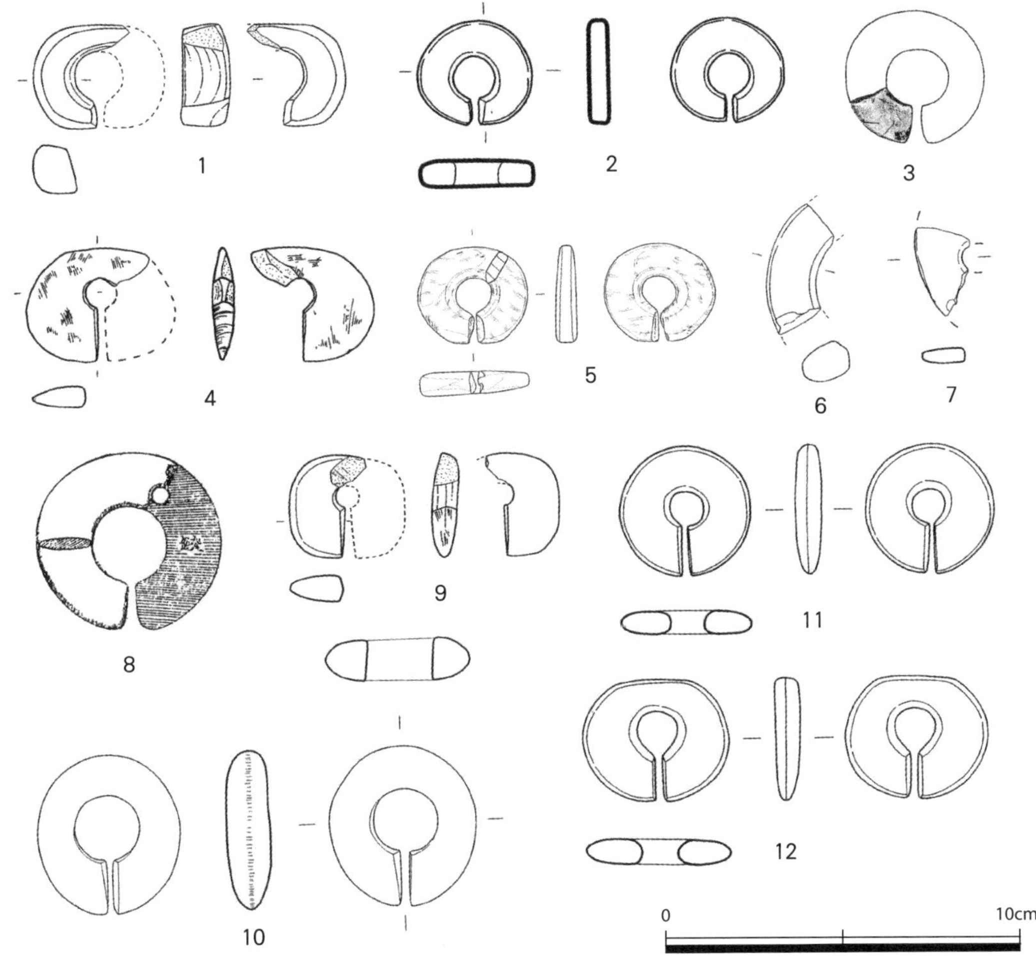

도면1 玦狀耳飾

1: 동삼동, 2: 안도, 3: 용담동, 4: 고산리, 5: 처용리, 6: 삼양동(삼화지구), 7: 도두동, 8: 사동리, 9: 사촌리, 10: 선진리, 11·12: 문암리

집중적으로 출토하는 경향을 보인다.

한반도의 결상이식은 미보고 자료인 신암리유적 출토품을 포함하면 모두 14점이다. 형태는 기본적은 環狀을 이루지만, 평면형태와 輪部, 중앙공의 크기, 결구의 제작기법과 형태 등 세부 속성에 따라 여러 유형으로 구분이 가능하다. 그러나 속성 분류에 따라 세별되는 결상이식을 형식으로 구분 가능한지는 좀더 검토가 필요하다. 그것은 개체수가 적고, 동일 형식 내에서 변이와 지역성도 존재가 예상되기 때문이다. 뿐만 아니라 본고에서 결상이식(도면1-6)으로 파악한 자료 중에는 환형 혹은 반월형옥기로, 반월형(도면4-6) 혹은 환상(도면5-4·6)옥기로 분류한 것 중에도 결상이식일 가능도 배제할 수 없기 때문이다. 따라

서 본고에서는 구체적인 형식분류는 자료 증가를 기다려 차후로 미루고 현재까지 확인된
자료를 검토하면서 큰 틀에서 한반도 결상이식의 형식적인 특징에 대해서만 살펴보기로
한다.

동삼동패총 결상이식(도면1-1)은 1/2 가량 결실되었지만, 형태는 알 수 있다. 중앙공
의 직경이 윤폭과 비슷하고 단면이 두꺼운 것이 특징이며, 평면은 말각방형을 이룬다. 玦
口는 찰절기법으로 가공하였고 중앙공은 한쪽 방향에서 뚫었다. 재질은 유적 주변지역에
서 구할 수 있는 석영제이다. 이러한 결상이식은 소위 指貫形으로 불리는 것으로(中山淸隆
1994; 川崎 保 2004; 下村智 2010), 일본 열도와 중국 동북지역의 興隆窪 및 사해유적 등
에서 이른 시기에 출토되고 있는 형식이다. 지금까지 한반도에서 발견된 형태와는 다소 다
른 형태적 특징을 보인다.

동삼동패총 출토품은 여러 시기의 유물이 혼재하는 동삼동 4문화층(신석기 후기)인 4층
에서 출토되어 시기를 특정할 수 없으나 전기 이후로 한반도 남부지역에서 결상이식이 보
이지 않고 동삼동패총의 퇴적 양상을 고려해 볼 때 최하층인 제1문화층(신석기 조기)에서
이동된 것으로 보는 것이 좋을 것 같다.

안도(도면1-2)와 처용리유적의 결상이식(도면1-5)은 평면이 둥근 환형을 이루는 형식
이다. 두께가 얇고 중심공 직경이 윤폭과 비슷하거나 조금 큰 형태이다. 재질은 주변에서
구할 수 옥수제이며, 정확한 암질은 알 수 없다. 두 점 모두 결구는 찰절기법으로 가공한
것으로 생각되지만, 안도출토품은 사절기법으로 제작했을 가능성도 있다. 처용리 출토품
은 Ⅱ-1호수혈에서 출토되었는데, 공반토기가 없어 시기를 확정할 수 없으나 유적에서 출
토되는 석기와 토기 등으로 보아 전기 초엽으로 추정된다. 안도 출토품은 융기문토기와 일
본의 轟A式 혹은 苦浜式토기(국립광주박물관 2009)가 출토되는 1층의 시기로 보아 신석
기 조기의 이른 단계로 추정된다.

안도와 처용리 출토품은 평면형태와 중앙공의 크기 등 형식적인 특징으로 보아 일본 조
몬시대 조기말 혹은 전기초의 환상(부륜형, 원환형) 결상이식과 유사하다.

특히 안도출토품은 공반유물의 시기로 보아 신석기 조기전엽에 속할 가능성은 있으나 처
용리 것은 형태적으로는 안도출토품과 거의 동일하면서도 시기적으로는 전기 초에 속하는
것이다. 동일한 속성을 갖는 결상이식이 시기를 달리한다는 사실은 단순히 외형적인 특징
만으로 시기를 특정하는데 문제가 있음을 보여주는 것이라 할 수 있다.

안도 출토품은 전술한 바와 같이 일본 혹은 중국 남방지역과 관련지우기도 하나 이식의

재질이 주변에서 구할 수 있는 암석이고 제작상태가 정연하지 못한 점 등으로 보아 재지에서 만든 것으로 추정되며, 처용리 출토품 역시 마찬가지로 재지에서 제작된 것으로 보아도 좋다고 생각한다.

사촌리 결상이식(도면1-9)은 광복 이후 발굴조사에서 처음으로 확인된 것이다. 발견 당시 청동기시대 후기의 원형점토대토기와 공반되는 포함층[10]에서 출토되어 그다지 주목을 받지 못하였고 주로 일본 열도의 결상이식 계통문제와 관련하여 일본 연구자들이 관심을 가져 왔다. 출토 당시만 해도 한반도에 결상이식의 존재가 거의 알려지지 않은 상태였기 때문에 전술한 바와 같이 사촌리출토품을 일본열도의 반입품(中山淸隆 2004; 藤田富士夫 2004) 정도로 생각하였다.[11]

사촌리 결상이식은 반파되었지만, 전체 형태는 알 수 있다. 평면은 동삼동패총 것과 같은 말각방형을 이루나 중앙공이 윤부폭에 비해 매우 작은 소공이며, 결의 중심에서 상방으로 치우쳐 천공된 것이 특징이다. 윤부의 두께는 얇은 편이고 결구는 찰절기법으로 가공한 세장한 형태이다. 재질은 알 수 없으나 연옥제 혹은 사문암계 암석(中山淸隆 2009a)로 보이나 정확한 동정이 필요하다. 시기는 확정할 수 없으나 점토대토기와는 관련성이 없으며, 결구의 형태와 중앙공의 크기, 위치 등 형식적인 특징[12]이 제주 고산리유적 출토품(도면1-4)과 동일한 점으로 미루어 신석기시대 조기로 볼 수 있을 것 같다.

선진리 결상이식(도면1-10)은 여러 시기의 문화층이 복합된 생활유적에서 출토되었는데, 현재까지 발굴 된 결상이식 중 가장 크다. 크기는 길이 4.4*cm*, 폭 4.0*cm* 두께 1.2*cm*, 무게 22.5g이다. 색조는 유백색을 띠나 재질은 불명이다. 형태는 환상이나 단면이 두텁고 종

---

10) 　사촌리유적은 점토대토기가 출토되는 청동기시대 후기 생활유적으로 추정되나 주거지 등의 유구는 확인되지 않았다. 결상이식은 점토대토기와 공반되는 유물포함층에서 단독으로 출토되어 관련 유구는 알 수 없지만, 결상이식이 신석기시대의 소산물임은 분명하고 유적의 입지와 동시기의 토기 등이 확인되지 않는 점으로 보아 처용리유적과 같은 매장유구의 부장품일 가능성이 높다고 판단된다.

11) 　藤田富士夫는 사촌리출토품을 조몬 전기의 결상이식이 山陰 혹은 北陸방면에서 한반도로 건너온 것으로 보았으며, 中山淸隆은 이 의견에 찬성하여 조몬전기 후반의 결상이식과 유사한 점, 조금 긴 결구, 백색의 사문암계 석질 등으로 보아 일본에서 유입된 것으로 추정하였다.

12) 　고산리나 사촌리 출토품과 같은 결상이식은 일반적으로 일본에서 조몬전기 전엽에서 중엽이후에 유행하는 형식으로 알려져 있다(川崎 保 2004b; 下村智 2010). 그러나 일부 연구자는 최근 구주지역의 조몬조기 후엽으로 추정하기도 한다(上田耕·廣田晶子 2004).

으로 긴 편이며, 중앙공 직경이 윤부 폭보다 크다. 玦口는 양쪽 측면에서 찰절기법으로 가공하였다. 윤부 외측연의 중앙에는 날카로운 도구를 이용하여 일정한 간격으로 미세한 각목이 새겨져 있는데, 이러한 형태의 결상이식은 동북아시아에서 유례를 찾아 볼 수 없는 새로운 형식으로 추정된다.

선진리출토품은 재지계 여부는 단정할 수 없으나 결구 제작기법과 윤부 외연에 각목된 결상이식이 주변지역에서 전혀 확인되지 않는 것으로 보아 재지에서 만든 것으로 추정된다. 시기는 출토위치가 여러 시기의 유물이 혼재하는 포함층인 관계로 확정할 수 없으나 함께 출토되는 토기 양상으로 보아 조기 말 혹은 전기 초로 추정된다.

문암리 결상이식(도면1-11·12)은 규모가 1.5×0.6m(추정 복원) 정도인 02-3호 토광(묘)에서 마제석부, 즐문토기와 함께 한 쌍으로 출토된 것이다. 형태는 원형을 이루나 다른 한 점은 횡으로 약간 긴 타원형이다. 전체적으로 납작한 편이며 결구는 찰절 기법으로 가공하였다. 중앙공이 고산리유적 출토품과 같이 윤부 폭보다 작은 것이 특징이다. 재질은 납석제이며, 색조는 담녹색을 띤다. 시기는 공반된 오산리식토기의 연대에 비추어 본다면 신석기 조기 중엽으로 추정된다. 문암리이식은 인골이 남아 있지 않아 착장 상태는 알 수 없으나 출토위치가 피장자의 머리 부분인 것으로 보아 이식으로 사용했음을 알 수 있다.

문암리출토품은 전술한 바와 같이 외부에서 반입된 것으로 보기도 하나, 재질이 주변에서 쉽게 구할 수 있는 납석이고, 중앙공 직경이 윤부 폭보다 작은 형식적인 특징으로 보아 중국 동북지역이나 연해주[13] 등지에서 유입되었을 가능성보다 재지에서 제작되었을 가능성이 더 높다고 하겠다.

고산리 결상이식(도면1-4)은 2012년 조사된 제주 고산리유적 주거지의 유물 포함층에서 출토된 것이다.[14] 1/2가량 결실되었으나 도면복원은 가능하다 형태는 중심공이 윤부 폭에 비해 매우 작고 위쪽으로 치우친 횡타원형이며, 크기는 길이 3.2㎝, 너비 4.2㎝(복원장), 두께 0.58㎝이다. 재질은 연옥은 아닌 듯하며 색조는 담갈색을 띤다. 玦口는 絲切(絲鋸)기법으로 가공한 세장한 형태이며, 결구 측면에는 실로 결구를 가공할 때 나타나는 동

---

13)　중국 동북지역의 흥륭와, 사해, 小南山, 洪格力圖유적과 연해주의 쵸르토비보로타, 보이스만2유적 등에서 출토되는 고식의 결상이식은 대부분 중앙공 직경이 윤부 폭보다 큰 것이 특징이다.

14)　고산리 결상이식은 아직 미보고 자료이며, 제주문화유산연구원의 고재원부원장의 후의로 상세 명세와 도면을 제공받았음을 밝혀둔다.

심원상의 찰흔이 선명하게 남아 있다. 고산리출토품은 중앙공이 소형이고 결구가 세장한 사촌리 결상이식과 형식적으로 유사하다.

고산리 출토품의 형식적인 특징은 중앙공이 윤폭에 비해 매우 소형이고 결구 제작방법이 한반도 결상이식에서 일반적으로 사용하는 찰절기법이 아닌 실로 절단하는 사절기술이 적용되었다는 점이다. 한반도에서 사절기법으로 제작된 결상이식은 고산리출토품이 유일하다. 사절기법은 결상이식의 기원지로 주목받고 있는 중국의 興隆窪문화에서 일반적으로 사용하는 기술이라는 점에서 한반도 결상이식의 계통과 출현 문제를 이해하는데 시사하는 바가 크다고 할 수 있다.

고산리 이식은 소재가 제주에서 산출되지 않는 암질인 것으로 보아 내륙지역에서 유입된 것으로 보인다. 이식의 시기는 유적에서 소위 고산리식 무문양토기와 융기문토기가 혼재한 관계로 특정할 수 없는데, 고산리식토기와 융기문토기와의 공반 가능성도 모두 고려 할 필요가 있다고 생각된다.

남해안지역에서 결상이식이 융기문토기와 공반하는 양상을 우선적으로 고려한다면 일단 조기에 속할 가능성이 높다고 할 수 있다. 만약 기존의 인식대로 고산리식토기의 시기가 B.C. 7,000~8,000년 전후의 연대를 갖는다면 공반 가능성은 거의 없다. 그러나 현재 고산리식토기의 성립과 종말에 대한 구체적인 양상을 알 수 없는 현 상황을 고려한다면, 고산리식토기의 하한이 융기문토기의 성립기까지 내려올 가능성이 있고 결구 제작기법이 중국 동북지역 興隆窪문화의 결상이식 제작방법과 동일하다는 점에서 한반도 결상이식의 출현기 형식일 가능성도 배제할 수 없기 때문에 고산리식토기 문화에 속할 가능성도 있다고 생각된다.

이밖에 소편으로 출토되어 형식적인 특징과 시기 등은 알 수 없지만, 제주 용담동(도면1-3), 도두동(도면1-7), 삼양동 결상이식(도면1-6)도 고산리 출토품과 마찬가지로 앞으로 주목되어야 할 자료로 생각된다. 이들 결상이식은 재질로 보아 외부에서 반입된 것이 분명한 만큼 단일 지역에서 한반도에서 가장 많은 출토 예를 보이는 출토양상과 관련하여 앞으로 결상이식의 생산과 유통 문제, 사회적 가치 등에 대한 구체적인 논의와 검토도 필요할 것으로 보인다.

그리고 평양 사동리 출토품(도면1-8)은 결상이식의 기원지인 興隆窪문화와 지리적으로 가깝고, 형식적으로 유사한 특징을 보이는 점에서 중국 동북지역 결상이식 문화의 한반도 유입과 확산문제를 검토하는데 중요한 자료로 판단된다, 이 역시 앞으로 검토되어야 할 것으로 생각된다.

이상에서 한반도 출토 결상이식의 특징과 소속 시기에 대해 개략적으로 살펴보았다. 아직 수량이 적어 결상이식의 출현과 전개, 형식분류와 편년, 사회적 의미 등 전반적인 성격을 검토하는데 한계가 있고 결상이식이 다량으로 출토되는 일본열도와 기원지로 생각되는 중국동북지역 및 연해주지역과의 비교 검토에도 어려움이 많다. 이러한 문제는 앞으로 구체적인 분석을 통해 연구되어야 할 것으로 생각되며 본고에서는 검토한 내용을 중심으로 한반도 결상이식에 대한 필자의 몇 가지 단상을 간단히 언급해두기로 한다.

한반도 결상이식은 대부분 원형을 이루며, 타원형 내지 말각방형도 있다. 크기는 직경 3~4cm 정도가 일반적이다. 편으로 출토되어 전체 형태가 불확실한 제주 삼화지구(삼양동)와 평양 사동리, 울주 신암리 출토품은 복원 직경이 직경 5cm 이상으로 추정되는 것으로 보아 다양한 형태의 크기가 존재했음을 보여 준다. 특히 5cm 이상의 대형의 결상이식은 일본열도와 중국 동북지역의 興隆窪유적(楊虎·劉國祥·鄧聰 2007), 흑룡강지역의 소남산유적(鄧聰 2004) 등에서 출토되고 있다. 재질은 구체적인 분석이 이루어지지 않아 불투명한 점도 없지 않으나 연옥을 포함하여 옥질(玉質)의 사문암(?), 석영, 납석, 활석 등이 있으며, 색조는 담녹색, 유백색, 담갈색을 띤다.

결상이식의 형식은 외형적 속성에 따라 여러 형식(유형)으로 구분되고 있으나(川崎 保 2004b; 新東晃一 2008; 藤田富士夫 2002, 2003; 下村智 2010; 지영배 2013), 한반도 출토품은 수량이 적어 분류에 어려움이 있다. 본고에서는 현재까지 조사된 사례를 중심으로 형식적 속성을 잘 반영하는 중심공의 크기와 위치, 결구의 형태와 제작기법, 윤부의 평면과 단면 등의 제 속성을 종합하여 크게 2유형으로 구분하였다.

1형은 평면이 원형을 이루며, 중앙공의 직경이 윤부 폭보다 크고, 결구가 짧은 형태인 것. 동삼동, 안도, 용담동, 사동리, 신암리, 삼양동출토품이 여기에 속한다. 동삼동 출토품은 윤부가 두꺼운 지관형[15]으로 분류할 수 있으나 본고에서는 결구와 중심공의 형태를 중시하여 일단 1형으로 해 둔다. 사동리와 용담동, 삼화지구출토품은 일본 결상이식의 형식 중 浮輪形(川崎 保 2004b) 혹은 環狀形(藤田富士夫 2003; 新東晃一 2008)과 비교할 수 있다.[16]

---

[15] 동삼동 출토품은 중국 동북지역과 일본 구주지역의 指貫形과 유사한데, 지관형 결상이식은 중국 동북지역의 흥륭와유적 118, 142호묘, 흥륭구유적 22호주거지, 사해유적(楊虎·劉國祥·鄧聰 2007)과 일본 구주지역(下村智 2010) 등에서 출토되고 있다.

[16] 일부만 남아 있어 전체 형태는 알 수 없지만, 제주 삼화지구의 결상이식은 도상으로 복원한 결과

2형은 평면이 원형(타원형) 내지 말각방형을 이루며, 결구가 세장하고 중심공이 윤부 폭보다 비슷하거나 작은 형태인 것. 문암리, 처용리, 고산리, 사촌리, 도두동, 선진리출토품이 본 유형에 속한다. 2형은 중심공이 신부 상방에 위치하고 크기가 윤부의 폭에 비해 매우 소형이며, 결구가 세장한 2a형(도면1-4·7·9)과 중심공이 윤부 폭에 비해 작은 편이나 신부 중앙에 위치하고 결구가 짧은 2b형(도면1-5·11·12)으로 구분된다.

2a형은 일반적으로 일본에서 조몬전기 전엽에서 중엽이후에 유행하는 형식으로 알려져 있으며, 결구가 세장한 것이 특징이다(川崎 保 2004b; 下村智 2010). 중심공이 소형이고 결구가 세장한 형태는 중국 동북지역의 白音長汗유적에서도 확인된다(松浦有一郎 2013). 2b형은 下村智 분류 B류에 속하는 것과 유사하다. 下村智는 B류를 조몬 조기 말 내지 전기 초로 편년하고 있다.

1형은 공반 유물을 알 수 없는 자료도 있어 정확한 시기를 특정할 수 없지만, 유적에서 즐문토기와 공반 양상으로 보아 조기의 융기문토기문화에 속하는 것은 분명하다. 1형은 일본 구주지역의 조몬 조기후엽으로 편년되는 金環形(下村智 2010; 新東晃一 2008)과 형식적으로 유사한 점, 안도유적에서 일본의 轟A式 혹은 苦浜式토기와의 공반 양상과 신암리 유적에서 출토되는 세죽형 융기문토기의 형식(하인수 2012a)으로 보아 조기 중에서도 이른 단계에 속할 가능성이 높다.

동삼동의 지관형과 사동리와 용담동, 삼양동 출토품과 같은 환상형 결상이식(新東晃一 2008; 藤田富士夫 2003)이 일본과 중국에서 시원기 형식으로 인식되고 있는 점을 참고한다면, 1유형의 일부는 시기가 다소 올라갈 가능성도 있다고 생각된다.

2형은 공반 유물상으로 시기를 특정할 수 있는 문암리 출토품을 제외하고 시기 폭을 갖는 유물포함층에서 출토된 관계로 시기를 확정하는데 다소 어려움이 있다. 2b형인 문암리 출토품은 남해안의 융기문토기와 동시기인 오산리식토기와 공반되는 것으로 보아 일단 그 시기로 조기임은 분명하다. 선진리 출토품은 연대도형 융기문토기(하인수 2012a)와 공반되는 것으로 보아 조기의 늦은 단계(혹은 전기 초), 처용리 출토품은 공반 토기가 없어 시기를 확정할 수 없으나 일부 분묘에서 영선동식의 호형토기가 출토되는 것으로 보아 전기 초로 추정된다.

1형의 다른 형태에 비해 중심공 직경이 윤부 폭보다 대형인 환상형으로 추정된다. 환상형은 일본 열도에서는 시원기의 형식으로 추정되고 있으며, 興隆窪문화의 이른 시기에 일반적으로 보이는 초기 형식이다. 1형은 앞으로 관련 자료가 증가되면 지관형과 환상형 등으로 세분될 수 있다.

2a형인 도두동 4호수혈 출토품은 중복된 5호수혈에서 늦은 형식의 융기문토기가 출토되는 것으로 조기의 늦은 단계에, 고산리 출토품은 전술한 바와 같이 시기를 특정할 수없으나 일단 남해안지역의 결상이식 출토양상을 고려해 조기의 융기문토기 단계로 보아 둔다. 사촌리출토품은 유구에서 유리되어 출토된 관계로 시기를 알 수 없으나 고산리와 동일한 형식인 것으로 보아 조기로 추정된다.

1형과 2형의 선후 관계에 대해서는 앞으로 좀더 검토가 필요하지만, 중국동북지역의 결상이식 문화의 확산과 전파라는 관점에서 한반도와 일본의 결상이식이 중국의 결상이식의 영향으로 출현하고(鄧聰; 2004), 주변지역의 결상이식 기원지의 것과 형식적으로 유사하다고 전제한다면, 1형이 선행하고 2유형이 후행하는 것으로 추정된다. 2형은 형식적으로 2a와 2b형으로 세분되지만, 시기차를 반영하는 것인지 아니면 유형 내에서 변이인지는 주변지역과 비교 연구를 통해 구체적인 분석이 필요하다고 생각된다.

그러면 여기서 한반도 출현기의 결상이식에 대해서 간단하게 언급해두기로 한다.

결상이식의 세부편년이 아직 마련되어있지 않고 관련 유적의 수와 출토양이 절대 부족한 상태에서 어떤 형식이 출현기의 시원 형식인지는 불명확하다. 그러나 결상이식의 기원지인 흥류와문화 결상이식의 형식과 일본 출현기의 그것을 참고하면 한반도 출토 결상이식의 초기 형식을 어느 정도 유추할 수 있을 것으로 생각된다.

동아시아에서 가장 고식의 결상이식은 주지하는 바와 같이 絲切기법으로 제작한 결구와 중심공이 윤부폭 보다 큰 환상형이다. 환상형을 초현기의 형식이라고 한다면, 이와 유사한 형식적 속성을 갖는 것이 한반도의 출현기 결상이식일 가능성이 높다. 이 전제를 바탕으로 한다면, 형태는 확실하지 않지만 제주 삼양동, 용담동, 평양 사동리 출토품이 출현기의 이식일 가능성이 높다고 하겠다.

삼양동유적은 융기문토기가 전혀 출토되지 않고 押捺点烈文土器가 중심[17]을 이루는 유

---

[17] 일부이지만 섬유질의 유기물이 혼입된 무문양의 소위 고산리식토기도 출토된다. 고산리식토기와 압날점열문토기의 선후 관계는 아직 층위적으로 증명되지 않아 검토가 필요하지만, 제주지역에서 유적간의 출토양상과 오산리 C지구 최하층에서 융기문토기보다 선행하는 압날점열문토기가 출토되는 양상을 고려해 볼 때 고산리식토기가 선행하고 압날점열문토기가 후행하는 것으로 추정되며, 양자 간에는 시기적인 차이가 있을 것으로 보인다. 그리고 압날점열문토기는 태토라든가 문양의 시문수법, 문양 형태 등으로 보아 재지계가 아니고 내륙지역의 토기문화의 영향으로 제주지역에 출현한 것이며, 남해안계의의 융기문토기 보다는 선행하는 것으로 판단된다.

적이라는 점에서 삼양동 결상이식은 타유적 출토품과 시기적으로는 구분된다. 물론 아직 압날점열문토기와 고산리식토기의 편년이 확정되지 않은 상태에서 그 시기는 유동적인 면도 있지만, 적어도 남해안의 융기문토기보다는 선행하는 것은 분명하다. 삼양동 출토품은 B.C. 5,300~5,000년의 중심 연대를 갖는 남해안의 결상이식의 연대가 보다 이른 시기로 편년할 수 있고 B.C. 6,000년 전후의 연대를 갖는 기원지의 흥륭와유적의 결상이식 시기와 보다 근접한다고 할 수 있다. 이러한 관점에서 본다면, 삼양동 결상이식은 한반도 출현기의 결상이식이라고 할 수 있다.

같은 맥락에서 사절기법으로 결구를 제작한 고산리 출토품도 전술한 바와 같이 기원지의 형식적인 속성을 그대로 답습하여 반영된 것이라면 의외로 시기가 올라갈 수 있고 출현기의 것으로도 볼 수 있다. 그러나 기타 결구의 형태라든가 중심공의 특징이 늦은 시기의 속성으로 생각되고 있는 만큼 고산리 결상이식의 성격에 대해서는 보다 신중한 판단과 구체적인 분석이 필요할 것으로 생각된다. 그리고 사동리 출토품은 공반 유물이라든가 출토상태가 불확실하여 시기를 가름할 수 없으나 결상이식의 유입 경로상의 위치와 기원지의 형식과 유사한 점에서 초기 형식일 가능성도 염두에 둘 필요가 있다고 생각한다.

이상에서 검토한 결상이식의 특징과 분류, 편년을 기초로 한반도 결상이식의 계통과 출현, 전개양상에 대해 간단하게 언급해두고자 한다.

한반도의 결상이식이 언제 출현하여 장신구로 이용되었는가에 대해서는 확실하지 않으나 최근 발굴 성과를 참고한다면 대략적으로 시대적 양상을 짐작할 수 있다.

결상이식은 주로 패총이나 주거유적의 포함층에서 출토되지만, 처용리나 문암리 등 분묘의 부장품으로 발견 사례가 증가하는 것으로 보아 앞으로 분묘 조사가 진전된다면 그 수량은 늘어 날 것으로 생각된다. 현재까지 출토 양상을 살펴보면 해안지역을 중심으로 전국적인 분포상을 보인다.

출현 시기는 아직 구체적으로 언급할 수 없지만, 전술한 결상이식의 초기 형식의 존재를 인정한다면 그 시기는 신석기 조기의 동삼동식토기문화(하인수 2012b) 즉 융기문토기문화보다 올라갈 가능성도 있다. 이에 대해서는 앞으로 구체적인 자료의 보완이 필요하다. 현 시점에서는 신석기 조기의 동삼동식 토기문화와 밀접한 관련성을 갖는 것은 분명하며, 후술하는 관옥이나 수식 등과 함께 조기의 특징적인 장신구로써 성격을 갖는다고 할 수 있다. 중심 시기는 관련 유적의 AMS 방사성탄소연대측정치를 참고한다면 조기 중엽무렵(B.C. 5,300~5,000년)으로 추정된다.

조기 말 내지 전기 초로 추정되는 선진리와 처용리출토품 이후 전기와 중기 유적에서 결상이식이 전혀 확인되지 않는 것으로 보아 적어도 중기의 수가리식토기 단계에는 사라지는 것으로 추정된다. 결상이식이 전기 이후에 보이지 않는 것은 조사 부족일 수도 있지만, 중기 단계에 출현하는 삽입식 귀걸이인 토제耳栓의 유행과 관련이 있을 가능성도 있다.

한반도 결상이식의 문화적 계통은 이미 여러 연구자들이 지적한 바와 같이(鄧聰 2004; 川崎 保 2006; 藤田富士夫 2002; 大坪志子 2013) 동시기의 옥기 조성관계와 제작기술, 형식적인 특징, 연대적인 측면으로 보아 지금부터 8,000년 전에 출현하여 동아시아 최고의 이식 등 다양한 옥기가 출토하는 중국 동북지역의 興隆窪문화에서 찾을 수 있다.[18] 興隆窪 문화의 玉器 확산과 그 문화적 영향으로 한반도 결상이식이 출현하고 자체적인 변용과정을 거치면서 조기의 결상이식이 성립한 것으로 추정된다.[19]

2. 垂飾

옥기는 장신구적 관점에서 본다면 크게 耳飾, 頭飾, 頸飾, 胸飾, 腕飾 등으로 구분이 가능하지만, 이식을 제외하고 출토상태가 불안정하고 필요에 따라 변용되어 사용되기 때문에 용도와 기능을 명확하게 구분하는 것은 어렵다. 따라서 본고에서는 편의상 耳飾과 垂飾, 玉斧로 대별하고 수식은 형태적인 특징을 기준으로 垂玉, 管玉, 半月形玉器, 環狀玉器로 구분하여 살펴보고자 한다.

---

[18]   중국의 鄧聰(2004)은 동아시아 결상이식의 일원론을 주장, 동아시아에서 가장 고식의 연대를 갖는 결상이식과 옥기가 출토하는 興隆窪문화(B.C. 6,200~B.C. 5,600년)를 결상이식의 기원지로 추정하고 흥륭와문화의 결상이식이 중국 북방으로 길림, 흑룡강, 남방의 장강유역, 러시아 연해주, 한반도, 일본 등지로 확산된 것으로 보고 있다.

[19]   앞에서 언급한 바와 같이 임승경(2012b)과 中山淸隆(2009a, 2009b)은 한반도 결상이식을 주변지역에서 유입된 것으로 보고 있으나 반입품으로 인정할 만한 형식의 동일성, 제작 기술의 공통성, 재질의 차별성 등이 증명되지 않은 상태에서 외부로부터 유입품으로 단정할 수 없다. 필자는 결상이식의 분포양상과 제작기법, 재지에서 구할 수 있는 납석, 석영 등 재료의 현지성, 가공상태 등으로 보아 중국 동북지역으로부터 결상이식 문화가 수용된 후 자체적인 변화과정을 거치면서 한반도에서 직접 제작한 것으로 보는 것이 좋다고 생각한다.

1) 垂玉

연옥이나 형석, 사문암, 납석, 활석, 편마암 등 무늬가 있는 옥질의 석재를 소재로 만든 수식이다. 형태는 棒狀, 匕狀(形), 장방형, 원반형, 타원형, 제형, 반월형 등으로 구분 가능하며, 소재의 따라 담녹색, 연두색, 청색, 담갈색, 흑색 등 다양한 색조를 보인다. 전체적으로 잘 마연되어 있으며 범방(도면2-12), 늑도(도면2-18), 운서동 출토품(도면2-25) 같이 광택이 있는 것도 있다.

수옥의 용도는 불확실한 면도 있으나 몸체의 한 쪽 끝에 매달기 위한 직경 2~5㎜ 전후의 구멍이 뚫어져 있는 것으로 보아 장신구로 추정되며, 범방패총 분묘의 인골 목에서 연옥제 장방형 옥이 출토된 사례는 수옥이 주로 목장식의 수식으로 사용되었음을 말해 준다.

크기는 2~4㎝의 소형과 7㎝ 전후의 대형으로 구분할 수 있으며, 전체적으로 소형이 많은 편이다. 대형 수옥은 평면형태와 두께에 따라 棒狀과 匕狀으로 대별할 수 있다. 봉상의 대표적인 것으로는 가덕도 장항(도면2-22)과 늑도유적 출토품(도면2-18)을 들 수 있다. 가덕도 출토품[20]은 무덤으로 추정되는 13호수혈(묘)의 부장품으로 출토된 것이다(복천박물관 2013). 지금까지 발굴된 자료 중 가장 큰 수옥[21]이며, 길이는 7.6㎝이다. 두부 쪽에는 양쪽에서 천공한 구멍이 있다. 구멍 아래에는 3조의 홈이 돌아간다. 전체적으로 잘 마연되어 광택이 있으며, 색조는 담녹색을 띤다. 크기는 이보다 작지만, 25호수혈에서도 같은 형태의 수옥이(도면2-21) 출토되었다. 이들 옥기는 전체적으로 세장한 鐘形을 이룬다. 시기는 유적에서 출토되는 융기문토기와 영선동식토기의 형식으로 보아 조기의 늦은 단계 혹은 전기의 이른 시기로 추정된다.

늑도 출토품은 단면이 타원형인 세장한 막대 형태로 잘 마연되어 있다. 재질은 불명이나 색조는 회황색을 띤다. 출토 층위의 유물로 보아 신석기 후, 말기로 생각되나 같은 층에서 중기 토기도 공반되어 시기를 특정할 수 없다.

匕狀玉器(도면2-23·24)는 중국 동북지역의 匕形器와 유사하다는 점에서 일찍이 중국과 일본 연구자들의 주목을 받기도 했는데, 일본에서는 篦狀(大賀健 2004), 중국에서는 匕形器(楊虎·劉國祥·鄧聰 2007)로, 한국에서는 棒狀(이상균 2007) 혹은 流線形垂飾(하인수

---

20) 가덕도 장항유적의 옥기 도면은 한국문물연구원 정의도원장과 김상현연구원의 후의로 사용하였음을 밝혀 둔다.

21) 가덕도 봉상 수옥을 임승경은 비상 수식으로 분류하고 있다(2012b).

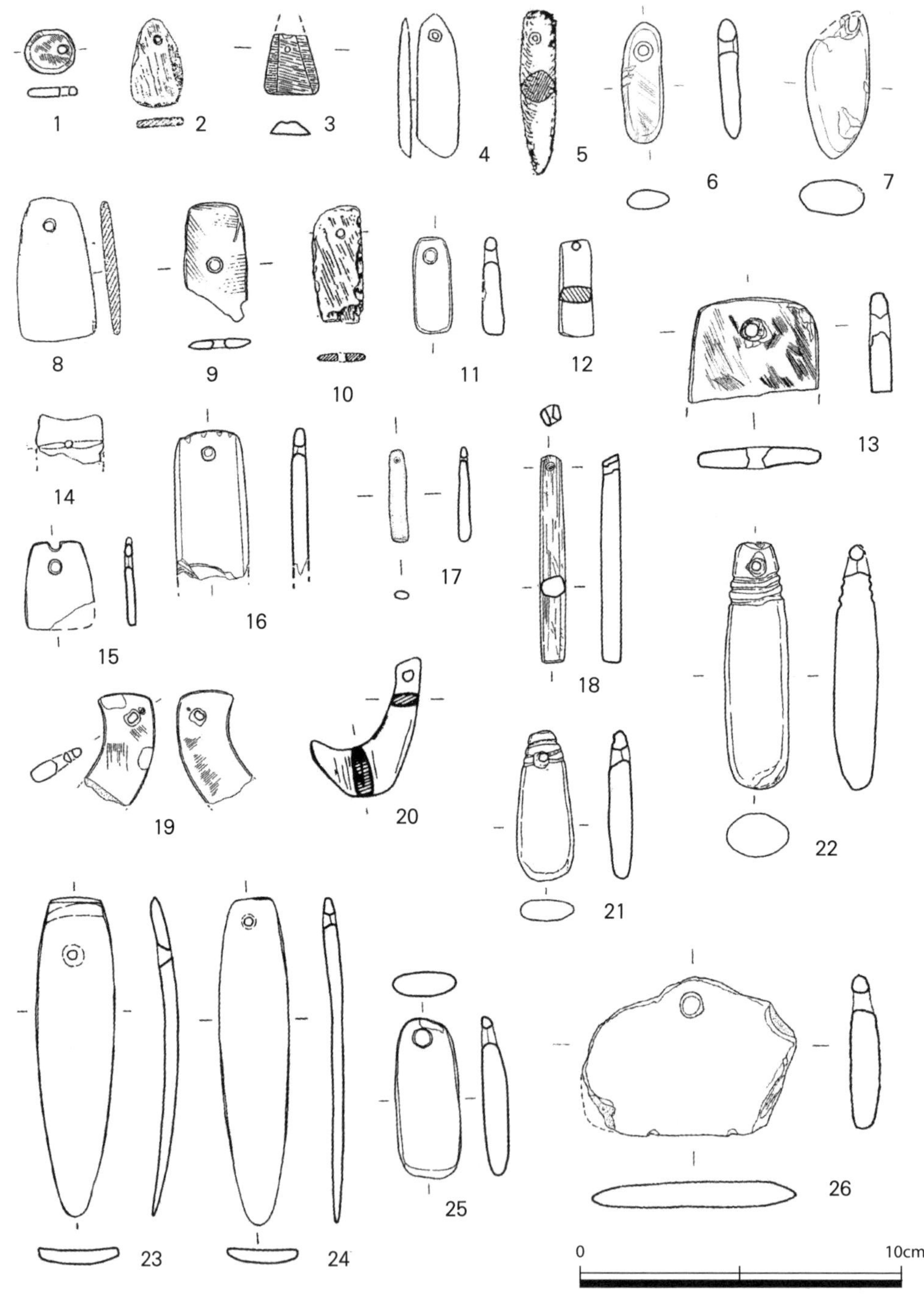

도면2　垂玉

1·12·19: 범방, 2: 금탄리, 3: 오산리C지구, 4: 서수라, 5·8: 서포항, 6·7: 중산동(한문연), 9: 암사동, 10: 지탑리, 11·15·16·25: 운서동, 13: 동삼동(국박), 14: 오산리, 17: 주천리, 18: 늑도, 20: 고남리, 21·22: 장항, 23·24: 후포리, 26: 주월리

2009)으로 불리는 것이다. 우리나라에서는 40여 구의 시신이 매장된 울진 후포리 집단묘에서 출토된 2점이 유일하다. 후포리 출토품은 구두 주걱 형태에 몸체가 약간 만곡한 모양을 하고 있으며, 재질은 불분명하나 사문암 계통을 암석으로 추정된다. 크기는 11㎝ 정도로, 수식으로서는 대형에 속한다. 재질은 다르지만 연대도패총에서 출토된 골제 수식은 크기와 형태적으로 후포리와 유사한 특징을 보여 준다.

이 같은 형태의 옥기는 중국동북지역의 興隆窪유적과 소남산, 연해주의 쵸르토비보로타, 일본 森野유적 등에서 출토되고 있는데, 평면과 단면 형태에서 약간의 차이를 보인다. 용도는 일반적으로 수식(首飾) 혹은 흉식(胸飾), 머리핀, 垂飾 등으로 추정되고 있으나 구체적인 착장법과 용도는 불투명하다.

시기는 없어 특정할 수 없으나 공반되는 다양한 마제석부의 형식적인 특징으로 보아 신석기시대 조기(B.C. 5,000년 전후)에 속하는 것으로 추정된다. 동북아시아 초기 신석기의 여러 유적에서 출토되고 있는 비상옥기가 모두 동일한 용도와 성격을 갖는가에 대해서는 검토가 필요하지만, 결상이식과 함께 한반도 옥문화의 출현과 계통을 이해하는데 중요한 자료로 생각된다.

소형수옥은 평면형태가 장방형(도면2-8~16·25)내지 타원형(도면2-6·7)을 이루는 것이 많으나 원형(도면2-1), 곡옥형(도면2-19·20), 봉형(도면2-17·21), 종형(제형, 도면2-2·3), 반월형(도면2-26)도 있다.

장방형 수옥은 상방과 하방이 비슷하거나 상방이 약간 좁은 형태를 이루는 것이다. 범방(도면2-12), 운서동(도면2-11·25), 암사동(도면2-9), 서포항(도면2-8), 오산리, 지답리유적 등에서 출토되며, 시기적으로는 조기~ 중기유적에서 확인된다. 이중에서 범방 출토품은 연옥으로 제작된 것인데, 형태적으로는 중국 동북지역의 것과 유사하다. 부산지역에는 연옥 산지가 없는 것으로 보아 외부지역에서 유입된 것이 분명하며, 조기즐문토기 사회의 옥 생산과 유통문제를 검토하는데 중요한 자료로 생각된다.

타원형은 기본적으로 장방형과 크기나 형태, 재질면에서 유사한데 대표적인 것이 중산동22호, 25주거지 출토품(도면2-6·7)이다. 중산동 출토품은 색조가 있는 사문암으로 제작하였다. 원형은 활석으로 만든 범방유적 출토품(도면2-1)이 유일한데, 시기는 중기로 생각된다. 곡옥형도 출토 예가 적은 데, 범방유적과 고남리패총의 2예(도면2-19·20)가 있다. 범방 것은 일부 유실되어 전체 모습은 알 수 없으나 청동기시대의 곡옥과 유사한 형태로 추정되고 고남리 출토품은 낚시바늘 모양을 하고 있다. 시기는 공반 토기로 보아 신석기 중기로 추정된다. 봉형은 영월 주천리, 장항 25호 수혈, 서포항 3기 출토품이 있는데 특히 주천리 출토품(도면2-17)은 길이가 2.8㎝, 너비가 0.5㎝ 정도로 매우 소형이다.

반월형은 주월리유적 출토품(도면2-26)이 유일하며, 청동기시대 반월형석도 같은 형태이다. 상부에 천공이 있고 아래쪽에는 두개의 각목이 새겨져 있다. 중국의 홍산문화 옥기와 형태적으로 유사하고 수옥의 일반적인 재질과 구별되는 이형인 점으로 보아 한반도 외부 지역에서 유입된 것으로 추정된다(中山淸隆 2003).

종형(제형) 수옥은 금탄리2기 문화층(도면2-2)과 오산리C지구 최하층 출토품(도면2-3)이 있다. 오산리 출토품은 상부가 결실되어 전체 형태는 알 수 없다. 두부 쪽에는 미관통의 천공이 2개 있으며, 색조는 청색을 띤다.

수옥은 결상이식이나 후술하는 관옥과 같이 신석기시대 조기(B.C. 5,300~5,000년 전후)에 출현하여 전시기에 걸쳐 사용된 것으로 생각되어 왔으나 최근 발굴된 오산리 C지구 최하층(B.C. 5,700~5,600년)에서 형석으로 만든 수옥이 발견됨으로써 수옥의 출현 시기는 더 올라가는 것으로 생각된다. 오산리C지구유적의 출토품은 현재까지 한반도에서 발견된 가장 오랜 된 옥기라고 할 수 있으며, 동북아시아 최고의 옥기가 출토한 중국 동북지역의 興隆窪문화와의 관련성을 포함하여 한반도 옥기문화의 기원과 계통을 이해하는데 중요한 자료라고 생각된다.

2) 管玉

관옥은 대롱 모양의 관상(管狀)의 옥기를 말하는데, 양 끝에 구멍을 뚫어 끈으로 연결하여 장신구로 사용한 것이다. 청동기시대의 관옥과 비슷하나 세부 형태, 크기, 재질면에서 차이가 있다 크기는 2~11㎝, 직경 1~2.6㎝ 정도로 다양한 편이나 다른 옥기에 비해 모양이 단순하고 다양하지 못하다.[22]

재질은 연옥, 마노, 활석 등을 사용하며, 색조는 담갈색, 담녹색, 연두색, 회색을 띤다. 관옥은 주로 분묘와 패총, 주거지 등에서 출토되며, 수량은 매우 적은 편이다. 분묘 출토품으로는 후포리와 연대도, 장항유적 등이 있다. 용도는 장항유적 7호 무덤의 인골에서 출토된 상태로 보아 목 혹은 가슴 장식 등의 수식으로 사용된 것으로 생각되나 연대도유적에서 팔

---

22) 성읍리(도면3-7)와 연대도 단애부 출토품(도면3-8)은 신부 길이가 매우 작고 소형인 점에서 환옥으로 분류할 수 있으나 아직 관련 유례가 적어 본고에서는 편의상 관옥에 포함시켰다.

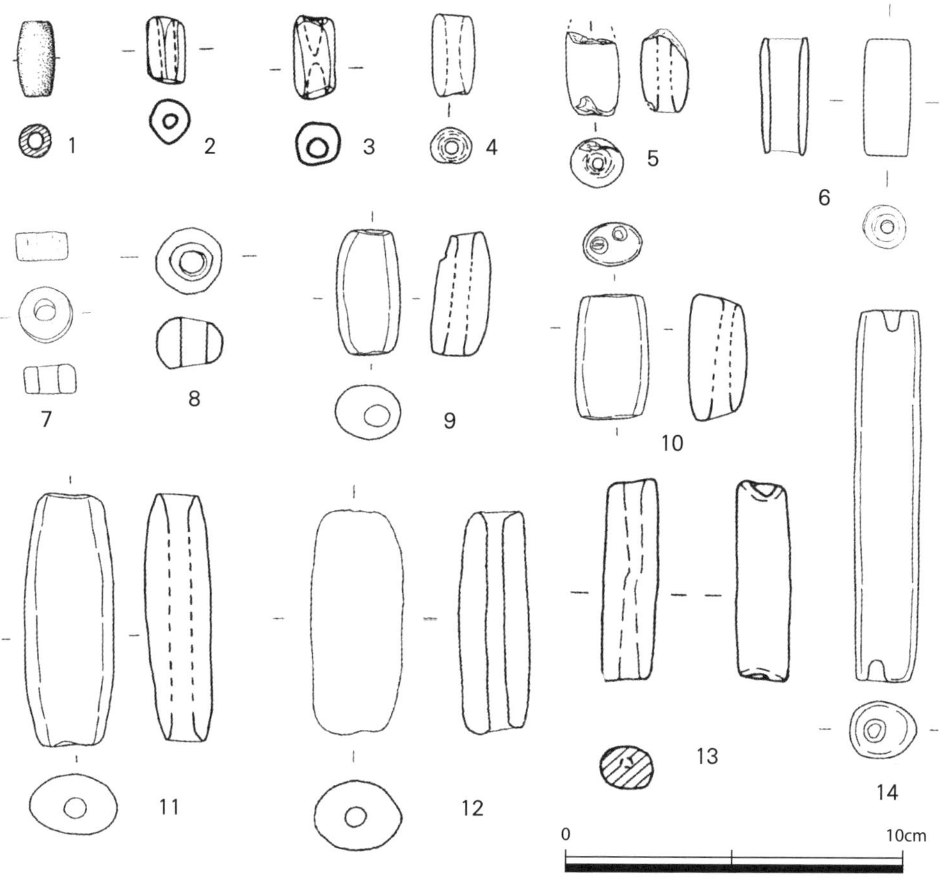

도면3 管玉

1: 궁산, 2·3: 고남리, 4·5: 후포리, 6: 중산동(중문연), 7: 성읍리, 8: 연대도 단애부, 9~11: 장항, 12: 주월리, 13: 연대도 14호묘, 14: 교동

찌(腕飾)로 착용된 사례가 있는 것으로 보아 결상이식과 마찬가지로 다용도로 전용되었을 가능성도 있다.

관옥은 4cm 전후를 기준으로 궁산, 고남리, 후포리 출토품과 같은 소형(도면3-1~10)과 장항, 주월리, 교동 출토품의 대형(도면3-11~14)으로 구분할 수 있지만, 크기에 따른 시기적인 변화나 지역성 등은 간취되지 않는다.

평면 형태를 기준으로 볼 때 관옥은 신부의 형태에 따라 폭이 일정하고 직선적인 Ⅰ류와 신부 중앙이 양단부 쪽보다 폭이 넓고 볼록한 엔타시스형의 Ⅱ류로 구분된다.[23] 중산동

---

[23] 淺野良治(2004)는 일본 조몽 관옥을 단면 형상으로부터 크게 3류로 분류하고 있다. 1류는 단면

2-1지역 3호주거지(도면3-6), 교동(도면3-14), 고남리(도면3-2·3), 연대도 14호묘 출토품(도면3-13)은 Ⅰ류에, 궁산(도면3-1), 후포리(도면3-4·5), 장항(도면3-9~11), 주월리 출토품(도면3-12) 등은 Ⅱ류에 속한다. Ⅰ류와 Ⅱ류는 시기적으로 특별히 구분되지 않은 것 같으며, 전체적으로 보아 신부가 엔타시스형의 Ⅱ류가 주류를 이루는 것 같다.

Ⅰ류의 대표적인 교동 출토품[24]은 우리나라에서 출토된 옥기 중에서 가장 크며, 구멍을 관통하지 않고 양단 일부만 뚫은 것이 특징이다. 동굴유적에서 매장 인골과 함께 발견되었는데, 여기서 동해안지역 신석기 조기의 오산리식토기와 결합식조침, 대형 마제석부 등과 출토되었다. 관옥은 죽관을 절단한 형태로 전면에 정밀하게 마연되어 광택이 있다. 양단에는 관통되지 않은 직경 5mm, 깊이 6mm 구멍이 뚫어져 있으며, 색조는 불순물의 혼입으로 일정하지 않으나 전체적으로 연두색을 띤다. 재질은 연옥으로 추정된다.

연대도 14호 무덤에서 출토된 관옥은 마노제이며, 크기는 길이 6cm, 너비(직경) 1.0~1.4cm 정도이다. 구멍 직경 0.4~0.6cm, 무게 21.6g이다. 가공상태는 전체적으로 잘 마연되어 광택이 있다. 색조는 옅은 연두색을 띠나 불순물의 혼입으로 붉은 반점이 남아 있다. 인골 왼쪽 팔목에서 출토된 것으로 보아 팔찌로 사용된 것으로 추정되고 있으나 이동되었을 가능성도 있다. 신석기시대 팔찌가 주로 투박조개나 피조개로 만든 조개팔찌(貝輪)라는 점에서 관옥으로 팔찌를 한 것은 특이한 예라고 할 수 있다.

Ⅱ류의 대표적인 예는 최근 발굴된 부산의 장항유적 출토품이 있다. 장항유적 7호묘에서 출토된 것은 길이 7.4cm, 너비 2.6cm 정도로 신부 중앙이 볼록한 형태로 전형적인 엔타시스형을 이루고 있다. 장항유적에서는 Ⅰ류와 Ⅱ류 모두 출토되고 있다. 재질은 분명하지 않으나 사문암으로 추정된다.

한반도 관옥은 중국 동북지역의 興隆窪문화 단계에 보이는 형식과 동일한 특징을 보이는 것으로 보아 결상이식과 마찬가지로 興隆窪문화의 옥기와 관련이 있는 것으로 생각된다. 관옥의 출현 시기는 명확하지 않으나 후포리, 교동, 연대도, 장항유적의 시기로 보아 조기 후반대에는 결상이식과 함께 사용된 것은 분명하며, 이후 중기까지 존속하는 것으로 추

이 엔타시스형, 2류는 단부와 동부의 직경이 거의 같은 것, 3류는 단부가 동체 경보다 크고 세장한 장고형이다.

24)　춘천 교동출토 관옥의 도면자료는 국립중앙박물관 홍진근 학예연구관의 후의로 제공받았음을 밝혀 둔다.

정된다. 그러나 중기 이후의 양상에 대해서는 자료가 없어 존속 여부는 알 수 없다. 그러나 청동기시대에 벽옥제 관옥이 지속적으로 사용되는 것으로 보아 늦은 시기까지 존속했을 가능성이 높다.

3) 半月形玉器

반달모양으로 만곡하고 한 쪽 혹은 양쪽 끝에 작은 구멍을 뚫은 형태의 옥기로, 동삼동패총(도면4-3)을 비롯하여 상노대도(도면4-2), 노래섬(도면4-1), 성읍리(도면4-4), 가도(도면4-7·8), 용천 신암리1문화(도면4-5), 금탄리유적(도면4-12~15), 서포항(도면4-9~113)등에서 확인된다. 이와 유사한 옥기를 중국에서는 璜 또는 灣條形器로 부른다. 만조형기는 중국 동북지역의 흥륭와, 흥륭구, 사해유적과 연해주의 쵸로토비보로타유적, 일본의 三引, 森野유적 등에서 출토되며, 이른 시기로 편년되고 있다.

한반도 출토품은 모두 중국과 일본의 灣條形器와 동일한 것으로 볼 수 있을지는 검토가 필요하지만, 동삼동패총 2차 출토품(도면4-3)은 크기라든가 형태, 양 끝에 대칭하여 구멍을 뚫은 점은 중국 興隆窪문화의 灣條形器와 대비할 수 있을 것으로 생각된다.

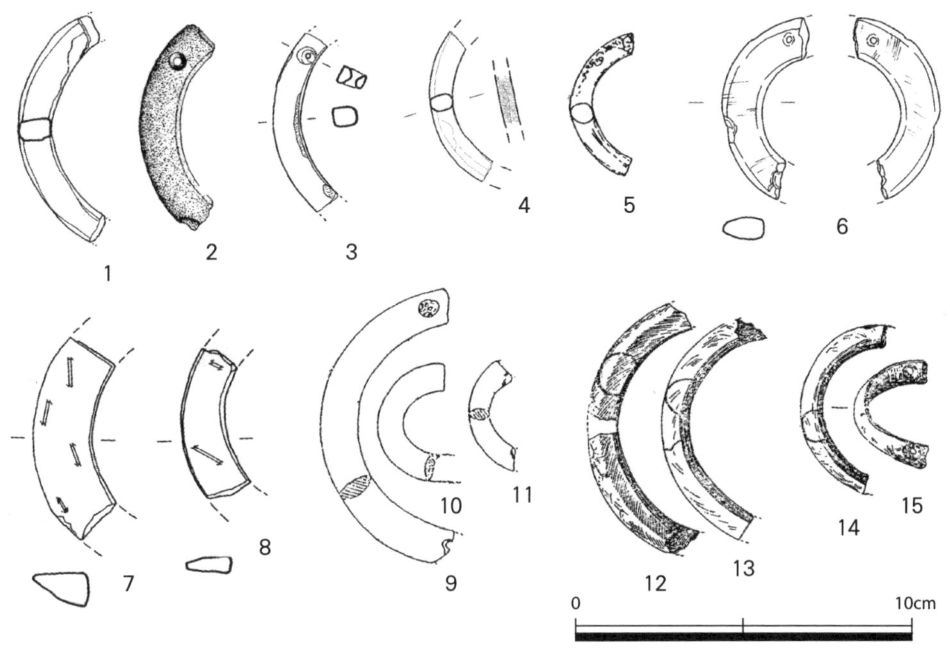

도면4 半月形玉器

1: 노래섬, 2: 상노대도, 3: 동삼동(부박), 4: 성읍리, 5: 용천신암리, 6: 동삼동(국박), 7·8: 가도, 9~11: 서포항, 12~15: 금탄리

노래섬, 동삼동정화지역(부산박), 상노대도, 성읍리 출토품은 동삼농 2차 출토품과는 형
태적으로는 비슷하지만, 재질이라든가 크기, 마연상태에서 차이를 보인다. 이들 반월형 옥
기는 입자가 치밀한 혈암제이며, 크기는 약간 차이가 있으나 가공 형태가 동일하다. 특히
제주 성읍리 출토품은 내륙에서 유입된 반입품으로 추정된다. 금탄리와 서포항 출토품은
남부지방 것과 비슷하나 단면 형태와 크기에서 약간의 차이를 보인다. 가도 출토품은 작은
편이라 환상형의 일부인지도 알 수 없다.

반월형 옥기는 주로 암질의 입자가 치밀한 혈암과 활석, 대리석 등을 이용하여 가공하였
는데, 색조가 검은 색을 띠는 것이 특징이다. 주로 패총 등 생활유적지에서 출토되는 관계
로 정확한 기능과 용도는 알 수 없지만, 몸체 끝에 구멍이 마련되어 있는 것으로 보아 끈으
로 연결하여 가슴 장식 등의 수식으로 사용한 것으로 추정된다. 그러나 금탄리나 서포항유
적 출토품과 같이 대형의 것은 팔찌 가능성도 배제할 수 없다.

반월형옥기는 유적에서 출토상태가 불확실한 점이 많고 관련 자료가 적어 전체적인 양
상과 성격이 불투명한 실정이다. 그러나 남부지방의 경우 조기와 전기 유적에서 보이지 않
고 노래섬에서 후기 봉계리식토기와 함께 출토되는 것으로 보아 출현 시기는 빠르지 않을
것으로 보인다. 북한지역에서도 금탄리2식의 전면횡주어골문 즐문토기와 공반되는 것으로
보아 중기이후에 유행하는 장신구가 아닌가 생각된다. 그러나 동삼동2차 발굴품이 중국동
북지역의 만조형기와 비교할 수 있다면, 출현 시기는 조기까지 올라갈 수도 있다.

4) 環狀玉器

형태가 전체적으로 납작하고 중앙에 구멍이 뚫어져 있는 둥근 고리 모양의 옥기이며, 크기
는 5cm 전후이다. 출토 수량이 적어 성격과 특징은 불투명하다. 현재까지 알려진 것은 주
월리(도면5-1), 휴암리(도면5-2·3·5), 영월 공기2굴(도면5-4), 상촌리(도면5-6), 영종도
송산유적 등이 있다. 일부 옥기에는 매달은 흔적이 남아 있는 것으로 보아 목이나 가슴 장
식용의 수식으로 추정된다. 재질은 분석이 이루어지지 않아 알 수 없으나 상촌리유적의 주
거지에서 출토된 환옥[25]은 연옥 혹은 사문암으로 추정되며, 공기2굴 출토품은 활석이다.

상촌리와 공기2굴 출토품은 결상이식의 파손품으로 볼 수 있어 환상옥기로 단정하기 어

---

[25]　상촌리유적 환상옥기 자료는 동아대 고고미술사학과 이동주교수의 후의로 사용하였음을 밝혀
둔다.

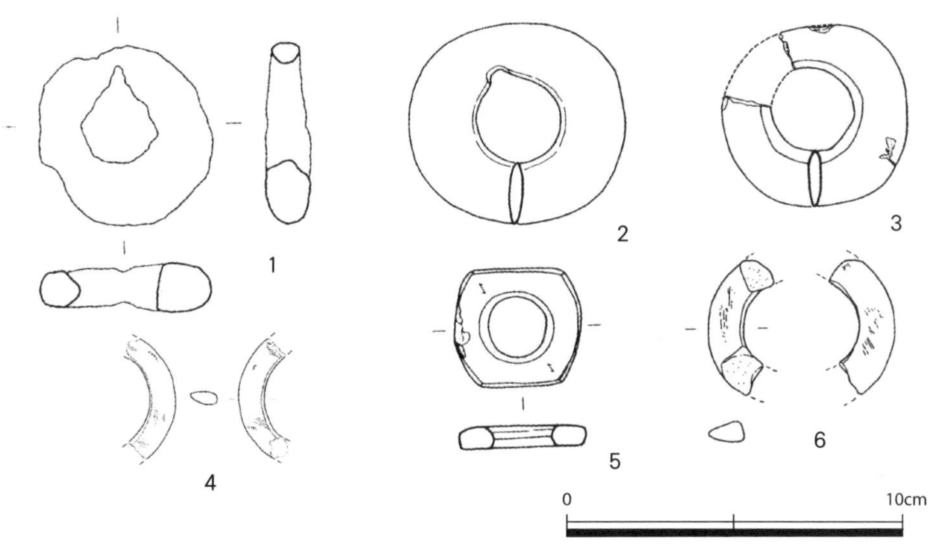

도면5 環狀玉器

1: 주월리, 2·3·5: 휴암리, 4: 공기2굴, 6: 상촌리(동아대)

려운 점도 없지 않으나, 남부지방의 경우 중기 이후에는 결상이식이 보이지 않는 점으로
미루어 일단 환상옥기로 분류해 둔다. 상촌리유적은 수가리 I 식기의 단순 주거지이며, 앞
시기의 유물은 전혀 출토되지 않는다.

공기2굴 출토품은 보고자는 결상이식 가능성을 언급하고 있으나 한반도에서 출토된 자
료 중에서 활석제 이식이 없다는 점과 출토 토기의 대부분이 중서부지역의 중, 후기라는
점에서 일단 환상옥기로 분류하였다. 동굴유적의 특성상 여러 시기의 유물이 혼재하는 양
상을 고려하여 공기2굴에서 출토한 융기문토기 편 2점과 관련시켜 본다면 결상이식의 파
손품일 가능성도 있다. 이에 대해서는 추후에 다시 검토하고자 한다.

파주 주월리 출토품은 일반적인 환옥과 달리 특이한 형태를 하고 있는데 일부 연구자는
재지계가 아니고 중국 홍산문화 옥기와 관련이 있는 것으로 보기도 한다(이상균 2007).[26]
환상옥기는 함께 출토되는 즐문토기의 형식 연대로 보아 신석기시대 전기~중기에 사용되
었던 것으로 추정되며, 이전 시기에 환상옥기가 존재하지 않는 점과 재질이 재지계와 다소
차이가 나는 점에서 외부지역에서 유입된 것으로 추정되나 암질에 대한 과학적인 분석이

---

26) 中山淸隆(2013)은 주월리 옥기와 유사한 것이 중국 산동반도에 있기 때문에 중국본토와 교류의
산물로 추정하고 있다.

필요하다. 만약 외부 문화권에서 유입된 것이라면 시기적으로 보아 중국 홍산문화에서 유행하는 옥환과의 관련성도 고려해 볼 필요가 있을 것이다.

3. 玉斧

형태적으로는 석부(石斧)와 동일하나 소재의 종류와 크기에서 차이가 있다. 일반적인 석부와 달리 무늬가 있는 옥질의 사문암, 응회암, 편마암 등을 정밀 마연하여 제작함으로서 마

도면6 玉斧

1·5: 오이도 안말, 2: 궁산, 3: 남북동, 4: 삼목도, 6~8: 후포리, 9: 오산리C지구, 10·11: 계화도, 12: 갈머리, 13: 시도, 14: 동삼동(국박), 15: 중산동(한문연), 16: 문암리

치 표면이 옥과 같은 색조와 광택을 띠는 것이 특징이다. 옥부라고 하지만, 眞玉인 軟玉으로 가공한 것은 드물다. 한반도에서는 연옥제 옥부는 확인되지 않는다. 최근 울주 신암리유적의 융기문토기 문화층에서 국내에서 처음으로 확인된 석영제 마제석부가 확인되었다(부경문물연구원 2013). 크기가 6.5㎝정도의 소형인 점으로 보아 옥부로 볼 수 있을 것 같다.

현재까지 확인된 옥부류(도면6)는 황해도 궁산, 인천 중산동, 시도, 오이도 안말. 남북동, 삼목도, 부안 계화도, 문암리, 오산리C지구, 후포리, 갈머리, 동삼동유적 출토품이 있다. 이들 옥부는 3-5㎝ 정도의 소형이 대부분이며, 형태는 석부와 같은 편인 내지 합인의 인부를 갖는다. 매우 작아 생활도구로 이용하기 곤란하고 소재에서 일반적인 석기와 구별된다는 점에서 도구의 기능보다 의례 혹은 의식용으로 추정된다. 후포리유적의 무덤에는 이러한 형태의 소형 옥부들이 다수 부장되어 있다.

옥부의 출현 시기는 불확실하나 문암리, 오산리유적의 출토 사례로 보아 신석기시대 조기부터 사용된 것으로 추정되며 후기 유적에서 확인되지 않는 것으로 보아 중기까지 존속한 것으로 추정된다. 계통은 동시기의 결상이식과 연계해서 본다면 다량의 옥부가 출토되고 있는 중국 동북지역의 흥륭와문화에서 구할 수 있을 것 같다. 이와 관련하여 옥부의 성격과 기능 문제를 포함하여 옥부가 가지는 사회적 의미 등을 검토하기 위해서는 주변 지역의 옥부와 비교 연구가 필요할 것으로 생각된다.

Ⅳ. 옥기의 계통과 제양상

한반도 신석기시대 옥기 자료는 양적으로 주변지역에 비해 적고 주로 출토되는 분묘와 주거유적에 대한 발굴조사가 충분히 이루어지지 않아 기원과 계통, 존속시기, 옥기의 종류와 기종 조성, 시기별 특징과 변천과정, 제작과 유통 등 불투명한 점이 많다. 그러나 최근 발굴된 오산리C지구, 문암리, 선진리, 운서동, 안도, 처용리, 고산리, 장항, 신암리유적 등 분묘와 주거지, 패총 등에서 새로운 자료가 출토되어 시기적 양상을 어느 정도 추론할 수 있다. 그러면 앞서 검토한 내용을 바탕으로 한반도 옥기에 나타나는 제양상 중 몇 가지 문제에 대해 간단히 언급해두고자 한다.

한반도 옥기의 출현과 그 문화적 계통에 대해서는 앞으로 구체적인 자료 분석과 논의가 필요하지만, 전술한 바와 같이 현재 연구 성과를 받아들인다면 한반도의 옥기는 사용 시기,

주변지역의 분포양상, 결상이식을 포함한 옥기의 조성관계 등으로 보아 중국 동북지역의 흥륭와문화의 옥기[27]와 계통적으로 직접 연결되고 그 문화의 영향으로 출현했던 것으로 볼 수 있다. 특히 즐문토기문화 조기에 집중적으로 출토하는 결상이식, 관옥, 비상수식, 옥부 등의 옥기가 동시기에 공존하는 세트조성[28] 이 흥륭와문화 옥기조성과 동일하다는 점에서 개연성이 높다고 할 수 있다. 고산리유적의 결상이식 결구 제작기법이 흥륭와문화와 같은 絲切技法이라는 점은 이러한 사실을 뒷받침 한다고 할 수 있다. 그러나 조기의 어느 시점에 옥기가 처음으로 만들어 졌는가는 아직 확실치 않다.

　최근 발굴된 오산리 C지구 최하층(고동순 2009)에서 출토된 형석제 수옥(도면2-3)이 남부지역의 융기문토기문화의 결상이식과 관옥보다 시기적으로 300년 이상 앞선 한반도 최고의 옥(B.C. 5,700~5,600년)이라는 점에서 옥기의 출현를 포함하여 기원과 계통문제를 규명하는데 중요한 자료로 생각된다. 그러나 결상이식, 관옥, 수옥 등 다양한 옥기가 제작되고 성행하는 시기는 융기문토기를 중심으로 하는 신석기 조기 중엽(B.C. 5,300~5,000년)전후부터라고 할 수 있다.[29] 이후 자체적인 제작 기술(찰절기법)과 재지의 생활양식, 관념적 체계 속에서 다양한 형태(옥의 형태, 색조의 선호도 등)로 변용되면서 전개해 간 것으로 추정된다.[30]

　그런데 문제는 중국 동북지역 옥기의 한반도 유입 배경이다. 재지의 즐문토기 사회 (특

---

[27]　중국의 옥기는 내몽고 서요하지역의 흥륭구, 興隆窪, 사해유적 등 소위 興隆窪문화(B.C. 6,200~5,600년)에서 처음으로 출현하며, 동아시아에서 가장 오래된 옥기로 추정되고 있다. 이 지역의 초현기 옥기는 玦狀耳飾을 표식으로 彎條形器, 管玉, ヒ形器, 원반형옥기, 玉斧 등 장신구와 도구로 구성되어 있다. 재질은 대부분은 연옥이며, 색조는 적색, 녹색, 백색, 흑색을 띤다. 흥륭와 옥기문화는 중국 남방과 동북지역을 포함하여 연해주, 한반도, 일본열도로 지역으로 확산하여 각 지역의 장신문화에 영향을 주며, 이후 조보구문화를 거쳐 홍산문화(B.C. 4,000~3,000년)의 옥기로 계승된다. 특히 홍산문화의 옥기는 장신적 요소가 쇠퇴하고 의례적인 기능이 발달한다(鄧聰 2004; 劉國祥 2004).

[28]　조기에 집중적으로 출토하는 결상이식, 관옥, 비상수식, 옥부 등이 모두 개별적으로 혹은 유구에서 유리되어 출토하는 관계로 확실한 공반 여부는 단정할 수 없으나 개별기종의 시기와 문화적인 맥락에서 본다면 동시기에 존재했을 개연성이 높다. 이러한 문제는 기종별 공시성을 증명할 수 있는 분묘, 주거유적 등의 조사 사례가 증가한다면 구체적인 조합관계가 분명해 질 것으로 보인다.

[29]　필자의 남해안 융기문토기 편년 Ⅱ~Ⅲ기에 해당하는 시기다(하인수 2012a).

[30]　즐문토기 전기 이후 출현하는 주월리와 상촌리유적의 옥환 등 새로운 형태의 옥기로 보아 중국 동북지역 홍산 옥기문화의 영향도 예상된다.

히 남부지역)에서 존재하지 않았던 결상이식 등 새로운 형태의 옥제 장신구가 사용되고 시간적으로 혹은 지역적으로 일정한 맥락을 보이는 사실은 그 이면에 어떠한 형태로든 사회적 요인과 동인이 작용했을 것임은 분명하다. 그러나 이 문제를 접근하기에는 중국 동북지역과 인접한 북한지역의 옥기 양상이 불확실한 상황에서 많은 한계가 있다.

앞으로 자료의 축적과 연구가 요구되는 부분이지만 필자는 최근 동삼동과 범방패총에서 출토된 조기 즐문토기의 압흔분석 조사에서 확인된 조·기장의 존재에서, 옥기문화를 공반하는 동북지역 흥륭와문화의 잡곡농경[31]이 한반도에 유입되면서 옥기가 출현하는 것으로 추정하고 있다(하인수 2011). 다시 말하면 융기문토기 단계에 존재하는 결상이식과 관옥 등의 수옥은 중국 동북지역의 잡곡농경(옥기문화 동반)이 한반도 북부지역에 유입된 후 남부지역으로 확산되면서 나타난 결과이고, 당시 이를 필요로 하는 내부적 요인으로 인해 자연스럽게 수용되어 옥제장신구가 조기 단계에 출현한 것으로 볼 수 있다는 것이다. 이 문제에 대해서는 앞으로 시간을 갖고 다시 검토하고자 한다.

한편 한반도 옥기의 시기별 양상과 전개과정에 대한 구체적인 내용은 불확실하지만, 앞에서 검토한 내용을 종합하여 볼 때 적어도 신석기시대 조기의 이른 단계에 결상이식을 비롯하여 수옥, 비상옥기, 관옥 등의 옥기 조성이 성립되고 전국에 걸쳐 耳飾, 垂飾, 腕飾 등 장신구로 이용되고 있음을 알 수 있다.

조기의 옥기 조성과 형태는 전술한 바와 같이 기본적으로 동아시아 옥기의 시원지로 추정되고 있는 중국 동북지역의 옥기 조성과 같은 양상을 보이는데, 특히 결상이식과 관옥은 형식적으로 흥륭와문화의 것과 동일하다. 조기의 옥은 범방패총 출토품과 같이 특별히 연옥도 사용되지만 석영, 활석, 납석, 마노, 사문암(?) 등 재지에서 확보 가능한 옥질의 석재로 제작된다. 이것은 진옥인 연옥을 확보하기 어려운 당시의 환경과 관련이 있을 것으로 생각된다. 대신에 가공 후 옥질의 색조와 질감을 보이는 암석을 선택한 것으로 추정된다.

한반도 조기의 옥제 장신구는 즐문토기 사회 집단성원의 개성 표현으로 착용되었을 가능성도 있지만, 특정 장신구는 출토양상이나 재료 확보와 가공의 어려움 등으로 보아 사회적

---

31)　흥륭와문화의 옥기가 출토되는 중국 내몽고 적봉의 興隆溝유적(趙志軍 2005) 제1지점(취락) 주거지에서 B.C. 5,700~5,500년의 연대를 갖는 조와 기장이 출토되었는데, 이는 현재까지 동북아시아에서 고고학적인 조사로 확인된 것 중 가장 오래된 것이다. 동삼동패총 융기문토기의 압흔 기장과 범방패총 1문화층의 무문양토기의 조 압흔은 한반도에서 확인된 최고의 재배 작물일 뿐 만 아니라 興隆溝유적에 이어 두 번째로 오래된 자료라고 할 수 있다.

으로 혹은 집단 내의 특정한 역할을 담당한 소수의 계층이 착용하였을 것으로 추정된다.

전기의 양상은 불투명하지만, 조기의 옥기가 지속되는 것으로 생각된다. 조기 말 혹은 전기 초로 추정되는 처용리와 선진리유적의 결상이식을 제외하고 전기 유적에서 결상이식과 비상수식이 보이지 않는 것으로 보아 전기에는 소멸하는 것으로 생각된다. 그러나 궁산, 운서동, 주월리유적 등의 예로 보아 수옥, 관옥 등은 여전히 성행한다.

중기가 되면 수옥이 다양한 재질과 형태로 제작되고 수량도 증가하는 등 전국적인 분포양상을 보인다. 범방유적과 고남리유적에서 보이는 곡옥형 수옥과 상촌리유적의 환상형옥기, 금탄리와 서포항유적의 반환형옥기도 이 시기에 처음으로 나타난다. 중산동과 고남리유적의 예로 보아 Ⅰ, Ⅱ류의 관옥은 조기에 이어 중기까지 존속한다.

후·말기는 옥기류가 대체로 단순하고 양적으로 앞 시기에 비해 줄어드는 것으로 보아전반적으로 옥문화가 퇴조하는 것이 아닌가 한다. 양적으로 적지만 수옥과 혈암제의 흑색반월형옥기(성읍리, 노래섬 출토품), 관옥 등이 있고 결상이식과 비상옥기는 존재하지 않는다. 고남리의 관옥과 중산동의 타원형 수옥은 이 시기에 속하는 것으로 생각된다.

청동기시대에 들어서면 이전 시기와 전혀 다른 옥제 장신구가 출현하고 기종이 급변하는양상을 보인다. 청동기 초기에는 일부 신석기의 전통을 갖는 수옥도 존재하지만 극히 소수이며, 소재 면에서 천하석제 환형, 반월형, 곡옥형 수식과 벽옥제 관옥이 대량으로 제작되고 성행하게 된다. 그리고 옥의 색조도 녹색 계열로 통일된 양상을 보인다, 이러한 양상은청동기시대 옥기가 신석기시대와 전혀 다른 모습이라고 할 수 있다. 신석기에서 청동기시대로 전환되면서 나타나는 옥문화의 급변 현상의 원인과 배경은 알 수 없지만, 신석기에서청동기로의 전환기 과정과 문화적 변동 양상을 규명하기 위해서도 앞으로 이에 대한 궁리가 필요하다고 생각된다.

옥기의 색조는 소재와 기종에 따라 다양한 형태로 나타나는데, 소재가 갖는 재료의 색, 형, 질 등 물리적 특성을 충분히 고려하여 선택되었던 것으로 보인다. 특히 소재의 희소성과 가공 후 색조를 중시하였을 것으로 생각된다. 물론 당시 사람들의 미의식과 색에 대한관념을 고고학적으로 인지 혹은 증명하기 어려운 점은 있지만, 중국 옥기의 색조에 특별한의미가 존재하는 것으로 보아[32] 즐문토기문화의 옥기에도 특정한 색이 의도적으로 선택

---

32)　興隆窪문화의 옥기 색조는 赤, 綠, 白, 黑色의 4종류가 있으며, 이들 색조는 자연의 식물에 유래하는 생명력 등의 우주관에 관계하는 것으로 보고 있다(楊虎·劉國祥·鄧聰 2007).

했을 가능성이 높다.[33]

검은색이 주류를 이루는 반월형 옥기를 제외하고는 대부분 옥기가 녹색 및 (연)갈색 계통의 색조를 띠는 것은 색에 대한 당시의 사회적 관념과 가치, 혹은 집단의 규범이 반영된 것으로 보인다. 청동기시대에 녹색 계통의 천하석과 벽옥제 옥기가 성행하는 것은 시대와 문화적 전통에 따라 특정 색에 대한 선호도와 사회적 가치관이 변하고 있음을 보여주는 단적인 예라고 할 수 있다.

옥기는 앞서 언급한 바와 같이 주변에서 확보 가능한 납석, 활석, 마노, 형석, 사문암, 석영, 혈암, 응회암, 대리석 등 가공하면 광택과 美色을 띠는 옥질의 암석을 소재로 가공하여 재지에서 제작한 것으로 보이만 산지가 한정되어 있는 연옥이나 사문암, 납석, 마노제의 결상이식이나 관옥, 수옥 등은 외부에서 재료를 확보하기나 완제품을 교역 등을 통해 반입했을 것으로 생각된다.

특히 연옥으로 만든 범방패총의 장방형 수옥, 연대도 14호묘의 마노제 관옥, 사문암제로 추정되는 가덕도 장항의 관옥과 수옥, 제주 고산리, 삼양동, 도두동, 용담동출토 결상이식 등은 외부 지역에서 재지로 반입된 것이 분명하다.

부산지역에서는 사문암과 연옥이 산출되지 않는 것으로 보아 범방과 장항 출토품은 외부 반입이 확실하며, 특히 제주지역에서 출토된 반월형 옥기와 결상이식은 재질은 알 수 없으나 제주지역에서 산출되지 않는 암질로 제작된 것으로 보아 내륙지역에서 유입되었음이 분명하다. 제주지역의 신석기문화가 남해안 계통임을 보아 해양 교역 등을 통해 내륙에서 유입된 것으로 볼 수 있다.

이상의 사례로 보아 신석기시대 특정 옥기는 단정할 수 없으나 동삼동패총의 조개팔찌(하인수 2006)와 마찬가지로 소재의 희소성, 소재확보 및 가공의 어려움 등으로 경제적 교역품으로 특정지역에서 제작되고 광역에 걸쳐 유통되고 있음을 알 수 있다.

즐문토기 사회에 있어서 특정 물품의 생산과 유통문제를 규명하고 물자의 지역간 이동

---

33) 남부지방에서 출토된 옥기 중 필자가 육안으로 확인 옥기의 색조는 다음과 같다. 그러나 이것은 어다 까지나 필자의 색에 대한 주관적 판단임을 밝혀 둔다. **결상이식:** 문암리 담녹색, 선진리 유백색, 고산리 담갈색, 처용리 연녹색, 안도 담갈색 사촌리 회백색, 도두동 황갈색, 삼양동 담갈색. **관옥:** 교동·연대도 연두색, 주월리 담갈색, 가덕도 회갈색, 후포리 담갈색. **수옥:** 범방 담갈색, 연녹색, 운서동 담녹색, 주월리 담갈색, 오산리c지구 청색, 가덕도 담녹색, 후포리 담갈색, 담록색, **반월형옥기:** 노래섬, ·상노대도·성읍리·동삼동 흑색, **환상형옥기:** 상촌리 연갈색, 휴암리 연갈색, 주월리 연갈색.

실체를 파악하기 위해서는 옥기의 제작 실태와 산지 동정 등 다양한 분석적 연구가 필요할 것으로 생각된다. 아직 국내에서 옥기 제작유적이 발견되지 않고 있으나 앞으로 조사가 이루어지고 옥기의 산지 분석 진행된다면 생산과 유통문제는 보다 구체적으로 드러날 것으로 기대된다.

V. 맺음말

이상에서 최근 발굴 자료를 중심으로 한반도 옥기의 연구 현황과 문제점을 살펴보고 각 기종별 검토를 통해 옥기의 계통과 시기별 양상 등에 대해 개략적으로 검토하였다. 앞에서 언급한 바와 같이 한반도 신석기시대 옥기 연구는 토기나, 석기, 취락 등 타 분야에 비해 상대적으로 저조한 편이다. 물론 그 동안 옥기에 대한 연구가 없었던 것은 아니지만 주로 토기문화나 장신구 문제를 다루면서 단편적으로 혹은 보조적인 자료로 취급되어 왔다고 할 수 있다.

옥기는 신석기시대에 다양하게 존재하는 도구의 한 부분에 지나지 않지만, 옥기를 통해 당시 사회의 가치관이나 관념체계, 생산과 유통, 지역간의 교역체계, 나아가 소유자의 사회적 계층 관계 등을 파악할 수 있는 고고학적 정보를 함의하고 있다는 점에서 중요한 자료임은 분명하다.

최근 들어 일부 연구자들에 의해 옥기의 기종별 검토와 계통을 검토하면서 보다 구체적인 분석도 이루어지고 있으나 여전히 기초적인 연구에 머물고 있다. 필자의 본고 역시 이 범주를 벗어나지 못하지만, 향후 한반도 옥기문화의 성립과 전개 과정을 연구하는데 기초자료가 될 수 있을 것으로 생각된다.

본고는 한반도 옥기 연구를 위한 시론적인 측면에서 기초적으로 검토한 것에 지나지 않기 때문에 개별 기종 분석이나 논지 전개에 다소 무리가 있는 점도 있다고 생각된다. 이러한 점들은 차후 연구를 통해 수정 보완 하고자 한다.

[참고문헌]

강원문화재연구소, 2009,『영월 주천리유적』.

경기도박물관, 1999,『파주 주월리유적』.

경남고고학연구소, 2006,『늑도패총』Ⅳ A지구 패총편.

경남문화재연구원, 2008,『사천 선진리유적』.

고고학 민속학연구소, 1957,『궁산원시유적발굴보고』, 과학원출판사.

고고학 민속학연구소, 1961,『지탑리원시유적발굴보고』, 과학원출판사.

고동순, 2009,「동해안 오산리 C지구 최하층유적의 조사 성과」,『한일신석기시대의 어로와
　　　　해양문화』, 韓國新石器學會·九州繩文硏究會.

국립경주박물관, 1991,『울진 후포리유적』.

국립광주박물관, 2009,『안도패총』.

국립문화재연구소, 2004,『고성 문암리유적』.

국립박물관, 1970,『시도패총』.

국립중앙박물관, 1990,『휴암리』.

국립중앙박물관, 1994,『암사동』.

국립중앙박물관, 2004·2005,『동삼동패총』Ⅰ·Ⅱ.

국립중앙박물관·춘천박물관, 2012,『영월 공기2굴·꽃병굴 동굴유적』.

국립진주박물관, 1993,『연대도』.

宮島 宏, 2004,「日本各地の硬玉·軟玉の産地」,『季刊考古學』89, 雄山閣.

김상면, 1990,「청도 사촌리유적 발굴조사보고」,『고고학지』2, 한국고고미술연구소.

김상현, 2012,「부산 가덕도 장항유적」,『2012년 유적조사발표회 자료집』, 한국고고학회.

김용간, 1964,『금탄리 원시유적 발굴보고』, 사회과학원출판사.

김용간·서국태, 1972,「서포항원시유적 발굴보고」,『고고민속논문집』4.

김원용, 1963,「춘천 교동 혈거유적과 유물」,『역사학보』20.

김은영, 2007,「고성 문암리유적을 통해 본 신석기시대 평저토기문화의 전개」,『문화재』40,
　　　　국립문화재연구소.

노희숙, 1997,「한국 선사 옥에 대한 연구」, 한양대 문화인류학과 대학원석사논문.

大坪志子, 2013,「玦狀耳飾」,『季刊考古學』125, 雄山閣.

大賀健, 2004,「箆狀垂飾」,『季刊考古學』89, 雄山閣.

동아대학교박물관, 1999,『남강유역 문화유적발굴도록』.

동양문물재연구원, 2011,『제주 삼화지구유적』.

藤田富士夫, 2002,「日本列島の玦狀耳飾の始原に關する試論」,『繩文時代の渡來文化』, 雄山閣.

藤田富士夫, 2003,「環狀型玦狀耳飾に關する基礎的考察」,『新世紀の考古學』, 大塚初重先生喜壽記念論文集.

藤田富士夫, 2004,「環日本海の玉飾の始原に關する基礎的研究」,『環日本海の玉文化の始原と展開』, 敬和學園大學人文社會科學研究所.

藤田富士夫, 2007,「玉製品·玦飾」,『季刊考古學』99, 雄山閣.

藤田富士夫, 2012,「東アジアにおける玦飾組成について」,『茅野市尖石繩文考古館開館10周年記念論文集』, 茅野市尖石繩文考古館.

鄧聰, 2004,「東アジアの玦飾の起源と擴散」,『環日本海の玉文化の始原と展開』, 敬和學園大學人文社會科學研究所.

鄧聰, 2006,「中國の玉文化」,『季刊考古學』94, 雄山閣.

劉國祥, 2004,「興隆窪文化の玉玦および關聯問題の研究」,『環日本海の玉文化の始原と展開』, 敬和學園大學人文社會科學研究所.

방문배, 2012,「고산리유적 발굴조사의 성과와 의의」,『중서부지역의 신석기문화』, 한국신석기학회.

복천박물관, 2013,『선사·고대 옥의 세계-특별전 도록』.

부경문물연구원, 2013,「울주신암리 신고리3·4호기 전원개발이주단지 조성부지내 유적 발굴조사전문가검토회의자료」.

부산박물관, 1993,『범방패총』Ⅰ.

부산박물관, 2007,『동삼동패총정화지역발굴조사보고서』.

부산박물관, 2009,『범방유적』.

寺崎康史, 2004,「舊石器時代の垂飾と玉」,『季刊考古學』89, 雄山閣.

上田耕·廣田晶子, 2004,「南九州の初源期の玦狀耳飾」,『環日本海の玉文化の始原と展開』, 敬和學園大學人文社會科學研究所.

서울대학교박물관, 1984·1985·1988,『오산리유적』Ⅰ～Ⅲ.

서울대학교박물관, 2006, 『용유동 남북동·을왕동 I 유적』.

서울시립대박물관, 1996, 『영종도 송산 선사유적』.

小野忠明, 1935, 「寺洞里附近發見の玦」, 『ドルメン』4-4, 岡書院.

손보기, 1982, 『상노대도의 선사시대 살림』, 수서원.

松浦有一郎, 2013, 「中國新石器時代の玦の研究と展望」, 『玉文化』10, 日本玉文化研究會.

新東晃一, 2006, 「九州の繩文時代の二つの耳飾」, 『繩文の森から』, 鹿兒島縣立埋藏文化財
　　　　センター-.

新東晃一, 2008, 「アカホヤ火山灰以前の玦狀耳飾」, 『岡山理科大學埋藏文化財研究論集』,
　　　　岡山理科大學埋藏文化財研究會.

安孫子 昭二, 2004, 「玉文化の多樣性」, 『季刊考古學』89, 雄山閣.

양승영 편, 2001, 『지질학사전』, 교학연구사.

楊虎·劉國祥·鄧聰, 2007, 『玉器起源探索-興隆窪文化玉器研究及圖錄』, 中國考古藝術中心.

嚴潔, 2006, 「의료용으로 활용되는 산지별 옥의 광물학적 특성 연구」, 부경대 환경지질과학
　　　　과 대학원석사논문.

예맥문화재연구원, 2010, 『양양 오산리유적』.

遼寧省文物考古研究所編, 2011, 『遼寧省文物考古研究所藏 文物精華』.

우리문화재연구원, 2012, 『울산 처용리 21번지 유적』.

원광대학교 마한백제문화연구소, 2002, 『노래섬』.

伊東美奈子, 2004, 「玦狀耳飾における着裝法の檢討」, 『環日本海の玉文化の始原と展開』,
　　　　敬和學園大學人文社會科學研究所.

이상균, 2007, 「한반도 신석기시대 옥기문화의 계보」, 『중국사연구』50. 중국사학회.

李陳奇·趙評春, 2008, 『黑龍江古代玉器』, 文物出版社.

임승경, 2012b, 「한반도 출토 결상이식(玦狀耳飾) 소고」, 『文化財』45-4, 국립문화재연구소.

임승경, 1997, 『中國 遼西地區 新石器時代 玉器』, 성균관대학교사학과 석사논문.

임승경, 2003, 「선사시대옥기의 성격 및 그 제작기술에 대한 일고찰」, 『사림』20, 성균관대
　　　　학교.

임승경, 2012a, 「울산 처용리 출토 결상이식에 대한 고찰」, 『울산 처용리21번지유적』, 우리
　　　　문화재연구원.

庄田愼矢, 2006, 「朝鮮半島の玉文化」, 『季刊考古學』94, 雄山閣.

전영래, 1979, 부안 계화도 산상유적 신석기시대 유물」,『전북유적조사보고』10, 전주시립 박물관.

제주문화유산연구원, 2011,『제주 도두동유적』.

趙志軍, 2005,「粟類作物及中國北方旱作農業起源研究的新資料和新思考」,『경관의 고고학』, 고려대학교 고고환경연구소.

中國社會科學院考古硏究所內蒙古工作隊, 1997,「內蒙古敖漢旗興隆窪聚落遺址1992年發掘簡報」,『考古』第1期.

中國社會科學院考古硏究所內蒙古工作隊·敖漢旗博物館, 2004,「內蒙古赤峰市興隆溝遺址2002-2003年的發掘」,『考古』第7期.

中山淸隆, 1994,「東アジアからみた玦狀耳飾の起源と系譜」,『地域相硏究』22.

中山淸隆, 1996,「中國東北地域の先史玉器」,『東北アジアの考古學』第二, 깊은샘.

中山淸隆, 2003,「韓國の先史玉器の攻玉遺跡の新資料」,『新世紀の考古學』, 大塚初重先生喜壽記念論文集.

中山淸隆, 2004,「韓半島出土の玦狀耳飾について」,『玉文化』創刊號, 日本玉文化硏究會.

中山淸隆, 2009a,「朝鮮 新石器時代の玦とその周邊」,『扶桑』靑山考古學會.

中山淸隆, 2009b,「韓國出土の玦とその系譜」,『玉文化』6, 日本玉文化硏究會.

중앙문화재연구원, 2010,『인천 운서동유적』Ⅰ.

中村大介, 2013,「朝鮮半島の玉文化硏究の展望」,『玉文化』10, 日本玉文化硏究會.

中華玉文化中心 中華玉文化工作委員會, 2009,『玉魂 國魄-紅山文化玉器精品展』.

지영배, 2013,「한반도 신석기시대 장신구 및 이형유물에 대한 연구」, 부산대학교 고고학과 대학원 석사논문.

川崎 保, 2002,「東アジアの中で見た玦狀耳飾の起源と展開」,『長野縣の考古學』Ⅱ, 長野縣埋藏文化財センタ.

川崎 保, 2004a,「玦狀耳飾系統·起源論槪觀」,『環日本海の玉文化の始原と展開』, 敬和學園大學人文社會科學硏究所.

川崎 保, 2004b,「玦狀耳飾」,『季刊考古學』89, 雄山閣.

川崎 保, 2004c,「極東の玉文化」,『季刊考古學』89, 雄山閣.

川崎 保, 2006,「中國東北·沿海州から見た繩文玉製品」,『東アつジアにおける新石器文化と日本』Ⅲ, 國學院大學.

淺野良治, 2004,「繩文管玉」,『季刊考古學』89, 雄山閣.

春成秀爾, 1997,「古代の裝い」,『歷史發掘』4, 講談社.

충남대박물관, 2001,『가도패총』.

하인수, 2003,「신석기시대의장신구」,『한국의 장신구』, 부산박물관 성인박물관강좌.

하인수, 2006,「신석기시대 한일문화교류와 흑요석」,『한국고고학보』58.

하인수, 2009,「신석기시대 석기의 종류와 양상」,『박물관연구논집 15』, 부산박물관.

하인수, 2011,「동삼동패총 즐문토기 압흔분석과 곡물」,『신석기시대 패총문화』, 한국신석
　　　기학회 학술대회 자료집.

하인수, 2012a,「남해안지역 융기문토기의 편년」,『한국 신석기문화의 양상과 전개』, 중앙
　　　문화재연구원, 한국신석기학회.

하인수, 2012b,「동삼동 I 문화층토기의 點描」,『동삼동패총 정화지역 즐문토기』, 복천박물관.

下村智, 2010,「九州出土の玦狀耳飾に關する基礎的檢討」,『先史學·考古學硏究Ⅴ-甲元眞
　　　之先生退任記念』, 龍田考古會.

한강문화재연구원, 2012,『인천 중산동유적』.

한양대박물관, 1996,『안면도 고남리패총 5·6차발굴조사보고서』.

한양대학교박물관, 1997,『안면도 고남리패총 7차』.

한얼문화유산연구원, 2011,『제주 성읍리유적』.

한영희·임학종, 1991,「연대도 조개더미 단애부 Ⅱ」,『한국고고학보』26.

호남문화재연구원, 2003,『갈머리유적』.

즐문토기문화의 의례구와 장신구

I. 의례구

II. 장신구

한반도 즐문토기문화의 의례적, 주술적 도구로 인간과 동물의 형상을 축소하여 조형적으로 표현한 토우(土偶), 골우(骨偶), 석우(石偶) 등의 우상과 패면(貝面) 등이 있다. 그밖에 비실용적인 석봉(石棒), 초대형석부, 장식골각기와 옥기를 비롯한 각종 장신구도 여기에 포함시킬 수 있다. 이들 유물은 조몬(繩文)문화의 〈제2의 도구〉와 맥락을 같이 하며, 한반도 신석기문화의 정신세계를 구체적으로 보여 주는 증거이다.

I. 의례구

즐문토기문화에서 의례 혹은 신앙적 행위와 관계하는 기물인 우상은 재질에 따라 토우, 골우, 석우, 패면(가면형 패제품)으로 구분되면, 이 중에서 대표적인 의례구는 토우이다. 출토유물이 없어 단정할 수 없으나 민족지 사례로 보아 초목으로 인물이나 동물을 표현한 목우(木偶)와 초우(草偶, 제웅)의 존재도 예상된다. 다양한 재료로 만들어진 우상은 30여 점에 불과하지만, 이를 통해 즐문토기인의 정신세계와 사유형태를 살펴볼 수 있다.

1. 토우

한반도 즐문토기문화의 토우는 정신문화를 상징하는 대표적인 의례적 기물(器物)로 일찍부터 주목되어 왔지만 이에 대한 구체적인 연구는 진행되지 않고 있다. 토우의 수량은 20여 점에 불과하고 그 형상을 알 수 있는 것은 많지 않다. 18,000여 점에 달하는 일본 조몬시대의 토우에 비하면 그 수량은 절대적으로 적다고 할 수 있다. 주로 동해안과 남해안지역을 중심으로 패총유적에서 1~3점 정도 소량 출토되며, 내륙지역과 서해안지역에서는 확인되지 않는다. 완제품도 있지만 일부가 파손된 상태로 출토되기도 하는데 의도적인 것인지, 자연적 훼손인지는 앞으로 검토가 필요하다.

토우는 형상물의 종류에 따라 크게 인물형과 동물형으로 구분된다. 인물형토우(도면 1~3·7·10·17)는 농포동, 오산리, 세죽, 수가리, 신암리, 여서도유적 등에서 출토되며, 성별에 따라 남성과 여성으로 구분된다. 신암리유적의 인물형토우는 크기가 3.6㎝ 정도인 소형의 여성 좌상이며, 성별은 알 수 없지만 수가리와 여서도패총 출토품은 머리와 손, 발을 아주 간략하게 표현한 입상이다. 오산리유적에서 출토된 토우는 안면만 표현한 드문 사례이며, 율리와 범방패총에서는 남여 성기를 표현한 것으로 보이는 토우편도 출토되었다.

동물형토우(도면4·9·12·18·19)는 곰, 멧돼지(猪), 물개(海狗), 개(犬) 등을 조형적으로 표현한 것이며, 분포상은 인물형토우와 동일하다. 웅형(熊形)토우(도면18·19)는 오산리와 동삼동패총에서 출토되었는데, 즐문토기인의 곰에 대한 인식을 엿볼 수 있는 중요한 자료이다. 욕지도와 세죽패총에서 출토된 토우는 멧돼지(도면4)와 물개(도면12)를 형상화한 것으로, 특히 저형(猪形)토우는 매우 소형이다. 이밖에 동삼동패총에서 出土된 사슴선각문 단도마연토기, 인물형토우를 부착한 토기(도면11), 죽변유적의 안면(顔面)파수부옹형토기(도면8)도 의례적 기물로 볼 수 있다. 특히 사슴선각문토기는 즐문토기인의 수렵에 대한 기원과 이와 관련된 의식을 행할 때 사용된 용기로 보인다.

즐문토기문화의 토우는 세부적인 형상은 생략하고 대상 이미지를 간결하게 표현한 점이 특징이며, 크기도 5㎝ 전후의 매우 소형이다. 토우는 종류에 따라 기능과 사회적 의미가 달랐던 것으로 추정되며 주술구, 호신구, 신상(神像) 등으로 보는 견해도 있다. 토우의 형태적 특징, 출토상태와 양, 분포양상 등을 종합적으로 고려해 볼 때 토테미즘적 사고관을 반영하는 주술구 혹은 어로문화와 관련한 제사의식에 사용된 의례석 기물로 추정된다. 크기가 매우 소형인 점으로 보아 숭배의 대상이나 신성물은 아닐 가능성이 높다.

토우의 출현과 계통은 불확실한 점이 많지만, 최근 발굴성과로 본다면 적어도 조기 융기문토기문화 단계에 이미 토우의 형식적 요소가 갖추어지고 특정 대상물을 우상화하는 관념이 존재했음을 알 수 있다. 오산리C유적 최하층에서 출토된 웅형(熊形)토우와 해구형(海狗形)토우는 현재까지 발굴된 자료 중 가장 이른 시기의 토우이며, 주변지역의 토우와 사용 시기 등을 고려해 볼 때 앞으로 시기가 올라가는 것이 발견될 가능성이 있다. 계통은 불분명하지만 분포양상과 인접지역과의 관계로 보아 한반도 동북지역과의 관련성도 검토해 볼 필요가 있다.

2. 골우 · 석우 · 장식골각기

토우를 제외한 의례 혹은 주술적 도구로 추정되는 것은 동물과 인물상을 조각한 골우, 석우와 장식골각기가 있다. 골우는 사슴, 멧돼지, 노루 등의 뿔이나 이빨 등을 정밀가공하여 동물이나 인물상을 조각한 형태이다. 서포항패총을 중심으로 한반도 동북해안지역에서만 출토되며, 인물형(도면13·14)과 동물형(도면5·6)으로 구분된다. 석우는 납석제로 새의 형상을 이미지화한 것으로 농포동유적에서 출토된 것이 유일하다. 장식골각기(도면15)는 기형이 특이하고 기면에 다양한 문양 등을 시문한 이형골각기를 지칭하는데, 용도가 분명치 않고 정연성과 장식성에서 생업도구와 구분되므로 의례구 등의 용도로 사용되었을 것으로 추정된다.

3. 옥부 · 초대형석부

형태적으로는 목재가공용 석부와 동일하나 소재의 종류와 크기, 출토양상 등에서 차이가 있다. 옥부는 3-5cm 정도의 매우 소형이고, 후포리유적에서 다량으로 출토된 초대형석부는 크기가 27~54cm 정도로 장대하고 정밀한 마연상태, 비정상적인 크기 등으로 보아 실용구보다는 부장용으로 특별히 제작되었거나 파푸아뉴기니의 전통 석부와 같이 의례용으로 사용된 도구로 추정된다.

4. 석봉

춘천 교동동굴 유적에서 출토된 2점이 유일하며 아직 타유적에서 출토된 사례는 없다(도면20). 편마암제로 크기는 대형이 36.5cm, 소형이 27.5cm이다. 보고자는 과실 같은 것을 파쇄 혹은 제분하는 용도로 추정하고 있으나 가공의 정밀성과 형태적 특징으로 보아 고석은 아니고 의례적 기물일 가능성이 크다.

5. 패면(가면형패제품)

패제 의례구로 생각되는 것은 동삼동패총 출토 패면(도면21)이 유일하다. 조개가 갖는 다양한 상징으로 보아 주술이나 벽사적인 성격을 갖는 패제품의 존재도 예상되나 출토 예는 없다. 동삼동패총에서 출토된 패면은 국자가리비의 각정부(殼頂部)와 복연부(腹緣部) 가까이에 눈과 입을 형상화한 구멍을 뚫은 형태이며, 크기는 각고 11.8cm, 각장 12.9cm, 두께 0.7cm 정도이다. 유사한 것이 일본 구주의 아다까(阿高)패총 등에서 출토되고 있다. 패면은 일반적으로 벽사적 행위(제마, 제액)와 관련한 의례구로 사용되었거나 어민의 제사행위와 관련한 정신문화의 일면이 반영된 것으로 추정하고 있다. 이에 대해 앞으로 구체적인 검토분석이 필요하지만, 동삼동 패면에 얼굴에 고정하기 위한 뉴공(紐孔)이 없고, 고고학적으로 가면으로 기능했다는 근거가 부족한 점, 암각화, 토제 및 골제품에 표현된 안면(도면 13·16·17)에 대한 특별한 관념의 존재 등에서 가면보다는 사람의 얼굴 혹은 종교적 대상(정령 등)의 얼굴을 상징적으로 표현한 것이 아닌가 한다. 이상에서 살펴 본 즐문토기문화의 의례구는 日本 조몬문화의 〈제2의 도구〉와 큰 틀에서는 동일한 사회적, 문화적 성격과 맥락을 갖지만, 개별 도구의 용도와 기능, 사회적 의미 등 세부적인 측면에서는 다른 점도 있다고 생각된다.

Ⅱ. 장신구

장신의 역사는 현재까지 연구성과로 보아 후기 구석기시대까지 올라가며, 동물의 이빨이나 뼈, 조개, 옥 등을 가공한 주물(呪物)에 기원하는 것으로 추정되고 있다. 그러나 한반도 구석기시대의 장신구에 대한 구체적인 사례는 아직 없으며 사회적 가치와 미의식이 결부되면서 다양한 형태의 장신구가 만들어지고 사용하는 것은 즐문토기문화부터이다. 즐문토기인은 어로와 수렵 중심의 생활을 영위하면서 일상 활동을 통해 획득한 다양한 소재와 타지역으로 부터 입수한 옥석과 같은 재료를 이용하여 장신구를 제작하였다. 장신의 모습은 분묘나 주거지, 패총 등의 유적에서 출토되는 장신구의 형태를 통해 추정할 수 있으며, 종류는 머리 장식용인 뒤꽂이, 목이나 가슴을 장식한 수식(垂飾), 이식(耳飾), 완식(腕飾), 흉식(胸飾), 족식(足飾) 등이 있다.

1. 뒤꽂이

주로 사슴뼈를 가공하여 제작하는데, 여서도패총 출토품과 같이 몸체에 기하학적 점열문이 장식된 것도 있다. 모양과 크기가 일정하지 않는 것으로 보아 형태에 따라 사용방법이 달랐던 것으로 추정된다(도면33·34).

2. 수식

동물의 이빨, 뼈 발톱, 조개, 옥석 등을 가공하여 사용하는데, 재질에 따라 골제수식(도면 32·41), 옥석제수식(도면35~39·42~44), 패제수식(도면40) 등으로 구분된다. 이 중에서 옥석제수식은 활석, 납석, 연옥 등을 이용하여 다양한 형태로 제작되며, 형태적 특징에 따라 수옥(도면36~39), 관옥(도면35·44), 반월형옥기(도면43), 환상옥기로 구분이 가능하다. 특히 관옥은 주로 분묘의 부장품으로 출토되는데, 교동, 후포리, 연대도, 장항유적 출토품이 대표적이다. 신부의 형태는 장방형과 중앙부가 둥근 엔타시스형으로 구분되며, 크기는 2~11cm로 다양하다. 관옥은 대부분 연옥제이며, 출현 시기는 명확하지 않으나 조기(B.C. 5,000年 전후)의 융기문토기문화 단계에는 이미 사용되고 있음을 알 수 있다.

3. 이식

착장 방식에 따라 결상이식(玦狀耳飾)과 이전(耳栓)의 2종류로 나누어진다. 결상이식(도면22~24)은 옥석을 둥글게 가공하여 귓불에 구멍을 뚫어 거는 고리형의 귀걸이다. 동남해안지역을 중심으로 동삼동, 신암리, 선진리, 사촌리, 고산리, 문암리유적 등에서 출토되며 현재까지 발굴된 것은 총 13점이다. 크기는 직경 3~5cm 정도이며, 형태는 기본적으로 환상을 이룬다. 윤부(輪部), 중앙공의 크기, 결구(玦口)의 제작기법 등의 속성에 따라 여러 형식으로 세분이 가능하다. 결구는 대부분 찰절기법을 사용하지만, 고산리출토품(도면24)과 같이 사절(絲切)기법으로 제작한 것도 있다. 출현 시기는 분명치 않으나 즐문토기문화 조기의 이른 단계부터 사용된 것으로 보이며, 중기에는 소멸하는 것으로 추정된다. 계통은 조기 유적에서 집중적으로 출토하는 결상이식, 관옥, 비상(匕狀)수식 등의 옥기조성과 결구의 제작기법이 흥륭와(興隆窪)유적 옥기문화와 동일하다는 점에서 중국 동북지역에서 찾을 수 있다. 한반도의 옥제 장신구는 즐문토기 사회의 집단성원의 개성 표현으로 착용되었을 가능성도 있지만, 출토양상과 재료 확보 및 가공의 어려움으로 보아 사회적으로 혹은 집단 내의 특정 역할을 담당한 소수의 계층이 착용하였을 것으로 추정된다.

이전(도면25~27)은 결상이식과 달리 귓불에 구멍을 뚫어 삽입하여 귀를 장식하는 형식이며 재질은 모두 토제이다. 결상이식과 마찬가지로 수량은 많지 않으며 현재까지 15점 정도 확인되고 있다. 동삼동, 수가리, 신암리, 봉길리유적 등 동남해안지역에서만 출토되며 다른 지역에서는 발견되지 않는다. 형태는 원반형을 이루고 측면에는 삽입 홈이 마련되어 있다. 표면에는 점열문과 동심원문을 시문하기도 하지만 무문양인 경우도 있다. 크기는 직경 4~9cm이다. 출현 시기는 확실하지 않으나 중기 유적에서 집중적으로 출토되는 양상으로 보아 결상이식이 소멸한 후 이를 대신하여 중기(B.C. 3,000년 전후)부터 사용되었던 것으로 추정된다.

4. 완식

대부분 투박조개(밤색무늬조개)나 피조개, 새꼬막 등을 가공하여 사용하지만, 연대도패총 14호 분묘의 출토 사례로 보아 연옥제 관옥을 이용하기도 한다. 패천(貝釧)은 분포와 출토 양상으로 보아 해안지역의 어로민이 주로 착용하였으며, 특히 동삼동패총에서 출토된 1,700여 점의 방대한 양의 패천(도면28~31)은 동삼동집단이 전업적으로 제작하였음을 보여 준다. 소비 한계를 넘어서 대량생산된 패천은 재지의 주변 집단에 유통되었을 뿐만 아니라 일본에서 반입된 흑요석의 교역품으로써 대마도나 구주 일부지역에 공급되었을 것으로 추정된다. 패천은 윤부의 제작방법과 형태적 속성에 따라 5형식으로 분류할 수 있으며, 가공정도에 따라 정제품(精製品)과 조제품(粗製品)으로 구분된다. 패천의 착장풍습은 남해안지역을 중심으로 조기에 출현하여 중기~말기(B.C. 3,000~2,000년)에 유행하다가 청

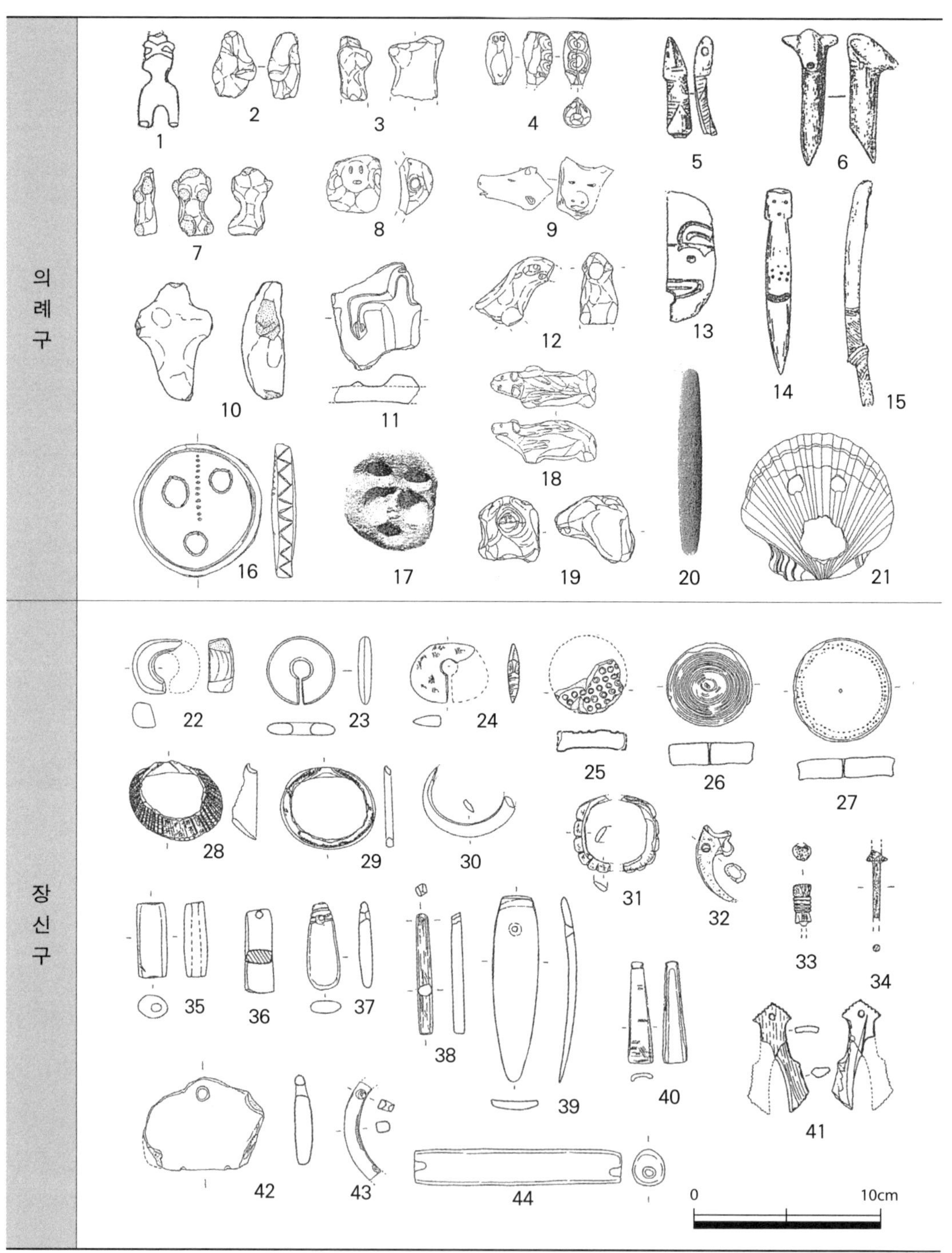

도면 한반도 즐문토기문화의 의례구와 장신구 〈1~21: 축척부동〉

1·9: 농포동, 2·25: 수가리, 3·12: 세죽, 4: 욕지도, 5·6·13·14·15: 서포항, 10·41: 여서도, 11·19·21·22·26~32·40·43: 동삼동, 7: 신암리, 8·16: 죽변, 17·18: 오산리, 23: 문암리, 24: 고산리, 33·34: 연대도, 35·37: 장항, 26: 범방, 38: 늑도, 39: 후포리, 42: 주월리, 20·44: 교동

동기시대에 접어들면서 소멸하는 것으로 생각된다.

5. 족식

연대도패총 7호묘 남성 인골의 발목에서 出土된 것이 유일한 예이며, 즐문토기인이 머리나 손, 가슴장식 이외에 발목에도 장식했음을 보여 주는 중요한 자료이다. 족식는 돌고래, 수달, 너구리의 이빨 124개를 연결하여 만든 형태인데, 같은 종류의 동물 치아를 이용하지 않고 다른 종류를 혼합한 것이 특징하다.

즐문토기사회의 장신구는 소재의 희소성과 출토양상 등으로 보아 소유자의 사회적 지위나 역할을 표상하기도 하고, 일부는 의례적인 도구나 혹은 자연의 위협으로부터 신체를 보호하려는 벽사적인 주구(呪具)의 기능도 가졌을 것으로 추정된다. 장항유적에 출토된 48기의 분묘 중에서 패천을 착용한 인골이 2기에 지나지 않고 옥기를 부장한 분묘가 소수에 불과한 섬은 장신구의 사회적 의미와 피장자의 성격을 이해하는데 시사하는 바가 크다.

[참고문헌]

甲元眞之, 1997, 「朝鮮先史時代の土偶と石偶」, 『宗教と考古學』, 勉誠社刊.

김재윤, 2008, 「선사시대의 極東 全身像土偶와 환동해문화권」, 『상고사학보』60, 한국상고
사학회.

김원용, 1982, 「한국 선사시대의 神像에 대하여」, 『역사학보』94·95, 역사학회.

山崎純男, 2001, 「海人の面」, 『久保和士君追悼考古論文集』, 久保和士君追悼考古論文集刊
行會.

梁成赫, 2009, 「韓半島の新石器時代の造形物に關する試論」, 『彌生農耕のはじまりとその
年代』, 雄山閣.

原田昌行, 1995, 「土偶」, 『日本の美術』, 至文堂.

原田昌行, 2007, 「土偶の多樣性」, 『繩文時代の考古學 11』, 同成社.

藤沼邦彦春, 1997, 「繩文の土偶」, 『歷史發掘』3, 講談社.

古澤義久, 2014, 「東北アジア先史時代偶像·動物形製品の變遷と地域性」, 『東アジア古文化
論攷』, 中國書店.

水ノ江和同, 2012, 「呪術具」, 『九州繩文文化の硏究』, 雄山閣.

하인수, 2003, 「신석기시대 토우」, 『우리 人形』부산박물관 특별전도록.

하인수, 2013, 「新石器時代 玉器의 基礎的檢討」, 『한국선사고대의 옥문화 연구』, 복천박물관.

하인수, 2014, 「東三洞貝塚의 貝釧 小考」, 『동삼동패총정화지역 패천』, 복천박물관.

하인수, 2014, 「신석기시대 골각기」, 『한국 선사·고대의 골각기』, 서경출판사.

황용훈, 1983, 「예술과 신앙」, 『한국사론』12, 국사편찬위원회.

04

영남지역의 의례구와 장신구

Ⅰ. 의례구

Ⅱ. 장신구

Ⅰ. 의례구

자연의 변화에 좌우되는 환경 속에서 삶을 살아온 신석기인은 사고방식과 생활 자체가 종교적이고 의례적인 측면이 강했다. 자연에 대한 두려움과 생업활동의 안전·풍요·다산 등을 종교적인 신앙이나 각종 의례 행위를 통해 해결하였으며, 이를 위해 일부 자연물과 동식물을 신격화하거나 형상화하여 숭배의 대상으로 삼았을 것으로 추정된다. 그 밖에 산과 바다, 나무와 우주 만물에 영혼이 있다고 믿는 애니미즘이나 샤머니즘 신앙도 존재했을 것으로 추정되나 고고학적으로 확인이 쉽지 않다.

신석기인의 정신세계와 사유의 흔적을 보여 주는 각종 의례활동은 무형적인 행위이기 때문에 그 실체를 파악하기 힘들지만, 반구대암각화와 무덤, 각종 의례구를 통해 어느 정도 형태를 짐작할 수 있다.

지금까지 청동기시대로 인식되어 온 반구대암각화는 조성시기와 성격에 대해 연구자에 따라 시각차가 크고 논란도 있지만, 최근 발굴과 연구 성과에 따르면 암각화에 표현된

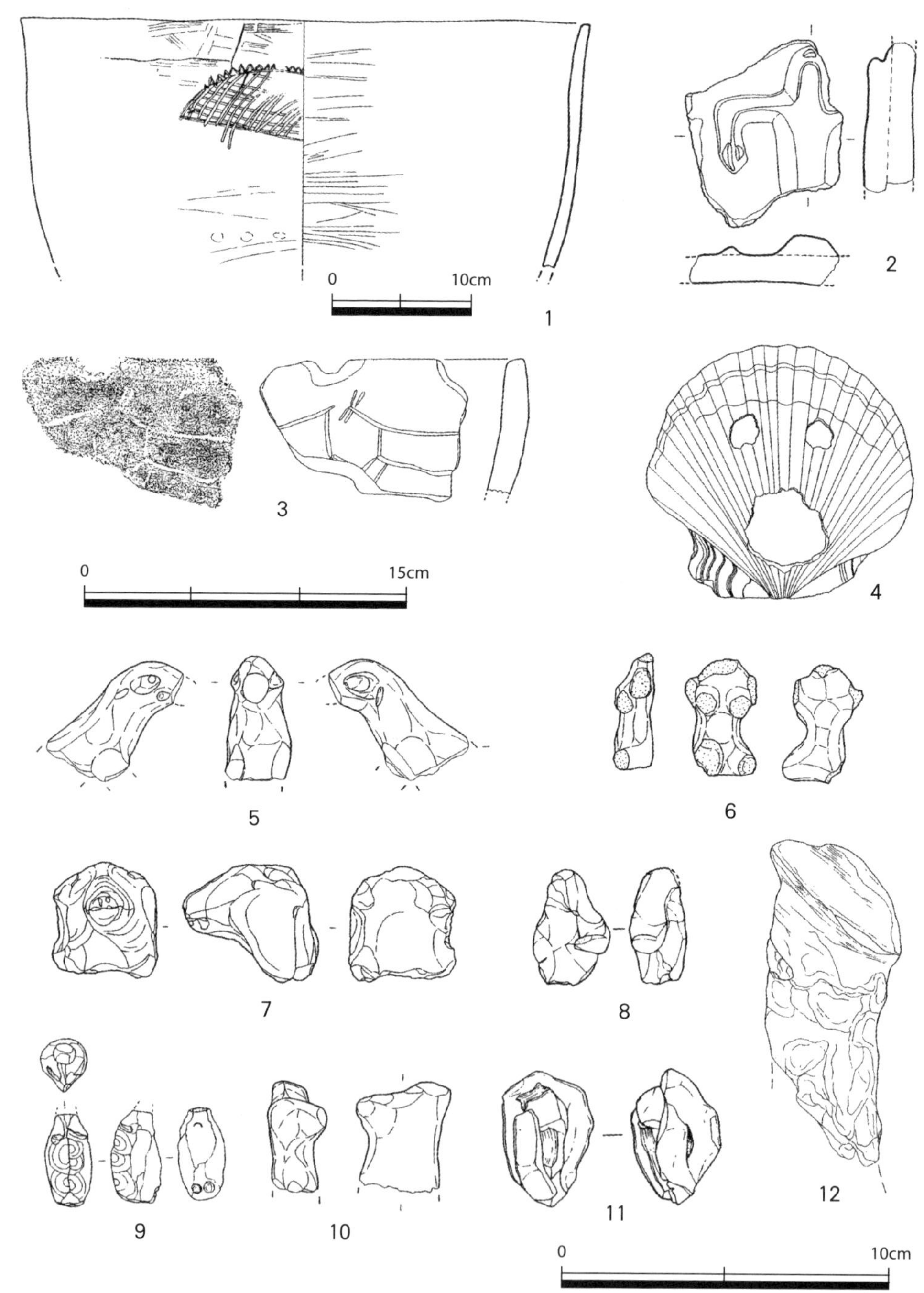

도면1 의례구 〈축척부동〉

1: 비봉리유적, 2~4·7: 동삼동패총, 5·10: 세죽유적, 6: 신암리유적, 8: 수가리패총, 9: 욕지도유적, 11: 율리패총, 12: 봉길리유적

다양한 동물과 물상, 이들 간에 연계된 내용 등 전체적인 맥락에서 본다면 신석기인의 주요 생업기반이었던 수렵, 어로활동에 대한 다양한 행위를 기원하기 위해 생업의례의 일환으로 조성되고 집단 공동체의 신성한 의례 공간으로써 기능했을 것으로 추정된다(하인수 2012).

무덤 유적으로는 범방, 연대도, 욕지도, 가덕도 장항, 후포리유적 등이 있는데, 장항유적의 48여기 분묘와 여기에 묻힌 사람들의 굴장, 신전장, 측와장 등 다양한 매장 자세는 신석기인의 매장의례와 사후 세계에 대한 관념을 잘 보여 준다. 40여 구의 인골이 매장된 울진 후포리유적의 집단묘지는 신석기유적에서 유례를 찾아 볼 수 없는 특이한 매장 형태로 동해안지역에 거주했던 신석기인의 장제와 습속을 이해하는데 중요한 정보를 제공해 준다.

의례행위와 관련된 의례구로 추정되는 것은 조개가면과 흙을 빚어 만든 토우 등이 있다. 동삼동패총에서 출토된 조개가면은 국자가리비의 각정부와 복연부 가까이에 눈과 입을 형상화한 구멍을 뚫은 형태로 조개가 갖는 다양한 상징성으로 보아 집단의 공동의식이나 혹은 벽사적 행위와 관련한 주술구로 이용되었을 것으로 추정된다.

토우는 주로 해안지역의 유적에서 출토되며, 형상물의 대상에 따라 크게 인물상과 동물상으로 나누어진다. 욕지도와 동삼동패총, 세죽유적에서 출토된 멧돼지, 곰, 물개모양의 토우는 동물형 토우의 전형적인 모습을 보여준다. 이들 자료는 특정 동물을 신격화하여 숭배하는 토테미즘의 표현물일 가능성도 있다.

특히 곰모양 토우는 신석기인의 곰에 대한 인식을 엿볼 수 있는 중요한 자료이며, 동해안의 오산리유적에서도 확인된다. 동물형 토우는 수렵 및 어로 등 생업활동의 안전과 생산의 풍요를 기원하는 의미에서 제작된 주술적이고 의례적인 기물(器物)로 추정된다.

수가리, 신암리, 세죽, 봉길리, 범방, 율리유적에서도 각종 인물상 토우와 남여 성기를 표현한 토우가 출토되었다. 이들 인물형 토우는 성별에 따라 남성과 여성으로 구분되며, 대표적인 것이 신암리유적 출토품이다. 신암리유적의 인물형 토우는 크기가 3.6㎝ 정도인 소형의 여성 좌상(坐像)이며, 수가리패총 출토품은 머리와 손, 발을 아주 간략하게 표현한 허수아비 모양 입상(立像)이다. 이러한 인물형 토우는 완도 여서도패총에서도 출토되고 있다. 인물형 토우는 그 성격이 자세하지 않으나 원시 신앙이나 의례와 관련 유물로 추정된다. 이밖에 봉길리, 율리, 범방패총에서 출토한 남여 성기를 표현한 토제품은 풍요와 다산을 기원한 기물(器物)로 추정된다.

토기의 기면에 동물 형상을 음각으로 새기거나 토우를 부착한 장식토기도 신앙이나 의례와 관련된 도구로 생각되는데, 비봉리유적과 동삼동패총의 선각문(線刻文)토기, 죽변유적의 인면형(人面形) 파수부(把手附)토기가 대표적이다.

특히 동삼동패총에서 출토된 사슴선각문토기는 일상용기와 구분되는 단도마연토기에 사슴의 형상을 별다른 수식없이 간략하게 묘사한 형태로, 양식적으로 반구대 암각화의 사슴 그림과 동일하다.

사슴선각문토기는 신석기인의 주요 수렵 대상인 사슴 사냥에 대한 기원과 이와 관련된 의식을 행할 때 사용한 특수한 용기로 추정되며, 시기는 신석기 중기(B.C. 3,000년 전후)에 속한다.

Ⅱ. 장신구

몸을 치장하는 장신은 신체를 가공, 변형하거나 문신, 페인팅 등을 통해서도 이루어지지만 고고학적으로는 보통 머리, 귀, 목, 가슴, 허리, 발 등 신체 각 부위에 장신구를 착용하여 치장하는 것을 의미한다. 장신의 역사는 현재까지 발굴성과로 보아 후기 구석기시대(B.C. 40,000~B.C. 15,000년)까지 올라가며, 기원은 동물의 이빨이나 뼈, 조개, 옥 등을 가공한 주물(呪物)을 몸에 붙이는 것에서 시작한 것으로 추정된다. 그러나 사회·문화적 가치와 미의식이 결부되면서 다양한 형태의 장신구가 만들어지고 발전하게 되는 것은 신석기시대부터이다.

신석기인은 어로와 수렵중심의 생활을 영위하면서 일상 활동을 통해 쉽게 구할 수 있는 조개·동물뼈·돌·흙 등의 재료를 가공하거나 타지역으로부터 입수한 옥과 같은 재료를 이용하여 장신구를 제작하였다.

신석기시대 장신의 모습은 무덤이나 주거지, 패총 등의 유적에서 출토되는 장신구의 형태를 통해 추정할 수 있으며, 장신구 종류는 머리 장식용인 뒤꽂이, 목이나 가슴을 장식한 수식(垂飾), 귀걸이, 팔찌, 발찌 등이 있다.

뒤꽂이는 주로 동물 뼈를 가공하여 제작하는데, 형태가 명확하지 않을 경우에는 일반 골각기와 구분하기 어려운 점도 있다. 동삼동, 연대도, 범방패총 등의 유적에서 출토되며, 완도 여서도패총 출토품과 같이 몸체에 기하학적 점열문이 장식되어 있는 것도 있다. 모양과 크기가 일정하지 않는 것으로 보아 형태에 따라 사용 방법이 다양했던 것으로 추정된다.

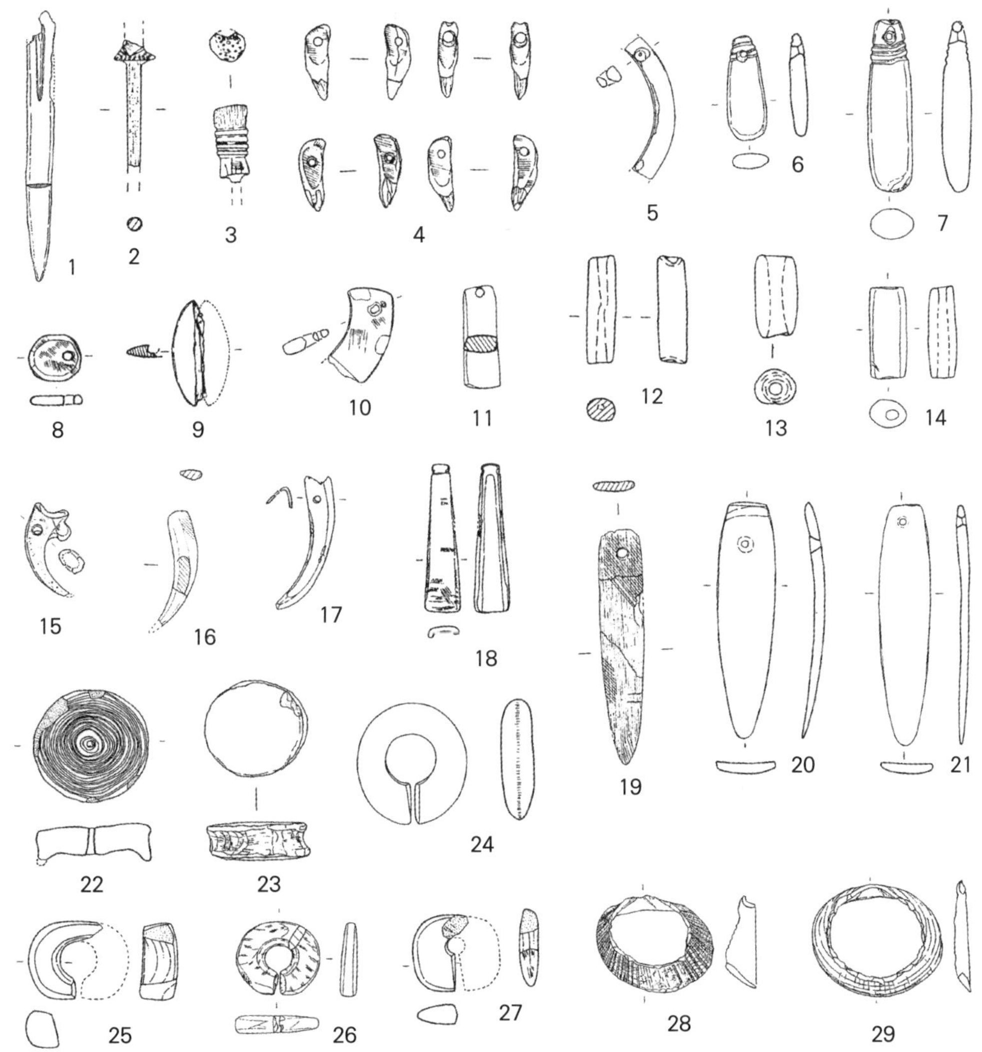

도면2 장신구 〈축척부동〉

1·8·10·11: 범방유적, 2~4·12·16·19: 연대도패총, 5·15·17·18·22·25·28·29: 동삼동패총, 9: 율리패총, 6·7·14: 가덕도 장항유적, 13·20·21: 후포리유적, 23: 봉길리유적, 24: 선진리유적, 26: 처용리유적, 27: 사촌리유적

   수식은 동물의 이빨, 뼈, 발톱 등을 이용하기도 하고, 조개, 옥석을 가공하여 한점 내지 수점씩 끈으로 엮어 목이나 가슴을 장식하는 것인데, 재질에 따라 골제수식, 옥석제수식, 패제수식 등으로 구분된다.

   골제수식은 멧돼지나 고라니 이빨, 사슴 뼈, 조류 뼈, 상어 척추뼈를, 패제 수식은 가리비, 소라, 피뿔고둥 등을 소재로 이용하여 가공한다. 석제 수식은 활석, 연옥, 돌을 이용하여 다양한 형태로 만들며, 모양에 따라 판상형, 관옥형, 어망추형, 곡옥형 등으로 나누어진다.

특히 관옥은 주로 분묘의 부장품으로 출토되는데, 후포리와 연대도, 장항유적 출토품이 대표적이다. 형태는 대부분 말각 장방형을 이루고 몸체가 약간 둥글게 처리되어 있는 것이 특징이다. 관옥은 대부분 연옥제이며, 출현 시기는 명확하지 않으나 연대도와 장항유적의 시기로 보아 조기(B.C. 5,000년 전후)까지 올라가는 것으로 추정된다.

팔찌는 대부분 투박조개(밤색무늬조개)나 피조개, 새꼬막을 가공하여 사용하지만, 연대도패총 14호 분묘의 출토 사례로 보아 연옥제 관옥을 이용하기도 한다. 조개팔찌는 신석기인이 가장 애용했던 장신구 중 하나이며, 분포와 출토 양상으로 보아 해안지역의 어로민이 주로 사용하고 착용하였던 것으로 추정된다.

산등패총과 장항유적의 인골 착장 예로 보아 수개씩 팔목에 끼어 착용하였으며, 제작방법과 테두리 형태에 따라 여러 형식으로 구분된다. 조개팔찌의 착장 풍습은 남해안지역을 중심으로 조기에 출현하여 중기~말기(B.C. 3,000~2,000년)에 유행한 것으로 추정된다.

귀걸이는 착장 방식에 따라 결상이식(玦狀耳飾)과 이전(耳栓)의 2종류가 있으며, 중국, 일본, 연해주 등 동아시아의 넓은 지역에 분포한다. 결상이식은 중국 고대 옥기인 결(玦)과 유사하다는데서 붙여진 명칭으로 이전과 달리 옥석을 둥글게 가공하여 귓불에 구멍을 뚫어 거는 고리형의 귀걸이다. 형태는 대부분 원형이며, 크기는 직경 3~4㎝ 정도이다. 사촌리, 선진리, 동삼동, 울산 처용리, 고산리, 문암리, 안도패총에서 출토되며, 출현 시기는 분명치 않으나 선진리와 문암리유적 출토품의 예로 보아 신석기 조기 무렵부터 사용된 것으로 보인다.

이전은 결상이식과 달리 귓불에 구멍을 뚫어 삽입하여 귀를 장식하는 형식이며 재질은 모두 흙을 구워 만든 토제품이다. 형태는 원반형을 이루며, 측면에는 착장하기 위한 홈이 마련되어 있다. 표면에는 가장자리를 따라 점열문과 동심원문을 시문하여 장식하기도 한다. 크기는 직경 4~9㎝ 정도이다. 동삼동, 수가리, 신암리, 봉길리유적에서 출토되며, 출현 시기는 확실하지 않으나 출토 양상으로 보아 전기 이후 중기(B.C. 3,000년 전후)에 결상이식을 대신하여 유행했던 것으로 추정된다.

발찌는 연대도패총 7호무덤 남성 인골의 발목에서 출토된 것이 유일한 예이며, 신석기인이 머리나 손, 가슴장식 이외에 발목에도 장식했음을 보여 주는 중요한 자료이다. 연대도 발찌는 돌고래, 수달, 너구리의 이빨 124개를 연결하여 만든 형태인데, 같은 종류의 동물 치아를 이용하지 않고 서로 다른 종류의 동물뼈를 혼합한 것이 특징하다.

이상에서 살펴본 장신구 중에는 재지에서 산출되지 않는 재료로 만든 것이 존재하는데, 대표적인 것이 투박조개로 만든 조개팔찌와 연옥제 수식, 이식이다. 최근의 연구 성과에 의하면 조개팔찌는 국내의 내륙지역과 서해안지역 뿐만 아니라 일본 대마도지역까지 교역품으로 이용되었음이 밝혀지고 있다(하인수 2006). 특히 동삼동패총에서 출토된 대량의 조개팔찌는 신석기시대 생산과 유통 문제를 이해하는데 중요한 정보를 제공해 준다. 이밖에 범방패총과 장항유적의 연옥제 수식, 선진리유적의 결상이식도 타지역에서 유입된 외래품으로 추정된다(하인수 2013).

신석기시대 장신구는 집단 성원의 개성의 표현으로 착용되었을 가능성도 있지만, 소재의 희소성과 출토양상 등으로 보아 사회적으로 혹은 집단 내에서 특정한 신분이나 역할을 담당한 사람들이 착용하였을 것으로 생각된다. 가덕도 장항유적에 출토된 48기의 무덤 중에서 조개팔찌를 착용한 인골이 2기에 지나지 않는다는 것은 피장자의 성격을 이해하는데 시사하는 바가 크다고 할 수 있다.

[참고문헌]

김원용, 1982,「한국 선사시대의 신상에 대하여」,『역사학보』94·95, 국사편찬위원회.

국립문화재연구소, 2012,『한국고고학전문사전 신석기시대편』.

양성혁, 2012,「매장과 의례」,『한국 신석기문화 개론』, 서경문화사.

임학종, 2008,「신석기시대의 무덤」,『한국신석기연구』15, 한국신석기학회.

최복규, 1978,「한국 선사시대 예술과 그에 나타난 신앙의식」,『백산학보』24, 백산학회.

하인수, 2003,「신석기시대 토우」,『우리 인형』부산박물관 특별전도록.

하인수, 2006,「신석기시대 패제품의 이용과 종류」,『석헌정징원교수정년퇴임기념논총』.

하인수, 2009,「신석기시대 남해안지역의 골각기문화에 대한 고찰」,『고문화』73, 한국대학
        박물관협회.

하인수, 2012,「반구대암각화의 조성시기론」,『한국신석기연구』23, 한국신석기학회.

하인수, 2013,「신석기시대 옥기의 기초적 검토」,『한국 선사고대의 옥문화 연구』, 복천박
        물관.

한영희, 1997,「신석기시대의 생업과 사회-의식·신앙 및 예술」,『한국사』2, 국사편찬위원회.

황용훈, 1983,「예술과 신앙」,『한국사론』12, 국사편찬위원회.

山崎純男, 2001,「海人の面」,『久保和士君追悼考古論文集』, 久保和士君追悼考古論文集刊
        行會.

春成秀爾, 1997,「고대의 裝い」,『歷史發掘』4, 講談社.

梁成赫, 2009,「韓半島の新石器時代の造形物に關する試論」,『新彌生時代のはじまり』第4
        卷, 雄山閣.

原田昌行, 1995,「土偶,『日本の美術』, 至文堂.

05

토우

인간의 형상을 본 뜬 가장 오래된 조형물은 지금부터 약 3만년 전인 후기구석기시대에 처음으로 출현하며, 유라시아의 곳곳에서 발견되고 있다. 구석기인은 새로운 생명의 창출과 번식, 풍요와 번영을 기원하는 대상물을 성숙한 여성의 몸을 모델로 형상화하였는데, 그것이 소위 구석기시대의 비너스라 불리는 여신상이다. 구석기시대 각종 형상물은 상아, 동물 뼈, 돌, 혹은 점토 등을 재료로 하여 반라(半裸) 또는 전라(全裸) 여성의 풍만한 가슴과 엉덩이, 배 등을 과장되게 혹은 간략하게 표현한 여신상이 주류를 이루고 있다.

세계 최고의 여신상은 오스트리아의 빌렌도르프유적(도면1-13)과 체코의 돌니 베스토니즈유적(도면1-14)에서 출토된 것이며, 이밖에 우크라이나의 아브디보, 러시아의 부레뜨, 말타, 마이니스까야(도면1-12), 프랑스의 레스퓌그 유적 등에서도 다양한 형태의 여신상이 발견되고 있다. 이 중에서 체코의 베스토니즈유적 출토품은 세계 최고의 토우로써 약 2만6천년 전에 만들어 진 것이다. 점토를 소성하면 단단하고 물에 용해되지 않는 물질로 변한다는 화학적 변화를 이용한 인류 최초의 발명품이라고 할 수 있다.

토우의 기원은 현재까지 연구 성과에 의하면 자연계의 풍요와 다산을 기원하는 주술적·종교적 의식물로써 성숙한 여성의 몸을 형상화한 것이 시초이며 가장 오래된 것이 전술한 베스토니체유적 출토품이다. 성숙한 여성의 풍만한 가슴과 엉덩이를 과장되게 표현하고 있는 것은 구석기시대 토우의 성격을 잘 보여 준다.

한편 자연의 변화에 좌우되는 환경 속에서 삶을 살아온 신석기인도 구석기인과 마찬가

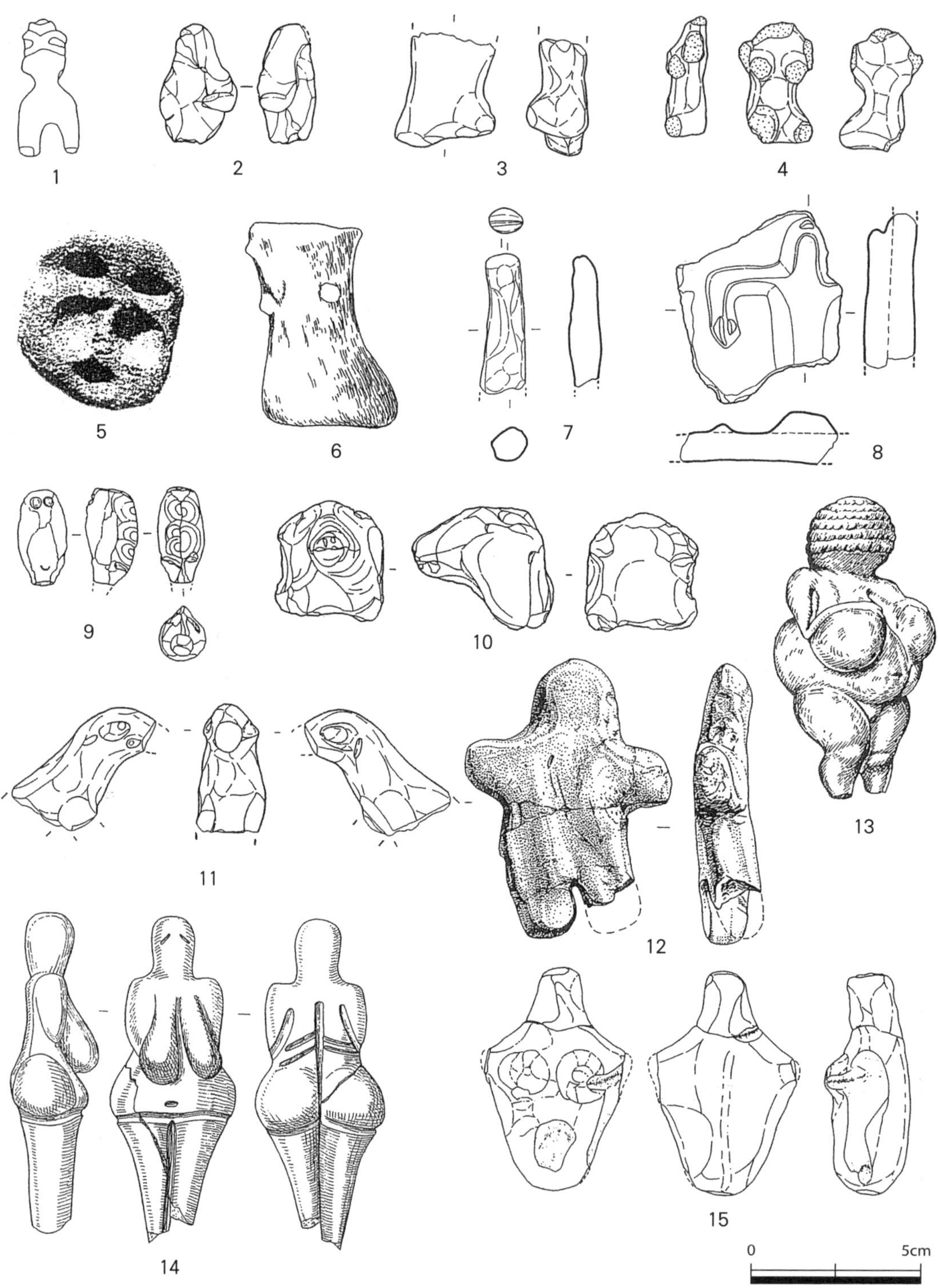

도면1   구석기-신석기시대 토우

1: 농포동, 2: 수가리, 3·11: 세죽, 4: 신암리, 5: 오산리, 6: 서포항, 7: 범방, 8·10: 동삼동, 9: 욕지도, 12: 러시아 마이닌스까야, 13: 오스트리아 빌렌도르프, 14: 체코 돌니 베스토니즈, 15: 일본 가유미이지리(粥見井尻)유적

지로 생활 자체가 종교적이고 주술적인 측면이 강했다. 자연에 대한 두려움을 해소하고 생업활동의 안전과 풍요를 기원하기 위해 자연물을 신격화하거나 인간과 동물의 모습을 형상화하여 숭배의 대상으로 삼기도 하였는데, 그 중 대표적인 것이 인간이나 사물의 형상을 흙으로 빚어 만든 토우이다. 토우는 일반적으로 흙으로 사람의 형상을 본떠 만든 인형을 의미하지만, 동물이나 사물의 모습을 만든 것도 토우로 부르기도 한다.

신석기시대 토우는 우리나라를 비롯 동아시아 여러 지역에 널리 분포하고 있는데, 지역과 민족에 따라 다양한 기능과 역할을 보여준다. 특히 일본의 조몬(繩文)시대 토우는 방대한 출토 양뿐만 아니라 조형미로 유명하다. 우리나라의 경우 토우는 삼국시대에 성행하여 각종 토기에 부착되거나 단독으로 만들어지게 되는데, 신라 토우로 널리 알려져 있다. 청동기시대 토우는 서포항유적 의 청동기문화층 출토품을 제외하고 거의 없으며, 신석기시대에는 동남해안과 동북지역의 패총유적을 중심으로 출토되고 있다. 그러나 현재까지 조사 사례와 출토양은 극히 소량에 불과한 편이다.

동남해안지역의 토우는 신암리, 세죽, 범방, 동삼동, 수가리, 욕지도패총에서, 동해안과 동북지역에서는 오산리, 서포항과 농포리유적 등에서 수점 정도 확인되고 있는 정도에 지나지 않는다. 이들 유적에서 출토되는 토우는 크게 형상적인 특징에 따라 인물형과 동물형으로 구별되는데, 이를 간략하게 살펴보면 다음과 같다.

범방패총에서 출토된 토우(도면1-7)는 4점이며 10층에서 1점, 8층에서 3점 출토되었다. 모두 범방 Ⅱ기층에서 출토되었으며, 모두 편들이라 형태는 분명하지 않다. 그러나 잔존 부위로 보아 인물형 토우의 한 부분이라 추정된다. 이 중에서 비교적 형태를 알아 볼 수 있는 것은 요도(尿道)의 끝이 일자(一字)로 표현된 남성의 성기이다. 잔존 부위가 성기뿐이라서 토우의 전체 형태를 알 수는 없으나 성기가 강조된 남성의 토우로 생각된다.

수가리패총에서는 얼굴과 상반신을 표현한 인물 토우(도면1-2)가 1점 출토되었는데, 시기는 확실하지 않다. 하반신은 처음부터 만들지 않은 것으로 보이며, 얼굴과 팔을 간략하게 표현한 것이 특징이다. 크기는 신암리 여신상과 마찬가지로 매우 소형이며 3.5㎝ 정도이다.

동삼동패총에서는 수점의 토우가 출토되었는데, 비교적 형상물의 특징을 알 수 있는 것은 곰모양토우(도면1-10)와 인물형토우를 토기의 동체에 붙여 만든 토우장식토기(도면1-8)이다. 이 중에서 국내에서 처음으로 확인된 곰모양토우는 신석기인들의 곰에 대한 관념과 곰숭배 신앙을 보여 주는 자료라는 점에서 중요한 의미를 지닌다. 이들 토우는 동삼동패총 정화지역 동삼동 2기(전기)와 3기(중기) 문화층에서 출토된 것이다.

신암리유적에서는 모두 4점의 토우가 출토되었으나, 2점은 편들이라 형태가 불명확하고 한 점은 소형의 女性坐像(도면1-4)인데 크기는 3.6㎝ 정도이다. 머리와 팔, 다리가 없고 몸체만 남아 있어 원래 모습을 알 수 없으나 날씬한 허리와 강조된 가슴은 성숙한 여성의 특징을 보여 준다. 다른 한 점은 왼팔과 몸체 일부만 남아 있는데 性別은 불명이다.

욕지도패총에서는 멧돼지를 형상화한 동물형 토우 2점(도면1-9)이 출토되었는데, 전체적으로 멧돼지의 이미지를 간략화하게 표현한 것이 특징이다. 돌출된 코의 형태나 안면 모습에서 멧돼지를 모델로 한 것으로 보이며 당시 수렵생활과 관련된 주술적인 기물(器物)로 추정된다. 크기는 4.2㎝ 정도이다.

울산 세죽패총에서 사람과 바다짐승을 형상화한 것으로 추정되는 토우가 2점이 출토되었데 사람을 표현한 것(도면1-3)은 하반신만 남아 있어 전체 형태는 알 수 없으나 잔존 상태로 보아 입상의 인물상으로 추정된다. 동물형 토우(도면1-11)는 상반신만 남아 있는데 눈, 입, 수염 등의 표현 형태와 전체적인 모습에서 물개를 형상화한 것으로 보인다. 크기는 인물토우가 3.3㎝, 동물형토우가 4.2㎝ 정도이며 시기는 조기의 융기문토기문화 단계에 속한다.

오산리유적 출토품(도면1-5)은 지표채집품이라 정확한 시기는 알 수 없으나 태토가 오산리 I 문화층 출토 토기와 같은 것으로 보아 신석기시대 것으로 보아도 좋을 것으로 생각된다. 사람의 안면만을 형상화 한 것으로 신체 모두를 표현한 일반 토우와는 다른 모습을 보여 주는 특이한 예이다. 크기는 5.1㎝ 이다.

서포항유적에서는 모두 7점의 토우가 출토되었으나 보고된 것은 어깨에서 하복부에 이르는 동체만 남아 있는 것인데(도면1-6) 전체 형상과 성별은 불명이다. 농포동 출토품(도면1-1)은 4㎝정도의 소형으로 크기는 신암리 것과 비슷하다. 머리 부분이 결실되었고, 신체적 특징이 불확실한 면도 없지 않으나 허리가 잘록하고 엉덩이 부분이 크게 표현되어 있는 것으로 보아 여성상으로 추정된다.

이상에서 한반도에서 출토된 신석기시대 토우에 대해 간단히 살펴보았는데 수량은 편들을 포함해서 20여 점 정도이다. 물론 미보고 자료를 포함하고 새로운 유적이 조사된다면 그 수량은 증가하겠지만 신석기시대의 다른 유물에 비한다면 매우 적은 양이라고 하겠다. 특히 18,000여 점에 달하는 일본 조몬시대의 토우에 비한다면, 그 수량은 절대적으로 적다고 할 수 있다.

　　현재까지 확인된 신석기시대 토우는 형상물의 종류에 따라 크게 인물상과 동물상으로 구분된다. 인물상은 성별에 따라 남성과 여성으로 나누어지는데 여성상이 많다. 여성상의 대표적인 것이 신암리유적 출토품인데, 풍요와 다산을 기원하는 주술적 혹은 의례적인 행사에 사용된 기물로 추정된다.

　　욕지도와 동삼동, 세죽패총에서 출토된 멧돼지, 곰, 물개모양 토우는 동물형토우의 전형적인 모습을 보여 주는 대표적인 사례인데, 특히 곰모양토우는 신석기인들의 곰에 대한 인식을 보여 주는 좋은 자료이다. 토우는 풍요와 다산의 주술적인 의미를 갖는 여성상이 많이 만들어지는 것이 일반적인데 비해 성기를 강조한 범방패총 출토 토우편은 각별한 의미를 갖는 것이 아닌가 한다.

　　우리나라에서 출토된 토우는 전술한 바와 같이 조사 유적이나 자료의 양이 매우 적다고 할 수 있다. 그 때문에 연구자의 주목을 끌지 못하였고 그 성격이나 출현 시기 등에 대해서 불투명한 점이 많았다고 생각된다. 그러나 최근 들어 새로운 자료들이 출토되면서 출토 양상과 성격 등을 어느 정도 알 수 있게 됨에 따라 앞으로 이에 대한 검토가 필요할 것으로 생각된다. 그 동안 편년적 위치가 불투명했던 토우의 출현 시기도 범방패총과 울산 세죽패총 등의 조사 성과로 본다면 적어도 조기의 융기문토기 단계에는 이미 등장하고 있음을 알 수 있다. 일본의 최고의 토우(도면1-15)가 조몬 초창기에 이미 출현하고, 러시아의 마이닌스까야유적에서 15,000년전에서 13,000년전으로 추정되는 동아시아 최고의 토우(도면1-12)가 출토되는 것으로 보아 앞으로 시기가 더 올라가는 토우가 발견될 가능성이 있다고 생각된다.

　　토우가 신석기사회에서 갖는 의미라든가 기능에 대해서는 불투명한 점이 많지만, 동식물을 번성케 하고 자손 번영과 안녕을 발휘하는 영력을 갖는 정령(精靈)의 모습을 여성의 몸과 유사하게 이미지화한 토우를 통해 자연계의 풍요와 다산 등을 기원했던 것으로 보는 일본 연구자의 견해는 시사하는 바가 크다고 생각된다.

　　한반도 토우의 성격에 대해서는 전술한 견해를 그대로 적용할 수 있는지에 대해서는 검토가 필요하지만, 현재까지 조사된 자료에서 나타나는 토우의 형태적인 특징과 출토상태, 분포 양상 등을 통해 볼 때 토우는 수렵 및 어로 등 생업활동의 안전과 풍요, 다산 등을 기원하는 의미에서 제작된 주술적인 의례용 기물일 가능성이 크다. 크기가 매우 소형인 점은 적어도 숭배의 대상이나 신성물은 아닐 가능성이 높다.

　　다시 말하면 기원하는 바를 해결하기 위한 수단으로 관련 대상물을 형상화 내지 이미지화하여 토우로 만들고 여기에 주력(呪力)과 정령을 불어 넣어 원하는 바를 해결하였던 것으로 추정된다. 현재까지 확인된 토우가 동해안과 남해안을 따라 분포하는 패총유적을 중심으로 출토되고 있는 점은 어로문화와 밀접한 관련성을 갖는 것으로 보인다.

이상에서 현재까지 한반도에서 출토된 토우의 사례와 그 성격을 간단하게 살펴보았는데, 앞으로 관련 자료가 축적되고 주변지역의 연구 성과를 참조하여 다시 검토하고자 한다.

국립중앙박물관, 1989, 『신암리』Ⅱ.

국립진주박물관, 1989, 『욕지도』.

임효재·권학수, 1984, 『오산리유적』, 서울大學校 考古人類學叢刊 第9冊.

김용강외, 1972, 「서포항원시유적발굴보고」, 『고고민속논문집』4.

도유호, 1960, 『조선원시고고학』, 과학원출판사.

김원룡, 1982, 「한국 선사시대의 神像에 대하여」, 『력사학보』94·95.

하인수, 1999, 「동삼동패총정화지역발굴성과」, 『고고학을 통해본 가야』, 한국고고학회.

동국대 매장문화재연구소, 2002, 『울산 황성동 세죽유적』.

藤沼邦彦, 1997, 『繩文の土偶』, 講談社

原田昌行, 1995, 「土偶」, 『日本の美術』345.

부산광역시립박물관, 1996, 『범방패총』Ⅱ.

부산대박물관, 1996, 『선사와 고대의 문화』.

생업도구

生業道具

01

생업도구

Ⅰ. 머리말

빙하시대가 끝나고 후빙기에 접어들면서 한반도는 자연환경과 동·식물상에 많은 변화가 일어난다. 특히 최종 빙하기가 끝나는 무렵, 새로운 환경에 적응한 즐문토기인은 생존을 위해 수렵, 어로, 채집, 농경, 교역 등을 통해 생업 영역을 확대하고 활동을 다양화한다. 그것은 오랜 구석기 기간 동안 주요 생계 수단으로 이용된 수렵 중심의 생업활동 만으로 변화된 환경에 적응할 수 없을 뿐만 아니라 생존기반을 항구적으로 마련하기 위해서 다양한 생업형태와 전략이 필요했기 때문이다.

생업을 『생존의 구체적인 실현 과정이며 그 방식』이라고 한다면, 생존을 실현하는 과정은 집단을 둘러싼 자연환경이나 사회·문화적 배경에 따라 다양한 형태로 나타난다. 신석기시대 생업구조는 노동력을 투입하여 식량자원을 획득하는 직접적인 생산활동과, 생존과 직접적인 관련성은 적으나 생산 활동에 간접적인 효과 내지 영향 주는 간접적인 생산활동으로 크게 나눌 수 있다.

전자의 예로는 주지하는 바와 같이 수렵, 어로, 채집, 농경활동이 있으며, 후자는 생업활동의 안전과 동식물의 풍요, 다산을 기원하는 의례행위를 들 수가 있다. 그 밖에 필요 물품을 교환하거나 원자재를 입수하는 교역활동도 간접적인 생산활동의 범주에 포함시킬 수 있다.이들 활동은 직접적으로 생산에 관계하지는 않지만 행위의 결과가 식량자원 획득에 간접적인 영향을 주거나 생산 활동을 배가하는 효과를 주기도 한다.

이 같은 생산 활동을 유지하고 전개하기 위해서는 다양한 종류의 도구가 사용되며, 이들 도구는 재질에 따라 석기, 골각기, 패제품(패기), 목기 등으로 구분된다.[1] 신석기시대 생업도구는 시간적 흐름에 따라 형태와 조성상에 변화를 보이며, 지역에 따라서 다양성(변이)을 가지면서 변천해 간다. 따라서 도구의 조성관계와 성격의 이해는 신석기시대 사회경제적 구조와 생업활동을 연구하는 중요한 실마리가 된다고 할 수 있다.

Ⅱ. 석기

신석기시대의 석기는 각종 유적에서 출토되는 유물 중에서 즐문토기 다음으로 많은 양을 차지하며, 즐문토기 못지않게 다양한 사회·문화적인 정보를 가지고 있다. 그럼에도 불구하고 석기연구는 즐문토기나 생업복원 등 다른 분야에 비해 상대적으로 연구 성과가 극히 저조한 편이다. 물론 그 동안 석기연구가 전혀 없었던 것은 아니지만(신숙정 1997; 황용훈 1983), 결합식조침이나 석부(김선지 2000; 김충배 2003; 윤정국 2009; 이헌종 2000) 등 특정 주제에 한정하거나 생업활동이나 생계유형을 분석하는 보조적인 정도로 취급되었다(최종혁 2001).

---

1)　본고는 필자가 이전에 발표한 「신석기시대 석기의 종류와 양상」, 『부산박물관연구논집』15; 「신석기시대 패제품의 이용과 종류」, 『석헌정징원교수정년퇴임기념논총』; 「신석기시대 남해안지역의 골각기문화에 대한 고찰」, 『고문화』73을 수정 가필하여 정리한 것이다. 그리고 신석기시대 도구로써 목기도 제작 사용되었을 것으로 추정되나 관련 자료가 거의 없어 본고에서는 다루지 않는다.

최근 들어 석기의 조성관계라든가 시기별 변천과정, 편년, 지역별 석기문화의 특징, 생산과 유통 문제 등 석기가 갖는 다양한 정보를 파악할 수 있는 기초적인 연구가 이루어지고 있지만, 아직은 개괄적인 검토에 그치고 있는 실정이다(임상택 2001; 이동주 2003; 이상균 2003; 하인수 2009a)

따라서 신석기 사회와 문화를 종합적으로 규명하고, 생업과 생산활동을 구체적으로 이해하기 위해서는 앞으로 석기 자료의 체계적인 정리와 연구가 이루어져야 할 것으로 생각된다.

1. 소재와 제작기술

신석기시대 석기는 구석기시대에 비해 여러 가지 면에서 차별성과 특징을 보여 준다. 구석기시대는 기종구성이 단순하고 소형 박편석기류가 주류를 이루고 있음에 비해 신석기시대는 생업유형과 생산활동 방식에 따라 다양한 기종이 존재하며, 쓰임새에 따라 기능이 분화되거나 새로운 기종이 만들어지기도 한다.

신석기시대 석기는 그 제작에 있어 석기를 만들 수 있는 재료의 확보가 무엇보다 중요한 비중을 차지한다. 석기 재료는 보통 주변에 구할 수 있는 석재를 이용하지만, 원재료의 확보가 어려울 경우는 주변 지역과의 교역을 통해 완제품이나 원석을 입수하여 사용하기도 하는데, 일본 구주지역에서 유입된 남해안지역의 흑요석이 대표적인 예이다. 이밖에 재지의 석기와 구별되면서 유적 주변에서 산출되지 않는 석재로 만든 부산 동삼동패총, 범방유적, 비봉리유적의 화강편마암제 석부는 흑요석과 함께 특정의 석기가 지역적인 네트워크를 통해 유통되고 있음을 보여주는 자료이다(하인수 2010).

석기 소재로 널리 사용된 암석으로는 안산암, 응회암, 화산암, 화강암, 화강편마암, 편마암, 편암, 혈암(점판암), 각암(차트)사암, 섬록암, 니암(혼펠스), 규암, 석영반암, 규장암, 운모편암, 경옥암, 유문암, 천매암, 흑요석, 사누카이트 등이 있다. 석기 소재의 선택은 석기 제작의 목적과 기종에 따라 결정되기도 하고(鈴木道之助 1994), 집단이 속한 자연환경 즉 지질적 조건에 따라 크게 좌우되기도 한다.

마제석촉은 마연과 제작에 용이한 니암, 타제석촉은 기능성이 높은 흑요석이나 안산암, 혈암을 주로 사용하며, 마제석부는 가공의 용이함 보다 실용성과 작업의 효휼성이 있는 혼펠스, 화강편마암, 섬록암을, 타제석부는 일상적인 도구라는 점에서 주변 지역에서 쉽게 구할 수 있는 응회암, 화산암, 화강암, 점판암 같은 암석을 주로 이용한다.

신석기시대 석기제작은 구석기시대에 보이지 않던 새로운 가공기술이 도입되고 발전되면서 다양화되고 정밀하게 된다. 가공기법은 석기의 기종과 집단의 문화적인 전통에 따라 여러 종류가 있으나 일반적으로 압압(押壓)박리기법, 고타기법, 마연기법, 찰절기법특히 찰절기법 등이 사용된다. 가공 기술 중에는 소형석기의 인부를 만들기 위한 세부조정 박리기법과 마연기법과 같이 후기구석기의 기술적 전통을 갖는 것도 있지만, 대부분의 가공기술은 신석기시대에 확립되고 발전된다.

압압박리기법은 후기 구석기시대의 박편박리기법의 전통을 갖는 것인데, 박편석기나 타제석촉 등 소형 타제석기의 인부를 가공할 때 주로 이용하는 기법이다. 고타기법은 석기의 전체 형태를 성형할 때 일반적으로 사용되지만, 주로 마제석부의 마연 전 단계 기술로 많이 이용된다. 고타기법은 마제석부의 1차 성형시 남아 있는 요철 면을 평활하게 함으로서 마연 시간을 절약하고, 성형을 용이하게 하는 이점이 있기 때문에 신석기 이래 청동기시대까지 널리 이용되는 가공 수법이다.

마연기법은 신석기시대 석기제작에 있어 찰절기법과 함께 가장 특징적 기술이다. 마연기법은 후기 구석기시대에 일본이나 한국의 수양개 진주 월평, 장흥리 신북유적에서 국부마연석기에서 나타나지만, 본격적으로 석기제작기술로 이용되기 시작하는 것은 신석기 조기부터이다. 마연기법은 예리한 인부를 필요로 하는 벌목용 합인석부, 목재 가공구용 편인석부, 석도와 도구의 기능과 성격상 정밀한 가공이 필요한 결합식조침, 석촉, 석창, 장신구 등을 제작할 때 주로 이용된다.

찰절기법은 신석기시대에 처음으로 사용되는 기법인데, 이 기법은 석기제작에 직접 관계하는 기술이 아니고, 석재를 효율적으로 이용하기 위해 주로 마제석기 등의 소재를 절단하는데 이용되는 기술이다. 주로 마제석촉, 석창, 결합식조침 등의 소재로 사용되는 편평한 점판암이나 마제석부용 석재를 연속적으로 절단하는데 이용되며, 때로는 옥을 가공할 때도 사용되었을 것으로 추정된다.

2. 분류와 용도

신석기시대는 지역과 혹은 집단의 문화적인 특징에 따라 여러 형태의 생업활동을 전개하며 이를 실현하기 위해서 여러 종류의 생업도구와 기술이 필요하게 된다. 생업을 실현하기 위해 재질과 도구의 기능에 따라 석기, 골각기, 패제품(貝器), 목기 등을 사용하는데 특히 이 중에서 신석기시대를 통 틀어 가장 널리 이용된 주요한 도구가 석기이다.

석기는 식량자원을 획득하는데 1차적으로 직접 관계하는 생산용구와 획득된 자원을 가공하거나 다른 활동 영역에 사용되는 각종 도구를 제작하는데 활용되는 가공구, 실제 생업에 관계하지 않고 의례적 혹은 정신생활과 관련된 비실용구로 대별 할 수 있다.

생산용구는 생업 영역에 따라 다시 석촉, 석창 등의 수렵구와 어망추, 석추(石錘), 결합식조침, 작살 등의 어로구, 타제석부(따비, 괭이 등), 석겸, 유선형석기, 유견(有肩)석기, 원반형석기 등의 채집·농경구로 나누어진다.

가공구는 가공 대상의 성격에 따라 식료 가공(조리)구, 벌채 및 목재 가공구, 석재 가공구로 구분된다. 식료 가공구로는 갈돌, 갈판, 고석, 홈돌(凹石), 대석, 석시(石匙), 박편석기(긁개, 짜르개, 밀개), 석도, 석인, 돌톱(石鋸) 등이 있으며, 벌채 및 목재 가공구로는 전면마제석부, 인부마제석부, 석착(돌끌), 편평편인석부가 있다. 석재 가공구로는 지석, 찰절석기, 석추, 망치돌 등이 있다.

비실용구로는 자료가 많지 않아 구체적인 종류와 성격은 자세하지 않으나, 현재 까지 조사된 자료로 보는 한 장신구와 의례구로 구분할 수 있다. 장신구는 이식, 수식, 팔찌 등이 있으며, 의례구로는 사례가 적어 단정 할 수 없지만 춘천 교동 동굴 유적에서 출토된 봉상석기(石棒)이 의례 행위와 관련된 도구로 추정되는 정도이다.

이상에서 살펴 본 석기류는 제작방법과 기술, 형식적인 특징, 용도와 기능에 따라 〈표1〉과 같이 다양한 유형과 기종으로 세분지만, 신석기시대 전시기를 통해 항상 같은 양상을

표1 석기의 용도별 분류표

		석기 종류
생산용구	수렵구	석촉(마제, 타제), 석창(마제, 타제), 첨두기
	어로구	어망추, 石錘, 결합식조침(축부), 결합식작살, 작살(石鋸-마제. 타제)
	채집·농경구	타제석부(따비, 괭이, 곰배괭이 등 굴지구), 석겸, 유선형석기, 유견석기 원반형석기
가공구	식료가공	갈돌, 마석, 갈판, 고석, 홈돌(凹石), 대석, 석시, 박편석기(긁개, 밀개 짜르개 등), 석도, 석인, 돌톱(石鋸), 역기
	목재가공	마제석부(소형, 대형), 인부마연석부(소형, 대형), 석착, 편평편인석부
	석재가공	지석(소형, 대형), 찰절석기, 고석, 석추(송곳)
	기타	발화석
비실용구	장신구	이식, 수식, 석제 팔찌
	의례구	봉상석기(石棒)

유지하지 않으며, 사회·경제적 변화와 집단 간의 생업환경 및 생산 방식의 차이에 따라 다양한 변이와 조성을 가진다(하인수 2009a).

3. 석기의 종류

1) 수렵구

수렵은 인간에게 양질의 단백질을 제공할 뿐만 아니라 뼈나 뿔, 이빨, 가죽 등은 일상생활에 필요한 다양한 용구를 만드는 재료를 제공해 준다는 측면에서 신석기시대 생업활동의 주요한 위치를 차지한다.

　수렵도구 내지 방법은 다양했을 것으로 생각되나, 먼 거리에서도 사냥을 할 수 있는 활과 화살, 근거리용인 창 등이 주로 이용되었을 것으로 생각된다. 특히 다양한 형식의 석촉이 많이 출토되고 있는 것으로 보아 활을 이용한 수렵이 성행한 것으로 보인다.

가. 석촉(도면1-1~9)

대표적인 수렵구로 제작 방법에 따라 일차적으로 타제와 마제로 구분된다. 형태적 속성에 따라 다양한 형식으로 분류가 가능하며, 형식에 따라 어느 정도 시간적인 변화도 보인다. 석촉은 경부의 유무에 따라 무경식과 무경식으로 구분되지만, 내륙지역에는 주로 무경식석촉만 출토되고 있다. 유경식석촉은 전 경주출토품를 제외하고 제주도지역의 초창기[2] 즐문토기 단계에서만 확인된다. 제주도 지역에서 출토되는 석촉은 대부분 타제석촉이며, 유경식이 차지하는 비율이 높다.

　타제석촉은 남해안지역에서 많이 사용하는 기종인데, 주로 흑요석이나 점판암을 소재로 이용하며, 크기는 2~3㎝ 정도이다. 기부의 형태와 평면에 따라 여러 종류로 구분된다. 마제석촉은 마제작살과 형태적으로 유사하고 구분이 곤란 점도 있지만 크기에서 차이를 보인다. 주로 내륙지역의 유적에서 출토되며, 남해안지역에서는 거의 확인되지 않는다. 동해안(고동순 2006)과 서해안지역에서는 일부 유적에서 출토되고 있다. 마제석촉은 기부의 특징과 평면 형태와에 따라 삼각만입형, 삼각평기형으로 나눌 수 있다.

---

[2]　본고에서 사용하는 유물과 유적의 편년은 필자의 남부지방 신석기시대 6기 편년안을 따랐다(하인수 2006d).

나. 석창(도면1-10~16)

사전적인 의미로 주로 수렵에 이용되고 작살은 대형어류나 해수류를 포획할 때 사용하는 도구를 지칭하지만 고고학적인 유물만으로 양자를 구분하기란 어렵다. 그것은 신석기시대 생업활동 자체가 복합적이고 사용하는 도구 역시 다용도로 사용되었을 가능성이 크기 때문이다. 창의 기능이 대상물을 찌르거나 던져 포획하는데 있으므로 실제 기능상에서는 상황에 맞게 적절히 사용했을 것으로 생각한다.

동삼동패총을 비롯한 욕지도, 범방, 세죽, 가도, 서포항패총에서 보는 바와 같이 타제, 마제석창은 유적의 생업환경으로 보아 수렵용보다는 대형 해수류나 어류를 포획할 때 사용되었던 것으로 보이고 상촌리나 지탑리유적의 석창은 어로용보다는 수렵으로 이용되었던 것으로 추정된다.

석창은 지역에 따라 혹은 제작방법과 형태에 따라 여러 종류로 구분이 가능하다. 1차적으로 제작방법에 따라 타제와 마제로 구분되고, 경부의 유무에 따라 무경식과 유경식으로 대별된다. 타제석창은 유경식과 무경식으로 나누어진다. 유경식 타제석창은 타원형의 신부에 장방형상의 경부가 붙은 형태이며, 욕지도와 가도패총 출토품이 대표적이다. 무경식 타제석창은 신부가 세장한 삼각형을 이루고 기부가 평탄한 형태와 신부와 경부가 구분되지 않는 유엽형으로 구분된다.

마제석창은 무경식만 확인되는데, 세죽유적 출토품이 대표적이다. 기부와 평면 형태에 따라 유엽형, 삼각평기형, 삼각만입형으로 나누어진다. 마제석창은 세죽리의 예로 보아 조기의 융기문토기 단계부터 사용된 것은 분명하나, 성행하는 것은 전·중기로 생각된다.

2) 어로구

삼면이 바다로 둘러 싸여 있는 한반도는 근해에 한류와 난류가 교차하며, 특히 리아스식 해안이 발달해 있는 남해안지역은 어류의 서식과 산란장으로 적합한 생태 환경을 갖추고 있어 이른 시기부터 즐문토기인이 거주하면서 많은 패총유적과 어로와 관련한 다양한 도구를 남겼다.

남해안지역의 동삼동, 범방, 연대도, 욕지도패총과 서해안의 가도, 노래섬패총, 동해안의 문암리, 오산리, 세죽유적에서 출토된 각종 어패류와 고래, 물개 등의 해수류 유존체 그리고 이들을 포획하는데 사용된 다양한 어구는 이 지역에 거주하였던 즐문토기인의 어로활동의 실태와 모습을 잘 보여 준다.

신석기시대의 어로활동 영역은 크게 작살업, 낚시업, 어망업, 그리고 패류 채취업으로 구분된다. 이 가운데 작살업과 낚시업은 외양성 어업을, 어망업과 패류채취는 내만성 어업을 보여준다(김건수 1999). 어로 활동에 관련된 대표적인 석제 도구는 어망추, 석추, 결합식조침, 결합식작살, 단식작살 등이 있으며, 일부 대형 어류나 강치 물개, 고래 등을 포획하기 위해서는 창을 사용했을 것으로 생각된다.

가. 결합식조침(도면1-24~27)

석제로 만든 축과 골제 바늘이 결합되어 하나의 조침을 이루는 형식이며, 오산리형조침으로 불린다. 서해안지역의 일부 유적에서도 확인되고 있으나 주로 동해안과 남해안지역에 집중 분포한다.

결합식조침은 조기의 융기문토기 단계에 출현하여 말기까지 존속하며, 축부의 평면형태와 결합면의 구조에 따라 여러 형식으로 분류되고 있다(김충배 2003; 하인수 2006b). 일반적으로 오산리형으로 불리는 것은 평면형태가 J자형을 이루지만, 범방, 동삼동, 대경도을 비롯한 남해안지역에서는 출토되는 조침의 축부은 I자형이 많다. I자형은 동해안지역에서 확인되지 않고 있는 것으로 보아 남해안지역의 특징적인 형식으로 생각된다.

결합식조침은 축의 크기에 따라 대형(9*cm* 이상), 중형(5*cm* 이상), 소형(5*cm* 미만)으로 구분되어 어느 정도 규격성이 보이는데(김충배 2003), 문암리유적에서 20*cm* 크기의 초대형 조침이 출토되는 것으로 보아 크기에 따라 다양하게 사용되었음을 알 수 있다.

나. 작살(도면1-17~23)

신석기시대 대표적인 어로구의 하나로 주로 해안지역 패총유적에서 출토되며, 재질에 따라 골제와 석제로 구분된다. 석제작살은 제작 방법에 따라 마제와 타제로 나누어지는데, 마제작살은 남해안을 제외한 내륙과 동해안지역에 주로 분포하며, 남해안지역에는 타제작살이 유행한다.

타제작살은 작살의 구조에 따라 결합식(도면1-17·18)과 단식작살(도면1-19~23)로 구분되지만, 단식작살이 많다. 결합식작살은 흑요석이나 혈암을 소재로 만드는데, 대형어종이나 해수류를 포획할 때 이용된다. 남해안지역에서는 조기부터 출현하여 골제작살과 함께 주요 어로구로서 이용된다. 크기는 5*cm* 전후가 보통이며, 형태에 따라 첨두형, 삼각만입형, 삼각평기형으로 나누어진다.

　마제작살(도면1-21~23)은 크게 평면과 기부 형태에 따라 삼각만입형, 삼각평기형, 유엽형 등으로 구분되나, 기부의 세부 특징과 촉신의 단면 형태에 따라 세분이 가능하다. 서포항, 궁산, 암사동, 금탄리 가도, 상촌리출토품이 대표적이다. 출현 시기는 분명하지 않으나 전·중기에 성행하는 것으로 보아 조기까지 올라갈 가능성도 있다고 생각된다. 마제작살이 해안지역에서는 거의 출토되지 않고, 내륙지역에서는 타제 작살이 보이지 않는 것으로 보아 작살을 통한 어로활동에 지역적인 차가 존재했던 것으로 추정된다.

다. 석추(도면1-29·30)

남해안의 범방유적에서 출토 예는 있지만, 오산리, 문암리, 죽변유적 등 동해안지역에서 주로 출토되는 동해안지역의 특징적인 석기이다. 용도는 불명이나 두부에 결박하기위한 홈이 마련되어 있는 점, 무게 중심이 밑으로 향한 추형을 이루고 있는 점을 고려 해 볼 때 어로와 관련된 석기로 추정된다. 크기는 5~6㎝ 정도이나 세부적인 면에서는 형태 차가 있다. 시기는 즐문토기 조기 단계에 속한다.

라. 어망추(도면1-28)

신석기시대 대부분의 유적에서 출토되는 보편적인 어로구이다. 크기와 무게에 따라 차이는 있으나 제작방법과 재질은 신석기 전시기를 통해 동일한 양상을 보인다. 특히 크기에 따라 어느 정도 지역차가 인정되는데, 내륙지역에서는 오진리유적 출토품과 같이 3~5㎝ 정도의 소형이 많다. 해안지역에서는 소형도 존재하지만 연평도, 모이도, 가도 노래섬패총 출토품과 같이 10~20㎝ 정도의 중·대형이 많다. 어망추의 지역간 이러한 차이는 어망을 이용한 어로방식의 차에서 오는 것으로 생각된다(하인수 2006b).

3) 채집·농경구

즐문토기인에게 있어서 채집 역시 수렵, 어로와 함께 생업경제에 차지하는 비중은 매우 높았을 것으로 생각된다. 해안지역과 내륙지역의 생업도구를 통해 볼 때 수렵과 어로활동으로 획득한 식료를 주요 식량자원으로 이용한 것으로 생각되지만, 부족한 식량자원을 확보하고 안정적인 생계를 유지하기 위해서는 자연히 식물성 식료에 의존하지 않을 수 없을 것으로 추정된다. 특히 전기부터 재배되기 시작한 조, 기장 등의 잡곡은 부족한 식량자원을 안정적으로 확보하는데 일조하였을 것으로 추정된다.

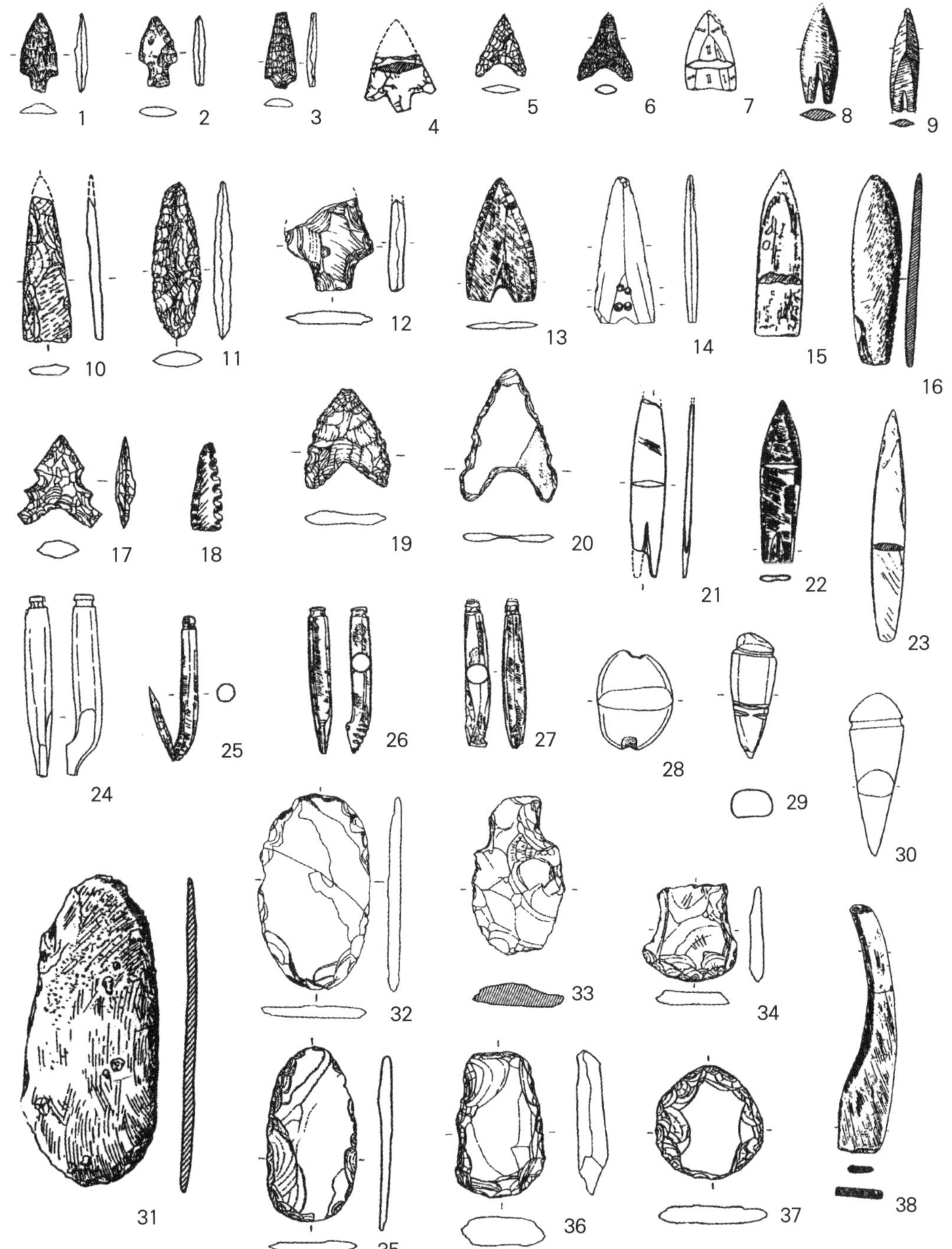

도면1 석기(수렵 · 어로 · 채집 · 농경구류) 〈축척부동〉

1~3 · 11: 고산리, 4: 경주, 5 · 34: 동삼동, 6 · 26 · 27 · 29: 범방, 7: 가도, 8 · 31 · 38: 지탑리, 9 · 16: 궁산,
13 · 25: 세죽, 14: 안도, 15 · 23: 서포항, 17: 문암리, 18: 상노대도, 12 · 19 · 20: 욕지도, 21 · 28: 지경리,
22: 오진리, 24 · 30: 오산리, 32: 노래섬, 33: 대야리, 10 · 35 · 37: 상촌리, 36: 목도

　계절별로 서식하는 다양한 식용식물의 채집과 조, 기장 등의 잡곡 재배를 위해서는 다양한 도구가 필요로 하였을 것으로 생각된다. 땅을 일구거나 근경류, 구근류의 채집에는 타제석부와 유견석기가, 수확용으로는 석겸 등이 이 주요 채집·농경구로 사용되었을 것이다. 그 밖에 용도는 불확실하나 원반형석기도 채집, 농경과 관련된 도구로 추정되고 있다.

가. 타제석부(도면1-31·32·35·36)

신석기 유적 중에서 가장 많은 출토양을 보이는 것 중의 하나가 타제석부이다. 타제석부는 전기 이래 잡곡농경과 관련하여 그 양이 증가하고, 형태도 정형화되는 것으로 추정되고 있다. 신석기 조기의 우봉리유적과, 동삼동패총 I 문화층 등 융기문토기 문화 단계부터 존재하는 것으로 보아 이른 시기부터 식물자원을 획득하는 굴지구로 이용되었음을 알 수 있다.

　타제석부는 두께와 외형적인 특징에 따라 일반적으로 따비형(도면1-32·35)과 괭이형(도면1-36)으로 대별되고(임상택 2001), 크기, 평면형, 인부형태, 제작기법 등 세부 속성에 따라 여러 형식으로 세분이 가능하다.[3] 최근 연구 성과에 의하면, 타제석부는 형질적 속성에 따라 다양성과 규격성을 나타내며, 이것은 타제석부가 기능에 따라 기종이 분화되고 그 용도가 달랐음을 보여주는 것으로 생각된다. 용도에 맞는 도구의 제작(선택)이 생산성 향상과 직결된다고 한다면 타제석부의 기종분화는 식량 생산 기술내지 방식과 관련성이 있는 것으로 추정해 볼 수 있다(하인수 2010). 따라서 앞으로 타제석부의 사용방법과 굴지 형태 뿐 만 아니라 기종분화에 따른 분류작업도 필요하다고 생각된다.

나. 석겸(도면1-38)

수확구로서 청동기시대에 주로 사용되었지만, 신석기유적에서도 일부 확인되고 있다. 암사동과 진안 진그늘유적 출토품은 일부 결실되어 형태는 자세하지 않으나 지탑리유적 출토품은 전형적인 석겸 형태를 이루고 있다. 지탑리 II 지구에서는 미제품, 파손품을 포함 8점이 출토되었는데, 크기는 길이 24cm, 경부 5cm, 두께 1cm 정도이다.

　석겸은 중부 이남지역에서 출토 사례가 거의 없는 것으로 보아 전기 이후 조나, 기장 등의 잡곡을 수확하는데 다른 도구가 사용되었을 가능성도 있다. 앞으로 수확구로서 석겸 이

---

3)　타제석부에 대한 제작기법과 분류에 대한 구체적인 검토는 윤정국(2009)과 하인수(2010)에 의해 이루어졌는데, 타제석부의 분류와 기능을 이해하는데 참고가 된다.

외의 도구에 대해 검토할 필요가 있다.

다. 유견석기(도면1-33 · 34)

일반적으로 곰배괭이로 불리는 것이며, 형태적으로 병부와 몸체로 구분된다. 형태적인 특징으로 보아 타제석부와 마찬가지로 굴지구로 이용된 것으로 보인다. 궁산리, 금탄리, 반궁리, 토성리, 금곡, 호곡동, 서포항유적 등 한반도 북북지방에서 주로 출토하는데, 남부지방에서는 상노대도, 대야리, 봉계리, 신암리, 동삼동, 범방유적에서도 확인되고 있다. 그러나 크기, 평면형태 등 석기의 형태적 속성에서 북부지방 출토품과는 다소 차이를 보이고 있다. 크기 면에서 보면 남부지방의 것이 소형이다.

남부지방의 유견석기는 신석기시대 전기 이후 출현하여 후기까지 사용한 것으로 추정되며 북부지방의 경우는 상한 시기는 명확하지 않으나 이른 시기부터 사용된 것으로 보인다.

라. 원반형석기(도면1-37)

대형 박편이나 납작한 할석을 타제기법으로 둥글게 가공한 석기를 가리키며, 몸체 가장자리를 잔손질로 정리하여 인부를 만든 것이 특징이다. 암사동, 미사리, 당하산, 갈머리, 신암리유적 등에서 출토되고 있으나 정확한 용도는 알 수 없다.[4] 원반형석기는 주로 중부 이남 지역에 분포하는 양상을 보이며, 해안과 내륙 양 지역에서 확인되고 있다. 현재까지 출토 정황으로 볼 때 원반형석기는 전기~후기에 걸쳐 사용된 것으로 보이며, 크기는 직경 6~15 *cm*, 두께 1~1.5*cm* 정도이다.

4) 가공구

가공구는 전술한 바와 같이 가공대상의 성격에 따라 식료 가공(조리)구, 벌채 및 목재 가공구, 석재 가공구로 구분된다. 식료 가공구로는 갈돌, 갈판, 고석, 홈돌(凹石), 대석, 석시(石匙), 박편석기, 석도, 석인, 돌톱(石鋸), 발화석 등이 있는데, 이중에서 조, 기장 혹은 도토

---

4) 원반형석기의 용도에 대해 田中聰一은 刀器로써의 기능을 고려하여 석겸과 같은 기능을 하였을 것으로 추정하고 있다. 특히 미사리유적에서 석겸이 출토되지 않으면서 원반형석기가 출토되고 있는 점을 감안하여 이 지역에서 석겸을 대신하여 고안된 수확구일 가능성을 제시하고 있다(田中聰一 2000).

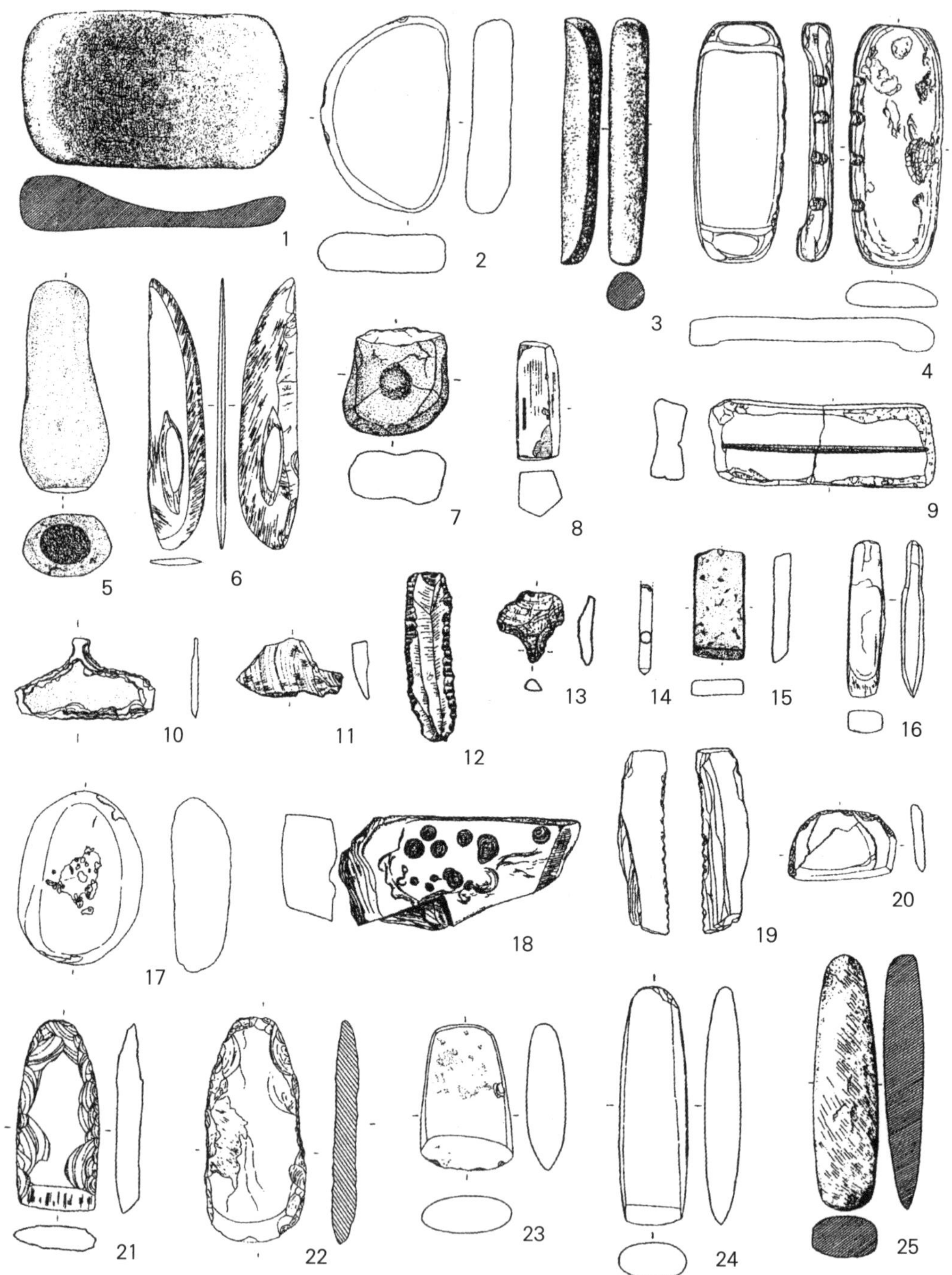

도면2 석기(가공구류) 〈축척부동〉

1·3·25: 지탑리, 2·4·20·21·23: 범방, 5: 욕지도, 6·16: 문암리, 7: 갈머리, 8·9: 오진리, 10: 연대도, 11·13: 동삼동, 12: 유판, 14·24: 후포리, 15: 봉계리, 17: 노래섬, 18: 용곡동, 19: 오산리, 22: 용호동

리 등 견과류를 가공하기 위한 갈돌·갈판이 대표적인 가공구이다.

벌채 및 목재가공구로는 전면마제석부, 인부마제석부, 석착, 편평편인석부 등이 있다. 이들 석기는 신석기시대 이른 시기부터 벌채나 목재 가공용으로 널리 사용되지만, 도구의 속성상 특별한 형태적 변화를 수반하지 않고 유사한 형질적 특성을 가지면서 신석기 말기까지 사용된다. 석재 가공구로는 지석, 찰절석기, 석추(石錐) 망치돌 등이 있는데, 특히 지석은 석기 생산과 밀접한 관계를 가지며, 각종 석기 제작에 이용된다.

가. 갈돌·갈판(도면2-1~4)

견과류 등 식물성 식료를 가공 또는 제분하는 도구로 신석기시대 전시기에 걸쳐 사용된 대표적인 식료 가공구이며, 시기와 가공 식료의 종류에 따라 다양한 형태가 있다. 특히 갈판은 전기 이후 잡곡농경이 널리 보급되면서 말안장형의 지탑리형으로 정형화되고, 갈돌은 단면 형태에 따라 다양한 형태가 존재하나 중서부지역의 경우는 타원형(원형), 렌즈형, 반원형, 제형, 장방형 등 5유형으로 나누기도 한다(임상 2000).

갈판(도면2-1·2)은 가공 식료의 종류와 양 등에 따라 크기와 평면 형태에서 차이를 보이고 있다. 조기는 대체로 부정형을, 전기 이후 중기가 되면 장방형 내지 설상(舌狀)으로 변한다. 중기 이후 정형화되는 말 안장형의 지탑리형 갈판이 제분용 도구로 널리 사용된다. 비봉리, 대천리, 진그늘유적 출토품이 대표적인데, 전기 말 내지 중기로 생각되는 비봉리유적 출토품은 크기가 길이 69.9cm, 너비 31.4cm, 두께 5.8cm 정도이다.

갈돌(도면2-3·4)은 전술한 바와 같이 단면 형태에 따라 여러 형태로 분류되지만, 단면이 반원형 내지 납작한 장방형의 봉상이 주류를 이룬다. 봉상의 갈돌은 지탑리형 갈판과 세트를 이루면서 출토되고, 사용 시기도 전기 이후 중기에 성행한다.

나. 고석(도면2-5)

신석기유적에서 가장 많이 출토되는 기종 중에 하나이며, 적당한 크기의 역석을 가공하지 않고 망치돌로써 이용한 석기이다. 주로 도구제작이나 패류, 견과류 등의 껍질을 벗기거나 가공할 때 이용한 것으로 생각된다. 형태는 종으로 긴 타원형이 많으며, 양면을 모두 사용하기도 한다.

다. 홈돌(도면2-7)

납작한 자연석의 한 면 혹은 양면의 중앙에 오목한 홈을 만들어 식물질 식료의 분쇄 및 제분 등에 사용된 도구로 추정된다. 형태는 자연석을 특별하게 가공하지 않고 그대로 이용한 것이 대부분인데, 평면은 원형 내지 타원형을 이루며, 크기는 10㎝ 전후이다.

오이도, 연대도, 갈머리, 고남리, 가도패총 등에서 출토되고 있으나 유적에서 출토되는 수량이 매우 적은 것으로 보아 그다지 사용되지 않았던 같고, 특정한 재료를 가공할 때나 목적으로 이용되었던 것으로 추정된다.

라. 석시(도면2-10)

일본 신석기시대 조몽(繩文)문화의 고유한 석기이며, 한반도에서는 출토되지 않는 기종이다. 연대도패총과 안도패총에서 출토된 석시는 승문문화와 교류의 산물로 생각되며, 형태는 몸체가 부채 모양의 횡형석시이다. 우리나라에서 해안지역에서만 출토되는 것으로 보아 어패류 등을 조리하거나 가공할 때 이용된 것으로 추장된다.

마. 박편석기(도면2-11 · 12)

석기제작 과정에서 생기는 박편이나 몸돌에서 떼어낸 박편을 잔손질하여 인부를 만들거나 날카로운 자연면을 그대로 이용한 도구인데, 주로 긁개나 돌날의 용도로 사용한 것으로 생각된다. 남해안지역의 동삼동이나 범방유적 등에서는 흑요석이나 안산암 등 석질이 치밀한 석재를 이용하여 박편석기를 제작하기도 한다.

바. 석도(도면2-6)

혼펠스나 안산암, 점판암 등의 석재를 가공하여 한쪽 측면에 인부를 만든 형태인데, 전면이 마제인 것이 특징이다. 주로 식료를 가공하거나 가죽 등을 절단할 때 사용한 것으로 보이지만 다목적 일상도구로 이용하였을 것으로 생각된다. 석도의 형태는 일정하지 않으나 문암리유적 출토품 같이 손잡이 부분에 장타원형으로 구멍을 뚫어 사용하기 편리하도록 한 것도 있다.

사. 대석(도면2-17)

석기, 골각기 등의 도구나 식료 등을 가공할 때 받침석으로 이용된 석기인데, 주로 납작한 자연석을 그대로 이용하는 것이 보통이다. 작업면에는 사용으로 인한 고타 흔이 남아 있다.

아. 발화석(도면2-18)

보통 지석이나 갈판의 평탄면에 둥근 홈이 있는 석기를 발화석으로 취급하고 있으나(안승모·이영덕·김대성 2003) 실제 발화구로 사용되었는지 여부는 검토가 필요하다. 사례로는 갈머리, 용곡동, 상촌리유적 출토품 등이 있다.

자. 마제석부(도면2-23~25)

벌목 혹은 목재가공구 주로 이용된 마제석부는 신석기 조기에도 사용되나 유적 출토 양을 통해 볼 때 그다지 많이 사용되지 않았던 것으로 보인다. 그것은 인부마연석부가 그 기능을 대신하였기 때문으로 추정된다. 그러나 전기 이후 중기가 되며 다양화되는 생업활동에 따라 사용양이 증가하고 정밀하게 가공된 다양한 종류와 기능을 갖는 마제석부가 출현하게 된다.

　그리고 특정 지역을 중심으로는 정제된 마제석부는 교역 등에 의해 유통되기도 하는데(하인수 2010), 이러한 현상은 벌목과 목재가공을 필요로 하는 생업 구조와 사회적 환경과 밀접한 관련이 있는 것으로 추정된다.

차. 인부마연석부(도면2-21·22)

인부마연석부는 인부만 마연하고 몸체는 타제로 만든 석부인데, 신석기 전 기간에 걸쳐 널리 사용되는 석기이다. 기능은 전면 마제석부와 마찬가지로 인부의 날을 이용하여 벌목이나 목재 가공용으로 사용된 것으로 추정된다. 인부의 단면, 평면형태, 크기 등에서 다양한 형태가 있다.

카. 석착(도면2-15·16)

세장방형의 몸체에 마연된 인부를 갖는 석기이며, 기능적으로는 목재를 세부 가공하거나 목기나 골각기 등을 제작할 때 사용되었을 것으로 추정된다. 출토양은 적으나 동삼동패총, 문암리, 욕지도패총에서 출토되고 있다. 석착이 초기 유적에서는 보이지 않고 전기 이후부터 출토되는 것으로 보아 전술한 마제석부와 같이 목재의 가공을 필요로 하는 생업구조 및 사회 환경과 관련이 있는 것으로 추정된다.

타. 지석(도면2-8 · 9)

석재 가공구의 대표적인 석기인 지석은 마연기술과 함께 세트를 이루는 도구이다. 지석은
주로 사암을 이용하나 대로는 안산암이나 응회암을 이용하기도 한다. 마연 정도에 따라 재
질이 다른 사암이 선정하여 사용하기도 한다. 지석은 석기제작에 주로 이용되지만, 그 밖
에 골각기나, 옥 가공에도 많이 사용된다. 오진리 출토품은 지석의 앞뒷면에 종으로 긴 홈
이 남아 있는 것으로 보아 골각기나 옥 가공용으로도 이용되었던 것으로 생각된다.

파. 찰절구(도면2-20)

석기, 골각기 등 소재를 절단하거나 세부적으로 가공할 때 사용하는 도구인데, 범방패총을
비롯하여 오산리, 신암리, 우봉리, 춘천교동, 지탑리, 궁산유적 등에서 출토되고 있다. 이들
유적에서 확인되는 찰절구는 형태와 크기가 일정하지가 않지만 모두 사암제라는 특징을
갖고 있다. 특히 오산리유적에서는 수십 점의 찰절구가 출토되고 있어 찰절구가 조기 단계
에 석재 절단용으로 많이 이용되었음을 보여 준다.

하. 석추(도면2-13 · 14)

목재나 골각기, 석기, 가죽, 장신구 등에 구멍을 뚫을 때 사용되는 도구로, 그 전통은 구석
기시대까지 올라간다. 유적에서 출토 사례는 적으나 일생 생활의 필수구로서 많이 사용되
었던 것으로 보인다. 석추는 동삼동패총의 예와 같이 흑요석으로 만들기도 하며, 후포리유
적 출토품의 경우와 같이 경도가 높은 암석을 사용하기도 한다.

5) 장신 및 의례구

신석기시대는 생업 형태와 생존 방식이 다양화되면서 이전과 다른 새로운 문화가 창출되
고 전개되는 시기이기도 하지만, 한편으로는 특히 신체 장식이 본격적으로 이루어지고 여
러 가지 장신구가 출현, 유행한다는 점에서 우리나라 장신구 문화의 조형을 이루는 시기라
고 할 수 있다. 장신구의 종류는 재료에 따라 석제, 패제, 골제, 토제 등으로 구분되는데, 석
제장신구는 현재까지 조사된 자료에 의하면 목이나 가슴을 장식한 수식, 이식, 팔찌 등이
대부분이다.

가. 이식(도면3-1~4)

토제품도 있으나 주로 옥석으로 가공된 석제가 주류를 이룬다. 석제 이식으로는 결상이식 뿐이며, 귀불에 구멍을 뚫어 거는 고리형이다. 결상이식은 신석기시대 우리나라를 비롯한 일본·중국 등 동아시아에 널리 유행하던 귀걸이인데 우리나라에서는 청도 사촌리, 동삼동 패총, 사천 선진리, 여수 안도, 고성 문암리유적 등에서 출토되고 있다. 결상이식의 출현 시기는 분명하지 않으나 현재의 조사 성과로 보아 조기에 출현하여 전기까지 사용된 것으로 추정되며, 형태와 제작방법에 따라 여러 형식으로 구분이 가능하다.

나. 수식(도면3-6~10 · 15~18)

활석이나 연옥, 돌을 소재로 유선형, 반월형·장방형·타원형으로 가공하여 한 점 또는 수 점씩 엮어 주로 목이나 가슴 장식으로 이용한 것으로 추정된다.. 수식은 납작한 석재를 다 양한 모양으로 가공한 판상형과 대롱 모양의 관옥형, 주판 알 모양의 어망추형으로 나누어

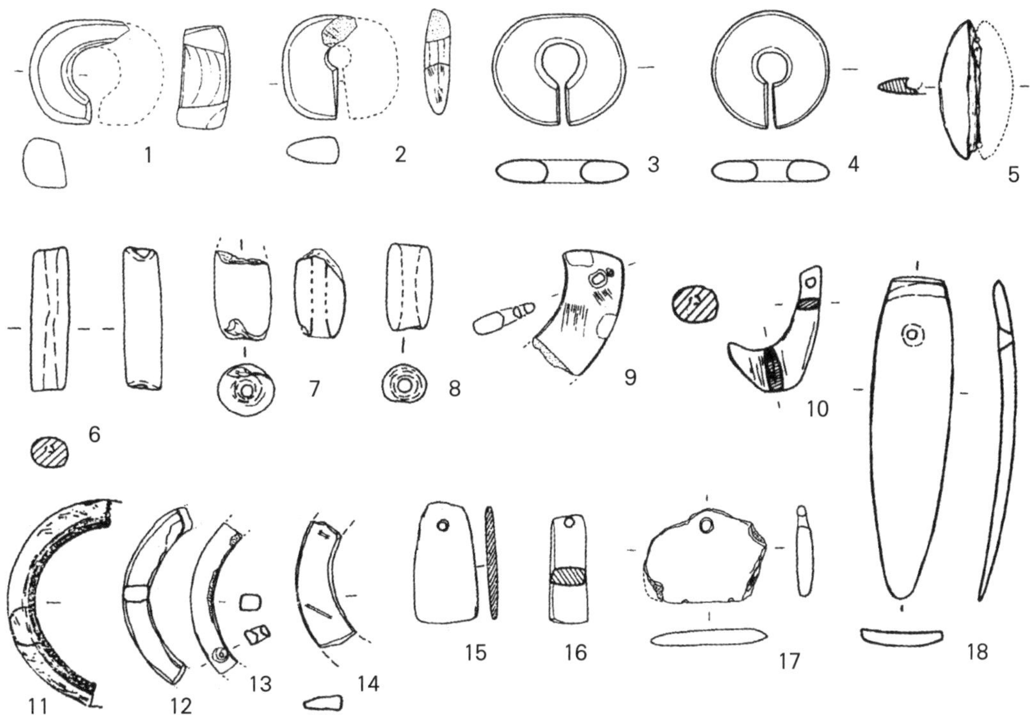

도면3 석기(장신구류) 〈축척부동〉

1·13: 동삼동, 2: 사촌리, 3·4: 문암리, 5: 율리, 6: 연대도, 7·8·18: 후포리, 9·16: 범방, 10: 고남리, 11: 금탄리, 12: 노래섬, 14: 가도, 15: 서포항, 17: 주월리

진다. 범방, 율리, 연대도, 서포항패총, 후포리유적, , 암사동, 지담리, 주월리, 궁산유적 등에서 출토되고 있다.

다. 팔찌(도면3-11∼14)

재료에 따라 석제와 패제로 구분되는데, 패제가 훨씬 많다. 조개팔찌는 후술하는 바와 같이 동삼동패총에서 다량으로 출토되어 형식과 특징을 알 수 있으나, 석제 팔찌는 완형으로 출토된 예가 없고 현재 팔찌로 보고된 자료가 서포항패총, 금탄리, 용천 신암리 정도에 지나지 않아 그 성격이 자세하지 않다. 남부지방의 경우는 출토 사례가 거의 없는 것으로 보아 그다지 유행하지 않았던 것 같다. 가도A패총 출토 석제환은 금탄리에 출토품과 유사한 것으로 보아 팔찌로 사용되었을 가능성도 있다.

라. 의례구

도구의 형태나 크기에서 본래의 기능을 할 수 없거나 비생산적인 활동에 이용되는 비실용적인 도구를 의미하는데, 석기에서는 그 예가 많이 보이지 않는다. 울진 후포리유적의 장대형석부나 문암리, 시도, 궁산, 계화도, 갈머리유적의 소형 석부, 춘천 교동 동굴유적의 봉상석기(石棒)가 비실용적인 의례구로 사용되었을 것으로 생각된다.

4. 시기별 양상과 특징

전술한 바와 같이 신석기시대의 석기는 생업 형태와 방식에 따라 여러 가지 유형으로 구분되고, 각 유형은 세부 기능과 용도에 따라 다양한 기종으로 분류된다. 즐문토기인의 다양한 생업활동과 생산방식에 따라 확립된 수렵·어로구, 채집·농경구, 가공구 등의 각종 석기군은 집단의 생업환경과 생활방식 혹은 문화적 전통에 따라 다양한 변이를 가지며, 지역과 시기에 따라 석기조성을 달리하면서 변천해 간다.

신석기시대의 석기조성 관계와 변천과정, 시기별 특징에 대해 구체적으로 파악하기 위해서는 많은 검토와 관련 자료의 분석이 이루어져야 하지만, 아직 시기별 석기조성 양상이 불확실하고 관련 자료가 적기 때문에 비교적 자료가 많은 남부지방을 중심으로 시기별 석기 양상과 특징에 대해 간략하게 살펴보고자 한다.

고산리식토기 문화(강창화 2006)를 표식으로 하는 초창기의 석기 양상과 조성관계는 제주도의 몇 몇 유적을 제외하고 관련 유적이 전혀 확인되지 않고 있기 때문에 불투명한 실정이다. 뿐 만 아니라 이를 통한 생업 형태와 생산 활동의 실체 역시 분명하지 않다. 따라서 여기서는 보고된 고산리유적 자료를 중심으로 그 양상과 특징에 대해 살펴보고자 한다.

고산리유적을 중심으로 하는 일군의 석기류는 타제석촉, 첨두기, 양면석기, 긁개, 밀개, 자르개, 뚜르개, 홈날석기 등의 박편석기와 돌날 등으로 구성되어 있으며(제주대박물관 1998·2003) 석기 조성상에서 수렵구인 석촉이 과반수 이상을 점유하는 특징을 보인다. 이러한 석기 조성은 조기 융기문토기 단계의 석기조성과는 다른 양상이다. 초창기의 이러한 석기조성과 특징은 고산리주민의 생업 유형이 후기 구석기 이래 지속되어온 수렵활동에 중심을 두고 있을 뿐 만 아니라 그 전통이 아직 잔존하고 있음을 보여주는 것으로 생각된다.

융기문토기를 표식으로 하는 조기 단계는 고산리식 문화 단계에 비해 석기의 양과 기종 구성이 복잡하고, 식료채집 및 가공구가 증가하면서 생업 유형에 따라 석기조성이 다양화 되는 특징을 보인다.

조기의 유적이 해안과 도서지역에 집중되어 있고 내륙 쪽에는 거의 확인되지 않아 지역에 따른 석기조성상의 특징을 파악할 수 없지만, 이 시기는 유적의 입지와 생업환경의 영향으로 어로와 수렵구를 중심으로 식물채집구, 식료가공구, 벌목 및 목재가공구, 석재가공구가 다양한 조합을 이룬다. 수렵구로는 타제석촉과 석창이 있으나 그다지 많은 비율을 차지하지 않으며, 오히려 어망추, 결합식조침, 결합식작살, 단식작살 등 어로구가 주류를 이룬다. 이러한 석기조성은 조기 생업의 특징을 단적으로 보여주는 것으로 이해 할 수 있다.

특히 전단계의 고산리문화에서 주요 기종으로 차지하고 있는 석촉의 감소와 유엽형 첨두기의 소멸은 조기 단계의 석기조성에 있어서 하나의 특징이라고 할 수 있다. 이러한 현상은 물론 조기 유적의 입지와 생업환경이 바다에 집중되어 있는 환경적인 요인도 있지만, 조기 단계에 접어들면서 전 단계에 비해 생업 유형이 다양화되고 있음을 반영하는 것으로 생각된다.

영선동식토기를 표식으로 하는 전기는 수렵·어로구 중심의 석기조성 상태를 보이는 조기에 비해 석기의 종류가 다양화되고 마제석기류가 생업도구의 주요 기종으로 사용된다. 뿐 만 아니라 지역에 따라 석기조성의 지역적 차별성이 나타나며, 조를 중심으로 이루어지는 농경이 새로운 생업형태로 출현하면서 생산 활동에 관계한 도구의 양이 증가한다.

중서부지역의 궁산리나 지탑리, 암사동유적에서는 농경과 관련 대형 따비형 타제석부와 석겸이 농경구로 사용되며, 식물성 식료를 가공하는데 이용되는 말안장형의 갈돌, 갈판이 정형화되어 농경구와 식료가공구가 생업도구의 주요 기종으로 높은 비중을 차지한다.

수렵어로구인 석창과 석촉, 작살은 대부분 마제로 가공되고, 인부의 형태가 합인인 전면 마제석부가 다량으로 제작되기도 한다. 굴지구인 타제석부 역시 전 단계에 비해 양이 증가하고 크기도 대형화된다.

전기 단계에 보이는 석기의 이러한 양상은 지역적으로 어느 정도 변이가 존재하는 것으로 생각된다. 남부지역의 경우 황성동유적이나 목도패총의 3·4층, 범방유적 제6층에서는 인부마연석부와 타제석부류가 급증하고, 갈돌·갈판이 말안장형으로 정형성을 띠는 등 전 단계와 다른 변화도 간취된다. 그러나 마제석부가 보이지 않고 기타 수렵 및 어로구, 가공구에 마제 성형이 적다는 점에서 지역적인 차별성도 확인된다.[5] 그리고 전기부터 지탑리유적을 중심으로 전개되기 시작하는 농경활동과 그와 관련한 채집·농경구, 식료 및 목재 가공용 석기의 다양성은 이후 남부 내륙과 해안지역의 생업활동과 도구조성에 많은 영향을 미치는 것으로 추정된다.

중기는 중서부지역의 지탑리와 암사동유적을 중심으로 전개된 농경이 남부 내륙과 해안지역까지 확산되면서 곡물 재배와 가공에 직접 관여하는 타제석부, 갈돌, 갈판, 마제석기가 생업도구의 중심에 위치하는 시기이다. 특히 식물재배와 기경구의 기능이 강화된 따비형 타제석부와 괭이형 타제석부가 폭발적으로 증가하고, 식료 가공구인 말안장형의 갈돌과 갈판도 그 형태가 지탑리형으로 정형화되는 양상을 보인다. 이러한 현상은 동삼동 1호주거지에서 확인된 바와 같이 중기 단계에서 재배된 조, 기장 등의 잡곡농경과 관련된 현상으로 이해되며, 타제석부의 다양화와 규격성은 굴지 형태와 그에 따른 성격을 반영하는 것으로 생각된다(하인수 2009b).

한편 중기에 접어들면서 남부 내륙지역은 전술한 농경구와 식료 가공구 이외에 벌목용 마제석부와 목재 가공용인 편인석부류의 양이 증가하고 수렵, 어로용의 마제석창과 석촉, 작살이 성행하게 된다. 특히 중기 이후 마제석부류의 증가는 벌목행위와 밀접한 관련성을 갖는 것으로 생각되는데, 최근 일본의 연구성과(山崎純男 2003)와 민족지적인 자료를 참고할 때 조, 기장 등 잡곡을 재배하기 위한 화전지 확보와의 관련성도 고려해 볼 필요가 있

---

[5] 석기조성 상에서 나타나는 지역성은 유적을 둘러싼 주변 환경에도 원인을 찾을 수 있겠지만 전기 단계부터 지역적으로 다양하게 전개되는 생산활동 방식과 생계양식의 차에도 기인하는 바가 크다고 생각된다.

다고 생각한다.

아무튼 중기 단계는 기존의 생계 방식에 농경이 추가 되면서 다원적인 생업활동이 전개되는 것은 분명하다고 할 수 있다. 이것은 중기가 되면 생업활동의 생산성을 확보하기 위해 주로 농경과 식료 가공구를 중심으로 재편된 석기조성이 이루어지고 있음을 의미하며, 이러한 양상은 커다란 변화 없이 신석기 후기와 말기에도 지속적으로 유지되어 가는 것으로 추정된다.

후기의 봉계리유적이나 중부지방의 쌍청리유적에서는 타제석부와 지탑리형 갈돌 갈판을 중심으로 하는 농경구와 식료가공구가 중기에 이어 큰 비중을 차지한다. 그러나 수렵·어로구의 구성 비율은 중기에 비해 현저히 낮다는 점에서 차별성도 보인다. 물론 이러한 양상이 해안 지역에서도 동일하게 나타나는지의 여부는 관련 자료가 적어 단정할 수 없으나, 동삼동패총의 후·말기 문화층과 김해 화목동유적에서 수렵·어로구가 감소하고, 갈돌, 갈판, 고석, 타제석부, 마제석부, 편인석부 등 농경구와 식료 및 목재 가공구의 구성 비율이 높아지는 것으로 보아 후·말기에는 유적의 입지 환경과 생업조건에 커다란 영향을 받지 않고 거의 동일한 양상을 보이는 것으로 추정된다.

이상에서 신석기시대 여러 유적에서 출토된 석기의 종류와 시기별 양상에 대해 관련 연구 성과를 바탕으로 개괄적으로 살펴보았지만, 앞으로 시기적으로 혹은 지역적으로 다양한 조성을 보이는 석기의 전반적인 성격을 파악하고 생업에 있어서 석기가 차지하는 사회경제적 위치와 그 의미를 파악하기 위해서는 개별 기종에 대한 연구 뿐 만 아니라 취락 내에서의 석기의 생산과 유통 문제에 대해서도 연구의 진전이 필요할 것으로 생각된다.

Ⅲ. 골각기

골각기[6]는 그 재질이 단단하면서도 탄력성을 갖추고, 주변에서 쉽게 구할 수 있는 이점 때문에 석기나 목기의 보완적 도구로서 혹은 그 자체가 도구로써 제작되어 구석기시대부

---

6) 골각기는 일반적으로 포유류, 조류, 어류의 뼈, 치아, 뿔과 패류의 패각을 소재로 만든 도구류를 총칭하는 개념으로도 사용되고 있으나 필자는 골각기의 명칭상이나 기능성, 성격 등으로 보아 패제품을 골각기로 분류하지 않는 것이 좋다고 생각한다.

터 다양하게 생업도구로 활용되어 왔다. 골각기는 전기와 중기 구석기시대에도 매우 드물게 확인되지만 본격적으로 각종 동물뼈를 가공하여 다양한 도구로 제작하는 것은 후기 구석기시대부터이다(최삼용 2000). 이 시기의 골각기는 수렵과 어로구뿐만 아니라 각종 주술구와 예술품도 제작하였으나 생업도구로서의 사용은 제한적이었다. 그러나 신석기시대에 접어들면서 출토유적, 출토 양, 종류, 사용범위, 일상생활과 생업활동에서 차지하는 비중 등에서 「골각기의 시대」라고 할 수 있을 만큼 다양한 종류의 골각기가 일상생활 전반에 걸쳐 폭넓게 사용된다. 따라서 신석기시대 골각기는 석기와 함께 도구체계의 구성하는 중요한 축을 이루는 것으로 생각된다(하인수 2006c).

그럼에도 불구하고 신석기시대 골각기의 연구는 토기나, 석기 등 타 분야에 비해 상대적으로 저조한 편이며, 극히 초보적인 수준에 머물고 있다고 해도 과언이 아니다.[7] 물론 그동안 골각기에 대한 연구가 없었던 것은 아니지만 주로 형태분류를 중심으로 용도와 기능 고찰에 치중하거나 특정 기종을 중심으로 부분적으로 다루어진 정도이다(박종진 1991; 김아관 1993; 김건수 1998). 혹은 생업활동과 생계유형을 분석(최종혁 2001)하는 보조 자료로 취급되어 왔다고 할 수 있다.

최근 들어 신석기시대 골각기의 양상(하인수 2006c)과 제작기술에 대한 연구(최삼용 2005)가 발표되고 이에 대한 관심과 연구 필요성이 제기되고 있지만, 골각기의 조성관계라든가 생업도구로써 위치, 타도구와의 관계, 지역별 특징, 편년 등은 앞으로 풀어야 할 과제라고 할 수 있다.

1. 골각기 소재

골각기 소재의 선택은 동물과 어류의 뼈 형태에 좌우되고 규정되는 경향이 강한데, 특히 주어진 소재의 형질 범위 안에서 형태와 기능이 대부분 결정되는 것으로 생각된다. 소재로 이용되는 동물은 서식 환경과 생물학적 특성에 따라 육상동물, 해상동물, 조류, 어류로 구분할 수 있는데, 육상 동물로는 사슴, 멧돼지, 개, 고라니, 수달, 너구리, 해상 동물로는 고

래, 돌고래, 바다사자, 거북 등이 있다. 조류는 독수리 등의 대형맹금류, 어류는 가오리, 다랑어 등이 있다. 조류와 어류뼈를 소재로 한 골각기는 출토량이 매우 적은 것으로 보아 장신구나 바늘 등 극히 일부 용도를 제외하고 그다지 이용되지 않은 것 같다. 아마 재질이 육상 동물에 비해 약하고 활용 범위가 작을 뿐만 아니라 획득의 어려움에 원인이 있는 것으로 보인다.

골각기의 주요 소재는 동정이 비교적 잘되어 있는 남해안지역의 자료로 보아 사슴이 대부분을 차지하며, 기타 고래, 돌고래, 바다사자, 상어, 멧돼지, 고라리, 너구리, 수달, 독수리 등이 소수 재료로써 이용된 것으로 생각 된다. 이밖에 극히 일부지만 가오리나 다랑어 등의 어류뼈를 가공한 경우도 있다. 사슴이 골각기의 주요 소재로 이용된 것은 다른 동물과 달리 관상골이 발달되어 있고, 재질적으로 매우 단단하여 다양한 도구의 소재로 이용 가능한 뿔을 갖고 있기 때문이며, 게다가 단백질의 주요 공급원으로서 수렵을 통해 쉽게 확보할 수 있었던 것도 중요한 이점으로 작용했을 것으로 생각된다.

사슴뼈는 부위에 따라 다양한 형태로 가공되어 활용되는데, 골각기의 기종과 소재는 어느 정도 상관성을 갖는 것으로 생각된다. 뿔은 첨두기의 소재로 주로 이용되고 빗창이나 결합식조침의 침부로도 가공된다. 남해안지역에서는 유례가 없지만 서해안지역의 궁산패총과 동북지역의 서포항패총에서는 굴봉이나 뒤지개의 소재로 이용된다.

사슴뼈 중에서 가장 많이 활용되는 부위가 중수(족)골인데, 자돌구를 중심으로 작살이나 조침 등 어로구 등 생업도구 제작에 주로 이용된다. 이밖에 척골과 경골, 견갑골도 첨두기나 장신구의 재료로 이용된다. 이밖에 동물의 이빨은 주로 장신구로 이용되고, 멧돼지 견치는 결합식조침의 침부와 수식으로 많이 사용된다.

2. 분류와 용도

골각기는 형태와 기능을 중심으로 연구자에 따라 여러 종류로 분류되고 있으나[8] 아직 용

---

8)　예를 들면 김아관은 기능을 중심으로 송곳, 예새, 뼈바늘, 칼날, 창끝, 뼈화살촉, 작살, 찔개살, 낚시, 삿바늘, 뿔괭이, 장신구 등 15종류로, 박종진은 용도별로 일상구(예새, 골추, 골침, 인구), 수렵구(골창, 골촉), 농경구(골겸, 괭이), 어로구(삿바늘찔개창, 조침, 작살, 홀리개, 어로용 찌), 미술품(장신구, 신앙미술품)으로 대별하고, 이를 16종류로 세분하고 있다. 김건수는 용도에 따라 생산구와 비생산구로 대별하고, 생산구는 수렵, 전투구(골각촉, 단검), 어구(낚시, 작살, 찌르개, 빗창), 경작구(굴봉,

어의 통일과 분류체계가 정리되지 않아 다소 혼선이 있다. 뿐만 아니라 형태를 통해 기능을 알 수 있는 조침, 작살 등의 어로구와 장신구, 골침 등 몇몇 예를 제외하고는 기능과 성격이 불분명한 것도 많다.[9] 따라서 본고에서는 편의상 기능을 알 수 있는 경우는 기능명(조침 등)을, 불명한 것은 형태명(자돌구 등)에 따른 용어를 사용하고자 한다.

신석기시대 골각기는 식량자원을 생산 혹은 획득하는데 1차적으로 관계하는 생산도구와 직접 생산에 관계지 않고 획득된 자원을 가공·해체하거나 음식물의 조리, 옷감짜기, 토기제작 등 일상생활 전반에 걸쳐 사용되는 생활도구, 실제 생업에 관계하지 않지만 의례적 혹은 정신생활과 관련한 비실용구로 대별 할 수 있다.

생산도구로서의 골각기는 생업활동에 따라 타도구와 함께 사용되기도 하는데, 도구의 내구성이라는 측면에서 본다면 석기보다 약하기 때문에 빈번하게 제작되었을 것으로 생각되며, 용도에 따라서는 석기보다 활용도나 사용 범위가 더 넓었을 것이다. 생산도구는 생업 영역에 따라 골촉, 골창 등의 수렵구, 조침, 작살, 찌르개 등의 어로구, 굴봉, 뒤지개, 낫, 비창 등의 채집(취)·농경구로 구분된다.

생활도구는 관련 자료가 적고, 용도와 기능이 불분명한 것도 있지만, 바늘, 침, 칼, 송곳, 뼈톱, 골제원판, 예새형골기(匕形골각기), 첨두기, 칼, 숟가락 등이 있으며, 용도를 전혀 짐작할 수 없는 이형 골각기도 있다. 이밖에 어패류나 포유류의 육질, 가죽을 가공·해체하거나 토기 제작시 기면 조정 및 시문구[10]의 존재도 예상된다.

비실용구로는 자료가 많지 않아 구체적인 종류와 성격은 불투명하지만 현재까지 조사된 자료를 통해 볼 때 장신구와 의례구로 구분할 수 있다. 장신구는 수식과 족식(足飾), 두식(頭飾)이 있으며, 의례구로는 동북 해안지역의 서포항패총에서 출토된 신앙 예술품으로 불리는 골제입상(인물형, 동물형) 등의 조각품이 있다.

반월형패도), 일상용구(침, 숟가락), 불명(자돌구)로 비생산구는 수식구, 패천, 패면와 骨角偶로 세분하고 있다.

9) 자돌구로 분류되는 골각기는 그 쓰임새와 용도가 분명하지 않은 점이 많다. 특히 생업 내용과 일상생활이 미분화된 신석기시대 사회의 경우는 특정 기종이 특정한 목적에만 사용하는 것이 아니라 다방면에 걸쳐 이용되는 것이 보통이므로 용도를 확정하는데 어려움이 있다. 자돌구류 중 일부는 생업 영역과 환경에 따라 적절히 혼용되면서 다목적용으로 이용되었을 가능성이 많다고 생각된다.

10) 상노대도패총 출토 골각기 중에는 토기 시문구로 보고된 것도 있으며(손보기 1982), 예새로 분류한 골각기를 토기시문구로 보는 연구자도 있다(박종진 1991).

신석기시대 골각기를 체계적으로 분류하고 그 종류를 명확히 하기 위해서는 앞으로 많은 검토가 필요하지만 우선 골각기의 형태적 특징과 용도를 기준으로 살펴보면 대략 〈표2〉 같이 분류할 수 있을 것이다.

표2 신석기시대 골각기 종류와 소재

		종류	소재
생산용구	어로구	결합식조침, 단식조침, 역T자형조침, 회전식작살, 고정식작살, 찌르개	사슴뿔, 사슴중수(족)골, 멧돼지견치
	수렵구	화살촉, 창	사슴뼈
	채집·농경구	굴봉, 뒤지개, 낫, 빗창	사슴뿔, 사슴 경골, 멧돼지 견치, 고래뼈 늑골
생활용구	식기	숟가락	?
	가공구	자돌구, 첨두기, 바늘, 골거, 원반형 골기, 송곳, 칼, 예새(匕形骨器)	사슴중수(족)골·척골·경골·뿔, 고래척추뼈, 가오리꼬리뼈
	이형골기	鋸形骨器, 刻目文骨器, 有孔骨器	사슴뼈, 돌고래 하악골, 고래뼈
비실용구	장신구	수식, 발찌, 머리장식(뒤꽂이 등)	사슴견갑골, 돌고래, 수달, 너구리이빨, 멧돼지견치, 독수리발톱, 고라니 견치, 새뼈
	의례구	人面形骨器, 動物形骨器	사슴뼈(?)

3. 골각기의 종류

신석기시대 골각기는 주로 해안지역의 패총유적에서 다량으로 출토됨으로써 해안지역 어로문화의 특징으로 인식되는 경우가 있으나 골각기 재료가 수렵과 어로를 통해 쉽게 획득될 수 있고 가공도 용이하기 때문에 내륙지역에서도 일상용구와 생업도구로도 널리 이용되었을 것으로 생각된다. 영월 쌍굴유적과 상시3그늘유적에서 출토된 다양한 형태의 자돌구류는 내륙지역 골각기의 일면을 보여주는 좋은 사례라고 할 수 있다.

골각기는 재료의 물리적 특성과 유적의 환경적 요인에 따라 패총과 석회암 동굴유적을 제외하고는 출토될 가능성이 적기 때문에 단순히 유적의 분포와 출토유물의 양만으로 그 성격을 단정하는 것은 신중할 필요가 있다. 그러나 골각기를 통해 얻을 수 있는 다양한 정보와 문화상은 특정 지역을 중심으로 이루어질 수밖에 없는 한계를 지닌다고 할 수 있다. 따라서 여기서는 출토자료와 다양한 기종구성을 보여주는 남해안지역을 중심으로 골각기의 종류에 대해 살펴보고자 한다.

남해안지역의 골각기는 유적의 분포나 골각기의 다양성, 출토양상으로 보아 타지역에 비해 생업도구와 일상 생활용구로 가장 활발하게 제작되고 폭 넓게 사용되었던 것으로 보이며, 특히 기종구성과 일부 기종에 있어서는 타지역 골각기 문화와 구별되는 특징을 보이기도 한다.

남해안지역 골각기는 대부분 생산용구인 자돌구류와 어로구에 집중되어 있고 수렵구나 농경구[11]는 보이지 않는다. 동북지역의 서포항패총 등에서 출토되는 수렵구인 골촉이나 골창은 이 지역에서 전혀 확인되지 않고 있는데, 자료의 부족인지 수렵구로서의 효용성 문제로 제작되지 않은 것인지는 좀 더 검토가 필요하다고 생각된다. 서포항 출토품 역시 수렵구로 단정할 만한 근거가 없고, 어로구로 이용되었을 가능성이 있다는 점을 염두에 둔다면 수렵구로서 골각기는 거의 이용되지 않았을 것으로 생각된다.

1) 자돌구(도면4-1 · 2)

자돌구류[12] 중에는 형태가 정연하고 양끝이 뾰족하게 가공된 세형(유선형)자돌구는 어로구로 사용되었을 가능성이 높지만 전체 골각기 중에서 자돌구류가 5~60% 정도를 점유하고 있다는 사실은 자돌구류가 일상 용구로서 다양하게 사용되었음을 보여 준다.

대부분 사슴뼈를 가공하여 제작되는데, 수가리패총의 예에서 보는 바와 같이 기종에 따라 선택적으로 이용되었음을 알 수 있다(부산대박물관 1981). 특히 사슴의 뿔과 중수 · 중족골, 경골, 척골 등이 주요 재료로 이용되었다. 그밖에 고래 늑골, 경골, 돌고래 하악골, 소골, 다랑어 자편, 가오리 꼬리뼈를 가공하여 사용하기도 한다.

2) 어로구

자돌구 다음으로 높은 비율을 차지하는 것은 어로구인데, 현재 확인된 예로는 결합식조침

---

11)   궁산패총 등에서 출토되는 사슴뿔로 만든 굴봉과 뒤지개, 아제겸 등은 농경구일 가능성도 있으나 단순 식물채집구인지 농경과 관련된 도구인지는 충분한 검토가 필요하다고 생각된다.

12)   자돌구는 끝이 뾰족한 도구를 총칭하는 것인데, 형태적 특징과 기능에 따라 창끝, 슴베찌르개, 찔개살, 송곳, 찌르개, 빗창, 자돌구, 골추, 예새, 골도, 첨두기 등으로 구분되기도 한다. 그러나 분류기준과 용도가 명확하지 않아 명칭에 혼선이 생기는 경우도 있다. 자돌구는 제작방법(전면마연, 부분마연)과 형태, 사용부위 등에 따라 세형 자돌구, 중형 자돌구, 대형 자돌구, 첨두형 자돌구(첨두기), 예새형 자돌구 등으로 세분이 가능함으로 형식분류와 사용흔 분석 등을 통해 기능과 성격에 대한 구체적인 연구가 필요하다고 생각된다.

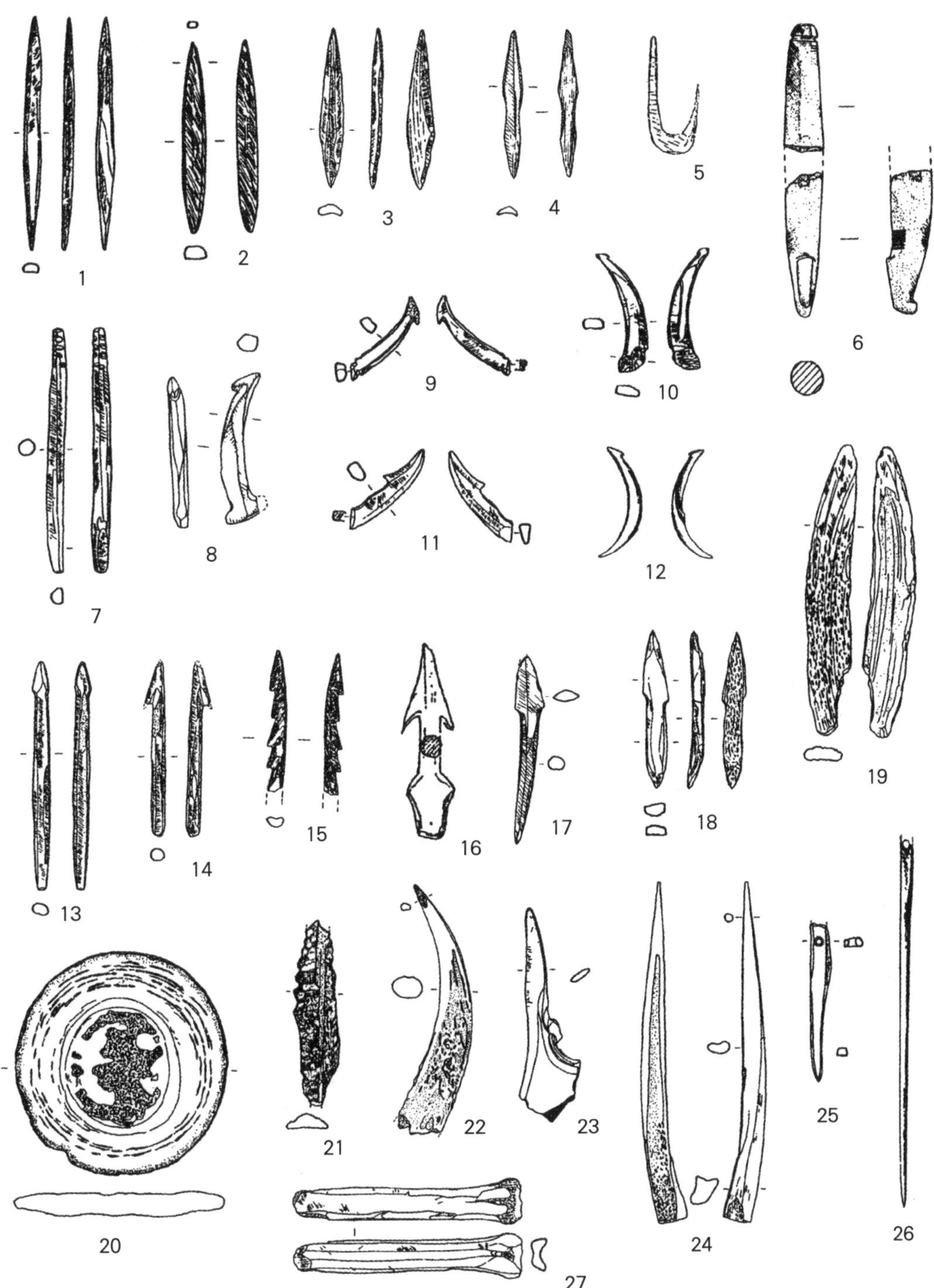

도면4　골각기(어로 및 생활도구류) 〈축척부동〉

1~3·7·9~11·13~15·18~25·27: 동삼동, 4·8: 욕지도, 5·16: 서포항, 6: 연대도, 12·26: 상노대도, 17: 여서도

의 축부, 침부, T자형 조침 및 작살, 빗창 등이 있다. 골제조침은 결합식과 단식조침으로 나누어진다. 결합식조침은 축과 바늘을 분리 제작하여 조합한 형식이며, 단식조침은 바늘과 축을 일체형으로 제작한 형식이다. 단식조침은 사용방법과 형태에 따라 역T자형(一자형)과 J자형으로 구분된다.

가. 결합식조침(도면4-6~12)

결합식조침은 앞에서 언급한 바와 같이 동해안과 남해안지역에 주로 분포하며, 한반도 신석기시대의 특징적인 어로구이다. 보통 석제로 만든 축과 골제 바늘이 결합되어 하나의 조침을 이루는 형식인데, 최근 조사에서 골제와 패제의 축부가 동삼동과 연대도패총, 여서도, 노래섬패총 등에서 출토됨으로써 결합식조침의 축부도 다양한 재질로 제작하였음을 알 수 있다.

결합식조침의 골제축부(도면4-6·7)는 동삼동과 연대도패총, 노래섬, 가도패총에서 출토되고 있지만, 출토양이 적은 것으로 보아 석제조침과 달리 특정한 어로에 한정되었던 것으로 추정된다. 침부는 축부와 결합 방식 차에 따라 크게 정면결합식과 측면결합식, 하면결합식으로 나누어지며, 그 밖에 재질, 크기, 미늘의 위치와 결합부의 형태 등 따라 세분되기도 한다(하인수 2006; 김충배 2002). 크기는 보통 3~5*cm* 전후로 대체로 일정한 편이다. 미늘(도면4-8~12)은 침신의 안쪽(내기식) 혹은 외측(외기식)에 마련되어 있는데, 연대도나 동삼동패총의 예와 같이 미늘이 없는 형식(무기식)도 있다. 재질은 사슴의 뼈나 멧돼지 견치를 주로 이용한다.

나. 단식조침(도면4-3~5)

조침 자체가 일체형으로 완성된 형식의 조침을 가리키는데, 형태에 따라 J자형과 역T자(一자형)형으로 구분된다. J자형조침(도면4-5)은 남해안지역에서는 확인되지 않고 동북해안지역의 서포항패총과 강원도 영월 쌍굴유적의 출토 예가 있을 뿐이다. 쌍굴 출토품은 서포항 출토품과 달리 둥근 반환형으로 가공된 것이 특징이다. 그리고 시기는 다르지만 청동기시대 고남리패총 출토품이 있다. J자형조침은 출토 양상으로 보아 남부해안 지역에서는 발달하지 않았던 것으로 보인다.

역T자형조침(도면4-3·4)은 一자형 몸체의 중앙에 마련된 홈에 줄을 연결하여 조침으로 사용한 형식이다. 큰 석추에 연결된 줄에 몇 개의 조침을 장착하여 延繩 어로에 사용되며,

황·발해 주변지역에서 유행하던 특징적인 조침이다(甲元眞之 1997, 1999).

한반도에서는 서포항패총과 동삼동과 욕지도패총에서 몇 예가 알려져 있으나 수량은 적은 편이다. 크기는 5~6㎝정도이다. 남해안 지역 출토 역T자형조침은 황·발해연안의 형식과 세부적인 면에서 약간의 차이를 보이고 있으나 계통적으로는 관련이 있는 것으로 생각된다.

다. 골제작살(도면4-13~17)

주로 사슴의 중수(족)골이나 뿔을 섬두로 가공하여 어로구로 이용한 형태인데[13] 섬두의 기능과 형태에 따라 고정식과 회전식으로 구분된다(김건수, 1999). 고정식은 착장부, 신부, 섬두로 구성되어 있으며, 크기는 7~9㎝ 정도가 보통이다. 그러나 서포항이나 농포리유적 출토품 중에는 10㎝ 이상의 대형도 보인다. 착장부는 신부보다 가늘며 약간 뾰족하게 처리되어 있다. 신부 단면은 보통 둥근 형태를 이루고 있으나 납작한 것도 있다. 섬두는 역자형과 사두형으로 구분된다.

라. 회전식작살(도면4-18)

섬두가 포획대상물의 체내에 직각으로 회전하여 이탈할 수 없는 구조로 되어 있는 것이 가장 큰 특징인 작살이며, 구조는 섬두, 中柄, 柄(작살대), 줄로 구성되어 있다. 이러한 형태의 작살은 주로 동북아시아로부터 서북아메리카에 걸친 북태평양연안지역에 주로 분포하며, 물개, 강치, 바다사자 등 해수류를 포획하는 어로구로 알려져 있다. 서포항패총을 비롯하여 상노대도, 동삼동패총 출토품이 알려져 있으나 그 양이 수점에 불과하다.

이와 같은 회전식작살은 대마도의 佐賀패총과 연해주의 페스체노이패총에서 다수 확인되고 있다. 특히 동북지역 및 연해주 해안지역에서 다량으로 출토되고 있는 것으로 보아 이 지역의 특징적인 어로구의 하나로 생각되며, 남해안지역에서 출토되는 회전식작살은 한반도 동북지역의 어로문화와 밀접한 관련이 있는 것으로 생각된다.

---

13)　작살의 한 형태인 찌르개를 일반적으로 작살에 포함시키기도 하나 김건수의 지적과 같이 사용방법 상에서 차이가 있으므로 구분하는 것이 좋다고 생각된다(김건수 1998). 남해안지역에서 찌르개(도면3-13·14)로 보이는 것이 있으나 본고에서는 별도로 구분하지 않고 편의상 자돌구로 분류하였다.

마. 빗창(도면4-19)

신석기인들이 즐겨 먹었던 전복이나 굴 등 암초성 패류를 채취할 때 사용하는 도구로 추정되는데, 오늘날 해녀들이 전복을 따는데 사용한 도구와 유사하다(김건수 1998). 재료는 사슴뿔이나 경골, 고래뼈 등 비교적 큰 뼈를 이용하는데, 크기는 20㎝ 전후이다. 동삼동과 수가리패총에서 출토되고 있다.

3) 일상용구

일상용구로는 골침, 골거, 원판형골기[14], 첨두기, 예새형골기와 용도를 알 수 없는 이형골기(도면5-14~17) 등이 있다. 골침(도면4-25·26)은 의복 제작이나 어망 수리용으로 이용되었을 것으로 생각되며[15], 소재는 사슴뼈이다. 골거(도면4-21)는 동삼동패총에서 출토된 것이 유일한 예인데, 용도는 확신할 수 없으나 대형어류 등을 해체하거나 비늘을 제거하는데 이용되었을 것으로 추정되며, 소재는 녹각제이다. 그리고 고래의 추판을 이용한 원반형골기(도면4-20)도 동삼동패총에서 출토되고 있는데, 상면이 마연되어 있는 것으로 보아 어떠한 목적으로 사용되었음은 분명하다. 토기제작이나 음식물을 조리할 때 사용되었을 것으로 추정된다.

첨두기(도면4-22~24)는 자돌구보다 크고 선단부가 뾰족하게 가공된 골각기인데, 사슴의 뿔 중수(족)골 경골, 척골, 멧돼지의 비골 등을 소재로 제작된다. 예새형골기(도면4-27)는 사슴의 중수(족)골을 종으로 분할하여 선단을 약간 둥글게 가공하고 부분적으로 마연하여 예새모양으로 만든 형태이다. 신석기시대 조기부터 출현하여 전 기간에 걸쳐 널리 사용된 도구이나 용도는 알 수 없다. 선단부의 사용흔으로 보아 가죽의 무두질이나 패류의 껍질 혹은 그 내용물을 채취하는 용도로 사용되었을 것으로 추정되고 있다. 주로 동삼동, 연대도, 수가리, 목도패총 등 남해안에서 출토되며, 서해안과 동해안에서는 출토예가 적다.

---

14) 원판형 골각기는 고래 추판을 그대로 도구로 이용한 것인데, 용도는 불명이다. 추판 내부와 가장자리 부근에 마연 혹은 마모흔이 확인되는 것으로 보아 어떤 형태로든 사용되었음은 분명하다. 일본 구주의 승문시대 후기에는 토기 제작 받침대로 사용되었다.

15) 사슴의 뿔이나 동물의 관상골을 가늘게 가공하여, 선단부는 날카롭고 두정부(頭頂部)에 구멍을 뚫은 형태이다. 현대의 바늘과는 재질만 다를 뿐 크기나 형태는 동일하다. 상노대도, 구평리, 궁산, 동삼동패총 출토품이 알려져 있다.

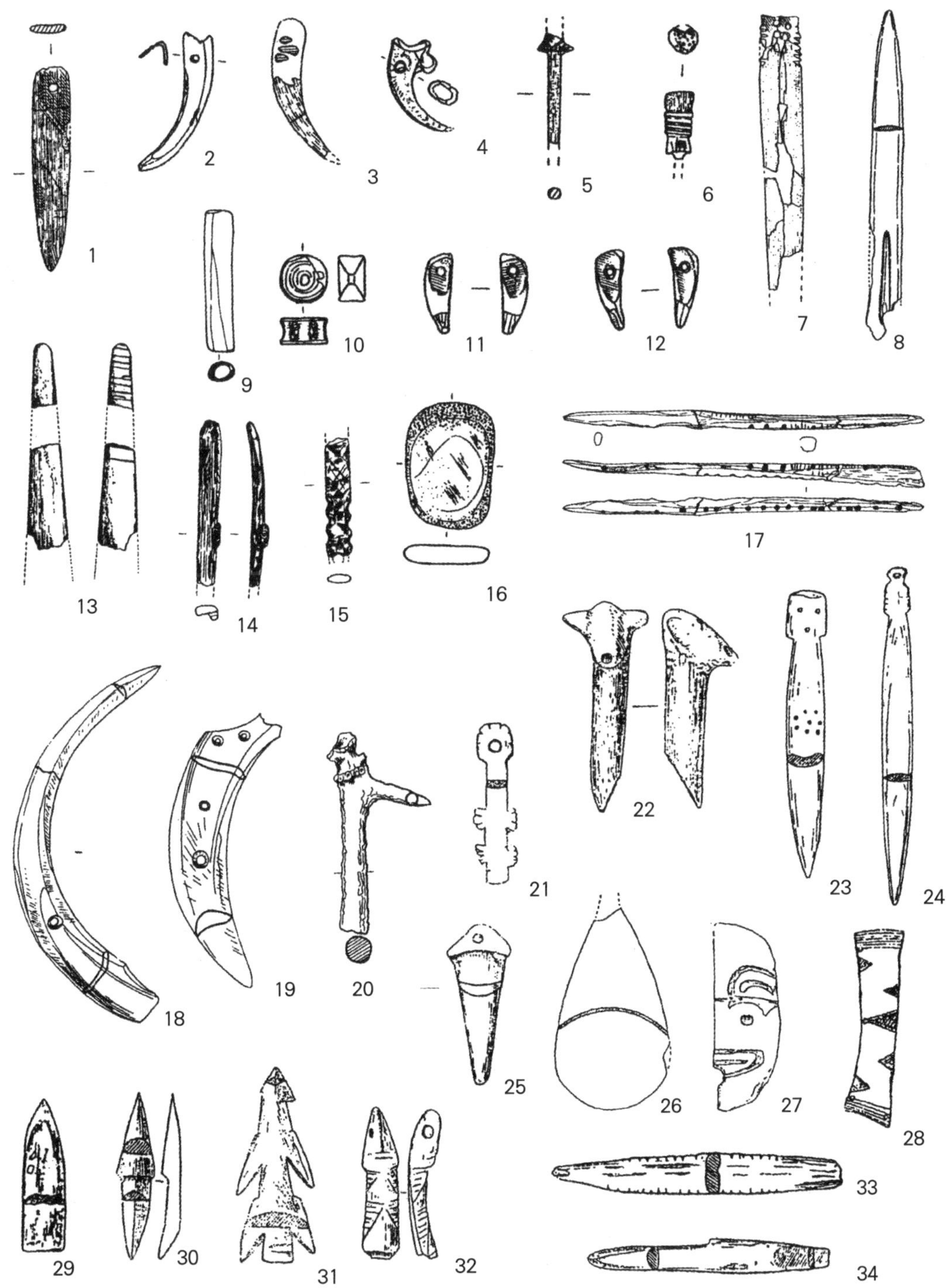

도면5 골각기(어로 및 장신구류 등) 〈축척부동〉

1·5~7·11·12: 연대도, 2·4·10·14~16: 동삼동, 8: 범방, 13: 상노대도, 3·9·17: 여서도, 18~20: 궁산, 21~34: 서포항

4) 장신구

장신구는 양은 적지만 골각기 가운데 일정한 비율을 차지하고 있다. 착용 부위에 따라 수식, 두식(뒤꽂이) 발찌로 구분된다.

가. 뒤꽂이(도면5-5~8)

머리를 장식하는 장신구이나 출토상태가 명확하지 않을 경우 일반 골각기와 구분하기 어려운 점도 있다. 남해안에서는 동삼동, 연대도, 여서도패총과 범방패총의 분묘에서 확인되고 있는 정도이며, 재질은 사슴의 견갑골과 중수(족)골을 사용하였다.

나. 수식(도면5-1~4·9·10)

멧돼지나 고라니 이빨, 사슴뼈, 조류 뼈와 독수리(매) 발톱, 상어 척추뼈 등을 가공하여 한 점 또는 수점씩 끈으로 엮어 주로 목이나 가슴 장식으로 이용한 것이다. 수식은 소재가 갖는 형상적 특징을 그대로 이용한 것과 여러 가지 모양으로 가공한 것으로 구분된다. 특히 동물 이빨이나 조류 발톱, 어류 척추뼈는 가공하지 않고 구멍만 뚫어 그대로 사용하였다. 이러한 수식은 미적인 것뿐만 아니라 초자연적인 힘을 빌리거나 벽사적인 목적으로도 애용하였을 것으로 추정된다.

다. 발찌(도면5-11·12)

연대도패총 7호분 남성 인골의 발목에서 출토된 것이 유일한 예이며, 돌고래, 수달, 너구리의 이빨 124개를 연결하여 만든 형태이다. 신석기인이 머리나 손, 가슴장식 이외에 발목에도 장식했음을 보여 주는 중요한 자료이다. 일본에서는 山鹿貝塚의 출토품이 알려져 있다.

　이상에서 골각기의 기종별 특징에 대해 간략하게 살펴보았다. 유적별로 출토양상과 기종 구성에서 차이도 있지만, 기본적으로 생업활동과 일상생활에서 유용하게 활용할 수 있는 자돌구류와 조침, 작살 등의 어로구를 중심으로 골각기가 널리 사용되었던 것으로 생각된다.

　한편 골각기문화는 기본적으로 남해안, 서해안, 동해안지역이 비슷한 양상을 보이지만, 기종구성과 어로구의 특정 기종에서 차별화되는 지역색을 보인다. 서해안지역의 골각기(도면5-18~20)는 관련 유적과 출토양이 적어 전체적인 골각기의 양상이 불투명한 점도 없지 않으나 기본적인 도구 조성은 어로구, 채집농경구, 각종 자돌구류 등의 생활용구, 장신구로 구성되어 있지만 남해안에 비해 종류가 단순한 편이다.

동해안지역의 골각기(도면5-21~34) 역시 서해안과 마찬가지로 조사 사례가 적어 그 양상이 불투명한 편이다. 그러나 서포항유적 출토 골각기를 통해 어느 정도 그 일면을 엿 볼 수 있다. 골각기 기종은 수렵, 어로 채집·농경과 관련된 생업도구와 자돌구를 포함한 식기, 바늘 등의 생활용구, 장신구 및 의례구로 구성되어 있다. 특히 작살과 조침의 형태, 동물 및 인면형골기, 숟가락, 장식골기, 화살촉, 창 등은 다른 지역과 두렷이 구분되는 기종이다. 다기식작살과 단침조침은 이 지역의 특징적인 어로구로 생각된다. 이와 더불어 의례용 예술품으로 불리는 골각기 역시 타지역에서 볼 수 없는 것이다.

지역간의 골각기 문화의 이러한 차이는 앞으로 구체적인 검토가 필요하지만, 기본적으로는 생업환경에 따른 생계유형과 생산활동 방식의 차이에서 기인하는 것으로 생각된다.

4. 시기별 양상과 특징

신석기시대 골각기는 유적의 성격에 따라 기종조성과 출토양이 다르고, 시기와 지역간에 편차가 심하기 때문에 현시점에서 골각기의 전반적인 양상과 시기별 변화과정을 파악하는 데 많은 어려움이 있다. 그러나 전시기를 통해 볼 때 생업과 생활도구로 지속적으로 사용되었음은 분명하며, 유적마다 출토되는 골각기의 종류와 기종구성에 차별성도 간취된다. 이러한 차별성은 유적의 성격을 반영하는 한편, 시기에 따른 생업유형과 일상생활의 변화과정을 어느 정도 보여 주는 것으로 생각된다.

조기 단계의 골각기는 동삼동패총 8·9층, 범방패총 Ⅰ·Ⅱ기층, 세죽패총에서 보는 바와 같이 이후 시기에 비해 출토량이 적고, 기종도 자돌구와 어로구에 한정되는 경향을 보인다. 어로구는 결합식조침이 대부분을 차지하며, 예새형골기와 첨두기가 보이는 정도이다. 이러한 양상은 조기에는 결합식조침을 중심으로 하는 어로구가 골각기의 주요 기종으로 이용되었음을 보여주는 것으로 생각된다. 특히 범방패총의 융기문토기 문화층에서 다량으로 출토되는 결합식조침은 이러한 현상을 잘 보여주는 것으로 생각된다.

전기 단계 역시 조기와 별다른 차이 없이 어로구와 자돌구로 기종이 한정되며, 그 양도 적은 편이다. 일부이지만 상어 추체를 이용한 장신구도 보인다. 조침은 앞 단계와 약간 다른 형식이 출토되는데, 조기의 침부가 내기형인데 비해 전기는 외기형이 주류를 이룬다. 어로 대상과 방식의 차이인지 검토가 필요한 부분이다. 자돌구는 전단계에 비해 어느 정도 정형된 모습을 보이는데, 전기의 단순층인 목도 4층의 골각기 출토상태를 보면, 자돌구류가 다양하게 제작되고 있음을 보여준다.

　중기 단계는 골각기의 다양한 기종구성만 아니라 제작과 사용에 있어서 전후 시기와 달리 급증하며, 어로구가 다양화되고 각종 자돌구류가 정형화되는 특징을 보인다. 동삼동패총에서 출토된 골각기의 시기별 출토양을 보면 전체 시기 중 중기문화층에서 60%를 차지하는 현상을 보이고, 이후 후기와 말기문화층에서는 출토양이 감소하는 경향을 보인다(하인수 2006c). 동삼동패총에서 나타나는 중기 골각기의 급증 양상이 다른 지역에서도 나타나는지 여부는 구체적인 검토가 필요하지만, 이러한 현상은 기존의 생업구조 및 생계양식의 다변화에 따른 도구체계의 분화에 원인을 찾을 수 있을 것이다.

　후·말기의 골각기는 중기에 비해 그 양이 감소하는 경향은 있지만, 기본적으로 자돌구와 어로구가 주요 비중을 차지한다. 어로구는 형태적으로 커다란 변화는 없으며, 자돌구는 중기에 이어 다양한 형태가 지속적으로 사용된다.

　이상에서 신석기시대 골각기에 대해 개략적으로 살펴보았지만, 골각기가 신석기시대 도구체계 속에서 중요한 축을 이루고 있을 뿐 만 아니라 생업영역과 일상생활 속에서 차지하는 비중이 매우 높음에도 불구하고 그 실체와 위상이 불투명한 실정이라고 할 수 있다. 이러한 점은 앞으로 지속적인 연구와 다양한 논의를 통해 해결해야 할 것으로 생각된다.

Ⅳ. 패제품(貝器)

패제품은 앞서 언급한 석기와 골각기와 함께 신석기시대 도구 체계를 구성하는 한 부분으로 다양한 영역에 걸쳐 사용된다. 물론 패제품의 출현과 사용은 후기 구석기시대까지 올라가지만 도구로써 혹은 생활양식의 한 부분으로써 역할과 의미를 지니는 것은 신석기시대부터이다.

　패제품은 소재의 특성상 지역적인 한계와 도구로서의 제약으로 인해 석기나 골각기에 비해 상대적으로 기능과 보편성이 떨어지는 면도 없지 않지만, 신석기시대 해안지역민을 중심으로 각종 생업도구와 장신구로 사용되면서 도구체계 중 한 축을 형성하고 있었던 것도 사실이다.

　패제품은 소재가 갖는 제 속성(물리성, 희소성, 외형성 등)이 사회, 문화적 가치와 결부되어 다양한 기능과 의미를 갖는다는 점에서 타도구와 차별화되는 문화적 특징을 보이기도 한다. 그럼에도 불구하고 그 동안 관련 자료와 연구 부족으로 충분히 논의되지 못하여 패제품이 신석기시대 도구체계에서 차지하는 위치와 실체가 불투명한 실정이었다.

이러한 현상은 일차적으로 패제품이 갖는 자료적 한계에서 오는 것이지만, 향후 패제품에 대한 지속적인 관심과 연구를 통해서 해결되어야 할 것으로 생각된다.

1. 패제품의 소재와 이용실태

패제품의 소재인 조개는 조개가 갖는 形, 色, 質 등의 물리적인 속성과 상징성 그리고 에너지를 공급하는 식량자원이라는 점에서 오래전부터 각별한 관심의 대상이 되어 왔으며, 종교, 신화, 설화, 민속, 풍습 등에서 다양한 형태로 표출되어 왔다. 조개는 동서양을 막론하고 여성 생식기와의 유사성으로 인해 생명의 탄생이나 재생과 결부되기도 하고, 풍요와 다산을 나타내는 상징물로써 이용되었는데, 특히 후기 구석기시대의 분묘에 조개를 매장하는 행위나 장신구의 소재로써 이용되고 있다는 것은 이와 같은 사실을 잘 보여주는 사례이다.[16]

한편 남태평양의 폴리네시아 원주민의 원시 종교나 우리나라의 민간설화에서는 여성의 미와 성적인 표象으로(한국문화상징사전편찬위원회 1995), 고대 중국에서는 사자의 불멸과 부활을 위해 분묘 속에 부장되기도 한다(鈴木公雄 1997). 이밖에 무속과 민속에서는 주술이나 벽사적인 도구로 이용된다. 조개가 갖는 이러한 다양한 상징과 의미는 일찍부터 사회적, 문화적 행위에 관여하였음을 보여 준다. 특히 후빙기 이후 자연환경의 변화에 따른 새로운 생업전략으로 조개채취가 적극적으로 이루어지고, 식량자원으로 활용됨에 따라 조개는 생계적인 위치뿐만 아니라 사회적으로 중요한 가치체계를 지니게 된다.

신석기시대의 패제품은 현재까지 확인된 자료를 통해 볼 때 일부 담수산 패제품도 있으

---

16)　현재까지 확인된 고고학적인 발굴 성과에 따르면 유럽과 동아시아의 후기 구석기유적에서는 패각으로 만든 다양한 형태의 장신구가 확인된다. 체코의 도르니 베스토니체유적, 프랑스 남부 서해안 지역의 구리마르티 동굴유적의 매장유구, 모라비아 파블로프유적, 이탈리아의 카위리온동굴유적, 중국의 요녕성 小弧동굴유적, 虎頭梁유적, 중국의 주구점 상정동유적에서는 권패나 이매패에 구멍을 뚫고 가공한 장신구류가 출토되었다. 이러한 사실은 적어도 후기구석기시대부터 인류는 조개 껍질이 갖는 광택이나 색, 형의 가치를 충분히 인식하여 패제품을 제작하였음을 보여 준다. 후기 구석기시대의 조개에 대한 이러한 인식과 부장품 매납행위의 전통은 이후 신석기시대까지 이어진다(河合信和 1989; 松藤和人 1994; 江坂輝彌·大貫良夫 2000).

나 대부분은 해안지역에서 채취 또는 채집한 해수산 패류를 이용하고 있다. 물론 상시3그늘유적(홍현선 1987)이나 영월 쌍굴유적의 출토품(연세대학교박물관 2009)에서 보듯이 내륙지역에서도 강이나 하천에서 채취한 칼조개나 곳체두드럭조개를 소재로 이용하지만 그 예가 매우 적은 것으로 보아, 담수산 패류를 이용한 패제품의 제작과 활용도는 그다지 높지 않았던 것으로 생각된다.

그것은 담수산 패각이 갖는 물리적 속성이 해수산에 비해 다양하지 못할 뿐만 아니라 패제품의 제작에 이용될 수 있는 패류의 종류가 제한되어 있는데 원인이 있는 것으로 추정된다.

패제품의 제작에 이용된 패류는 〈표3〉에서 보는 바와 같이 투박조개, 피조개, 굴, 새조개, 전복, 가리비, 백합, 개조개, 피뿔조개 등 20여 종에 달한다. 이들 패종은 주로 외해의 암초와 내만지역의 조간대에 서식하고 있어 당시 신석기인들이 어로활동을 하는 가운데 쉽게 채취하였던 것으로 보인다.

패제품 제작을 위한 패종의 선택은 식용으로 이용한 후 남은 패각을 사용한 경우와 식용을 목적으로 하지 않고 특정한 기능과 용도를 염두에 두고 소재를 입수하거나 획득한 것으로 구분할 수 있다.

전자의 경우는 주로 거주지역의 해안지역에서 용이하게 채취가 가능한 굴, 전복, 홍합, 개조개, 백합, 꼬막, 피뿔고둥을 이용하여 패도, 패인, 패추, 조침 등 일상도구나 어로구로 가공하였다. 후자의 경우는 가리비나 투박조개 등이 대표적인 패종인데, 소재의 희소성이

표3 신석기시대 패제품의 종류와 패종

		패제품의 종류	貝種
생산용구	어로구	패추(유공패제품)	굴, 개조개, 홍합, 꼬막, 피조개, 민들조개, 왕우럭조개
		결합식조침	전복
가공구 및 용기	식료가공	패도	굴, 칼조개
		패인(긁개)	백합, 대합
	토기정면구	비형(篦形)패제품, 미가공패각	투박조개, 백합, 피조개
	용기	패제 용기	왕전복, 피뿔고둥
비실용구	장신구	패천(조개팔찌)	투박조개, 밤색무늬조개, 피조개, 새꼬막, 갈색이랑조개, 흰샂갓조개(?)
		수식	개빌로오드복털조개, 갈색이랑조개, 큰배말조개, 말조개, 국자가리비, 피뿔고둥, 종밋조개, 곳체두드럭조개, 뿔고둥
	의례구	패면	국자가리비

나 획득의 어려움 등으로 일상도구보다는 특별한 용도를 갖는 의례구나 장신구 등의 재료로 사용하였다. 특히 신석기시대 전 기간을 통해 지속적으로 제작, 사용된 패천의 주요 소재인 투박조개는 서식환경과 산출 지역이 제한되어 채집과 획득에 특별한 노력과 전략이 필요했던 것으로 추정된다.[17]

한편 신석기인은 패종에 따라 다양하게 나타나는 제 특성, 즉 생태성(헤모글로빈 등), 물리성(단단함, 광택, 색 등), 형상성(외형적인 특징), 희소성 등을 적절히 이용하여 여러 가지 패제품을 제작했던 것으로 추정되며, 각 특성을 선택적으로 이용해 가공된 패제품 중에는 특별한 목적과 사회적 가치를 갖는 것도 있다. 예를 들면, 동삼동패총에서 출토된 가리비를 가공해 만든 장신구와 패면, 여서도와 동삼동패총에서 출토된 전복제 결합식조침은 이들 패종이 갖는 色(진주광택)과 形(부채모양과 색조)의 형상적인 특징을 이용한 것이다.

다른 패종과 달리 다량의 헤모글로빈을 함유한 피조개를 소재로 만든 패천은 여성의 性徵을 나타내기도 하는데(木下尙子 2000), 이것은 피조개의 생태적인 특징을 상징적으로 원용한 것이다. 이밖에 투박조개제의 팔찌, 개조개나 굴을 이용한 패추 등은 소재가 갖는 물리적 속성을 이용한 형태이다.

이상의 내용을 통해 볼 때 단정할 수는 없으나 신석기시대의 패제품 간에는 패종의 제속성을 선택적으로 이용한 차별성이 존재하고 있음은 분명하며, 이러한 차별성은 사회적 가치를 반영하기도 하고, 용도와 기능에 따라 다양한 형태로 표출된다.

2. 패제품의 종류

신석기시대 패제품은 지금까지 발굴된 자료를 통해 볼 때 식량자원을 획득하는데 1차적으로 직접 관계하는 생산용구와 획득된 자원을 가공하거나 보관하는데 이용한 가공구 및 용기, 실제 생업에 관계하지 않지만 의례적 혹은 정신생활과 관련한 비실용구로 대별할 수 있다.

생산용구용 패제품 중에는 생업 영역에 따라 수렵, 채집 등의 도구도 존재했을 것으로 예

---

[17] 가리비조개와 투박조개는 신석기시대패총에서 출토양이 매우 적은 것으로 보아 식용으로 거의 이용되지 않았던 것으로 보인다. 특히 투박조개는 서식환경이 제한되어 있고 5~20m 모래바닥에 서식하고 있기 때문에 당시 신석기인들이 쉽게 잠수로 채취할 수 없었던 것으로 보인다. 동삼동에서 출토된 대부분의 패천은 폐사하여 해안으로 밀려온 투박조개를 이용하고 있다.

상되나 현재 확인된 자료로는 어로구인 패추와 결합식조침 정도뿐이다. 가공구는 어패류나 포유류의 육질, 가죽을 절단, 조리하는 패도와 패인, 토기 제작시 기면을 조정하는 정면구로 나누어진다. 패제 용기는 토기 대용으로 음료나 식료를 보관하기 위해 대형전복이나 피뿔고둥의 껍질을 이용한 형태이다. 비실용구로는 자료가 많지 않아 구체적인 종류와 성격은 자세하지 않으나 장신구와 의례구로 구분할 수 있다. 장신구는 수식과 패천 등이 있으며, 의례구로는 동삼동패총(국립중앙박물관 2004, 2005)에서 출토된 패면이 있다.

신석기시대의 패제품의 종류와 용도를 대략적으로 살펴보면 〈표3〉과 같이 분류할 수 있으나 유형별로 분류된 기종은 반드시 특정한 기능과 용도에 한정되었던 것 같지는 않으며, 필요에 따라 적절히 혼용되었던 것으로 추정된다.

1) 漁撈具

현재까지 확인된 패제 어로구는 동삼동, 상노대도, 노래섬패총과 최근 발굴된 완도 여서도 패총에서 출토되는 결합식조침과 패추에 한정되어 있다. 그러나 해안지역의 신석기인에게 어로행위가 주요 생업활동일 뿐만 아니라 획득된 어패류가 식량자원으로써 커다란 비중을 차지하고 있다는 점에서 앞으로 패총유적을 정밀 발굴하고 출토되는 다량의 패각을 정밀 분석한다면 어로와 관련한 새로운 형태의 패제품이 발견될 가능성도 있다.

가. 조침 (도면6-6·7)

신석기시대의 대표적인 어로구 중의 하나인 조침은 전술한 바와 같이 축과 바늘이 일체인 단식조침도 있으나 대부분. 축과 바늘을 결합한 결합식조침이 주류를 이룬다. 조침의 축부는 석제를 기본으로 동삼동과 연대도패총 출토품과 같이 일부는 골제를 이용하기도 한다. 그러나 최근 동삼동패총과 여서도패총에서 축과 바늘이 모두 전복의 패각으로 만든 결합식조침이 출토되어 패제 조침도 어로구로 이용되고 있음을 알 수 있다. 신석기시대 조침의 대부분이 석제와 골제인 점에 미루어 본다면 특이한 예에 속하는 것이다.[18]

패제 축부는 모두 C자형으로 휘어진 형태이며, 頭部 양측면에는 끈을 연결하기 위한 결

---

[18] 일본 구주지역의 승문시대 一尾貝塚에서 오산리형조침의 영향으로 만든 패제 결합식조침 축부 한 점이 출토되었다. 결합면의 형태는 동삼동패총 출토품과 다르나, 기본적으로 남해안지역의 석제 결합식조침과 같은 형식이다(熊本縣天草郡五和町敎育委員會 2000).

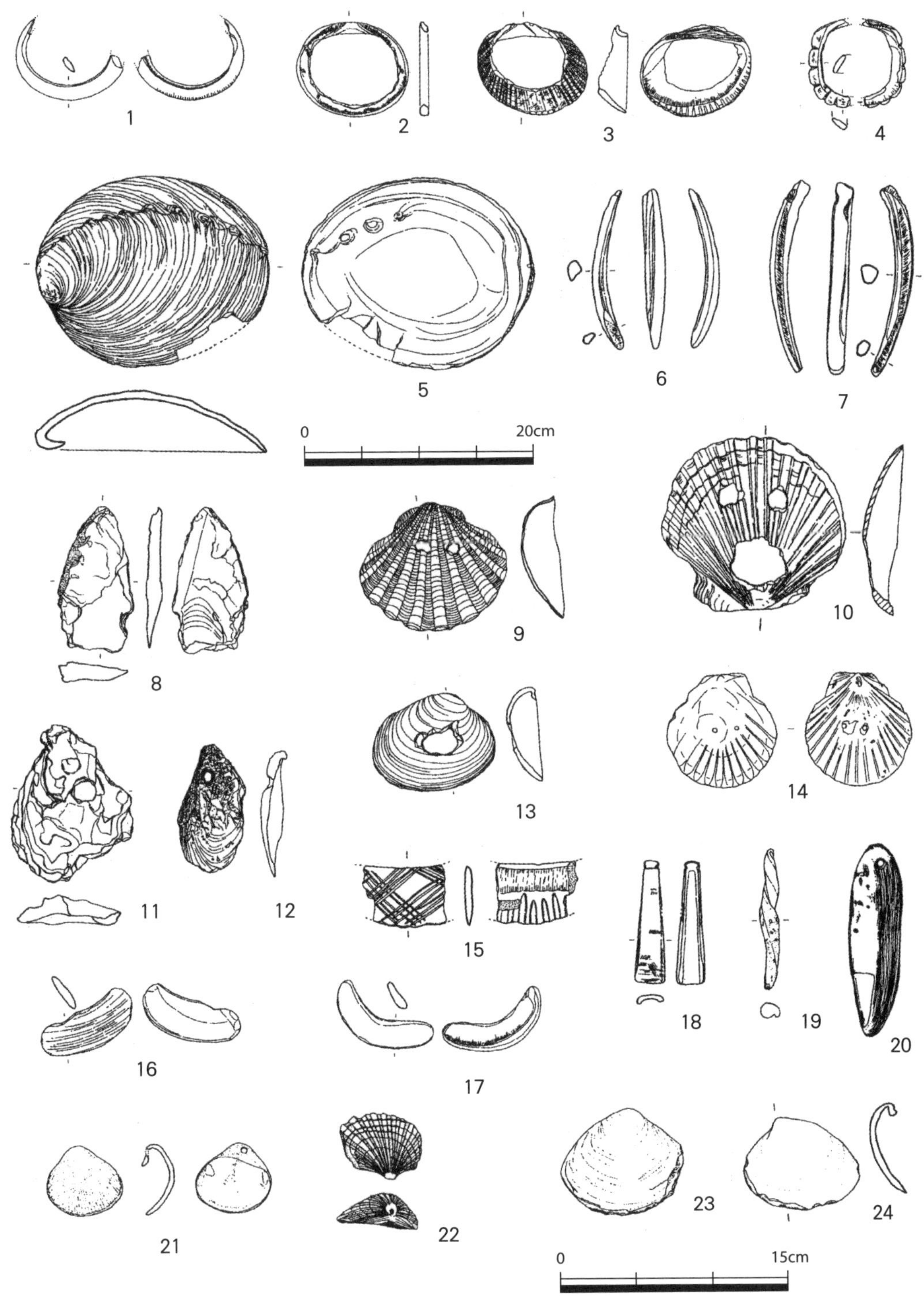

도면6　패체품(어로 및 생활도구, 장신구류 등) 〈축척부동〉

1~13 · 15~19: 동삼동, 14: 소야도, 20: 상시3그늘, 12 · 23 · 24: 노래섬, 22: 고남리

박홈이 새겨진 것도 있다. 패제 침부는 여서도패총의 출토예가 유일한 데 침의 안 쪽에 자가 마련된 내기식이다.

　패제조침은 아직 출토수량과 사례가 적어 출현시기라든가 어로방법 등을 구체적으로 알수 없으나, 여서도패총의 퇴적 시기를 통해 볼 때 석제 결합식조침과 함께 사용된 것으로 보이며, 기본 형태와 크기가 석제와 비슷한 점에서 주로 대형어종을 포획하는데 사용되었을 것으로 생각된다. 그러나 패제조침의 재질이 진주 광택이 강한 전복으로 한정되어 있고 유적에서 출토되는 수량이 소량인 점은 낚시방법과 어로 대상에서 일반 조침과 그 성격을 달리했을 것으로 추정된다.[19]

나. 패추(도면6-11~13 · 21~22)

패추는 이매패의 패각의 각정부 부근에 구멍을 뚫어 끈으로 매달아 어떤 용도로 사용한 것인데, 일반적으로 어로와 관련된 도구로 생각되고 있다. 그러나 아직 이에 대한 구체적인 연구가 이루어지지 않아 사용방법 및 용도가 불투명한 실정이다. 패추는 남해안의 동삼동과 송도패총, 서해안의 고남리, 대죽리, 노래섬패총에서 출토되고 있으며, 발굴된 유적에 비해 출토양은 매우 적은 편이다.

　패추는 패종, 크기, 구멍의 위치 등으로 보아 동삼동패총 출토품과 같이 대형 굴이나 개조개, 홍합의 몸체에 1~3cm의 구멍을 뚫은 것(도면6-11~13)과 고남리나 노래섬패총에서 출토되는 피조개, 꼬막, 민들조개, 백합의 각정부에 1~3mm의 구멍을 뚫은 형태(도면6-21 · 22)로 크게 양분할 수 있다.

　패추는 크기, 구멍의 위치, 패종의 차이에서 오는 다양성은 패추의 용도가 동일하지 않음을 보여주는 것으로 생각되는데, 아직 이에 대한 구체적인 검토가 이루어지지 않아 정확한 쓰임새는 알 수 없는 실정이다.[20]

---

19)　남태평양의 원주민들은 전통적으로 진주조개로 만든 擬餌釣針(가짜조침)을 이용하여 가다랭이 잡이를 하는데, 진주조개에 발하는 흰빛으로 가다랭어를 유인하여 포획한다(後藤 明 1996).

20)　노래섬의 라지구 A패총에서 출토된 피조개로 만든 패추에는 방사륵과 복연부에 마모흔이 관찰되고 있다. 발굴보고자는 노래섬에서 출토된 즐문토기에서 나타나는 정면흔이나 패각 조흔이 패추의 방사륵 간격과 동일하고 패각의 복연부가 마모가 심한 점으로 보아 휴대용 토기정면구로 이용되었을 것으로 추정하고 있다(원광대학교박물관 2002). 동삼동패총의 개조개 구멍에는 끈을 매달아 사용한 흔적이 남아 있는 것으로 미루어 끈을 이용해 어떠한 용도로 이용되었음은 분명한 것 같으며, 특히 굴

한편 김건수는 서해안과 남해안지역의 어로 민속지 사례를 조사하여 주꾸미 포획도구 (주꾸미단지)가 구멍을 뚫은 피뿔고둥과 소라, 피조개, 굴의 패각을 이용한다는 점에 착목, 동삼동패총과 송도패총에서 출토되는 굴과 개조개의 패각으로 만든 패추가 주꾸미를 포획 하는 도구일 가능성도 제시하고 있다(김건수 2005).

2) 가공구 및 용기

패제 가공구는 석제 가공구에 비해 양도 적고, 종류도 단순하다. 패각이 갖는 날카로움과 단단함, 쉽게 획득할 수 있는 재료의 선택성에서 당시 신석기인이 생활용구로서 널리 이용 하였을 가능성이 크다는 점에서 앞으로 다양한 형태의 가공구가 출토될 것으로 추정된다. 현재까지 출토된 자료를 통해 볼 때 패제 가공구로 분류할 수 있는 것은 패도, 패인, 비형 패기 등이 있다.

가. 패도 (도면6-8)

패도는 주변에서 쉽게 구할 수 있는 패종을 채취하여 적당히 가공하거나 자연 패각을 그대 로 이용하여 음식물을 조리하거나 어패류, 동물의 가죽 및 육질을 절단하는 도구로 이용한 것으로 보인다. 패도의 소재는 패각의 날카로운 특징을 이용한 굴이 주로 사용되었고, 영 월 쌍굴유적의 예에서 보는 바와 같이 담수산의 칼조개를 그대로 이용한 경우도 있다.

동삼동패총의 1호주거지 내 퇴적층에서 출토된 패도는 굴을 가공하여 두터운 부분을 칼 등으로 하고 얇은 부분을 날로 만든 형태이며, 날 끝의 한부분에는 병부에 삽입하기 위해 만든 홈이 마련되어 있다. 패각편을 패도로 가공한 예는 상시3그늘유적 출토품이 있다.

나. 패인(도면6-23·24)

패인은 기능상에서 패도와 명확하게 구분하기 힘드나, 복연부의 일부 또는 전면을 가공하 여 거치상의 인부를 갖는다는 점에서 기능을 달리하는 것으로 생각된다. 패인은 노래섬패 총과 강화도 우도패총(손보기 외 1987) 등 서해안지역에서 주로 출토되며, 출토량이 매우 적은 편이다.[21] 패인의 소재는 백합을 이용하는데, 크기는 각고 6~7cm, 각장 6~9cm 정도

이나 개조개로 만든 패추에는 외면이나 복연부에 사용흔이 관찰되지 않으므로 일상적인 도구로 이용 된 것 같지는 않다.

21)　이와 같은 형태의 패인은 일본의 승문시대 패총에서 많이 출토된다(金子浩昌·忍澤成視 1986).

이다. 용도는 단정할 수 없으나, 복연부의 거치상 인부를 이용하여 어류의 비늘을 제거하거나 절단 혹은 해초류의 채취 등에 사용되었을 것으로 추정된다(川口德治朗 1988).

다. 비형(篦形)패기(도면6-16·17)

비형패기는 부메랑 같이 몸체가 'く'자상으로 휘어진 패제품을 지칭하는데, 일본에서는 篦形貝器 혹은 헤라상 패제품으로 불리고 있다. 국내에서는 동삼동패총 출토품을 제외하고 출토 예가 없어 그 성격이 불분명한 실정이다.

동삼동패총 출토 비형패제품은 백합과 투박조개의 가장 두터운 복연부를 이용한 형태이다. 표면이 풍화가 심하여 가공흔적이나 사용흔을 알 수 없어 패제품으로서의 여부는 단정할 수 없으나 유사한 형태의 패제품이 일본의 승문시대 패총에서 출토되고 있는 점으로 보아 도구로 사용되었을 것으로 추정된다.

동삼동패총 출토품은 투박조개와 백합의 패각을 이용한 것인데, 크기는 길이 6~8*cm* 너비 1.8~2.8*cm*, 두께 0.6*cm* 정도이다. 용도는 정확하게 알 수 없지만 일본측에서는 조리구, 조정공구, 토기 정면용 혹은 가죽 가공용구로 추정하고 있다(金子浩昌·忍澤成視 1986).

라. 토기 문양 시문 및 정면구

즐문토기의 기면을 조정하거나 문양을 시문할 때 사용된 도구 중에는 패각도 포함되고 있음은 각종 즐문토기의 내면에 남아 있는 패각 조정흔을 통해 알 수 있다. 그러나 실제 유물로서 남아 있는 예가 없어 도구의 형태는 알 수 없는 실정이다. 문양 시문구는 문양의 형태와 시문방법에 따라 다양한 도구가 이용되었을 것으로 생각되지만, 패각을 이용해 기면을 조정하는 경우는 특별히 가공하지 않고 자연패각의 복연부나 배면을 이용하는 것이 대부분이다.

마. 패제 용기(도면6-5)

신석기시대의 용기는 인위적으로 조형하여 만든 토기가 대표적이지만, 자연 상태에서 용기로 쉽게 전용할 수 있는 것은 패각이라고 할 수 있다. 그러나 현시점에서 내용물이 남아 있지 않으므로, 쉽게 저장용 용기라고 단정할 수 없는 문제점도 있다.

일본 승문시대의 각종 유적에서는 패각을 가공하거나 자연 상태를 이용한 패제용기가 다수 출토되고, 岩手縣의 貝鳥패총에서는 백합에 아스팔트를 넣은 예가 확인되고 있는 것으로 보아 패제용기는 해안지역 신석기인이 널리 사용했음을 알 수 있다(金子浩昌·忍澤成視 1986).

한국의 신석기시대유적에서 패제용기로 단정할 수 있는 사례는 거의 없으나 동삼동패총과 노래섬패총에서 출토된 패제품은 용기로 사용되었을 가능성이 매우 높다고 생각된다. 동삼동패총 2층에서 출토된 패제용기는 왕전복을 이용한 것인데, 외순의 일부에는 마연흔이 관찰되는 것으로 보아 당초부터 용기로 의도하였던 것으로 보인다. 크기는 각장 20.4㎝, 각폭 17㎝ 정도이다. 노래섬 마지구 A패총에서 출토된 패제용기는 수용성 내용물을 저장 내지 보관하기 위한 용기로 추정되고 있다.

3) 장신구

신석기시대 패제품 가운데 가장 많은 양을 자지하고, 분포 범위가 넓은 것이 장신구이다. 패제 장신구는 착장부위에 따라 두식, 경식, 흉식, 족식 패천으로 나눌 수 있으나, 패천을 제외하고 실제 유물을 통해 용도를 확정하기가 어렵다. 따라서 여기서는 장신구로 간주되는 패제품은 편의상 수식으로 일괄하여 설명하기로 한다.

가. 수식(도면6-18~20)

수식의 소재로는 가리비, 피뿔고둥, 빌로오드복털조개, 종밋조개, 말조개 등이 이용된다. 이들 패종은 거주 지역의 해안이나 강에서 채취가 가능하지만 다종다양한 많은 패종 가운데 소재가 갖는 색, 형, 질 등 물리적 특성을 충분히 고려하여 선택되었던 것으로 보인다. 특히 소재의 희소성과 조형성, 아름다운 색조를 갖는 가리비조개는 특별히 선호되었을 것으로 생각된다.

패제수식은 가공형태에 따라 자연패각을 그대로 이용한 것과 패각의 일부 또는 대부분을 제거하여 남은 부분을 가공한 형태로 구분된다. 전자는 종밋조개와 말조개의 복연 가까이에 작은 구멍을 뚫은 상시3그늘과 가리비조개의 방사륵에 2개의 구멍을 뚫은 상노대도패총, 소야도의 선촌유적출토품이 있다.[22]

---

22)　상노대도패총과 소야도의 선촌유적에서는 2~3㎜의 구멍을 2개 뚫은 가리비 패제품이 출토되고 있다. 가리비에 구멍을 뚫은 점에서 동삼동패총의 패면과 유사한 면도 있으나 구멍의 크기나 위치 등에서 동삼동출토품과 확연히 구분된다. 특히 상노대도패총 출토품은 복연 가까이의 방사륵 한부분에

후자의 예로는 피뿔고둥과 가리비의 방사륵 한 부분을 수식으로 가공한 동삼동패총 출토
품과 껍질을 제거하고 중심축을 가공한 송도패총 출토품이 있다. 동삼동패총의 중기문화
층에서 출토된 가리비제 수식은 국자가리비의 방사륵의 한부분을 가공하여 만든 형태인데
두부의 양측면에 결박하기 위한 홈이 있는 것으로 보아 단독 혹은 다른 수식과 조합되어
수식으로 이용된 것으로 추정된다. 이밖에 궁산유적에서 출토된 원반 모양의 패제품도 패
각의 일부를 가공한 형태의 수식으로 볼 수 있다.

　이상의 패제수식은 한 점 또는 수점씩 끈으로 엮어 주로 목이나 가슴 장식으로 이용하였
을 것으로 생각되며, 미적인 아름다움뿐만 아니라 초자연적인 힘을 빌리거나 벽사적인 목
적으로도 사용되었을 것으로 추정된다.

나. 패천(도면6-1~4)

신석기인들이 가장 애용했던 패제장신구 중의 하나가 패천이다.[23] 패천은 해안지역에 밀
집되어 있으며, 부분적이지만 중부와 남부 내륙지역에서도 다수 확인되고 있다. 패천의 이
러한 분포상태는 착용습속과 유통문제를 이해하는데 중요한 의미를 갖는다. 패천은 분포
와 출토 양상으로 보아 해안지역의 어로민이 주로 사용하고 착장하였던 것으로 보이는데,
특히 동삼동패총에서 대량으로 출토된 패천은 이러한 사실을 잘 반영하고 있다.

　한편 투박조개가 서식하지 않는 내륙의 청도 오진리유적, 충청도 내륙의 상시, 금굴유적,
영월 쌍굴유적과 서해안의 노래섬패총, 대죽리, 고남리패총 등지에서 패천이 출토되고 있
는 점은 패천의 유통망이 매우 넓게 형성되었음을 보여준다. 패천의 소재는 투박조개, 새
꼬막, 피조개, 큰배말조개, 밤색무늬조개, 갈색이랑조개 등의 패종을 사용하였는데, 이 중
에서 가장 선호하였던 패류는 밤색무늬조개과의 투박조개다.

　패천의 형태는 팔찌는 패각의 정상부를 간접 타격하여 구멍을 뚫어 마연하여 제작하였
는데, 형태는 대부분 타원형을 이룬다. 크기는 대개 내경이 4~7*cm* 정도이나 3×4*cm* 정도

소형 구멍을 나란히 뚫은 형태인데, 보고자는 장신구로 분류하고 있다. 필자도 본고에서는 일단 보고
자의 견해를 수용하여 장신구로 분류하였으나 이와 유사한 형태의 가리비 패제품이 일본의 에도시대
에 貝杓子로 사용된 예(池田 研 2004)가 있는 것으로 보아 액체 음료를 퍼는 용기일 가능성도 있다고
생각된다. 상노대도와 소야도 가리비 패제품이 일본의 민속자료와 같은 기능을 한다면 이들 패제품에
천공되어 있는 작은 구멍은 목제 손잡이를 결박하기 위한 구멍일 가능성도 있다고 생각된다.

23)　패천에 대한 주요 연구로는 김은영(2003), 하인수(2006a), 김건수(2008)의 논고가 있다.

의 소형도 존재한다. 패천은 크기로 본다면 소아나 성인 남녀가 착용하기 곤란한 것도 있고, 동삼동패총의 출토상태에서 보듯이 패층 내에서 2~3개씩 혹은 10개 정도의 패천이 마치 끈으로 고정된 채 폐기된 것으로 보이는 미완성 패천이 출토되고 있는 점 등을 통해 볼 때 앞으로 패천의 용도나 성격을 다양한 관점에서 검토할 필요가 있다고 생각된다.

일본의 승문시대 패천은 착장의 성별과 패종의 상징성으로 보아 신석기사회 내에서 특정한 역할을 담당했던 여성이 주로 사용했던 것으로 간주되고 있는데(木下尙子 2000) 한반도에서도 적용할 수 있는지 여부는 앞으로 구체적인 연구가 필요하다.

남해안지역을 중심으로 넓게 분포하는 패천은 제작방법과 패륜의 형태 혹은 소재의 종류에 따라 다양한 형식이 존재하며(하인수 2007) 특히 1,500여 점의 패천이 대량으로 출토된 동삼동패총의 예는 신석기시대 생산과 유통문제를 포함 특정 물품을 전문적으로 생산하는 전업 집단의 존재를 이해하는데 시사하는 바가 크다.

패천은 남해안지역을 중심으로 즐문토기 조기 단계에 처음으로 출현하여 신석기 마지막 단계기인 말기까지 지속적으로 사용되는데 특히 중·후기에 이르러 매우 성행한다. 특히 동삼동패총에서 자체 소비 한계를 넘어 대량 제작된 패천은 교역품으로 주변의 내지와 대마도의 조몽(繩文)인에게 공급되었을 것으로 추정되고 있다(하인수 2004).

4) 儀禮具

패제 의례구로 생각되는 것은 국립중앙박물관에서 발굴한 동삼동패총 출토 패면이 유일하다. 조개가 갖는 다양한 상징성으로 보아 주술이나 벽사적인 성격을 갖는 패제품의 존재도 상정되나 출토 예는 없다.

동삼동패총에서 출토된 패면(도면6-9·10)은 국자가리비의 각정부와 복연부 가까이에 눈과 입을 형상화한 구멍을 뚫은 형태이며, 크기는 각고 11.8*cm*, 각장 12.9*cm*, 두께 0.7*cm* 정도이다. 입의 크기는 4.4×3.3*cm*, 눈의 크기는 1.2×1.3*cm*이다.[24] 이 밖에 패면적 성격을 갖는 것으로 생각되는 것이 부산박물관의 동삼동패총 발굴품 중에서도 확인된다. 패제품의 크기라든가 천공의 위치 등에서 국립박물관 발굴품과 다른 점도 있으나 각정부 가까이에 사람의 눈으로 생각되는 구멍이 나란히 뚫어져 있는 점으로 미루어 보아 패면의 이미

---

24) 일본구주지역의 승문시대에 출토되는 패면은 주로 토굴과 전복을 이용하고 있다.

테이션일 가능성도 있다[25]

　패면의 출현시기와 이용실태는 자세하지 않으나 복천박물관 발굴품이 신석기 말기에 해당하고 패면이 다량으로 출토되고 있는 일본 구주지역의 경우 제작시기가 대부분 승문후기에 집중되고 있는 것으로 보아 그 시기는 신석기 후·말기로 추정된다. 동삼동패총의 패면은 집단의 공동의식이나 축제 때 사용되었거나 혹은 벽사적 행위와 관련한 주술구로 이용되었을 것으로 추정된다.[26] 그러나 그 성격에 대해서 여러 가지 의견도 있는 만큼 이에 대한 구체적인 검토가 앞으로 필요하다.

V. 맺음말

　이상에서 현재까지 조사된 자료를 바탕으로 신석기시대 패제품의 양상과 종류에 대해 개략적으로 살펴보았다. 그러나 관련 자료가 적고 이에 대한 종합적인 연구가 거의 이루지지 않아 패체품이 신석기시대 도구 체계에서 차지하는 위치라든가 시기별 양상 등은 불투명한 실정이라고 할 수 있다. 패제품은 이 시대의 주요 도구인 토기나 석기, 골각기에 비해 종류나 수량이 적고 사용 지역과 용도가 한정되어 도구로서의 보편성이 떨어지는 단점도 있지만, 생업도구로서의 한 축을 형성하고 있음을 분명하다고 하겠다. 특히 패제 장신구는 소재가 갖는 물리적인 속성과 특징이 집단의 사회적, 문화적 가치와 결합되면서 신석기시대의 생활문화 가운데 일정한 위치와 역할을 담당했을 것으로 추정된다.

---

25)　부산박물관에서 조사한 가리비 패제품은 형상적인 특징으로 보아 패면일 가능성도 있으나, 기타 용도로 이용되었을 개연성도 충분하게 있다고 생각된다.

26)　한반도 남해안지역에서 출토된 패제품과 유사한 형태의 패면이 일본 구주지역에서도 출토되고 있는데, 한일 양지역의 패면 자료를 검토한 山崎純男(2001)는 패면이 신석기시대 한일 양안의 어민 제사행위와 관련하여 정신문화의 일면이 반영된 것으로 추정하고 있다.

[참고문헌]

甲元眞之, 1999, 「環東中國海の先史漁撈文化」, 『文化部論叢』65, 熊本大學文學會.

甲元眞之, 1997, 「黃渤海沿岸地域の先史時代漁撈文化」, 『先史學·考古學論究Ⅱ』, 龍田考古會.

강창화, 2006, 「제주 고산리 신석기문화 연구」, 영남대 문화인류학과 박사논문.

江坂輝彌·大貫良夫, 2000, 『文明の誕生』, 講談社.

고동순, 2006, 「동해안지방의 신석기시대 마제석촉에 대한 고찰」, 『강원고고학보』.

국립중앙박물관, 2004·2005, 『東三洞貝塚』.

김건수, 1998, 「우리나라 골각기의 분석적 연구」, 호남고고학보』8.

김건수, 1999, 『한국 원시고대의 어로문화』, 학연문화사.

김건수, 2005, 「우리나라 선사·고대 함정어업」, 『호남고고학보』21.

김건수, 2008, 「우리나라 신석기시대 패천 고찰」, 한국상고사학보』59.

김선지, 2000, 「남해안의 신석기시대 석부에 대한 고찰」, 서울대고고미술사학과대학원 석
　　　사논문.

김아관, 1993, 「한국 신석기시대의 골각기연구」, 한양대석사학위논문.

김은영, 2003, 「신서기시대 패천 연구」, 부산대사학과 석사논문.

金子浩昌·忍澤成視, 1986, 『骨角器の研究』, 慶友社

김충배, 2002, 「신석기시대 낚시바늘 연구」, 한양대석사학위논문.

김충배, 2003, 「신석기시대 낚시바늘 연구」Ⅰ·Ⅱ, 한국신석기연구』5·6.

渡邊 誠, 1974, 「繩文人の生活誌-赤貝の腕輪」, みとのす』1.

渡邊誠 1993, 『繩文時代州の知識』, 東京美術.

木下尙子, 2000, 「裝身具と權力·男女」, 『古代史の 論点』, 小學館.

박종진, 1991, 「한반도 선사시대 골각기 연구」, 경희대학교대학원 석사학위논문.

부산대박물관, 1981, 『김해수가리패총』Ⅰ.

山崎純男, 2001, 「海人の面」, 『久保和士君追悼考古論文集』, 久保和士君追悼考古論文集刊
　　　行會.

山崎純男, 2003, 「西日本の繩文後·晚期の農耕再論」, 『朝鮮半島と日本の相互交流に關する
　　　總合學術調査』, 大阪市學藝員等共同研究實行委員會.

손보기, 1982, 『상노대도의 선사시대 살림』, 수서원.

손보기외, 1987, 「서해안 우도의 선사문화」, 『박물관기요』3, 단국대학교중앙박물관.

松藤和人, 1994, 「東アジア舊石器時代裝身具」, 『考古學と信仰』, 同志社大學考古學シリズⅣ.

신숙정, 1997, 「석기와 뼈연모」, 『한국사』2, 국사편찬위원회.

안승모·이영덕·김대성, 2003, 『갈머리유적』, 호남문화재연구원.

연세대학교박물관, 2009, 『영월 연당 피난굴(쌍굴)유적』.

鈴木公雄, 1997, 『貝塚の考古學』, 東京大學出版會.

鈴木道之助, 1994, 『石器入門事典-繩文』, 柏書房.

熊本縣天草郡五和町敎育委員會, 2000, 『一尾貝塚』.

원광대학교박물관, 2002, 『노래섬』Ⅰ.

윤정국, 2009, 「신석기시대 굴지구의 제작기법에 대한 연구」, 『한국신석기연구』17.

이동주, 2003, 「빗살문토기 단계의 석기내용과 특징」, 『한국신석기연구』6.

이상균, 2003, 「신석기시대한반도남해안석기군의양상」, 『日韓新石器時代의 石器』, 제5회
    일한신석기시대연구회발표요지.

이헌종, 2000, 「호남지역 신석기시대 타제석기 제작기법의 제양상」, 『선사와 고대』15.

임상택, 2000, 「중서부지역 신석기시대 석기에 대한 초보적 검토」, 『학술발표회 논문집』
    2000-1, 한국 신석기연구회.

임상택, 2001, 「유물, 신석기시대」, 『가도패총』, 충남대박물관.

임상택, 2001, 「중서부 신석기시대 석기에 대한 초보적 검토Ⅰ」, 『한국신석기연구』1.

田中聰一, 2000, 「韓國 中·南部地方 新石器時代 土器文化 研究」, 동아대 사학과대학원 박
    사논문.

제주대박물관, 1998·2003, 『제주 고산리유적』.

池田 研, 2004, 「大坂城下町で見つかつた貝製品」, 『葦大』, 大坂市文化財協會.

川口德治朗, 1988, 『繩文時代貝塚出土의 貝製品에 關する用途的研究』, 1988年度科學研究費
    補助金研究成果報告書.

최삼용, 2000, 「서부유럽의 후기구석기시대 뼈연모」, 『한국구석기학보』2, 한국구석기학회.

최삼용, 2005, 「신석기시대 뼈연모 제작기술 연구」, 『한국신석기연구』10, 한국신석기학회.

최종혁, 2001, 「생산활동에서 본 한반도 신석기문화」, 『한국신석기연구』2.

하인수, 2004, 「신석기시대한일문화교류와 흑요석」, 『한일교류의 고고학』, 영남·구주 고고
    학회.

하인수, 2006a, 「신석기시대 패제품의 종류와 이용」, 『석헌 정징원교수정년퇴임기념논총』.

하인수, 2006b, 「동남해안지역의 어로구」, 『신석기시대 어로문화』, 동삼동패총전시관.

하인수, 2006c, 「신석기시대 골각기의 양상」, 『한국신석기연구』11, 한국신석기학회.

하인수, 2006d, 「영남 해안지역의 신석기문화 연구」, 부산대학교 고고학과 박사논문.

하인수, 2007, 「동삼동패총문화에 대한 단상」, 『동삼동패총정화지역발굴조사보고서』, 부산
　　　박물관.

하인수, 2009a, 「신석기시대 석기의 종류와 양상」, 『박물관연구논집』15, 부산박물관.

하인수, 2009b, 「남해안지역 중기 즐문토기사회의 동향」, 『상고사학보』66.

하인수, 2010, 「범방유적의 석기 검토」, 『부산대학교 고고학과 창설20주년 기념논문집』.

河合信和, 1989, 『世界舊石器時代槪說』, 雄山閣.

한국문화상징사전편찬위원회, 1995, 『한국문화상징사전』2.

홍현선, 1987, 「상시 3바위 그늘의 문화 연구」, 연세대학교 석사학위논문.

황용훈, 1983, 「석기·골각기」, 『한국사론』12.

後藤 明, 1996, 『海の文化史』, 未來社.

동남해안지역의 어로구

Ⅰ. 머리말

동남해안지역의 즐문토기문화는 유적의 분포와 생업도구의 특징으로 보아 해양을 생업터 전으로 그 문화적 기반이 마련되고 전개되었던 것으로 추정된다. 즐문토기 유적이 동남해 안지역에 밀집 분포한 이유는 정주와 생계유지에 유리한 생태환경[1]과 연중 안정된 식량

---

[1]   후빙기 이후 기후 온난화에 따른 해수면 상승과 자연환경과 생태계의 변화는 낙동강 하구를 중심 으로는 어패류가 서식하기 적합한 내만지역이 만들어지고, 남해안 일대는 육지의 산지가 침수되면서 암초성 해안이 발달한 다도해가 형성된다. 뿐만 아니라 쓰시마 난류에 의해 형성된 풍부한 어장은 연 중 안정된 해양자원를 확보할 수 있게 생업공간을 제공하는 것으로 생각된다(송은숙 2002).

자원을 획득할 수 있는 해양자원이 풍부하기 때문이라고 할 수 있다. 특히 어로 활동은 수렵에 비해 생산성과 효율성이 높고 연중 안정된 식량획득이 가능한 사실도 초기 즐문토기인들이 해안지대에 정주하게 된 주된 원인으로 생각된다.

융기문토기 단계부터 바다를 무대로 전개되는 다양한 생업활동과 생계방식은 즐문토기 전기간을 통해 물질문화 뿐 만아니라 정신적 문화까지도 타지역 문화권과 구별되고 차별화되는 특징으로 나타나는데, 생업환경과 이를 기반으로 다양하게 전개되는 사회경제적 활동과 생존시스템은 결국 동남해안지역 즐문토기문화의 성격을 규정하는 요인으로 작용한다. 다시 말하면 이 지역의 즐문토기문화는 해양이라는 자연·지리적 환경과 이를 둘러싼 생태계를 배경으로 이루어지는 어로활동을 중심으로 생성되고 전개한 해양문화의 성격과 특징을 가진다고 할 수 있다(하인수 2006a).

어로활동을 중심으로 전개되는 동남해안지역 신석기문화의 구체적인 실상을 규명하기 위해서는 다각적인 접근방법과 자료 분석이 요구되지만 본고에서는 이를 위한 기초 작업으로써 기존의 연구 성과와 최근 발굴 자료를 중심으로 어로 활동과 관련된 도구에 한정하여 그 특징과 성격에 대해 개략적으로 살펴보고자 한다.[2] 어로 활동과 관련된 도구는 어로 종류와 방식에 따라 다양한 형태가 존재하나 아직 그 기능과 성격이 명확하지 않고 앞으로 논의가 필요한 것도 있다. 따라서 본고에서는 그 성격이 분명한 것만 다루기로하고 앞으로 구체적인 검토와 분석이 필요한 자돌구류 등은 차후에 검토하기로 한다.

II. 유적분포와 어로활동

1. 유적 분포

동남해안지역은 주변이 바다로 둘러싸인 자연·환경적 요인으로 다른 지역에 비해 많은 신

---

2) 신석기시대 생업형태.는 주지하는 바와 같이 수렵, 어로, 채집, 농경, 교역활동 등으로 구분되며 이러한 생업활동의 여러 형태는 자연계의 순환에 따라 변화하는 동식물의 생태학적 동향에 따라 좌우되기 때문에 안정적인 식량자원의 확보와 생계를 유지하기 위해서는 자연계의 질서를 충분히 숙지하고, 계획적인 생업전략이 필요하였음은 물론이다. 이중에서 생태환경과 자연적 질서에 따라 변화가 많은 어로활동은 특히 다양한 활동전략과 도구 확보가 필요했을 것으로 보인다.

석기유적과 유물들이 남아 있다. 현재까지 발굴 조사된 유적과 지표조사 그리고 미발표된 자료를 포함하면 유적 수는 약 80여 개 소에 달한다. 대부분의 유적은 생존과 생업활동에 유리한 입지적 조건을 갖춘 해안지대나 도서지역, 큰 하천의 내만지역에 위치하고 있으며, 최근 들어서는 해안지역과 가까운 내륙지역에도 많은 유적이 분포하고 있음이 확인되고 있다.

특히 해안선이 단조로운 동해안지역 보다 해안선의 굴곡과 출입이 심하고 3,000여 개의 섬들로 다도해를 형성하고 있는 남해안지역에 많은 유적이 집중되어 있는데(도면1), 그 이

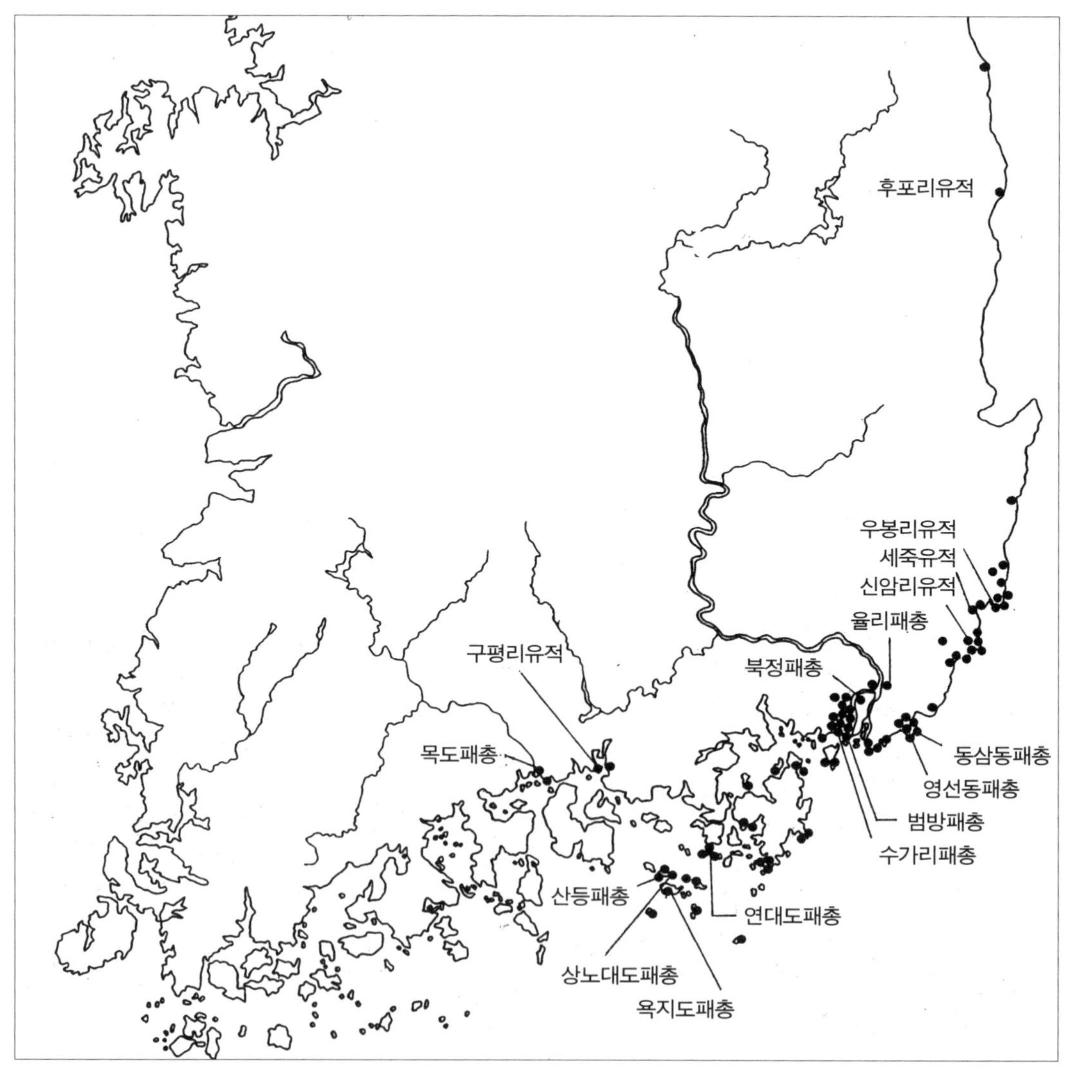

도면1 동남해안지역 유적 분포도

유는 여러 가지로 설명될 수 있겠지만 일차적으로는 동남해안지역이 타 지역에 비해 신석기인의 식량자원 획득과 생업활동에 유리한 자연 환경과 생태학적 조건에서 그 요인에서 찾을 수 있을 것으로 생각된다.[3] 다시 말하면 도서와 만이 발달한 전형적인 리아스식 해안과 해수와 담수가 만나는 기수역의 발달, 기온차가 적은 온대성 기후대는 신석기인의 정주생활과 생업활동에 적합한 환경일 뿐 만 아니라 연중 안정적으로 식량자원을 공급해주기 때문이다.

도면1은 현재까지 확인된 동남해안지역의 유적분포도인데, 분포도에서 보는 바와 같이 동남해안지역의 유적은 남해안의 연안과 도서부, 그리고 부산을 중심으로 하는 동남해안지역, 울산만을 중심으로 하는 해안지역의 3개 권역에 밀집되어 있음을 알 수 있다. 동해안지역의 경우는 울산해안 지역을 제외하고는 유적의 분포 빈도가 타 지역에 비해 매우 낮은 편이고 낙동강의 하구 변에 위치하는 부산 일대에는 분포빈도가 매우 조밀한 상태를 보인다. 이와 같이 특정지역을 권역으로 하는 곳에 유적이 집중 분포하는 현상은 신석기인의 생업전략과 생존방식이 거주 환경과 밀접한 관계성을 가지고 있음을 보여 주는 것으로 생각된다.

동남해안지역의 유적 분포형태는 시기별 혹은 지역적인 특성에 따라 다양한 양상을 보여주는데, 외형상 간취되는 유적의 입지상 특징으로 본다면, 연대도, 욕지도, 상노대도, 산등패총과 같이 해안지역 근해에 형성되어 있는 대소 도서에 분포하는 유형(도서형유적)과 동남해안의 신암리, 세죽, 우봉리, 다대포패총에서 보는 바와 같이 외해를 조망하는 연안부에 입지하는 유형(연안형유적), 범방이나 수가리, 북정, 화목동, 율리, 목도패총과 같이 외해에 근접하는 하구부근의 내만지역에 분포하는 유형(내만형유적)으로 나눌 수 있다.[4]

동남해안지역은 전술한 바와 같이 타 지역에 비해 유적의 분포상태가 조밀하고, 다양한 성격과 문화적 양상을 보여주는 여러 종류의 유적이 분포하고 있다. 최근까지 이 지역에서

---

3) 최근 동해안의 울산지역서도 많은 신석기유적이 확인되고 있으며, 이 지역은 다른 곳에 비해 유적의 분포가 조밀한 양상을 보이고 있다(유병일 1999).

4) 본고에서 언급한 유적의 분포유형에 따른 분류는 유적 입지 상에서 관찰되는 편의상 구분에 지나지 않으며, 유적의 입지와 분포 상에서 간취되는 유적의 성격과 문화적인 특징에 대한 고찰은 관련 유적의 종합적인 분석과 시기별 혹은 지역적인 특성 등을 충분히 고려한 후 이루어져야 할 것으로 생각된다.

조사된 유적을 그 성격 별로 보면, 패총, 주거지, 분묘, 야외 생활지, 산상유적 등이 있다.[5]

2. 어로활동

빙하시대가 끝나고 후빙기에 접어들면서 한반도는 새로운 환경을 맞이하면서 동·식물상이나 자연환경, 생태 등에 많은 변화가 일어난다. 특히 약 12만년 전에 시작된 최종 빙하기가 끝나는 무렵, 새로운 환경에 적응한 신석기인들은 생존을 위해 수렵과 어로, 농경, 채집, 의례, 교역활동 등을 통해 생업 영역의 확대와 형태를 다양화하고 생활양식을 개선하게 된다.[6]

이러한 사실은 오랜 구석기 기간 동안 주요 생계 수단으로 이용된 수렵 중심의 생업활동만으로 변화된 환경에 적응 할 수 없을 뿐만 아니라 생존기반을 항구적으로 마련하기 위해서는 다양한 생업전략과 생업형태의 구축이 필요했음을 보여 주는 것이라 할 수 있다. 특히 신석기시대 다양한 생업형태 중 어로활동은 전시대의 구석기시대의 생업활동과 차별화되는 특징으로써 뿐 만 아니라 한반도 신석기문화의 특질을 보여주는 중요한 요소이기도 하다.

삼면이 바다로 둘러 싸여 있는 동남해안지역은 근해에 한류와 난류가 교차하며, 리아스식 해안이 발달해 있다. 특히 남해안지역은 어류의 서식과 산란장으로 적합한 생태 환경을 갖추고 있어 각종 어패류가 많이 서식하고 있다. 이 같은 자연 조건은 즐문토기인을 해안지역에 머물게 하고 어로활동이 주요 생업기반으로써 커다란 비중을 차지하게 하는 요인이 되었다.

남해안지역의 동삼동, 범방, 연대도, 욕지도패총 유적에서 출토된 각종 어패류와 고래, 물개 등의 해수류 유존체 그리고 이들을 포획하는데 사용된 다양한 어구는 이 지역에 거주하였던 즐문토기인의 어로활동의 실태와 모습을 잘 보여주고 있다. 특히 상어, 방어, 다랑어, 참돔, 물개, 돌고래 등의 외양성 어종과 해수류가 다량으로 출토되고 있다는 사실은 즐문토기인이 먼 바다까지 진출하여 어로활동을 하였음을 보여주며, 이러한 외양성 어업의 발달은 결국에는 대한해협을 사이에 둔 일본의 구주지역과 남해안지역의 지속적인 문화교

---

5) 　유적의 종류와 성격에 대해서는 이미 검토한 바 있기 때문에 여기서는 할애한다(하인수 2006a).

6) 　구석기인은 극히 한정된 식물이나 중대형의 동물을 포획함으로서 기본적인 식량을 확보하였지만, 새로운 자연환경에 적응한 신석기인은 주변의 자연환경과의 지속적인 상호작용과 관계를 유지함으로서 식량자원과 생업활동의 범위를 확대시켜 왔다고 할 수 있다

류의 기반이 되기도 한다.

　신석기시대의 어로활동 영역은 크게 작살업, 낚시업, 어망업, 함정어업, 패류 채취업으로 구분된다. 이 가운데 작살업과 낚시업은 외양성 어업을 나타내고, 어망업과 패류채취는 내만성 어업을 보여준다(김건수 1999, 2002).

　해안가에 거주하던 즐문토기인이 어떠한 종류의 고기를 포획하였고, 어떤 종류의 조개를 채취했는가는 동삼동패총을 비롯한 남해안 연대도, 욕지도, 송도패총의 조사 성과를 통해 알 수 있다. 남해안 지역의 패총에서는 도미, 농어, 돔, 방어, 참치, 대구, 정어리, 상어, 가오리, 숭어 등 다량의 어류뼈가 출토되는데, 대부분 중형의 어류로 단백질의 함양이 높은 것이다. 이 중에서 대구는 겨울철 리만해류를 타고 연해주 연안에서 동해안을 따라 내려오는 것으로 당시 즐문토기인은 각종 어류의 특성과 회유하는 시기를 잘 알고 있었음을 보여준다.

　그리고 이들을 잡기 위해서 먼 바다까지 진출하였을 뿐만 아니라 대형 어종을 포획하기 위해 동삼동과 범방패총 등 여러 유적에서 출토되는 결합식 낚시바늘(도면2~6)을 이용하기도 하였다.[7] 어로작업에는 작살이나 창을 이용하기도 하고 또는 낚시, 그물을 사용하기도 하였는데, 패총에서 출토된 석제, 골제의 작살(도면7~9) 등의 어로구는 당시의 어로형태와 도구의 특징을 잘 보여준다.

　어로활동에 이용된 그물은 현재 발견되지 않고 있으나 그물을 토기 표면에 압흔하여 문양으로 한 그물문토기(도면11-1)나 어망추(도면10-1~15)에서 간접적으로 확인할 수 있다.

　이밖에 해수류인 고래, 돌고래, 물개, 강치, 바다사자 뼈도 다량 출토되고 있는 것으로 보아 이들 대형의 바다동물도 직접 포획하였음을 알 수 있다. 이들 해수류는 고기와 껍질, 뼈 등은 다양한 생업도구와 식료로 이용되어 쓰임새에 있어 효용가치가 높았던 것으로 보인다(신숙정 1994). 특히 돌고래 이빨은 연대도패총에서 출토된 발찌의 예로 보아 장신구로 이용되기도 하였다.[8] 해수류의 포획에는 결합식작살(도면9-1~13)이나, 대형작살(도면

---

7)　결합식 낚시바늘은 재질과 형태, 크기에 따라 다양한 형식으로 세분되는데, 이것은 어로대상의 종류와 관계하는 것으로 생각된다. 축은 골제, 석제, 패제 등으로 구분되며, 바늘은 대부분 사슴뼈나 멧돼지 이빨로 만든 골제이다.

8)　민족지 조사에 의하면 남태평양 솔론몬제도의 말라이타섬 원주민들은 집단 어로를 통해 포획한 돌고래를 식량으로 이용하였을 뿐 만 아니라 이빨을 婚資나 장식품 등 특수 교환재로 사용하고 있다(竹川大介 1995).

9-14~23), 회전식작살(도면7-12·13) 등이 이용되었을 것으로 추정된다.

동삼동패총을 비롯한 수가리, 조도, 상노대도, 욕지도패총, 산등, 세죽, 신암리 등에서 출토되는 많은 양의 고래뼈를 통해 볼 때 당시 즐문토기인이 연안으로 접근하는 고래를 직접 포획하여 식량원으로 이용하였고, 그 잔재물인 뼈는 각종 골각기의 재료로 사용하였을 것으로 보인다.

물론 신석기패총에서 출토되는 고래뼈 만을 근거로 신석기시대 포경의 존재를 단정할 수 없으나 당시 사용된 대형 작살의 존재, 포경활동과 수렵 그림이 있는 울산 반구대 암각화의 제작 시기가 신석기시대까지 올라 갈 가능성이 있는 점(하인수 2004), 동삼동패총을 비롯한 해안지역의 패총유적에서 전시기에 걸쳐 고래뼈가 출토되고 있는 정황적인 사실 등으로 미루어 보아 연안지역에서 느린 속도로 유영하는 귀신고래나 긴 수염고래, 혹등고래 정도는 집단의 協業으로 직접 포획한 것으로 추정된다..

민족지적인 예로 보아, 연안으로 접근하는 고래를 원시적 도구와 방법으로 포획하는 예도 있고, 일본 승문문화와 동삼동패총에서 고래뼈를 이용한 골제품이 출토되고 있는 점은 단순히 해안에 좌초한 고래를 포획하여 생활도구의 재료로 이용하였다고는 생각되지 않으며, 적어도 고래의 효용가치를 충분히 인식한 어로의 결과로 보는 것이 합리적이라고 생각된다.

어류 이외에 소라, 굴, 전복, 투박조개, 피조개, 꼬막, 고둥, 가리비, 성게, 개조개, 대합, 홍합 등 각종 패류도 채취하여 중요한 식량자원으로 삼았는데 패총에서의 출토 상태와 양으로 보아 신석기인들은 굴과 홍합, 즐겨 먹었던 것으로 보인다.

패류가 연중에 중 쉽게 획득할 수 있지만, 획득 양에 비해 可食 부위가 적고 칼로리가 높지 않기 때문에 실생활에서 식량 자원으로써의 많은 비중은 차지하지 않았을 것이며, 貝食만으로 생계유지는 곤란하였을 것으로 생각된다. 패류가 갖는 영양학적인 특성에도 불구하고 식량 부족을 해결하기 위해 어떠한 형태로 가공되어 저장되거나 해산물이 산출되지 않은 내륙지역으로 공급되는 교역물품으로 이용되었을 가능성도 예상된다. 채집된 패류 중에 가리비나, 투박조개, 피조개 등은 장신구 이용되기도 하였는데, 특히 투박조개는 팔찌의 재료로 애용되기도 하였다.[9]

---

9)　조개팔찌는 남해안의 패총유적에서 다량 출토되고 있는 장신구 중의 하나인데, 동삼동 패총 정화지역에서 1,500여 점의 조개팔찌가 출토되어 주목된 바 있으며, 조개팔찌는 제작 방법과 패륜부의 형태에 따라 5형식으로 구분된다(하인수 2004).

조개류의 채취에는 여러 형태의 도구가 이용되었을 것으로 생각되는데, 패류의 종류와 서식환경에 따라 다양한 도구를 이용해 채취하였을 것으로 생각된다. 욕지도나 동삼동, 범방패총 등에서 출토되는 소형의 有肩石器나 사슴뼈로 만든 빗창 등이 채집구로 사용되었을 것으로 추정된다. 그리고 단정할 수 없으나 여러 형태의 타제석부 중 일부는 굴 등 암초성 패류를 채취하는 도구로 이용되었을 가능성도 있다고 생각된다.

Ⅲ. 어로구의 종류

1. 釣針

동남해안지역에서 출토되는 조침은 결합식과 단식조침으로 나누어진다. 결합식조침은 축과 바늘을 분리 제작하여 조합한 형식이며, 단식조침은 바늘과 축을 일체형으로 제작한 형식이다. 단식조침은 사용방법과 형태에 따라 역T자형(一자형)과 J자형으로 구분되나 J자형은 이 지역에서 확인되지 않고 있다.

1) 結合式釣針

결합식조침은 석제로 만든 축과 골제 바늘이 결합되어 하나의 조침을 이루는 형식이며, 오산리형조침으로 불린다. 동해안과 남해안지역에 집중 분포하며, 한반도 신석기시대 특징적인 어로구의 하나이다.

결합식조침은 융기문토기 단계에 출현하여 말기까지 존속하며, 축부의 평면형태와 결합면의 구조에 따라 여러 형식으로 분류되나, 일반적으로 오산리형으로 불리는 것은 평면형태가 J자형(도면2-12·14, 도면4)을 이루지만. 범방패총과 동삼동, 대경도을 비롯한 남해안지역에서는 출토되는 조침의 축부은 I자형(도면2-7~10)이 많다. I자형은 동해안지역에서 확인되지 않고 있는 것으로 보아 남해안지역의 특징적인 형식으로 생각된다(부산박물관 1996). I자형과 J자형은 축의 평면 뿐 만 아니라 결합부의 구조에서도 차이를 보인다. J자형은 바늘의 결합면이 평탄한데 비해 I자형은 오목하게 처리되어 있다.

결합식조침은 축의 크기에 따라 대형(9*cm* 이상), 중형(5*cm* 이상), 소형(5*cm* 미만)으로 구분되어 어느 정도 규격성이 보이는데(김충배 2003), 최근 문암리유적에서 20*cm* 크기의 초대형 조침(도면4-1·2)이 출토되는 것으로 보아 크기에 따라 다양하게 사용되었음을 알 수 있다. 문암리유적 02-8호 수혈에서 37점에 달하는 다량의 결합식조침이 출토되었는데, 오산리유적 출토품보다 대형인 점이 특징이다. 크기는 10~15㎝정도가 주류를 이룬다.

결합식조침은 보통 석제축과 골제침이 결합되는 것이 일반적이나 최근 동삼동이나 연대도, 여서도패총 등에서 골제 또는 패제로 만든 조침축도 출토되고 있어 다양한 재질을 이용하여 조침을 제작하였음을 알 수 있다. 골제 혹은 패제 조침은 출토양이 적은 것으로 보아 석제조침과 달리 특별한 어로에 한정되었던 것으로 추정된다.

결합식조침의 침부는 크기가 3㎝ 전후로 대체로 일정한 편이며 잘 마연되어 있다. 재질은 사슴의 뼈나 멧돼지 견치를 이용한다. 축부와 결합하는 침접합면은 평탄하거나 약간 둥글게 처리되어 있으며, 결합이 용이하도록 접합부 좌우에는 1~3조 결구가 있다. 그럼 여기서 재질별로 결합식조침에 대해 살펴보기로 하겠다.

결합식조침의 검토는 편의상 축과 침부를 분리해서 취급하고 각 부분을 먼저 형태적 특징과 제작방법에 따라 분류하여 그 성격을 살펴보고자 한다.

가. 石製軸部

결합식조침은 축과 침의 결합방법에 따라 여러 가지로 분류안(김충배 2003; 木村幾多郎 2002; 김건수 1996)이 제시되고 있으나 필자의 안을 중심으로 오산리형조침에 대해서 간단히 살펴보고자 한다.[10]

오산리형 결합식조침의 특징은 석제축과 골제침의 한쪽 단부에 일정한 면을 만들어 양자를 결합시킨 것이라 할 수 있다. 이러한 결합방법을 평면결합식(신종환 1989) 또는 면결합식조침(안승모 1995)으로 부르고 있다. 침이 결합부에 접합하는 방식에는 측면결합식도 존재함으로 (평)면결합식 용어보다는 정면결합식이라는 용어가 좋지 않을까 생각한다. 따라서 본고에서는 정면결합 방식으로 조침이 완성되는 결합식조침에 한정하기로 하고 오산리유적 출토품에 보이는 측면결합식 축부(도면4-19)에 대해서는 다음에 검토하기로 한다.

축부는 낚시줄과 결박됨과 동시에 바늘과 결합하는 기능적 요소를 갖고 있다고 하겠다. 따라서 축부를 기능적인 측면에서 분해하면 낚시줄에 결박되는 두부, 낚시바늘이 접합되

---

10) 필자도 결합식조침에 대해 검토한 적이 있으나(부산박물관 2006), 최근 새로운 자료가 증가됨으로서 재검토의 필요성을 느끼게 되었다. 본고에서 기존 견해를 수정하여 필자의 분류안을 다시 제시해두고자 하며, 미비한 부부은 별고를 통해 보완하고자 한다.

는 결합부, 그리고 이 양자를 연결하는 신부의 3부분으로 나눌 수 있다. 이 중에서 가장 큰 속성은 물론 침부와 접합되는 결합부의 형태이며, 그 다음으로는 신부의 평면과 단면 형태가 제1속성에 부과되는 요소로 생각된다. 따라서 지금까지 출토된 결합식조침을 상기의 관점에서 분류하면 다음과 같이 4형식으로 나눌 수 있을 것으로 생각된다.

I형: 축의 형태는 전체적으로 I자형을 이루며 두부에는 일주하는 결구가 마련되어 있다. 신부 단면형태는 원형을 이루며 결합부의 접합면은 평탄하고 접합면 후측에는 조침을 결박하기 위한 돌출부가 마련되어있다. 범방 13층 출토품(도면2-4·5)과 상노대도(도면2-2) 출토품을 표식으로 하며, 재질은 다르지만 연대도 T피트 3층(도면3-17)과 동삼동패총 9층(도면3-16)출토 골제축부도 여기에 속한다.

II형: 축신의 단면은 말각 장방형내지 타원형을 이루어 전체적으로 I형식보다 납작하며, 두부는 줄에 연결하기 위한 측구가 두부 양연에 마련되어 있다. 결합부 형태는 접합면을 약간 오목하게 마연하여 타원형상을 만들고 이 양측연에 수조의 결구를 새긴 것이다. II형은 축신의 단면 형태에서 I형과 뚜렷이 구분 된다. 본 형식에 속하는 것으로는 범방 13층·6층(도면2-9·10), 대경도(도면2-7), 동삼동5층 출토품(도면2-8)이 있다. 최근 범방유적에서도 다수 출토되고 있다(하인수 2002).

III형: 평면형태는 J자형을 이루며 두부에는 일주하는 결구가 마련되고, 신부의 형태는 원형을 이룬다. 결합부는 갈고리 형태로 안으로 약간 휘어져 있고, 조침 접합면은 세장방형으로 평탄하게 처리되어 있다. 접합면 후측에는 결박하기 위한 측구가 수조 새겨져 있다. 범방7층(도면2-12)을 표식으로 하며 동삼동패총(도면2-15), 동삼동유적(2-13·14) 출토 등이 본 형식에 속한다. III형은 신부의 평면 형태와 결합부의 세부 속성에 따라 변이가 보이기도 하며, 형태적으로는 오산리유적 출토품과 유사하나 결합부의 제작방법에서 약간의 차이를 보이고 있다.

IV형: 평면 및 두부, 결합부 형태 등에서 III형식과 동일한 모습을 보여주나 결합부 세부 속성에서 차이가 나므로 따로 분리해서 하나의 형식으로 설정해 둔다. IV형은 접합면의 후측에 조침을 결박하기 위한 결구가 없는 것이 특징임과 동시에 III형과 구분되는 점이라 할 수 있다. 본형식은 오산리와 문암리유적 출토품을 표식으로 하며 최근 조사된 세죽패총 출토품(도면2-18)도 본 형식에 속한다. IV형식은 결합부의 세부 특징에 따라 다시 2형으로 세분할 수 있다. IVA형(도면4-10·14)은 III형식의 형태적 속성을 갖고 있으나 접합면의 후측연이 곡선적이고 결구가 없는 형태이다. IVB형(도면4-1~4)은 IVA형과 동일하나 접합면 후측면이 단이진 형태이다.

　이상이 현재까지 출토된 자료를 바탕으로 소위 오산리형 결합식조침을 형식분류한 것이다. 이들 형식 중 Ⅳ형은 지금까지 오산리형으로 불리어온 형식이며, Ⅰ～Ⅲ형은 최근들어 범방과 연대도패총 등에서 확인된 새로운 형식이다. 특히 Ⅰ～Ⅲ형은 결합방법에서 오산리형의 범주에 속하지만 결합부의 형태에서 본다면 오산리형과는 뚜렷이 구별되는 특징을 나타내므로 범방형으로 불러도 좋을 것으로 생각된다.

　아무튼 지금까지 오산리형으로 일괄하여 분류되어온 결합식조침도 결합부의 형태적 특징에 따라 여러 형식이 존재하고 있음이 분명하다고 하겠다. 이에 대한 구체적인 검토는 차후로 미루고 우선 여기서는 이들 형식의 편년적 위치와 변화과정에 대하여 간단히 언급해 두기로 하겠다.

　Ⅰ～Ⅲ형은 범방과 동삼동패총의 층위와 공반되는 융기문토기의 편년(하인수 2006a)으로 보아 남해안지역의 조기즐문토기 단계에 출현하여 늦은 시기까지 지속적으로 사용된 것으로 생각되나 즐문토기 중기~말기의 양상에 대해서는 자세하지 않다. 현재 조사 성과로 본다면 Ⅰ～Ⅲ형 결합식조침은 조기와 전기에 성행했던 것으로 생각된다. 그러나 구평리나 동삼동 말기문화층에서도 결합식조침의 침부(도면6-2·3)가 출토되는 것으로 보아 어떠한 형태로든 사용되었음은 분명하다.

　그러데 Ⅰ·Ⅱ형은 층위적으로 안정된 상태를 보여 주는 범방패총과 동삼동패총에서 동일층에서 함께 출토되고 있다. 적어도 층위상으로 본다면 양자는 동시기의 공존하는 두 개의 형식으로 인정할 수 있다. 그러나 이들 형식이 동일 계보를 갖는 것인가, 아니면 계통을 달리하는가, 양자간의 선후관계 내지 형식적으로 연결되는가에 대해서는 현자료로써는 명확한 판단을 내리기 힘든 실정이다.

　최근 시베리아의 선사시대 조침과 어로를 정리한 연구(小畑弘己 1996)에 의하면 Ⅱ형은 바이칼지역의 Ⅳb류로 분류되는 정면접합고정식조침인 키토이형과 유사함을 알 수 있다. 키토이형의 시기가 B.C. 7,000~5,000년 정도로 한반도 융기문토기 단계와 중복되고 형식적으로 유사한 특징을 보이고 있다. 물론 지리적으로 멀리 떨어져 있을 뿐 만 아니라 중간지대가 공백으로 남아 있기 때문에 양자의 관련성 여부에 대해서는 신중한 검토가 필요할 것으로 생각된다. 하지만 유사한 형식이 타지역에 존재하고 있다는 측면에서 본다면 남부지역의 결합식조침은 처음부터 계열을 달리하는 두형식이 병존하고 있을 가능성도 배제할 수 없을 것 같다. 그러나 Ⅰ·Ⅲ·Ⅳ형이 결합식조침의 기본형이라는 점을 염두에 둔다면 Ⅱ

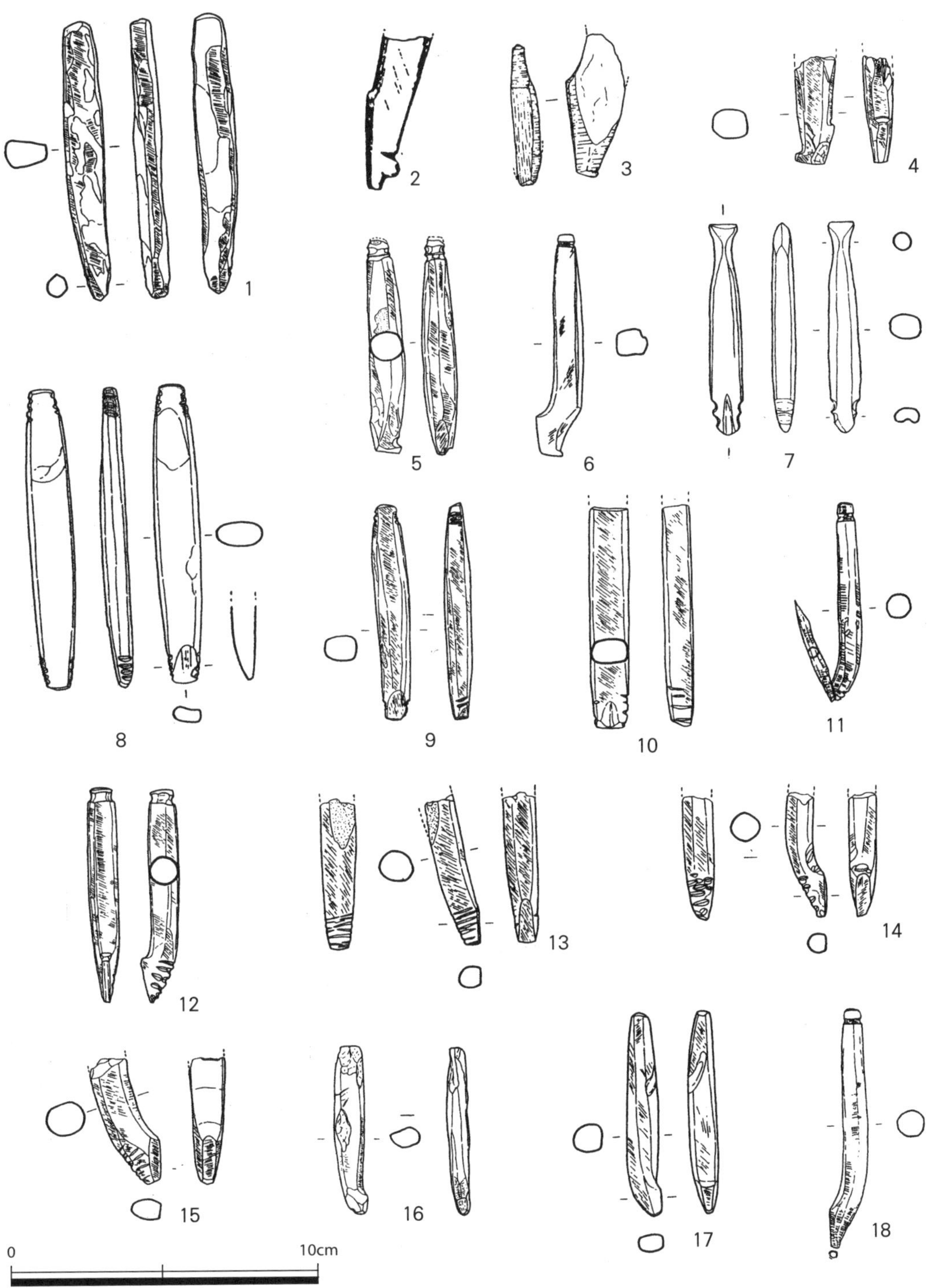

도면2 결합식조침 축부

1·8·15: 동삼동패총, 2: 상노대도패총, 3: 신암리3지구유적, 4·5·9·10·12·16: 범방패총, 6·11·18: 세죽패총, 7: 대경도유적, 13·14·17: 동삼동유적

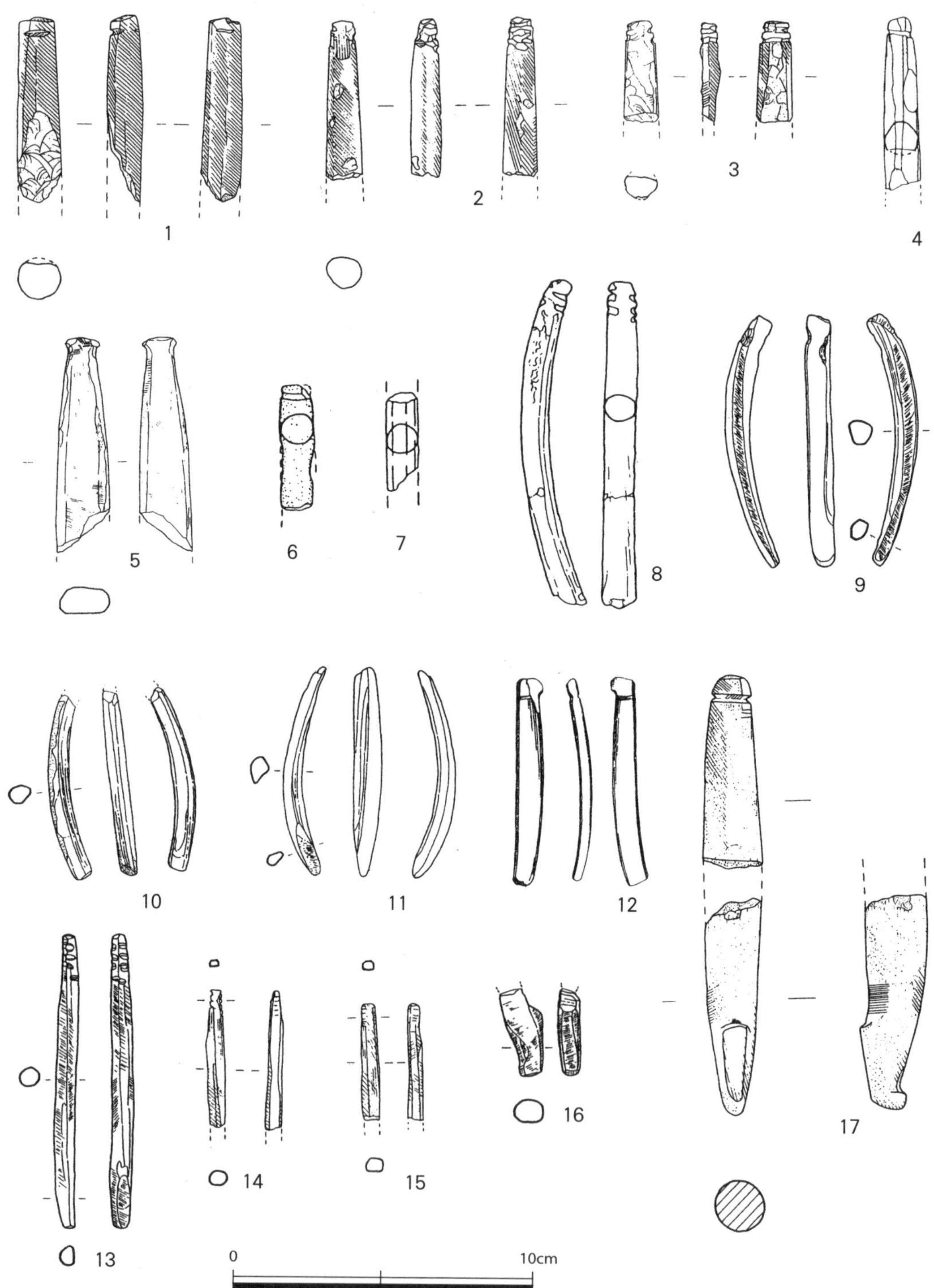

도면3 결합식조침 축부

1~3·17: 연대도패총, 4·14·15: 욕지도패총, 6·7: 우봉리유적, 5·8·9~11·13·16: 동삼동패총, 12: 상노대도패총

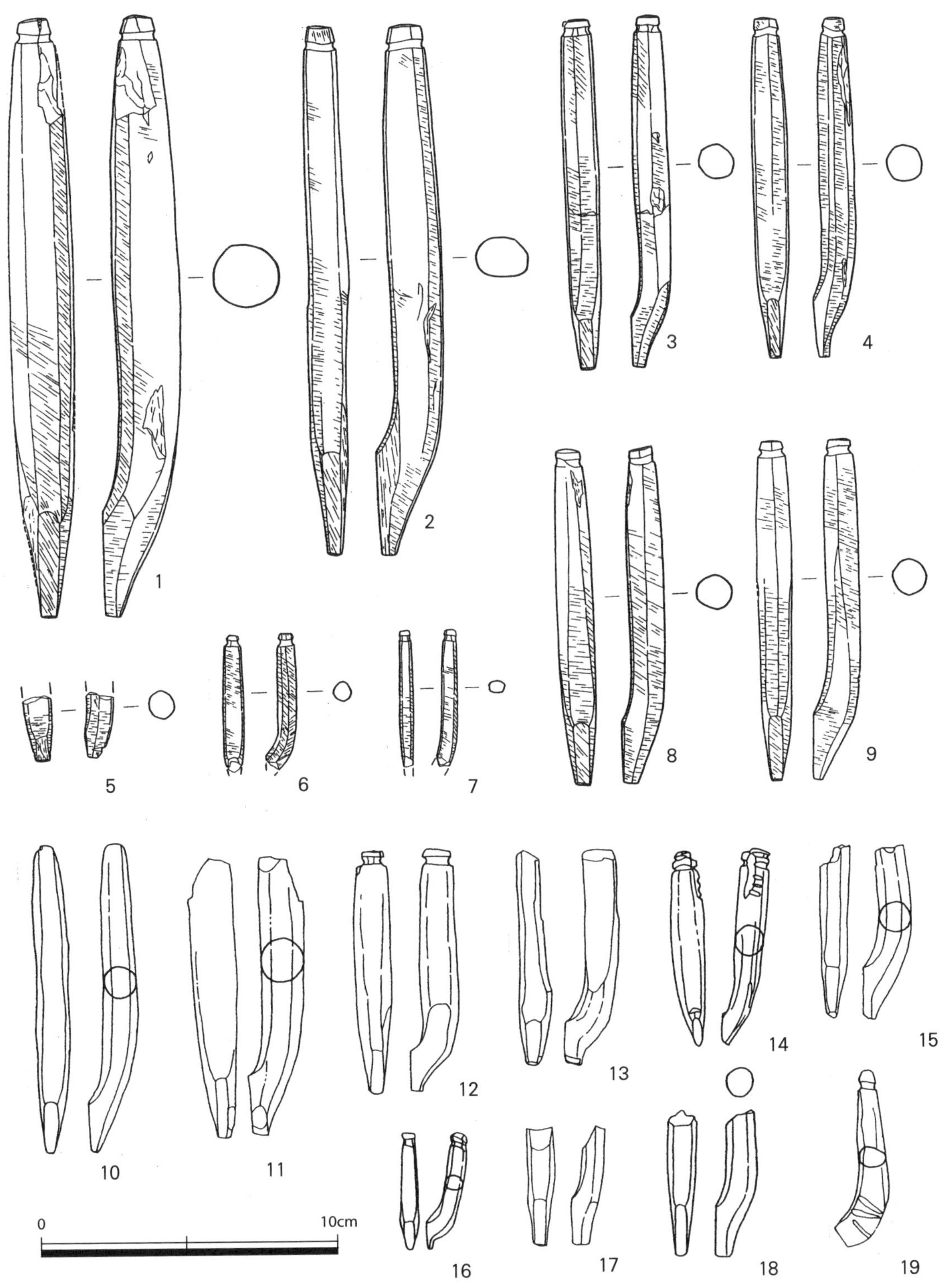

도면4 동해안지역 결합식조침

1~9: 문암리유적, 10~19: 오산리유적

형은 I 형에서 변형되어 파생되었을 가능성도 있다고 생각된다.

Ⅲ형과 Ⅳ형은 결합부의 세부 속성에서 차이를 보이고 있으나 기본적으로 동일 계열에 속하는 것으로 생각된다. 필자는 이전에 Ⅲ형서 Ⅳ형으로의 형식변화를 상정하였으나 Ⅲ형이 남해안지역에서, Ⅳ형은 동해안지역에서 우세는 분포양상과 사용 시기를 고려해 볼 때 Ⅲ형과 Ⅳ형은 어로환경 차이에 따른 동시기의 지역적인 형식차로 생각된다. 다시 말하며 Ⅳ형은 전형적인 오산리형으로 동해안지역에서 유행하던 형식이며, Ⅲ형은 남해안을 중심으로 사용되었던 형식으로 볼 수 있다.

나. 骨製軸部

오산리형 결합식조침의 골제축부는 아직 사례가 적어 형태적인 특징과 시기별 변화 양상 등에 대해 자세하지 않다. 그러나 현재 확인된 자료를 통해 볼 때 형식적인 특징은 전술한 석제축부와 동일한 양상을 보인다.

결합부의 형태를 알 수 있는 연대도(도면3-17)와 동삼동9층 출토품(도면3-16)은 전술한 범방 I 형과 같은 형식이다. 욕지도패총 출토품(도면3-14·15)는 결합부가 결실되어 형식을 알 수 없으나 크기가 소형인 점으로 미루어 보아 J자형 단식조침일 가능성도 배제할 수 없다. 동삼동 4층 출토품(도면3-13)은 축신이 I 자형을 이루며, 결합면이 다원형상으로 마연된 형태를 갖고 있으나 세부적인 면에서 석제축부와 형식적으로 다른 특징을 보인다. 축신과 결합부의 형태로 본다면 범방Ⅱ형과 유사하다.

골제 결합식조침은 재질의 특성상 어떠한 형태로든 추를 사용했을 것으로 생각되지만, 어로방식이나 포획 대상의 어종에 따라 추를 사용하지 않을 가능성도 있다. 골제축부는 형식적인 특징과 공반유물을 통해 볼 때 즐문토기 조기 단계에 석제축부와 함께 사용된 것으로 보이며 이후 후기까지 지속적으로 이용되었던 것으로 생각된다.

다. 貝製軸部

최근 동삼동패총(도면3-9~11)의 중기 및 만기 문화층과 여서도패총(김건수·이승윤 2006)에서 축과 바늘이 모두 전복의 패각으로 만든 결합식조침이 출토되어 주목되고 있다. 이 시대 조침의 대부분이 석제와 골제인 점에 미루어 본다면 특이한 예에 속하는 것이다.[11]

---

11) 일본 구주지역의 죠몽시대 一尾貝塚에서 오산리형조침의 영향으로 만든 패제 결합식조침 축부

이밖에 상노대도패총(도면3-12)에서도 1점이 보고되어 있다.[12]

　동삼동패총에서는 교란층 출토품을 포함하여 모두 3점의 결합식조침의 축부가 출토되었는데, 일부 결실되어 전체 형태를 알 수 없는 것도 있으나 형식을 파악하는데 무리는 없다. 축은 모두 C자형으로 휘어진 형태이며, 頭部 양측면에는 끈을 연결하기 위한 결박홈이 있다. 바늘과 연결되는 결합부는 석제조침과 달리 측면에 마련되어 있고, 평면형태는 장타원형을 이룬다(도면3-9·11). 결합부의 형태는 석제축과 같이 축과 침부 끝부분의 평탄면을 정면으로 접합하는 정면결합방식이 아니라 오산리유적 출토품(도면4-19)과 같이 측면에 결합부가 마련된 측면결합방식을 보이고 있는 점이 특징이다.

　동삼동패총에서는 패제 축부만 출토되어 침의 형태를 알 수 없으나, 최근 여서도패총에서 출토된 전복제 축과 바늘을 참고할 때 패체 축부에 결합되는 바늘은 패제일 가능성이 크다고 생각되나 후술하는 측면결합식 침부의 존재를 감안 할 때 바늘은 골제도 사용되었을 개연성도 있다고 생각된다.

　여서도패총에서 출토된 패제 결합식조침은 축과 바늘이 함께 출토되어 패제조침의 형태와 구조를 파악할 수 있을 것으로 생각되나 아직 정식 보고 되지 않아 구체적인 내용은 알 수 없다. 보고된 자료를 참고해 보면 축의 형태는 동삼동패총과 같은 형태이며, 바늘은 일반적인 골제바늘보다 대형인 점이 특징이다.

　이상에서 패제조침에 대해 간단히 살펴보았는데, 아직 출토수량과 사례가 적어 출현시기라든가 어로방법 등을 구체적으로 알 수 없으나, 현재 확인된 자료를 통해 그 성격의 일면을 살펴보면 다음과 같다.

　출현 시기는 여서도패총의 퇴적 시기를 통해 볼 때 즐문토기 조·전기까지 올라갈 수도 있으나, 일부 층위에서 후·만기유물이 출토되고 있는 것으로 보아 단정할 수 없고, 동삼동패총의 출토 층위를 참고한다면 태선침선문토기 단계인 중기에 출현한 새로운 형식의 조침일 가능성도 있다고 생각된다. 이 문제에 대해서는 정식보고서가 나온 뒤 다시 검토하고자 한다.

한 점 출토되었다. 결합면의 형태는 동삼동패총 출토품과 다르나 기본적으로 남해안지역의 석제 결합식조침과 같은 형식이다(熊本縣天草郡五和町敎育委員會 2000).

12)　상노대도패총에서 출토된 패제품 중에 수식으로 보고된 〈그림30-Ⅱ(도면2-4)〉는 크기와 곡선적으로 휘어진 축의 평면 형태 등으로 볼 때 결합식조침의 축부로 생각된다.

패제 결합식조침은 기본 형태와 크기가 석제와 비슷한 점에서 다랑어나 참돔, 대구 등의 대형어종을 포획하는데 사용되었을 것으로 생각된다. 그러나 패제조침의 재질이 진주 광택이 강한 전복에 한정되어 있고, 바늘이 석제조침보다 대형인 점, 해안지역에서 멀리 떨어진 여서도패총에서 다량의 어로구와 함께 출토되고 있는 점으로 보아 석제 결합식조침과 달리 어로방식과 포획 대상물에서 석제 결합식조침과 성격을 달리했을 것으로 추정된다.[13)

라. 針部

결합식조침의 침부는 재질, 크기, 미늘의 위치와 결합부의 형태 등에서 여러 가지로 나누어지지만 어떤 형식이 어떤 형식의 축부와 결합되는지는 명확하지 않다. 침부의 재질은 사슴의 중수(중족)골이나 멧돼지의 견치를 주로 이용하지만 여서도패총의 예로 보아 패제 침부도 존재하고 있음을 알 수 있다.[14) 범방패총에서는 석제침으로 생각되는 것도 있으나 좀더 검토가 필요할 것으로 생각된다.

침의 크기는 보통 3~5㎝ 전후로 대체로 일정한 편이며 잘 마연되어 있으며 축부와 결합하는 접합면의 후측부 좌우에는 1~3조 결구가 새겨져 있다. 결구가 없는 형식은 양측이 돌출되어 있다. 미늘은 침신의 안쪽(내기식) 혹은 외측(외기식)에 마련되어 있는데, 연대도나 동삼동패총의 예와 같이 없는 형식(무기식)도 있다(도면6-16·20). 결합부 형태는 축부와의 접합방식에 관계하여 형태가 다양한데, 축부와 결합 방식 차에 따라 크게 정면결합식(도면5)과 측면결합식(도면6-15·17), 下面결합식(도면6-9·19)으로 나눌 수 있다.

침부의 어떤 형식이 전술한 축부를 비롯하여 기타 축부와 결합되는가는 불투명한 실정이다. 그러나 최근 이러한 의문점을 다소나마 해소해 줄 수 있는 자료가 조금씩 확인되고 있는데. 특히 세죽패총에서 축과 침의 결합상태를 알 수 있는 결합식조침(도면2-11)이 출토되고, 동삼동패총에서 기존의 정면결합식 침부와 다른 형식의 예가 검출되어 어느 정도 축과 침부의 조합관계를 추정할 수 있게 되었다.

최근 조사 성과를 참조한다면 정면결합식 침부는 일반적으로 오산리형조침의 축부에

---

13) 남태평양의 원주민들은 전통적으로 진주조개로 만든한 擬餌釣針(가짜조침)을 이용하여 가다랭이 잡이를 하는데, 진주조개에 발하는 흰빛으로 가다랭어를 유인하여 포획한다(後藤 明 1996).

14) 동남해안지역에서는 여서도패총 출토품을 제외하고 패제 침은 확인되지 않고 있다.

결합하는 것으로 생각되지만 측면결합식 침부는 오산리형과 다른 측면결합식 축부(도면 3-9·11, 4-19)와 조합되는 것으로 추정된다. 이 형식의 침부는 석제 축부보다는 패제 축부와 결합되는 것으로 생각된다. 하면결합식 침부는 재지계가 아닌 일본 서북구주형조침 이며, 국내에서 출토예가 상노대도패총 출토품이 유일하다.

한편 정면결합식 침부의 접합면의 형태(단면)에 따라 조합되는 축의 형식이 달랐던 것으로 보인다. 지금까지 정면결합식 침부는 전술한 Ⅲ·Ⅳ형의 오산리형 축부와 결합되는 것으로 인식되어 왔다. 물론 정면결합식 침부의 접합면의 단면이 평탄한 것은 접합부가 평탄면을 갖는 Ⅲ·Ⅳ형의 J자형 축부와 결합되지만 단면이 둥근 형태는 축부의 평탄면을 갖는 결합부와는 맞지 않는다. 따라서 결론적으로 말하면 결합면이 둥근 침부(도면5-21·22)는 결합면이 U자상으로 오목하게 마련된 범방Ⅱ형 축부에, 평탄한 것은(도면5-1·11·20) 결합면이 평탄한 오산리형이나 범방Ⅰ·Ⅲ형 축부와 결합되는 것으로 생각된다.

결합식조침의 침부에 대한 검토는 이미 이루어진 바 있으나(송은숙 1991; 김충배 2002) 최근 신자료가 증가하며 따라 다른시각에서 검토할 필요가 있으므로, 우선 여기서는 새로운 자료를 첨가하여 필자의 분류안을 제시해 두고자 한다.

결합식조침의 침부는 결합방식에 따라 형태적 특징이 결정되고 다시 세부 속성 즉 미늘의 위치나 신부 및 결합부의 형태에 따라 변이가 인정되기 때문에 본고에서는 1차적으로 동남해안지역의 결합식조침의 침부를 전술한 바와 같이 축과 결합방식에 따라 정면(A), 측면(B), 하면결합식(C)의 3유형으로 분류하고자 한다. 그러나 본고에서는 C유형은 재지계가 아니며, B유형은 관련 자료가 적어 A유형을 중심으로 살펴보고자 한다.

현재까지 출토된 자료를 통해 본다면 A유형 침부는 1차적으로 축부와 결합하는 접합부의 형태와 결합방식, 세부적으로는 신부의 형태, 미늘의 위치에 따라 형태 변이가 간취되기 때문에 이를 기초로 동남해안지역의 침부를 분류하면 다음과 같다.

Ⅰ형: 축의 결합부에 접하는 침의 접합면 양측연이 평행하면서 결구가 마련되어 있는 형식이다. Ⅰ형은 접합면의 단면 형태에 따라 평탄한 ⅠA형(도면5-1), 둥근 ⅠB형(도면 5-8·21·22)으로 양분된다. 신부의 형태에 따라 직선적인 것(도면5-11·15)과 곡선적인 것(도면5-1~10), 미늘의 위치에 따라 내기식(도면5-1~3)과 외기식(도면5-20~25), 무기식(도면6-20)으로도 세분할 수 있다. 전술한 바와 같이 ⅠA형은 소위 오산리형 J자형 축부와 결합되고, ⅠB형은 범방Ⅱ형의 I자형 축부와 조합되는 것으로 생각된다.

Ⅱ형: Ⅱ형은 곡선적인 신부를 가지면서 접합부 양측이 돌출되어 T자형을 이루는 형식

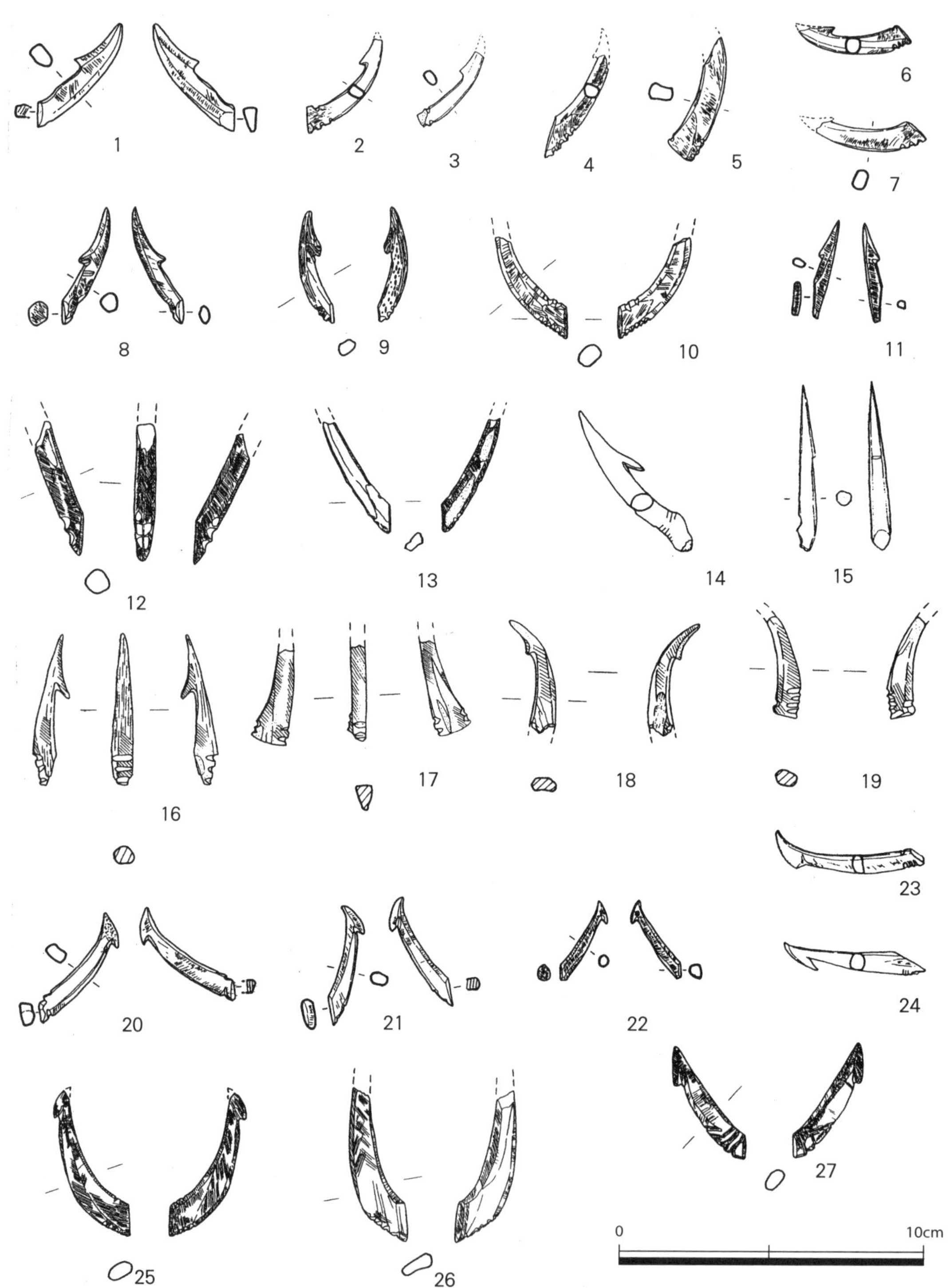

도면5 결합식조침 침부

2~7: 범방패총, 1·8~14·20~27: 동삼동패총, 15: 송도유적

으로(도면6-1~5). 욕지도, 구평리, 상노대도, 동삼동패총 출토품을 표식으로 한다. Ⅱ형은 기본적으로 Ⅰ형과 유사하나 접합부분의 형태에서 커다란 차이를 보인다. 미늘은 내측에만 있고 외측에는 확인되지 않는다. Ⅱ형의 침부와 조합되는 축부의 형식은 불확실하나 결합부의 형태적인 특징과 접합면이 평탄한 점으로 보아 오산리형 J자형 축부와 결합될 가능성이 높다고 생각된다.

針의 형태와 결합방식의 차이는 어느 정도 시간성을 반영하고 있다고 생각되는데 적어도 현재의 성과로 본다면 Ⅰ형은 조기의 융기문토기 문화단계에 속하는 것이 분명하다고 생각되며 이후 지속적으로 사용되었던 것으로 생각된다. 특히 접합면의 단면 형태가 둥근 ⅠB형은 동삼동패총의 전기의 영선동식토기 문화층에서 출토되고, 축의 형태도 Ⅰ자형 축부와 결합될 가능성이 높은 것으로 보아 ⅠA형보다 후출하는 것이 아닌가 한다.

Ⅰ형은 미늘의 위치에 따라 내기식, 외기식, 무기식으로 구분되지만, 조기의 침부가 대부분 내기식이고, 전기 이후의 침부에 외기식이 많은 것으로 보아 외기식이 후출한 것으로 보인다. 무기식은 자료가 부족하여 그 성격을 불투명하며, 앞으로 검토가 필요하다.

Ⅱ형은 결합부의 형태에서 Ⅰ형과 뚜렷하게 구분되는데 이것은 축과의 결박방법 뿐만 아니라 사용 시기의 차를 반영하는 것으로 보인다. Ⅱ형의 침은 주로 이중구연토기, 단사선문토기, 퇴화침선문토기등 즐문토기 후·말기 유적에서 출토되고, 조기의 유적에서는 출토되지 않는 것으로 Ⅰ형보다 늦게 출현한 형식임은 분명하다. 출현 시기는 확실하지 않으나, 욕지도 패총에서 중기의 태선침선문토기가 집중적으로 출토되는 돌무지시설에서 출토되고 있는 것으로 보아 적어도 출현 시기는 즐문토기 중기까지는 올라가는 것으로 생각된다.

측면결합식 침부는 오산리유적 출토 축부 중에 측면결합식 축부(도면4-19)의 예로 보아 그 존재가 예상되었으나 부산박물관 동삼동패총 조사에서 실례(도면6-15~18)가 출토됨으로써 어느 정도 그 성격을 파악할 수 있게 되었다. 그러나 아직 사례가 적어 조합되는 축부의 종류와 형태, 시기 등 구체적인 성격을 파악하는데 무리가 있다. 우선 동삼동패총 출토품을 중심으로 간단하게 그 특징을 언급해두기로 한다.

측면결합식 침부는 기본적으로 신부와 미늘, 결구의 형태에서 정면결합식과 동일한 특징을 갖고 있지만 결합부의 단면과 접합부 형태에서 차이를 보이고 있다. 미늘은 외기식(도면6-15), 무기식(도면6-16·18)이 확인되나 내기식은 보이지 않는다. 동삼동 2층 출토품(도면6-17)은 선단이 결실되어 미늘의 존재 여부는 알 수 없으나 결합면이 납작하고 측면에 축과 결박하기 위한 결구를 마련된 형태이다. 도면6-18은 결구가 보이지 않는 것으로

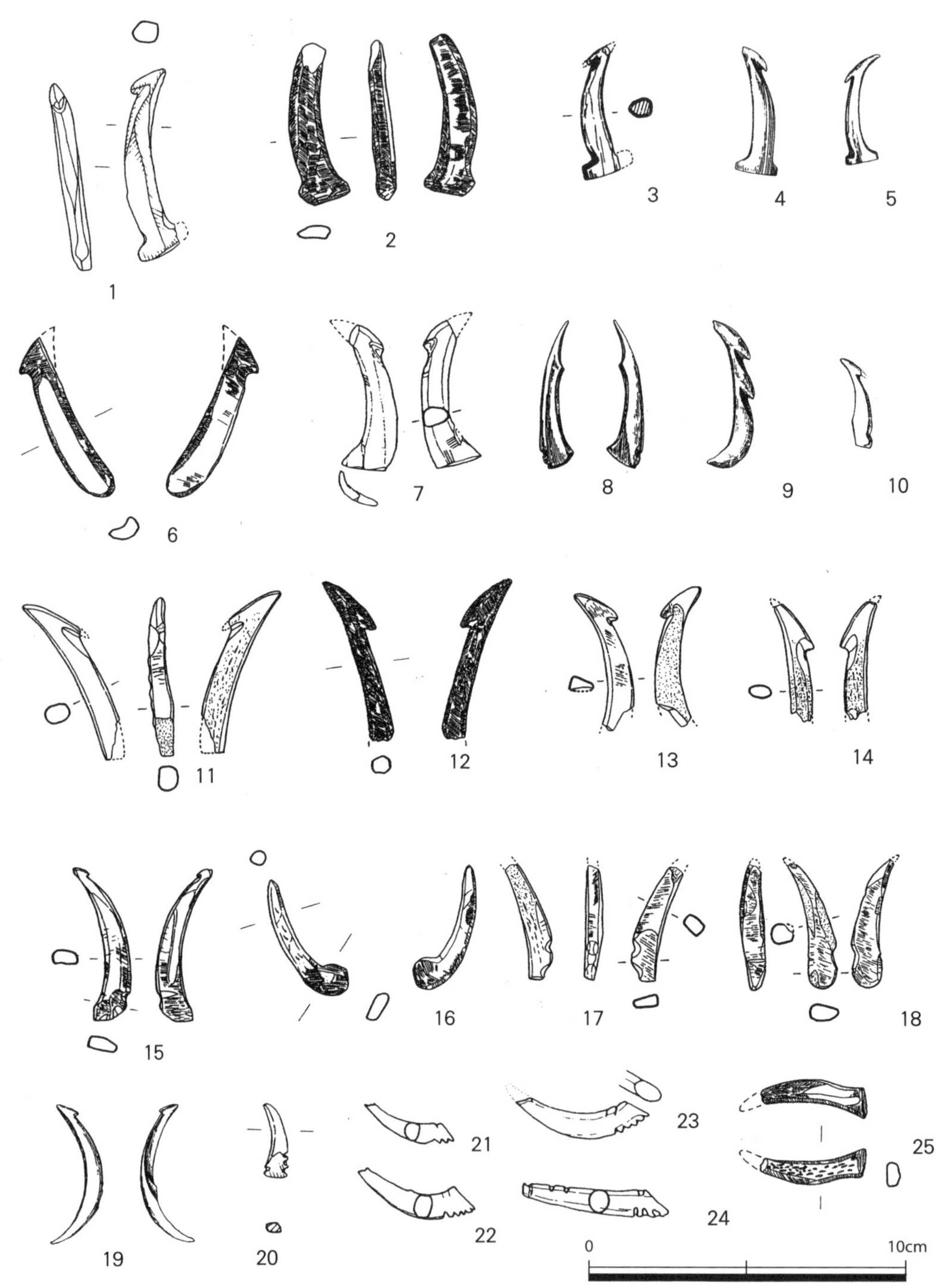

도면6 결합식조침 침부

1: 욕지도패총, 2·6·11~18·21~25: 동삼동패총, 3: 구평리패총, 5·8~10·19: 상노대도패총, 7: 송도유적, 20: 연대도패총, 23: 농소리패총

보아 미제품일 가능성도 있다고 생각된다.

측면결합식 침부는 동남해안지역에서 측면결합식 석제축부가 확인되지 않는 것으로 보아 전술한 전복으로 만든 패제축부와 결합될 가능성이 높다고 생각한다. 그러나 오산리유적에서 측면결합식 축부가 확인되고 있는 것으로 석체축부의 침으로 사용되었을 가능성도 배제할 수 없다. 앞으로 검토가 필요한 문제이다. 출현 시기는 아직 단정할 수 없으나 동삼동패총의 문화층의 내용과 주변유적의 출토양상을 통해 볼 때 중기에 새로운 형식으로 출현하여 말기까지 사용된 것으로 추정된다.

하면결합식 침부는 결합방식에서 전술한 형식과 확연하게 구분되는데 이와 같은 형식은 일본의 구주지역에서 집중적으로 출토되고 있으며 일본 연구자는 西北九州型 결합식조침으로 부르고 있다(江坂輝彌·渡邊誠 1988). 우리나라에서는 상노대도 출토품이 유일한 예이다. 자료가 적어 그 성격이 불분명하나 양지역간의 교류 관계를 엿볼 수 있는 좋은 자료로 판단되며, 그 시기는 출토 토기로 보아 전기의 영선동식토기 단계로 생각된다. 일본 구주의 경우는 영선동식토기와 밀접한 관계가 있는 曾畑式土器 단계에 출현한다. 시기적으로 본다면 한국과 일본이 거의 평행관계에 있음을 알 수 있다. 일본 연구자는 西北九州型 결합식조침이 오산리형 결합식조침의 영향으로 출현하는 것으로 생각하고 있다(渡邊誠 1985).

2) 單式釣針

단식조침은 조침 자체가 일체형으로 완성된 형식의 조침을 지칭하는데, 형태에 따라 J자형과 역T자(一자형)형과 으로 구분된다. J자형조침은 동남해안지역에서는 확인되지 않고 동북해안 지역의 서포항패총에서 출토 예(도면12-10~12)가 있을 뿐 이다.[15] 그리고 시기는 다르지만 청동기시대 고남리패총에서 J자형조침 한점이 출토되고 있는 정도이다. J자형조침은 출토 양상으로 보아 한반도 남부해안 지역에서는 발달하지 않았던 것으로 보인다.

역T자형조침은 一자형 몸체의 중앙에 마련된 홈이나 凹부에 줄을 연결하여 조침으로 사용한 형식이다. 큰 석추에 연결된 줄에 몇 개의 조침을 장착하여 延繩 어로에 사용되며, 황·발해 주변지역에서 유행하던 특징적인 조침이다(甲元眞之 1997, 1999).

한반도 지역에서는 서포항패총과 동삼동(도면7-18·19·22·23)과 욕지도패총(도면

---

15) 연대도와 욕지도패총 출토품(도면3-14·15)을 단식조침으로 보는 연구자도 있다(甲元眞之 1997).

7-20·21)에서 몇 예가 알려져 있으나 수량은 적은 편이다. 크기는 5~6㎝정도이다. 욕지도 출토품은 몸체 중앙이 오목하며, 동삼동출토품은 중앙 양측연에 결구가 있는 형태이다. 동남해안 지역 출토 역T자형조침은 황·발해연안의 형식과 세부적인 면에서 약간의 차이를 보이고 있으나 그 계통은 이 지역의 어로문화와 관련이 있는 것으로 생각된다.

2. 작살(石銛)

작살은 신석기시대 대표적인 어로구의 하나로 주로 해안지역 패총유적에서 출토되나 내륙지역의 유적에서도 확인된다. 재질에 따라 골제와 석제로 구분되며, 크기와 착장방법, 제작방법 등에 따라 다양한 종류로 나누어진다. 석제작살은 제작방법에 따라 타제와 마제, 결합방식과 구조에 따라 단식과 결합식으로 구분되고, 골제작살은 고정식과 회전식으로 대별된다.

1) 石製작살

가. 單式작살

단식 석제작살은 銛頭를 작살대 선단에 삽입하여 자돌구의 기능을 하는 어로구이나 형태상으로 석촉과 유사한점이 많아 구분이 어려운 점도 없지 않다. 그러나 외형상 석촉보다는 크고, 중량에서 차이를 보인다. 단식작살은 제작 방법에 따라 마제와 타제로 나누어지는데, 마제작살은 남해안에서 일부 보이나 주로 내륙과 동해안지역에 주로 분포하며, 남해안지역에는 타제작살이 유행한다. 타제작살은 작살의 구조에 따라 결합식과 단식작살로 구분되지만, 단식작살이 우세하다.

타제작살의 크기는 5㎝ 전후가 보통이며, 재질은 흑요석, 안산암, 니암혼펠스가 주로 이용된다. 형태는 尖頭形(도면8-7·10·14·19·21), 三角灣入形(도면8-1~6), 三角平基形(도면8-15~18·21) 나누어 진다. 타제작살은 남해안지역에서는 조기부터 출현하여 골제작살과 함께 주요 어로구로서 이용된다.

마제작살은 찰절기법으로 절단한 점판암을 소재로 제작되는데, 형태와 크기가 마제석촉과 유사하여 상호 구분하는데 곤란한 점도 없지 않다. 내륙지역에서 출토되는 마제작살은 연구자에 따라 마제석촉으로 분류하지만 본고에서는 크기를 중시하여 석촉과 구분하였다. 동남해안지역에서는 동삼동(도면8-22), 범방(도면8-23), 욕지도패총(도면8-26)에서 출토되고 있으나 수량이 매우 적다. 이에 비해 동해안지역에서는 지경리(도면8-25), 문암리(도면8-24), 오산리, 서포항유적 등에서 많이 출토되고 있다.

마제작살은 형태적인 특징이 불분명하나 크게 평면과 기부 형태에 따라 삼각만입형, 삼각평기형, 유엽형 등으로 구분된다. 기부의 세부 특징과 촉신의 단면 형태에 따라 세분이 가능하다. 삼각만입형은 지경리(도면8-25)나 지탑리, 시도패총 출토품과 같이 신부가 유선형으로 볼록한 것과 궁산패총과 같이 직선적인 것로 세분된다 삼각평기형(도면8-23)은 신부의 평면 형태에 따라 유선형, 직선형, 세장형으로 구분된다. 유엽형은 신부가 세장하고 유선형을 이루는 것이 특징인데, 주로 중서부 이북지역에서 확인되고 있다. 대표적인 것으로는 지탑리, 금탄리, 서포항패총 출토품이 있다.

마제작살의 출현 시기는 분명하지 않으나 전·중기에 성행하는 것으로 보아 조기까지 올라갈 가능성도 있다고 생각된다. 전술한 바와 같이 마제작살이 해안지역에서는 거의 출토되지 않고, 내륙지역에서는 타제 작살이 보이지 않는 것으로 보아 작살을 통한 어로활동에 지역적인 차가 존재했던 것으로 추정된다.

나. 結合(組合)式작살

결합식작살은 石鋸 혹은 조합식작살로도 불리며, 상어류나 대형어류를 포획할 때 이용된 것으로 추정된다(山崎純男 1988). 주로 흑요석을 소재로 鋸頭를 분할, 제작하여 나무나 뼈에 삽입하여 만든 형태인데, 구조는 석촉형의 삼각형 섬두와 수매의 側刃으로 구성되어 있다. 한반도에서는 남해안지역의 패총과 동북해안지역의 유판패총, 웅기패총에서 출토되고 있으나 사례는 많지 않다. 특히 흑요석으로 만들어진 석거는 일본 서북구주의 승문시대 어로문화를 특징짓는 석기의 하나로 알려져 있다(渡辺誠 1985). 그러나 최근 강원도 고성 문암리유적(국립문화재연구소 2004)의 조~전기 문화층에서 혈암(안산암?)으로 제작된 결합식작살이 출토되고 있어 국내의 결합식작살에 대한 계통문제에 대해 검토할 필요가 있다고 생각된다.

동삼동, 상노대도, 안도유적에서 출토된 석거(도면9-4~13)는 흑요석으로 제작된 전형적인 일본 서북구주형으로 죠몽시대 것과는 재질이라든가 평면 형태 등에서 동일한 특징을 보여 준다. 구주지역에서의 반입품일 가능성도 있으나 재지에서 제작되었을 가능성이 높다. 동남해안지역의 석거는 평면 형태로 본다면 배면이 직선적인 것(도면9-6·12·13)과 둥근 형태(도면9-4·5·10)로 구분된다. 일본의 석거가 직선적인 것인 많고, 일본 구주지역의 석거보다 시기적으로 앞서는 문암리유적 출토 측인의 형태가 둥근 점을 고려한다면 남해안지역의 석거중 측인의 배면이 둥근 형태는 재지계일 가능성도 있다고 생각된다.

문암리유적의 출토품(도면9-1~3)은 삼각형의 섬두에 반월형의 측인이 조합된 형식인데 일제강점기에 조사된 동삼동패총 출토품(及川民次郎 1933)과 유사한 특징을 보여 준다. 동삼동패총 출토품은 몸체가 세장하고 양측연에 4개의 역자가 마련되어 있고, 문암리출토품은 삼각형의 석촉형에 3개의 역자가 부착된 형태이나 기본적인 형태는 동일하다.

이러한 형태의 결합식작살은 한반도에서 동삼동과 문암리유적 출토품이 유일한데, 자료가가 적어 구체적인 성격은 잘 알 수 없지만, 여러 개의 역자가 부착된 작살이 농포리, 서포항패총을 비롯한 동북해안지역과 연해주 지역의 여러 유적에서 출토되고 있는 정황을 통해볼 때 한반도 동북해안지역의 특징적인 어로구로 생각된다. 이러한 형식의 결합식작살을 잠정적으로 문암리형 결합(조합)식작살로 부르고자 한다. 문암리형작살의 출현과 존속시기는 불확실하지만 적어도 오산리형토기 단계까지는 사용되고 있음은 분명하다고 하다고 하겠다.

다. 石槍(대형작살)

사전적인 의미로 석창은 주로 수렵에 이용되고, 작살은 대형어류나 해수류를 포획할 때 사용하는 도구이지만 고고학적인 유물만으로 양자를 구분하기란 어렵다. 신석기시대 생업활동 자체가 복합적이기 때문에 사용하는 도구 역시 다용도로 사용되었을 가능성이 크기 때문이다. 창의 기능이 대상물을 찌르거나 던져 포획하는데 있으므로, 실제 기능상에서는 상황에 맞게 적절히 사용했을 것으로 생각한다.

내륙과 해안지역에서 출토되는 각종 석창은 수렵과 어로용으로 병용되었을 가능성이 크다고 생각되지만 동삼동패총을 비롯한 욕지도, 범방, 세죽, 가도, 서포항패총에서 보는 바와 같이 타제, 마제 석창은 유적의 생업환경으로 보아 수렵용보다는 고래, 돌고래, 물개, 강치 등 대형 해수류나 어류를 포획할 때 사용되었던 것으로 보인다. 상촌리나, 지탑리유적의 석창은 어로용보다는 멧돼지나, 노루, 사슴 수렵용이었던 것으로 추정된다. 따라서 본고에서는 크기를 기준으로 편의상 작살보다 대형인 것을 어로용 석창으로 분류하였지만, 반드시 용도가 어로용에만 한정된다는 의미는 아니다.

석창은 지역에 따라 혹은 제작방법과 형태에 따라 여러 종류가 있다. 석창은 제작방법에 따라 타제와 마제로 구분되고, 경부의 유무에 따라 무경식과 유경식으로 대별할 수 있다.

타제석창은 무경식과 무경으로 나누어진다. 유경식 타제석창은 타원형의 신부에 장방형상의 경부가 붙은 형태인데, 욕지도(도면9-15·16)와 동삼동1호주거지출토품(도면9-17)이 대표적이다. 무경식 타제석창은 신부의 형태가 세장형과 짧은 석촉형으로 구분되나, 기부의 특징에 따라 평기형(도면9-21)과 약간 오목한 만입형(도면9-20·23)으로 세분할 수 있다. 이밖에 동남해안지역 출토품은 아니지만 신부와 경부가 구분되지 않는 고산리유적의 유엽형도 존재한다.

마제석창은 무경식만 확인되는데, 기부와 평면 형태에 따라 삼각평기형(도면9-19), 삼각만입형(도면9-18·22)으로 나누어진다. 삼각평기형은 동삼동패총에서 한 점 확인되고 있다. 삼각만입형은 안도와 세죽패총 출토품이 있으나 신부의 형태에서 차이를 보인다. 이밖에 세죽패총 출토품(도면9-14)의 예와 같이 신부가 유엽형을 이루며 세장한 형태도 있다. 이와 유사한 형태의 석창은 궁산패총에서 확인된다. 마제석창은 세죽리의 예로 보아 조기의 융기문토기 단계부터 사용된 것은 분명하나, 동남해안지역에서는 발달하지 않았던 것으로 보이며, 전·중기의 내륙지역에서 마제작살과 함께 성행했던 것인 아닌가 추정된다.

2) 骨製작살

골제작살은 주로 사슴의 중수(족)골이나 뿔을 섬두로 가공하여 어로구로 이용한 형태인데 섬두의 기능과 형태에 따라 고정식과 회전식으로 구분된다(渡邊誠 1993; 김건수 1999). 최근 가거도패총 출토품의 사례로 보아 고정식작살 중에는 일반적으로 작살의 선단에 삽입하는 형식이외에 작살대에 홈을 내어 골제 선단부를 끼운 후 가는 끈으로 결박하여 사용하는 〈착장형 미늘〉의 가능성도 제기되고 있다(국립광주박물관 2006).

가. 고정식 골제작살

동남해안지역에서 출토된 고정식작살은 착장부, 신부, 섬두로 구성되어 있으며, 크기는 7~9㎝정도가 보통이다. 그러나 서포항(도면12-17·19·25)이나 농포리유적 출토품(도면12-1) 중에는 10㎝ 이상의 대형도 보인다. 착장부는 신부보다 가늘며 약간 뾰족하게 처리되어 있다. 신부 단면은 보통 둥근 형태를 이루고 있으나 납작한 것도 있다. 섬두는 逆刺를 갖는 것과 그 자체를 蛇頭形으로 가공한 것으로 구분된다.

역자형은 역자의 수에 따라 單鐖式과 多鐖式으로 나눌 수 있는데, 동삼동과 범방, 연대도 패총 출토품(도면7-1~6)은 섬두의 한 쪽 측면에 역자를 한개만 마련한 형태이며, 동삼동

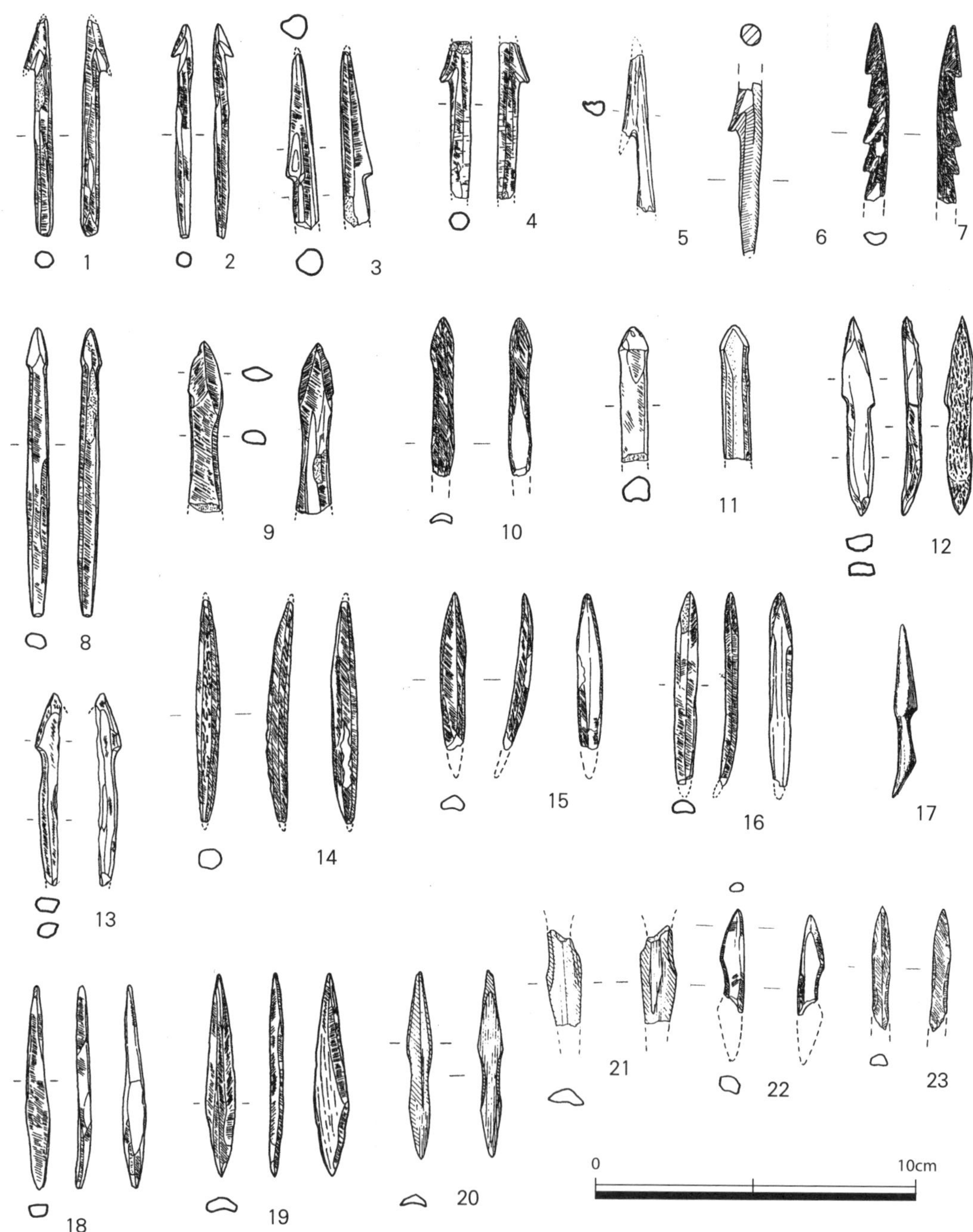

도면7 골제작살 및 역T자형조침

1~4·7~16·18·19·23: 동삼동패총,5: 범방패총,6: 연대도패총, 17: 상노대도패총, 20·21: 욕지도패총

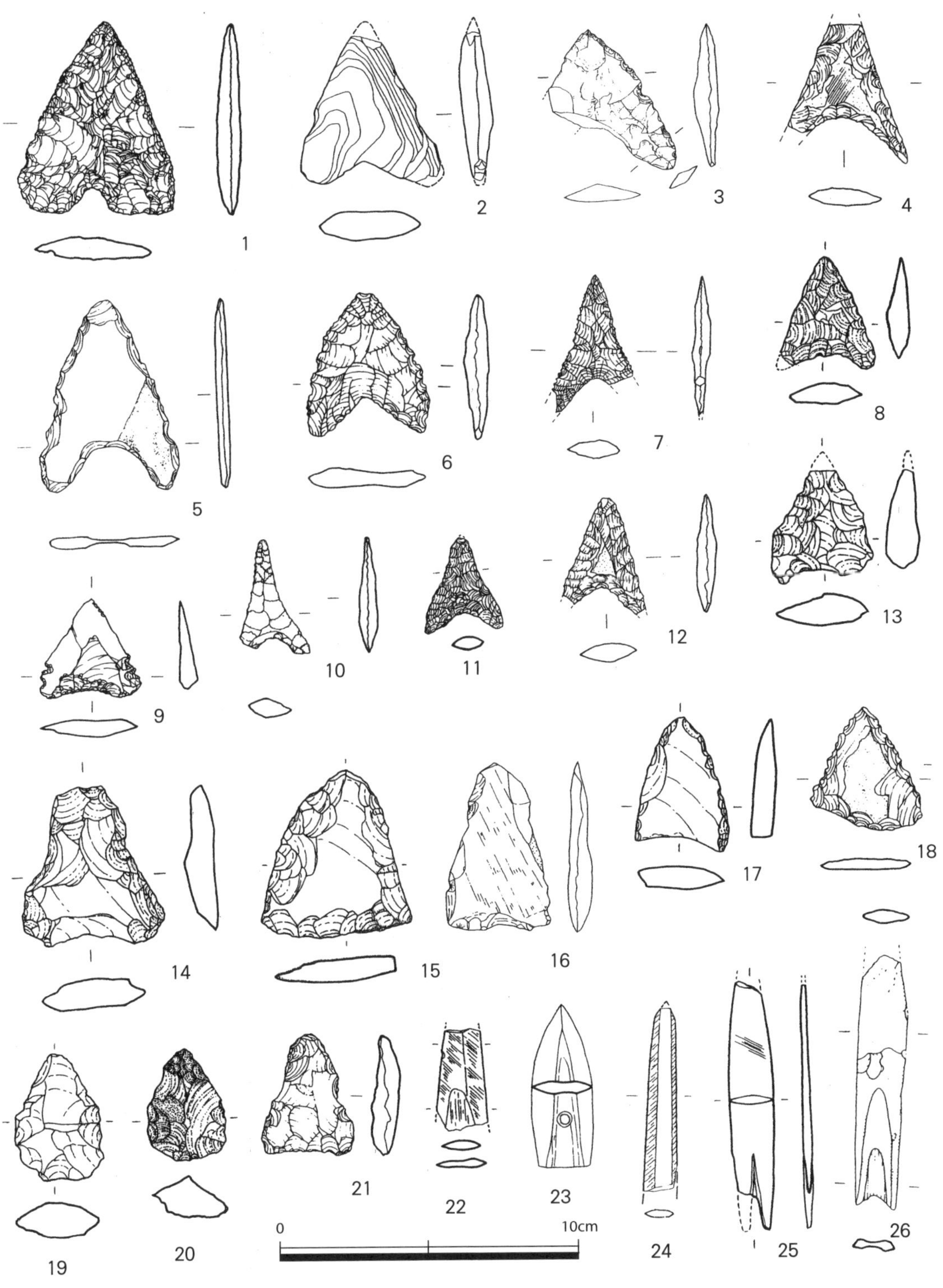

도면8 석제작살

1·8·9·13~15·17·19·20·22: 동삼동패총, 2·24: 문암리유적, 4: 연대도패총, 5~7·10·12·18·21·26: 욕지도패총, 11·23: 범방패총, 16: 신암리3지구유적, 25: 지경리유적

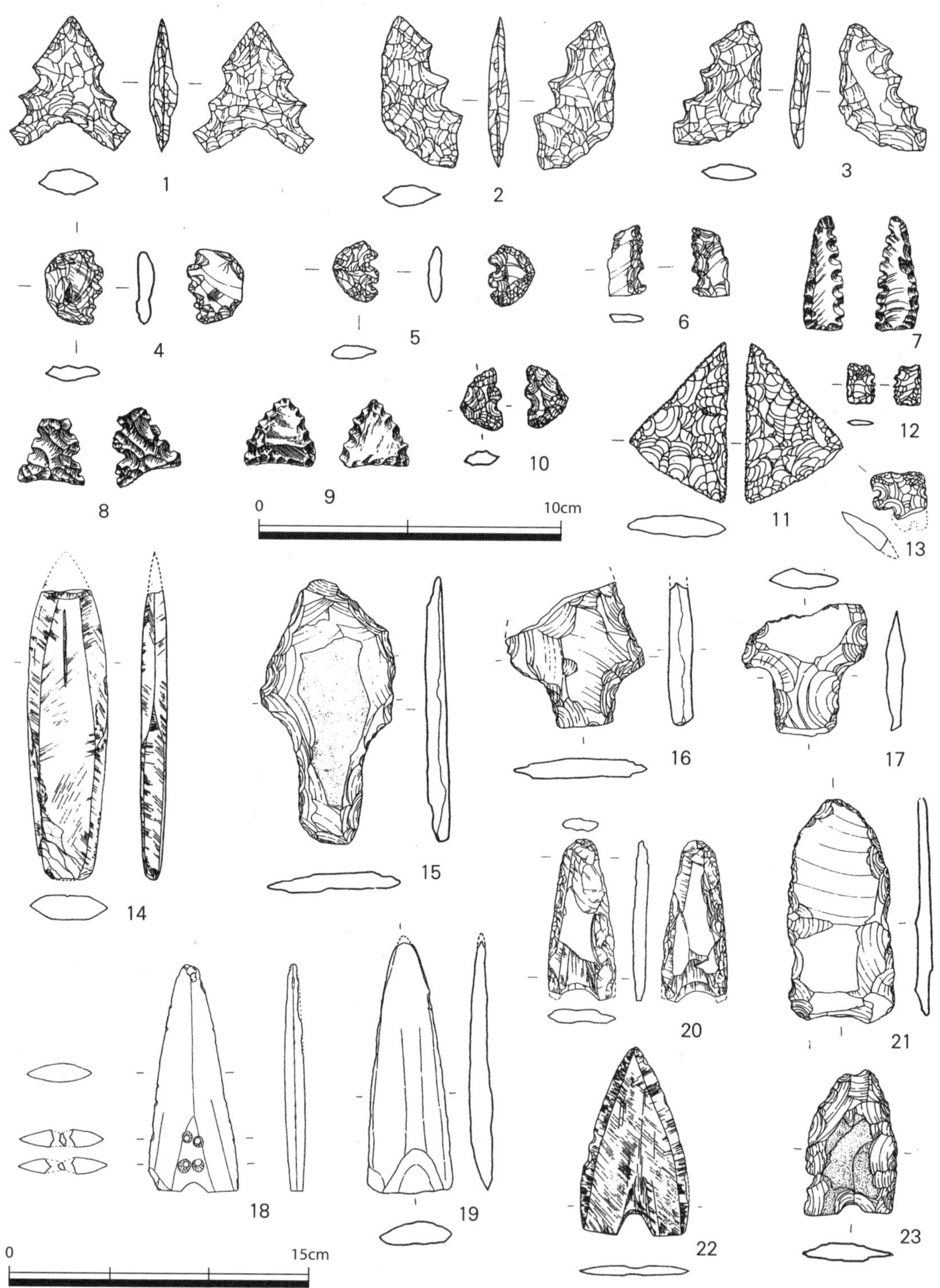

도면9 석제작살

1~3: 문암리유적, 4~6·10~13·17·19·20: 동삼동패총, 7~9: 상노대도패총, 14·22: 세죽패총, 15·16·21·23: 욕지도패총, 18: 안도유적

패총 출토품 중 〈도면7-7〉은 한 쪽 측면에 여러 개의 역자를 만든 형태이다. 다기식작살은 한반도 남부지역에서 동삼동패총 출토품이 유일한데 이러한 다기식 골제작살은 동북해안지역의 서포항패총과 연해주의 해안의 보이스만유적과 페스차노이유적(甲元眞之編 1998)에서 다량으로 출토되고 있는 것으로 보아 전술한 문암리형 결합식작살과 함께 이 지역의 어로문화와 관련된 도구일 가능성이 있다고 생각된다.

사두형(도면7-8~11)은 신부와 섬두의 경계가 명확하지 않지만 섬두를 가공하여 자돌구의 기능을 할 수 있도록 한 형태인데, 형태상으로는 전술한 역자형과 명확히 구분된다. 섬두의 형태 차는 포획대상의 종류나 어법의 차이를 반영하는 것으로 생각된다.

역자형과 사두형작살이 작살대의 선단에 섬두를 삽입하여 고정하는 형식이라며, 동삼동 2층 출토품(도면7-14~16)은 가거도도패총의 복원예를 참고할 때 작살의 선단 측면에 복수로 착장하는 형태일 가능성도 있다. 앞으로 이에 대한 구체적인 검토가 검토가 필요하다고 생각된다. 이 밖에 본고에서는 다루지 않았으나 동남해안지역의 패총유적으로 다량으로 출토되는 각종 자돌구 중 Ⅰ·Ⅱ유형은 작살로 사용되었을 것으로 추정된다(하인수 2006c).

나. 회전식작살(回轉式離頭銛)

회전식작살은 섬두가 포획대상물의 체내에 직각으로 회전하여 이탈할수 없는 구조로 되어 있는 것이 가장 큰 특징이며, 구조는 섬두, 中柄, 柄(작살대), 줄로 구성되어 있다. 이러한 형태의 작살은 주로 동북아시아로부터 서북아메리카에 걸친 북태평양연안지역에 주로 분포하며, 해수류를 포획하는 어로구로 알려져 있다. 일본에서는 一王寺型으로 불리고 있으며(渡邊誠 1993), 佐賀패총을 비롯한 서북구주지역의 여러 유적에서 다수 출토되고 있다(甲元眞之 1997).

국내에서는 서포항패총(도면12-13~16)을 비롯하여 상노대도(도면7-17), 동삼동패총 출토품(도면7-12·13)알려져 있으나 동남해안지역에서는 그 양이 수점에 불과하다. 동삼동패총 5층에서 2점이 출토되었는데, 크기는 6㎝ 정도이다. 구조는 삼각형의 섬두와 유선형의 몸체로 구성되어 있다. 상노대도출토품은 동삼동출토품 보다 소형이며, 서포항패총 출토품은 섬두의 형태나 두께, 평면 형태 등에서 남해안지역과 약간의 차이점도 인정되나 기본적인 형태는 동일하다.

이와 같은 회전식작살은 대마도의 佐賀패총과 연해주의 페스체노이패총에서 다수 확인되고 있다. 특히 동북지역 및 연해주 해안지역에서 다량으로 출토되고 있는 것으로 보아 이 지역의 특징적인 어로구의 하나로 생각되며, 남해안지역에서 출토되는 회전식작살은 한반도 동북지역의 어로문화와 밀접한 관련이 있는 것으로 생각된다.

전술한 구주지역의 회전식작살이 대부분 승문후기에 집중되어 있고, 동삼동출토품이 중기에 속한다는 점을 염두에 둔다면 구주지역의 회전식작살은 동해안지역을 따라 남하한 북방의 어로문화의 영향으로 출현하였을 가능성도 있다고 하겠다.

3. 石錘

석추는 범방유적(도면10-16), 오산리(도면10-19~22), 문암리유적(도면10-17·18) 등 극히 일부지역에서만 출토되는 석기인데, 용도는 불명이다. 그러나 해안지역에서 출토되고, 두부에 결박하기위한 홈이 마련되어 있는 점, 무게 중심이 밑으로 향한 錘形을 이루고 있는 점을 고려 해 볼 때 어로와 관련된 석기로 추정된다.

크기는 5~6cm 정도이나 세부적인 면에서 다양한 형태가 존재한다. 범방유적 출토품은 몸체의 아래쪽에 두줄의 홈이 새겨져 있으나 문암리와 오산리유적 출토품에는 확인되지 않는다. 용도차인지 혹은 지역차인지 검토가 필요하다. 시기는 범방유적의 예로 보아 조기 즐문토기 단계까지 올라가는 것으로 생각되며, 범방유적을 제외하고 남해안과 서해안지역에서 확인되지 않고, 동해안지역에서 다량으로 출토되는 것으로 보아 동해안지역의 특징적인 어로구로 생각된다.

4. 어망추

어망추(도면10-1~15)는 신석기시대 대부분의 유적에서 출토되는 보편적인 어로구이다. 크기와 무게에 따라 차이는 있으나 제작방법과 재질은 신석기 전시기를 통해 동일한 양상을 보인다. 특히 크기에 따라 지역차가 보이는데, 내륙지역에서는 오진리유적 출토품과 같이 3~5cm 정도의 소형이 많고, 해안지역에서는 소형도 존재하지만 중·대형이 많다. 그리고 해안지역에서도 남해안지역의 욕지도, 범방, 동삼동패총의 경우는 어망추의 출토양이 적고, 소·중형 정도에 불과하나 서해안의 연평도패총이나, 모이도, 가도, 노래섬유적에서는 길이 10~20cm, 무게 400~500g 정도의 대형 어망추가 다량으로 출토되고 있다.

어망추의 지역간 이러한 차이는 어망을 이용한 어로방식의 차에서 오는 것으로 생각된다. 단정할 수 없으나 어망추의 형태로 보아 내륙과 남해안은 주로 투망식에, 서해안은 조수 간만의 차를 이용 얕은 곳에 어망을 고정해두고 어패류를 포획하는 고정식 어망에 사용한 것으로 생각된다.

5. 貝錘

패추는 이매패의 패각의 각정부 부근에 구멍을 뚫어 끈으로 매달아 어떤 용도로 사용한 것인데, 일반적으로 어로와 관련된 도구로 생각되고 있다. 그러나 아직 이에 대한 구체적인 연구가 이루어지지 않아 사용방법 및 용도가 불투명한 실정이다.

패추는 남해안의 동삼동과 송도패총, 서해안의 고남리, 대죽리, 노래섬패총에서 출토되고 있으며, 발굴된 유적에 비해 출토양은 매우 적은 편이다. 패추는 패종, 크기, 구멍의 위치 등으로 보아 동삼동패총 출토품과 같이 대형 굴(도면11-3~7)이나 개조개(도면11-8·12), 홍합(도면11-2)의 몸체에 1~3cm의 구멍을 뚫은 것과 고남리나 노래섬패총에서 출토되는 피조개, 꼬막, 민들조개, 백합의 각정부에 1~3mm의 구멍을 뚫은 형태로 크게 양분할 수 있다(하인수 2006b).

동삼동패총에서는 굴과 개조개의 패각으로 만든 패추가 15점 정도 출토되었는데, 이는 현재까지의 조사 예로 보아 단일 유적에서 가장 많은 양이다. 굴로 만든 패추는 殼高 6~16cm, 殼長 4~11cm, 중량 60~165g, 孔徑 1~3cm 정도이다. 개조개로 만든 패추는 각고 5~6cm, 각장 7~8cm, 중량 22~44g(평균 37g), 孔徑 1~2cm 정도이다.

이에 반해 서해안지역에서 출토된 패추는 크기가 4~5cm정도의 피조개, 꼬막, 민들조개 등 소형 패종을 이용하고, 각정부에 1~3mm 정도의 소형 구멍을 뚫은 것이 특징이다.

이상에서 살펴 본 패추는 크기, 구멍의 위치, 패종의 차이에서 오는 다양성은 패추의 용도가 동일하지 않음을 보여주는 것으로 생각되는데, 아직 이에 대한 구체적인 검토가 이루어지지 않아 정확한 쓰임새는 알 수 없는 실정이다. 그러나 동삼동패총의 개조개 구멍에는 끈을 매달아 사용한 흔적이 남아 있는 것으로 미루어 끈을 이용해 어떠한 용도 이용되었음은 분명한 것 같으며, 특히 굴이나 개조개로 만든 패추에는 외면이나 복연부에 사용흔이 관찰되지 않으므로 일상적인 도구로 이용된 것 같지는 않다.

노래섬의 각지구 패총에서 출토된 피조개제 패추에는 방사륵과 복연부에 마모흔이 관찰되고 있는 것으로 보아 전술한 동삼동출토품과는 용도에서 차이가 있음을 알 수 있다. 발굴보고자는 노래섬에서 출토된 즐문토기에서 나타나는 정면흔이나 패각 조흔이 패추의 방사륵 간격과 동일하고 패각의 복연부가 마모가 심한 점으로 보아 휴대용 토기정면구로 이용되었을 것으로 추정하고 있다(원광대학교박물관 2002).

즐문토기의 기면을 패각으로 정면한 예가 있으므로 그 가능성은 있다고 생각된다. 그러나 각정부에 소형 구멍이 정밀하게 뚫려 있는 점으로 보아 장신구 등 기타 용도로 이용되었을 가능성도 있으므로 앞으로 소형 有孔패제품의 출토상태에 대한 정밀조사와 사용흔 분석이 필요할 것으로 생각된다.

한편 김건수는 서해안과 남해안지역의 어로 민속지 사례를 조사하여 주꾸미 포획도구(주꾸미단지)가 구멍을 뚫은 피뿔고둥과, 소라, 피조개, 굴의 패각을 이용한다는 점에 착목, 동삼동패총과 송도패총에서 출토되는 굴과 개조개의 패각으로 만든 패추가 주꾸미를 포획하는 도구일 가능성을 제시하고 있다(김건수 2005). 지금까지 그 용도가 불투명했던 패추의 용도를 민족지 자료를 통해 그 가능성을 구체적으로 검토하고 있다는 점에서 시사하는 바가 크다고 생각된다.

현재 서남해안지역에서 주꾸미단지로 이용되고 있는 패종은 피뿔고둥과 피조개가 주류를 이루고 있으나 동삼동패총에서 출토된 패추의 대부분이 개조개와 굴을 이용하고 있는 점, 동삼동패총 주변의 해안지역에서 주꾸미가 서식하는지 여부가 불투명한 점에서 이들 패추가 주꾸미단지로 보기에는 좀 더 검토가 필요한 것으로 생각된다.

특히 동삼동패총에서 출토된 패추에는 끈으로 매단 흔적이 남아 있고, 유사한 형태의 패제품이 일본 오키나와의 패총시대 후기유적[16]에서 출토되고 있는 점, 두만강유역의 민족지 자료에 어망추로 이용하고 있는 사례를 통해 볼 때 어로구로 이용되었을 가능성도 배제할 수 없을 것 같다.[17]

이상에서 살펴 본 패추는 아직 구체적인 용도를 알 수 없지만, 크기라든가 형태, 패종의 차이 등에서 다양한 용도가 상정됨으로 앞으로 이에 대한 구체적인 분석이 필요할 것으로 생각된다. 패추는 조기와 전기유적에서는 확인되지 않고, 동삼동패총에서는 중기부터 만

---

16) 일본 오키나와의 패총시대 후기의 유적에서는 사코이로 만든 有孔패제품이 어망용패추로 이용되고 있다(家田淳一 1993; 盛本 勳 1988).

17) 서해안지역과 달리 동삼동패총을 비롯한 남해안지역의 패총유적에서 석제어망추의 출토 예가 적은 것은 혹시 패제어망추의 사용과 관련이 있는 지도 알 수 없다.

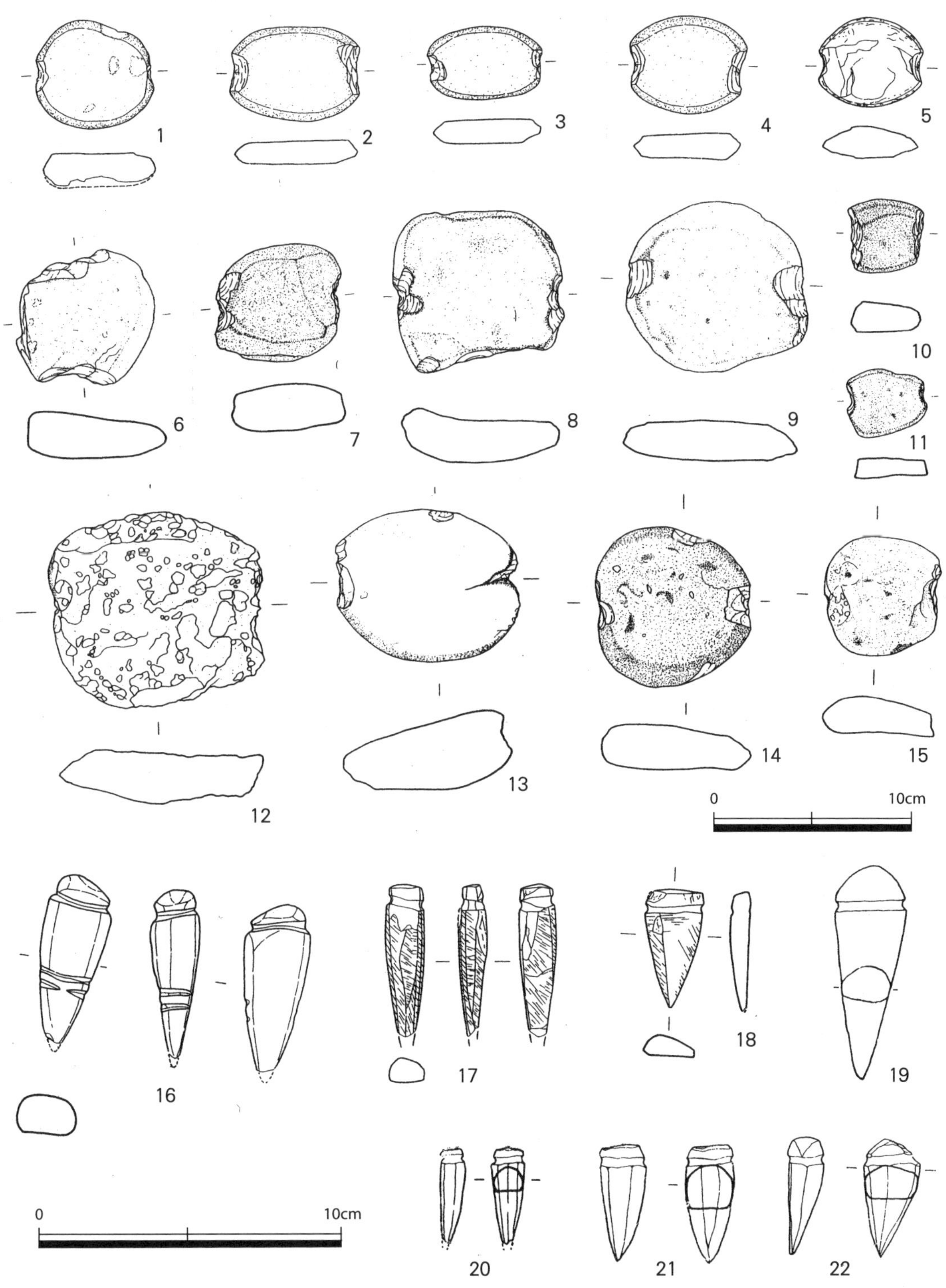

도면10 어망추 및 석추

1~5·17·18: 문암리유적, 6~11: 욕지도패총, 12~15: 연대도패총, 16: 범방유적, 19~22: 오산리유적

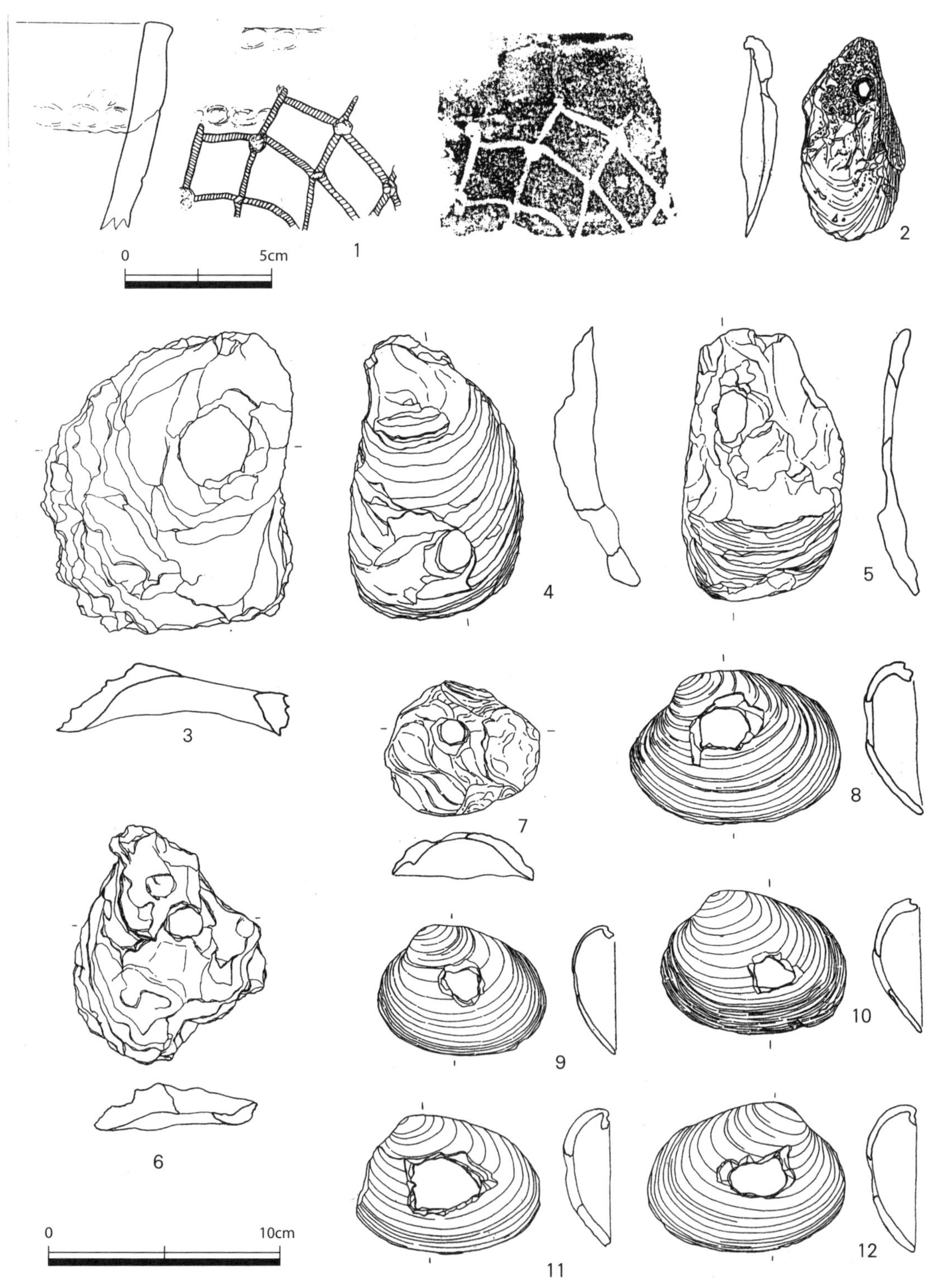

도면11　동삼동패총 그물문토기(1) 및 패추(2~12)

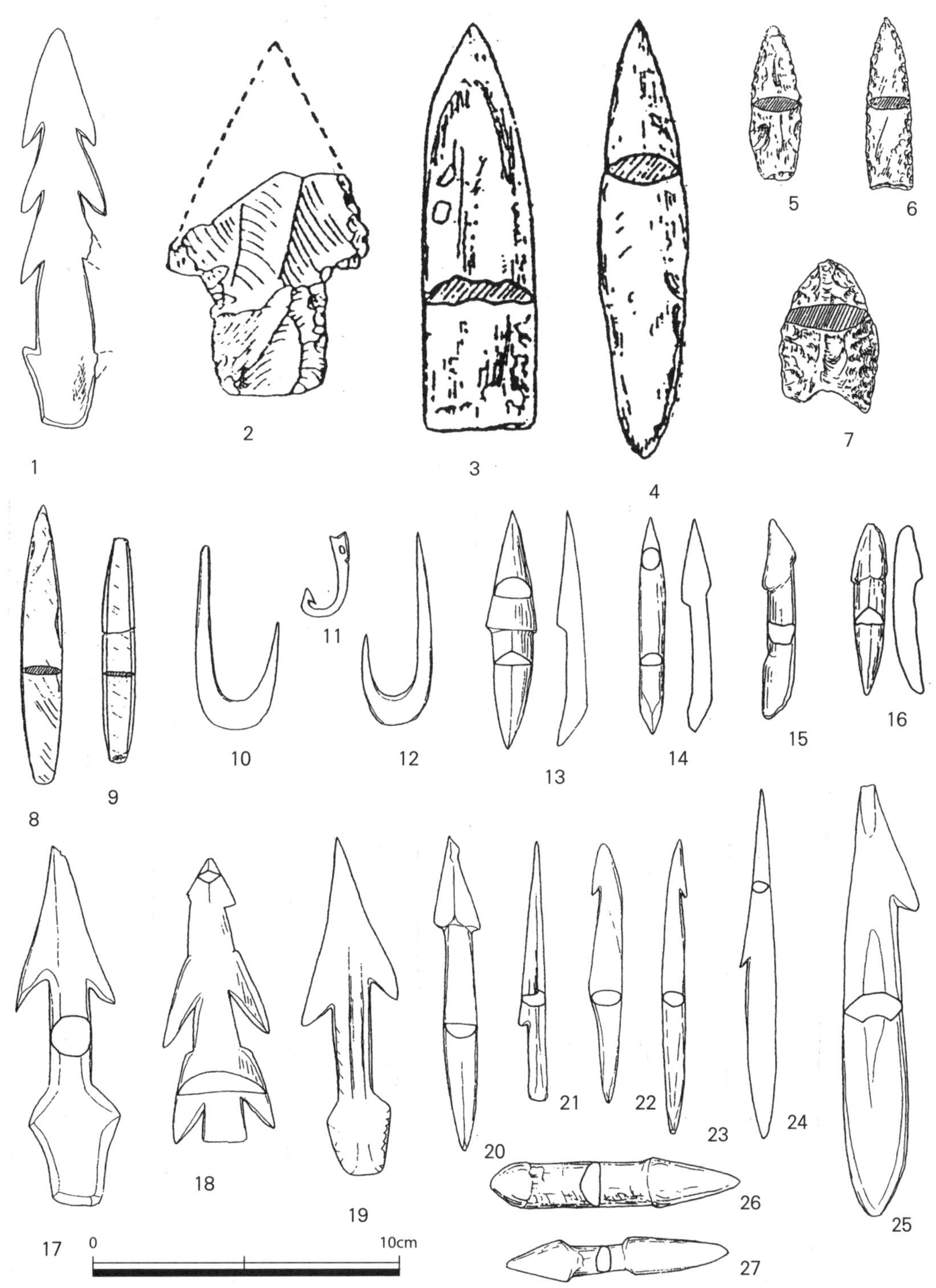

도면12 동북해안지역 어로구(甲元眞之 1988에서 일부 전재)

1·2: 농포리유적, 3~27: 서포항패총

기에 걸쳐 출토되고 있는 것으로 보아 그 사용 시기는 있는 중기부터로 추정된다.

Ⅳ. 어로구의 양상과 성격

이상에서 살펴 본 바와 같이 동남해안지역의 어로구는 어로방식과 어로 환경, 포획 대상물의 종류에 따라 다양한 종류의 어로구가 사용되고 형식적으로 여러 유형으로 나눌 수 있다. 그리고 각 유형의 어로구는 집단의 생업환경과 유적의 입지 혹은 문화적 전통에 따라 다양한 변이를 가지며, 지역과 시기에 따라 형식적인 차이도 보이면서 전개되었던 것으로 보인다. 그러나 시기별 조성관계라든가 그 성격을 충분히 알 수 있는 양호한 유적이 적고, 관련 자료가 불충분하기 때문에 현시점에서 이 지역 어로구의 전개과정과 특징, 계통 등을 구체적으로 파악하는데 곤란한 점도 없지 않다.

동남해안지역의 어로구는 어로유형과 방식에 따라 다양한 종류의 어로구가 사용되었을 것으로 추정되나 그 기능을 분명히 알 수 있는 것은 조침과 작살류과 어망(추) 뿐이며, 석추, 패추, 빗창 등 골제 자돌구류 중 일부는 어로구로도 사용되었을 가능성이 많지만 그 성격을 분명히 하기 위해서는 좀더 검토가 필요하다. 아무튼 패총유적의 어로구의 출토양상을 통해 볼 때 기본적인 기종은 조침과 작살류가 중요한 위치를 차지하고 있음은 분명하다.

조침과 작살류는 생산과 관련한 생업도구로 지속적으로 사용되었으나 유적마다 출토되는 종류와 기종구성에 차별성도 어느 정도 간취된다. 이러한 차별성은 유적의 성격을 반영하는 한편, 시기에 따른 어로유형의 변화과정을 보여 주는 것으로 생각된다.

고산리식토기를 표식으로 하는 신석기시대 초기(초창기)의 어로구의 양상과 조성 관계는 자료 부족으로 그 성격이 명확하지 않으나 융기문토기를 표식으로 하는 조기 단계는 어로구의 양이 풍부하고, 어로방식에 따라 다양한 기종이 선택되었던 것으로 생각된다.

조기의 어로구는 동삼동패총 8·9층, 범방패총 Ⅰ·Ⅱ기층, 세죽패총, 연대도패총에서 보는 바와 같이 타제와 마제작살류도 보이지만 결합식조침이 대부분을 차지하며. 기종은 작살과 조침에 한정되는 경향을 보인다. 이러한 양상은 조기에는 결합식조침을 중심으로 어로활동이 활발히 전개되었음을 보여주는 것으로 생각되는데, 특히 범방패총의 융기문토기 문화층에서 다량으로 출토되는 결합식조침은 이러한 현상을 잘 보여주는 것으로 생각된다.

시기는 불명하나 문암리형 결합식작살도 이시기부터 사용되었을 가능성도 있다고 생각되며, 동삼동패총에서 보이는 문암리형 결합식작살은 범방유적의 석추와 더불어 어로활동을 통한 동해안지역과의 교류의 실태를 보여 주는 자료라는 점에서 중요한 의미를 지닌다고 할 수 있다.

영선동식토기를 표식으로 하는 즐문토기 전기는 관련 유적이 적어 어로구의 양상이 불분명하나 조기와는 특별한 변화는 간취되지 않는다. 결합식조침의 침부는 앞 단계와 형식적으로 약간의 차이를 보이는데, 조기의 침부가 내기형이 중심인데 비해 전기는 외기형이 주류를 이룬다. 어로 대상의 차인지 방법의 차이인지 검토가 필요한 부분이다.

중기 단계에는 어로구가 전후 시기와 달리 급증하고 기종구성이 다양화하는 양상을 보인다. 뿐 만 아니라 어로구로 사용되었을 것으로 생각되는 세형자돌구 등 각종 자돌구류가 정형화되는 특징도 간취된다. 결합식조침의 침부는 멧돼지 견치를 가공한 형태가 보이는데, 이러한 형식은 이전에는 보이지 않는 것일 뿐만 아니라 크기도 사슴뼈로 만든 것보다 크다.

특히 다양한 형식의 골제작살의 성행, 패제조침, 회전식작살, 역T자형조침의 출현 등은 이 시기부터 어로활동과 방식에 많은 변화가 있었음을 보여준다. 작살은 회전식작살(이두섬)과 자돌부 형태가 사두형, 역자형을 이룬 단식작살이 공존하는데, 다양한 형태의 작살의 존재는 중기에 어로 기술이 발달되었음을 보여주는 사례라고 생각된다. 중기의 어로구가 다양화되고 새로운 기종이 출현하는 것은 중기사회에 일어나는 생업구조 및 생계양식의 다변화에 따른 도구체계가 분화에 그 배경을 찾을 수 있을 것으로 생각된다(하인수 2006a).

후·말기의 어로구는 중기에 비해 그 양이 감소하는 경향은 있지만, 형태적으로는 큰 변화는 없으며 기본적으로 작살류와 조침이 주류를 이룬다. 특히 일본구주지역으로부터 석거가 유입됨으로써 기존의 문암리형 결합식작살을 대신하는 것으로 보여 진다. 내만지역과 외해에 위치하는 화목동유적과 동삼동패총의 말기 문화층에서 어로구의 양이 급감하는 양상은 중기 이후 보급되는 잡곡농경과 관련이 있을 것으로 생각된다.

이상에서 동남해안지역의 어로구 양상을 시기별로 간단하게 살펴보았는데, 어로구의 기본적인 흐름은 이 지역의 어로환경과 생태적 조건에 적합한 조침과 작살 중심의 어로구가 발달하고 전개되었던 것으로 보인다. 그러나 시기에 따라서 외래계 어로문화가 유입되면서 새로운 기종과 형식도 출현한다.

즉 동해 북부해안지역의 문암리형 결합식작살, 회전식작살, 석추, 황·발해만 연안의 역

T자형조침, 일본 서북구주지역의 결합식작살(석거) 및 조침(하면결합식조침)이 그것인데, 앞에서도 잠깐 언급한 바와 같이 이러한 형식은 동남해안지역에서 거의 보이지 않고 주변지역에서 발달하고 성행했던 어로구이다.

회전식작살은 동해 북부지역의 서포항유적을 비롯하여 연해주 연안지역에서 발달한 특징적인 어로구이고, 문암리형 결합식작살은 아직 자료가 부족하나 작살의 형태적인 특징으로 보아 동해안지역에서 유행했던 것으로 보여 진다. 동삼동패총과 범방유적에서 보이는 회전식작살, 석추, 결합식작살이 동해 북부해안지역의 어로문화와 관련성이 갖는다면, 동남해안지역 조기의 특징적인 어로구인 오산리형 결합식조침 역시 이 지역의 즐문토기문화와 계통적으로 연결될 수 있을 것으로 생각된다.

역T자형조침은 남해안지역에서 동삼동과 욕지도패총에서만 출토되고 서해안지역에서는 아직 확인되지 않고 있지만, 이 형식의 조침이 중국의 발해만 연안지역에서 발달한 특징적인 어로구라는 점을 감안한다면 그 계통은 전술한 바와 같이 황·발해만 지역의 어로문화와 관련성이 깊다. 그러나 역T형조침이 이 지역 어로구에서 차지하는 비율이라든가 지역적 영역에 대해서는 앞으로 검토가 필요하다고 생각된다.

동삼동과 상노대도패총에서 출토된 석거와 조침은 주지하는 바와 같이 일본 서북구주지역의 죠몽 어로문화와 관련되는 어로구이다. 하면결합식 조침은 상노대도패총 출토품이 유일하지만 석거는 동삼동과 상노대도, 안도유적 등에서 출토되고, 특히 동삼동동패총에 다수 출토되고 있다. 석거가 동삼동패총을 중심으로 일정한 분포를 보이는 것으로 보아 문암리형 결합식작살을 대신해 이 지역에서 어느 정도 사용되었던 것으로 보인다. 그러나 석거 자체의 재질이 구주지역에서 반입된 흑요석으로 제작되고, 출토양이 많지 않은 점으로 보아, 후기 단계에 특정 지역에서만 사용되었던 것이 아닌가 한다.

동남해안지역의 어로구는 아직 자료가 부족하고 그 성격이 불투명한 점도 없지 않으나 기본적으로는 재지의 어로체계와 도구를 바탕으로 주변지역의 어로문화를 수용하면서 전개해 갔던 것으로 생각된다. 그것은 삼면이 해양으로 펼쳐진 지리적 조건과 환경적 요인이 외부의 어로문화를 수용할 수 있는 배경으로 작용했기 때문이라 생각된다. 그리고 조기부터 해양을 주요 생업무대로 활동한 이 지역 즐문토기인들의 적극적인 어로활동을 통한 타지역간 교류 역시 외래의 어로문화를 수용하는데 일조하였을 것이다.

V. 맺음말

이상에서 동남해안지역의 어로구의 특징과 성격에 대해 최근 발굴 자료를 중심으로 개괄적으로 살펴보았다. 그러나 일부 유물에 대해서는 관련 자료가 부족하여 극히 간략하게 다룰 수밖에 없었는데 이러한 점들은 차후에 수정·보완하고자 한다.

본고와 관련하여 향후 연구 과제로서 동남해안지역의 생업형태 뿐 만 아니라 문화적 계통을 분명히 하기 위해 해안지역민의 주요 생업기반인 어로활동에 관계하는 어로구에 대한 종합적인 검토 작업과 연구가 필요하다고 생각된다. 그것은 신석기시대 어로활동의 전반적인 성격규명이 당시 생업경제와 사회구조를 규명하는데 실마리를 제공해 줄 수 있기 때문이다.

그리고 지금까지 단편적으로 취급되어 온 어로구의 기능과 성격에 대해서도 보다 심도있는 논의와 함께 자료의 과학적인 분석을 통해 그 성격을 분명히 할 필요가 있다고 생가된다. 이러한 문제점이 충분히 검토되고 해결된다면 그 동안 불투명했던 이 지역의 어로문화의 성격과 본질이 보다 구체적으로 드러날 것으로 생각된다.

[참고문헌]

Sample, L.L. Tongsamdong 1974, 「A Contribution to Korea Neolitic Culture History」, 『Artic Anthropology』XI-2.

家田淳一, 1993, 「しやこ貝科製貝錘の機能」, 『琉球史學』13.

甲元眞之, 1997, 「朝鮮先史時代の漁撈文化」, 『古文化談叢』39.

甲元眞之, 1997, 「黃渤海沿岸地域の先史時代漁撈文化」, 『先史學·考古學論究Ⅱ』, 龍田考古會.

甲元眞之, 1999, 「環東中國海の先史漁撈文化」, 『文化部論叢』65, 熊本大學文學會.

甲元眞之編, 1988, 『環東中國渤海沿岸地域の先史文化』, 下田印刷.

강릉대박물관, 2002, 『양양 지경리 주거지』.

江坂輝彌·渡邊誠, 1988, 『裝身具と骨角製漁具の知識』, 東京美術.

경성대박물관, 2000, 『김해화목동유적』.

경성대박물관, 2006, 『부산동삼동유적』.

고고학 민속학연구소, 1957, 『궁산원시유적발굴보고』, 과학원출판사.

고고학 민속학연구소, 1961, 『지답리원시유적발굴보고』, 과학원출판사.

과학백과사전종합출판사, 1996, 『조선기술발전사』1.

곽종철, 1990, 「낙동강 하구역에 있어서 선사~고대의 어로활동」, 『가야문화』3.

국립경주박물관. 1991, 『울진 후포리유적』.

국립광주박물관, 1989·1990, 『돌산송도』Ⅰ·Ⅱ.

국립광주박물관, 1994, 『돌산세구지유적』.

국립광주박물관, 2006, 『신안 가거도패총』.

국립김해박물관, 2005, 「창녕비봉리유적 현장설명회자료」.

국립문화재연구소, 2002, 『소연평도 패총』.

국립문화재연구소, 2004, 『고성문암리유적』.

국립중앙박물관, 1970, 『시도패총』.

국립중앙박물관, 1976, 『조도패총』.

국립중앙박물관, 2004·2005, 『동삼동패총』.

국립중앙박물관, 1988·1989, 『신암리유적』.

국립중앙박물관, 1994, 『암사동』.

국립진주박물관, 1989, 『욕지도』.

국립진주박물관, 1993, 『연대도』.

국립진주박물관, 1999, 『목도패총』.

及川民次郎, 1933, 南朝鮮牧ノ島東三洞貝塚, 『考古學』4-5.

김건수, 1999, 『한국 원시고대의 어로문화』, 학연문화사.

김건수, 2005, 「우리나라 선사·고대 함정어업」, 『호남고고학보』21.

김건수·이승윤, 2006, 「완도 여서도패총」, 『한국신석기연구』11.

김용간·서국태, 1972, 「서포항원시유적 발굴보고」, 『고고민속논문집』4.

김원용·임효재, 1968, 『남해도서고고학』, 서울대학교 동아문화연구소.

金子浩昌, 2002, 「韓國新石器時代 貝塚과 漁撈活動」, 『한국 신석기시대의 환경과 생업』, 동
     국대학교 매장문화재연구소.

金子浩昌·忍澤成視, 1986, 『骨角器の研究』, 慶友社.

김충배, 2003, 「신석기시대 낚시바늘 연구 I·II」, 『한국신석기연구』5·6.

단국대학교박물관, 1993, 『사천 구평리유적』.

渡邊誠 1985, 「西北九州の繩文時代漁撈文化」, 『列島の文化史』2.

渡邊誠 1993, 『繩文時代州の知識』, 東京美術.

동국대 매장문화재연구소, 2002, 『세죽유적』.

동아대박물관, 1984, 『상노대도』.

동아대박물관, 1997, 『울산 우봉리유적』.

동의대박물관, 2002, 『상촌리유적』.

藤田亮策, 1948, 「朝鮮考古學研究」, 高桐書院.

목포대학교박물관, 2005, 「완도 여서도패총 현장설명회자료」.

부산대학교박물관, 1980, 『금곡동율리패총』.

부산대학교박물관, 1981, 『김해 수가리패총』.

부산대학교박물관, 1994, 『청도 오진리 암음유적』.

부산박물관, 2002, 『동삼동패총전시관 도록』.

부산수산대학교박물관, 1989, 『상등패총』.

부산수산대학교박물관, 1992, 『북정패총』.

부산시립박물관, 1993, 『범방패총』Ⅰ.

부산시립박물관, 1996, 『범방패총』II.

山崎純男, 1988, 「西北九州漁撈文化の特性」, 『季刊考古學』25, 雄山閣.

서울대학교 박물관, 1984·1985, 『오산리유적』.

盛本 勳, 1988, 「琉球列島の貝製漁網錘」, 『季刊考古學』25, 雄山閣.

小畑弘己 1996, 「シベリア先史時代の釣針と漁撈」, 『古文化談叢』36.

손보기, 1982, 『상노대도의 선사시대 살림』, 수서원.

송은숙, 1991, 「한국남해안지역 신석기문화에 대한 고찰」, 서울대 고고미술사학과 석사논문.

신숙정, 1994, 「우리나라 남해안지방의 신석기문화 연구」, 학연문화사.

신종환, 1989, 「울주 신암리 유적」, 『영남고고학』6.

安承模, 1995, 「新石器時代의 江原地方」, 『江原道史』.

안승모, 1997, 「신석기시대의 생업과 사회」, 『한국사』2, 국사편찬위원회.

안승모, 2002, 「신석기시대」, 『한국의 학술연구 – 고고학』, 인문사회과학편 3집, 대한민국
　　　　학술원.

연세대학교박물관, 2004, 『연당쌍굴』, 2004년 특별전도록.

熊本縣天草郡五和町敎育委員會, 2000, 『一尾貝塚』.

원광대 마한·백제문화연구소, 2002, 『노래섬 I 』.

이동주, 1992, 「남해안 도서지방의 선사문화 자료 I 」, 『고고역사학지』8.

이동주, 1996, 『한국 선사시대 남해안 유문토기연구』, 동아대대학원 박사학위논문.

이범홍, 1992, 「동삼동패총 채집석기」, 『고고역사학지』8.

이상균, 2003, 「신석기시대 한반도 남해안 석기군의 양상」, 『日韓新石器時代의 石器』, 제5
　　　　회일한신석기시대연구회발표요지.

이청규외, 1995, 「고산리 유적과 석기유물」, 『석계황용훈교수정년기념논총』.

이향숙, 1987, 「한국 선사시대 간뼈·조가비 연모의 연구」, 연세대학교 석사학위논문.

田中聰一, 2000, 「韓國 中·南部地方 新石器時代 土器文化 硏究」, 동아대대학원 박사학위
　　　　논문.

제주대박물관, 1998·2003, 『제주고산리유적』.

竹川大介, 1995, 「ソロモン諸島のイルカ漁」, 『動物考古學』4, 動物考古學硏究會.

하인수, 1999, 「동삼동패총정화지역발굴성과」, 『고고학을 통해 본 가야』, 한국고고학회.

하인수, 2002, 「범방유적 발굴개요」, 『한국신석기연구』3.

하인수, 2004, 「동삼동패총 문화에 대한 예찰」, 『한국신석기연구』7.

하인수, 2006a, 「영남해안지역의 신석기문화연구」, 부산대학교 고고학과 박사논문.

하인수, 2006b, 「신석기시대 패제품의 종류와 이용」, 『석헌 정징원교수정년퇴임기념논총』,
　　　　부산고고학연구회.

하인수, 2006c, 「신석기시대 골각기의 양상」, 『한국신석기연구』11.

한영희, 1994, 「신석기시대의 사회와 문화」, 『한국사』1, 한길사.

황창한, 2002, 「울산 황성동 세죽유적」, 『한국 신석기시대의 환경과 생업』, 동국대학교 매
　　　　장문화재연구소.

橫山將三朗, 1933, 「釜山府絶影島東三洞貝塚報告」, 『史前學雜誌』5-4.

後藤 明, 1996, 『海の文化史』, 未來社.

後藤 明, 2001, 『民族考古學』, 勉誠出版.

신석기인의 어로 생활

Ⅰ. 어로의 시작
Ⅱ. 어로의 양상과 실태
Ⅲ. 어민의 생활과 문화

Ⅰ. 어로의 시작

오랜 빙하시대가 끝나고 후빙기(간빙기)에 접어들면서 세계 각지는 새로운 환경이 전개되고 자연환경과 생태계에 많은 변화가 일어나게 된다. 특히 최종 빙하기가 끝나고 후빙기가 시작되는 무렵에는 인류 역사에 있어 지금까지 전혀 볼 수 없었던 새로운 도구가 발명되고, 정주생활을 통한 다양한 생업활동이 전개된다. 즉 토기의 발명과 이용, 궁시의 사용, 야생 상태에서 선택된 식물과 동물을 집중 관리하는 농경과 목축이 그것이다.

이러한 사실들은 그 동안 자연적 질서에 순응하면서 오랜 수렵생활과 채집활동을 해온 인류가 새로운 환경 속에서 이전과 다른 생활양식과 삶의 방식을 개선하면서 〈자연적 질서로부터 분리 독립하여 인간적인 질서 구축〉에 착수했다는 것을 의미하는 것이다. 이것이 신석기문화의 시작을 알리는 서막이다.

한반도 신석기시대의 성립 과정과 문화적 양상은 아직 불투명한 점이 많다. 뿐만 아니라 신석기인(즐문토기인)이 언제부터 한반도에 정주하고 바다를 생존기반으로 하여 생업활동을 전개하였는가도 분명하지 않은 실정이다. 그러나 한반도 주변지역의 고고학적 조사와 연구 성과를 통해 본다면 기원전 1만년 무렵부터 새로운 환경에 적응한 신석기인은 생존을 위해 수렵, 어로, 채집, 농경, 교역 등으로 생업 영역을 확대하고 생활양식을 개선해 간 것으로 추정된다. 그것은 오랜 구석기 기간 동안 주요 생계 수단으로 이용된 수렵 중심의 유동형(遊動型) 생업활동만으로 변화된 환경에 적응할 수 없을 뿐만 아니라 생존기반을 항구적으로 마련하기 위해서 다양한 생업기술과 전략이 필요했기 때문이다.

신석기시대 다양한 생업형태 중 특히 바다를 무대로 장기간 지속된 어로는 구석기시대 생업 형태와 뚜렷이 구분될 뿐 아니라 한반도 신석기문화를 특징짓는 중요한 요소 중 하나이다. 그런 의미에서 어로가 신석기시대사에서 차치하는 위치와 비중은 매우 높다고 할 수 있다.

최초의 어로 활동이 언제부터 시작되고 정주형 자원개발 전략으로 채용되었는가에 대한 고고학적인 증거는 불확실하다. 세계사적으로 본다면 후기 구석기시대에 어로행위의 흔적이 단편적으로 확인되고 있으나 새로운 생존전략으로써 어로가 본격적으로 이용되고 생업 형태로 자리 잡은 것은 신석기시대부터이다.

초기의 어로 행위는 해양어로보다 손쉽게 획득할 수 있는 내만지역이나 내수면에서 이루어 졌을 것으로 추정되며, 이후 생태계 순환에 대한 경험적 지식의 축적과 기술의 발달로 점차 해양 어로로 확대되었을 것으로 추정된다.

우리나라에서 어로 활동에 관한 현재 가장 오래된 고고학적인 증거는 기원전 8,000년을 전후한 시기에 형성된 동삼동과 창녕 비봉리, 울진 죽변, 양양 오산리유적에서 발견되고 있다. 여기서 출토된 결합식조침(낚시바늘)과 그물추를 포함하여 동삼동과 비봉리유적에서 확인되는 패총, 통나무 배 등은 신석기인이 직접적으로 어로 행위를 하였음을 확실히 보여 주는 증거라고 할 수 있다. 특히 패총의 출현과 패류의 식량자원화는 본격적인 어로 활동의 신호탄이라고 할 수 있다.

그러나 이들 유적에서 확인되는 어로의 흔적은 한반도에서 이루어진 가장 오래된 어로 행위를 의미하는 것은 물론 아니다. 그것은 한반도 신석기의 시작이 주변 지역의 사례로 볼 때 기원전 1만년 무렵까지 올라간다고 한다면 이보다 앞서는 어로 관련 유적과 유물의

① 웅기 굴포리 서포항

② 온천 궁산

③ 옹진 모이도 · 소연평도 · 대연평도 까치산

④ 옹진 시도

⑤ 인천 운서동

⑥ 시흥 오이도

⑦ 서산 대죽리

⑧ 태안 안면도 고남리

⑨ 군산 노래섬 · 가도

⑩ 신안 가거도

⑪ 완도 여서도

⑫ 여수 돌산 송도

⑬ 여수 안도

⑭ 하동 목도

⑮ 사천 구평리

⑯ 사천 늑도

⑰ 통영 산등 · 상노대도

⑱ 통영 욕지도

⑲ 통영 연대도

⑳ 창녕 비봉리

㉑ 부산 북정

㉒ 부산 범방 · 김해 수가리

㉓ 부산 다대포

㉔ 부산 율리

㉕ 부산 영선동

㉖ 부산 동삼동

㉗ 울산 세죽

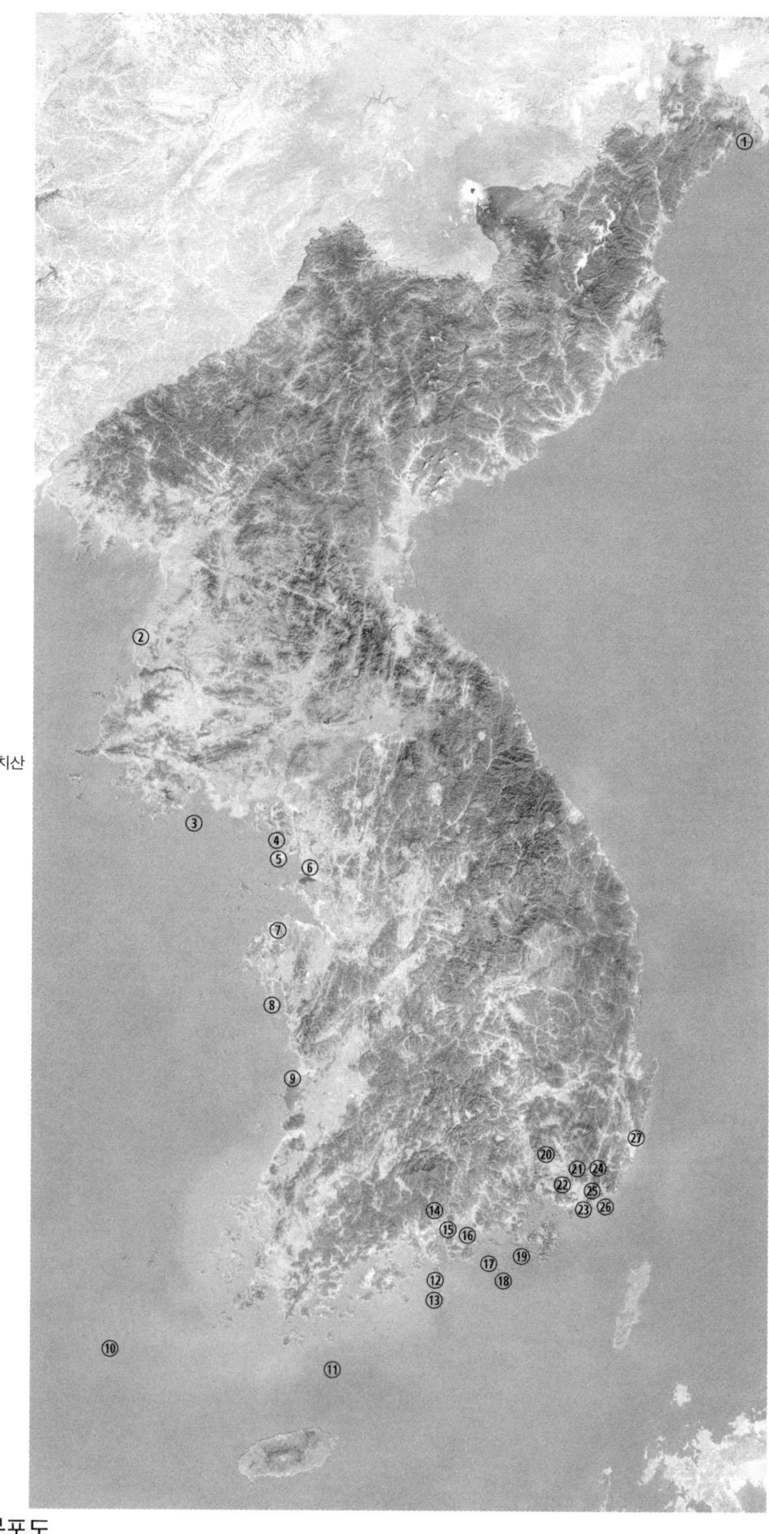

그림1 신석기시대 패총 분포도

존재가 예상되기 때문이다.

　아직 단정적으로 언급할 수는 없으나 신석기대 초창기유적으로 확실시되는 제주도 고산리유적을 비롯한 여러 유적에서 출토되는 소형 타제석촉이 궁시(弓矢)어로구로 전용되었을 개연성과 첨두기, 석인 등이 어로구로 이용되었을 가능성이 있다는 점에서 초기 어로활동은 더 이른 시기부터 이루어졌을 것으로 생각된다. 그러면 최근 발굴과 연구 성과를 참조하면서 신석기인이 해양을 무대로 전개한 어로 활동의 내용과 그 실상에 대해 구체적으로 살펴보기로 하겠다.

Ⅱ. 어로의 양상과 실태

1. 어로의 흔적과 방법, 도구

한반도에서 현재까지 발굴과 지표조사로 확인된 신석기 유적은 약 900개 소에 달한다. 내륙지역에도 많은 유적이 발견되고 유적 조사가 이루어지고 있으나 대부분 유적은 생존과 생업활동에 유리한 입지적 조건을 갖춘 해안지대나 도서지역, 큰 하천의 내만지역에 위치하고 있다. 그 이유는 여러 가지로 설명될 수 있겠지만, 일차적으로는 식량자원 획득과 생업활동에 적합한 입지 환경에서 그 요인에서 찾을 수 있다. 특히 바다는 안정된 식량자원을 공급할 뿐만 아니라 연중 활동 가능한 생업 공간을 제공하기 때문이다. 이와 더불어 어로가 수렵에 비해 생산성과 효율성이 높은 것도 신석기인이 장기간 해안지대에 정주하게 된 주된 원인으로 작용했던 것으로 생각된다.

　어로 행위와 활동을 단적으로 잘 보여 주는 유적은 패총이다. 패총은 주지하는 바와 같이 각종 생활 폐기물이 쌓여 형성된 것이지만, 여기에는 토기, 석기, 골각기 등 일상도구뿐만 아니라 어로 행위와 식생활을 알 수 있는 다양한 흔적들이 남아 있다.

　신석기시대 패총은 현재까지 조사 자료에 의하면 320여 개 소에 달하는데, 해안선이 단조로운 동해안을 제외한 서해안과 남해안지역에 집중적으로 분포한다(그림1). 그것은 이들 지역이 어패류 서식에 적합한 생태 환경을 갖추고 있기 때문이다. 그런 의미에서 최근에 발굴된 울산 황성동, 창녕 비봉리유적과 울진 죽변유적, 가덕도 장항유적 등은 신석기인의 어로활동과 어로민의 생활상을 잘 보여주는 유적이라고 할 수 있다.

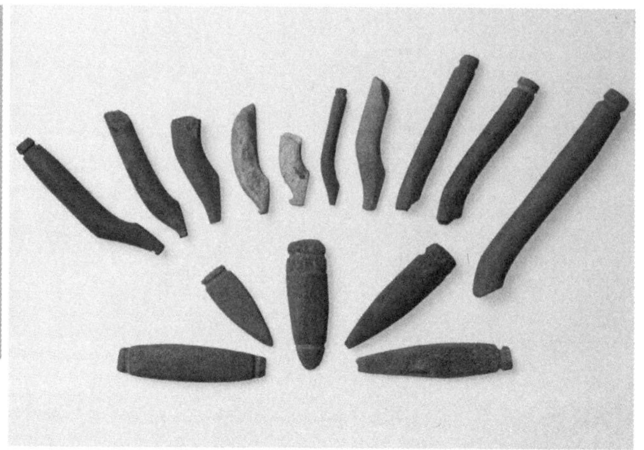

그림2 범방패총 결합식조침(낚시)(▲)
그림3 죽변유적 결합식조침(▶)

　어로활동은 지역과 어로 대상물의 종류에 따라 내륙의 강이나 하천 혹은 호수 등에서 이루어지는 내수면 어로와 해안 및 원도서권 지역에서 이루어지는 해양어로로 구분된다. 내수면 어로는 고고학적인 자료가 적어 어로방법이나 도구 등은 불투명한 실정이지만, 일본 조몽시대(繩文時代) 동경도(東京都) 전전경지(前田耕地)유적이나 중국 동북지역의 신개류(新開流)유적에서 연어, 메기, 잉어 뼈 등이 출토되는 것으로 보아 신석기시대에 내수면 어로활동도 이루어 졌음을 알 수 있다.

　우리나라에서는 하천변 유적의 주거지에서 출토되는 어망추와 동굴유적 출토되는 담수산 패류를 제외하고 관련 자료가 거의 없어 내수면어로의 방법이나 포획 대상물 등을 구체적으로 알 수 없지만, 내륙에 거주했던 신석인은 어떠한 형태로든 어로활동을 하였음은 분명하다고 생각된다. 내수면 어로는 강원도 지경리유적과 북한지역의 남경, 금탄리주거지 등에서 다량으로 출토되는 그물추로 보아 특히 어망을 통해 이루어졌을 것으로 생각된다. 그리고 얕은 하천에서는 작살이나 찌르개를 이용한 자돌어법과 궁시어법도 부분적으로 사용되었을 것이다.

　해양어로는 내수면 어로와 달리 연중 어로 활동이 가능하고, 포획 가능한 자원이 풍부하여 신석기 전 기간을 통해 지속적으로 이루어졌다. 해양어로는 그 방법에 따라 일반적으로 조어법(낚시어법), 어망(漁網)법, 자돌(刺突, 작살)어법, 궁시(弓矢)어법, 채취어법, 함정어법 등으로 구분된다. 조어법과 자돌어법, 채집어법은 패총이나 주거지 등에서 발견되는 어구의 종류와 형태를 통해 어느 정도 짐작할 수 있으나 함정어법과 궁시어법은 고고학적으로 증명하기가 쉽지 않다.

　조어(釣漁)법은 낚시를 이용해 어류를 포획하는 것인데, 낚시(조침)는 어로구 중에서 가장 널리 사용된 도구이다. 제작방법과 형태에 따라 결합식(그림2)과 단식(單式)조침(그림5)으로 나누어지나, 신석기시대에 발견되는 낚시는 돌이나 뼈로 만든 축과 골제 바늘을 분리 제작하여 하나로 조합한 결합식낚시가 대부분이다. 동해안과 남해안지역에서 주로 사용되며, 다랑어, 참돔, 방어, 삼치, 대구 등 중·대형 어종을 잡는데 사용되었을 것으로 추정된다. 오산리, 문암리, 세죽, 죽변, 동삼동, 연대도패총에서 많이 출토된다.

단식조침은 뼈로 만든 바늘 자체가 일체형(一體形)으로 완성된 형식이며, 형태에 따라 J자형과 역T자형(逆T字形) 으로 구분된다. 특히 역T자형조침은 一자형 몸체 중앙에 마련된 홈에 줄을 연결하여 사용한 조침으로, 큰 석추에 연결된 줄에 몇 개의 조침을 장착하여 연승(延繩) 어로에 사용되는 낚시이다. 서포항패총과 동삼동, 욕지도패총에서 출토되고 있다.

자돌어법은 돌이나 동물뼈로 가공한 자돌구를 나무에 끼여 만든 작살 혹은 찌르개로 어류나 해양포유류를 포획하는 어법이다. 작살은 신석기시대 대표적인 어로구의 하나로 재질과 형태, 사용방법에 따라 여러 종류로 나누어진다(그림6). 작살 중 결합식작살은 흑요석 등을 소재로 섬두(銛頭)를 분할, 제작하여 나무나 뼈에 삽입하여 만든 형태인데, 신석기 조기(기원전 5,000년 전후)부터 출현하여 주로 다랑어 등의 대형 어종이나 고래, 돌고래, 상어, 강치 등 해양 포유류를 포획하는데 사용한 것으로 추정되고 있다.

회전식작살은 물개, 강치, 바다사자 등 해수류를 포획하는 어로구로 알려져 있으며, 섬두가 포획대상물의 체내에 직각으로 회전하여 이탈할수 없는 구조로 되어 있는 것이 가장 큰 특징이다. 이러한 형태의 작살은 서포항패총을 비롯하여 상노대도, 동삼동패총에서 출토된다.

어망법은 그물을 통해 어패류를 포획하는 방법인데, 어망은 신석기시대 대부분의 유

그림4 동삼동패총 그물문토기

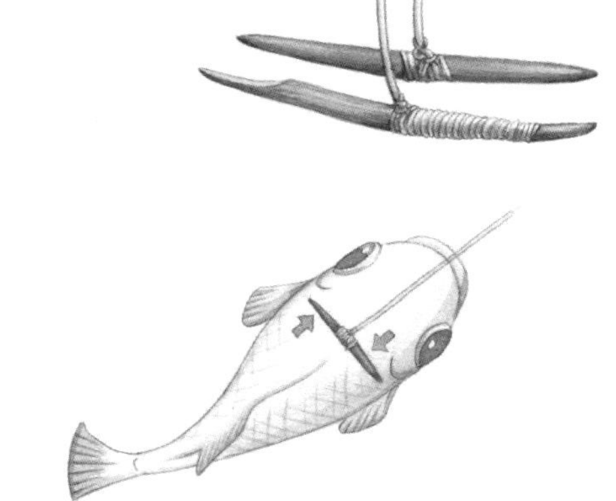

그림5 역T자형조침 사용 모식도

적에서 출토되는 어망추로 보아 낚시와 함께 가장 일반적으로 사용된 어로구로 추정된다. 현재 실물이 남아 있지 않아 어망의 구조나 형태 등은 알 수 없으나 동삼동패총에서 출토된 빗살무늬토기 표면에 찍힌 그물 흔적을 통해 어느 정도 형태를 짐작할 수 있을 뿐이다(그림4). 그러나 유적에서 출토되는 어망추의 크기와 무게, 형태 등이 다른 점으로 보아 어로 방법에 따라 다양한 종류가 존재했을 것으로 추정된다.

궁시어법은 화살을 이용해 얕은 하천이나 바다의 표층에 서식하는 어류를 포획하는 방법인데, 민족지 자료로 보아 패총에서 출토되는 소형 화살촉은 궁시어로구로도 사용되었을 가능성이 크다. 채취어법은 해안이나 갯벌에 서식하는 패류 등을 맨손이나 도구를 이용하여 채취하는 방법이다. 손쉽게 어패류를 채취할 수 있다는 점에서 가장 일반적으로 이루어진 어로활동이라고 할 수 있다.

패류 채취에는 그 종류와 서식환경에 따라 다양한 도구나 방법이 이용되었을 것으로 생각된다. 동삼동과 수가리패총 등에서 출토되는 골제 빗창은 신석기인들이 즐겨 먹었던 전복이나 굴, 홍합 등 암초성 패류를 채취할 때 주로 사용하였다.

함정어로는 포획과정에 많은 노력을 기울이지 않아도 다량의 어패류를 획득할 수 있는 이점 때문에 현재도 널리 사용되는 전통적인 어법이다. 일부 연구자는 동삼동패총 등에서 출토되는 패추(貝錘)는 주꾸미 등을 포획하는 도구로 추정하고 있다. 따라서 아직 관련 자료가 부족하여 확정할 수 없으나 해양생물의 생태적 특성을 이용한 함정어로가 이루어졌을 가능성이 높다고 생각된다.

이 밖에 전통적으로 사용되어 온 개막이그물법(건간망)과 독살(석방렴)같은 방법도 사용되었을 것으로 추정된다.

그림6 동삼동패총 출토 여러 가지 작살

2. 어로활동과 포획대상물

어로는 해양의 생태 환경과 지역에 따라 어로방법과 종류, 포획 대상물에서 많은 차이를 보인다. 특히 남해안에는 동해안와 서해안과 달리 리아스식해안이 발달하고 한류와 난류의 유입으로 다양한 어패류가 서식한다.

남해안의 동삼동, 범방, 연대도, 비봉리, 욕지도, 여서도패총과 서해안의 가도, 노래섬, 연평도패총, 동해안의 죽변, 황성동, 세죽유적에서 출토된 각종 어패류와 고래, 강치 등의 해수류 유존체 그리고 이들을 포획하는데 사용된 다양한 어구는 한반도에 거주했던 신석기인의 어로 실태와 어떤 대상물을 포획하여 식량자원으로 이용했는가를 잘 보여준다. 이들 유적에서 출토되는 상어, 방어, 다랑어, 참돔, 물개, 강치, 돌고래, 고래 등의 외양성 어종과 해수류는 신석기인이 먼 바다까지 진출하여 어로활동을 하였음을 보여주며, 이러한 외양성 어로는 대한해협을 사이에 둔 일본의 구주지역과의 지속적인 문화교류의 기반이 되기도 하였다.

해안가에 거주하던 신석기인이 어떠한 종류의 고기를 포획하고, 어떤 종류의 조개를 채취했는가는 패총유적의 조사를 통해 알 수 있다. 남해안지역의 패총에서는 악상어, 흉상어, 가오리, 대구, 쏨뱅이, 정어리, 청새치, 농어, 감성돔, 참돔, 전갱이, 정어리, 고등어, 혹돔, 다랑어, 방어, 삼치, 넙치, 복어, 도미, 대구, 숭어 등의 어류 뼈가 출토된다. 갯벌이 발달한 서해안은 어종에서 남해안과 약간의 차이는 있으나 노래섬과 가도패총에서는 참돔, 돌돔, 민어, 가오리, 복어, 상어류, 농어, 양태, 방어 등이 확인되고 있다.

이 중에서 대구는 겨울철 리만해류를 타고 연해주 연안에서 동해안을 따라 내려 온 것을, 다랑어와 고등어는 난류인 쿠로시오 해류를 타고 북상한 것을 포획한 것인데, 당시 신석기인이 각종 어류의 특성과 회유 시기를 잘 알고 있었음을 보여 주는 사례이다.

한편 이들을 잡기 위해서 먼 바다까지 진출하였을 뿐만 아니라 특히 대형 어종을 포획하기 위해서는 앞서 설명한 결합식조침이나 작살을 이용하기도 하였다. 비봉리유적에서 출토된 결합식조침과 통나무 배(그림7)는 흉상어나 잉어, 농어 등을 잡는데 사용하였을 것으로 생각된다.

창녕 비봉리유적에서 출토된 통나무배인 환목선(丸木船)과 노는 당시 어민들의 해양활동과 어로의 실체를 이해할 수 있는 구체적인 자료라는 점 뿐 아니라 우리나라에서 가장 오래된 배라는 점에서 학술적 가치가 높다고 할 수 있다. 신석기시대 배는 반구대 암각화

그림7 창녕 비봉리유적 배   **그림8 동삼동패총 출토 배모양토기**

에 부분적으로 묘사되어 있지만, 실물 자료가 발견된 것은 처음이라고 할 수 있다. 비봉리유적의 배와 동일한 것이 토기 형태로 동삼동패총에서 출토되었다. 동삼동 배모양토기(그림8)는 구조상으로는 비봉리유적의 배와 동일한 것으로 추정된다.

통나무 내부를 가공하여 만든 환목선은 신석기시대에 일반적으로 사용되었던 것으로 생각되나 배의 규모가 소형인 점으로 보아 외양성 어로를 위해서는 또 다른 형태의 배가 존재했는지도 알 수 없다.

최근 발굴된 울진 죽변유적에서는 다량의 결합식조침(그림3)이 출토되었는데, 동해안지역에 거주하였던 신석기인들의 어로행위와 도구의 실체를 잘 보여 준다는 점에서 중요한 자료라고 생각된다. 죽변유적에서는 결합식조침 이외에 신석기 조기에 속하는 융기문토기, 두립문토기, 단도마연토기 등 다량의 빗살무늬토기류(그림9)와 석제작살, 마제석부, 굴지구, 석도류 등이 출토되었다. 특히 얼굴모양의 파수와 토제품(그림10)은 다른 유적에서 볼 수 없는 특징적인 것이다. 이들 유물 들은 동해안지역의 신석기문화 뿐만 아니라 해안지역에 거주했던 어로민의 문화를 연구하는데 중요한 정보를 제공할 것으로 기대된다.

3. 해수류와 고래사냥(捕鯨)

해양 어로민들은 전술한 어류 이외에 패총유적에서 출토되는 다량의 해양포유류 뼈를 통해 볼 때 고래, 돌고래, 물개, 강치, 바다사자 등 대형의 바다동물도 직접 포획하였음을 알 수 있다. 해수류의 포획에는 결합식 혹은 회전식작살(離頭銛), 석창, 대형작살 등을 이용하

그림9 죽변유적 즐문토기   그림10 죽변유적 인면형파수 및 이형토제품

였을 것으로 추정되며, 리만해류를 타고 남하하여 암초지대에 서식하는 강치, 물개나 고래 등이 주요 포획 대상이었을 것으로 생각된다. 동삼동패총을 비롯한 외양성 유적에서 다량으로 출토되는 강치와 고래 뼈는 이러한 사실을 잘 보여 주는 사례이다.

동삼동, 수가리, 조도, 상노대도, 욕지도패총, 산등, 세죽, 신암리, 황성동, 서포항유적 등 동해와 남해안의 여러 유적에서 출토되는 많은 양의 고래 뼈는 연안으로 접근하는 고래를 직접 사냥하였음을 보여주며, 그 잔재물인 뼈는 각종 골각기의 재료로 사용하였다.

물론 패총에서 출토되는 고래 뼈만을 근거로 신석기시대 포경의 존재를 단정할 수 없으나 당시 사용된 대형 작살의 존재, 고래의 생태적 특징과 포경 모습을 사실적으로 묘사한 반구대 암각화의 제작 시기가 신석기시대까지 올라가는 점, 동삼동패총을 비롯한 해안지역의 패총유적에서 출토되는 고래 뼈가 좌초된 고래로 생각하기에는 개체수와 출토 빈도 너무 많다는 점, 타지역의 민족지 사례로 보아 연안으로 접근하는 고래를 원시적 도구와 방법으로 포획하고 있는 점 등을 통해 볼 때 단순히 해안에 좌초한 고래를 포획한 것으로 간주하기 보다는 연안지역에서 느린 속도로 이동하는 고래를 집단어로를 통해 직접 포획한 것으로 보는 것이 합리적인 해석이라고 할 수 있다.

일부 연구자는 신석기시대 고래사냥(포경활동)이 불가능하며, 유적에서 출토되는 고래 뼈는 좌초된 고래를 획득하였을 것으로 주장하고 있다. 그러나 고래나 돌고래 등은 만으로 몰아 잡는 몰이어법이나 대형 작살을 통해 포획이 가능하며, 대형고래 역

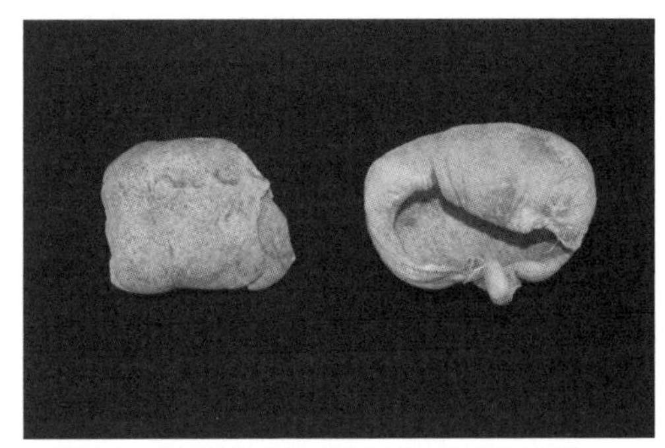

그림11 동삼동패총 출토 혹등고래 귀뼈

시 신석기인들의 오랜 해양활동을 통해 축적된 경험적인 지식과 어로기술로 볼 때 충분히 포획 가능하다고 생각한다.

이러한 가능성과 개연성을 단적으로 보여주는 것이 반구대 암각화에 묘사된 고래 그림이라고 할 수 있다 반구대에 나타나는 고래그림(그림12)은 단순히 고래의 형상을 표현한 것 아니라 고래 종류와 생태를 충분히 인지한 상태에서 포경 내용을 사실적으로 그린 점을 염두에 둘 필요가 있다고 생각한다.

신석기시대 포경론을 적극적으로 뒷받침하는 증거가 2010년에 동양문물연구원에서 조사한 울산 황성동유적에서 발견되었는데, 전기 문화층(기원전 4,000년 전후)에서 골제 작살이 박힌 채로 출토된 고래 견갑골(그림13)과 흉추가 그것이다. 소형 작살로 과연 고래를 잡을 수 있었는가에 대해 의문도 있겠지만, 이것은 어디까지나 현재 남아 있는 상태를 보여주는 것이지 포경이 불가능함을 의미하는 것은 아니다. 고래사냥에는 다양한 종류의 작살이 사용되었음은 물론이다.

이와 더불어 1999년도 복천박물관에서 조사한 동삼동패총의 전 시기 문화층에서 대량으로 출토된 고래 뼈와 여기서 확인된 참고래와 혹등고래(그림11) 등 여러 종류의 고래를 주목할 필요가 있다. 대형고래에 속하는 혹등고래는 주로 연안을 따라 느리게 이동하는 것으로 알려져 있으며, 반구대암각화에도 묘사되어 있다. 동삼동패총에서 다양한 종류의 고래 뼈가 출토된다는 사실은 직접 사냥한 고래를 유적에서 해체하였음을 보여주는 증거이다.

이상의 사례는 신석기시대에 고래사냥이 이루어졌음을 반영하는 것으로 보아도 좋다고 생각한다. 그런 의미에서 부정적으로만 인식되어 온 신석기시대 포경불가론은 다시 생각할 필요가 있다.

한편 포획된 해수류의 고기와 껍질, 기름과 뼈 등은 다양한 생업도구와 식료로 효용가치

그림12 반구대 암각화 고래그림

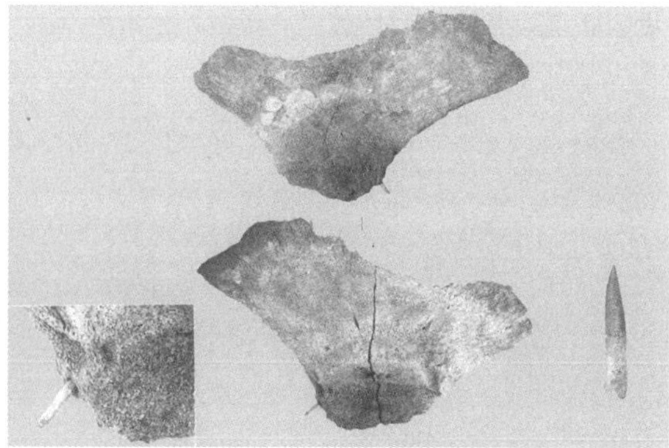

그림13 울산 황성동유적 고래뼈(견갑골)

가 높았을 것으로 생각되며, 특히 고래뼈는 골각기 재료로, 돌고래 이빨은 장신구로 이용되기도 하였다. 민족지 연구에 의하면 남태평양 솔로몬제도의 말라이타섬 원주민들은 집단 어로를 통해 포획한 돌고래를 식량으로 이용하였을 뿐만 아니라 이빨을 혼자(婚資)나 장식품 등 특수 교환재로 사용하고 있다.

Ⅲ. 어민의 생활과 문화

해안이나 원도권지역에 거주한 어로민은 어로 이외에 수렵이나 야생식물 채집, 농경활동 등 다양한 생업활동을 통해 생계를 유지하고 필요한 식량자원을 확보하였다. 이러한 생업 활동은 어로 못지않게 생업경제에 차지하는 비중이 높았을 것으로 생각된다.

수렵을 통해 확보한 포획물은 신석기인에게 단백질를 공급하는 식료원일 뿐 아니라 각종 뼈는 바늘, 작살, 낚시바늘, 첨두기 등이 골각기와 장신구 재료로 활용되었다. 특히 사슴은 기타 획득물과 달리 폐기되는 잔재물이 거의 없을 정도로 가죽과 각 부위의 뼈는 다양한 재료로 활용되었다는 점에서 주요 수렵대상이었을 것으로 추정된다.

이밖에 부족한 식량자원을 확보하고 안정적인 생계를 유지하기 위해서는 식물성 식료도 채집하였다. 신석기 초기에는 주로 도토리나 근경류 등 야생식물 채집하였지만, 전기 이래 북방에서 유입된 조와 기장 등 잡곡을 재배하기도 하였다. 동삼동패총 1호주거지와 비봉리 유적에서 출토된 조와 기장은 어로민들이 고기잡이 이외의 생산과 생업활동의 일면을 보여주는 사례라고 할 수 있다.

어로민의 거주 형태는 내륙지역과 마찬가지로 수혈주거를 만들어 생활하였는데, 양호한 취락유적의 조사예가 적어 주거 생활을 잘 알 수 없으나 동삼동패총과 목도패총, 영종도와 서해안지역의 삼목도, 시흥 능곡, 안산 신길유적에서 확인된 많은 수의 주거지를 통해 볼 때 적어도 일정한 규모의 취락을 조성하여 생계와 생업활동을 영위하였을 것으로 생각된다.

어로민은 오랜 어로 활동을 통해 해양에 대한 지식을 축적하고 이를 바탕으로 인접지역 혹은 타문화권과의 교류활동을 전개하였음이 외래계(外來系)유물을 통해 짐작할 수 있다. 특히 일본 구주지역과는 신석기 조기부터 흑요석 교역을 통한 문화교류가 전개되었으며, 이러한 교류 활동은 신석기 전 기간을 통해 양 지역의 생업정보와 문물이 상호 이동되는 결과를 가져왔다. 이밖에 해안지역민은 내륙지역의 신석기인과도 교류활동을 전개하였는데, 청도 오진리유적의 조개팔찌, 단양 상시, 영월 쌍굴 유적의 해양산 패류는 해안지역민이 내륙지역과의 교류를 하였음을 단적으로 보여주는 대표적인 사례이다.

해안 지역민 간의 교류 흔적은 서해안의 노래섬이나 가도패총에서 출토되는 결합식조침과 영선동식토기, 남해안지역의 범방과 동삼동패총에서 출토되는 중서부해안지역의 즐문토기를 통해 알 수 있으며, 특히 여서도와 동삼동패총에서 출토되는 제주도산 즐문토기와 현무암은 남해안의 어로민이 제주도지역까지 대외 활동을 하였음을 보여 준다.

자연의 변화에 좌우되는 환경 속에서 삶을 살아온 신석기인은 생활 자체가 종교적이고 의례적인 측면이 강했다고 할 수 있다. 특히 어로민은 생업의 대부분이 해양이라는 거칠고 위험한 환경 속에서 이루어지기 때문에 어쩌면 내륙지역에 거주했던 사람들보다 삶 자체가 신앙적이고 의례적일 가능성이 높다고 하겠다. 이들의 정신세계의 흔적을 보여 주는 것으로는 무덤과 각종 의례구들이 있다.

무덤 유적으로는 안도, 연대도, 욕지도와 최근 발굴 된 부산 가덕도 장항(獐項)유적 등이 있는데, 특히 장항유적에서는 40여 기의 분묘와 여기에 묻힌 사람들의 매장 자세는 당시 어로민의 사후 세계와 장례의식의 일면을 잘 보여 준다. 그리고 연대도패총에서 발굴된 인골에서는 일종의 잠수병으로 알려진 외이도골종(外耳道骨腫)이 확인되어 당시 사람들이 패류 등을 채취하기 위해 깊은 바다 속까지 잠수하였음을 알려 준다

의례(의식)구로 대표적인 것은 조개가면과 흙을 빚어 만든 토우가 있다. 조개가면은 동삼동패총에서 출토된 것이 유일한데, 국자가리비에 눈과 입을 형상화한 구멍을 뚫은 형태이다. 조개가 갖는 다양한 상징성으로 보아 집단의 공동의식이나 혹은 벽사적 행위와 관련한 주술구로 이용되었을 것으로 추정된다.

토우는 특정한 물상을 형상화하여 의례 혹은 주술적인 도구로 사용한 것으로 추정되고 있으며, 형상에 따라 동물형과 인물형으로 구분된다. 동물형은 곰, 멧돼지, 물개 등을, 인물형 토우는 사람의 모습을 간략하게 형상화 한 것이다. 동삼동, 신암리, 욕지도, 여서도, 오산리, 세죽유적 등에서 출토되고 있다. 이밖에 경주 봉길리, 부산 율리, 범방패총에서는 남여 성기를 표현한 토제품도 확인되는데, 풍요와 다산을 기원한 기물(器物)로 추정된다.

토기의 기면에 동물 형상을 음각으로 새기거나 토우를 부착한 장식토기도 신앙이나 의식과 관련된 도구로 추정되는데, 비봉리유적과 동삼동패총의 선각문(線刻文)토기, 죽변유적의 인면형(人面形) 파수부(把手附)토기가 대표적이다. 동삼동패총의 사슴선각문토기는 전술한 바와 같이 주요 수렵 대상인 사슴사냥에 대한 기원과 이와 관련된 의식을 행하거나

혹은 집단내에 특별한 의례시 사용한 특수한 용기로 보인다.

한편 신석기인은 일상 활동을 통해 쉽게 구할 수 있는 동물뼈나 이빨·조개·옥·돌·흙 등의 재료로 목걸이·팔찌·귀걸이·뒤꽂이 등 각종 장신구를 만들어 착용하였다. 대표적인 것이 팔찌와 귀걸이다. 투박조개로 만든 조개 팔찌와 각종 옥으로 만든 수식과 이식(결상이식)은 집단내에서 특별한 역할과 사회적 지위를 갖는 자만 착용하였던 것으로 생각되는데, 가덕도 장항유적에서 조개팔찌를 착장한 채로 출토된 여성 인골은 이러한 사실을 잘 보여 준다.

이상에서 최근에 이루어진 발굴과 연구 성과를 중심으로 우리나라 신석기시대 어로생활과 어로민의 문화에 대해 간략하게 살펴보았다. 바다는 연중 안정된 식량자원을 제공하는 공간이라는 점에서 이른 시기부터 신석기인의 생업무대로 이용되었고, 해양을 생업공간으로 한 어로활동과 그 문화는 우리나라 신석기문화를 지탱하고 특징짓는 중요한 요소로 작용하였던 것으로 생각된다. 신석기 전 기간을 통해 지속적으로 이루어진 어로는 어민의 생계양식과 생업경제에서 중요한 비중을 차지하였으며, 주변 지역과 문화교류를 형성하는 기반이 되었다고 할 수 있다.

[참고문헌]

〈논문·단행본〉

家田淳一, 1993, 「しやこ貝科製貝錘の機能」, 『琉球史學』13.

甲元眞之 編, 1998, 『環東中國沿岸地域の先史文化』, 下田印刷.

甲元眞之, 1988, 「東北アジアの石製農具」, 『古代文化』41-4.

甲元眞之, 1997, 「朝鮮先史時代の土偶と石偶」, 『宗教と考古學』, 勉誠社刊.

甲元眞之, 1997, 「朝鮮先史時代の漁撈文化」, 『古文化談叢』39.

甲元眞之, 1997, 「黃渤海沿岸地域の先史時代漁撈文化」, 『先史學·考古學論究Ⅱ』, 龍田考古會.

甲元眞之, 1999, 「環東中國海の先史漁撈文化」, 『文化部論叢』65, 熊本大學文學會.

甲元眞之·鄭澄元外, 2002, 「先史時代の日韓交流試論」, 『靑丘學術論集』20.

甲元眞之編, 1988, 『環東中國渤海沿岸地域の先史文化』, 下田印刷.

甲元眞之編, 1999·2000, 『環東中國海沿岸地域の先史文化』, 熊本大學考古學研究室.

강창화, 2006, 「제주 고산리 신석기문화 연구」, 영남대 문화인류학과 박사논문.

강창화, 2009, 「제주고산리유적 출토 석촉의 형식과 변화」, 『제주도 연구』32, 제주학회.

江坂輝彌·渡邊誠, 1988, 『裝身具と骨角製漁具の知識』, 東京美術.

江坂輝彌·大貫良夫, 2000, 『文明の誕生』講談社.

江坂輝彌, 1986, 「朝鮮半島の西北九州地方の先史·原史時代における交易と文化交流」, 『松坂大學紀要』4.

江坂輝彌·大貫良夫, 2000, 『文明の誕生』, 講談社.

藁科哲男·東村武信, 1990, 「松島貝塚出土の黑曜石製遺物石片の原材産地分析」, 『突山松島』Ⅱ.

高橋豊·河仁秀·小畑弘己, 2003, 「螢光X線分析에 의한 東三洞·凡方遺蹟 出土 黑曜石 産地推定」, 『韓國新石器研究』6, 한국신석기학회.

고동순, 2006, 「동해안지방의 신석기시대 마제석촉에 대한 고찰」, 『강원고고학보』, 강원고고학회.

고동순, 2009, 「동해안오산리 C지구 최하층 유적의 조사 성과」, 『한일신석기시대의 어로와 해양문화』, 韓國新石器學會·九州繩文研究會.

고재원, 1996, 「고산리유적 출토 타제석기의 형태적 분석」, 『제주도사 연구』25.

고재원, 1996, 「제주도 고산리 석기의 분석연구」, 한양대학교석사학위논문.

고재원, 1997, 「제주도 고산리 유적 출토 타제석기의 형태적 분석」, 『제2회 한일신석기연구회 발표자료집』.

古澤義久, 2014, 「東北アジア先史時代偶像·動物形製品の變遷と地域性」, 『東アジア古文化論攷』, 中國書店.

곽진선, 2006, 「군산 노래섬유적의 신석기시대 석기 연구」, 원광대학교 석사학위논문.

곽진선, 2011, 「서해안지역 석기조합 양상과 시기별 변화 양상」, 『한국고고학연합대회 발표자료집』, 한국고고학회.

곽종철, 1990, 「낙동강 하구역에 있어서 선사~고대의 어로활동」, 『가야문화』3.

廣瀨雄一, 1984, 「韓國南岸地域の櫛目文土器の研究」, 『考古學の世界』3.

廣瀨雄一, 1984, 「韓國上老大島出土の剝片石器」, 『考古學の世界』4.

廣瀨雄一, 1985, 「韓國新石器時代石器研究史」, 『성심외국어전문대학논문집』3.

廣瀨雄一, 1986, 「韓國隆起文土器の系譜と年代」, 『異貌』12.

廣瀨雄一, 1994, 「解說」, 『繩文のシンフオニ』, 名護屋城博物館.

구자진, 2004, 「대천리 신석기유적의 토기와 석기에 대한 연구」, 『호서고고학보』11, 호서고고학회.

구자진, 2009, 「남부내륙지역 신석기시대마을의 구조와 생계방식 연구」, 『한국상고사학보』63, 상고사학회.

九州繩文研究會·韓國新石器研究會, 2003, 『日韓新石器時代の石器』, 5回日韓新石器時代研究會發表要旨集.

堀越 正行, 1990, 「繩文時代の貝製腕輪」, 『月刊文化財』11.

堀越正行, 1985, 「關東おける貝輪生産とその意義」, 『古代』80, 早稻田大學考古學會.

宮島 宏, 2004, 「日本各地の硬玉·軟玉の産地」, 『季刊考古學』89, 雄山閣.

宮本一夫, 2003, 「朝鮮半島新石器時代の農耕化と繩文農耕」, 『古代文化』55-7.

金山喜昭, 1993, 「繩文前期における黑曜石交易の出現」, 『法政考古學』20.

金姓旭, 2007, 「韓國新石器時代石器の使用痕觀察」, 『熊本大學社會文化研究』5.

金元龍, 1973, 「新石器文化」, 『韓國史』1, 國史編纂委員會.

金元龍, 1981, 「各地方의 土器·石器·骨角器」, 『韓國史』1, 國史編纂委員會.

及川民次郎, 1933, 「南朝鮮牧ノ島東三洞貝塚」, 『考古學』4-5.

길경택, 1985, 「한국선사시대 농경과 농구의 발달에 관한 연구」, 『고문화』27, 한국대학박물관협회.

金建洙, 2007, 「韓半島における新石器時代の銛について」, 『列島の考古學Ⅱ』, 渡邊誠先生古稀記念論文集.

김건수, 1998, 「우리나라 골각기의 분석적 연구」, 『호남고고학보』8, 호남고고학회.

김건수, 1999, 『한국 원시·고대의 어로문화』, 학연문화사.

김건수, 2005, 「우리나라 선사·고대 함정어업」, 『호남고고학보』21.

김건수, 2008, 「우리나라 신석기시대 패천 고찰」, 한국상고사학보』59.

김건수·이순엽, 1999, 「여수 거문도와 순죽도의 신석기시대 패총」, 『순천대학교박물관지』창간호.

김건수·이승윤, 2006, 「완도 여서도패총」, 『한국신석기연구』11.

김경규, 2003, 「한반도 신석기시대 어로활동 연구」, 충남대학교 석사학위논문.

김경진, 2010, 「석기 사용흔 분석과 기능 연구」, 『한강고고』4, 한강문화재연구원.

김경진, 2012, 「한국 석영계석기 쓴자국 분석 방법 시론」, 『야외고고학』13, 한국문화재조사연구기관협회.

김상면, 1990, 「청도 사촌리유적 발굴조사보고」, 『고고학지』2, 한국고고미술연구소.

김상태, 2002, 「한반도 출토 흑요석기와 원산지 연구현황」, 『한국구석기학보』6.

김상현, 2012, 「부산가덕도 장항유적」, 『2012년 유적조사발표회 자료집』, 한국고고학회.

김선지, 2000, 「남해안의 신석기시대 석부에 대한 일고찰」, 서울대고고미술사학과석사논문.

김성욱, 2008, 「사용흔분석을 통한 신석기시대 수확구 시론」, 『한국신석기연구』16.

김숙 역, 2000, 『장신구의 역사』, 시공사.

김아관, 1993, 「한국 신석기시대의 골각기연구」, 한양대학교 석사학위논문.

김영준·김경진·이한주, 2015, 「보령송학리 조개더미 출토 땐석기의 기술」, 『한국신석기연구』29.

김영준·김소영, 2012, 「신석기시대 망치형석기의 기능 연구」, 『중앙고고연구』11, 중앙문화재연구원.

김용간, 1990, 『조선고고학전서-원시편』, 과학백과사전종합출판사.

김용남, 1983, 「궁산문화에 대한 연구」, 『고고민속논문집』8, 과학·백과사전출판사.

김원용, 1962, 「암사동유적의 토기, 석기」, 『역사학보』17·18, 역사학회.

김원용, 1963, 「춘천 교동 혈거유적과 유물」, 『역사학보』20, 역사학회.

김원용, 1981, 「각지방의 토기·석기·골각기」, 『한국사』 I , 국사편찬위원회.

김원용, 1982, 「한국 선사시대의 神像에 대하여」, 『역사학보』94·95, 역사학회.

김원용, 1986, 『한국고고학개설』3판, 일지사.

김원용·임효재, 1968, 『남해도서고고학』, 서울대학교 동아문화연구소.

김은영, 2003, 「신서기시대 패천 연구」, 부산대학교사학과 석사논문.

김은영, 2007, 「고성 문암리유적을 통해 본 신석기시대 평저토기문화의 전개」, 『문화재』
    40, 국립문화재연구소.

김은영, 2010, 「러시아 연해주와 주변지역 신석기시대 전기 토기의 편년과 동태」, 『고문
    화』76.

김은영, 2012, 「신석기시대동삼동지역의 생계전략 변동에 대하여」, 『한국신석기연구』23.

김은영, 2014, 「신석기 중기 호서지역 수렵채집 집단의 이동 양상 연구」, 『한국상고사학
    보』85.

金子浩昌, 2002, 「韓國新石器時代 貝塚과 漁撈活動」, 『한국 신석기시대의 환경과 생업』, 동
    국대학교 매장문화재연구소.

金子浩昌·忍沢成視, 1986, 『骨角器の研究 縄文編 I · II』, 慶友社.

金子浩昌外, 1981, 「김해 수가리패총 출토 골각패제품 및 동물유체」, 『김해수가리패총』 I ,
    부산대학교박물관.

김장석·양성혁, 2001, 「중서부 신석기시대 편년과 패총 이용전략에 대한 새로운 이해」,
    『한국고고학보』45.

김재윤, 2008, 「선사시대의 極東 全身像土偶와 환동해문화권」, 『상고사학보』60, 한국상고
    사학회.

김재윤, 2009, 「서포항 유적의 신석기시대 편년 재고」, 『한국고고학보』71, 한국고고학회.

金廷鶴, 1972, 『韓國の考古學』, 河出書房新社.

김주용·고상모·안승모·이영덕, 2005, 「진안 갈머리·좌포리유적, 군산노래섬패총 출토
    석재의 암종 감정을 위한 박편 관찰」, 『한국신석기연구』9.

김충배, 2002, 「신석기시대 낚시바늘 연구」, 한양대학교 석사학위논문.

김충배, 2003, 「신석기시대 낚시바늘 연구」 I · II, 『한국신석기연구』5·6.

노희숙, 1997, 「한국 선사 옥에 대한 연구」, 한양대학교 문화인류학과 대학원석사논문.

大竹憲治, 1989,『骨角器』, ニュー·サイエンス 社.

大坪志子, 2013,「玦狀耳飾」,『季刊考古學』125, 雄山閣.

大賀健, 2004,「篦狀垂飾」,『季刊考古學』89, 雄山閣.

데.엘.브로댠스키 저(정석배 역), 1996,『연해주의 고고학』, 학연문화사.

藤田亮策, 1948,「朝鮮考古學硏究」, 高桐書院.

渡邊 誠, 1974,「繩文人の生活誌-赤貝の腕輪」,『みとのす』1.

渡邊 誠, 1985,「西北九州の繩文時代漁撈文化」,『列島の文化史』2, 일본エディター-スクール.

渡邊 誠, 1995,『日韓交流の民族考古學』, 名古屋大學出版會.

渡邊 誠, 1993,『繩文時代の知識』, 東京美術.

도유호, 1961,『조선 원시 고고학』, 과학원출판사.

稻田義助, 1915,「朝鮮の黑曜石」,『考古學雜誌』6-2.

島津義昭, 1992,「日韓の文物交流」,『季刊考古學』38, 雄山閣.

동아대학교박물관, 1999,『남강유역 문화유적발굴도록』.

藤沼邦彦, 1997,『繩文の土偶』, 講談社.

藤沼邦彦春, 1997,「繩文の土偶」,『歷史發掘』3, 講談社.

藤田富士夫, 2002,「日本列島の玦狀耳飾の始原に關する試論」,『繩文時代の渡來文化』, 雄
　　　山閣.

藤田富士夫, 2003,「環狀型玦狀耳飾に關する基礎的考察」,『新世紀の考古學』, 大塚 初重先
　　　生喜壽記念論文集.

藤田富士夫, 2004,「環日本海の玉飾の始原に關する基礎的研究」,『環日本海の玉文化の始
　　　原と展開』, 敬和學園大學人文社會科學研究所.

藤田富士夫, 2007,「玉製品·玦飾」,『季刊考古學』99, 雄山閣.

藤田富士夫, 2012,「東アジアにおける玦飾組成について」,『茅野市尖石繩文考古館 開館10
　　　周年記念論文集』, 茅野市尖石繩文考古館.

藤田亮策, 1930,「雄基松坪洞石器時代遺蹟の發掘」,『靑丘學叢』2.

藤田亮策, 1948,「朝鮮考古學研究」, 高桐書院.

鄧聰, 2004,「東アジアの玦飾の起源と擴散」,『環日本海の玉文化の始原と展開』, 敬和學園
　　　大學人文社會科學研究所.

鄧聰, 2006,「中國の玉文化」,『季刊考古學』94, 雄山閣.

劉國祥, 2004, 「興隆窪文化の玉玦および關聯問題の研究」, 『環日本海の玉文化の始原と展開』, 敬和學園大學人文社會科學研究所.

笠原鳥丸, 1933, 「朝鮮美林發見の石錐に就いて」, 『考古學雜誌』23-10.

笠原鳥丸, 1937, 「朝鮮の擦切石器に就いて」, 『考古學雜誌』27-12.

笠原鳥丸, 1938, 「擦切作用による磨製刀子に就いて」, 『考古學雜誌』28-5.

笠原鳥丸, 1936, 「櫛目文土器を發見せる北鮮淸湖里遺跡について」, 『人類學雜誌』51-5・6.

木村幾多郎, 1992, 「把手部土器の二者」, 『季刊考古學』38, 雄山閣.

木村幾多郎, 1992, 「貝輪と埋葬人骨」, 『季刊考古學』38, 雄山閣.

木村幾多郎, 1997, 「交易のはじまり」, 『考古學による日本歷史』10, 雄山閣.

木村幾多郎, 2002, 「韓國新石器時代結合式釣針考」, 『古文化談叢』48, 九州古文化研究會.

木村幾多郎, 2003, 「繩文時代の日韓交流」, 『東アジアと日本の考古學』Ⅲ, 同成社.

木村宇太郎, 1915, 「石器の磨製と裂製に就いて」, 『考古學雜誌』6-3.

木村宇太郎, 1921, 「錘石の形狀」, 『考古學雜誌』12-2.

木下尚子, 1998, 「日本列島の古代貝文化試論」, 『日本研究』18, 國際日本文化センタ.

木下尚子, 2000, 「裝身具と權力・男女」, 『古代史の 論点』, 小學館.

민 패류박물관, 2001, 『신원색한국패류도감』, 도서출판 한글.

박근태, 2006, 「고산리유적 석촉연구」, 부산대학교 고고학과 석사논문.

박근태, 2009, 「신석기시대 초창기 단계의 석기 검토」, 『고고광장』5, 부산고고학연구회.

박근태, 2011, 「제주도 신석기시대 석기 검토」, 『한국신석기연구』21, 한국신석기학회.

박근태, 2011, 「제주도 신석기시대 석기 검토」, 『한국고고학연합대회발표자료집』, 한국고고학회.

박근태, 2012, 「신석기시대 초창기 단계의 문화양상」, 『한국 신석기문화의 양상과 전개』, 서경문화사.

박근태, 2014, 「신석기시대 석기의 용어와 분류」, 『한국신석기시대 석기의 분류와 제작방법』, 한국신석기학회.

박근태, 2015, 「제주도 고산리석기의 문화적 위치와 성격」, 『제주도 구석기 연구현황과 성과』, 한국구석기학회.

박성근, 2012, 「남부지역 신석기시대 석부 연구」, 부산대학교고고학과 대학원석사논문.

박성근, 2012, 「남부지역 신석기시대 석부 연구」, 『한국고고학보』86, 한국고고학회.

박성근, 2013,「후포리유적의 재검토」,『남한의 신석기유적 재조명』, 한국신석기학회.

박성진, 2012,「뗀석기변형에 대한 실험고고학적 연구」,『야외고고학』15, 한국문화재조사 연구기관협회.

박종진, 1991,「한반도 선사시대 골각기 연구」, 경희대학교대학원 석사학위논문.

박준범, 1998,「한강유역 출토 돌화살촉에 대한 연구」, 홍익대학교 석사학위논문.

박준범, 2006,「한강유역 출토 선사시대 간돌화살촉 연구」,『한국신석기연구』12.

박준범, 2007,「신석기시대 중서부지역의 생업활동」,『중서부지역 신석기문화의 제문제』, 서울경기고고학회·한국신석기학회 공동학술대회 자료집.

박준범, 2008,「신석기시대 서울·경기·인천지역 출토 간석기에 대한 연구,『한국신석기연 구』15, 한국신석기학회.

박호석·안승모 2001,『한국의 농기구』, 어문각.

방문배, 2012, 고산리유적 발굴조사의 성과와 의의」,『중서부지역의 신석기문화』, 한국신 석기학회.

배진성, 2005,「무문토기시대 석기의 지역색과 조성변화」,『사람과 돌』, 국립대구박물관.

복천박물관, 2011,『선사고대의패총-특별전 도록』.

복천박물관, 2013,『선사·고대 옥의 세계-특별전 도록』.

本渡市敎育委員會, 1993,『大矢유적調査槪報』.

부경문물연구원, 2013,「울주 신암리 신고리3·4호기전원개발이주단지조성부지내 유적발 굴조사전문가검토회의자료」.

榧本杜人, 1934·1935,「北朝鮮の土器·石器」,『考古學』5-5, 6-5.

榧本杜人, 1980,『朝鮮の考古學』, 同朋社.

寺崎康史, 2004,「舊石器時代の垂飾と玉」,『季刊考古學』89, 雄山閣.

사회과학원력사연구소, 1979,『조선전사 1-원시편』, 과학백과사전출판사.

사회과학원력사연구소 1991,『원시사-조선전사 개정판』, 과학백과사전종합출판사.

山崎純男, 1988,「西北九州漁撈文化の特性」,『季刊考古學』25, 雄山閣.

山崎純男, 2001,「海人の面」,『久保和士君追悼考古論文集』, 久保和士君追悼考古論文集刊 行會.

山崎純男, 2003,「西日本の繩文後·晩期の農耕再論」,『朝鮮半島と日本の相互交流に關する 總合學術調査』大阪市學藝員等共同研究實行委員會.

山田昌久, 1984,「環境變化と道具」,『歷史公論』6, 雄山閣.

上田耕·廣田晶子, 2004,「南九州の初源期の玦狀耳飾」,『環日本海の玉文化の始原と展開』, 敬和學園大學人文社會科學研究所.

上田三平, 1915,「北朝鮮の石器」,『寧樂』5.

上條信彦, 2005,「先史時代의 製粉 加工具」,『한국신석기연구』10.

西谷正, 2002,「東北アジアの鞍形磨臼」,『東北アジアにおける先史文化の比較考古学的研究』國立歷史民俗博物館.

西谷正, 2002,「東北アジアの中の韓半島の鞍形磨臼」,『5,000년전의 대동강문화와 암사동유적』, 한국선사고고학회.

西谷正, 1982,「朝鮮半島の黑曜石について」,『賀川光夫先生還曆記念論集』.

西谷正, 2002,「東北アジアの鞍形磨臼」,『東北アジアにおける先史文化の比較考古学的研究』, 國立歷史民俗博物館.

서국태, 1986,『조선의 신석기시대』, 사회과학출판사.

西本豊弘, 1996,「繩文時代の狩獵と儀禮」,『季刊考古學』55, 雄山閣.

盛本 勳, 1988,「琉球列島の貝製漁網錘」,『季刊考古學』25, 雄山閣.

小林康男, 1995,「組成論」,『繩文文化の研究』7, 雄山閣.

小林達雄, 1996,『繩文人の世界』, 朝日新聞社.

小林達雄 編著, 1999,『繩文學の世界』, 朝日新聞社.

小林達雄 編著, 20059,『繩文ランドスケープ』, アム·ブロモーション.

소상영, 2006,「중서부지방 패총유적의 성격」,『고고학 시간과공간의 흔적』, 여고김병모선생 정년퇴임기념논문집.

소상영, 2012,「신석기시대중서부해안 및 도서지역 어로문화 연구」,『한국신석기연구』23.

소상영, 2013, 한반도 중서부지방 신석기시대 생계·주거 체계 연구」, 한양대박사학위논문.

小野忠明, 1935,「寺洞里附近發見の玦」,『ドルメン』4-4, 岡書院.

小田靜夫, 1995,「黑曜石」,『繩文文化の研究』8, 雄山閣.

小畑弘己 1996,「シベリア先史時代の釣針と漁撈」,『古文化談叢』36.

小畑弘己 22001,『シベリア先史考古學』, 中國書店.

小畑弘己, 2003,「極東地域における黑曜石出土遺跡と原産地研究」,『stone sources』2, 石器原産地研究會.

小畑弘己, 2004, 「極東地方新石器時代における黑曜石利用」, 『極東地方新石器時代における更 新世黑~完新世の狩獵道具の變遷研究』, 熊本大學埋藏文化財研究室.

손보기, 1982, 「상노대도의 선사시대 살림」, 수서원.

손보기외, 1987, 「서해안 우도의 선사문화」, 『박물관기요』3, 단국대학교중앙박물관.

松岡史外, 1981, 「佐賀縣西唐津海底出土の繩文土器」, 『考古學シヤナル』188.

松藤和人, 1994, 「東アジア舊石器時代裝身具」, 『考古學と信仰』, 同志社大學考古學シリズⅣ.

송은숙, 1991, 「한국남해안지역 신석기문화에 대한 고찰」, 서울대 고고미술사학과 석사논문.

松浦宥一郎, 2013, 「中國新石器時代の玦の研究と展望」, 『玉文化』10, 日本玉文化研究會.

水ノ江和同, 1992, 「曾畑式土器の成立」, 『季刊考古學』38, 雄山閣.

水ノ江和同, 2000, 「新石器時代における日韓交流研究の現狀と課題」, 『晋州南江遺蹟과 古代日本』, 慶尙南道.

水ノ江和同, 2003, 「朝鮮海峽を越えた繩文時代の交流の意義」, 『考古學に學ぶⅡ』, 同志社大學考古學シリス Ⅷ.

水ノ江和同, 2012, 「呪術具」, 『九州繩文文化の研究』, 雄山閣.

新居勝三郎, 1915, 「朝鮮の石器發見及』調查報告」, 『人類學雜誌』30-10.

新居勝三郎, 1918, 「朝鮮慶尙北道に於ける石器發見一覽表」, 『人類學雜誌』33-4.

新東晃一, 2006, 「九州の繩文時代の二つの耳飾」, 『繩文の森から』, 鹿兒島縣立埋藏文化財センター-.

新東晃一, 2008, 「アカホヤ火山灰以前の玦狀耳飾」, 『岡山理科大學埋藏文化財研究論集』, 岡山理科大學埋藏文化財研究會.

신숙정, 1994, 『우리나라 남해안지방의 신석기문화연구』, 학연문화사.

신숙정, 1997, 「석기와 뼈연모」, 『한국사』2, 국사편찬위원회.

신숙정·손기언, 2002, 「강원지방의 뗀석기 연구」, 『강원고고학보』1, 강원고고학회.

신종환, 1989, 「울주 신암리 유적」, 『영남고고학』6, 영남고고학회.

신종환, 2006, 「신석기시대 내륙지역의 어로문화」, 『신석기시대의 어로문화』, 동삼동패총전시관.

安樂 勉, 1994, 「對馬における韓國新石器文化との交流」, 『考古學シヤナル』376.

안성희, 2011, 「남해안지역 신석기시대의 석기조성과 시기별 양상」, 『한국고고학연합대회 발표자료집』, 한국고고학회.

安孫子 昭二, 2004, 「玉文化の多樣性」, 『季刊考古學』89, 雄山閣.

안승모, 1987, 「요서지방의 선사시대 석제경구」, 『삼불김원용교수정년퇴임기념논총』.

안승모, 1997, 「신석기시대의 생업과 사회」, 『한국사』2, 국사편찬위원회.

안승모, 1998, 『동아시아 선사시대의 농경과 생업』, 학연문화사.

안승모, 2001, 「고대의 농구」, 『한국의 농기구』, 어문각.

안승모, 2002, 「신석기시대」, 『한국의 학술연구 – 고고학』, 인문사회과학편 3집, 대한민국
　　　　학술원 .

안승모·이영덕·김대성, 2003, 『갈머리유적』, 호남문화재연구원.

梁成赫, 2009, 「韓半島の新石器時代の造形物に關する試論」, 『彌生農耕のはじまりとその
　　　　年代』, 雄山閣.

양성혁, 2012, 「매장과 의례」, 『한국 신석기문화 개론』, 서경문화사.

양승영 편, 2001, 『지질학사전』, 교학연구사.

楊虎·劉國祥·鄧聰, 2007, 『玉器起源探索-興隆窪文化玉器研究及圖錄』, 中國考古藝術中心.

嚴潔, 2006, 「의료용으로 활용되는 산지별 옥의 광물학적 특징 연구」, 부경대 환경지질과학과
　　　　대학원석사논문.

鈴木公雄, 1997, 「貝塚の考古學」, 東京大學出版會.

鈴木道之助, 1994, 『石器入門事典-繩文』, 柏書房.

鈴木忠司, 1982, 「採集經濟と自然資源」, 『考古學による 日本歷』16, 雄山閣.

五味一郞, 1995, 「石匙」, 『繩文文化の研究』7, 雄山閣.

遼寧省文物考古研究所編, 2011, 『遼寧省文物考古研究所藏 文物精華』.

原田幹·黑沢浩, 2008, 「パプア・ニュギニアで收集された磨製石斧の使用痕分析」, 『考古學
　　　　フォーラム』19.

原田昌幸, 1992, 「繩文人の裝い」, 『繩文人の道具』, 講談社.

原田昌行, 2007, 「土偶の多樣性」, 『繩文時代の考古學 11』, 同成社.

原田昌行, 『土偶』, 『日本の美術』345, 1995.

有光敎一, 1943, 「朝鮮迎日灣外海底發見の打製石器」, 『考古學雜誌』33-4.

有光敎一, 1953, 「朝鮮石器時代のすりうす」, 『史林』35-4, 史學研究會.

有光敎一, 1990, 「朝鮮櫛目文土器の研究」, 『有光敎一著作集』1, 同朋舍.

유지인, 2012, 「신석기시대 중·후기 중서부 해안지역 취락구조 연구」, 서울대고고미술사

학과석사논문.

尹明喆, 1989, 「海路를 통한 先史時代 韓·日 兩地域의 文化接觸 可能性 檢討」, 『韓國上古 史 學報』2, 한국상고사학회.

윤정국, 2006, 「진그늘유적에서 나온 신석기시대 뗀석기의 제작수법 연구」, 조선대학교석 사학위논문.

윤정국, 2009, 「신석기시대 굴지구의 제작기법에 대한 연구」, 『한국신석기연구』17.

윤정국, 2011, 「남부내륙지역 신석기시대 석기의 제양상」, 『한국고고학연합대회발표자료 집』, 한국고고학회.

윤정국, 2011, 「남부내륙지역 신석기시대 석기의 변천과 양상」, 『한국신석기학보』22.

윤정국, 2012, 「석도형석기」, 『한국고고학전문사전 - 신석기시대편』, 국립문화재연구소.

윤정국, 2014, 「신석기시대 석기의 제작수법」, 『한국 신석기시대 석기의 분류와 제작방법』, 한국신석기학회.

윤정국, 2015, 『한국 신석기시대 석기제작 연구』, 전남대학교인류학과박사학위논문.

윤정국, 2015, 「신석기시대 석기·골각기의 연구 현황과 과제」, 『신석기시대 연구의 성과와 과제』, 국립중앙박물관.

윤정국, 2015, 「중동부지역 신석기시대 석기와 생업」, 『한반도 중동부지역의 신석기문화』, 한국신석기학회.

윤지연, 2006, 「한반도 중서부지역 석부에 대한 일고찰」, 서울대고고미술사학과석사논문.

윤지연, 2007, 「사용흔 분석을 통한 석부의 기능 연구」, 『한국고고학보』63, 한국고고학회.

윤혜나, 2011, 「한국 중서부지역 신석기시대의 석기 조성과 생업」, 전남대 대학원석사논문.

이경아, 2011, 「중서부지역의 생업 연구」, 공주대대학원 석사논문.

伊東美奈子, 2004, 「玦狀耳飾における着裝法の檢討」, 『環日本海の玉文化の始原と展開』, 敬和學園大學人文社會科學硏究所.

이동주, 1992, 「남해안 도서지방의 선사문화 자료 I」, 『고고역사학지』8.

이동주, 1996, 『한국 선사시대 남해안 융문토기연구』, 동아대학교 대학원 박사학위논문.

이동주, 2003, 「빗살문토기 단계의 석기내용과 특징」, 『한국신석기연구』6.

이동주, 2010, 「우리나라 신석기시대 마제석촉의 연구」, 『문물연구』17.

이동주, 1993, 「한국 융기문토기와 일본 轟式土器에 대하여」, 『부산여대사학』10·11.

이범홍, 1992, 「동삼동패총 채집석기」, 『고고역사학지』8.

이상규, 2013, 「신석기시대 골제 자돌구에 관한 연구」, 부산대학교 석사학위논문.

이상규, 2013, 「신석기시대 골제 자돌구의 제작과 용도」, 『영남고고학』65, 영남고고학회.

이상규, 2014, 「한반도 신석기시대 해안지역 작살에 대한 검토」, 『한국신석기연구』27 .

李相均, 1995, 「新石器時代における韓國南岸と九州地方の文化交流」, 『東京大學博士論文』.

이상균, 1997, 「동아시아속에서의 한국신석기문화」, 『선사와 고대』8.

이상균, 2003, 「신석기시대 한반도 남해안 석기군의 양상」, 『日韓新石器時代의 石器』, 제5
　　　회 일한 신석기시대 연구회 발표요지.

이상균, 2007, 「한반도 신석기시대 옥기문화의 계보」, 『중국사연구』50. 중국사학회.

이선복·이용일, 1996, 「흑요석석기의 지화학적특성에 대한 예비고찰」, 『한국고고학보』35.

이승윤, 2011, 「서·남해안 지역의 신석기시대의 어로구에 대하여」, 『전남고고』4·5, 전남
　　　문화재연구원.

이영덕, 2006, 「서남해안 신석기시대 어로구와 어로방법」, 『신석기시대 어로문화』, 동삼동
　　　패총전시관.

이영덕, 2006, 「신석기시대 잠수작살의 가능성」, 『한국신석기연구』11, 한국신석기학회.

이영덕, 2013, 「중서부 해안지역의 어로 양상과 동인」, 『한국신석기연구』25, 한국신석기학회.

이영덕, 2014, 「고성 문암리 신석기시대주민의 어로 활동」, 『고성 문암리유적의 재조명』,
　　　강원고고문화연구원.

이정재, 2009, 「강원 동해안지역 신석기시대 생업경제에 대한 연구」, 강원대학교석사논문.

이정재, 2011, 「동해안지역 신석기시대 석기를 통한 생업의 변화」, 『제1회 한국고고학연합
　　　회 발표자료집』, 한국고고학회.

이준정, 2002, 「패총유적의 기능에 대한 고찰」, 『한국고고학보』46, 한국고고학회.

李陳奇·趙評春, 2008, 『黑龍江古代玉器』, 文物出版社.

이철·김승원·김규호·강형태, 1991, 「미량 성분 원소분석에 의한 흑요석 분류」, 『고고미술
　　　사론』2, 충북대대학교 고고미술사학과.

이청규·고재원, 1995, 「고산리유적과 석기유물」, 『제주 신석기문화의 원류』, 한국신석기연
　　　구회.

이청 규외, 1995, 「고산리 유적과 석기유물」, 『석계황용훈교수정년기념논총』.

이향숙, 1987, 「한국 선사시대 간뼈·조가비 연모의 연구」, 연세대학교 석사학위논문.

이헌종, 2000, 호남지역 신석기시대 타제석기 제작기법의 제양상」, 『선사와 고대』15.

이헌종·김건수, 2008, 「신석기시대여서도패총유적자갈돌석기의고고학적의미 연구」, 『도서문화』31, 목포대학교 도서문화연구소.

이화여자대학교박물관, 1999, 『이화여자대학교박물관 명품』.

忍澤成視, 2000, 「繩文時代おける貝製裝身具の實際」, 『貝塚博物館紀要』27, 千葉市立加曾利貝塚博物館.

忍澤成視, 2002, 「貝製品」, 『季刊考古學』81, 雄山閣.

忍澤成視, 2011, 『貝の考古學』, 同成社.

忍澤成視, 2001, 「繩文時代おける主要貝製素材べんけいがいの硏究」, 『史館』31, 史館同人.

林魁一, 1930, 「朝鮮發見の磨製石鏃」, 『人類學雜誌』45-11.

임상택, 1998, 「패총 유적의 성격」, 『과기고고연구』3, 아주대학교박물관.

임상택, 2000, 「중서부지역 신석기시대 석기에 대한 초보적 검토」, 『학술발표회 논문집』2000-1, 한국 신석기연구회.

임상택, 2001, 「고찰-유물」, 『가도패총』, 충남대학교박물관.

임상택, 2001, 「중서부 신석기시대 석기에 대한 초보적 검토 I 」, 『한국신석기연구』1.

임상택, 2003, 「물자의 이동, 집단의 이동」, 『고대 문물교류와 경기도』, 한국상고사학회 학술표자료집.

임상택, 2006, 『한국 중서부지역 빗살무늬토기문화 연구』, 서울대학교 박사학위논문.

임상택, 2010, 「신석기시대 취락체계의 변천과 지역적 비교」, 『동북아문화연구』24, 동북아시아문화학회.

임승경, 2012, 「한반도 출토 결상이식 소고」, 『文化財』45-4, 국립문화재연구소.

임승경, 1997, 『中國 遼西地區 新石器時代 玉器』, 성균관대학교사학과 석사논문.

임승경, 2003, 「선사시대 옥기의 성격 및 그 제작기술에 대한 일고찰」, 『사림』20, 성균관대학교.

임승경, 2012, 「울산 처용리 출토 결상이식에 대한 고찰」, 『울산 처용리21번지유적』, 우리문화재연구원.

임학종, 2002, 「동삼동패총」, 『한국신석기시대의 환경과 생업』, 동국대학교 매장문화재연구소.

임학종, 2008, 「신석기시대의 무덤」, 『한국신석기연구』15, 한국신석기학회.

임효재, 1986, 「신석기시대의 한·일문화교류」, 『한국사논』16, 국사편찬위원회.

장명수, 1991, 「신석기시대 어구의 형식분류와 편년 연구」, 중앙대학교 석사학위논문.

장용준, 2007, 「선사시대석기의 분별과 제작기법」, 『고고광장』창간호, 부산고고학연구회.

庄田愼矢, 2006, 「朝鮮半島の玉文化」, 『季刊考古學』94, 雄山閣.

장호수, 1982 「상노대도 조개더미 유적의 석기 연구」, 연세대석사논문.

장호수, 1988, 「상노대도 유적의 석기」, 『손보기박사정년기념 고고인류학논총』.

전영래, 1979, 「부안계화도 산상유적 신석기시대 유물」, 『전북유적조사보고』10, 전주시립
　　　　박물관.

田中良之外, 1979, 「壹岐, 鎌崎海岸유적について」, 『九州考古學』54.

田中聰一, 2000, 「韓國 中·南部地方 新石器時代 土器文化 研究」, 동아대대학원박사학위논문.

정미란, 2007, 「동해안지역 신석기시대 생업활동」, 경주대학교 석사학위논문.

町田 章, 1983, 「裝身具の意義と歷史」, 『季刊考古學』5, 雄山閣.

정징원, 1990, 「남해안지방 초기즐문토기의 일검토」, 『영남고고학』7, 영남고고학회.

정징원, 1991, 「조도패총 출토 남해안식 즐문토기」, 『고고역사학지』7, 동아대학교박물관.

정징원·하인수, 1998, 「남해안지방과 구주지역 신석기시대 문화교류연구」, 『한국민족문
　　　　화』12, 부산대학교.

정혜림, 2013, 「남해안지역 신석기시대 패총의 형성 배경」, 전남대 인류학과대학원석사논문.

齊藤幸惠, 1985 「黑曜石の利用と流通」, 『季刊考古學』12, 雄山閣.

鳥居龍藏, 1932, 「朝鮮滿洲の磨製石器に就いて形狀」, 『上代文化』8.

조남철, 2005, 「한반도 남부 신석기유적 흑요석의 특성화 연구」, 『강원고고학보』4·5.

조남철·박용희·도성재·강형태·남인탁, 2004, 「성분분석 및 자기적 특성에 의한 한반도
　　　　흑요석 의분류연구」, 『보존과학회지』16.

조남철·강형태·정광용, 2006, 「미량성분 및 스트론튬 동위원소비를 이용한 한반도흑요석
　　　　제 석기의 산지 추정」, 『한국상고사학보』53.

조미순·박윤정·좌용주, 2013, 「고성 문암리유적 출토 석기의 원산지 추정」, 『한국신석기
　　　　연구』26.

조은하, 2014, 「강원 영동지역 신석기시대 농경 수용과 생계양상의 변화」, 『호서고고학』31,
　　　　호서고고학회.

趙志軍, 2005, 「粟類作物及中國北方旱作農業起源研究的新資料和新思考」, 『경관의고고학』,
　　　　고려대학교 고고환경연구소.

좌용주, 2013, 「흑요석 산지연구에 사용되는 지구화학 자료와 해석」, 『한국구석기학보』28, 한국구석기학회.

좌용주·조미순, 2013, 「한반도 선사시대 흑요석제 석기에 대한 지구과학 자료의 재 검토」, 『추계 지질과학연합학술대회 초록집』, 대한지질학회.

竹川大介, 1995, 「ソロモン諸島のイルカ漁」, 『動物考古學』4, 動物考古學研究會.

中國社會科學院考古研究所內蒙古工作隊, 1997, 「內蒙古敖漢旗興隆窪聚落遺址1992年發掘簡報」, 『考古』第1期.

中國社會科學院考古研究所內蒙古工作隊·敖漢旗博物館, 2004, 「內蒙古赤峰市興隆溝遺址2002-2003年的發掘」, 『考古』第7期.

中尾篤志, 2005, 「鯨骨製アワビオコシの擴散とその背景」, 『西海考古』, 西海考古同好會.

中尾篤志, 2013, 「結合式釣針」, 『季刊考古學』125, 雄山閣.

中山淸隆, 1992, 「玄海·日本海をめぐる大型石斧」, 『季刊考古学』38, 雄山閣.

中山淸隆, 1994, 「東アジアからみた玦狀耳飾の起源と系譜」, 『地域相研究』22.

中山淸隆, 1996, 「中國東北地域の先史玉器」, 『東北アジアの考古學』第二, 깊은샘.

中山淸隆, 2003, 「韓國の先史玉器の攻玉遺跡の新資料」, 『新世紀の考古學』, 大塚初重先生喜壽記念論文集.

中山淸隆, 2004, 「韓半島出土の玦狀耳飾について」, 『玉文化』創刊號, 日本玉文化研究會.

中山淸隆, 2009, 「朝鮮 新石器時代の玦とその周邊」, 『扶桑』, 青山考古學會.

中山淸隆, 2009, 「韓國出土の玦とその系譜」, 『玉文化』6, 日本玉文化研究會.

中村大介, 2013, 「朝鮮半島の玉文化研究の展望」, 『玉文化』10, 日本玉文化研究會.

中村修身, 1990, 「繩文時代の生産と流通」, 『考古學研究』37-3.

中華玉文化中心 中華玉文化工作委員會, 2009, 『玉魂 國魄-紅山文化玉器精品展』.

지건길·안승모, 1983, 「한반도 선사시대 출토 곡류와 농구」, 『한국의 농경문화』, 경기대학 출판사.

지영배, 2013, 「한반도 신석기시대 장신구 및 이형유물에 대한 연구」, 부산대학교 고고학과 대학원 석사논문.

池田 硏, 2004, 「大坂城下町で見つかつた貝製品」, 『葦大』, 大坂市文化財協會.

진미은·문성우·김선우·황가현·좌용주, 2015, 「백두산 지역과 일본 규슈 지역에서 산출되는 흑요석의 주성분원소 및 희토류원소」, 『지구화학』, 한국암석학회 학술발표회 논문집5.

川口德治朗, 1988,『繩文時代貝塚出土の貝製品に關する用途的研究』, 1988年度科學研究費
　　　補助金研究成果報告書.

川崎 保, 2002,「東アジアの中で見た玦狀耳飾の起源と展開」,『長野縣の考古學』Ⅱ, 長野縣
　　　埋藏文化財センタ.

川崎保, 2004,「玦狀耳飾系統・起源論槪觀」,『環日本海の玉文化の始原と展開』, 敬和學園大
　　　學人文社會科學研究所.

川崎 保, 2004,「玦狀耳飾」,『季刊考古學』89, 雄山閣.

川崎 保, 2004,「極東の玉文化」,『季刊考古學』89, 雄山閣.

川崎保, 2006,「中國東北・沿海州から見た繩文玉製品」,『東アつジアにおける新石器文化と
　　　日 本』Ⅲ, 國學院大學.

천성주, 2010,「신석기시대 결합식조침 검토」, 창원대학교 석사논문.

淺野良治, 2004,「繩文管玉」,『季刊考古學』89, 雄山閣.

최경용・문수균, 2013,「신석기시대 짤개살 제작 및 사용실험 연구」,『중앙고고연구』13, 중
　　　앙문화재연구원.

최득준, 2012,「한반도 신석기시대 결합식조침에 대한 연구」, 부산대학교 고고학과석사논문.

최득준, 2014,「한반도 결합식조침에 대한 소고」,『고고광장』15, 부산고고학연구회.

최몽룡・이헌종・강인욱, 2003,『시베리아의 선사고고학』, 주류성.

최무장, 1976,「한국 선사시대의 석기」,『백산학보』21, 백산학회.

최무장, 1978,「한・중 선사시대의 농구」,『백산학보』24, 백산학회.

최복규, 1978,「한국 선사시대 예술과 그에 나타난 신앙의식」,『백산학보』24, 백산학회.

최삼용, 2000,「서부유럽의 후기구석기시대 뼈연모」,『한국구석기학보』2, 한국구석기학회.

최삼용, 2005,「신석기시대 뼈연모 제작기술 연구」,『한국신석기연구』10, 한국신석기학회.

최성락, 1987,「지도의 선사유적」,『도서문화』5, 목포대학교.

최성락, 1988,「흑산도지역의 선사유적」,『도서문화』6, 목포대학교.

최종혁, 2001,「생산활동에서 본 한반도 신석기문화」,『한국신석기연구』2.

최종혁, 2004,「신석기시대 남부지방 생업에 대한 연구」,『제주도 신석기문화의 형성과 전
　　　개』, 한국신석기연구회 발표자료집.

최종혁, 2005,「한반도 남부지방 농경에 대한 연구-석기조성을 중심으로」,『한국신석기연

구』10, 한국신석기학회.

최종혁, 2006, 「신석기시대 어로민의 생계유형」, 『신석기시대의 어로문화』, 동삼동패총전
　　　시관.

최종혁, 2012, 「남부지방 중기 생업문화에 대한 연구」, 『한국 신석기문화의 양상과 전개』,
　　　서경문화사.

春成秀爾, 1997, 「古代の裝い」, 『歷史發掘』4, 講談社.

春成秀爾, 2007, 『儀禮と習俗の考古學』, 塙書房.

土肥 孝, 1997, 「繩文時代の裝身具」, 『日本の美術』369, 至文堂.

坂田邦洋, 1973, 「曾畑式土器に關する硏究-先史時代の日本と韓國(豫報)」, 『考古學論叢』,
　　　別府大學考古學硏究會.

坂田邦洋, 1974, 「櫛目文土器の新資料」, 『對馬風土記』11.

坂田邦洋, 1978, 「ヌカシ遺跡と東三洞貝塚」, 『對馬ヌカシにおける繩文時代中期文化』, 別
　　　府大考古學究室.

坂田邦洋, 1978, 『韓國隆起文土器の硏究』, 昭和堂.

坂田邦洋, 1979, 『對馬 越高尾崎におい る繩文前期文化の硏究』, 廣雅堂書店.

坂田邦洋, 1982, 「九州産黑曜石からみた先史時代の交易について」, 『賀川光夫先生還曆紀
　　　念論集』.

板倉有大, 2008, 「繩文時代石器からみた日韓交流-磨製石斧を中心として-」, 『한일문화교
　　　류』, 부산박물관 국제학술심포지엄 자료.

八木奬三郞, 1914·15, 「朝鮮の磨石時代」, 『人類學雜誌』29-12, 30-1.

八木奬三郞, 1938, 「朝鮮咸鏡北道石器考」, 『人類學叢刊』乙.

片岡由美, 1995, 「貝輪」, 『繩文文化の硏究』9, 雄山閣.

하영중, 2010, 「동해안지역 신석기시대 석기 검토-울진 죽변리유적을 중심으로-」, 『동해
　　　안지역의 신석기문화』, 한국신석기학회.

하인수, 1991, 「부산 다대동·용호동 출토 석기류」, 『부산직할시립박물관 연보』13.

하인수, 1996, 「日本 白浜遺蹟出土 彩色土器小考」, 『박물관연구논집』5, 부산시립박물관.

하인수, 1996, 「고찰」, 『범방패총』Ⅱ, 부산광역시립박물관.

하인수, 1997, 「영선동식토기 소론」, 『영남고고학보』21, 영남고고학회.

하인수, 1999, 「동삼동패총정화지역발굴성과」, 『고고학을 통해 본 가야』, 한국고고학회.

하인수, 2001, 「신석기시대 대외교류연구」, 『부산박물관연구논집』8, 부산시립박물관.

하인수, 2001, 「東三洞貝塚と韓日新石器時代の交流」, 『原の辻以前の先史時代人の交流』, 龍田考古會.

하인수, 2002, 「융기문토기의 성립과 전개」, 『한국신석기시대의 환경과 생업』, 동국대매장 문 화재연구소.

하인수, 2003, 「신석기시대 토우」, 『우리 인형』, 부산박물관 특별전도록.

하인수, 2003, 「신석기시대의 장신구」, 『한국의 장신구』, 부산박물관 성인박물관강좌자료집.

하인수, 2004, 「동삼동패총 문화」, 『영남고고학 20년 발자취』, 영남고고학회.

하인수, 2004, 「동삼동패총 문화에 대한 예찰」, 『한국신석기연구』7, 한국신석기연구회.

하인수, 2004, 「신석기시대의 한일문화교류와 흑요석」, 『한일교류의 고고학』, 영남·구주고 고학회.

하인수, 2005, 「신석기시대 석기의 종류와 양상」, 『사람과 돌』, 국립대구박물관도록.

하인수, 2006, 「신석기시대 패제품의 이용과 종류」, 『석헌정징원교수정년퇴임기념논총』, 부산대학교 고고학과.

하인수, 2006, 「신석기시대 한일문화교류와 흑요석」, 『한국고고학보』58, 한국고고학회.

하인수, 2006, 「영남해안지역의 신석기문화 연구」, 부산대학교 고고학과 박사학위논문.

하인수, 2006, 「동남해안지역의 어로구」, 『신석기시대 어로문화』, 동삼동패총전시관.

하인수, 2006, 「신석기시대 골각기의 양상」, 『한국신석기연구』11, 한국신석기학회.

하인수, 2006, 「신석기시대 산상유적에 대하여」, 『박물관연구논집』12, 부산박물관.

하인수, 2007, 「동삼동패총 문화에 대한 단상」, 『동삼동패총정화지역발굴조사보고서』, 부산박물관.

하인수, 2009, 「신석기시대 석기의 종류와 양상」, 『박물관연구논집』15, 부산박물관.

하인수, 2009, 「남해안지역 중기 즐문토기사회의 동향」, 『상고사학보』66.

하인수, 2009, 「신석기시대 남해안지역의 골각기문화에 대한 고찰」, 『고문화』73, 한국대학박물관협회.

하인수, 2009, 「고찰」, 『범방유적』, 부산박물관.

하인수, 2009, 「남해안지역 중기 즐문토기 사회의 동향」, 『한국상고사학보』66, 한국상고사학회.

하인수, 2009, 「신석기시대 남해안지역의 골각기문화에 대한 고찰」, 『고문화』73.

하인수, 2010, 「범방유적의 석기 검토」, 『부산대학교 고고학과 창설20주년 기념논문집』, 부산대학교 고고학과.

하인수, 2011, 「동삼동패총 즐문토기 압흔분석과 곡물」, 『신석기시대 패총문화』, 한국신석기학회학술대회 자료집 .

하인수, 2011, 「생업도구」, 『한국신석기문화 개론』, 서경문화사.

하인수, 2011, 「신석기시대 석기 연구 현황과 과제」, 『제1회한국고고학연합대 발표자료집』, 한국고고학회.

하인수, 2011, 「패총의 시대」, 『선사·고대의 패총』, 복천박물관 특별전도록.

하인수, 2012, 「반구대암각화의 조성 시기론」, 『한국신석기연구』23, 한국신석기학회.

하인수, 2012, 「남해안지역 융기문토기의 편년」, 『한국 신석기문화의 양상과 전개』, 중앙문화재연구원, 한국신석기학회.

하인수, 2012, 「동삼동Ⅰ문화층 토기의 點描」, 『동삼동패총 정화지역 즐문토기』, 복천박물관 .

하인수, 2013, 「신석기시대 옥기의 기초적 검토」, 『한국 선사고대의 옥문화 연구』, 복천박물관.

하인수, 2014, 「동삼동패총의 패천 소고」, 『동삼동패총정화지역 패천』, 복천박물관.

하인수, 2014, 「신석기시대 골각기」, 『한국 선사·고대의 골각기』, 서경출판사.

하인수, 2014, 「즐문토기의 편년 연구와 과제」, 『한국 신석기시대 토기와 편년』, 진인진.

하인수·안성희, 2008, 「남해안지역의 신석기문화」, 『한반도 신석기시대 지역문화론』, 동삼동패총전시관.

하재령, 2015, 「한반도 신석기시대의 첨두형석기 연구」, 고려대학교 고고미술사학과석사논문.

下條信行, 2011, 「북동아시아 벌채석부의 전개」, 『동아시아 마제석기론』, 서경문화사.

下村智, 2010, 「九州出土の玦狀耳飾に關する基礎的檢討」, 『先史學·考古學研究Ⅴ-甲元眞之先生退任記念』, 龍田考古會.

河合信和, 1989, 『世界舊石器時代槪說』, 雄山閣.

한국문화상징사전편찬위원회, 1995, 『한국문화상징사전』2.

한국문화재조사연구기관협회, 2010, 『한국의 조개더미(貝塚) 유적』.

한국신석기학회, 2011, 「신석기시대 석기의 지역성」, 『한국고고학연합대회 발표자료집』.

한영희, 1994, 「신석기시대의 사회와 문화」, 『한국사』1, 한길사.

한영희, 1997, 「신석기시대의 생업과 사회」, 『한국사』2, 국사편찬위원회.

한영희·임학종, 1991, 「연대도 조개더미 단애부 Ⅱ」, 『한국고고학보』26.

한창균, 2000, 「북한의 선사시대 뗀석기 연구」, 『백산학보』57, 백산학회.

戶澤充則編, 1994, 『繩文時代硏究事典』, 東京堂出版.

홍현선, 1987, 「상시 3바위 그늘의 문화 연구」, 연세대학교 사학과 석사학위논문.

和田雄治, 1914, 「朝鮮の先史時代遺物に就いて」, 『考古學雜誌』4-5.

황기덕, 1957, 「함경북도 지방 석기시대의 유적과 유물 (2)」, 『문화유산』1957-2.

황기덕, 1962, 「두만강류역의 신석기시대 문화」, 『문화유산』1962-1, 과학원출판사.

황용훈, 1983, 「석기·골각기」, 『한국사론』12, 국사편찬위원회.

황용훈, 1984, 「예술과 신앙」, 『한국사론』12, 국사편찬위원회.

橫山將三朗, 1933, 「釜山府絶影島東三洞貝塚報告」, 『史前學雜誌』5-4.

橫山將三朗, 1934, 「油坂貝塚に就いて」, 『小田先生頌壽記念朝鮮論集』.

後藤 明, 1990, 「貝貨の民族考古學」, 『現代思想』12.

後藤 明, 1996, 『海の文化史』, 未來社.

後藤 明, 2001, 『民族考古學』, 勉誠出版.

Sample L.L. 1974, 「Tongsamdong: A Contribution to Korea Neolithic Culture History」, 『Artic Anthropology』XI-2.

〈國文·日文 발굴보고서〉.

강릉대박물관, 2002, 『양양 지경리 주거지』.

강원문화재연구소, 2009, 『영월 주천리유적』.

경기도박물관, 1999, 『파주 주월리유적』.

경기도박물관, 2002, 『연천 삼거리유적』.

경남고고학연구소, 2006, 『늑도패총』, Ⅳ A지구 패총편.

경남문화재연구원, 2008, 『사천 선진리유적』.

경남발전연구원 역사문화센터, 2009, 『부산 죽림동유적』.

경성대박물관, 2000, 『김해화목동유적』.

경성대박물관, 2006, 『부산동삼동유적』.

고고학 및 민속학연구소, 1957, 『궁산원시유적발굴보고』, 과학원출판사.

고고학 민속학연구소, 1961, 『지답리원시유적발굴보고』, 과학원출판사.

고고학연구실, 1957, 「청진 농포리 원시유적발굴보고」, 『문화유산』1957-4.

국립경주박물관. 1991, 『울진 후포리유적』.

국립광주박물관, 1994, 『돌산세구지유적』.

국립광주박물관, 2006, 『신안 가거도패총』.

국립광주박물관, 2009, 『안도패총』.

국립광주박물관, 1989·1990, 『돌산송도』Ⅰ·Ⅱ.

국립김해박물관, 2008, 『비봉리』.

국립김해박물관, 2012, 『비봉리』Ⅱ.

국립문화재연구소, 2002, 『소연평도 패총』.

국립문화재연구소, 2003, 『연평 모이도패총』.

국립문화재연구소, 2004, 『고성 문암리유적』.

국립문화재연구소, 2005, 『대연평도 까치산패총』.

국립문화재연구소, 2012, 『한국고고학전문사전-신석기시대편』.

국립박물관, 1970, 『시도패총』.

국립중앙박물관, 1976, 『조도패총』.

국립중앙박물관, 1988·1989, 『신암리』Ⅰ·Ⅱ.

국립중앙박물관, 1990, 『휴암리』.

국립중앙박물관, 1994, 『암사동』.

국립중앙박물관, 2002~2005, 『동삼동패총Ⅰ~Ⅲ』.

국립중앙박물관·춘천박물관, 2012, 『영월 공기2굴·꽃병굴 동굴유적』.

국립진주박물관, 1989, 『욕지도』.

국립진주박물관, 1993, 『연대도』.

국립진주박물관, 1999, 『목도패총』.

국립청주박물관, 1993, 『청원 쌍청리 주거지』.

김용기, 1971, 「다대포패총 발굴조사보고」, 『부대사학』2, 부산대학교.

김상면, 1990, 「청도 사촌리유적 발굴조사보고」, 『고고학지』2, 한국고고미술연구소.

김용간, 1964, 『금탄리 원시유적 발굴보고』, 사회과학원출판사.

김용간·서국태, 1972, 「서포항원시유적발굴보고」, 『고고민속논문집』4.

김용간·석광준, 1984, 『남경유적에 관한 연구』, 과학백과사전출판사.

김용강 외, 1972, 「서포항원시유적발굴보고」, 『고고민속논문집』4.

단국대학교박물관, 1993, 『사천 구평리유적』.

唐津市教育委員會, 1982, 『萊畑遺跡』.

대구대학교박물관, 1987, 『의성군문화유적지표조사보고서』.

도유호·황기덕, 1957, 『궁산원시유적발굴보고』.

동국대 매장문화재연구소, 2002, 『세죽유적』.

동아대박물관 1989, 『합천 봉계리유적』.

동아대박물관, 1984, 『상노대도』.

동아대박물관, 1997, 『울산 우봉리유적』.

동양문물재연구원, 2011, 『제주 삼화지구유적』.

동의대박물관, 2002, 『상촌리유적』.

同志社大學考古學硏究室編, 1990, 『伊木力遺跡』.

목포대박물관, 2001, 『함평 장년리 당하산유적』.

목포대박물관, 2007, 『완도 여서도패총』.

목포대학교 박물관, 2012, 『광양 오사리 돈탁패총』.

미사리선사유적발굴조사단, 1994, 『미사리』1~5.

부산대학교 박물관, 1965, 『농소리패총발굴조사보고서』.

부산대학교박물관, 1980, 『금곡동율리패총』.

부산대박물관, 1981, 『김해수가리패총』Ⅰ.

부산대학교 박물관, 1994, 『청도 오진리 암음유적』.

부산대학교박물관, 1998, 『기장군문화유적지표조사보고서』.

부산박물관 복천분관, 1998, 『진주 귀곡동 대촌유적』.

부산광역시립박물관, 1993, 『범방패총』Ⅰ.

부산광역시립박물관, 1996, 『범방패총』Ⅱ.

부산광역시립박물관, 2007, 『동삼동패총정화지역 발굴조사보고서』.

부산광역시립박물관, 2009, 『범방유적』.

부산수산대학교박물관, 1989,『산등패총』.

부산수산대학교박물관, 1992,『북정패총』.

부산시립박물관, 1993·1996,『범방패총』Ⅰ·Ⅱ.

부산여자대학박물관, 1993,『가덕도문화유적지표조사보고서』.

山崎純男, 2000,『一尾유적』, 熊本縣天草郡五和町敎育委員.

서울대학교박물관, 1984·1985·1988,『오산리유적』Ⅰ~Ⅲ.

서울대학교박물관, 1988,『오이도패총』.

서울대학교박물관, 1999,『덕적군도의 고고학적 조사연구』.

서울시립대박물관, 1996,『영종도 송산 선사유적』.

서울대학교박물관, 2006,『용유동 남북동·을왕동Ⅰ유적』.

손보기, 1984,「단양도담리지구유적발굴조사보고」,『충주댐수몰지구문화유적발굴조사종
　　　합보고서』충북대학교박물관.

연세대학교 박물관, 2009,『영월 연당 피난굴(쌍굴)유적』.

연세대학교 박물관, 2009,『제천 점말동굴유적 종합보고서』.

예맥문화재연구원, 2010,『양양 오산리유적』.

우리문화재연구원, 2012,『울산 처용리 21번지 유적』.

熊本縣敎育委員會, 1988,『曾畑』.

熊本縣天草郡五和町敎育委員會, 2000,『一尾貝塚』.

원광대학교 마한·백제문화연구소, 2002,『노래섬(Ⅰ)』.

조선대박물관, 2005,『진안 진그늘 선사유적』.

長崎縣敎育委員會, 1984,『長崎市立深掘小學校校舍增築に伴う埋藏文化財緊急發掘調査報
　　　告書』.

長崎縣敎育委員會, 1992,『長崎縣埋藏文化財調査報告』ⅩⅤ.

長崎縣峰町敎育委員會, 1989,『佐賀貝塚』.

長崎縣有川町敎育委員會, 1996,『頭ケ島白浜遺跡』.

전제헌 외, 1986,『용곡동굴유적』, 김일성종합대학출판사.

제주대학교박물관, 1988,『북촌리유적』.

제주대학교박물관, 1998·2003,『제주 고산리유적』.

제주문화예술재단, 2006,『제주 하모리유적』.

제주문화유산연구원, 2011, 『제주 도두동유적』.

중앙문화재연구원, 2010, 『인천 운서동유적』Ⅰ.

鎭西町敎育委員會, 1989, 『赤松海岸遺蹟』.

충남대학교박물관, 2001, 『가도패총』.

한강문화재연구원, 2012, 『인천 중산동유적』.

한국문물연구원, 2012, 『울산 황성동 신석기유적』.

한국문물연구원, 2014, 『부산 가덕도 장항유적』.

한남대학교박물관, 2003, 『옥천 대천리 신석기유적』.

한서대학교박물관, 2001, 『대죽리유적』.

한양대학교박물관, 1990~98, 『안면도 고남리패총 2~8차』.

한얼문화유산연구원, 2011, 『제주 성읍리유적』.

호남문화재연구원, 2003, 『갈머리유적』.

[이 책에 수록된 글의 출전]

〈1부 석기〉

1장 석기연구 현황과 과제

「신석기시대 석기연구 현황과 과제」,『한국 신석기시대 석기론』, 진인진, 2016.

2장 석기의 종류와 양상

「신석기시대 석기의 종류와 양상」,『박물관연구논집』15, 부산박물관, 2010.

3장 석제 가공구

「신석기시대 가공구」,『한국 신석기시대 석기론』, 진인진, 2016.

4장 범방유적의 석기

「범방유적의 석기 검토」,『부신대 고고학과 창실20주년 기념논문집』, 부산대고고학과, 2010.

5장 한일문화교류와 흑요석

「신석기시대 한일문화교류와 흑요석」,『한국고고학보』58, 한국고고학회, 2006.

〈2부 골각기와 패제품〉

1장 즐문토기문화의 골각기

「신석기시대 골각기」,『한국 선사·고대의 골각기』, 서경문화사, 2014.

2장 남해안지역의 골각기문화

「신석기시대 남해안지역 골각기문화」,『선사고대의 골각기』, 복천박물관, 2007.

3장 패제품의 종류와 이용

「신석기시대 패제품의 이용과 종류」,『석헌 정징원교수 정년퇴임기념논총』, 2006.

<3부 장신구와 의례구>

1장 동삼동패총 출토 패천

「동삼동패총의 패천 소고」,『동삼동패총 정화지역 패천(조개팔찌)』, 복천박물관, 2014.

2장 옥기의 기초적 검토

「신석기시대 옥기의 기초적 검토」,『한국 선사고대의 옥문화 연구』, 복천박물관, 2013.

3장 즐문토기문화의 의례구와 장신구

「즐문토기문화의 의례구와 장신구」,『火焔型土器のデザインと機能』, 國學院大學博物館, 2016.

4장 영남지역의 의례구와 장신구

「의례와 장신구」,『영남의 고고학』, 사회평론, 2015.

5장 토우

「신석기시대 토우」,『우리인형』, 부산박물관 특별전도록, 2003.

<4부 생업도구론>

1장 생업도구

「생업과 도구」,『한국 신석기문화 개론』, 서경문화사, 2011.

2장 동남해안지역 어로구

「동남해안지역의 신석기시대 어로구」,『신석기시대어로문화』, 동삼동패총전시관, 2006.

3장 신석기인의 어로 생활

「신석기시대 사람들의 어로 생활」,『한국고고학저널』, 국립문화재연구소, 2010.